INTRODUÇÃO AO ESTUDO SISTEMÁTICO

DA TUTELA CAUTELAR

NO PROCESSO ADMINISTRATIVO

A PROPÓSITO DA URGÊNCIA NA REALIZAÇÃO DA JUSTIÇA

ISABEL CELESTE M. FONSECA
ASSISTENTE DA ESCOLA DE DIREITO DA UNIVERSIDADE DO MINHO

INTRODUÇÃO AO ESTUDO SISTEMÁTICO

DA TUTELA CAUTELAR

NO PROCESSO ADMINISTRATIVO

A PROPÓSITO DA URGÊNCIA NA REALIZAÇÃO DA JUSTIÇA

Dissertação de Mestrado em Ciências Jurídico-Políticas
Coimbra, Novembro de 1999.

ALMEDINA

TÍTULO:	INTRODUÇÃO AO ESTUDO SISTEMÁTICO DA TUTELA CAUTELAR NO PROCESSO ADMINISTRATIVO A PROPÓSITO DA URGÊNCIA NA REALIZAÇÃO DA JUSTIÇA
AUTOR:	ISABEL CELESTE M. FONSECA
EDITOR:	LIVRARIA ALMEDINA - COIMBRA www.almedina.net
DISTRIBUIDORES:	LIVRARIA ALMEDINA ARCO DE ALMEDINA, 15 TELEF. 239 851900 FAX 239 851901 www.almedina.net 3004-509 COIMBRA - PORTUGAL LIVRARIA ALMEDINA - PORTO RUA DE CEUTA, 79 TELEF. 22 2059773 FAX 22 2039497 4050-191 PORTO - PORTUGAL EDIÇÕES GLOBO, LDA. RUA S. FILIPE NERY, 37-A (AO RATO) TELEF. 21 3857619 FAX 21 3844661 1250-225 LISBOA - PORTUGAL LIVRARIA ALMEDINA ATRIUM SALDANHA LOJA 31 PRAÇA DUQUE DE SALDANHA, 1 TELEF. 21 3712690 atrium@almedina.net 1050-094 LISBOA LIVRARIA ALMEDINA/BRAGA CAMPUS DE GUALTAR UNIVERSIDADE DO MINHO TELEF. 253 678822 braga@almedina.net 4700-320 BRAGA
EXECUÇÃO GRÁFICA:	CLÁUDIA MAIROS claudia_mairos@yahoo.com
IMPRESSÃO	G.C. - GRÁFICA DE COIMBRA, LDA. PALHEIRA - ASSAFRAGE 3001-453 COIMBRA Email: producao@graficadecoimbra.pt
DATA	Maio, 2002
DEPÓSITO LEGAL:	181267/02
	Toda a reprodução desta obra, por fotocópia ou outro qualquer processo, sem prévia autorização escrita do Editor, é ilícita e passível de procedimento judicial contra o infractor.

À minha família

*Ao Senhor Professor Doutor
José Carlos Vieira de Andrade*

SIGLAS UTILIZADAS

CA	– Código Administrativo
CTA/CAA	– *Code des Tribunaux Administratifs et des Cours Administratives d'Appel*
CC	– Código Civil
CPA	– Código do Procedimento Administrativo
CPC	– Código de Processo Civil português
c.p.c	– Código de Processo Civil italiano
ETAF	– Estatuto dos Tribunais Administrativos e Fiscais
GG	– *Grundgesetz*
LEC	– *Ley de Enjuiciamiento Civil*
LOSTA	– Lei Orgânica do Supremo Tribunal Administrativo
LPTA	– Lei de Processo nos Tribunais Administrativos
LJCA	– *Ley de la Jurisdicción Contencioso-Administrativa de 13 de julio de 1998.*
MP	– Ministério Público
PCCA/92	– Projecto de Código do Contencioso Administrativo, versão de 1992.
PCPA/97	– Projecto de Código do Processo Administrativo, versão de 1997.
PCPA/STA	– Projecto de Código do Processo nos Tribunais Administrativos, versão de 1999 elaborada por Magistrados do STA.
PETJCC	– Protocolo relativo ao Estatuto do Tribunal de Justiça das Comunidades Europeias
RPTJ	– Regulamento Processual do TJ
RPTPI	– Regulamento Processual do TPI
RSTA	– Regulamento do Supremo Tribunal Administrativo
STA	– Supremo Tribunal Administrativo
STJ	– Supremo Tribunal de Justiça
TACs.	– Tribunais Administrativos de Círculo
TC	– Tribunal Constitucional (espanhol)
TCA	– Tribunal Central Administrativo
TJ(CE)	– Tribunal de Justiça das Comunidades Europeias

TPI	– Tribunal de Primeira Instância das Comunidades Europeias
TS	– Tribunal Supremo (espanhol)
TCE	– Tratado da Comunidade Europeia
TUE	– Tratado da União Europeia
VwGO	– *Verwaltungsgerichtsordnung*
ZPO	– *Zivilprozeßordnung*

Revistas utilizadas com abreviatura

Acórdãos Doutrinais do Supremo Tribunal Administrativo	– AD
Boletim da Faculdade de Direito da Universidade de Coimbra	– BFDUC
Boletim do Ministério da Justiça	– BMJ
Colectânea de Jurisprudência	– CJ
Colectânea de Jurisprudência do TJ e do TPI	– Colect.
Juristische Schulung	– *JuS*
L'Actualité Juridique. Droit Administratif	– AJDA
Recueil Dalloz. Chronique	– RD. Ch.
Recueil de Jurisprudence du Tribunal des Communautés Européennes	– Rec.
Revista da Ordem dos Advogados	– ROA
Revista de Administración Pública	– RAP
Revista da Ordem dos Advogados	– ROA
Revista española de Derecho Administrativo	– REDA
Revista Jurídica do Urbanismo e do Ambiente	– RJUA
Revue du Droit Public et de la Science Politique en France et à L'étranger	– RDP
Revue International de Sciences Administratives	– RISA
Revista de legislação e Jurisprudência	– RLJ
Revista do Ministério Público	– RMP

PRÓLOGO

La autora de esta excelente monografía, que fue en su origen una tesis de Mestrado de Coimbra, me hace el gran honor de pedirme un Prólogo para su publicación, lo que hago con sincero placer. El trabajo de preparación de una tesis doctoral es siempre fecundo para su autor, que en él depura su sentido reflexivo e investigador sobre un tema propuesto como un objeto de obligada reflexión propia. Pero no es ya demasiado frecuente que una tesis doctoral ofrezca un trabajo de verdad original y colmado. Ese es el caso de este libro, que vuelca su atención sobre una institución central de la actual justicia administrativa.

Yo tuve relación epistolar con la autora, primero, y luego personal, en una larga visita que me hizo en Madrid, y he podido seguir, por ello, la elaboración de la investigación que el libro expone ahora.

El trabajo de la Dr.ª Fonseca es, en efecto, de primera importancia. Es bien sabido que el tema de las medidas cautelares ha alcanzado en nuestros días una posición excepcionalmente relevante en todos los sistemas jurisdiccionales occidentales y de manera particular en la justicia administrativa. Este destacamiento resuelto se está manifestando día a día con nuevas Leyes y con técnicas cada vez más elaboradas (baste citar la reforma de la alemana *Verwaltungsgerichtsordnung* de 1990, o las recientes Leyes Francesa de 30 de junio de 2000, "relativa al référé ante la jurisdicción administrativa", e italiana de 21 de julio de 2000, "disposiciones en materia de justicia administrativa", la nueva regulación incluida en la Ley española de la Jurisdicción contencioso-administrativa – mucho menos progresiva, por cierto, aunque da carta de naturaleza a las medidas cautelares positivas –, de 13 de julio de 1998), con jurisprudencias cada vez más incisivas, como la desarrollada por el Tribunal de Justicia de las Comunidades Europeas durante los últimos quince años. Nada más oportuno, pues, que prestarle una atención especialmente cuidadosa.

El trabajo cumplido por la Dr.ª Fonseca es un modelo de rigor y de documentación. Como es frecuente en las tesis doctorales portuguesas que tienen quizás más de *Habilitationsschrift* o trabajo de habilitación para el profesorado que de estrictas tesis doctorales, contiene una información completa, finamente expuesta y documentada, referida además a todos los Derechos europeos de alguna relevancia: inglés, francés, alemán, italiano, español, aparte, naturalmente, del portugués. El esfuerzo de documentación es, pues, excepcional y como la autora tiene, como se apreciará inmediatamente, excelente criterio, manejado con una gran finura de jurista cumplida, el resultado es este libro, con el que tendremos que contar necesariamente en adelante todos los estudiosos de la materia.

La tutela cautelar o inmediata pretende evitar que "quien no tiene la razón" abuse más o menos deliberadamente de la larga duración del proceso en perjuicio de quien aparentemente se ve beneficiado con la posición más favorable en cuanto al fondo, pero que como consecuencia del abuso procesal de la otra parte deberá tener que soportar en posición desfavorable los largos plazos hoy habituales en los procesos judiciales. Es una técnica sumaria pero que pretende, simultáneamente, varios efectos. Sin ánimo de agotar los supuestos, enumeramos algunos característicos:

– excluir las ventajas fácticas que pueden obtener las personas que inician un proceso o que lo mantienen resistiendo una pretensión legítima de la otra parte, sobre la sola base de que la decisión del proceso se demorará en el tiempo y ellos mantienen entretanto una posición posesoria de ventaja (por ejemplo, no pagando la deuda vencida que les afecta, mantenerse en la finca arrendada cuando no tienen derecho a ello, sostener la ejecutoriedad práctica de un acto administrativo ilegal obligando a la otra parte a impugnarlo en un largo proceso); tales ventajas fácticas están soportadas sólo por un abuso del proceso como institución, que deja de ser en estos casos un instrumento para la realización de la justicia y pasa a ser en el orden práctico un medio de conseguir ventajas de hecho en contra de esa misma justicia;

– evitar que desaparezcan garantías inicialmente disponibles para poder hacer efectiva una pretensión jurisdiccional legítima y cuya desaparición en curso del proceso haría ilusorio o frustraría total o parcialmente el resultado de éste;

– evitar que, aun sin mala fe de la parte contraria, la evolución natural de las circunstancias (y en el caso de la Administración, la actuación sucesiva de los servicios, cuyo ritmo de constante actuación es una de sus notas características), la posibilidad final de la efectividad final de una sentencia favorable pueda quedar en la práctica imposibilitada.

Pero el éxito de las técnicas de medidas cautelares han llevado en cada vez más países a admitir medidas cautelares autónomas, no incidentales respecto de un proceso principal cuya efectividad final pretenden asegurar. Esta especie de medidas cautelares parecen a primera vista no ser tales, puesto que no pretenden asegurar la eficacia final de ningún proceso principal, dado que no necesitan de proceso principal alguno distinto del sumario que se pone en marcha para su propio desenvolvimiento. Pondré tres ejemplos:

– El llamado *référé* precontractual, impuesto a todos los países miembros de la Unión Europea por las Directivas comunitarias llamadas "de recursos" (Directivas del Consejo 89/665/CEE, de 21 de diciembre de 1989, y 92/13/CEE, de 25 de febrero de 1992) y cuya regulación ha sido desarrollada, por imperativo en esas Directivas, por casi todos los países comunitarios (no, por cierto, por el español, en su reciente Ley de la Jurisdicción contencioso-administrativa de 1998, que ha partido de una apreciación errónea hecha por la Ley de Contratos de las Administraciones Públicas de que el régimen ordinario de las medidas cautelares en el contencioso-administrativo cubría esa eventualidad, sin necesidad de una previsión expresa). Aquí lo característico es la independencia o autonomía de esta acción cautelar, que pretende sólo la eliminación inmediata (incluso la introducción de modificaciones positivas en las ofertas de contratos públicos) de aquellas cláusulas que restrinjan o condicionen la libertad de concurrencia. Una vez dilucidado este extremo, adopte o no el juez la corrección del pliego de condiciones, el proceso entero ha concluido, sin que la medida cautelar en su caso adoptada quede condicionada a la continuación de ningún otro proceso.

– El *référé provision*, o de pago anticipado de deudas por la Administración, creación del proceso civil francés, que pasará por una Ley de 1980 al proceso contencioso-administrativo, está hoy dispensada de una pretensión de fondo (*"même en l'absence d'une demande de fond"*) y sólo exige, como requisito material, que "la exigencia de la obligación no sea seriamente contestable" (Art. R. 541.1 del *Code de Justice Administrative francés* de 2001).

– Un caso especialmente importante en España, que se conecta con el anterior ejemplo, es el llamado tradicionalmente juicio ejecutivo (hoy, en la nueva Ley de Enjuiciamiento Civil de 2000, "juicio cambiario", incomprensiblemente más reducido que el anterior, que admitía bastantes más títulos ejecutivos que los cambiarios, art. 1428 de la Ley anterior). Este juicio, paralelo al de *référé provision*, fue justamente calificado de instrumento cautelar por la Sentencia constitucional de 10 de febrero de 1992.

¿Por qué pueden calificarse de medidas cautelares estos procesos autónomos, no incidentales de ningún otro principal ni preparatorios de la eficacia de la decisión de fondo de este último? Porque es característica de los mismos su provisionalidad o, en términos más técnicos, su falta de fuerza de cosa juzgada para impedir el ulterior planteamiento de un juicio declarativo plenario. Sobre esta base, puede y debe decirse que lo que estos juicios sumarios pretenden es alterar la carga de abrir el proceso de fondo cuando se aprecia que aquel a quien le correspondería hacerlo tiene, por un *fumus boni iuris cualificado*, toda la razón y que la parte adversa no se ampara más que en ese beneficio que le proporciona la carga de recurrir del contrario. La decisión del juicio sumario da la razón inmediatamente a quien aparece con una posición de fondo perfectamente sólida y deja a quien la tiene más débil y sólo se beneficiaba de la ventaja fáctica de su situación posesoria privado de tal ventaja y con la carga de abrir él eventualmente el juicio declarativo o de fondo. Es, pues, una medida cautelar con relación a este juicio hipotético de fondo, que, por cierto, las más de las veces no llega ni siquiera a abrirse, porque a quien correspondería promoverlo carece de razones de fondo verdaderas – a hora se comprueba de forma concluyente – para iniciarlo siquiera, una vez despojado de su ventaja posesoria.

En esta época de justicia en masa, por un justo desarrollo de la conciencia de que todas las personas tienen una opción legítima a la justicia, el arbitrio de las medidas cautelares se revela capital para que las necesarias facilidades que da el sistema para abrir los procesos no se conviertan en abusos sistemáticos contra quienes tienen derecho a disfrutar de la *tranquilitas ordinis*, que es la definición clásica de la paz. Sin este arbitrio sutil, la vida en sociedad podría convertirse en una guerra generalizada, en un desorden colectivo, en cuyo seno interminable llevarían siempre ventaja, inevitablemente, los más desenvueltos y cínicos. En la justicia administrativa esta consecuencia, que parece evidente, se traduciría inevitablemente en la ineluctable ventaja de una Administración resuelta a imponerse a cualquier precio, ya que vendría a añadir a su formidable privilegio de la autotutela, que le proporciona la ejecutoriedad inmediata de sus decisiones, la posibilidad de su mantenimiento durante un tiempo casi ilimitado (si se unen a los larguísimos plazos ordinarios de duración de los procesos los que permiten añadir con facilidad una reproducción virtual de lo que ha podido perder en un primer encuentro desfavorable). De ahí que sea justamente en este campo donde la exigencia de la tutela cautelar aparezca como más imprescindible.

El estudio de la Dr.ª Fonseca es excelente y permitiría una glosa detenida. Bastará con que diga que yo no conozco ningún otro trabajo, en cualquier lengua, tan completo, documentado, profundo, llevado sin desfallecimiento con una claridad y decisión completas.

La felicito por él efusivamente, le expreso mi admiración sin reservas y aconsejo vivamente su lectura a los estudiosos y a los legisladores, que aún tienen en esta materia (es el caso español, rotundamente) mucha materia para revisar y depurar los instrumentos técnicos de esta inexcusable perspectiva de la justicia en el siglo que acaba de comenzar.

Madrid, marzo de 2001.
Eduardo García de Enterría

> "Tudo o que faço e medito
> Fica sempre na metade.
> Querendo, quero o infinito.
> Fazendo, nada é verdade."
>
> *Fernando Pessoa.*
> *13.9.1933*

NOTA PRÉVIA

Porque "Deus me deu vida e saúde", publico, agora, o presente trabalho que constitui o resultado de um estudo iniciado em 1998, sobre a tutela cautelar no contencioso administrativo, e que corresponde à dissertação de mestrado em Ciências Jurídico-Políticas, defendida em Maio de 2000 na Faculdade de Direito da Universidade de Coimbra.

Em comparação com o original, este texto tem introduzidas as correcções de forma que são de praxe. Quanto ao conteúdo, porque não considero as recentes reformas do contencioso administrativo italiano e francês (operadas, respectivamente, pela Lei de 21 de Julho de 2000 e pela Lei de 30 de Junho de 2000), o texto mantém-se íntegro, com a excepção de alterações pontuais para acolher as sugestões e as críticas do Júri que o avaliou – Senhor Professor Doutor José Manuel Sérvulo Correia (arguente, na dissertação), Senhor Professor Doutor José Casalta Nabais e o Senhor Professor Doutor José Carlos Vieira de Andrade (meu orientador) – e a quem muito agradeço.

Quero também deixar uma palavra de agradecimento ao Senhor Professor Doutor Eduardo García de Enterría, pelo estímulo, pela gentileza com que me recebeu e me proporcionou o espaço de investigação em Madrid e pela ajuda *bibliográfica* que, continuamente, me deu, durante o período de escrita do texto.

Não posso deixar de agradecer ao Senhor Juiz Conselheiro Mário Torres e à Senhora Professora Doutora Charlotte Frei, que, respectivamente, sempre muito atentos, impediram que a este trabalho faltassem informações relativas à jurisprudência portuguesa (não publicada) e à doutrina alemã.

Agradeço, finalmente, à Escola de Direito da Universidade do Minho e a todos os que, de diferentes modos, por cortesia, por amabilidade profissional, pelo seu saber técnico e por amizade, durante o período de redacção deste texto, me ajudaram e me incentivaram a progredir.

E, como os últimos são os primeiros, deixo uma palavra de gratidão àqueles que, por amor, fizeram tudo por mim e a quem, em troca, prejudiquei irreversivelmente na minha gestão do "tempo doméstico". Destes ainda sinto, verdadeiramente, saudade.

Braga, Junho de 2001.

INTRODUÇÃO

Na alvorada do século XXI, a incapacidade institucional para realizar justiça efectiva é, talvez, um dos maiores problemas com que a comunidade universal tem de lidar[1].

No contencioso administrativo, ainda que a lentidão da justiça seja "quase originária"[2] do seu processo e a morosidade constitua "um fenómeno tão antigo que se confunde com a sua própria história"[3], a situação de entorpecimento e de demora processual tem vindo a adquirir uma dimensão *assustadora* em vários sistemas processuais europeus. Em alguns desses sistemas, não apenas no português[4], e devido ao aumento *maciço* de litigiosidade, à crescente demanda de tutela judicial e à incapacidade de resposta correspondente, a opinião comum, quanto ao modo como os tribunais actuam, é a de "balanço global negativo"[5] e de "crise", no que diz respeito à apreciação da sua eficácia[6].

---

[1] Para uma visão de conjunto do tema, vd. BOAVENTURA DE SOUSA SANTOS et alii, *Os Tribunais nas Sociedades Contemporâneas. O caso português*, Porto, 1996, pp. 387 a 482.

[2] MANUEL GROS, "Le jude administratif, la procédure et le temps", *Revue du Droit Public*, 6, 1999, p. 1707.

[3] A expressão utilizada é de O. DUGRIP, *L'urgence contentieuse devant les juridictions administratives*, Paris, 1991, p. 9.

[4] A *sobrecarga* dos tribunais administrativos e o consequente entorpecimento na realização da justiça administrativa foram manifestamente reconhecidos no II Seminário de Justiça Administrativa que decorreu em Guimarães, nos dias 16 e 17 de Abril de 1999. Vd. "Manifesto de Guimarães sobre a Justiça Administrativa", *Cadernos de Justiça Administrativa*, 14, 1999, p. 68.

[5] Neste sentido, a propósito do sistema francês, J.-M. DUBOIS-VERDIER, "Le procedure d'urgenza nel processo amministrativo francese", *Amministrare*, 1, Abril, 1999, p. 95.

[6] São muitas as vozes que têm vindo a denunciar o estado de crise da justiça em Portugal: PEDRO BACELAR DE VASCONCELOS, "A crise da justiça em Portugal", Lisboa, 1998; E. MAIA COSTA, "A crise da justiça: crise, discurso da crise e discurso crítico", RMP, 74, 1998, pp. 155 ss.; A. CLUNY, "A justiça e a sua crise. Para além dos

Tal como na Itália[7] ou na Alemanha[8], o cenário português de justiça administrativa é de verdadeira lentidão e de entorpecimento dos tribunais. Actualmente, no STA (por subsecções), estão pendentes milhares de processos, que, de ano para ano, nele vão transitando.

Em 1996, estavam pendentes no STA 4 465 processos; nesse mesmo ano entraram mais 2 268 novos processos; e do total apurado (6 733 processos) foram decididos 2 052. Contas feitas, transitaram 4 681 processos para o ano de 1997. Em 1998, o STA (por subsecções) fez transitar 3 683 para o ano de 1999, dos 5 384 processos que já tinha para decidir.

Contra estes factos não haverá um *belo* argumento que permita negar que a resolução das causas é tardia. Um recurso contencioso de anulação demora, em média, dezenas de meses para ser, definitivamente, resolvido. Por exemplo, os recursos decididos em definitivo no ano de 1988, em média, tiveram uma demora de 37 meses. Dez anos volvidos, em 1998, 23 meses foram necessários para, definitivamente, decidir os recursos.

O estado de lentidão atinge também outros recursos, que não apenas o de anulação de actos. Os processos de controlo de ilegalidades de normas demorou, em regra, de 24 a 27 meses, no que diz respeito aos processos definitivamente decididos nos anos de 1988 e 1997. A execução de julgados demorou entre 20 a 24 meses – respectivamente nos anos de 1988 e 1997.

A demora processual tem afectado também o TCA, que, apesar de ser um tribunal *jovem*, está já *afogado* (para não dizer *estrangulado*) em processos. Se em 1997 tinha apenas 602 processos para decidir, em Março de 1999, o tribunal contava já com 1 824 processos.

Finalmente, os TACs *lutavam* contra 5 498 processos no ano de 1998. Por regra, nestes tribunais, as acções processuais (meios que, por regra, são mais lentos) demoram sempre mais que 20 meses a serem concluídas. As acções sobre contratos, resolvidas definitivamente no ano de 1988, em

---

mitos político-mediáticos", RMP, 80, 1999, pp. 19 ss.; J. M. SÉRVULO CORREIA, "Vinte e cinco anos de mutação no Direito", *Forum Iustitiae*, 1999, p. 6.

[7] Neste sentido, denunciando o estado da justiça administrativa em Itália, S. ROMANO, "La tutela cautelare nel processo amministrativo italiano", *Amministrare*, 1, 1999, pp. 101 a 109.

[8] Neste sentido, vd. K.-P. SOMMERMANN, "Le système des actions et la protection d'urgence dans le contentieux administratif allemand", *revue française de droit administratif*, 11, 1995, p. 1169, notas 152 a 154; e P. MOUZOURAKI, "La modification du code des tribunaux administratifs en Allemagne fédérale", *revue française de droit administratif*, 15, 1999, pp. 150 a 158.

média, estiveram pendentes nos TACs durante 32 meses e as acções julgadas em 1997, em média, tinham uma delonga de 26 meses. Destes *números*, cumpre realçar os referentes às acções sobre responsabilidade civil, que têm vindo a sofrer de uma morosidade calculada em perto de quatro dezenas de meses, pelo menos no que diz respeito às decididas no ano de 1988. Mais precisamente, a demora das acções, definitivamente, julgadas em 1988 é calculada em 39 meses. As acções sobre responsabilidade concluídas em 1997, em média, foram propostas 23 meses antes.

Tal como o sistema português, também o francês[9] e o espanhol têm sofrido de demora processual. Esta realidade tem sido amplamente reconhecida. Pela consulta dos dados de estatística revelados no *El País* de 19 de Outubro de 1997, podemos referir que, no ano de 1996, a ordem jurídico administrativa espanhola tinha pendentes 244 173 processos. Nesse mesmo ano ingressavam nos tribunais administrativos cerca de 141 232 novos processos, 113 767 dos quais, no mesmo ano, foram concluídos. Por conseguinte, as restantes centenas de milhares de processos, transitaram para 1998. Conclui-se, ainda, destes *números* revelados no *El País*, que o processo administrativo sofre de maior morosidade do que o processo civil. A lentidão do processo civil estava calculada, em média, em 11 meses e a lentidão do processo administrativo, relativamente aos processos terminados no ano de 1997, quantificou-se em 28,6 meses[10].

Neste contexto global do estado da justiça, é "lugar comum"[11] a recomendação de reformas. E depois de realizado o diagnóstico[12], assistimos ao

---

[9] Neste sentido, por exemplo, B. ODENT, "L'avocat, le juge et les délais", in: *Droit administratif, Mélanges René Chapus*, Paris, 1992, pp. 483 a 492 e C. DEBBASCH/J.-C. RICCI, *Contentieux administratif*, 7.ª ed., Paris, 1999, p. 403.

[10] Confirmando o estado de "*ambiência pouco sadia*" da justiça administrativa em Espanha, vd. *Exposición de Motivos Ley* 29/1998, de 13 de julio (LJCA). Tb. E. GARCÍA DE ENTERRÍA, "*Requiem por un Proyecto de ley*", *Democracia, jueces y control de la Administración*, 4.ª ed., Madrid, 1998, pp. 255 a 259; C. CHINCHILLA MARÍN, "medidas cautelares, Comentarios a la Ley de la Jurisdicción Contencioso-Administrativa de 1998", REDA, 100, 1998, p. 866.

[11] Expressão de MANUEL GROS, "Le jude administratif, la procédure et le temps ... cit., p. 1707.

[12] São de vária ordem as razões apresentadas para justificar tal estado dos tribunais portugueses. Algumas delas são de natureza interna/própria do sistema, tais como: a) a excessiva passividade do juiz da acção (passividade, se não legal, pelo menos real), b) a

aparecimento de variados fenómenos, alguns dos quais resultam da actividade de *engenharia processual* e de *descodificação*. Neste sentido, o processo tem-se transformado num "campo de experiências"[13]. Outro fenómeno diz respeito ao uso "distorcido" que, em consequência da ineficácia dos processos ordinários, se faz de processos cautelares existentes. Este fenómeno traduz-se na utilização de processos *naturalmente* acessórios, como alternativa aos ordinários, para alcançar a realização do direito de forma definitiva. Processos como o *référé*, provisórios por natureza, transformam-se em "criados para todo o serviço"[14] para "salvar a honra da justiça"[15]. O mesmo raciocínio de alteração funcional atinge a *einstweilige Verfügung* (*maxime a Leistungsverfügung*)[16].

---

orientação das actividades das partes por razões frequentemente dilatórias, c) alguns obstáculos técnicos como os crónicos atrasos na citação do réu e a demora no proferimento do despacho saneador, devido às dificuldades inerentes à elaboração da especificação e do questionário. De entre as causas impróprias/externas podemos destacar: a) a falta de resposta dos tribunais ao crescimento exponencial da litigiosidade, dada a exiguidade dos meios disponíveis, b) a maior complexidade do direito material e o crescente uso nele de conceitos indeterminados e de cláusulas gerais, cuja concretização é, implicitamente, diferida para a esfera jurisdicional, c) deficiência na preparação técnica dos próprios profissionais forenses. A este propósito, para uma visão global, e, numa perspectiva anterior e posterior à reforma do CPC, vd. A. M. PESSOA VAZ, "A crise da justiça em Portugal (os grandes paradoxos da política judiciária dos últimos 50 anos)", ROA, 1986, pp. 625 ss.; M. TEIXEIRA DE SOUSA, *Estudos sobre o Novo Processo Civil*, Lisboa, 1997, p. 49; P. FARINHA ALVES/A. M. PEREIRA/SÁRAGGA LEAL/OLIVEIRA MARTINS-JUDICE, "Código de Processo Civil: um ano de aplicação", *Vida Judiciária*, 11, 1998, p. 27.

[13] Neste sentido, F. SCHOCH, "Grundfragen des verwaltungsgerichtlichen vorläufigen Rechtsschutzes", *Verwaltungs-Archiv*, 1991, p. 149.

[14] Expressão de R. PERROT, "Les mesures provisoires en droit français", *Les mesures provisoires en procédure civile, Atti del colloquio internazionale Milano, 12-13 ottobre 1984;* a cura di G. Tarzia, Milano, 1985, p. 179.

[15] Expresão de J. NORMAND, "Les mesures provisoires en droit français", *Les mesures provisoires en droit belge, français et italien. Étude de droit comparé, sous la direction de J. Compernolle/G. Tarzia, Bruylant/Bruxelles, 1998, p. 87.

[16] Confirmando esta ideia, W.-D. WALKER, *Der einstweilige Rechtsschutz im Zivilprozeß und im arbeitsgerichtlichen Verfahren*, Tübingen, 1993, ns. ms. 28 ss. pp. 25 ss.

Porque as reformas processuais dos nossos dias pretendem consagrar soluções para proporcionar tutela jurisdicional rápida, ou *quase instantânea*[17], a primeira questão que neste trabalho vamos discutir e tentar responder, com o recurso ao útil pensamento clássico, é a da identidade da tutela cautelar.

E porque as reformas processuais têm desembocado na criação de novos processos em que são disciplinadas as técnicas da sumariedade *tout court*, da provisoriedade (em sentido amplo) e da antecipação *stricto sensu*, e, visto que a natureza jurídica e a sistematização destes novos processos é envolvida em "ambiguidade", formulamos como quesito saber em que se distinguem estas técnicas da *técnica* disciplinada no processo cautelar. Enfim, dado que há alguma desconfiança dos cultores do processo ordinário perante os novos processos (sumários, antecipatórios, provisórios e urgentes) e porque estes se caracterizam por uma ampla "heterogeneidade", para que, perante estes, não se *esfume* a identidade da tutela cautelar, cumpre averiguar e perceber, comparando técnicas, quais são as suas diferenças.

Voltando ao inicialmente apresentado estado de lentidão da justiça, podemos perguntar qual a relevância do tempo no processo[18], já que na vida o *tempus est optimus judex rerum omnium*. No processo, contudo, só o tempo curto pode ser factor de ouro. E, talvez seja mais que isso. Na actualidade, como diz, E. J. COUTURE, o tempo "no processo é algo mais que ouro: é a própria justiça", porque quem dele beneficia "tem nas suas mãos as cartas para vencer" e "quem não pode esperar sabe de antemão que será derrotado"[19]. Neste contexto, procuraremos certificar-nos da veracidade desta preposição. E como a tutela cautelar é, classicamente, compreendida como remédio para combater a "demora fisiológica" do processo a favor de "quem não pode esperar", formulamos como quesito saber se hoje não há mais razões para que esta seja, principalmente, instrumento ao serviço da protecção e da satisfação provisória do direito material controvertido[20].

---

[17] Sobre este tipo de solução, vd. A. PROTO PISANI, "La tutela sommaria (note *de jure condito* e *de jure condendo*)", *Appunti sulla giustizia civile*, Bari, 1982, pp. 310 a 351.

[18] O factor tempo no processo administrativo foi amplamente considerado por F. SCHOCH, *Vorläufiger Rechtsschutz und Risikoverteilung im Verwaltungsrecht*, Heidelberg, 1988, esp. pp. 1310 ss.

[19] E. J. COUTURE, *Proyeto de Código de Procedimiento Civil*, Buenos Aires, 1954, p. 34. E mantendo a mesma ideia, J. MONTERO AROCA, *Introducción al Derecho procesal*, Madrid, 1976, p. 165.

[20] Neste sentido, F. SCHOCH, "Grundfragen des verwaltungsgerichtlichen vorläufigen Rechtsschutzes ... cit., p. 172.

A consagração da tutela cautelar em qualquer sistema processual envolve um conjunto de dificuldades e riscos, alguns dos quais estão ainda por solucionar. Saber se um processo cautelar, cuja "pedra angular"[21] é a sua instrumentalidade perante um outro processo, pode, validamente, ter como função realizar interinamente o direito material controvertido, é uma dúvida que pretendemos discutir neste trabalho. De igual forma nos questionaremos se ainda há instrumentalidade na medida, cujo *modus operandi* se traduz na intromissão no âmbito da relação material controvertida[22].

A antecipação cautelar, enquanto técnica propriamente dita, tem sido objecto de viva controvérsia doutrinal[23]. Como há uma incerteza em torno do que se antecipa, se o conteúdo da sentença de mérito ou se os efeitos do hipotético regulamento para a causa, pretendemos trazer a este trabalho as soluções que a doutrina lhes dá. De igual forma, perante as hesitações que se alargam à natureza dos efeitos antecipados, se "de direito" ou se "de facto", é nossa intenção recolher as posições da doutrina sobre estas dúvidas. As dificuldades que se relacionam com o conceito de antecipação resultam da variação das posições sobre a natureza jurídica da tutela cautelar. Em suma, pretendemos dar notícia da polémica que gira à volta destas questões, bem como das soluções que a doutrina tem vindo a apresentar para elas[24].

Procuraremos responder, também, à incerteza de como se identifica a característica da provisoriedade cautelar. Interrogaremos como se poderá reconhecer que o *référé*, considerado tradicionalmente como processo próprio para desembocar numa medida provisória (*tout court*), ainda integre o conjunto da tutela provisória *stricto sensu*, já que esta (*maxime o référé provision*), por via de actuação de vários factores, tem vindo a sofrer alterações no seu perfil funcional, permitindo, a quem a solicita, a integral satisfação da pretensão[25].

---

[21] Cujo característica tem em P. CALAMANDREI (*Introduzione allo studio sistematico dei provvedimenti cautelari*, Padova, 1936 – XIX, pp. 21 ss.) o seu principal defensor.

[22] Questão que também foi trabalhada por J. ALBERTO DOS REIS, "A Figura do Processo Cautelar", BMJ, 3, 1947, pp. 27 ss.

[23] Sobre o tema, em especial, vd. F. TOMMASEO, *I provvedimenti d'urgenza, struttura e limiti della tutela anticipatoria*, Padova, 1983.

[24] Sobre esta questão, vd., por todos, W.-D. WALKER, *Der einstweilige Rechtsschutz im Zivilprozeß und im arbeitsgerichtlichen Verfahren* ... cit., ns. ms. 66 ss., pp. 54 ss., esp. ns. ms. 83 e 84, p. 68.

[25] Natureza discutida, entre outros, por G. DEMEZ/C. PANIER, "L'autonomie du référé", *Les mesures provisoires en droit belge, français et italien. Étude de droit comparé*... cit., pp. 49 e 51 a 53; L. DU CASTILLON, "Variations autour du principe disposi-

Questão controversa é a que diz respeito ao princípio da proibição da antecipação da causa. O dogma "Verbot der Vorwegnahme der Hauptsache", será falso ou verdadeiro[26]? Olhando para trás, verificamos que, para a doutrina clássica alemã do processo civil, o conceito de provisoriedade estava associado ao facto da "decisão provisória em sentido restrito" ser um *minus* e um *aliud* perante a decisão proferida no processo principal. E, segundo a doutrina francesa tradicional, a identidade da provisoriedade do *référé* estava dependente do respeito pelo princípio da não *préjuger au principal*. A propósito de algumas medidas que não são medidas preparatórias ou de garantia, cujo conteúdo corresponde à solução para o objecto imediato da causa principal, é nosso propósito examinar atentamente neste trabalho se as medidas antecipatórias deixam, ou não, a causa principal vazia de objecto. Em suma, é uma questão essencial a que se deve dar resposta, o que é antecipar definitivamente a causa?

Tradicionalmente, segundo as doutrinas alemã e francesa, a compreensão do conceito de provisoriedade era (quase) incompatível com a antecipação integral dos efeitos da decisão principal. Porque estas medidas naturalmente provisórias, como o *référé* e a *einstweilige Verfügung*, *maxime* o *référé provision* e a *Leistungsverfügung*, produzem, hoje em dia, efeitos definitivos, cumpre em suma apreciar se estas medidas integram o conceito que tem a dogmática portuguesa sobre a tutela cautelar, conceito que, sendo originariamente italiano, corresponde, também, ao conceito espanhol[27].

A compreensão do conceito de sumariedade cautelar é também um assunto para examinar nesta investigação. Serão os conceitos clássicos de

---

tif et du contradictoire dans l'instance en référé", *Les mesures provisoires en droit belge, français et italien. Étude de droit comparé* ... cit., pp. 104 e 105.

[26] Este é verdadeiramente um dos pontos mais interessantes (porque misterioso) da problemática cautelar, que foi amplamente criticado e discutido por F. SCHOCH (*Vorläufiger Rechtsschutz und Risikoverteilung im Verwaltungsrecht*, Heidelberg, 1988), num contexto de análise do factor tempo, numa perspectiva bidimensional, considerando a problemática da repartição de riscos (de produção de situações consumadas). Vd. esp. pp. 892 a 958; 1310 a 1318; 1395 ss.

[27] Esta questão é tratada por E. A. DINI/G. MAMMONE, *I provvedimenti d'urgenza nel diritto processuale civile e nel diritto del lavoro*, Milão, 1993, p. 345. C. SILVESTRI verifica que a tutela provisória tem sido um procedimento alternativo ao processo ordinário de tutela, vd. "Il sistema francese dei 'référé'", *Il Foro Italiano*, (parte V), 1, 1998, p. 25. Especialmente, cumpre ver F. GASCÓN INCHAUSTI, *La Adopción de las Medidas Cautelares con Carácter Previo a la Demanda*, Barcelona, 1999, pp. 17 ss.

"juízo hipotético", "aparência de bom direito" e "cálculo probabilístico" conceitos mais aproximados da natureza "empírica" e "psicológica", do que "técnico jurídica"? Em que é que se traduz o *fumus boni iuris* e a "mera fundamentação como grau de prova"? E o que é "instrumentalidade hipotética"? Em síntese, e a propósito da cognição cautelar, tomaremos parte na discussão sobre o que distingue a cognição sumária cautelar da cognição sumária *tout court*.

A tutela cautelar tem ainda outros pontos para investigar e para discutir; nomeadamente no que diz respeito às condições de procedência que devem ser fixadas pelo legislador. Temos dúvidas sobre se a compreensão da "ponderação de interesses", enquanto condição cumulativa e negativa de procedência da tutela cautelar, tem correspondência com o *"balance of convenience"*, tipo de exame com tradição na jurisprudência britânica, enquanto juízo de cognição bidimensional da natureza dos intereses em jogo[28]. Se em relação a este último se aceita a sua lógica, já quanto ao primeiro, temos as nossas reservas quanto à sua congruência com o princípio da tutela judicial efectiva. Este será, portanto, um assunto a desenvolver.

Também para ter em consideração, nesta tese, é a questão do tipo de situações de urgência que devem merecer protecção jurisdicional diferente da ordinária, e que fatalmente nos obrigará a formular uma pergunta prévia e à qual daremos uma prévia resposta: que tipo de situações de urgência devem ser protegidas através da tutela cautelar; e quais as que devem cair no âmbito dos processos urgentes *stricto sensu*? Cumpre-nos, portanto, averiguar o que é *periculum in mora*.

Estes assuntos que em síntese, agora, introduzimos, e que envolvem o conceito de tutela cautelar, as suas características, a sua natureza jurídica, o conteúdo e os seus limites, serão discutidos e examinados como questões prejudiciais, perante as dificuldades que no contencioso administrativo acrescem às já referidas.

Às incertezas que neste momento enunciamos e que, esperamos ver esclarecidas, acrescentaremos outras novas dificuldades, inerentes ao próprio contencioso administrativo.

Porque já demonstrámos que a demora do processo é natural do processo administrativo, propomo-nos interrogar qual tem sido o instrumento de

---

[28] Neste sentido, I. DEL GUAYO CASTIELLA, *Judicial Review y justicia cautelar*, Madrid, 1997, pp. 87 a 90.

repartição de danos (resultantes dessa demora) e de riscos (de produção de factos consumados), entre a Administração e os particulares, visto que quem inicia o processo é quem, por via de regra, acarreta com o prejuízo que da demora resulta.

Perante um sistema legal que, para combater esse *periculum in mora*, consagra um tratamento desigual entre as partes (já que a Administração pôde solicitar durante muito tempo, contra os particulares, o decretamento de quaisquer medidas cautelares, previstas na lei processual civil e estes apenas puderam recorrer à suspensão da eficácia de actos), não hesitamos em suspeitar que tem sido o particular o principal prejudicado com a demora do processo administrativo. Cumpre-nos, por isso, num primeiro momento, confirmar esta suspeita.

E, como sabemos que por regra quem inicia o processo administrativo é o particular e o recurso de anulação não tem efeito suspensivo, um primeiro ponto a examinar com atenção é o de saber quem tem verdadeiramente suportado o *periculum in mora* resultante deste processo impugnatório. E, sem que se deixe de reconhecer alguma evolução, se, no contencioso dos actos, acrescentarmos a esta dúvida a incerteza perante as demais insuficiências do regime substantivo dos actos administrativos, como o privilégio de execução prévia, a infundada presunção de validade do acto, e o ineficiente regime de execução de sentenças, bem como a interpretação e a aplicação excessivamente formalista (e timorata) em torno do mecanismo de suspensão da eficácia do acto, sobra-nos muita desconfiança sobre que tipo de justiça tem sido realizada no contencioso administrativo dos actos, nas últimas décadas.

Uma das dificuldades que apenas pretendemos discutir, porque, para ela, a solução exige uma ampla reflexão, diz respeito à relação que a tutela cautelar tem com a regra subjacente ao sistema de execução de sentenças, o da execução *in natura*, e ao problemático apuramento, em concreto, das causas legítimas de inexecução[29]. Fundamentalmente, cumpre questionar se a configuração eventual de uma situação de grave prejuízo para o interesse público, resultante da execução, pode traduzir para o processo cautelar um juízo favorável ao indeferimento da medida cautelar.

Já nem questionaremos se entre o *interesse público administrativo* e o *interesse público jurisdicional*, um deles deve ser preterido em relação ao outro; e se a realização efectiva da tutela jurisdicional só pode ser propor-

---

[29] A este propósito, vd. as considerações de D. FREITAS DO AMARAL, *A Execução das Sentenças dos Tribunais Administrativos*, Coimbra, 2.ª ed., 1997.

cionada, salvo se outra coisa exigir o interesse público[30]. Também não questionaremos se ofende, ou não, o Estado de Direito e o princípio da separação de poderes "oferecer ao cidadão um juiz, dizer-lhe que a ele pode recorrer, fazê-lo enfrentar um processo, dar-lhe a ilusão de ter vencido e depois dizer--lhe que em verdade estava na razão, mas por motivos de interesse ou de ordem pública se opõem a que obtenha o que tem direito de obter"[31]. Apenas duvidamos se estes juízos "de grave lesão para o interesse público", resultante da execução da sentença, podem servir como fundamento de que não vale a pena acautelar, pois a inexecução *in natura* aparece legalmente como pré legitimada. Ou seja, averiguaremos, apenas, se é ao juiz cautelar que cabe definitivamente escolher o *interesse público* (administrativo ou jurisdicional) vencedor e vencido, pois, invocando G. VIOLA, isto significaria "minar pela base a própria essência do direito e da justiça"[32].

Num outro sentido, ainda que reportando-nos à execução das sentenças, e relacionando a necessidade de tutela cautelar com a solução (embaraçosa) que o regime português consagra perante o privilégio da execução prévia de acto ilegal, cumpre ponderar se as situações de facto consumado – situação do particular resignado (vencedor de um demorado e custoso processo contra a Administração), perante a invocação de causa legítima de inexecução, resultante da impossibilidade em absoluto de execução –, não obrigarão a repensar o conceito do factor tempo no processo administrativo.

Na verdade, é fácil compreender que "se tiverem sido ordenados e executados o abate de plantas ou de animais ou a demolição de um monumento histórico, é manifesta a impossibilidade de executar as sentenças que venham, porventura, a anular os actos administrativos correspondentes", pois logo se vê que a Administração se acha, de todo em todo, impedida de fazer milagres; pois, ressuscitar um ser vivo que matou e refazer um monumento histórico que mandou destruir, está fora dos seus poderes. Neste caso, é clara a consequência da falta de actuação cautelar, que se traduziu na produção de uma situação de factos consumados.

---

[30] A este propósito, cumpre ver a reflexão de E. GARCÍA DE ENTERRÍA, *La batalla por las medidas cautelares*, 2ª ed., Madrid, 1995, esp. pp. 215 e 216.

[31] G. VIOLA, "Le ragioni di ordine e interesse pubblico ostative alla esecuzione del giudicato", Apud, D. FREITAS DO AMARAL, *A Execução de Sentenças dos Tribunais administrativos* ... cit., pp. 140 e 141.

[32] Seguindo o exemplo de D. FREITAS DO AMARAL, *A Execução de Sentenças dos Tribunais Administrativos* ... cit., p. 141.

É evidente que, voltando à ideia referida no fim do parágrafo anterior, no tempo intermédio se pode produzir uma situação de factos definitivos também resultantes do conteúdo da medida decretada. A decretação de uma medida cautelar e, designadamente, a de suspensão da eficácia pode produzir uma situação de factos irreversíveis, sem dúvida. Pense-se na suspensão da eficácia do acto que revoga a inscrição de um aluno na Universidade. Sendo o recurso de anulação decidido três anos após o início de frequência de aulas, a suspensão do acto de revogação pode ter criado um facto consumado, o aluno pode ter alcançado, no *frattempo*, aproveitamento escolar significativo, de dois ou três anos lectivos.

Não será, por conseguinte, altura para, à semelhança de F. SCHOCH, substituirmos a visão unidimensional do factor tempo (e do risco de produção de situações definitivas), por uma visão bidimensional[33]? Não será oportuno considerar que ao juiz cautelar só cabe assegurar, provisoriamente, em termos de direito, a realização do direito administrativo? Se o juiz administrativo cautelar der preferência, no *frattempo*, ao interesse administrativo em detrimento do *interesse público jurisdicional* (visível pela situação irreversível provocada pelo factor tempo e pela impossibilidade de a justiça efectiva vir a ser realizada), não será ele também *um (o) administrador ante tempus*?

Tanto o juiz que nega tutela cautelar, como o que a defere, pode comportar-se como administrador, sendo suficiente que, das suas decisões, resulte a produção de uma situação de factos consumados. E, na verdade, estas situações serão sempre não desejadas no contencioso administrativo ou haverá situações excepcionais em que é conveniente decidir definitivamente a causa? Esta é, com certeza, uma questão complicada, que merecerá uma dedicada atenção.

Em síntese, porque suspeitamos que no contencioso dos actos, há alterações a introduzir nos instrumentos (já previstos) de repartição de prejuízos e riscos, propomo-nos discutir quais serão essas alterações. Questionamos se, para evitar a produção de decisões antecipadas erradas, não será necessário examinar o direito das partes na causa principal, afastando a presunção infundada da validade de acto, e apreciar o conceito de "grave lesão para o interesse público" – enquanto condição central de procedência da suspensão –, em sintonia com o princípio da tutela jurisdicional efectiva.

---

[33] Mais uma vez cumpre ver os trabalhos de F. SCHOCH, *Vorläufiger Rechtsschutz und Risikoverteilung im Verwaltungsrecht* ... cit., esp. pp. 1310 ss.; *Verwaltungsgerichtsordnung*, München, 1998, em comentário aos § 80.º / § 123.º VwGO.

Ainda a propósito da suspensão da eficácia do acto, e da sua natureza jurídica, é nosso objectivo certificarmo-nos da sua verdadeira estrutura antecipatória[34]. Também nos interrogaremos se, quanto ao conteúdo, não será a decisão de suspensão uma medida cautelar *semi indeterminada*, "cuja infância difícil, igual à do recurso de anulação, impediu a sua "catarse jurisprudencial e doutrinal", provocando a redução da coisa ao seu *nomen iuris*[35].

No contencioso das acções mantêm-se algumas dificuldades e surgem outras novas. Neste contexto, cumpre-nos examinar quais os mecanismos de repartição de riscos da demora do processo consagrados na lei, para obviar à produção de prejuízos resultantes da demora das acções.

E como não está consagrada a existência de processos cautelares na lei que rege o processo administrativo, propomo-nos descobrir se a incorporação (*enxertia*) jurisprudencial (neste contencioso) das providências cautelares do processo civil afasta a suspeita que temos *a priori*: a de que a história do contencioso administrativo de plena jurisdição demonstra que no passado foi realizada mais frustração que justiça efectiva.

Na verdade, como o regime do contencioso que abrange a responsabilidade da Administração, a actividade contratual, a actividade de emissão de normas e a actividade material, não prevê a existência de processos cautelares, e porque a jurisprudência nele negou a aplicação da suspensão da eficácia de actos (*maxime* no contencioso das normas), e porque complicou a sua aplicação no contencioso dos contratos, suspeitamos que a regra da execução das sentenças se fez por equivalente pecuniário.

Aliás, no desenvolvimento desta ideia, julgamos que se deve à ausência de providências cautelares no processo administrativo, a fuga dos particulares para o contencioso privado, no que respeita à procura de tutela perante actos materiais lesivos da Administração; e que, à ausência de tutela cautelar, se deve a transformação do contencioso regra dos contratos da Administração num *melodrama*. Na verdade, este assemelha-se a um palco onde decorre uma ópera bufa (que chamamos de "*ária de inútil precaução*"), no qual o juiz (à semelhança da *guardia*, que é chamada por D. Bártolo, tutor de Rosina,

---

[34] Sobre esta questão, no sentido da antecipação, M. ANDREIS, *Tutela sommaria e tutela cautelare nel processo amministrativo*, Milano, 1996, pp. 225 ss.

[35] Reflectimos a partir dos conceitos de VASCO PEREIRA DA SILVA, desenvolvidos, designadamente, em *Para um contencioso administrativo dos particulares*, Coimbra, pp. 67 a 130 e em "O nome e a coisa – A acção chamada recurso de anulação e a reforma do contencioso administrativo", *Cadernos de Justiça Administrativa*, 22, 2000, pp. 36 ss.

para prender o Conde) depois de anular um acto lesivo referente ao procedimento contratual, entra em cena tarde demais, quando a Administração celebrou já o contrato e quando, tantas vezes, este foi já executado (à semelhança da cena, em que o *Conde de Almaviva*, em segredo, acabara de desposar *Rosina*). Neste *triste* cenário, cumpre lembrar os terceiros lesados perante o contrato inválido, a quem resta muito menos que a *D. Bártolo*, já que a este, perante a situação de resignação ("o que está feito, está feito, um casamento não se desfaz") ainda ganha o dote e as gargalhadas irónicas do *barbeiro de Sevilha*, sobrando para os terceiros, que obtiveram uma sentença anulatória favorável, uma inexecução legítima de sentença. Perante este *melodrama*, que vamos narrar, cumpre questionar se o Decreto Lei n.º 134/98, de 15 de Maio, será solução a aplicar amplamente?

Numa perspectiva de síntese, é obrigatório examinar se a aplicação subsidiária das providências cautelares do processo civil garante que a duração do processo administrativo não prejudica quem tem razão, e se, por isso, poderá manter-se para sempre neste contencioso como instrumento para proporcionar tutela jurisdicional efectiva.

Se pelo contrário, chegarmos à conclusão de que esta solução não pode ser aceite, senão como solução provisória, será necessário apresentar, de seguida, uma proposta para a sua modificação.

Num momento prévio ao esboço do regime de protecção cautelar, cuja *sedes materiae* está prevista nos normativos 20.º e 264.º, n.º 4 da CRP, na Convenção Europeia dos Direitos do Homem, bem como na Ordem Jurídica Comunitária, propomo-nos considerar outros sistemas processuais administrativos.

Nesse sentido, a primeira questão que temos em vista é relativa ao poder de cada um dos Estados membros para definir isolada e autonomamente os seus próprios modelos de justiça administrativa provisória, sem ter em conta a Ordem Jurídica Comunitária, incluindo a orientação jurisprudencial do TJCE. Num segundo e terceiro pontos é nosso intento descobrir em que consiste o *ius commune europeu* de tutela provisória, bem como quais são os "*Europarechtlichen Standards*"[36] que, em sede de aplicação cautelar interna, convém consagrar no nosso esboço[37].

---

[36] Expressão de F. SCHOCH, *Verwaltungsgerichtsordnung* ... cit., em comentário ao § 123.º VwGO, n. m. 68, p. 30.

[37] Nesta perspectiva, a não aceitação do *fumus boni iuris* como condição comum de decretação da tutela cautelar no processo administrativo espanhol foi criticada pela dou-

Num segundo tema para análise, importa saber se, em outros sistemas processuais administrativos, há méritos que devemos considerar apropriados para servir de modelo a este trabalho. A título de exemplo, achamos oportuno apreciar o sistema do *vorläufigen Rechtsschutz* alemão e o sistema de *référé* francês, e considerar: que tipo de medidas provisórias neles estão previstas; que condições de procedência neles são fixadas e que tipo de conteúdo e seus limites lhes são próprios. Temos intenção de fazer o mesmo tipo de apreciação em relação aos sistemas britânico e belga, ainda que de forma oblíqua.

É também nosso propósito descrever, em síntese, uma das *batalhas* mais interessante pela tutela cautelar, que foi travada no país vizinho, de cuja discussão dogmática que em seu redor se produziu só poderemos retirar ensinamentos positivos, com certeza.

Queremos deixar uma última ideia para ponderar: terá o processo administrativo tantas especificidades[38] – algumas identificáveis na reprodução escrita das suas fases, no cumprimento rigoroso do princípio do contraditório e na intervenção do MP durante o processo – que impeçam a sua aceleração ou abreviação? Pressupondo que não, somos da opinião que se devem distinguir as situações, cuja urgência exige uma solução distinta, própria dos processos urgentes não cautelares. E com esta afirmação não pretendemos senão trazer, a este texto, a discussão que envolve as alternativas processuais de urgência, já que também não desejamos, como ninguém deseja, que o "baricentro" da justiça administrativa passe do processo de cognição plena para o processo de cognição sumária, da decisão séria e ponderada para a "valorização epidérmica e fotográfica" e muito menos se deseja que a decisão de mérito passe para um momento antecipado do processo. As soluções para a justiça do tipo *"morde e foge"*[39] não são recomendáveis.

---

trina (E. GARCÍA DE ENTERRÍA, *Carta pessoal do Autor*, Setembro de 1998). Também, neste sentido, alguma jurisprudência reconheceu já que a desconformidade entre o sistema interno espanhol e comunitário pode ser compensado pela aplicação do critério do *fumus comunitário no processo administrativo nacional*. Vd. Acórdão da Sala 3ª do Tribunal Supremo de 6 de Maio, relativo ao recurso 17/1999 e em que foi Ponente Sr. D. Manuel Campos.

[38] Sobre este tema, G. PEREIRA DA FONSECA, "Differences entre la procédure civile et la procédure du contentieux Administratif", *Revista de Direito Público*, 9, Ano IV, Jan/Julho, 1991, pp. 79 ss.

[39] Expressão de ANNALISA DI CUIA, "La sospensione dell'esecuzione del provvedimento impugnato nel processo amministrativo", retirado da Internet, site: http://www.gelso.unitn.it/card-adm/Obter-dictum/dicuia.htm., 13.1.1999, 10:36.

Finalmente, a última questão a introduzir. A tutela cautelar, enquanto tipo de tutela urgente, enquanto tipo de tutela sumária, enquanto tipo de tutela provisória (que alguns consideram *precária*), envolve dificuldades, polémica, antipatia e medos[40]. Numa perspectiva, se a tutela cautelar não é "odiada"[41], pelo menos, "nem sempre é querida".

E no processo administrativo, a consideração da tutela cautelar é ainda mais melindrosa que no processo civil e envolve mais dificuldades, decorrentes nomeadamente dos interesses que se realizam no processo. Uma destas incertezas diz respeito ao prejuízo resultante da paralisação da actividade administrativa e ao efeito negativo que esta pode provocar na realização imediata do interesse público e na perda do efeito útil da acção administrativa suspensa. Serão estes, portanto, aspectos que se devem considerar durante a apreciação das condições de procedência da tutela cautelar? A ponderação de interesses deverá ser efectuada cumulativamente[42] com a apreciação do direito das partes ou independentemente deste e do tipo de *periculum in mora* que ameaça lesar o demandante[43]?

Um outro problema que envolve o decretamento da tutela cautelar do processo administrativo diz respeito ao exercício da função administrativa *stricto sensu*. Que tipo de pretensões dos particulares podem ser satisfeitas pelo juiz cautelar, sem que este se transforme em administrador *ante tempus*? Como respeitar o poder discricionário da Administração e que garantias existem de que o juiz cautelar, ao decretar uma medida antecipatória, respeita o princípio da separação de poderes – "trave-mestra do Estado de Direito"? Que tipo de intimações podem os tribunais administrativos dirigir à

---

[40] Palavras de F. TOMMASEO, "Intervento", *Les mesures provisoires en procédure civile* ... cit., p. 304.

[41] Expressão de P. PAJARDI, "La ideologia ispiratrice dei provvedimenti d'urgenza in generale. I provvedimenti cautelari. La provvisoria esecuzione", *Les mesures provisoires en procédure civile* ... cit., p. 296.

[42] Sobre este tema, vd. J. RODRÍGUES PONTÓN, *Pluralidad de Intereses en la Tutela Cautelar del Proceso Contencioso-Administrativo*, Barcelona, 1999, pp. 69 ss., pp. 119 ss. e esp. p. 198.

[43] Em alguns momentos, a jurisprudência reconheceu que o processo administrativo não se compadece com uma defesa exclusiva dos interesses do particular, mas também visa defender o interesse público – interesse que nem sempre se identifica, no caso concreto, com o interesse prosseguido pela Administração. Vd. Ac. do STA de 8.7.1997, publicado nos *Cadernos de Justiça Administrativa*, 8, 1998, pp. 37 ss.

Administração[44]? Perante a ameaça de destruição de um *habitat* natural, ou de um conjunto de pinturas rupestres encontradas no leito de um rio, poderá o juiz cautelar administrativo emitir um *desistat* dirigido a interditar a Administração de construir uma ponte ou uma barragem, em 48 horas, se for necessário?

Neste trabalho é fundamental, então, discutir que tipo de conteúdo e que limites pode (ou deve) ter a tutela cautelar no contencioso administrativo, pois, se à Administração compete exercer a função administrativa – "a realização dinâmica do interesse público"[45] – e se "é nem mais nem menos do que a lei traduzida em concreto"[46], cumpre, saber, se, nomeadamente, o juiz cautelar administrativo pode emitir uma acto administrativo, antecipadamente e em vez da Administração; se pode licenciar o funcionamento de uma actividade, se pode conceder uma autorização ou a licença de construção[47]. Por certo, um regime de tutela cautelar que atribua ao juiz o poder de emissão provisória de um acto, em substituição da Administração, ou que lhe permita reduzir (ou usurpar) o exercício de poder discricionário, coloca em risco a construção do "modelo moderado e equilibrado"[48] que se deseja para o "Estado de Direito de Justiça"[49]. E perante a questão de como deve o princípio da separação de poderes concretizar-se no regime de tutela cautelar, responderemos que de modo algum este deverá ser em termos que revelem competição entre poderes judicial e administrativo[50].

---

[44] Sobre esta questão, MARIA DA GLÓRIA FERREIRA P. D. GARCIA, "Da exclusividade de uma medida cautelar típica à atipicidade das medidas cautelares ou a necessidade de uma nova compreensão do Direito e do Estado", *Cadernos de Justiça Administrativa*, 16, 1999, p. 77.

[45] Palavras de J. C. VIEIRA DE ANDRADE, "O Ordenamento Jurídico Administrativo Português", in: *Contencioso Administrativo*, Braga, 1986, p. 48.

[46] ROGÉRIO EHRHARDT SOARES, "Administração Pública e Controlo Judicial", *Revista de Legislação e de Jurisprudência*, 1994, ano 127, n.º 3845, p. 227.

[47] Vd., a este propósito, JOÃO CAUPERS, "Imposições à Administração Pública", *Cadernos de Justiça Administrativa*, 16, 1999, p. 49, pp. 50 e 51.

[48] Seguindo o pensamento de J. C. VIEIRA DE ANDRADE, *O Dever da Fundamentação Expressa de Actos Administrativos*, Coimbra, 1992, p. 399.

[49] Expressão de MARIA DA GLÓRIA F. P. DIAS GARCIA, *Do Conselho de Estado ao Actual Supremo Tribunal Administrativo*, Lisboa, 1998, p.130.

[50] Adaptando o raciocínio de MARIA DA GLÓRIA F. P. DIAS GARCIA, "Os procedimentos cautelares. Em especial, a suspensão da eficácia do acto administrativo,

O conjunto de receios e dificuldades que apontámos não pode inibir o poder do juiz cautelar, pois à semelhança do médico de urgência que não deixa que o medo de errar lhe iniba a utilização do *bisturi*, para salvar quem corre o risco de morrer, também o juiz cautelar tem de ser intuitivo, corajoso e sensível ao "factor tempo", pois do seu receio em causar danos e da sua reverência à Administração ou, mesmo, da sua ligeireza pode resultar a perda definitiva do direito material controvertido.

Porque o processo não pode ser um jogo[51] abandonado ao tempo e à "coacção psicológica" das partes – incluindo a pressão da parte que, "em cima do pedestal"[52], ameaça "*giocare a far male*"[53] –, porque o juiz administrativo não sofre de nenhuma "incapacidade congénita"[54] para proteger as situações de urgência e porque há alturas em que o "direito não pode esperar", convidamos o juiz cautelar administrativo a entrar no jogo, numa atitude de *hic Rhodus hic salta!* É agora ou nunca!

Separata de *Direito e Justiça*, vol. X, tomo 1, 1996, pp. 211 e 212; e J. C. VIEIRA DE ANDRADE, "Relatórios de síntese", *Cadernos de Justiça Administrtaiva*, 16, 1999, p. 83.

[51] P. CALAMANDREI, "Il processo come giuoco", *Rivista di Diritto Processuale*, 1950, pp. 41 ss.

[52] Expressão de MARIA JOÃO ESTORNINHO, *A Fuga para o Direito Privado*, Coimbra, 1996, p. 46.

[53] Adaptamos ao processo administrativo a frase napolitana citada por L. MONTESANO, "Strumentalità e superficialità della cognizione cautelare", *Rivista di Diritto Processuale*, 1999, p. 314.

[54] Expressão de R. ABRAHAM, "L'avenir de la voit de fait et le référé administratif", Mélanges Guy Braibant, 1996, pp. 12 e 13.

CAPÍTULO I

PROBLEMA:
A TUTELA JURISDICIONAL CAUTELAR: OS CONTORNOS DA *PEÇA*

Sumário:
1. Introdução. A tutela jurisdicional "solene, de cognição plena" e as outras, a sumária, a provisória, a antecipatória e a urgente. 2. A tutela jurisdicional cautelar. 3. A instrumentalidade, a provisoriedade e a *sumariedade* cautelares. 4. As condições de procedência da tutela cautelar. O *periculum in mora*, de infrutuosidade e de retardamento, e o *fumus boni iuris*. 5. O conteúdo e os limites da tutela cautelar.

1. Introdução. A tutela jurisdicional "solene, de cognição plena" e as outras, a sumária, a antecipatória, a provisória e a urgente

A justiça dos homens, *desafortunadamente*, não é instantânea. Bem pelo contrário, realiza-se inevitavelmente através de um processo, compreendido, tradicionalmente, como o mecanismo próprio para realizar a tutela jurisdicional com certeza e verdade.

O tipo de processo que concretiza o princípio do contraditório e o direito de defesa das partes, e que respeita o princípio da igualdade dos cidadãos, é, numa perspectiva clássica, o *melhor* processo dos homens, não obstante se desenvolver num tempo longo[55].

Este tipo de processo, *solemnis ordo iudiciarius*, com as suas *fórmulas* lentas, ordenadas, graves, solenes, complicadas e rigorosas, e que são "garan-

---

[55] P. CALAMANDREI, *Istituzioni di Diritto Processuale Civile*, Padova, 1943 – XXI, pp. 23 ss., pp. 26 ss., pp. 53 ss.; J. MONTERO AROCA, *Introducción al Derecho Procesal*, Madrid, 1976, pp. 113 ss.

tia de segurança para os litigantes e para a apreciação dos factos", é o adequado para finalizar com pronúncias judiciais definitivas, com capacidade para formar caso julgado, já que nele se procede a uma cognição plena e total dos factos e do direito das partes[56].

Mas, não obstante a necessária garantia de certeza na realização do direito, a que já fizemos referência, e que este tipo de processo cumpre, também um outro valor deve ser realizado por este (denominado pela doutrina tradicional como *ordinário* ou *comum*, ou como "processo de cognição plena e exaurível" ou como "plenário"). Ainda que se compreenda a sua duração fisiológica, já justificada, o processo solene de cognição plena deve ser também adequado para realizar tutela jurisdicional efectiva e atempada, já que, bem se entende, negando-se a tutela privada, a justiça institucionalizada (estadual) deve ser apta a proporcionar ao autor, que tem razão, tudo quanto é próprio do seu direito substantivo, que nesse "processo de cognição plena" é reconhecido[57].

A harmonização dos valores enunciados no mesmo processo é obra difícil, já que o objectivo deste processo é realizar tutela jurisdicional plena, certa e definitiva, e, ao mesmo tempo realizar tutela que seja efectiva. E a dificuldade apresentada resulta do facto de a demora natural do processo institucionalizado ser, ela própria, apta a anular todo o efeito útil da sentença, por mais certa e definitiva que a sentença seja, e por mais contraditório que tenha sido o processo, prejudicando, por conseguinte, quem dele se serve[58].

---

[56] J. MONTERO AROCA, "Prólogo", *El nuevo proceso civil* (Ley 1/2000), J. L. GÓMEZ COLOMER/A. MONTÓN REDONDO/ S. BARONA VILAR, Valencia, 2000, pp. 41 ss., esp. p. 50 e p. 51.

[57] Neste sentido, A. PROTO PISANI, "Procedimenti cautelari", in: *Enciclopedia Giuridica*, vol. XXIV, Roma, 1991, pp. 1 ss.

[58] Esta realidade foi reconhecida como razão de ser da tutela cautelar, por G. CHIOVENDA, cuja ideia ficou imortalizada nas frases "a duração do processo não pode prejudicar quem tem razão", (*Saggi di Diritto Processuale Civile*, I, Roma, 1930, p. 274) e "la necessità di servirsi del processo per ottenere ragione non deve tornare a danno di chi ha ragione", em, *Istituzioni di Diritto Processuale Civile*, I, Nápoles, 1933, p. 147. Bem como por P. CALAMANDREI (*Introduzione allo studio sistematico dei provvedimenti cautelari*, Padova, 1939, p. 19) e por F. CARNELUTTI (*Lezioni di Diritto Processuale Civile*, II, Pádova, 1936, pp. 85 ss.). Também a posição de A. PROTO PISANI, mais recentemente, vai neste sentido. Vd., deste autor, "I provvedimenti d'urgenza", *Appunti sulla giustizia civile*, Bari, 1982, pp. 391 ss.; e, tb. "Chiovenda e la tutela cautelare", *Rivista di Diritto Processuale*, 1988, pp. 19 ss.

E, reconhecendo razão a CHIOVENDA, é, por regra, quem tem necessidade de iniciar o processo que sofre com a sua demora, pois, ainda que não seja necessário trazer à nossa memória o tipo de condutas fraudulentas do devedor "sem escrúpulos"[59] ou a má fé do réu[60], traduzidas em dissipar o seu património e em abusar do seu direito de defesa (protelando o processo, indefinidamente, no tempo)[61], respectivamente, é o demandante que sofre o "dano marginal"[62] do processo. Este dano é provocado pelo *tempo perdido* ("scarto")[63] que, desde o momento em que se inicia o processo até à restauração efectiva do direito, corre em contagem decrescente à efectividade da sentença que lhe põe fim[64].

O *tempo perdido*[65] é naturalmente apto a causar danos a quem tem necessidade de iniciar o processo, pois, é o demandante que não só corre o risco da sentença chegar tarde, e, por isso, ser infrutuosa, como, também, sofre imediatamente o prejuízo causado pelo retardamento da sentença, visto que, durante o tempo de espera, há uma insatisfação do direito[66].

---

[59] Expressão de J. ALBERTO DOS REIS, "A figura do processo cautelar ... cit., p. 22.

[60] Neste sentido, A. M. PESSOA VAZ, "Les mesures provisoires et les procédures préventives dans l'évolution du droit de procédure portuguais", *Les mesures provisoires en procédure civile. Atti del colloquio internazionle Milano, 12-13 ottobre 1984, a cura di G. TARZIA*, pp. 180 e 181.

[61] Neste sentido, J. ALBERTO DOS REIS, "A figura do processo cautelar ... cit., pp. 6, 23.

[62] Expressão de E. FINZI ("Questioni controverse in tema di esecuzione provvisoria", *Rivista di Diritto Processuale*, 1926, II, p. 50), acolhida e difundida por P. CALAMANDREI (*Introduzione allo studio sistematico* ... cit., pp. 15 e 18), e, mais recentemente, retomada por G. TARZIA, "La tutela cautelare", *Il nuovo processo cautelare*, Padova, 1993, pp. XXII e A. PROTO PISANI, "Procedimenti cautelari ... cit., p. 3.

[63] GIUSEPPE DI TROCCHIO ("Provvedimenti cautelari in diritto processuale penale", *Enciclopedia del Diritto*, vol. XXXVII, Giuffrè Editore, 1988, pp. 844 a 855) defende que o "scarto" ou "spazio" entre o momento de lesão do direito e o momento da reintegração do direito justificam a tutela cautelar no processo penal.

[64] Neste sentido, reconhecendo, também, esta realidade F. RAMOS MENDEZ, "Les mesures provisoires indéterminées dans le procès civil espagnol", *Les mesures provisoires en procédure civile* ... cit., pp. 189 e 190.

[65] O factor tempo, numa perspectiva bidimensional, é considerado como o factor determinante da função e actuação cautelar por F. SCHOCH, *Vorläufiger Rechtsschutz und Risikoverteilung im Verwaltungsrecht* ... cit., 1988, esp. pp. 1310 ss.

[66] Neste sentido, aceitando o duplo tipo de lesão resultante do "tempo perdido", H. HUBA, "Grundfälle zum vorläufigen Rechtsschutz nach der VwGO", *Juristische Schulung*, 12, 1990, pp. 983 a 990, esp. p. 983.; F. SCHOCH, "Grundfragen des verwal-

O conflito de valores que apresentámos, já reconhecido pela doutrina do processo civil clássica, ao longo dos tempos, não tem sido solucionado. Nos nossos dias, pelo contrário, devido ao aumento da demanda processual, a natural "demora fisiológica" do processo tem dado lugar a uma "demora patológica"[67], e, consequentemente, hoje é mais difícil realizar justiça efectiva, visto que, dada a crescente conflituosidade e o aumento do volume de pedidos de tutela judicial, os processos ficam pendentes e desenvolvem-se durante um tempo extremamente mais longo.

Perante o aumento da demanda e a incapacidade de prontidão de resposta do sistema judicial, é compreensível o descontentamento da sociedade frenética dos nossos dias, a mesma que procura abarcar o universo pela tecnologia da comunicação, na qual basta um telefonema e milhões são transferidos de um pólo do planeta para o outro e na qual os bens económicos são cada vez mais escassos e a repercussão de danos é cada vez mais rápida e irreversível[68].

Deste modo se compreende que o processo civil deixe (tenha deixado e seja obrigado a deixar) de ser um meio para solucionar os conflitos típicos de uma sociedade rural, para passar a ser um instrumento adequado a resolver os conflitos da sociedade urbana. E, igualmente, se entende que o processo se tenha transformado num instrumento de massas, cujo elemento determinante é, e passou fatalmente a ser, a sua efectividade prática[69].

E, ao introduzirmos o estudo sistemático da tutela cautelar, é esta a realidade com que nos confrontamos, uma realidade caracterizada por três tipos de fenómenos, todos eles relacionados, de diferentes formas, com a problemática da tutela cautelar. Definir o conceito de tutela cautelar, identificar as suas características e o seu conteúdo, fixar os seus limites e caracterizar a sua natureza jurídica, são tarefas que exigem uma primeira consideração refe-

---

tungsgerichtlichen vorläufigen Rechtsschutzes", *Verwaltungs-Archiv*, 1991, pp. 145 ss.; K. FINKELNBURG/K. P. JANK, *Vorläufiger Rechtsschutz im Verwaltungsstreitverfahren*, 4.ª ed., München, 1998, ns.ms. 10 ss., pp. 6 ss e ns. ms. 29 ss, pp. 14 ss.

[67] Expressões utilizadas pelos estudiosos do processo civil italiano, designadamente, por, G. TARZIA, "La tutela cautelare", *Il nuovo processo cautelare* ... cit., pp. XXII e A. PROTO PISANI, "Procedimenti cautelari ... cit., p. 3.

[68] Também, a este propósito, considerando as formas possíveis de tutela cautelar a nível do comércio internacional, vd. F. J. GARCIMARTIN ALFEREZ, *El régimen de las medidas cautelares en el comercio internacional*, Madrid, 1996, pp. 1 a 7.

[69] J. MONTERO AROCA, "Prólogo", *El nuevo proceso civil (Ley 1/2000)* ... cit., p. 51.

rente à distinção da tutela cautelar de outras formas de tutela; tarefa esta que pode ser dificultada pelo conjunto de fenómenos que caracterizam a realidade processual na actualidade.

Um dos fenómenos a que já fizemos referência diz respeito à simplificação e abreviação do processo. Perante a reivindicação de alternativas processuais, a ciência processual tem enveredado por estudar o processo na vertente da simplificação e aceleração processual, procurando adaptar o processo *paradigma*, numa solução de compromisso, sacrificando, proporcionalmente, alguns princípios e valores ao da tutela jurisdicional efectiva do processo.

Um outro fenómeno caracteriza o estado actual do processo, o da *engenharia processual*, e que está relacionado com a descodificação e multiplicação de processos. O legislador tem vindo a criar (*inventando*) tipos de tutela rápida, diferente e alternativa ao tradicional "processo de cognição plena", tendo como objectivo, tantas vezes, *experimentar* soluções teóricas e satisfazer interesses sectoriais, temporariamente[70].

E, finalmente, o fenómeno de *vulgarização* e *desfiguração* da tradicional tutela cautelar (ou da "tutela provisória em sentido restrito"). A tutela cautelar, pese embora as suas próprias limitações funcionais e estruturais, não tem deixado de ser "*pronto socorro*"[71] ou "criado para todo o serviço"[72], conforme a perspectiva optimista ou pessimista que se queira adoptar, para satisfazer todas as necessidades de tutela urgente, conseguindo, mesmo à custa da sua identidade, "salvar a honra da justiça"[73] e satisfazer as pretensões das partes, que pouco exigentes quanto ao valor da certeza do direito, se contentam com decisões provisórias.

Desenvolvendo e reforçando duas das ideias apresentadas, devemos dizer que esta é a realidade processual com a qual nos confrontamos ao iniciarmos este trabalho e que não podemos ignorar, pois esta determina e condiciona previamente o seguimento do estudo.

---

[70] J. V. COMPERNOLLE/G. TARZIA, "Avant-propos", *Les mesures provisoires en droit belge, français et italien. Étude de droit comparé* ... cit., p. VII.

[71] Expressão de V. VARANO, "Appunti sulla tutela provvisoria nell'ordinamento inglese, con particolare riferimento all'interlocutory injunction", *Les mesures provisoires en procédure civile* ... cit., p. 261.

[72] Palavras de R. PERROT, "Les mesures provisoires en droit français", *Les mesures provisoires en procédure civile* ... cit., p. 179.

[73] Expressão de J. NORMAND, "Les mesures provisoires en droit français", *Les mesures provisoires en droit belge, français et italien. Étude de droit comparé* ... cit., p. 87.

Por um lado, verificamos a existência de tipos de sistemas processuais renovados que, após a *morte* do *solemnis ordo iudiciarius*, cuja vida mitológica, como a de Matusalém, era já longa, passaram a integrar novos tipos de processos adequados a tutelar um Direito com conteúdo novo, cada vez mais sem natureza patrimonial e cuja lesão é impossível de ressarcimento. E estes novos tipos de processos, alguns sumários, outros abreviados, uns que proporcionam tutela provisória e ainda outros que garantem tutela urgente, parecem assemelhar-se aos processos cautelares.

E, não obstante a ausência de estudos sistemáticos, a falta de "homogeneidade" entre eles e a desconfiança dos cultores do processo mitológico, é importante que se distingam estes processos dos cautelares, já que a "ambiguidade" em torno da sua natureza não os tem impedido de se transformarem em alternativa para proporcionar tutela jurisdicional num tempo menos longo[74]. E, igualmente, cumpre saber se os novos dogmas processuais que estão em formação, ou, se preferirmos, se os antigos dogmas que antes eram excepção e que agora, após serem revisitados e estudados, se têm vindo a tornar a regra, contemplam a tutela cautelar.

Mesmo no que respeita, somente, ao âmbito da tutela cautelar, contamos ainda com dois tipos de dificuldades. Partindo do princípio de que temos como objectivo definir tutela cautelar, uma das dificuldades é respeitante às diferenças de regimes e à variação terminológica entre os diversos sistemas processuais. Questionamos, por isso, se aquele tipo de tutela que nos sistemas português, italiano e espanhol é denominado por tutela cautelar corresponde à "tutela provisória, em sentido restrito", dos sistemas francês, belga, alemão. Uma outra dificuldade resulta da evolução dos tipos de tutela, no âmbito de cada sistema.

Enfim, perante o conjunto de "ambiguidade" e a "falta de homogeneidade" destes novos processos, cuja sistematização a doutrina ainda não realizou, nem por completo, nem por critérios uniformes, numa primeira consideração, não desejamos senão abordar ao de leve essa problemática, cuja tarefa, já por si só, é uma "aventura"[75]. Cumpre-nos, no próximo momento, perceber em que se distancia a tutela definida por cautelar (ou tutela pro-

---

[74] Neste sentido, F. CARPI, "La tutela d'urgenza fra cautela, 'sentenza anticipata' e giudizio de merito", *Rivista di Diritto Processuale*, 1985, pp. 680 ss., esp. pp. 700 a 706; P. FRISINA, "La tutela anticipatoria: profili funzionali e strutturali", *Rivista di Diritto Processuale*, 1986, p. 365, pp. 370 a 373.

[75] R. PERROT, "Les mesures provisoires en droit français", *Les mesures provisoires en procédure civile* ... cit., p. 179.

visória *stricto sensu*), dos outros tipos de tutela provisória, sumária, antecipatória e urgente.

Se a sistematização legal nos permite, com alguma objectividade, destinguir a tutela cautelar de todas as outras, já que estas, ou parte delas, são sistematizadas pelo legislador como processos especiais, e algumas, concretamente, como processos especiais do tipo "não dispositivo"[76] ou de jurisdição voluntária[77], já perante a questão da natureza jurídica destes processos, a resposta da doutrina é bem subjectiva, múltipla e divergente, pois o seu estudo e a sua sistematização têm obedecido a perspectivas diferentes.

Segundo muitos, a consideração destes processos deve ser feita sob o perfil da "técnica da tutela sumária", e, segundo outros, sob o perfil da "técnica da tutela provisória"; alguns são da opinião de que a sua compreensão sistemática se deverá fazer sob o perfil da "técnica da antecipação"; e, finalmente, há aqueles que, pelo contrário, recorrem à categoria de "processos de urgência" para os agrupar.

Se a "técnica da tutela sumária" é uma das técnicas reconhecidas, em todos os tempos, como própria para proporcionar tutela jurisdicional em alternativa à "técnica da tutela de plena cognição", na actualidade, a técnica assente na sumariedade tem sido amplamente disciplinada[78], dando origem à multiplicação de processos que, por via dela, não realizam a plena defesa das partes, assentam na cognição superficial (ou parcial) dos factos e do direito e não têm capacidade para ditar sentenças definitivas[79].

---

[76] J. L. GÓMEZ COLOMER, "Procesos especiales", *El nuevo proceso civil* (Ley 1/2000) ... cit., pp. 778 ss., esp. pp. 789 a 793.

[77] Cfr. as regras dos CPC referentes aos processos especiais, designadamente, 953.º; 1013.º e as referentes, especificamente, aos processos de jurisdição voluntária, art. 1411.º, arts. 1412.º a 1416.º, art. 1451.º, especialmente, arts. 1474.º a 1475.º, relativos à tutela da personalidade, do nome e correspondência confidencial; e, ainda, arts. 1481.º e 1482.º, n.º 2, relativos à tutela de direitos sociais.

[78] A. PROTO PISANI distingue no conjunto do tipo de "tutela sommaria" a sumária, em sentido restrito, – produtora de "provvedimenti sommari", que têm na sua base um "accertamento sommario", e, pela qual se proporciona a antecipação "in tutto o in parte da soddisfazione del diritto" – e a tutela cautelar. Neste sentido, A. PROTO PISANI, defende como remédios processuais adequados a garantir a tutela jurisdicional efectiva tanto "a tutela sommaria cautelare" como "a tutela sommaria non cautelare", considerando que entre elas há apenas diferenças estruturais. Vd. "*Procedimenti cautelari*", *Enciclopedia giuridica*, XXIV, Roma, 1991, pp. 2 e 3.

[79] De todos os textos, vd. A. PROTO PISANI, "La tutela sommaria. (Note *de jure condito* e *de jure condendo*)", *Appunti sulla giustizia civile*, Bari, 1982, p. 313.

Na perspectiva de outros, a maioria destes processos deve ser agrupada segundo "a técnica da tutela provisória", já que esta é uma técnica que o legislador pode concretizar em processos que têm de distinto o facto de não ditarem definitivamente o direito para uma situação controvertida, ao contrário dos processos que são aptos para finalizar com sentenças capazes de formar caso julgado[80].

Explicando melhor, ainda que sistematicamente não se lhe reconheça "autonomia", a tutela provisória é um "fenómeno normal" do direito processual moderno, visto que é a técnica disciplinada em alguns sistemas para tutelar a urgência, embora não se reduza a esse objectivo. A técnica da tutela provisória, sendo também disciplinada pelo princípio da adequação do processo à matéria sobre que versa, pode ser apta para ditar pronúncias judiciais que se deseja que não sejam definitivas, adequadas a tutelar certo tipo de situações, sujeitas a revisão ou a alteração[81]. E esta tutela pode, ou não, decidir antecipadamente sobre o fundo duma questão, daí que os estudiosos do processo civil francês, belga e alemão distingam a tutela provisória em sentido amplo de outra em sentido restrito, identificando-se esta com a cautelar[82].

As dificuldades de sistematização aumentam, se a estes entendimentos juntarmos outros da doutrina italiana, que vão no sentido de identificar nestes novos processos, que não são o processo ordinário "de cognição plena", uma uniformidade estrutural traduzida na "técnica da antecipação"[83]. Segundo os estudiosos do processo civil italiano, esta técnica da antecipação permite proporcionar tutela jurisdicional rápida e a um menor custo, na medida em que antecipa no tempo, no todo ou em parte, o conteúdo e os efeitos de uma decisão de mérito.

A decisão antecipatória pode, inclusive, substituir a decisão de fundo, já que, sendo esta ditada num processo autónomo, ou, como regra, num subprocedimento, é sempre prévia à sentença final (declarativa, constitutiva ou condenatória), podendo o legislador permitir que o processo ordinário não seja

---

[80] J. V. COMPERNOLLE, "Les mesures provisoires en droit belge", *Les mesures provisoires en droit belge, français et italien. Étude de droit comparé* ... cit., pp. 5 e 6.

[81] J. L. GÓMEZ COLOMER, "Procesos especiales", *El nuevo proceso civil* (Ley 1/2000) ... cit., pp. 778 ss., esp. pp. 809 a 811.

[82] R. PERROT, "Les mesures provisoires en droit français", *Les mesures provisoires en procédure civile* ... cit., pp. 151, 152 e 153.

[83] Neste sentido, E. FAZZALARI, "Intervento", *Les mesures provisoires en procédure civile* ... cit., pp. 279 a 282.

iniciado e a sentença final seja dispensada[84]. Também a doutrina que nestes termos compreende os novos processos, que não são de "cognição plena", considera que a ausência de sistematização não impede que se reconheça a sua crescente proliferação, inclusive, de subprocedimentos que positivam a "técnica da antecipação" e que permitem alcançar decisões de fundo antecipadas ou "avant-dire droit"[85], tendo vindo a alcançar a categoria de alternativa processual[86].

Finalmente, não podemos deixar de revelar que na opinião de alguma doutrina, alguns destes processos podem ser ordenados numa nova categoria, a da "tutela de urgência", já que têm como denominador comum tutelar as situações carentes de uma intervenção jurisdicional imediata ou urgente[87]. Porque a demora do processo é inversamente proporcional à efectividade da tutela jurisdicional, a criação de novos processos pode ter como objectivo proporcionar tutela jurisdicional efectiva, caracterizando-se, estruturalmente, pela autonomia, pela abreviação e celeridade[88]. Em alguns casos, esta função,

---

[84] Sobre esta questão, vd., por todos, C. MANDRIOLI, "Per una nozione struturale dei provvedimenti anticipatori o interinali", *Rivista di Diritto Processuale*, 1964, pp. 551 ss.; F. CARPI, "La tutela d'urgenza fra cautela, 'sentenza anticipata' e giudizio di merito", *Rivista di Diritto Processuale*, 1985, pp. 680 ss., esp. pp. 700 a 706; P. FRISINA, "La tutela anticipatoria: profili funzionali e strutturali", *Rivista di Diritto Processuale*, 1986, p. 365, pp. 370 a 373.

[85] J. V. COMPERNOLLE, "Les mesures provisoires en droit belge. Introduction générale", *Les mesures provisoires en droit belge, français et italien. Étude de droit comparé...* cit., p. 7; G. CLOSSET-MARCHAL, "Les mesures provisoires en droit belge. L'urgence", *Les mesures provisoires en droit belge, français et italien. Étude de droit comparé ...* cit., p. 26.

[86] L. DITTRICH, "Dalla tutela cautelare anticipatoria alla tutela sommaria definitiva", *Rivista di Diritto Processuale*, 1988, pp. 672 ss., esp. pp. 688 ss.

[87] Neste sentido, vd. O. DUGRIP, *L'urgence contentieuse devant les juridictions administratives*, Paris, 1991; e A. PROTO PISANI, "Procedimenti cautelari ... cit., pp. 1, 2 e 3; P. PAJARDI, "La ideologia ispiratrice dei provvedimenti d'urgenza in generale. I provvedimenti cautelari. La provvisoria esecuzione", *Les mesures provisoires en procédure civile ...* cit., pp. 295 a 299.; F. TOMMASEO, "Intervento", *Les mesures provisoires en procédure civile ...* cit., pp. 303 a 309.

[88] F. TOMMASEO, "Intervento", *Les mesures provisoires en procédure civile ...* cit., p. 303; A. PROTO PISANI, "Provvedimenti d'urgenza", *Enciclopedia Giuridica*, vol. XXV, Roma, 1991, pp. 2 ss.; e do mesmo autor, "Per l'utilizzazione della tutela cautelare anche in funzione di economia processuale", *Il Foro Amministrativo*, 1998, V, p. 8.

já identificada, pode exigir processos marcados por certas características prevalecentes, tais como a instrumentalidade funcional a um outro processo e a não independência estrutural, ou seja a *acessoriedade* nas duas perspectivas[89].

Neste contexto, só podemos afirmar que não há estudos sistemáticos gerais relativos a este tipo de processos que são diferentes do processo "ordinário", "plenário" ou "de cognição plena", e que, em alguns momentos, se confundem com os processos cautelares. Porque o processo "solene, de cognição plena" continua a ser o preferido enquanto objecto de estudo[90], os conceitos de "tutela antecipatória", "tutela provisória", "tutela sumária" e "tutela de urgência", estão ainda por definir e delimitar em termos gerais e uniformes[91]. E nem recorrer aos conceitos já sedimentados de "processos sumários", ou "processos especiais" ou "processos de jurisdição voluntária", por si só, facilita o objectivo de ordenar estes *novos* processos.

Reconhecemos, mais uma vez, o conjunto de dificuldades decorrentes da ausência de monografias gerais, que estudem estes fenómenos na generalidade, pelo que, ao distinguirmos nestes tipos de processos aqueles que realizam tutela cautelar, a questão da sua sistematização será tocada apenas superficialmente.

Segundo pensamos, a falta de trabalhos gerais sistemáticos e a sistematização parcelar que caracteriza a dogmática actual, sob os perfis da técnica da tutela sumária, provisória, antecipatória ou urgente, são consequência, por um lado, quer da ausência de *exclusividade* estrutural e funcional destes tipos de tutela, quer à pluralidade (e diversidade) terminológica utilizada pelos estudiosos do processo para definir aquilo que, em parte, pode ser a mesma coisa.

E se pensarmos que as dificuldades de afirmação universal de cada uma das correntes que sistematizam os novos processos sob o perfil das várias técnicas se deve a uma impossibilidade absoluta de sistematização parcelar,

---

[89] Vd., neste sentido, F. GASCÓN INCHAUSTI, *La Adopción de las Medidas Cautelares con carácter Previo a la Demanda* ... cit., pp. 13 e 14.

[90] Neste sentido, A. PROTO PISANI, "La tutela sommaria. (Note *de jure condito* e *de jure condendo* ... cit., p. 331.

[91] Neste sentido, por todos, vd. L. MONTESANO, "Strumentalità e superficialità della cognizione cautelare", *Rivista di Diritto Processuale*, 1999, pp. 309 ss., esp., pp. 309 e 310; G. TARZIA, "la tutela cautelare", *Il nuovo processo cautelare*, Padova, 1993, pp. XXVIII e XXIX.

decorrente da sobreposição de todas ou algumas das técnicas num ou em vários processos, e que permite que estes tenham as mesmas funções e o mesmo modo de actuação, então parece-nos lógico suspeitar que em alguns momentos deste estudo teremos de contar apenas com a variação dos nomes das formas de tutela.

Se delimitarmos o conteúdo de cada uma destas formas de tutela com um círculo[92], cremos que é possível determinar tanto espaços próprios como âmbitos ou superfícies de intersecção dos vários círculos, visto que, segundo julgamos, há espaços comuns entre as diferentes formas de tutela, sistematicamente delimitadas pela técnica da tutela antecipatória, provisória, sumária e de urgência. Assim, configurando, agora, só apenas, a superfície de intersecção dos (ou de alguns) círculos, somos da opinião de que, perante as partes comuns, somente varia a pluralidade terminológica, pois as referidas formas de tutela são idênticas e os nomes são sinónimos. E, exactamente, assim acontece quando falamos em "tutela cautelar" e "tutela provisória, em sentido restrito", por exemplo.

Se a esta dificuldade, de delimitar o conteúdo do que é sinónimo terminológico do que não é sinónimo, acrescentarmos a que decorre da própria evolução dos conceitos de tutela provisória, sumária, urgente, e a metamorfose da natureza do contencioso e do Direito substantivo, realmente esta tarefa de sistematização será um "desafio"[93], que nós, todavia, neste momento, não podemos, na sua globalidade, aceitar.

Se considerarmos o típico processo de *référé*, compreendido tradicionalmente como processo próprio para desembocar numa "mesure provisoire", em sentido restrito, no qual o juiz é impedido de "statuer sur le fond du litige", e no qual está autorizado a ditar uma decisão urgente para defender um direito que não é "sérieusement contestable", e se atentarmos naquilo em que o *référé* hoje em dia se transformou, em processo "bonne à tout faire"[94], seremos obrigados a concluir que também a realidade e as necessidades de facto têm contribuído para a "ambiguidade" dos processos, que não são "de cognição plena", e para a modificação da sua função.

---

[92] Deste modo, pela utilização desta figura, recorremos a um raciocínio semelhante ao de A. PROTO PISANI, "Procedimenti cautelari ... cit., pp. 5 e 6.

[93] Neste sentido, L. DU CASTILLON, "Les pouvoirs, au provisoire, du juge des référés: déraison de la mesure ou mesure de la raison?", *Les mesures provisoires en droit belge, français et italien. Étude de droit comparé...* cit., pp. 31, 32 e 33.

[94] Expressão de R. PERROT, "Les mesures provisoires en droit français", *Les mesures provisoires en procédure civile* ... cit., p. 179.

O processo de *référé*, tendo, nos últimos anos, adquirido, a função de fazer "ganhar algum tempo" e de "acalmar as partes impacientes com a demora do processo", tem vindo a tornar-se, cada vez mais, num processo que antecipa, definitivamente, o conteúdo total da decisão de mérito e tem vindo a revelar-se, cada vez menos, como um processo com "fonction conservatoire", próprio para desembocar em "mesures d'attente" e "mesures préparatoires"[95]. Basta darmos atenção ao *référé* francês, enquanto "instrumento de moralização da justiça"[96], designadamente ao *référé-provision* e a outros *référé au fond*, para confirmar a dificuldade em fazer corresponder estes tipos de tutela provisória à tutela cautelar, prevista nos sistemas português e italiano, por exemplo. E dizemos mais uma vez, que por isto se compreende que a doutrina belga e francesa reconheçam esta dificuldade e recorram ao conceito de "mesures provisores au sens strict" para distinguir estas de outras medidas, também provisórias[97].

E igual consideração nos merece a medida provisória, *stricto sensu*, do processo civil alemão, *einstweilige Verfügung*, cujo conteúdo e alcance se tem vindo a ampliar, cabendo nele as tradicionais medidas asseguradora e reguladora (*Sicherungsverfügung e Regelungs und Ordnungsverfügungen*), rigorosamente provisórias, e a *Befriedigungsverfügung*[98] (que inclui a medida de prestação, *Leistungsverfügung*), permitindo esta obter, por antecipação, a condenação no pagamento de uma quantia, e que traduz, por isso, a possibilidade de antecipação total definitiva[99]. Esta última, de criação jurisprudencial, que alguma doutrina não distingue da ordem reguladora, tem vindo

---

[95] J. NORMAND, "Les mesures provisoires en droit français. Les fonctions des référé", *Les mesures provisoires en droit belge, français et italien. Étude de droit comparé*... cit., pp. 76 e 77.

[96] J. NORMAND, "Les mesures provisoires en droit français. Les fonctions des référé", *Les mesures provisoires en droit belge, français et italien. Étude de droit comparé*... cit., p. 87.

[97] R. PERROT, "Les mesures provisoires en droit français", *Les mesures provisoires en procédure civile* ... cit., p. 165.

[98] A propósito da sua sistematização, vd., principalmente, E. SCHILKEN, *Die Befriedigungsverfügung*, Berlin, s.d., esp. pp. 115 ss.

[99] Neste contexto, vejam-se as considerações de W. J. HABSCHEID, "Les mesures provisoires en procédure civile: droits allemand et suisse", *Les mesures provisoires en procédure civile* ... cit., p. 47; H. DUNKL, "Arrest und einstweilige Verfügung", in: D. MOELLER / H. BAUR / G. FELDMEIER, *Handbuch des vorläufigen Rechtsschutzes*, 3.ª ed., München, 1999, ns. ms. 465 ss., pp. 109 ss.

a adquirir, por várias razões, um papel de "processo declarativo sumário" alternativo[100], já que tem vindo a permitir a antecipação da causa principal, quer porque o conteúdo da media corresponde àquele que teria a decisão principal, se esta viesse a ser proferida, quer porque, principalmente, a medida provisória cria, por regra, uma situação de factos irreversíveis ou consumados[101].

Tudo o que já considerámos, até ao momento, a propósito dos processos que temos vindo a tratar e que são distintos do processo tradicional, revela a ambiência de complexidade que paira sobre a sua natureza jurídica e sua sistematização, por isso, como não podemos negar que a sistematização é verdadeiramente complexa, sendo em alguns momentos "confusa"[102], resta propor um confronto de técnicas, em vez de apresentar sistematizações na globalidade.

Antes porém, devemos introduzir no âmbito da ambiguidade já descrita o contributo das "dificuldades" inerentes ao tipo de tutela denominada, em alguns sistemas, por cautelar[103].

E o acréscimo de dificuldades surge de imediato, e, em primeiro lugar, com o próprio conceito de tutela cautelar. A doutrina clássica italiana, a espanhola e a portuguesa, e a doutrina que em outros lugares do mundo as seguiu[104], qualificam como tutela cautelar uma forma de tutela, que tem como

---

[100] Sobre esta questão, vd., por todos, W.-D. WALKER, *Der einstweilige Rechtsschutz im Zivilprozeß und im arbeitsgerichtlichen Verfahren* ... cit., ns. ms. 28 ss. pp. 25 ss., esp. ns. ms. 31 e 32, pp. 27 a 29.

[101] Neste sentido, vd. W.-D. WALKER, *Der einstweilige Rechtsschutz im Zivilprozeß und im arbeitsgerichtlichen Verfahren* ... cit., ns. ms. 28 ss. pp. 25 ss., esp. ns. ms. 31 e 32, pp. 27 a 29.

[102] Expressão de J. F. RODRIGUES BASTOS, *Notas ao Código de Processo Civil*, vol. II, 3.º ed., Lisboa, 2000, p. 160.

[103] M. ORTELLS RAMOS/M. P. CALDERÓN CUADRADO, *La tutela judicial cautelar en el Derecho español*, Granada, 1996, pp. 3 a 10, esp. p. 5.

[104] Neste sentido, considere-se a influência nos sistemas da América Latina, E. J. COUTURE, Prólogo a S. SENTIS MOLENO, *Introducción al estudio sistematico de las providencias cautelares*, Buenos Aires, 1945, pp. 14 ss.; M. ROJAS RODRIGUEZ, *Las medidas precautorias*, Concepción, s.d., pp. 27 ss.; A. BARRERA CARBONELL, "Hacia una nueva concepción de la suspensión provisional del acto administrativo en Colombia", *Boletim Mexicano de Derecho Comparado*, 90, 1997, pp. 899 a 912.; J. M. CAMPO CABAL, *Medidas cautelares en el contencioso administrativo*, Bogotá, 1989, pp. 61 a 63 e pp. 113 a 140 e p. 231; e, tb., *Perspectivas de las medidas cautelares en el proceso con-*

característica distintiva a sua instrumentalidade perante a efectividade da sentença que põe fim a um processo principal (chamado ordinário[105], plenário[106] ou de "cognição plena"[107]). Ainda que a tutela cautelar seja também, pelo menos quanto ao nome, tutela provisória, antecipatória, sumária e de urgência, veremos que, numa perspectiva de confronto de técnicas, há diferenças.

Já as doutrinas clássicas francesa, belga e alemã, fazem corresponder a denominação de "tutela provisória" ao tipo de tutela que, nos sistemas referidos anteriormente, é apelidada por "tutela cautelar", visto que ambas têm exactamente como função servir a efectividade da decisão de fundo que põe fim ao processo principal, dando tutela jurisdicional rápida a situações de

---

tencioso administrativo, Bogotá, 1997; E quanto ao sistema brasileiro, vd. L. G. MARINONI, *Tutela cautelar e tutela antecipatória*, S. Paulo, 1992, pp. 14 ss.; J. E. CARREIRA ALVIM, *Tutela antecipada na reforma processual*, Rio de Janeiro, s.d. pp. 13 ss; esp. pp. 16 a 21; A PELLEGRINI GRINOVER, "la tutela cautelare atipica nel processo civile brasiliano", *Les mesures provisoires en procédure civile* ... cit., pp. 129 ss.

[105] Neste sentido, VASCO DA GAMA LOBO XAVIER, *O conteúdo da providência de suspensão de deliberações sociais*, Coimbra, 1978, esp. pp. 20 a 23; e, do mesmo autor, "Suspensão de deliberações sociais ditas 'já executadas'", *Revista de Legislação e Jurisprudência*, Coimbra, 1991, n.ºs. 3790-3801, esp. pp. 375 e 376; L. P. MOITINHO DE ALMEIDA, "Os processos cautelares em geral", *Jornal do Fôro*, 1964, 28, pp. 21 ss.; do mesmo autor, "O processo cautelar de apreensão de veículos automóveis", *Jornal do Fôro*, 1965, pp. 49 e 50.

[106] Neste sentido, F. RAMOS MENDEZ, *Derecho y Proceso*, Barcelona, 1979, pp. 287 ss.; M. ORTELLS RAMOS, *El embargo preventivo*, Barcelona, 1984, pp. 31 ss.; M. ORTELLS RAMOS/M. P. CALDERÓN CUADRADO, *La tutela judicial cautelar en el Derecho español* ... cit., pp. 8, 9 e 10; M. P. CALDERÓN CUADRADO, *Las Medidas Indeterminadas en el Proceso Civil*, Madrid, 1992; M. ÁNGELES JOVÉ, *Medidas Innominadas en el Proceso Civil*, Barcelona, 1995; F. GASCÓN INCHAUSTI, *La Adopción de las Medidas Cautelares com carácter Previo a la Demanda* ... cit., pp. 13, 16; M. SERRA DOMÍNGUEZ, Prólogo a J. P. CORREA DELCASSO, *El proceso monitorio*, Barcelona, 1998; S. BARONA VILAR, "Proceso Cautelar", *El nuevo proceso civil* (Ley 1/2000), J. MONTERO AROCA/J. L. GÓMEZ COLOMER/A. MONTÓN REDONDO, Valencia, 2000, p.740.

[107] G. CHIOVENDA, *Istituzioni di Diritto Processuale Civile*, Vol. I, Napoli, 1933 – XI, pp. 248 e 249; P. CALAMANDREI, *Introduzione allo studio sistematico dei provvedimenti cautelari* ... cit., pp. 15 ss.; A. CONIGLIO, *Il sequestro giudiziario e conservativo*, Milano, 1942 – XXI, pp. 6 ss.; G. FRANCHI, *Le denunce di nuova opera e di danno temuto*, Padova, 1968, pp. 14 ss., pp. 46 ss.; E. TULLIO LIEBMAN, *Manuale di Diritto Processuale Civile*, 4.ª ed., Milano, 1984, pp. 193 e 194; C. MANDRIOLI, *Corso di Diritto Processuale Civile*, III, Torino, 1989, pp. 57 e 58.

"urgência". Essa tutela provisória é proporcionada pelo decretamento das, já indicadas, "mesures provisoires", no sistema processual francês e belga, e da "Arrestanordnung" ou da típica "Einstweilige Verfügung", no sistema alemão, austríaco e suíço. Nos dois tipos de situações a doutrina distingue estas medidas provisórias como medidas provisórias "au sens strict", que, de acordo com a terminologia portuguesa, correspondem às providências cautelares[108].

A tutela cautelar, ou "tutela provisória" francesa e alemã em sentido restrito, ou, também, "tutela interina" ("interlocutory injunction") como é chamada nos sistemas anglo-saxónicos, designadamente no processual inglês[109], tem contornos difíceis de delimitar, já que, recorrendo, mais uma vez, à figura do círculo, verificamos que a sua superfície coincide, pelo menos aparentemente, com as outras formas de tutela já apresentadas, com a tutela sumária *sensu stricto*, com a tutela provisória, com a tutela antecipatória e com a de urgência.

Diríamos mesmo, adiantando ao de leve algumas considerações, que o círculo que delimita o âmbito da tutela cautelar, mercê da própria evolução do conceito de tutela cautelar e do fenómeno de *engenharia processual*, abarca, pelo menos, sob o ponto de vista de facto, cada vez mais a superfície dos círculos dos quatro referidos tipos de tutela. Aliás, no âmbito do contencioso da Comunidade Europeia, o conceito de tutela provisória em sentido restrito (ou cautelar) abarca, de forma crescente, todo o âmbito de tutela urgente provisória[110].

---

[108] Por todos, vd. R. PERROT, "Les mesures provisoires en droit français", *Les mesures provisoires en procédure civile* ... cit., p. 165; J. NORMAND, "Les mesures provisoires en droit français. Les fonctions des référés", *Les mesures provisoires en droit belge, français et italien. Étude de droit comparé*... cit., p. 74; J. V. COMPERNOLLE, "Les mesures provisoires en droit belge. Introduction générale", *Les mesures provisoires en droit belge, français et italien. Étude de droit comparé*... cit., p. 6; W. J. HABSCHEID, "Les mesures provisoires en procédure civile: droits allemand et suisse", *Les mesures provisoires en procédure civile* ... cit., pp. 33 ss.; W.-D. WALKER, *Der einstweilige Rechtsschutz im Zivilprozeß und im arbeitsgerichtlichen Verfahren*... cit., ns. ms. 28 ss. pp. 25 ss.; W. GRUNSKY, in: STEIN-JONAS *Kommentar zur Zivilprozeßordnung*, 20.ª ed., Tübingen, 1996, pp. 470 ss.; F. MATSCHER, "Les mesures provisoires en droit de procédure civile autrichien", *Les mesures provisoires en procédure civile* ... cit., pp. 87 ss.

[109] Neste sentido, V. VARANO, "Appunti sulla tutela provvisoria nell'ordinamento inglese, con particolare riferimento all'interlocutory injunction", *Les mesures provisoires en procédure civile* ... cit., pp. 235 ss., esp. pp. 237, 241 a 245.

[110] Por todos, vd. FAUSTO DE QUADROS, *A Nova Dimensão do Direito Administrativo*... cit., p. 48.

Mas, sob o ponto de vista jurídico, e numa perspectiva de aprofundamento, pretendemos de seguida considerar o quanto se distanciam as formas de tutela. Nem a tutela cautelar se identifica com as demais, nem estas se esgotam e se consomem na tutela cautelar[111].

Em primeiro lugar, tanto o tipo de tutela sumária como a antecipatória podem ser técnicas utilizadas para proporcionar tutela urgente com o objectivo de garantir tutela jurisdicional efectiva. Mas não se resumem a este objectivo, pois, mesmo que o cumpram, estas formas de tutela distinguir-se-ão, ainda assim, estruturalmente, da tutela cautelar[112], como veremos de seguida ao revelarmos as características de provisoriedade e *sumariedade* cautelares.

A tutela sumária, como refere PROTO PISANI, e igualmente a antecipatória, como defendem, designadamente, CARPI e FRISINA, são (ou podem ser) escolhidas pelo legislador por razões de economia processual, para evitar e fazer diminuir (às partes e à Administração da Justiça) o custo do "processo solene de cognição plena", quando este não se justifica[113]. Num caso em que o direito de uma das partes é claro e evidente, porque existe quer uma prova segura, quer a ausência de uma séria contestação, nada parece obstar a que "o processo de cognição plena" possa ser substituído, adequadamente, pelo processo de cognição sumária e, consequentemente, nada impede que a decisão antecipatória possa substituir a antecipada e ocupar o lugar da de mérito[114].

E um outro motivo pelo qual o legislador positiva ("ou deve disciplinar", como defende PROTO PISANI) a técnica da tutela sumária, combinada, também, de forma variada com a da tutela antecipatória definitiva ou pro-

---

[111] Neste sentido, A. PROTO PISANI, "La tutela sommaria. (Note *de jure condito* e *de jure condendo* ... cit., pp. 330 a 331; J. E. CARREIRA ALVIM, *Tutela antecipada na reforma processual*, Rio de Janeiro, s.d., pp. 13 ss; esp. pp. 13 a 21.

[112] Neste sentido, fundamentalmente, A. PROTO PISANI, "Procedimenti cautelari ... cit., p. 3 e p. 5.

[113] Vd. A. PROTO PISANI, "La tutela sommaria. (Note *de jure condito* e *de jure condendo* ... cit., p. 315; F. CARPI, "La tutela d'urgenza fra cautela, 'sentenza anticipata' e giudizio di merito ... cit., pp. 680 ss., esp. pp. 700 a 706; P. FRISINA, "La tutela anti-cipatoria: profili funzionali e strutturali ... cit., p. 365, pp. 370 a 373.

[114] Neste sentido, F. CARPI, "La tutela d'urgenza fra cautela, 'sentenza anticipata' e giudizio di merito ... cit., pp. 680 ss., esp. pp. 700 a 706; P. FRISINA, "La tutela anticipatoria: profili funzionali e strutturali ... cit., p. 365, pp. 370 a 373, e, igualmente, A. PROTO PISANI, "La tutela sommaria. (Note *de jure condito* e *de jure condendo* ... cit., p. 331.

visória, é o que respeita à tentativa de evitar o abuso do direito de defesa, típico do processo de cognição solene[115].

No sistema processual italiano, a doutrina mais antiga reconhecia a existência de processos sumários antecipatórios do tipo "accertamenti con prevalente funzione esecutiva", como tipo de tutela distinta da cautelar[116]. E a mais recente, pese embora envolvida em alguma polémica, realça igualmente a existência de "decisões sumárias *stricto sensu*, que devem, exclusivamente, a sua natureza provisória, à *summaria cognitio* em que se apoiam, podendo adquirir caso julgado, se não forem atacadas por oposição ou recurso, tal qual o *"decreto d'ingiuzione"*, a ordem para pagamento de quantia não contestada ou a entrega de uma coisa determinada e a ordem de injunção[117]. Tal qual no sistema italiano, onde é permitido ao juiz antecipar a decisão de fundo, também o sistema belga prevê a existência "des jugements avant-dire droit", que podem acontecer logo que a fase de instrução é realizada[118], sem que seja necessário invocar urgência[119].

Nestes casos, a técnica da sumariedade, pode ser também acompanhada pela da tutela provisória, cujas técnicas os legisladores português[120], francês,

---

[115] A. PROTO PISANI, "La tutela sommaria. (Note *de jure condito* e *de jure condendo* ... cit., p. 315 ss.; J. E. CARREIRA ALVIM, *Tutela antecipada na reforma processual*, Rio de janeiro, s.d. pp. 13 ss; esp. pp. 13, 16 e 19.

[116] Por todos, vd. A. PROTO PISANI, "La tutela sommaria. (Note *de jure condito* e *de jure condendo* ... cit., p. 331.

[117] Neste sentido, A. SALETTI, "Le système des mesures provisoires en droit italien", *Les mesures provisoires en droit belge, français et italien* ... cit., pp. 59, 64 a 68.

[118] A. SALETTI, "Le système des mesures provisoires en droit italien", *Les mesures provisoires en droit belge, français et italien* ... cit., p. 64.

[119] J. V. COMPERNOLLE, "Les mesures provisoires en droit belge. Introduction générale", *Les mesures provisoires en droit belge, français et italien. Étude de droit comparé*... cit., p. 7 e 8.

[120] O legislador português prevê tipos de tutela provisória diversa da tradicionalmente reconhecida como tutela provisória cautelar. Para além dos procedimentos cautelares, com previsão legal nos artigos 381.º ss., o CPC consagra formas de tutela provisória diversa. Em alguns processos está disciplinada, de modo predominante, a técnica da tutela provisória. Em alguns dos casos, tendo subjacente a urgência, a esta técnica acrescenta-se a da sumariedade. Em outros casos é a técnica da antecipação que vinga com o objectivo de proporcionar uma tutela preventiva. Vd., entre outros exemplos, o regime respeitante a interdições e inabilitações e à venda antecipada de penhor. Vd. tb., enquanto formas de tutela incluídas no capítulo titulado por processos de jurisdição voluntária, os processos relativos a filhos e aos cônjuges, à curadoria provisória, à tutela da personalidade, do nome

belga, italiano e espanhol[121] combinam para tutelar situações ou direitos especiais, referentes a direitos da família, de personalidade, de crédito, trabalho e direitos sociais, por exemplo.

O legislador prevê (e pode prever), assim, a existência de processos, cujas decisões, embora definitivas, podem ser revogáveis ou revistas. E ainda tendo como objectivo adequar o processo à matéria sobre que versa, o legislador pode utilizar a técnica da tutela sumária conjugada com a tutela antecipatória, abandonando a da provisoriedade, consagrando processos que antecipam uma pronúncia que é apta a adquirir caso julgado, bastando que, por vontade das partes ou extinção de um processo ordinário, a sua eficácia permaneça[122]. Em alguns casos excepcionais, o sistema italiano prevê situações em que a técnica da tutela sumária é disciplinada em combinação com a provisória, prevendo processos que finalizam, por regra, com sentenças provisórias, e outros que finalizam com sentenças provisórias, mas que adquirem, excepcionalmente, a força de caso julgado[123].

Finalmente, a técnica da tutela sumária pode ser também disciplinada em processos que visem assegurar a tutela jurisdicional rápida e urgente de situações referentes a direitos com conteúdo e natureza "exclusivamente ou

---

e da correspondência confidencial, o processo para apresentação de coisas e documentos, (1477, 2.º); e o relativo ao exercício de direitos sociais (1482.º). Processos que, não obstante a sistematização legal que lhes corresponde ser a de processos especiais, poderiam ser sistematizados com base em diferentes critérios. Enfim, está ainda previsto no sistema português a acção declarativa especial para cumprimento de obrigações pecuniárias emergentes de contratos e injunção, Dl. n.º 269/98, de 1 de Setembro. No nosso entender, a prova de que a tarefa de sistematização destes processos é complexa e confusa, pese embora a efectuada pelo legislador, é a inclusão forçada do processo referente à tutela da personalidade, do nome e da correspondência confidencial, no conjunto dos processos de jurisdição voluntária, visto que o que sobressai deste processo é a sua função eminentemente preventiva e urgente. Na sua estrutura realça-se a concretização da técnica da sumariedade (1475.º).

[121] Vd., a este propósito, S. BARONA VILAR, "Proceso Cautelar", *El nuevo proceso civil* (Ley 1/2000) ... cit., p. 741; J. L. GÓMEZ COLOMER, "Procesos especiales", *El nuevo proceso civil* (Ley 1/2000) ... cit., pp. 778 ss., pp. 789 a 793 e pp. 802 a 815, esp. 809 e 810.

[122] A. SALETTI, "Le système des mesures provisoires en droit italien", *Les mesures provisoires en droit belge, français et italien* ... cit., pp. 64 a 67.

[123] A. SALETTI, "Le système des mesures provisoires en droit italien", *Les mesures provisoires en droit belge, français et italien* ... cit., pp. 65 e 66.

de modo prevalecente" não patrimonial, e cuja demora insuprível "do processo solene de cognição plena" pode ser a causa da sua perda irreparável. E, também, para prosseguir este objectivo, o legislador pode fazer acompanhar a técnica da tutela sumária, com as técnicas da tutela provisória e, ou, da antecipatória, e com ambas, disciplinando-as, respectivamente, em processos tanto autónomos como, se preferir, em processos acessórios[124].

Verificámos que são distintas as razões subjacentes à escolha das técnicas disciplinadas nos processos ou à respectiva combinação. Assim, as técnicas da tutela sumária e antecipatória podem responder ao princípio da economia do processo, que impõe que se diminua o preço da actividade processual e o custo do processo, quando não há necessidade para os suportar. E a preferência pela técnica sumária tem subjacente, também, a necessidade em adequar o processo ao tipo de situação e, nesse sentido, pode ser adequada a assegurar a defesa de direitos com conteúdo não patrimonial, cuja defesa retardada pode traduzir um prejuízo irreparável[125].

E exactamente são duas as diferentes razões subjacentes aos dois tipos de medidas provisórias: um tipo, em que a provisoriedade depende do carácter instrumental da decisão perante a efectividade da decisão de fundo com que finalizará um processo ordinário, outro tipo, cuja *sobrevivência* da decisão é maior, porquanto, ou a natureza provisória decorre da natureza da situação a que se aplica, cuja provisoriedade da pronúncia judicial é tecnicamente mais adequada do que a regra da formação de caso julgado, ou é resultante da maior autonomia (funcional) que estas medidas provisórias têm perante um outro processo posterior que conhece a questão de fundo, ou, e, ainda, porque o tipo de cognição efectuado pelo juiz nesse processo abreviado poderá ter sido mais intenso que a da simples cognição sumária[126].

No que respeita a esta última razão, julgamos oportuno dizer neste momento que a técnica da tutela sumária *tout court*, no sentido em que temos vindo a considerar esta forma de tutela, se distingue da técnica da tutela

---

[124] J. NORMAND, "Les mesures provisoires en droit français. Les fonctions des référés", *Les mesures provisoires en droit belge, français et italien. Étude de droit comparé...* cit., pp. 76 a 87.

[125] A este propósito, vd. A. PROTO PISANI, "La tutela sommaria. (Note *de jure condito* e *de jure condendo* ... cit., p. 332.

[126] A. SALETTI, "Le système des mesures provisoires en droit italien", Les mesures provisoires en droit belge, français et italien ... cit., p. 69; S. BARONA VILAR, "Proceso Cautelar", *El nuevo proceso civil* (Ley 1/2000) ... cit., p. 741.

sumária cautelar[127] (e, por conseguinte, da sumariedade das "mesures provisoires aus sens strict"[128]), visto que a tutela cautelar é, por excelência, proferida com base num juízo assente na verosimilhança dos factos e na existência provável do direito de quem o alega[129], o *fumus boni iuris*, como é denominado, designadamente, nos sistemas português, espanhol e italiano[130].

E, ainda que, hodiernamente, se considerem "pouco convincentes" os conceitos de "verosimilhança", "aparência" e "probabilidade", já que, no entender de alguns, estes poderão ser conceitos mais de ordem "psicológica" ou "empírica" do que jurídica, sempre devemos distinguir das cautelares as medidas proferidas com base numa *cognitio summaria tout court*, por "mais complicada e heterogénea" que esta forma de cognição se apresente, já que não pode ser definida com base em critérios unívocos comuns, nem em sentido, radicalmente, oposto à cognição plena ou ordinária[131].

---

[127] Neste sentido, S. BARONA VILAR, "Proceso Cautelar", *El nuevo proceso civil* (Ley 1/2000) ... cit., p. 741. Refere a autora que, não obstante serem técnicas semelhantes, cuja escolha depende da opção política do legislador, "não deve confundir-se a tutela cautelar com a justiça provisória ou sumária, visto que perante esta existe sempre a possibilidade de se seguir um processo plenário posterior", além de que, estas não são provisórias de modo definitivo, nem têm carácter instrumental". Sobre esta questão, vd. A. S. ABRANTES GERALDES, "Procedimento cautelar comum", *Temas da reforma do processo civil*, Vol. III, Coimbra, 1998, p. 94.

[128] J. V. COMPERNOLLE, "Les mesures provisoires en droit belge. Introduction générale", *Les mesures provisoires en droit belge, français et italien. Étude de droit comparé*... cit., p. 7.

[129] Neste sentido, vd. quanto aos *référés*, P. ESTOUP, *La Pratique des Procédures Rapides* ... cit., pp. VII a VIII, pp. 445 e 446.; C. SILVESTRI, "Il sistema francese dei 'référé'", *Il Foro Italiano*, (parte V), 1, 1998, pp. 25 a 26; quanto às medidas provisórias do sistema alemão, R. CAPONI, "La tutela cautelare nel processo tedesco", *Il Foro Italiano*, (parte V), 1, 1998, pp. 31 e 32.

[130] Quanto aos sistemas que utilizam esta terminologia, vd. por todos, sem invocarmos, ainda, a doutrina clássica, S. BARONA VILAR, "Proceso Cautelar", *El nuevo proceso civil* (Ley 1/2000) ... cit., pp. 742 e 743; M. CONCETTA FUCCILLO, *La tutela cautelare nel processo amministrativo* ... cit., pp. 7 e 8; L. LANFRANCHI, "Procedimenti decisori sommari", *Enciclopedia Giuridica*, vol. XXIV, Roma, 1991, pp. 1 ss; M. TEIXEIRA DE SOUSA, *Estudos sobre o Novo Processo Civil* ... cit., pp. 231 e 233.

[131] Cfr. B. CAVALLONE, "Les mesures provisoires et les règles de preuve", *Les mesures provisoires en droit belge, français et italien. Étude de droit comparé*... cit., pp. 163 ss, esp. 164 e 165 e pp. 171 a 174; L. LANFRANCHI, "Procedimenti decisori sommari ... cit., pp. 4 ss.

As medidas cautelares são sempre diferentes daquelas que resultam de um processo em que a instrução é diferente da ordinária, e que dizemos que é sumária: porque é, relativamente, pouco diferente da ordinária e, neste caso, poderia a instrução desembocar em juízos definitivos; porque a instrução sumária dependeu de limites à admissibilidade de prova; porque a instrução é somente embrionária e a medida é decretada *in limine litis*, com base na prova que acompanha a demanda, por exemplo; porque a instrução já realizada no processo ordinário é suficiente para que o juiz decida antecipada e sumariamente, sendo suficiente a valoração de "informações sumárias" ou a falta de defesa ou contestação de uma das partes no processo[132].

Ainda que parte do círculo que delimita a tutela sumária em sentido restrito se sobreponha, em parte, ao da tutela sumária cautelar, a intersecção de superfícies é somente aparente, já que, como refere CALAMANDREI, a cognição cautelar assenta sobre um juízo hipotético e de probabilidade, ambos decorrentes da característica essencial da tutela cautelar, a instrumentalidade[133]. Para a emissão de tutela cautelar é necessário apenas que numa "prudente apreciação" a "existência do direito invocado ou alegado pareça provável"[134]. Novamente, repetimos, que o direito invocado ou alegado pareça provável.

Também o tipo de cognição sumária cautelar distingue, portanto, este tipo de tutela da sumária *tout court*, visto que ao contrário da cognição cautelar, em que o juiz deve limitar-se a comprovar a existência dos pressupostos exigidos pelo legislador em termos de "verosimilhança" ou "probabilidade sobre a existência do que é alegado pelas partes"[135], nos processos sumários não há redução qualitativa, mas sim quantitativa de prova, conhecendo o juiz parcialmente daquele que seria objeto do litígio ordinário[136].

---

[132] Sobre esta questão, vd. L. MONTESANO, "Strumentalità e superficialità della cognizione cautelare", *Rivista di Diritto Processuale*, 1999, pp. 309 e ss., esp. pp. 310 e 311; cfr. B. CAVALLONE, "Les mesures provisoires et les règles de preuve", *Les mesures provisoires en droit belge, français et italien. Étude de droit comparé...* cit., pp. 163 ss, esp. 164 e 165 e pp. 171 a 174; L. LANFRANCHI, "Procedimenti decisori sommari ... cit., pp. 10 a 20.

[133] P. CALAMANDREI, *Introduzione allo studio sistematico dei provvedimenti cautelari...* cit., pp. 62 e 63, esp. p. 64.

[134] M. DINI/E. A. DINI, *I provvedimenti d'urgenza*, Milano, 1971, p. 57.

[135] Neste sentido, F. TOMMASEO, *I provvedimenti d'urgenza...* cit., p. 176.

[136] Como refere M. P. CALDERÓN CUADRADO, "el Juez conoce parcialmente de aquello que sería objeto de un juicio plenario, pero la cognición sobre ello, aunque limita-

Segundo o entendimento clássico, nos processos sumários *tout court* há uma "cognição incompleta"[137], resultado de "certa avaliação da eficácia dos meios de prova e não já de um mero cálculo probabilístico"[138]. Nesta perspectiva, a cognição sumária assenta em provas *leviores*[139], mas com a advertência de que a leveza da prova não significa ausência de todo dela, o que é próprio exactamente da tutela sumária cautelar[140], já que esta requer, quanto ao grau de prova, "uma mera justificação"[141] de que a situação jurídica alegada é provável ou verosímil, sendo suficiente a aparência[142].

E, como consequência da qualidade da cognição cautelar e da avaliação "presuntiva e hipotética" sobre o direito invocado pelo demandante, ao juízo cautelar falta, sempre, a estrutura "dichiarativa"[143]. Ao juízo cautelar falta a qualidade decisória ou declarativa do direito ou a capacidade para "dire le droi", que é própria, não obstante, do juízo sumário *tout court*.

Pelo que ficou dito, podemos concluir que a tutela sumária *tout court* é "o grosso do exército", ou a "ágil *task force*"[144] da actualidade, actualizando a metáfora de CALAMANDREI, e não é apenas a "tropa de cobertura", destinada a conservar as posições já conquistadas até à chegada do *"grosso dell' esercito"*[145], como é a tutela cautelar.

Por conseguinte, ainda que a tutela sumária cautelar seja capaz de desembocar em decisões que antecipam os efeitos da decisão final, a antecipação cautelar não traduz uma antecipação do juízo de mérito[146], já que a cog-

---

da por las alegaciones y los medios de prueba, en ningún momento debe conformarse con la mera verosimilitud", vd. M. P. CALDERÓN CUADRADO, *Las Medidas Cautelares en el Proceso Civil* ... cit., p. 79.

[137] Assim, E. A. DINI/G. MAMMONE, *I provvedimenti d'urgenza* ... cit., p. 47.

[138] Neste sentido, F. TOMMASEO, *I provvedimenti d'urgenza* ... cit., p. 166.

[139] Vd. F. TOMMASEO, *I provvedimenti d'urgenza* ... cit., p. 164.

[140] Vd. F. TOMMASEO, *I provvedimenti d'urgenza* ... cit., p. 167.

[141] Neste sentido, ADELINO DA PALMA CARLOS, "Procedimentos cautelares antecipadores ... cit., p. 242.

[142] M. TEIXEIRA DE SOUSA, *Estudos sobre o Novo Processo Civil* ... cit., p. 233.

[143] Neste sentido, igualmente, E. TULLIO LIEBMAN, "Unità del procedimento cautelare", *Rivista di Diritto Processuale*, 1954, pp. 108 ss.

[144] Expressão de L. LANFRANCHI, "Procedimenti decisori sommari ... cit., p. 4.

[145] P. CALAMANDREI, *Introduzione allo studio sistematico* ... cit., p. 41.

[146] Em síntese, F. TOMMASEO (*I provvedimenti d'urgenza* ... cit., p. 170 e 171) é da opinião que "Se la concessione della misura è subordinata a un giudizio iuxta alligata et probata partium ci troveremo di fronte a una cognizione di tipo dichiarativo anche

nição cautelar é sempre hipotética, dada a sua natureza instrumental. E acrescentamos que nem de outro modo poderíamos entender a cognição cautelar, já que para além do carácter instrumental, a tutela cautelar caracteriza-se pela sua autonomia, inclusive de objectos, em face do processo principal[147]. Enfim, assim se compreende que o juiz da medida provisória, em sentido restrito, não possa "prejuger au fond", nem "lier le juge du fond", porque nunca a pode decidir, senão em jeito de probabilidades[148].

E, também, neste contexto, relacionando a problemática da sumariedade com a técnica da tutela antecipatória, em sentido técnico jurídico restrito, até porque a antecipação é, por regra, proferida com base numa cognição sumária, esta não se identifica na totalidade com a tutela cautelar, visto que a antecipação desta (da medida cautelar estruturalmente antecipatória) é apta a desembocar em medidas que, como se diz na dogmática francesa e belga, "ne portent pas préjudice au principal"[149], isto é, medidas que, pela sua instrumentalidade perante a questão de fundo, apenas a julgam "sans dire droit"[150].

Em síntese, a antecipação cautelar, porque é sempre provisória, está *apertada* por limites rigorosos, entre eles o princípio da proibição "der Vor-

---

se, nell'istituto considerato, la cognizione appaia sommaria. Se per contro la concessione della misura sommaria prescinde da una valutazione del grado di efficacia delle prove e anzi prescinde dalla acquisizione di risultanze probatorie per appagarsi di una valutazione della verosimiglianza delle allegazioni fondata su un mero calcolo di probabilità, ci troveremo di fronte a provvedimenti che esprimono un giudizio ipotetico, in altri termini, di fronte a provvedimenti sommari di tipo cautelare". Subl. nosso.

[147] Aliás, como referia também, P. CALAMANDREI (*Introduzione allo studio sistematico* ... cit., pp. 63 e 64) o juízo principal de mérito não vem convalidar o juízo cautelar. O juízo principal surge *ex novo* e *ex se*. Vd. tb. neste sentido, M. TEIXEIRA DE SOUSA (*Estudos sobre o Novo Processo Civil* ... cit., pp. 228 e 229) refere que a decisão de fundo, porque incide sobre um objecto diferente, não confirma ou revoga a providência cautelar.

[148] L. DU CASTILLON, "Les pouvoirs, au provisoire, du juge des référés: déraison de la mesure ou mesure de la raison?", *Les mesures provisoires en droit belge, français et italien. Étude de droit comparé*... cit., p. 33.

[149] J. V. COMPERNOLLE, "Les mesures provisoires en droit belge. Introduction générale", *Les mesures provisoires en droit belge, français et italien. Étude de droit comparé* ... cit., p. 11.

[150] G. DEMEZ/C. PANIER, "L'autonomie du référé", *Les mesures provisoires en droit belge, français et italien. Étude de droit comparé* ... cit., p. 52.

wegnahme der Hauptsache"[151], que interditam o juiz cautelar, não só de decidir, em termos *de direito*, definitivamente a questão de fundo, como também, de exceder o juiz da causa principal[152]. A técnica da antecipação, *stricto sensu*, difere da adoptada na tutela cautelar, não só pela sua finalidade como pelos seus conteúdo e efeitos, já que aquela permite uma antecipação de uma decisão judicial coincidente na totalidade com a decisão final, salvo, apenas, quanto ao momento em que são proferidas[153], existindo entre as antecipações uma "relação endógena"[154].

Resumindo, a instrumentalidade, que é a característica essencial da tutela cautelar e que, como já afirmámos repetidas vezes, marca o tipo de cognição disciplinado, vinca também, na sua estrutura, a forma como antecipadamente realiza a defesa do direito. A antecipação cautelar é sempre instrumental perante a efectividade da decisão de fundo[155], já que, porque entre o juízo cautelar e o juízo de fundo há uma "relação exógena", a antecipação é sempre provisória e instrumental[156].

---

[151] Sobre esta questão e designadamente sobre a proibição "der Vorwegnahme der Hauptsache", vd. W.-D. WALKER, *Der einstweilige Rechtsschutz im Zivilprozeß und im arbeitsgerichtlichen Verfahren* ... cit., ns. ms. 66 ss.; pp. 54 a 60; H. HUBA, "Grundfälle zum vorläufigen Rechtsschutz nach der VwGO"... cit., pp. 983 a 990, esp. p. 986.; F. SCHOCH, "Grundfragen des verwaltungsgerichtlichen vorläufigen Rechtsschutzes"... cit., pp. 159 ss.; K. FINKELNBURG/K. P. JANK, *Vorläufiger Rechtsschutz im Verwaltungsstreitverfahren*... cit., ns.ms. 202 ss., pp. 95 ss e ns. ms. 236, pp. 115 ss.

[152] Sobre esta questão, vd. G. DEMEZ/C. PANIER, "L'autonomie du référé", *Les mesures provisoires en droit belge, français et italien. Étude de droit comparé*... cit., pp. 49 e 51 a 53; L. DU CASTILLON, "Variations autour du principe dispositif et du contradictoire dans l'instance en référé", *Les mesures provisoires en droit belge, français et italien. Étude de droit comparé* ... cit., pp. 104 e 105.

[153] J. E. CARREIRA ALVIM, *Tutela antecipada na reforma processual*, Rio de janeiro, s.d. pp. 13 ss; esp. pp. 17 a 21.

[154] Expressão de F. CARPI, "La tutela d'urgenza fra cautela, 'sentenza anticipata' e giudizio di merito ... cit., p. 706.

[155] Neste sentido, por todos, considere-se A. CARRATTA, *Profilli sistematici della tutela anticipatoria*, Torino, 1997, esp. pp. 95 ss.; P. FRISINA, "La tutela anticipatoria: profili funzionali e strutturali ... cit., pp. 370 a 373, esp. p. 375, p. 381, p. 387.

[156] Expressão de F. CARPI, "La tutela d'urgenza fra cautela, 'sentenza anticipata' e giudizio di merito ... cit., p. 706.

Deve-se exactamente, à antecipação instrumental tanto o facto de a decisão provisória (antecipada) caducar em certas situações, como o facto de ser impossível de ser revogada ou convalidada pela decisão de fundo[157]. Pelo contrário e mais precisamente, a decisão antecipada forma uma espécie de *caso julgado especial* perante a decisão de fundo[158]. A técnica de antecipação em sentido restrito, pela sua autonomia funcional, difere, portanto, da antecipação cautelar (e, claro, da antecipação própria da "medida provisória em sentido restrito", típica dos sistemas francês, belga e alemão)[159].

Neste contexto, cumpre-nos enunciar que, segundo pensamos, o modelo processual se assemelha a um jogo (*puzzle*), cujos contornos das *peças* (os tipos de processo), o seu criador (o legislador) vai moldando na perspectiva de adequar a estrutura de cada uma das *peças* à função ou ao objectivo que devem cumprir.

No nosso entender, os processos disciplinam as técnicas preferidas, isoladas ou em conjunto, escolhidas como mais idóneas para cumprir um objectivo predeterminado pelo legislador, como o de economia processual, de protecção jurisdicional prioritária de certos direitos (ou interesses), de protecção jurisdicional interina instrumental e meramente asseguradora de um *status* (*status* que é objecto de uma causa principal). E a perspectiva em que esses processos são analisados, focalizando a atenção para o tipo de cognição ou para a natureza da decisão que os caracteriza, poderá ser a razão pela qual a doutrina os sistematiza de acordo com uma ou outra técnica.

Neste sentido, parece-nos, pois, lógico, concluir que, em abstracto, um modelo processual possa ser constituído, para além dos processos de execução, por processos de declaração, típicos, solenes, de cognição "plena e exaurível" e por processos que, atendendo a uma série de prioridades, com-

---

[157] Neste sentido, M. TEIXEIRA DE SOUSA, *Estudos sobre o Novo Processo Civil* ... cit., pp. 228 e 229.

[158] E. MERLIN, "La caducité et la rétractation des mesures provisoires", *Les mesures provisoires en droit belge, français et italien. Étude de droit comparé* ... cit., pp. 369, 370.

[159] E. MERLIN, "La caducité et la rétractation des mesures provisoires", *Les mesures provisoires en droit belge, français et italien. Étude de droit comparé* ... cit., pp. 369, 370, 371; G. DEMEZ/C. PANIER, "L'autonomie du référé", *Les mesures provisoires en droit belge, français et italien. Étude de droit comparé* ... cit., pp. 45 e 46; W.-D. WALKER, *Der einstweilige Rechtsschutz im Zivilprozeß und im arbeitsgerichtlichen Verfahren* ... cit., esp. ns. ms. 68 a 73, pp. 56 a 60.

binam as técnicas diversas já mencionadas, sumária, provisória e antecipatória, com diferentes variedades.

E esta combinação pode ser realizada para tutelar as situações de urgência. Na verdade, perante a diversidade de necessidades de tutela urgente, que caracterizam a vida nas sociedades modernas, os sistemas processuais têm vindo a consagrar de forma crescente tipos de processos igualmente diversificados, cuja estrutura é caracterizada pela combinação das técnicas de tutela sumária, antecipatória e provisória, e cujo perfil funcional está preordenado para proporcionar tutela jurisdicional imediata, e, em alguns casos, célere, para uma situação de urgência.

Segundo cremos, o conceito de situação de urgência, dada a impossibilidade de valoração absoluta e objectiva, pode ser compreendido num sentido amplo, de modo a abranger quer as situações de "absoluta necessidade", quer as de urgência *stricto sensu* e quer ainda as situações de "necessidade de tutela célere".

A cada uma destas situações de urgência, de urgência *stricto sensu*, de "absoluta necessidade" e de "tutela célere", pode (e deve) corresponder um tipo diverso de solução. Uma, nomeadamente, que assente na tipificação de situações carentes de tutela rápida, por exemplo, tendo em conta o tipo de direito a proteger, ou, outra solução que consagre um sistema atípico de situações urgentes[160]. A cada uma poderá corresponder, tecnicamente, a criação de processos de cognição plena autónomos e acelerados, a de processos urgentes sumários e a de processos urgentes acessórios (cautelares)[161].

Antes de desenvolver esta ideia, porém, a propósito do conceito de situações de urgência, "de absoluta necessidade" e de "tutela judicial célere", cumpre referir que, nos casos em que não cumpre ao legislador presumir as situações de urgência e, pelo contrário, quando cabe ao juiz decidir perante uma dada realidade se há ou não urgência em decretar uma medida, a compreensão do que seja urgência será sempre subjectiva. Na verdade, a apreciação do juiz será não só subjectiva como soberana, podendo este apenas reger-se "pelo seu bom senso"[162] e por critérios orientadores que têm vindo a ser fixados pela doutrina e pela jurisprudência.

---

[160] Sobre este questão, vd. o estudo sistemático de O. DUGRIP, *L'urgence contentieuse devant les juridictions administratives* ... cit., passim.

[161] Sobre esta temática, vd. L. DU CASTILLON, "Déraison de la mesure ou mesure de la raison?", *Les mesures provisoires en droit belge, français et italien. Étude de droit comparé*... cit., p. 31.

[162] Neste sentido, F. MATSCHER, " Les mesures provisoires en droit de procédure civile autrichien", *Les mesures provisoires en procédure civil* ... cit., p. 110.

E neste sentido, é comum afirmar-se que poderá existir urgência na situação perante a qual o mínimo atraso na emissão de uma medida judicial é de molde a criar um prejuízo irreparável, a perda definitiva de um direito e a produção de uma situação de factos consumados. Casos de absoluta impossibilidade de reparação resultante do atraso de uma ordem judicial, de fazer ou não fazer, ou da sua execução, referente a situações relativas a direitos sem conteúdo patrimonial, como os direitos de personalidade, traduzem uma situação de absoluta urgência.

Segundo a compreensão de alguns, a situação de urgência poderá configurar-se, também, pela ameaça de produção de um prejuízo sério e grave, ainda que não exista o risco de perda definitiva e irreversível de um direito, sendo, portanto, suficiente para que haja urgência a iminência de um prejuízo significativo provocado pela demora da decisão judicial. Situações relativas à saúde pública, ao meio ambiente, ou relativas ao estatuto jurídico de pessoas e à sua sobrevivência pessoal e situação profissional, quando há o risco de sofrerem um prejuízo sério e grave provocado pela sua tutela judicial diferida, configuram situações de urgência.

Também a ameaça a um direito subjectivo resultante de comportamento violento e ilícito, ou a existência de uma "voie de fait", por si mesma, como nos sistemas processuais francês e belga, justifica a situação de urgência. A ameaça a um direito subjectivo evidente e incontestável provocada por um acto material ou por um comportamento violento ou intempestivo, por parte de um particular ou de uma Autoridade Administrativa, traduz uma situação de urgência para a qual está vocacionada a especial competência universal do *juge du référé*. A execução precipitada de uma ordem de expulsão de um estrangeiro, designadamente, enquanto decorre um processo de reapreciação da ordem e sem que seja aguardada a decisão final, configura uma situação de urgência de tutela[163].

Segundo o entendimento de alguns, a apreciação da situação de urgência implica sempre um balanço de prejuízos e um confronto de interesses. Por um lado, considera-se a situação do demandante, considerado na perspectiva de não ser emitida a seu favor nenhuma medida rápida, e, por outro, a situação da parte contra quem é requerida a medida, considerando o

---

[163] A este propósito, vd. G. CLOSSET-MARCHAL, "L'urgence", *Les mesures provisoires en droit belge, français et italien. Étude de droit comparé* ... cit., p. 20; J. V. COMPERNOLLE, "Les mesures provisoires en droit belge. Introduction générale", *Les mesures provisoires en droit belge, français et italien. Étude de droit comparé*... cit., p. 10.

tipo de efeitos que nela provoca a medida, eventualmente, a decretar enquanto se aguarda a decisão de mérito[164]. Todavia, neste contexto de apreciação do conceito de urgência, maxime quando nos referimos ao balanço como condição do *référé*, o juiz da causa cautelar deverá intensificar o seu conhecimento quanto à questão de fundo e pré-examinar qual das partes aparenta possuir um melhor direito, pois deste modo evita correr o risco de emitir uma decisão antecipada errada para a causa[165]. Quanto mais o demandante aparentar vencer na causa principal menor relevância devem ter os efeitos negativos provocados à contraparte. E, pelo contrário, quanto menores forem as probabilidades de sucesso do demandante na causa principal, maior deverá ser a exigência do juiz ao contrabalançar os interesses das partes. Seguindo este raciocínio, perante a inexistência de uma aparência de direito do requerente, o juiz só poderá decretar uma medida se dela não resultar um prejuízo excessivo para a contraparte.

Em qualquer caso, a noção de provisoriedade da medida deve ser respeitada, pois, ainda que a função da medida provisória seja a de repartir entre as partes tanto os prejuízos da demora do processo como os riscos de produção de factos consumados[166], ainda assim, o juiz deve cumprir o princípio da proibição da antecipação da causa, evitando julgar a causa pre-

---

[164] Sobre este juízo, em especial sobre o "balance of convenience", vd. V. VARANO, "Appunti sulla tutela provvisoria nell'ordinamento inglese, con particolare riferimento all'interlocutory injunction", *Les mesures provisoires en procédure civile* ... cit., pp. 244 ss., esp. pp. 244 a 247.

[165] Neste sentido, vd., por exemplo, K. FINKELNBURG/K. P. JANK (*Vorläufiger Rechtsschutz im Verwaltungsstreitverfahren* ... cit., ns. ms. 144 ss., pp. 65 ss e ns. ms. 160 a 164, pp. 74 a 76, ns. ms. 173 ss., pp. 81 ss.; espe. N. m. 216, pp. 103 e 104), a propósito dos métodos de apreciação dos tipos de urgência no contencioso administrativo alemão, para as situações em que existe ou não antecipação e configurando a necessidade de apreciação antecipada da causa. Perante estas, tem vindo a exigir-se uma qualificada probabilidade de sucesso na causa principal. Vd. tb. H. HUBA ("Grundfälle zum vorläufigen Rechtsschutz nach der VwGO ... cit., pp. 983 a 990, esp. p. 986) e F. SCHOCH ("Grundfragen des verwaltungsgerichtlichen vorläufigen Rechtsschutzes ... cit., 1991, pp. 159 ss.), a propósito da necessidade de intensificação dos poderes de cognição do juiz quando se configura uma situação de antecipação da causa, sem, todavia, defender a obrigatoriedade de realização de uma ponderação de interesses das partes.

[166] Neste sentido, F. MATSCHER, " Les mesures provisoires en droit de procédure civile autrichien", *Les mesures provisoires en procédure civil* ... cit., pp. 109, 110 e 111.

viamente[167], e, na perspectiva da produção de factos consumados, deve emitir a medida que proporcionalmente causa um menor dano à parte contrária.

Segundo o entendimento de outros, também a incapacidade do processo ordinário ou *paradigma*, ou outro especial, para resolver o diferendo, num prazo razoável e em tempo oportuno, pode revelar a existência de uma situação de urgência. Sempre que perante a natureza da causa, o processo normal seja, pela duração das suas fases e prazos, apto a desembocar em decisões inúteis, podemos afirmar que existe uma situação urgente.

A situação será urgente, principalmente, se a efectividade da sentença principal estiver dependente da sua emissão antes de uma data fixa, ou antes de se esgotar um prazo, relativos à situação a regular. Se se solicita ao juiz uma medida destinada a impedir a realização de um acontecimento (uma tourada, uma manifestação) marcado para certa data, já próxima, haverá urgência na medida. Urgência que será de absoluta necessidade de tutela se o pedido antecede horas ou poucos dias à realização do evento. Aliás, mais em concreto, configuramos a existência de uma situação de necessidade absoluta de tutela urgente perante um pedido de proibição de uma venda num leilão, marcado para o dia posterior ao pedido de interdição judicial da venda. E, igualmente, se identifica como situação de urgência a relativa ao pedido de suspensão da decisão de uma entidade pública, pela qual proíbe a reunião de um grupo político num determinado local, em período próximo. Nestes casos, é clara a incapacidade do processo de cognição plena para emitir uma decisão oportuna.

A situação referente à apreciação dos comportamentos, menos lícitos, de um titular de um órgão público, cujo mandato termina em breve, e em que haja, por exemplo, a possibilidade de suspensão do exercício de funções, será uma situação que requer uma resposta judicial urgente. E situação com natureza idêntica se configura perante pedidos de realização de um exame escolar, uma inscrição ou matrícula escolares ou a realização de uma entrevista profissional, estando em causa um prazo determinado; pedidos que respeitem a concursos, bem como os referentes ao exercício de um direito durante um período de tempo fixo, como a realização de uma campanha eleitoral ou a apresentação de uma candidatura a um procedimento ou concurso público, designadamente, demonstram a existência de uma situação carente de tutela rápida.

---

[167] Neste sentido, G. CLOSSET-MARCHAL, "L'urgence", *Les mesures provisoires en droit belge, français et italien. Étude de droit comparé* ... cit., p. 22.

Resumindo, situações de carência, ou de precariedade do requerente, que envolvam a falta de subsistência, a sua detenção ou internamento, o seu *status* profissional ou de formação académica, respeitantes aos seus direitos de personalidade, ou ao seu estatuto jurídico, como o de nacionalidade, por exemplo, são situações envolvidas em necessidade de tutela jurisdicional urgente.

De entre as situações de urgência indicadas, descortinamos algumas de absoluta urgência, já que a sua tutela não suporta demora alguma, sob pena de se transformarem numa situação consumada quando tuteladas de modo diferido. Perante os casos descritos, de absoluta necessidade de tutela jurisdicional, torna-se evidente que só uma decisão imediata, de dias ou de horas, terá efeito útil[168]. Neste tipo de casos, o processo deverá ainda ser mais urgente do que no processo urgente normal, adequado para tutelar situações de urgência *stricto sensu*, podendo este ser, estruturalmente, adaptado[169]. E, inclusive, podendo no processo *plus* urgente ter de ser suprimida a fase relativa ao exercício do direito de defesa da parte contra quem é solicitada a medida[170].

---

[168] No sistema inglês, como indica V. VERANO ("Appunti sulla tutela provvisoria nell'ordinamento inglese, com particolare riferimento all'interlocutory injuction", *Les mesures provisoires en procédure civile* ... cit., p. 248, pp. 260 e 261) existem as *interim injunction ex parte*, que, segundo o autor são bem sucedidas, tendo algumas sido recentemente emitidas em prazos curtíssimos: uma ordem interina foi emitida num prazo de uma hora, e outra, requerida numa Sexta-feira às 15.45, foi decretada no Sábado seguinte, às 10.45. No entender deste autor, perante certas situações de absoluta urgência, o processo urgente da *interim injunction* deve ser verdadeiramente urgente, já que a realização da justiça, em certos casos, deve assemelhar-se a um hospital, com os seus serviços de urgência e de turno.

[169] Neste sentido, o sistema processual grego contém um tipo de processo cautelar especialmente urgente, que assenta na realização de uma audiência, que pode ser extremamente simplificada, podendo mesmo ter lugar na própria residência do juiz, num Domingo ou feriado, e mesmo por via telefónica. Vd. K. D. KERAMEUS/ K. P. POLYZOGOPOULOS, "Les mesures provisoires en procédure civile hellénique", *Les mesures provisoires en procédures civile* ... cit., p. 69.

[170] De entre os vários sistemas que contêm uma solução adequada aos tipos de absoluta necessidade de urgência, como o português, espanhol, italiano, nos quais é permitido dispensar a audiência da entidade requerida, cumpre destacar o sistema do contencioso comunitário, que prevê a possibilidade de emissão de medidas interlocutórias, ou duplamente provisórias e o sistema de urgência accionado por via, não de *référé* contraditório, mas de *requête unilatérale*, no sistema belga, e, por via de *ordonnances sur requête*, no sistema francês. Vd., a este propósito, J. V. COMPERNOLLE, "Les mesures provisoires en

E há situações que, pese embora exigirem uma solução marcada pela celeridade, não configuram, contudo, uma situação de urgência *stricto sensu*, visto que a urgência é "plus pressante" que a celeridade que pode exigir certa situação[171].

Chegamos, então, ao momento em que se torna necessário precisar e distinguir as situações. Perante cada uma das categorias de urgência, em sentido amplo, será adequado que o tipo de tutela varie. O legislador, recorrendo às técnicas já descritas, de tutela sumária, antecipatória e provisória, pode prever a existência de tipos de processo em que utiliza e combina as técnicas referidas na perspectiva de tutelar diferentes situações de urgência, segundo o princípio da efectividade da tutela jurisdicional e o direito à emissão de uma decisão num prazo razoável[172].

No contexto do que temos vindo a afirmar, para tutelar as situações de urgência é possível, utilizar, designadamente, dois tipos de solução, considerando o modo como se identifica a situação. Uma que tem subjacente a pré-definição da situação urgente pelo legislador, sendo ele quem presume a necessidade de tutela rápida, como em situações relativas a direitos, liberdades e garantias, ou outros prioritariamente escolhidos, com conteúdo vulnerável perante a demora da tutela ordinária, ou situações, cuja natureza efémera ou fugaz é de molde a consumar-se num curto espaço de tempo. Perante a natureza destes casos, é tecnicamente possível que seja o legislador a fazer corresponder estruturalmente os processos à sua função, tipificando as situações de urgência e o tipo de processo adequado. Processo que pode ser, em abstracto, de "cognição plena" acelerado, com capacidade para emitir uma decisão definitiva, ou outro sumário *tout court*, pautado pela sumariedade e provisoriedade[173].

---

droit belge. Introduction générale", *Les mesures provisoires en droit belge, français et italien. Étude de droit comparé*... cit., pp. 5 e 6; J. NORMAND, "Les mesures provisoires en droit français. Les fonctions des référés", *Les mesures provisoires en droit belge, français et italien. Étude de droit comparé*... cit., p. 74.

[171] Neste sentido, G. CLOSSET-MARCHAL, "L'urgence", *Les mesures provisoires en droit belge, français et italien. Étude de droit comparé* ... cit., p. 29.

[172] Neste sentido, vd., fundamentalmente, F. CARPI, "La tutela d'urgenza fra cautela, 'sentenza anticipata' e giudizio di merito ... cit., pp. 680 ss., esp. pp. 700 a 706; P. FRISINA, "La tutela anticipatoria: profili funzionali e strutturali ... cit., p. 365, pp. 370 a 373; A. PROTO PISANI, "La tutela sommaria. (Note *de jure condito* e *de jure condendo* ... cit., p. 332.

[173] Neste sentido, F. GASCÓN INCHAUSTI (*La Adopción de las Medidas Cautelares con carácter Previo a la Demanda* ... cit., pp. 16) considera a existência de

Ainda neste contexto, sendo tecnicamente de outro tipo a solução, poderá entregar-se ao juiz todo o poder de *decisão de urgência*. E, neste sentido, numa perspectiva, pode caber ao juiz o poder de apreciar as situações reais de urgência, cabendo-lhe uma ampla margem de apreciação das situações, tanto pela valoração de conceitos imprecisos e indeterminados fixados pelo legislador, por exemplo, quer através da integração das situações reais em soluções de urgência típicas. Numa outra perspectiva, é possível que "o poder de urgência" do juiz se concretize de modos diferentes, por exemplo, num momento antecipado do próprio processo de cognição plena; num processo em que o juiz tem o poder de adaptar os seus trâmites, por via da urgência, abreviando os prazos ou as suas fases; em processos autónomos acelerados; ou em processos acessórios (ou seja processos cautelares), dependentes do processo ordinário, no qual é apreciada a relação controvertida (ou *quid*) que necessita de tutela urgente[174].

A tutela cautelar configura exactamente um tipo da categoria da tutela de urgência, já que sempre foi consagrada nos diversos sistemas processuais para proteger uma especial situação de urgência[175]: aquela que é relativa ao *quid* que é objecto de uma causa a resolver num processo principal de cognição plena. A urgência cautelar decorre da ameaça de perda irreparável do *status quo* sob que incide esse processo e cuja sentença final poderá ser provavelmente inútil, por inexistência do objecto, devido à sua demora.

---

processos que visem tutelar a urgência, sem que dependam de um outro processo plenário posterior. Estes, porque lhes falta a característica da instrumentalidade perante outro processo, correspondem aos tradicionais "processos sumários" ou também, segundo ele, à "tutela provisória de direitos", mas não se identificam, em nenhum caso, com os processos cautelares.

[174] Neste sentido, considere-se o tratamento sistemático das várias soluções paras as diferentes situações de urgência (em sentido amplo), O. DUGRIP, *L'urgence contentieuse devant les juridictions administratives* ... cit., passim.

[175] Por exemplo, no antigo direito romano previa-se que o pretor, no âmbito dos poderes de *imperium*, pudesse, através das *legis actiones*, decretar uma *actio aquae pluviae arcendae: l'operis novi nunciattio* e a *cautio damni concepti*, em casos de urgência. Ainda, mais tarde, no uso das suas *missiones in possessionem*, poderia ordenar *cautiones*. Para uma exposição mais desenvolvida, vd. C. CALVOSA, *La tutela cautelare (profilo sistematico)*, Torino, 1963, pp. 1 a 53; E. A. DINI/G. MAMMONE, *I Provvedimenti d'urgenza, nel diritto processuale e nel diritto del lavoro*, Milano, 1993, pp. 3 a 11.

Em síntese, a urgência que é protegida pela tutela cautelar é a que resulta, exactamente, da demora do processo ordinário, plenário ou de cognição plena. E, por isso, identifica-se com o duplo tipo de *periculum in mora* do processo principal. *Periculum in mora* que se traduz no risco de infrutuosidade da sentença do processo principal, por alteração do *status quo* sobre que versa o processo principal, e no prejuízo imediato provocado pela insatisfação interina do direito ou pela não espontaneidade da pronúncia judicial[176].

Como nem todas as situações de urgência são identificáveis com o conceito de *periculum in mora*, nem com as situações de absoluta urgência, é de referir, mais uma vez, que também a técnica da aceleração ou abreviação do processo ordinário pode ser uma alternativa para tutelar situações que, *a priori*, o legislador prefere proteger de forma célere[177], conseguindo a abreviação, por exemplo, através da concretização do princípio da oralidade no processo[178]. Estes processos, ainda que acelerados e abreviados, podem definir definitivamente o direito para uma dada situação[179]. Ou, ainda, pre-

---

[176] Neste sentido, por exemplo, por todos, vd., quanto ao sistema belga, J. V. COMPERNOLLE, "Les mesures provisoires en droit belge", *Les mesures provisoires en procédure civile* ... cit., pp. 207 ss.; quanto ao sistema francês, J. NORMAND, "Les mesures provisoires en droit français. Les fonctions des référés", *Les mesures provisoires en droit belge, français et italien. Étude de droit comparé...* cit., pp. 76 a 86; quanto ao sistema espanhol, F. RAMOS MENDEZ, "Les mesures provisoires indéterminées dans le procès civil espagnol", *Les mesures provisoires en procédure civile* ... cit., pp. 189 ss.; e quanto ao português, M. TEIXEIRA DE SOUSA, *Estudos Sobre o Novo Processo Civil ...* cit., pp. 226, 229 e 232.

[177] O Decreto Lei n.º 134/98, de 15 de Maio, positiva uma solução do género, destinada a proporcionar a impugnação célere de decisões administrativas relativas à formação de alguns contratos da Administração Pública, o recurso de anulação urgente, que é um processo de cognição plena acelerado. Já diferente natureza têm as medidas provisórias que acompanham este processo. Têm, no entanto, também como função tutelar a urgência, referente à ameaça de produção de prejuízos para o *status quo* sob que incide o recurso urgente.

[178] Sobre a introdução do "procedimento abreviado" no contencioso administrativo espanhol, caracterizado pelos princípios da oralidade, imediação, concentração e celeridade e aplicado em função do valor da causa (inferior a 500.000 pesetas) e da matéria (função pública), vd. J M. CHAMORRO GONZÁLEZ/J. C. ZAPATA HÍJAR, *El Procedimiento Abreviado en la Jurisdicción Contencioso-Administrativa*, Navarra, 1999.

[179] Sobre esta questão, vd. P. ESTOUP (*La Pratique des Procédures Rapides*, 2.ª ed., Paris, 1998) que permite uma visão de conjunto destes procedimentos rápidos e céleres,

cisando uma ideia já referida, a solução traduzida pela opção da técnica da sumarização *tout court*[180] é também possível para tutelar situações de urgência, pese embora, neste caso ser aconselhável a combinação da técnica da tutela sumária com a técnica da tutela provisória[181].

Enfim, no nosso entender, cumpre só sintetizar que a tutela cautelar (ou provisória *stricto sensu*) é uma das soluções para proteger uma situação de urgência. E quando a tutela cautelar é a escolhida pelo legislador, tal opção implica que determinada relação controvertida seja resolvida por via de um processo estruturalmente concebido para desembocar com composições definitivas, e, ao mesmo tempo, tal solução pressupõe que, enquanto se aguarda a decisão definitiva, existe uma forma de proteger, jurisdicionalmente, qualquer situação de urgência que se configure e que seja relativa ao objecto desse processo principal, ameaçando causar-lhe um prejuízo grave ou de perda definitiva se não for imediatamente defendida. A tutela cautelar protege a situação de urgência relativa ao *quid* sobre que versa o processo principal, assegurando esse *quid* ou antecipando para ele uma solução através de uma composição provisória.

Em suma, segundo cremos, esta forma de tutela urgente, que num perfil teleológico serve para tutelar uma especial situação de urgência[182], identificada com as situações de *periculum in mora* que afectam uma relação contro-

---

previstos no sistema processual civil em França, tais como os *référés, ordonnances sur requête, procédures d'injonction* e os procedimentos à *jour fixe et abrégées*. Procedimentos que não são todos cautelares, pese embora todos eles serem caracterizados pelo objectivo de tutelar a urgência, entendida esta num sentido amplo, ainda que segundo técnicas distintas. E quanto ao contencioso administrativo, vd. O. DUGRIP, *L'urgence contentieuse* ... cit., pp. 27 a 104. A este propósito, para uma visão de conjunto *des procédures accélérées* e das *procédures abrégées*, que caracterizam o sistema belga, vd. M. LEROY, *Contentieux Administratif*, Bruxelas, Bruylant, 1996, pp. 498 a 641, esp. pp. 511 a 512.

[180] Neste sentido, segundo cremos, M. TEIXEIRA DE SOUSA, *Estudos Sobre o Novo Processo Civil* ... cit., p. 232; M. ORTELLS RAMOS/M. P. CALDERÓN CUADRADO, *La tutela judicial cautelar en el Derecho español* ... cit., p. 20.

[181] Neste sentido, P. FRISINA, "La tutela anticipatoria: profili funzionali e strutturali ... cit., p. 365, pp. 370 a 373; A. PROTO PISANI, "La tutela sommaria. (Note *de jure condito* e *de jure condendo* ... cit., p. 332. Principalmente, vd. L. LANFRANCHI, "Procedimenti decisori sommari ... cit., p. 27.

[182] Nos diversos sistemas processuais, o legislador tem vindo a positivar este tipo de tutela para proporcionar tutela urgente. Por exemplo, na França (e de modo semelhante na

vertida, que já é, ou ainda vai ser, objecto de um processo principal, é estruturalmente distinta das demais formas de tutela urgente.

Continuando o nosso raciocínio, porque está ligado por "cordão umbilical"[183] ao processo de cognição plena, o processo cautelar é sempre um processo instrumental, na sua função e na sua estrutura, visto que toda a sua razão de ser e de actuar decorrem da necessidade de evitar a produção de prejuízos que afectem o objecto desse processo principal; prejuízos que, se não resultam imediatamente da demora desse processo, pelo menos resultarão da incapacidade desse processo para definir, em tempo oportuno, o direito para a situação controvertida, que é seu objecto.

Segundo pensamos, porque um processo tem de ser estruturalmente adequado à sua função, a instrumentalidade do processo cautelar exige uma estrutura diferente dos processos que disciplinam as técnicas de sumariedade *tout court*, da provisoriedade em sentido amplo e da antecipação em sentido restrito, pois é o seu perfil teleológico que domina o seu perfil estrutural[184].

Bélgica) são conhecidas as seguintes formas de tutela rápida, por regra provisória *stricto sensu: saisie conservatoire, ordonnances de référé ou sur requête e référé-provision*. Vd. PERROT, "Les mesures provisoires en droit français", *Les mesures provisoires en procédure civile* ... cit., pp. 161 a 170; J. V. COMPERNOLLE, "Les mesures provisoires en droit belge. Introduction générale", *Les mesures provisoires en droit belge, français et italien. Étude de droit comparé* ... cit., pp. 5 a 18. Na Alemanha (Suíça e Áustria) o sistema civil (*Zivilprozeßordnung* – § 916.º ss.) prevê a medida de *Arrest* e o *Einstweilige Rechtsschutz* (§§ 935.º a 940). Sobre esta questão vd., W.-D. WALKER, *Der einstweilige Rechtsschutz im Zivilprozeß und im arbeitsgerichtlichen Verfahren* ... cit., ns. ms. 74 ss., pp. 62 ss.; F. MATSCHER, "Les mesures provisoires en droit de procédure civile autrichien", *Les mesures provisoires en procédure civile* ... cit., pp. 87 ss. Na Itália, e em Espanha, para além dos procedimentos cautelares típicos, prevê-se a existência de uma cláusula aberta, pela qual é decretada a tutela cautelar inominada, respectivamente, os *provvedimenti d'urgenza* (art. 700.º c.p.c) e as medidas cautelares não especificadas. Vd., por todos, A. SALETTI, "Le système des mesures provisoires en droit italien", *Les mesures provisoires en droit belge, français et italien. Étude de droit comparé* ... cit., pp. 59 a 69; S. BARONA VILAR, "Proceso Cautelar", *El nuevo proceso civil* (Ley 1/2000) ... cit., pp. 733 ss.

[183] Expressão de F. CARPI, "La tutela d'urgenza fra cautela, 'sentenza anticipata' e giudizio di merito ... cit., pp. 680 ss., p. 703.

[184] Neste sentido, por todos, P. CALAMANDREI, *Introduzione allo studio sistematico*... cit., p. 19.

Falta referir que um entendimento favorável à diversificação das formas de tutela de urgência tem como vantagem principal permitir adequar funcional e estruturalmente os tipos de processos às diferentes situações de urgência e combater o fenómeno de *vulgarização* que tem vindo a caracterizar o recurso à tutela cautelar nos diversos sistemas processuais. Este fenómeno, que tem tido como consequência a "deformação"[185] da tutela cautelar, traduz-se na sua utilização como meio dilatório, como meio de pressão do devedor, como forma de alcançar uma tutela antecipatória *tout court*, rápida e alternativa ao processo de cognição plena[186], e como tutela que satisfaz, pelo menos, sob a perspectiva de facto, a realização da pretensão de quem a solicita[187].

De acordo com a análise de alguns estudiosos do processo, deve-se, fundamentalmente, à ausência de tipos de processos urgentes, alternativos ao tradicional processo solene de cognição plena, o recurso à tutela cautelar como se esta fosse já um tipo de tutela jurisdicional principal alternativa[188].

---

[185] Expressão de G. TARZIA, "La tutela cautelare", *Il nuovo processo cautelare* ... cit., pp. XXXIII.

[186] Neste sentido, F. CARPI, "La tutela d'urgenza fra cautela, 'sentenza anticipata' e giudizio de merito ... cit., pp. 680 ss., esp. pp. 700 a 706; P. FRISINA, "La tutela anticipatoria: profili funzionali e strutturali ... cit., p. 365, pp. 370 a 373; L. DU CASTILLON, "Les pouvoirs, au provisoire, du juge des référés: déraison de la mesure ou mesure de la raison?", *Les mesures provisoires en droit belge, français et italien. Étude de droit comparé* ... cit., p. 44; M. ORTELLS RAMOS/M. P. CALDERÓN CUADRADO, *La tutela judicial cautelar en el Derecho español* ... cit., pp. 18; M. ANGEL FERNÁNDEZ, "La ejecución forzosa. Las medidas cautelares.", *Derecho Procesal Civil III*, 4.ª ed., Madrid, 1997, pp. 403 ss.

[187] Neste sentido, a propósito do sistema processual civil português, vd. M. TEIXEIRA DE SOUSA, *Estudos sobre o Novo Processo Civil* ... cit., pp. 246 e 247; e, a propósito dos sistemas processuais francês, alemão e inglês, por todos, vd. as conclusões de F. GASCÓN INCHAUSTI (*La Adopción de las Medidas Cautelares con carácter Previo a la Demanda* ... cit., esp. pp. 21, 22, 24, 25 e 26) e de W.-D. WALKER, *Der einstweilige Rechtsschutz im Zivilprozeß und im arbeitsgerichtlichen Verfahren* ... cit., ns. ms. 28 ss., pp. 25 ss., esp. ns. ms. 31 e 32, pp. 27 a 29.

[188] Neste sentido, F. TOMMASEO, *I provvedimenti d'urgenza* ... cit., p.129. A propósito dos *référés*, vd. R. PERROT, "L'effettività dei provvedimenti giudiziari nel diritto civile, commerciale e del lavoro in Francia", *Rivista di Diritto Processuale*, 1995, pp. 845 ss.; C. SILVESTRI, "Il sistema francese dei 'référé'", *Il Foro Italiano*, (parte V), 1, 1998, p. 25.

2. A tutela jurisdicional cautelar

A tutela cautelar é um tipo de tutela jurisdicional que se distingue, essencialmente, pelo seu perfil teleológico[189]. A tutela cautelar tem como fim assegurar a utilidade e a efectividade da tutela jurisdicional que é realizada num processo declarativo (ou executivo)[190], do qual está dependente, ainda que dele mantenha uma autonomia relativa, garantindo a integridade do *quid* que é objecto desse processo (declarativo ou executivo) ou regulando-o provisoriamente até à sua composição definitiva.

Não obstante a noção apresentada, o conceito de tutela cautelar integra o conjunto das dificuldades que no início deste trabalho introduzimos, referentes quer à compreensão dos diversos tipos de processos e das técnicas neles disciplinadas, quer à sua sistematização.

As dificuldades de compreensão do conceito desta forma de tutela não resultam, tão só, da variação terminológica empregue nos vários sistemas processuais, nem da sua ampliação de facto, mas têm também uma origem mais existencial, que diz respeito à sua própria natureza.

Durante muito tempo a tutela cautelar foi entendida num sentido redutor, que integrava apenas os mecanismos processuais de garantia da execução coactiva de uma sentença condenatória. Segundo este entendimento seriam

---

[189] Vd. P. CALAMANDREI, *Introduzione allo studio studio sistematico* ... cit., pp. 15 ss., esp., pp. 143 ss. O autor referiu que a qualidade distintiva está na relação de instrumentalidade que liga fatalmente a providência cautelar à providência principal, cujo sucesso efectivo se encontra facilitado e assegurado antecipadamente por actuação da primeira. O critério sistemático utilizado por autores Alemães, como GÜTHE ("Voraussetzungen und Inhalt der antizipierten Zwangsvollstreckung", *Zeitschrift für Zivilprozess*, 1898, pp. 346 ss.) e ROSENBERG (*Lehrbuch des deutschen Zivilprozessrechts*, IX ed., München, 1961), que faz com que a tutela cautelar seja considerada como apêndice da execução forçada é criticada, também, entre nós, por J. ALBERTO DOS REIS, autor que também escolheu o critério teleológico para distinguir a tutela cautelar, já que, no seu entender, "o processo cautelar só pode constituir um tipo específico se o encararmos através do prisma funcional", vd. "A figura do processo cautelar... cit., p. 10.

[190] Neste sentido, I. MARTÍNEZ DE PISÓN APARICIO (*La ejecución provisional de sentencias en lo contencioso-administrativo*, Madrid, 1999, pp. 59 e 60) que qualifica a execução provisória de sentenças como um tipo de garantia cautelar, já que é um mecanismo de garantia da eficácia futura e real da sentença. No mesmo sentido, M. TEIXEIRA DE SOUSA, *Estudos Sobre o Novo Processo Civil* ... cit., p. 245; S. BARONA VILAR, "Proceso Cautelar", *El nuevo proceso civil* (Ley 1/2000) ... cit., p. 735.

cautelares as medidas de garantia, destinadas a evitar a dissipação do património do devedor e a assegurar a garantia patrimonial do credor, como as concretizadas, no sistema português, através do arresto ou do arrolamento; ou no sistema francês, através da *saisie conservatoire*, da *saisie revendication e das sûretés judiciares*; ou através do *Arrestprozeß* alemão ou do *séquestre* suíço; ou no sistema espanhol pelo *embargo preventivo de bienes*, ou pelo *depósito de cosa mueble*, ou pela *formación de inventarios de bienes*; ou na Itália pelo *sequestro conservativo*.

Esta corrente de mínimo alcance, já sem muitos adeptos na actualidade, que reduz a tutela cautelar à sua função de assegurar a execução futura de uma sentença e que reduz o processo cautelar a acessório, ou mesmo a "anexo"[191] do processo executivo, qualifica como não cautelar e ao mesmo tempo como sumária *tout court*, a medida que regula provisoriamente uma situação e que antecipa os efeitos da decisão de um processo principal, permitindo a satisfação da pretensão daquele a favor de quem foi ordenada[192].

Já uma compreensão mais ampla do conceito de tutela cautelar existe na actualidade. A tutela cautelar, porque visa assegurar a efectividade da decisão que põe fim a um processo, compreende não só um conjunto de processos que têm como função garantir a execução coactiva de uma sentença favorável ao credor, mas integra, também, tanto o tipo de processos que têm como função assegurar o *status quo ante* como decidir interinamente o objecto imediato da causa principal[193].

---

[191] Neste sentido, como exemplo de doutrina clássica alemã que considerava a tutela cautelar como parte integrante do processo executivo, K. HELLWIG, *System des deutschen Zivilprozessrechts*, Leipzig, 1913, II, pp. 22 ss., apud, E. A. DINI/G. MAMMONE, *I provvedimenti d'urgenza* ... cit., p. 19, nota 11.

[192] Sobre esta corrente, vd., em síntese, a posição da doutrina italiana, por, G. TARZIA, "La tutela cautelare", *Il nuovo processo cautelare* ... cit., pp. XXII a XXIV; a posição de M. ANGEL FERNÁNDEZ ("La ejecución forzosa. Las medidas cautelares", *Derecho Procesal Civil III*, 4.ª ed., Madrid, 1997, pp. 403 ss.; esp. p. 444 a 450) igual à do texto, e que é excepção à maioria da doutrina espanhola. Para uma visão global, vd. S. BARONA VILAR, "Proceso Cautelar", *El nuevo proceso civil* (Ley 1/2000) ... cit., pp. 735, 741 e 742.

[193] A propósito da evolução do conceito, vd. J. RODRÍGUEZ PONTÓN, *Pluralidad de Intereses en la Tutela Cautelar del Proceso Contencioso-Administrativo* ... cit., pp. 33 a 45.

Configuramos, deste modo, a existência de uma corrente de médio alcance, que identifica a tutela cautelar como um tipo de tutela preordenada para assegurar o efeito útil da sentença principal (declarativa ou executiva) de um processo principal, seja pela função de conservar, seja de antecipar de forma reversível para o futuro, os efeitos da decisão de mérito. Segundo esta corrente, se para combater os dois tipos de *periculum in mora* do processo principal houver necessidade de emitir uma medida com estrutura antecipatória, esta ainda terá natureza cautelar desde que nela se identifique a característica da instrumentalidade[194].

As dificuldades em definir tutela cautelar existem, todavia, quando nos confrontamos com um grupo de posições que alargam o âmbito e o alcance da categoria de tutela cautelar e lhe fazem corresponder o conceito de tutela de urgência. A corrente de alcance máximo, como lhe chamamos, que não delimita o âmbito da tutela cautelar segundo o perfil teleológico e estrutural, tende a não distinguir essa forma de tutela da que concretiza a técnica da tutela provisória, antecipatória e sumária. Alguns dos autores que incluímos neste grupo consideram que há uma tendência legal e jurisprudencial no sentido da uniformização dos processos de urgência, pela transformação da tutela cautelar em processos sumários autónomos. Estes autores consideram que tanto o *référé*, *maxime*, o *référé-provision*, como as *Regelungs und Ordnungsverfügungen*, *maxime*, as medidas de prestação (*Leistungsverfügungen*), são prova de que, sob o ponto de vista da realidade de facto, esta forma de tutela provisória actua como se fosse emitida através de processos sumários *tout court*, já que tem maior autonomia perante um outro processo ordinário. Esta autonomia deve-se ao facto de as respectivas decisões provisórias não estarem sujeitas à caducidade, tal como nos sistemas português, italiano e espanhol. Naqueles, a medida provisória só caduca quando decorre o prazo de vigência fixado pelo juiz ou quando decorre o prazo para interpor a acção principal, sem que o requerente o tenha feito, pois, por regra, o legislador faz depender das partes, principalmente, da parte contra quem foi ordenada a medida, o pedido de revogação ou de levantamento da medida provisória[195]. Pelo que, de acordo com esta corrente, podemos utilizar a expressão tutela cautelar como sinóni-

---

[194] M. ORTELLS RAMOS/M. P. CALDERÓN CUADRADO, *La tutela judicial cautelar en el Derecho español* ... cit., p. 20.
[195] Sobre esta questão, vd. J. NORMAN, "La caducité et la rétractation de la décision ordonnant les mesures provisoires", *Les mesures provisoires en droit belge, français et italien. Étude de droit comparé* ... cit., pp. 385 ss.; E. MERLIN, "La caducité et la rétrac-

mo de tutela urgente, preventiva, provisória e de "tutela reguladora interina", desde que se esteja perante uma forma de tutela rápida e provisória[196] e desde que o processo através do qual é emitida a medida provisória tenha uma suave ligação com um outro processo ordinário, ainda que seja uma ligação "eventual"[197].

É necessário ter presente que a amplitude dos conceitos de tutela cautelar tem relação directa com a compreensão da sua natureza jurídica.

A compreensão do conceito de tutela cautelar será correspondente à da corrente de alcance médio, quando assenta numa perspectiva *calamandreiana* referente à natureza jurídica da tutela cautelar, segundo a qual esta é um instrumento com *scopo pubblicistico* funcional perante o processo declarativo ordinário, cuja gestão discricionária cabe ao juiz como uma potestade (*officium*) ao serviço da protecção da efectividade da sentença que vier a ser proferida no processo[198]. A tutela cautelar é, neste sentido, um instrumento, um *anticorpo* ou, como refere CALAMANDREI, um "polícia" do próprio processo, pronto a defendê-lo de males (*periculum in mora*) que atacam a sua segurança (efectividade da sentença).

A característica da instrumentalidade do processo cautelar perante a sentença do processo principal é, neste contexto, a característica essencial deste

---

tation des mesures provisoires", *Les mesures provisoires en droit belge, français et italien. Étude de droit comparé* ... cit., pp. 369 ss.; W. J. HÄBSCHEID, "Les mesures provisoires en procédure civile – droits allemand et suisse", *Les mesures provisoires en procédure civile* ... cit., pp. 52; e F. MATSCHER, "Les mesures provisoires en droit de procédure civile autrichien", *Les mesures provisoires en procédure civile* ... cit., pp. 104 e 105.

[196] Neste sentido, por exemplo, E. GARCÍA DE ENTERRÍA, "Observaciones sobre la tutela cautelar en la nueva Ley de la Jurisdicción Contencioso-Administrativa de 1998. Tienen efectiva potestad de acordar tutela cautelar las Salas de los Tribunales Superiores de Justicia y de la Audiencia Nacional?", RAP, 151, 2000, esp. p. 265, nota 8, pp. 275 ss.; FAUSTO DE QUADROS, "Algumas considerações gerais sobre a reforma do contencioso administrativo. Em especial as providências cautelares", *Reforma do Contencioso Administrativo*, Ministério da Justiça, vol. I, Lisboa, 2000, pp. 159 e 160 e pp. 161 ss.

[197] Neste sentido, vd. as considerações de F. GASCÓN INCHAUSTI (*La Adopción de las Medidas Cautelares con carácter Previo a la Demanda* ... cit., pp. 13 ss.) que considera que, como a dependência estrutural de um processo perante outro principal é uma característica essencial do processo cautelar, alguns processos urgentes não podem ser qualificados por cautelares, já que estão ligados, apenas, "eventualmente" a outros.

[198] Neste sentido P. CALAMANDREI, *Introduzione allo studio sistematico* ... cit., pp. 7, pp. 137 ss., p. 144.

processo cautelar que marca a natureza da sua função, dos seus efeitos e do tipo de cognição nele efectuado.

Numa outra perspectiva, a tutela cautelar é considerada não como instrumento de um processo declarativo principal, e, muito menos, como apêndice ou anexo de um processo de execução, mas como uma acção pura, ou "quase acção"[199]; acção asseguradora dos direitos subjectivos controvertidos numa outra acção[200], acção que não pode considerar-se como acessória do direito acautelado, pois o direito à acção existe, ainda que o direito garantido não exista[201].

E ainda que a posição "jovem" de ALLORIO, de que existe um "direito subjectivo substancial de cautela" (*diritto soggetivo sostanziale di cautela*)[202], tenha dificuldade em ser aceite, a doutrina mais recente considera que a garantia cautelar integra o conteúdo do direito à tutela judicial efectiva e encontra o seu fundamento constitucional na garantia do acesso ao direito e aos tribunais[203]. Neste sentido, o processo que concretiza a tutela cautelar é um processo relativamente autónomo perante um outro ordinário, já que, não obstante servir para lhe assegurar efectividade, é dele (quase) independente estruturalmente, visto que tem objecto distinto e condições de procedência igualmente diversas. Já a dependência do processo cautelar está marcada em outros momentos, tal como no que respeita ao tipo de efeitos da decisão que lhe põe fim[204].

Neste contexto, cumpre sintetizar que o conceito é maior ou menor conforme se considere a tutela cautelar como simples apêndice do processo executivo, como *tertium genus* ou como uma "acção geral atípica de cogni-

---

[199] G. CHIOVENDA, *Istituzioni di diritto processuale civile*, Napoli, 1953, pp. 241 ss.

[200] Neste sentido F. TOMMASEO (*I provvedimenti d'urgenza* ... cit., pp. 130 ss.) que valora a "particolari esigenze poste dalla necessità di tutelare efficacemente determinate situazioni soggetive".

[201] G. CHIOVENDA, *Istituzioni di diritto processuale civile*, Napoli,1953, pp. 241 ss.

[202] Neste sentido, vd. A. PROTO PISANI, "*Procedimenti cautelari* ... cit., p. 13, pp. 14 ss.

[203] Neste sentido, M. TEIXEIRA DE SOUSA, *Estudos sobre o Novo Processo Civil* ... cit., pp. 226 e 227.

[204] A este propósito, vd. M. TEIXEIRA DE SOUSA, *Estudos sobre o Novo Processo Civil* ... cit., pp. 229 e 230 e pp. 245 e 246. Igualmente, a propósito das medidas provisórias *stricto sensu*, vd. G. DEMEZ/C. PANIER, "L'autonomie du référé", *Les mesures provisoires en droit belge, français et italien* ... cit., pp. 45 ss.; G. CLOSSET-MARCHAL, "La caducité et la rétractacion de la décision ordonnant les mesures provisoires", *Les mesures provisoires en droit belge, français et italien* ... cit., pp. 363 ss.

ção"[205]. E, no mesmo sentido, a compreensão da tutela cautelar varia conforme se faça, ou não, corresponder ao direito à tutela cautelar "um direito subjectivo de cautela" próprio, como "categoria processual diferenciada por caracteres próprios" ou como parte integrante do direito de acesso aos tribunais e à tutela judicial efectiva[206].

Mencionámos já que a tutela cautelar se distingue pelo fim que realiza, todavia, a forma como actua no sentido de evitar a produção de prejuízos para uma situação controvertida, resultantes da demora da decisão definitiva para essa situação, marca também a sua distinta natureza. O perfil funcional e o estrutural, ou seja, o "para que serve" e o "como actua", que de seguida analisaremos, revelam as características essenciais da tutela cautelar, que são a instrumentalidade, a provisoriedade e a *sumariedade* cautelares.

Em síntese, tal como para a doutrina clássica do processo civil, a actual considera que o fundamento existencial da tutela cautelar é o *periculum in mora*[207] do processo de cognição plena, visto que, segundo o princípio *chiovendiano*, a demora do processo não pode prejudicar quem se viu obrigado a socorrer-se dele[208]. Porque a justiça não é realizada de forma instantânea, a tutela cautelar tem como função, exactamente, fazer com que ela o

---

[205] Sobre a questão da natureza jurídica da tutela cautelar, vd. A. PROTO PISANI, "Procedimenti cautelari ... cit., p. 13; G. TARZIA, "La tutela cautelare", *Il nuovo processo cautelare* ... cit., pp. XXVI ss.; E. TULLIO LIEBMAN, "Unità del procedimento cautelare", *Rivista di Diritto Processuale*, 1954, p. 248; E. ALLORIO, "Per una nozione del processo cautelare", *Rivista di Diritto Processuale*, 1936, p. 18; J. ALBERTO DOS REIS, "A figura do processo cautelar... cit., pp. 21 ss. Para uma visão de conjunto da doutrina espanhola, vd. E. OSORIO ACOSTA, *La suspensión jurisdiccional del acto administrativo*, Madrid, 1995, pp. 39 a 42.

[206] A este propósito, vd. P. CALAMANDREI, *Introduzione allo studio sistematico...* cit., p. 7, pp. 137 ss., esp. pp. 144 ss.

[207] É esta precisamente a origem da razão de ser da tutela cautelar para P. CALAMANDREI. Assim o afirmou ao longo da sua *Introduzione allo studio sistematico ...* cit., pp. 15 e 17. Também na nossa doutrina do processo civil se aponta esta posição, em especial, J. ALBERTO DOS REIS, "*A figura do processo cautelar...* cit., pp. 21 ss.

[208] G. CHIOVENDA, *Saggi di diritto processuale civile,* I, Roma, 1930, p. 274; ou o mesmo princípio, mas numa diferente formulação e que é a seguinte: "la necessità di servirsi del processo per ottenere ragione non deve tronare a danno di chi ha ragione" em, *Istittuzioni di diritto processuale civile*, I, Nápoles, 1933, p. 147. Cfr. G. DI TROCCHIO, "Provvedimenti cautelari in diritto processuale penale ... cit., pp. 844 a 855.

pareça, procurando evitar ao máximo que a relação controvertida sofra a menor perda durante o tempo em que para ela se aguarda uma composição definitiva.

O factor tempo – o tempo que passa sobre o *quid* da relação litigiosa enquanto esta aguarda uma decisão definitiva – exige que se reparta entre as partes não só os riscos resultantes da demora do processo como também que se reparta entre elas o risco de se produzirem factos consumados[209].

E é importante que se reflicta sobre este último fundamento da existência da tutela cautelar, "repartir entre as partes o risco de produção de situações de factos consumados ou definitivos", já que, ambas as partes correm riscos. Por um lado, o solicitante pode ver formar-se uma situação definitiva contra si desfavorável, no *frattempo*, enquanto aguarda a decisão de mérito, por outro lado, também a parte contra quem é ordenada a medida cautelar pode ser prejudicado irreversivelmente pela definitividade dos efeitos dessa medida cautelar.

Perante a dúvida sobre quem deve recair o maior risco de produção de situações de factos consumados ou definitivos, no nosso entender, a tutela cautelar deve ser favorável àquele cujo direito é mais aparente e que tem maior probabilidade de vencer no processo principal. Sacrificar o improvável ao provável, nisto consiste a "ética do processo cautelar"[210].

Neste sentido, porque a tutela cautelar visa evitar que a sentença chegue tarde demais para regular o objecto da relação litigiosa, já que, perante determinado tipo de situações, a sentença retardada, ainda que bem elaborada, pode ter, como refere CALAMANDREI[211], o mesmo efeito que a aplicação de um medicamento cuidadosamente elaborado ao doente já falecido, o processo cautelar cumpre uma dupla função e actua numa dupla perspectiva.

As duas funções da tutela cautelar têm subjacente a dualidade de *periculum in mora* que resulta da demora do processo principal: uma função de

---

[209] Para mais desenvolvimentos a respeito da função da tutela cautelar e o *Faktor Zeit*, vd. F. SCHOCH, *Vorläufiger Rechtsschutz und Risikoverteilung im Verwaltungsrecht* ... cit., pp. 1310 ss.; F. SCHOCH/SCHMITT-ASSMAN/PIETZNER, *Verwaltungsgerichtsordnung...* cit., ns. ms. 51, 52 , pp. 23 ss.; E. GARCÍA DE ENTERRÍA, *La batalha por las medidas cautelares*, 2ª ed., Madrid, 1995, *passim.*; O. DUGRIP, *L'urgence contentieuse* ... cit., p. 9 ss.

[210] Neste sentido, F. TOMMASEO, "Intervento", *Les mesures provisoires en procédure civile* ... cit., p. 307.

[211] P. CALAMANDREI, *Introduzione allo studio sistematico...* cit., p. 19.

garantia e outra de composição provisória do objecto imediato do processo principal, durante o tempo interino. Nestes termos, a garantia cautelar actua estrategicamente de duas formas. Assim, por um lado, como tem como fim assegurar o objecto da causa principal[212], actua sem antecipar e apenas para garantir a decisão para esse objecto, e, por outro lado, antecipa provisoriamente o efeito da decisão definitiva quando tem como fim decidir o *quid* da causa principal[213]. Ou seja, ou assegura a permanência do *status quo* ou modifica esse *status quo* de acordo com o *periculum in mora*, no caso em concreto a combater, como em seguida veremos[214].

Também a doutrina do processo civil portuguesa, amplamente influenciada pela doutrina clássica italiana, incluindo CALAMANDREI, considera "o perigo da demora inevitável do processo"[215] como fundamento da existência dos processos cautelares[216].

---

[212] Para alguns, ainda hoje em dia, esta forma de actuação é a única que é compatível com o conceito de tutela cautelar, já que esta tem de ser identificada com a noção de tutela instrumental e provisória. Vd. M. A. FERNANDEZ, "La ejecución forzosa. Las medidas cautelares" ... cit., p. 404.

[213] Neste sentido, no que diz respeito as medidas provisórias *sensu stricto* alemãs, vd. W.-D. WALKER, *Der einstweilige Rechtsschutz im Zivilprozeß und im arbeitsgerichtlichen Verfahren*... cit., pp. 51 ss.; H. HUBA, "Grundfälle zum vorläufigen Rechtsschutz nach der VwGO ... cit., p. 983; F. SCHOCH, "Grundfragen des verwaltungsgerichtlichen vorläufigen Rechtsschutzes ... cit., pp. 157 e 158. No que diz respeito às medidas provisórias, *sensu stricto*, francesas e belgas, vd. R. PERROT, "Les mesures provisoires en droit français ... cit., p. 152; J. NORMAND, "Les fonctions des référés", *Les mesures provisoires en droit belge, français et italien* ... cit., pp. 74 ss.

[214] Para uma síntese, das posições da doutrina italiana, a este respeito, vd. F. CARPI, "La tutela d'urgenza fra cautela, sentenza anticipata e giudizio di merito ... cit., pp. 699 ss.; P. FRISINA, "La tutela anticipatoria: profili funzionali e strutturali ... cit., p. 378; G. TARZIA, "La tutela cautelare", *Il nuovo processo cautelare* ... cit., pp. XXV e XXVI.

[215] Vd., neste sentido, A. M. PESSOA VAZ, "Les mesures provisoires et les procédures préventives dans l'évolution du droit de procédure portugais", *Les mesures provisoires en procédure civile* ...cit., p. 181.

[216] Neste sentido, vd. J. ALBERTO DOS REIS, "A figura do processo cautelar ... cit., pp. 21 a 24; ERIDANO DE ABREU, "Das providências cautelares não Especificadas", *O Direito*, 94, 1962, pp. 110 a 119; J. SANTOS SILVEIRA, *Processos de natureza preventiva e preparatória*, Coimbra, 1966; BARBOSA DE MAGALHÃES, " Natureza jurídica dos processos preventivos e seu sistema no Código de Processo Civil", *Revista da Ordem dos Advogados*, ano 5°, n.° 3 e n.° 4, especialmente pp. 24, 26, 27. Vd, ainda, ADELINO

Segundo o entendimento de ALBERTO DOS REIS, a função cautelar não fica suficientemente individualizada quando se diz "que esta consiste em acautelar um prejuízo que se receia" ou em "remover a ameaça de um dano jurídico", pois nestes termos estaremos a identificar um tipo de tutela preventiva geral. O traço típico do processo cautelar está, nesta perspectiva, "na espécie de perigo que ele propõe conjurar ou na modalidade de dano que pretende evitar" o *periculum in mora*, proporcionando uma "solução provisória do litígio"[217].

Para ANTUNES VARELA, "as providências cautelares visam precisamente impedir que, durante a pendência de qualquer acção declarativa ou executiva, a situação de facto se altere de modo que a sentença nela proferida, sendo favorável, perca toda a sua eficácia ou parte dela". Neste sentido, a tutela cautelar visa "acautelar o efeito útil da acção", ou o mesmo será dizer, visa evitar que a sentença que vier a ser proferida seja, por impossibilidade de execução, "uma decisão puramente platónica"[218].

De um modo geral, o conceito de tutela cautelar apresentado pela doutrina portuguesa do processo civil corresponde às teses de alcance

---

DA PALMA CARLOS, "Procedimentos cautelares antecipadores", *O Direito*, ano 105, 1973, pp. 236 ss.; M. BAPTISTA LOPES, *Dos procedimentos cautelares*, Coimbra, 1965; LOPEZ CARDOSO, "Processos preventivos e conservatórios", in: *Projectos de revisão do Código de Processo Civil*, I, 1958, pp. 97 ss.; VASCO DA GAMA LOBO XAVIER, "O conteúdo da providência de suspensão de deliberações sociais", *Revista de Direito e de Estudos Sociais*, 1977, pp. 195 a 283; MANUEL A. DOMINGUES DE ANDRADE, *Noções Elementares de Processo Civil*, Coimbra, 2ª ed. revista e actualizada, 1979, pp. 8 e 9; L. P. MOITINHO DE ALMEIDA, *Providências cautelares não Especificadas*, Coimbra, 1981; ANTUNES VARELA / J. MIGUEL BEZERRA e SAMPAIO E NORA, *Manual de Processo Civil*, 2ª ed. revista e actualizada, Coimbra, 1985, pp. 22 ss.; J. DE CASTRO MENDES, *Direito Processual Civil*, I vol., s.d., AAFDL, Lisboa, pp. 251 a 263; J. F. RODRIGUES BASTOS, *Notas ao Código de Processo Civil* ... cit., p. 159.

[217] Nas palavras de J. ALBERTO DOS REIS, "o perigo especial que o processo cautelar remove é este: o *periculum in mora*, isto é, o perigo resultante da demora a que está sujeito um outro processo (o processo principal), ou, por outras palavras, o perigo derivado do caminho, mais ou menos longo, que o processo principal tem de percorrer até à decisão definitiva". Vd. "A figura do processo cautelar ... cit., p. 20. Idem, *Comentário ao Código de processo Civil*, vol. I, Coimbra, 1946, pp. 683 ss.

[218] ANTUNES VARELA/J. MIGUEL BEZERRA e SAMPAIO E NORA, *Manual de Processo Civil* ... cit., pp. 22 a 23.

médio[219]. ANSELMO DE CASTRO ao acentuar o carácter instrumental dos procedimentos cautelares – pois, no seu entender, estes asseguram os resultados da acção – distinguia as suas duas formas de actuação que se traduzem em manter um "*status quo* para que ele se não altere em condições tais que não seja susceptível de reintegração" ou em antecipar a realização do direito que venha, eventualmente, a ser reconhecido[220].

Na expressão de ADELINO DA PALMA CARLOS, em síntese, o conceito de tutela cautelar da doutrina tradicional portuguesa do processo civil inclui "não só a tutela meramente asseguradora como a antecipatória"[221].

Este conceito é ampliado por TEIXEIRA DE SOUSA que, ao tratar a tutela cautelar como sendo uma das formas de composição da lide, a qualifica como "composição provisória", que realiza a resolução dos interesses em conflito sem que se aguarde o proferimento da decisão definitiva. Quanto ao aspecto funcional, segundo esta compreensão, a tutela cautelar poderá ter três finalidades, a de garantir um (alegado) direito e, nessa medida, visa garantir a utilidade da composição definitiva[222]; a de regular de forma provisória e transitória uma situação até à composição definitiva da acção[223]; e a de antecipar a tutela pretendida ou requerida até se averiguar, através de uma decisão definitiva, qual a verdadeira situação jurídica, acei-

---

[219] Neste sentido, ADELINO DA PALMA CARLOS define procedimentos cautelares como sendo os "meios por essência destinados a garantir a quem invoca a titularidade de um direito contra uma ameaça ou risco que sobre ele paira, e que é tão iminente que o seu acautelamento não pode aguardar a decisão de um moroso processo declarativo ou a efectivação do interesse juridicamente relevante através de um processo executivo, se for o caso de o instaurar". Vd., "Procedimentos cautelares antecipadores ... cit., p. 239.

[220] ANSELMO DE CASTRO, *Direito Processual Civil Declaratório*, Vol. I, pp. 130 e 131.

[221] ADELINO DA PALMA CARLOS, "*Procedimentos cautelares ... cit.*, p. 239.

[222] A funcionalidade da garantia cautelar, neste caso, traduz-se em impedir que, por exemplo, o devedor dissipe ou diminua o seu património de tal modo que quando o credor vier a obter uma sentença condenatória esta seja desprovida de efeito útil porque entretanto o credor perdeu a garantia patrimonial do seu crédito. Salvo o devido respeito, não consideramos que haja neste caso qualquer composição provisória da lide. Cfr., a este propósito, M. TEIXEIRA DE SOUSA, *Estudos sobre o Novo Processo Civil ... cit.*, pp. 226 e 227.

[223] Esta tutela cautelar permite que, perante o esbulho da coisa, o esbulhado possa requerer a sua restituição até encontrar definida a titularidade do direito.

tando-se nesta situação que através da tutela cautelar se atribua ao requerente o mesmo que ele pode obter através da composição definitiva[224].

Em suma, na doutrina processualista civil portuguesa[225] não encontramos uma compreensão tão restritiva "ou acanhada"[226] do conceito de tutela cautelar quanto a que caracterizou a doutrina espanhola do processo civil, a doutrina menos recente alemã e, ainda, alguma doutrina minoritária italiana[227]. Uma concepção tão restritiva como a de M. ÁNGEL FERNÁNDEZ, que inclui apenas no grupo de medidas cautelares "aqueles meios ou instituições que directa ou imediatamente pretendem afastar o perigo que para uma futura execução representa a própria existência de um processo declarativo"[228], não encontramos em Portugal.

---

[224] Nestes termos, permite-se através deste tipo de tutela que o alegado credor de alimentos requeira que lhe sejam concedidos alimentos provisórios. Vd. a este propósito, M. TEIXEIRA DE SOUSA, *Estudos sobre o Novo Processo Civil* ... cit., pp. 226 e 227.

[225] Ainda no sentido de confirmar este conteúdo amplo da tutela cautelar, vd. a posição de A. S. ABRANTES GERALDES ("Procedimento cautelar comum", *Temas da Reforma do Processo Civil*, vol. III, Coimbra, 1998, p. 35), que considera que os procedimentos cautelares constituem um instrumento processual privilegiado para protecção eficaz de direitos subjectivos e de outros interesses juridicamente relevantes, "sendo que a sua importância advém não da capacidade de resolução autónoma e definitiva do conflito de interesses, mas da utilidade na prevenção de violação grave ou dificilmente reparável de direitos, na antecipação de determinados efeitos das decisões judiciais e na prevenção de prejuízos que podem advir da demora na decisão no processo principal". Vd., ainda, MARIA DOS PRAZERES PIZARRO BELEZA ("Impossibilidade de alteração do pedido ou da causa de pedir nos procedimentos cautelares", *Direito e Justiça*, vol., XI, tomo 1, 1997, p. 341), que entende por meios cautelares "aqueles meios judiciais de composição provisória de um litígio destinados a afastar o perigo de inutilização prática de um direito, inutilização essa que poderia resultar da demora da acção destinada à sua tutela".

[226] Expressão de J. ALBERTO DOS REIS, "*A figura do processo cautelar* ... cit. p. 8.

[227] Vd., para uma síntese, E. A. DINI/G. MAMMONE, *I provvedimenti d'urgenza* ... cit., pp. 25 ss.; G. TARZIA, "La tutela cautelare", *Il nuovo processo cautelare* ... cit., p. XXX.

[228] Neste sentido, o autor não considera medidas cautelares aqueles instrumentos de diversa natureza que o Ordenamento jurídico prevê e que, em abstracto, são capazes de assegurar direitos futuros, mas ainda não exigíveis, como os processos que ainda que procedam a uma tutela "rápida y provisional, tienen finalidad propria y conectada no de modo necesario con outro juicio", como "las fianzas procesales en general", como "ciertos medios de aseguramiento de alguna etapa procesal (ejemplo típico: la prueba anticipada), e, finalmente, como "aquelas medidas que se adoptan en el proceso de ejecución como

3. As características da tutela cautelar
A instrumentalidade, a provisoriedade e a sumariedade

São exactamente dois os critérios que nos permitem fixar os contornos externos da peça cautelar, o teleológico e o estrutural[229]. E é sob a sua perspectiva que são reveladas as características distintivas da tutela cautelar, a instrumentalidade, a provisoriedade e a *sumariedade*, como dissemos.

Sob o ponto de vista teleológico, realçamos a função, o fim próprio, único e essencial que é assegurar a efectividade de um processo declarativo ou executivo, evitando e corrigindo o duplo tipo de *periculum in mora* desse processo principal.

Pelo critério teleológico, destacamos esta forma de tutela jurisdicional que tem uma dupla função: preservar um *status quo* existente ao tempo do início da demanda judicial, actuando como um véu protector de modo a impedir que a passagem do tempo sobre esse *status quo* o altere de forma irreversível e de modo a permitir que a sentença que vier a ser ditada seja frutuosa. O critério teleológico permite-nos, tal como temos vindo a afirmar, identificar neste tipo de tutela uma função cristalizadora do *status quo* referente à questão litigiosa, até que seja proferida a decisão de mérito. Neste sentido,

---

parte integrante de él, aunque sirvan, también, para asegurar no la propria ejecución, sino las sucesivas fases de una ejecución ya incoada". Vd. M. ÁNGEL FERNADEZ, "*La ejecución forzosa*... cit. pp., 404 a 405.

[229] Neste sentido, realça-se o estudo dos "provvedimenti d'urgenza", previstos na lei processual civil italiana, por F. TOMMASEO (*I provvedimenti d'urgenza* ... cit., esp. pp. 140 a 144, p. 151 ss., p. 168 e p. 174). Segundo o autor, só o perfil estrutural, que permite compreender o funcionamento do instituto, poderá revelar se este cumpre a sua função e se, ao mesmo tempo, se distingue de outras formas de tutela também urgente. No mesmo sentido, S. LA CHINA, "Quale futuro per i provvedimenti d'urgenza", AAVV, *I processi speciali. Studi offerti a V. Andrioli daí Suoi allievi*, Napoli, 1979, pp. 151 ss. e p. 168; G. VERDE, "Considerazioni sul provvedimento d'urgenza", AAVV, *I processi speciali. Studi offerti a V. Andrioli daí Suoi allievi*, Napoli, 1979, p. 440. Ambos referem que, em regra, a doutrina que utiliza como critério distintivo da natureza cautelar um critério teleológico não chega a conclusões baseadas em certezas absolutas. A este propósito, cumpre destacar o apontamento de A. PROTO PISANI, *Sulla tutela giurisdizionale differenziata* ... cit., p. 575, onde defende que a forma de tutelar o perigo de demora da tutela principal é hoje levada a cabo por utilização de duas técnicas ou dois mecanismos só reconhecíveis num perfil estrutural: através da técnica "del procedimento cautelare sommario antecipatorio" e "la tecnica del procedimento sommario '*tout court*'".

aderindo ao pensamento de CALAMANDREI, a tutela cautelar é um "remédio" contra o *periculum in mora* de infrutuosidade.

Mas a tutela cautelar, como combate um outro tipo de dano, o que resulta da satisfação tardia do direito, tem uma outra função. E, mais uma vez, seguindo o pensamento de CALAMANDREI, a tutela cautelar, porque pretende combater o prejuízo resultante do prolongamento da insatisfação do direito, tem como fim dar ao direito controvertido uma solução interina, através da antecipação provisória dos efeitos da decisão que definitivamente o declarará como existente.

Nestes termos, em síntese, é o duplo tipo de *periculum in mora* da sentença final aquele que está subjacente à dupla função da tutela cautelar, que é conservar um direito, ou uma situação jurídica, e realizar antecipada e provisoriamente o direito controvertido[230]. Assim, em suma, a dupla função cautelar, assegurar ou realizar o direito, que é acompanhada pelo duplo modo de actuar da tutela cautelar, traduzido em manter ou ampliar o *status quo* referente à causa principal, é revelada no perfil teleológico, pelo "ligamento" não só "genético" como também "final", ou seja, pela instrumentalidade do processo cautelar ao processo principal[231].

Se é comum dizer-se que toda a tutela jurisdicional é instrumental perante o direito substantivo, bem podemos afirmar, com CALAMANDREI, que a tutela cautelar é "instrumento do instrumento"[232], é um tipo de tutela jurisdicional que, como ensina ALBERTO DOS REIS, visa aprontar os meios para que a tutela jurisdicional final realize os seus fins.

O critério teleológico, e juntamente o estrutural, marcam também a característica da provisoriedade, que se considera, à luz do ensinamento de CALAMANDREI, como a que traduz a necessidade de a decisão cautelar, não ter só uma duração marcada pelo fim que realiza (e que, por isso, só vive durante o tempo em que se aguarda a decisão principal), como pela qualidade

---

[230] Esta é já uma clássica distinção, iniciada com P. CALAMANDREI (*Introduzione allo studio sistematico...* cit., pp. 55 ss.) e seguida pela doutrina do processo civil italiana mais recente. Vd, por todos, G. TARZIA, "La tutela cautelare", *Il nuovo processo cautelare...* cit., p. XXVI.

[231] Neste sentido, quanto à função da tutela cautelar no sistema processual grego, K. D. KERAMEUS/ K. P. POLYZOGOPOULOS, "Les mesures provisoires en procédure civile hellénique", *Les mesures provisoires en procédure civile ...* cit., pp. 65 ss., esp. pp. 56 a 58.

[232] P. CALAMANDREI, *Introduzione allo studio sistematico ...* cit., p. 22.

da decisão, já que esta "não declara a existência do direito acautelado". No primeiro sentido, *provisório* corresponde a *interino*, e "ambas as expressões indicam o que está destinado a durar somente o tempo *intermedio* que precede o evento esperado"[233], que é a decisão proferida em processo principal. No segundo sentido, porque o juiz procede a um tipo de cognição que é qualitativamente diferente da do processo principal, a decisão cautelar tem sempre a natureza de sentença provisória[234].

Finalmente, também ambos os critérios teleológico e estrutural têm ainda a faceta de distinguir a tutela cautelar sob o ponto de vista do tipo de cognição que o juiz cautelar deve fazer ao conhecer do mérito da questão cautelar. Porque o fim da tutela cautelar é conceder tutela jurisdicional para um tempo interino, o juiz cautelar está autorizado a realizar cognição sumária do mérito do processo cautelar e a fundamentar a sua decisão no juízo de probabilidade quanto à existência do direito alegado, sendo suficiente a existência provável do prejuízo de insatisfação do direito aparente.

Neste sentido, a tutela cautelar é também distinta pela sua *sumariedade*[235]. Por outro lado, a natureza *sumária* da decisão, já que é baseada na aparência do direito de quem o alega, impede o juízo cautelar de ser "decisório" perante o juiz da causa, pelo que os efeitos da decisão cautelar, ainda que sejam definitivos *de facto*, jamais serão definitivos de direito, pois ao juiz cautelar falta o poder de "dire le droit" para o objecto da causa principal[236]. E o juízo cautelar, porque nunca satisfaz definitivamente, também o processo cautelar é sempre dependente do processo principal, o qual de forma mais atenta e prolongada decidirá, com base em prova *stricto sensu*, definitivamente a relação jurídica controvertida[237].

Não obstante a instrumentalidade, a provisoriedade e a sumariedade cautelar serem as características comumente reconhecidas à tutela cautelar

---

[233] Neste sentido é a posição de P. CALAMANDREI, *Introduzione allo studio sistematico...* cit., p. 9 e pp. 21 ss.

[234] Neste sentido, M. TEIXEIRA DE SOUSA, *Estudos sobre o Novo Processo Civil* ... cit., p. 228.

[235] Vd. M. TEIXEIRA DE SOUSA, *Estudos sobre o Novo Processo Civil* ... cit., p. 230.

[236] G. DEMEZ/C. PANIER, "L'autonomie du référé", *Les mesures provisoires en droit belge, français et italien. Étude de droit comparé...* cit., p. 52.

[237] Neste sentido, F. GASCÓN INCHAUSTI, *La Adopción de las Medidas Cautelares con carácter Previo a la Demanda* ... cit., p. 16.

pela doutrina portuguesa e italiana[238], a doutrina espanhola[239] reconhece-lhe, também, as de *funcionalidade, homogeneidade, precaridade e mutabilidade* ("*variabilitad*")[240].

3.1. A instrumentalidade

É, precisamente, pelo reconhecimento da existência de um "vínculo" ou de um "cordão umbilical" entre um processo acessório e um processo principal, e cujo ligamento traduz a instrumentalidade, a função de amparo e de

---

[238] Neste sentido, quanto à posição da doutrina portuguesa, J. ALBERTO DOS REIS, "*A figura do processo cautelar* ... cit., p. 27; MARIA DOS PRAZERES PIZARRO BELEZA, "*Procedimentos cautelares* ... cit., pp. 1402 ss.; M. TEIXEIRA DE SOUSA, *Estudos sobre o Novo Processo Civil* ... cit., pp. 228 a 231; A. S. ABRANTES GERALDES, "*Procedimento cautelar comum* ... cit., pp. 120 ss.

[239] Na doutrina estrangeira a instrumentalidade é também a característica mais enunciada. A este propósito, vd. K. D. KERAMEUS/K. P. POLYZOGOPOULOS, "Les mesures provisoires en procédure civile hellénique", *Les mesures provisoires en procédure civile* ... cit., pp. 57, 58 e 83; A. PELLEGRINI GRINOVER, "La tutela cautelare atipica nel processo civile brasiliano", *Les mesures provisoires en procédure civile* ... cit., pp.129, 132, 134.

[240] A doutrina espanhola do processo civil, para além de reconhecer as características de instrumentalidade e provisoriedade, tem vindo a acrescentar outras, tais como a "funcionalidad", "homogeneidad", "temporalidad", "variabilidad", "proporcionalidad" e "precaridad". A primeira traduz-se na necessidade que a medida cautelar tem de se adaptar perfeitamente à natureza do direito que se exercita e que se pretende reconhecer. A "*homogeneidad com las medidas ejecutivas*", significa que uma medida cautelar será mais eficaz quanto mais se assemelhar à decisão definitiva, nos seus efeitos. Neste sentido, L. PIETRO CASTRO, *Derecho Procesal Civil*, II, Madrid, 1969, pp. 342 ss.; M. ÁNGEL FERNANDEZ, *La ejecución forzosa. Las medidas cautelares"* ... cit., p. 344, esp. pp. 405 e 406; M. SERRA DOMÍNGUEZ/ F. RAMOS MENDEZ, *Las medidas cautelares en el proceso civil*, Barcelona, 1974, p. 18. Para uma síntese, vd. M. P. CALDERÓN CUADRADO, *Las Medidas Indeterminadas en el Proceso Civil* ... cit., pp. 33 ss.; M. ÁNGELES JOVÉ, *Medidas Innominadas en el Proceso Civil* ... cit., pp. 114 ss.; C. CHINCHILLA MARÍN *La tutela cautelar en la justicia administrativa*, Madrid, 1991, p. 38; E. OSORIO ACOSTA, *La suspensión jurisdicional del acto administrativo* ... cit., pp. 42 a 49; S. BARONA VILAR, "Proceso cautelar", *El nuevo proceso civil* (Ley 1/2000) ... cit., pp. 740 e 741.

escora, ou, mesmo, de "braço avançado" do primeiro perante o segundo, que se reconhece a sua natureza cautelar[241]. É a característica da instrumentalidade que verdadeiramente identifica a tutela cautelar.

A doutrina clássica, não obstante ser unânime a reconhecer a existência de um "nexo", "ligação" ou relação entre o tipo de tutela cautelar e o tipo de tutela principal, não qualifica de igual forma esse tipo relação.
Alguns dão-lhe o nome de *sussidiarietà*, outros de *ausiliarità protettiva*. Outros denominam a relação, ou o nexo existente, de *preordinazione-anticipazione*, ou de *strumentalità cautelare* ou *necessaria complementarità*. Finalmente, há quem defina tal ligação por *collegamento fun-*

---

[241] Neste sentido, por todos, vd. M. DINI/E. A. DINI, *I provvedimenti d'urgenza* ... cit., pp. 44 a 57; E. A. DINI/G. MAMMONE, *I provvedimenti d'urgenza* ... cit., pp. 12 ss., esp. pp. 23 ss. Para maiores desenvolvimentos, vd. a posição da doutrina italiana do processo civil, que é quase unânime, por G. TARZIA, "La tutela cautelar", in: *I procedimenti cautelari* ... cit., p. XVIII; P. FRISINA, "La tutela anticipatoria ... cit., p. 374.; G. ARIETA, *I provvedimenti d'urgenza*, ex. art. 700.° c.p.c, Padova, 1982, pp. 40 ss. A. PROTO PISANI, "Due note in tema di tutela cautelare", *Il Foro Italiano*, 1983, p. 147.; A. PROTO PISANI, *"Problemi della tutela giurisdizionale differenziata* ...cit., pp. 246 ss.; M. CASELLA, "Il nuovo processo cautelare ed i profili pratici", in: *Prime esperienze del nuovo processo cautelare* (Atti dell'incontro di studio Roma, 27 Maggio 1995), Milano, 1996, pp. 23 e 24 (trabalho publ., tb., *Rivista di Diritto Processuale*, 1995, pp. 1005 a 1036). Na doutrina do processo administrativo também há um consenso quanto à instrumentalidade, vd. G. PALEOLOGO, *Il giudizio cautelare amministrativo*, Padova, 1971, pp. 260 ss.; E. FOLLIERI, *Giudizio cautelare amministrativo e interessi tutelati*, Milano, 1981, p. 165.; E. M. BARBIERI, "la suspensiva del provvedimento amministrativo nel giudizio di primo grado", *Il giudizio cautelare amministrativo* (aspetti e prospettive), *Atti della giornata di studio tenuta a Brescia il 4 Maggio* 1985, Roma, 1987, pp. 36 e 37, (do mesmo autor, tb., "Sulla strumentalità del processo cautelare amministrativo", *Il Foro Amministrativo*, 1987, pp., 3173 a 3177); A. ROMANO, "il giudizio cautelare: linee di sviluppo", *Il giudizio cautelare amministrativo* (aspetti e prospettive) ... cit., pp. 50 e 51; A. VALORZI, *Tutela cautelare in processo amministrativo*, Milão, 1991, pp. 29 a 31.; B. TADDEI, *Il giudizio cautelare nella giustizia amministrativa*, Rimini, 1988, pp. 24 ss., V. CAIANIELLO, *Diritto Processuale Amministrativo*, 2.° ed., Torino, 1994, pp. 623 ss.; M. ANDREIS, *Tutela sommaria e tutela cautelare nel processo amministrativo*, Milão, 1996, pp. 77 a 85. Cfr. F. BARTOLOMEI, "Sulla domanda di sospensione del provvedimento impugnato devanti al consiglio di stato", *Rivista trimestrale di diritto publico*, 1968, pp. 413 ss.; V. GASPARINI CASARI, *Introduzione allo studio della tutela cautelare*, Modema, 1982, p. 254.

zionale[242] ou "relação funcional"[243]. A maioria, na esteira de CALAMANDREI, à relação existente entre o processo cautelar e o processo principal dá o nome de instrumentalidade.

A característica da instrumentalidade tem subjacente uma dada realidade humana, à qual temos vindo a fazer referência. Como a tutela jurisdicional principal demora tempo a realizar-se e visto que a eficácia da decisão final de um processo não se compadece com a demora, a tutela cautelar possibilita a conciliação entre essas duas exigências da realização da justiça, que são frequentemente opostas: a celeridade e a ponderação. A tutela cautelar permite evitar dois males que podem acompanhar a realização da justiça, "fazer as coisas rapidamente e mal, e fazer as coisas bem embora tarde". A tutela cautelar permite resolver uma situação de urgência de forma rápida, "deixando que o problema de bem ou mal, isto é da justiça intrínseca da providência, se resolva mais tarde, com a necessária ponderação que é típica dos processos ordinários"[244].

Como sabemos, deve-se à impossibilidade humana de realizar justiça de uma forma instantânea, a existência da garantia cautelar, que tem como objectivo *fingir* que "a sentença é ditada no momento em que foi entregue a demanda" (CHIOVENDA)[245], exactamente com o propósito de garantir que o direito controvertido não sofra nenhum prejuízo com o atraso da decisão definitiva. Afinal, o princípio orientador da natureza funcional da tutela

---

[242] Vd., por todos, vd. M. DINI/E. A. DINI, *I provvedimenti d'urgenza* ... cit., pp. 44 a 57; E. A. DINI/G. MAMMONE, *I provvedimenti d'urgenza* ... cit., pp. 38 e 39; M. CONCETTA FUCCILLO, *La tutela cautelare nel processo amministrativo* ... cit., pp. 5 a 8.

[243] Neste sentido, no que respeita à funcionalidade das medidas provisórias *sensu stricto*, W.-D. WALKER, *Der einstweilige Rechtsschutz im Zivilprozeß* .... cit., ns. ms. 62 ss., pp. 51 ss., esp. ns. ms. 66 e 67, pp. 54 a 57; R. PERROT, "Les mesures provisoires en droit français", *Les mesures provisoires en procédure civile* ... cit., pp. 154 a 156; V. VARANO, "Appunti sulla tutela provvisoria nell'ordinamento inglese, com particolare riferimento all'interlocutory injunction", *Les mesures provisoires en procédure civile* ... cit., pp. 242 e 243.

[244] Seguimos neste parágrafo o raciocínio de P. CALAMANDREI, *Introduzione allo studio sistematico* ... cit., pp. 20 e 21.

[245] Neste sentido é a posição da doutrina clássica italiana, como G. CHIOVENDA, *Principii di diritto processuale civile* ... cit., pp. 137 ss. e, tb., do mesmo autor, *Istituzioni di diritto processuale civile* ... cit., pp. 82 ss.; F. CARNELUTTI, *Sistema di diritto processuale civile* ... cit., pp. 205 ss., esp. p. 206 e pp. 332 ss.

cautelar, mais uma vez, é bem identificado na máxima chiovendiana, segundo a qual "a necessidade de se recorrer ao processo para conseguir razão não deve converter-se em dano para quem tem razão"[246].

Esta característica "típica" da instrumentalidade, mais uma vez dizemos, compreende-se bem à luz da imperfeição incorrigível do processo humano para ditar sentenças imediatas, visto que a tutela cautelar "não constitui um fim em si mesma e, pelo contrário, porque se encontra, inequivocamente, preordenada a proteger uma ulterior providência definitiva, cujo resultado prático assegura por antecipação"[247]. A tutela cautelar nasce, portanto, ao lado da tutela principal com a função de lhe "preparar o terreno e de aprontar os meios mais aptos para o seu êxito" (CALAMANDREI)[248]. A providência cautelar nasce, mais uma vez, nestes termos, com a sina de viver provisoriamente, em espera de outra providência definitiva posterior e não aspira a converter-se em definitiva, pelo contrário, está absolutamente destinada a desaparecer, por falta de objecto, após ter realizado a sua função[249].

E, se pensarmos melhor, já que as formas de protecção jurisdicionais ou adjectivas são um instrumento do direito substancial que através delas se concretiza, na tutela cautelar identificamos uma "instrumentalidade qualificada, ou seja elevada ao quadrado"[250], pois esta é "instrumento do instrumento" ou "garantia da garantia"[251]. Enfim, antes que realizar justiça definitiva, a tutela

---

[246] Ou mais precisamente, na expressão de G. CHIOVENDA, "il tempo necessario ad aver ragione non deve tornare a danno di chi ha ragione".

[247] No mesmo sentido, M. P. CALDERÓN CUADRADO, *Las Medidas Cautelares Indeterminadas en el Proceso Civil* ... cit., p. 33.

[248] Expressão de P. CALAMANDREI, *Introduzione allo studio sistematico* ... cit., p. 20.

[249] Neste sentido, P. CALAMANDREI, *Introduzione allo studio sistematico* ... cit., pp.16 ss., pp. 38 ss.; e M. TEIXEIRA de SOUSA (*Estudos sobre o Novo Processo Civil* ... cit., p. 229 e p. 230) que entende que na eventualidade de existir antecipação da decisão de fundo, o decretamento da providência não retira o interesse processual na solicitação da tutela definitiva. Pelo contrário, no seu entender, não há qualquer contradição entre a concessão daquela antecipação através do decretamento da providência e a recusa da tutela definitiva na acção principal. E isto porque "o objecto da providência cautelar é distinta do objecto da causa principal".

[250] Expressão de P. CALAMANDREI, *Introduzione allo studio sistematico* ... cit., p. 22.

[251] A este propósito, J. ALBERTO DOS REIS ("A figura do processo cautelar ... cit., p. 23) refere "o processo cautelar é um instrumento apto para assegurar o pleno rendimento do processo definitivo ou principal. (...) limita-se a preparar terreno, a tomar precauções para que o processo principal possa realizar o seu fim.". Para M. TEIXEIRA DE SOUSA

cautelar, nas palavras de ALBERTO DOS REIS, é "destinada a dar tempo a que a justiça realize a sua obra"[252].

É precisamente pela sua função instrumental ou acessória (da tutela cautelar perante a efectividade dos tipos de tutela principal), que o legislador, nos diversos sistemas, positiva tutela cautelar, pese embora existir variação quanto ao grau de instrumentalidade entre os processos cautelares e os processos principais. O grau de instrumentalidade perante a efectividade da decisão que põe fim a um processo ordinário pode ser mais ténue, ou menos, consoante o conteúdo da medida cautelar, e, em última instância, consoante o tipo de *periculum in mora* a remediar. Perante o *periculum in mora* de retardamento da decisão, a medida cautelar que provenha à satisfação antecipada do direito e que actue ampliando o *status quo* referente à causa tem perante o processo principal um grau de instrumentalidade, obviamente, menor[253]. Todavia, desde que se verifique que a antecipação é somente provisória, o que exige que o juiz da causa cautelar respeite e não anule o objecto da causa principal, tal medida ainda será instrumental se for preordenada à emanação da decisão definitiva[254].

(*Estudos sobre o Novo Processo Civil* ... cit., p. 229) a tutela cautelar, relativamente à relação da vida, será instrumental "mediatamente".

[252] Palavras de J. ALBERTO DOS REIS, "A figura do processo cautelar ... cit., p. 16.

[253] Em cada momento é sempre necessário distinguir os objectos de cada uma das providências: o objecto da tutela cautelar não é a situação jurídica acautelada ou tutelada, mas consoante a sua finalidade, a garantia da situação, a regulação provisória ou a antecipação da tutela que for requerida no respectivo processo. Mesmo quando a tutela cautelar antecipa a tutela jurisdicional, o objecto da tutela cautelar nunca pode ser a situação cuja tutela se antecipa, mas a própria antecipação dos efeitos da tutela para essa situação. Se o autor de uma acção de reivindicação requer a restituição provisória da posse terá de justificar os pressupostos deste procedimento e este será o seu objecto. Já o objecto da acção principal é constituído pelo direito de propriedade sobre a coisa e o dever de a restituir. Esta diversidade de objectos tem múltiplas consequências: nunca a decisão cautelar provisória é confirmada ou revogada pela decisão principal, nem a decisão cautelar é vinculativa na acção principal, entre o procedimento cautelar e a acção principal não se verifica a excepção de litispendência, nem se forma caso julgado *stricto sensu*.

[254] Neste sentido, a propósito do princípio "Verbot der Vorwegnahme der Hauptsache", vd. H. HUBA, "Grundfälle zum vorläufigen Rechtsschutz nach der VwGO... cit., pp. 983 a 990, esp. p. 986; F. SCHOCH, "Grundfragen des verwaltungsgerichtlichen vorläufigen Rechtsschutzes ... cit., pp. 159 ss.

Neste contexto, podemos afirmar que se configura a existência de diferentes graus de instrumentalidade. Maior, por exemplo, numa medida de garantia perante a execução coactiva de uma sentença condenatória, como na de arresto de bens do credor, ou menor como na que provê a fixação de alimentos provisórios.

No entanto, ainda que se configure uma variação no grau de instrumentalidade do processo cautelar perante a decisão principal, o conceito de instrumentalidade abrange o de instrumentalidade hipotética. Instrumentalidade, porque a medida é concedida com o fim de assegurar a efectividade da sentença do processo principal; hipotética porque a medida cautelar se funda num juízo de probabilidade quanto à existência do direito que é protegido antecipadamente, e que é o objecto do processo principal[255].

Numa perspectiva de síntese, a finalidade "imediata" da tutela cautelar é a de assegurar a eficácia prática da providência definitiva, na presunção de que esta virá a ser favorável ao requerente. Destacamos, assim, nesta noção, a característica da instrumentalidade hipotética da garantia cautelar, que fundamenta o decretamento de "medidas de segurança provisórias relativamente a um direito, admitindo que na acção principal ele será dado como existente"[256].

3.2. A provisoriedade

A característica da provisoriedade cautelar não ficará bem definida se dissermos apenas que esta é a qualidade da decisão que põe fim a um processo cautelar, por contraste com a qualidade das decisões típicas dos processos principais que têm a capacidade para resolver definitivamente a causa[257]. E é por isso que a doutrina francesa (e belga) do processo, recorre à expressão "tutela provisória *sensu stricto*", para distinguir um tipo de tutela pela qual se

---

[255] A este propósito, P. CALAMANDREI, *Introduzione allo studio sistematico* ... cit., pp. 58 ss. e tb., do mesmo autor, *Studi sul processo civile* ... cit., pp. 60 ss.; e F. TOMMASEO, *I provvedimenti d'urgenza* ... cit., p. 215.

[256] Palavras de ADELINO DA PALMA CARLOS, " Procedimentos cautelares antecipadores ... cit., p. 240.

[257] Neste sentido, A. S. ABRANTES GERALDES, "Procedimento cautelar comum", *Temas da reforma do processo civil* ... cit., p. 94.

decreta uma decisão provisória que tem uma função asseguradora e de regulação provisória da lide das demais provisórias, que também não têm capacidade para formar caso julgado[258].

É, portanto, necessário invocar mais qualquer coisa. No seguimento da doutrina clássica italiana também não é suficiente definir a provisoriedade da tutela cautelar por referência à sua "duração limitada no tempo", visto que, como já, em outro lugar, mencionámos, há tipos de processos que desembocam em decisões provisórias, que podem ser revogadas e modificadas *rebus sic stantibus*, sem que esses processos se possam qualificar como cautelares[259].

Ainda que se apele à duração da decisão cautelar para definir a provisoriedade da decisão cautelar, é também necessário fazer corresponder a esta característica a qualidade da decisão que é proferida, tendo subjacente um tipo de cognição qualitativamente distinta, se bem que tal qualidade decorra da função que realiza. Neste sentido, a provisoriedade depende da qualidade da decisão que é proferida com base num juízo de probabilidade[260]. Nestes termos, aderindo à posição de parte da doutrina italiana da década de oitenta, afirmamos que a natureza provisória da decisão cautelar resulta, também, da qualidade da mesma, porque é proferida com base em juízos de probabilidade.

Ainda somente recorrendo a estes perfis de análise, o conceito de provisoriedade cautelar não ficará bem esclarecido, já que, segundo as doutrinas francesa, belga e alemã, é necessário, também, relacionar o conceito de provisoriedade de uma decisão com o conteúdo e o alcance dos efeitos das duas sentenças, da principal e da acessória.

Neste contexto, perante várias perspectivas de abordagem do conceito de "provisoriedade", cabe, em primeiro lugar, lembrar o pensamento de CALAMANDREI, que é aceite, na generalidade, em Itália e na dogmática portuguesa e espanhola. Para o autor, como só faz sentido identificar a provi-

---

[258] Neste sentido, E. MERLIN, "La caducité et la rétractation des mesures provisoires", *Les mesures provisoires en droit belge, français et italien. Étude de droit comparé* ... cit., pp. 369, 370 e 371; G. DEMEZ/C. PANIER, "L'autonomie du référé", *Les mesures provisoires en droit belge, français et italien. Étude de droit comparé* ... cit., pp. 45 e 46.

[259] Confirmando este raciocínio, mais uma vez, S. BARONA VILAR, "Proceso cautelar", *El nuevo proceso civil* (Ley 1/2000) ... cit., p. 740.

[260] M. TEIXEIRA DE SOUSA, *Estudos sobre o Novo Processo Civil* ... cit., pp. 228 e 229.

soriedade com a característica da instrumentalidade[261], a decisão cautelar é provisória porquanto se identifica com o objectivo que cumpre. Neste sentido, a tutela cautelar é provisória porque apenas deve existir durante o tempo em que cumpre a sua função[262]. Se a tutela cautelar visa assegurar a efectividade da tutela principal, então, no seu entender, essa tutela cautelar só pode produzir efeitos *"nel frattempo"* e deve deixar de os produzir no momento em que a tutela principal é decretada ou quando deixa de ter razão para existir, por outros motivos[263]. Neste sentido a tutela cautelar é provisória porque tem uma "duração limitada no tempo". Alguma doutrina, criticada, aliás, por CALAMANDREI, em vez de dar o nome de "provisoriedade" a esta característica, prefere chamar-lhe "temporalidade"[264].

Seguindo este raciocínio, e em síntese, segundo CALAMANDREI, a decisão cautelar, antes que "geneticamente provisória"[265], é fundamentalmente provisória "no seu fim"[266], já que está, pela sua própria natureza, destinada "a deixar de existir" quando a sua finalidade se esgota, quer no momento em que é decretada a decisão definitiva (cuja efectividade aquela assegurou) quer quando se confirma que o direito a acautelar não existe, ou desaparece, porque neste caso não haverá razão para que a decisão cautelar continue a ser eficaz[267].

---

[261] Já G. CHIOVENDA distinguia estas formas de tutela urgente – "accertamenti con prevalente funzione esecutiva". Vd. *Istituzioni di diritto processuale civile* ... cit., p. 217. No mesmo sentido, vd. P. CALAMANDREI, *Introduzione allo studio sistematico* ... cit., pp. 11, 12 e 13. Cfr. A. PROTO PISANI, "Per l'utilizzazione della tutela cautelare anche in funzione di economia processuale", *Il Foro Italiano*, parte V, 1, 1998, pp. 8 ss.

[262] P. CALAMANDREI, *Introduzione allo studio sistematico* ... cit., p. 10.

[263] Ainda nestes termos, confirma-se a diferença dos conceitos de provisoriedade da tutela cautelar perante a provisoriedade da tutela sumária *tout court*: "a tutela sumária é aquela que aspira a transformar-se em definitiva. Aquela que nasce provisória mas que tem esperança de converter-se em providência que decide definitivamente o mérito". Seguindo de perto o raciocínio de CALAMANDREI, *Introduzione allo studio sistematico* ... cit., pp. 14 e 15.

[264] P. CALAMNDREI, *Introduzione allo studio sistematico* ... cit., pp. 10 ss.

[265] A este propósito, vd. G. TARZIA, "La tutela cautelare", *Il nuovo processo cautelare* ... cit., pp. XXIX e XXX, onde distingue três conceitos diferentes de provisoriedade: "provvisorietà nel fine"; "provvisorietà eventuale" e "provvisorietà normale". Só o primeiro se identifica com a natureza da decisão cautelar.

[266] Expressão de M. CONCETTA FUCCILLO, *La tutela cautelare nel processo amministrativo* ... cit., p. 5.

[267] P. CALAMANDREI, *Introduzione allo studio sistematico* ... cit., p. 15.

Parcialmente relacionado com este entendimento *calamandreiano*, alguma doutrina, porque considera que a duração dos efeitos da decisão cautelar é totalmente dependente da sorte da decisão no processo principal, qualifica a decisão provisória como "uma decisão sujeita a condição resolutiva"[268].

Ainda relacionando a provisoriedade com a duração e com a função da decisão cautelar, segundo alguma doutrina, francesa e belga, esta característica resulta da incapacidade da decisão para formar caso julgado. Ou, *rectius*, ainda que se defina a decisão provisória cautelar como uma decisão que forma *caso julgado especial*, já que, devido à autonomia dos processos cautelar e principal, a decisão cautelar ganha estabilidade interna e externa[269], a decisão cautelar é provisória porque está sujeita à cláusula *rebus sic stantibus*, pelo que pode ser modificada ou revogada se forem alteradas as circunstâncias de facto, inicialmente, subjacentes à sua emissão[270]. Há, todavia, quem dê o nome de "temporalidade" ao facto da decisão ser passível de modificação e revogação por alteração de circunstâncias originárias[271].

A provisoriedade cautelar depende também, como dissemos atrás, da qualidade da cognição efectuada, assente na mera justificação como meio de

---

[268] A este propósito, vd. a crítica de E. A. DINI/MAMMONE, *I provvedimenti d'urgenza* ... cit., p. 51.

[269] Sobre esta questão, vd. F. MARELLI, "La stabilità dei provvedimenti cautelari", *Rivista di Diritto Processuale*, 1999, pp. 761 ss.

[270] Exactamente, neste sentido, vd. a posição da doutrina francesa e belga, por G. CLOSSET-MARCHAL, "La caducité et la rétractation de la décision ordonnant les mesures provisoires", *Les mesures provisoires en droit belge, français et italien. Étude de droit comparé* ... cit., pp. 364 e 365; J. NORMAND, "La caducité et la rétractation de la décision ordonnant les mesures provisoires", *Les mesures provisoires en droit belge, français et italien. Étude de droit comparé* ... cit., pp. 391 e 392. Neste sentido, ainda que com alguma variação terminológica, na doutrina italiana, vd. E. MERLIN, "La caducité et la rétractation des mesures provisoires", *Les mesures provisoires en droit belge, français et italien. Étude de droit comparé* ... cit., pp. 380 e 381. E, quanto à posição da doutrina espanhola, vd S. BARONA VILAR, "Proceso cautelar", *El nuevo proceso civil (Ley 1/2000)* ... cit., p. 740.

[271] Sobre esta questão, tendo, quanto a ela, uma posição crítica, vd. E. A. DINI/MAMMONE, *I provvedimenti d'urgenza* ... cit., p. 48; F. MARELLI, "La stabilità dei provvedimenti cautelari ... cit., pp. 761 ss.

prova, que é diferente, obviamente da qualidade da decisão que é emitida tendo subjacente uma cognição assente em provas *stricto sensu*[272].

Alguma doutrina, entre a qual se conta TOMMASEO, ao distinguir, dogmaticamente, a tutela cautelar de outras formas de tutela, sob o perfil estrutural, afirma que a provisoriedade deste tipo de tutela resulta da valoração que o juiz faz do mérito da causa. Neste quadro, a provisoriedade cautelar é compreendida num duplo sentido, retomando o anterior, por um lado, a provisoriedade refere-se "à duração no tempo da decisão", por outro, compreende a valoração da causa que é apta a produzir efeitos com uma especial natureza[273]. Segundo TOMMASEO, a qualidade da cognição provoca a falta de qualidade da decisão para produzir efeitos definitivos de direito. Ou, por outras palavras, todos os efeitos produzidos, pela decisão que é qualitativamente provisória, devem ser reversíveis de direito, ainda que o não sejam de facto, já que a decisão é passível de ser revogada por outra provisória ou substituída pela principal[274].

Muito se avizinha a este entendimento, o da doutrina francesa e belga, para quem a compreensão de "mesure provisoire au sense strict" pressupõe a incapacidade da decisão para resolver definitivamente a causa principal, entendendo-se que não é provisória a decisão que faça qualquer *préjudice au principal*, e, ou seja, que a resolva antecipadamente, através da emissão de uma medida com efeitos de direito irreversíveis perante a decisão final de mérito[275].

Claramente, no sistema francês, o que distingue os verdadeiros *référés clássicos* de outros *référés au fond*, processos rápidos e sumários, mas que apesar de se denominarem de *référés* se encontram em lado oposto, "*antinomique*" ou de "ruptura" aos primeiros, é a provisoriedade das suas decisões[276].

Esta característica é fixada na lei, não só quando se permite que seja o juiz a determinar o prazo de vigência da medida, como também resulta da

---

[272] M. TEIXEIRA DE SOUSA, *Estudos sobre o Novo Processo Civil* ... cit., p. 228.

[273] A este propósito, vd. F. TOMMASEO, *I provvedimenti d'urgenza*, .. cit., pp. 150 ss.

[274] Neste sentido, ao que julgamos, M. TEIXEIRA DE SOUSA, *Estudos sobre o Novo Processo Civil* ... cit., p. 228.

[275] Vd. P. ESTOUP, *La Pratique des Procédures Rapides* ... cit., pp. 21 a 26; C. SILVESTRI, "Il sistema francese dei 'référé' ... cit., pp. 10 ss.

[276] Por todos, vd. R. PERROT, "Les mesures provisoires en droit français", *Les mesures provisoires en procédure civile* ... cit., p. 165; J. NORMAND, "Les mesures provisoires en droit français. Les fonctions des référés", *Les mesures provisoires en droit belge, français et italien. Étude de droit comparé...* cit., p. 74; J. V. COMPERNOLLE,

interdição ao juiz do *référé provisoire* de se intrometer na causa principal e de a *préjuger*. Neste sentido, o juiz do *référé*, que só está autorizado a emitir uma medida provisória, deve abster-se de julgar a causa antecipadamente, a menos que o faça provisoriamente. E julgar a causa de modo provisório implica que o juiz do *référé* se abstenha de definir definitivamente, e de forma irreversível, o direito para a causa que é objecto do *juge au fond*. Neste contexto, uma medida só é provisória de direito se for, para o futuro, objectivamente reversível e anulável[277]. Em síntese, a medida só é provisória se não extinguir o sentido da decisão e o interesse no julgamento da causa principal[278].

Também na doutrina alemã, o conceito de provisoriedade esteve (e está) associado ao princípio que "proíbe a antecipação da causa". Depois de alguma evolução dogmática deste conceito, antes entendido em sentido redutor e, pontualmente, apenas respeitado pela medida de garantia, tal qual o arresto, a doutrina tem vindo a considerar que o dogma que proíbe o juiz cautelar de antecipar a decisão da causa principal apenas proíbe a antecipação definitiva de direito da causa[279]. Assim, nestes termos, ao juiz cautelar é proibido esvaziar a lide principal pela resolução definitiva da causa principal, anulando-lhe, *a posteriori*, o objecto[280].

"Les mesures provisoires en droit belge. Introduction générale", *Les mesures provisoires en droit belge, français et italien. Étude de droit comparé...* cit., p. 6.

[277] A este propósito, vd. P. ESTOUP, *La Pratique des Procédures rapides*, cit., pp. 21 a 26, pp. 145 ss.;

[278] Neste sentido, L. DU CASTILLON, "Les pouvoirs, au provisoire, du juge des référés: déraison de la mesure ou mesure de la raison?", *Les mesures provisoires en droit belge, français et italien. Étude de droit comparé...* cit., p. 43; G. DEMEZ/C. PANIER, "L'autonomie du référé", *Les mesures provisoires en droit belge, français et italien. Étude de droit comparé...* cit., pp. 49 e 50.

[279] Para uma síntese da actual posição doutrinal do processo civil, alemã e austríaca, a este respeito, vd. R. CAPONI, "La tutela cautelare nel processo civile tedesco", pp. 33 ss.; W. J. HABSCHEID, "Les mesures provisoires en procédure civile: droits allemand et suisse", *Les mesures provisoires en procédure civile* ... cit., pp. 33 ss.; W.-D. WALKER, *Der einstweilige Rechtsschutz im Zivilprozeß und im arbeitsgerichtlichen Verfahren* ... cit., ns. ms. 66 ss.; pp. 66 a 73; W. GRUNSKY, in: STEIN-JONAS *Kommentar zur Zivilprozeßordnung...* cit., pp. 470 ss., esp. pp. 482 ss.; F. MATSCHER, "Les mesures provisoires en droit de procédure civile autrichien", *Les mesures provisoires en procédure civile* ... cit., pp. 87 ss.

[280] Neste sentido, R. CAPONI, "La tutela cautelare nel processo civile tedesco ... cit., pp. 33 ss.

Tradicionalmente, a doutrina do processo civil alemã, a mesma que entendia o dogma num sentido redutor, identificava o conceito de provisoriedade com o conteúdo e o alcance da decisão provisória, e, em última instância com a quantidade de efeitos antecipados. Assim, segundo este entendimento, a medida ainda seria provisória se existisse uma antecipação apenas parcial dos efeitos da decisão principal, porque neste caso não existiria uma satisfação integral da pretensão do recorrente[281].

Para a doutrina alemã do processo civil o conceito de provisoriedade esteve associado ao facto de a "decisão provisória em sentido restrito" ser um *minus* e um *aliud* perante a decisão proferida no processo principal, tendo em consideração o presumível conteúdo da sentença de mérito. Neste sentido, segundo esta compreensão, a decisão deixa de ser provisória porque antecipa integralmente os efeitos da decisão principal, já que tal antecipação que traduz um *praejudicium* que extravasa a função instrumental da tutela cautelar é proibida[282].

Neste contexto urge sintetizar duas ideias. A primeira, que respeita ao sentido instrumental subjacente à provisoriedade e que condiciona a duração de eficácia da decisão, cuja função é assegurar a efectividade de outra. Quer seja o juiz a fixar um prazo de vigência para a decisão, ou o legislador a estabelecer condições que impedem a caducidade da mesma, ou ainda porque é uma decisão com natureza *rebus sic stantibus*, a medida cautelar é provisória quanto à sua duração. Neste perfil, o conceito de provisoriedade compreende e nele absorve o de "temporalidade" e o de incapacidade para formar caso julgado.

A segunda consideração, a propósito da provisoriedade, diz respeito à qualidade da decisão e que justifica que a medida cautelar seja provisória,

---

[281] A este propósito, E. ALLORIO também considerava que a tutela cautelar produz normalmente efeitos menos amplos do que aqueles que resultam da sanção principal, "Per una nozione del processo cautelare", *Rivista di Diritto Processuale*, 1936, I, (pp. 18 a 44), esp., pp. 28 ss.

[282] A este propósito, vd. F. BAUR, *Studien zum einstweiligen Rechtsschutz*, Tübingen, 1967, pp. 48 ss.; O. JAUERNIG, "Der zulässige Inhalt einstweiliger Verfügungen", *Zeitschrift für Zivilprozess*, 76, 1966, p. 323, nota 5. Os autores com a expressão *minus* querem dizer que a tutela cautelar não pode comportar a total satisfação do interesse do requerente; com *aliud*, pretendem referir que deve existir uma identidade de efeitos antecipados, já que estes não podem ser integralmente diferentes. Apud E. A. DINI/MAMMONE, *I provvedimenti d'urgenza* ... cit., pp. 47 ss., p. 350, nota 47.

qualitativamente. Assim, neste sentido, já não diremos que a medida cautelar é provisória quanto à sua duração, porque, por um lado, os seus efeitos estão definidos para um período de tempo determinado, ou indeterminado, mas determinável em função da actuação do processo principal. Nem diremos que é provisória, por outro lado, porque a decisão pode ter uma duração temporária uma vez que pode ser modificada ou revogada conforme haja alteração das circunstâncias de facto iniciais[283]. Neste sentido, o conceito de provisoriedade é compreendido também por referência à qualidade da decisão de um processo instrumental perante outro, na medida em que o juiz do primeiro só pode legitimamente proteger o efeito do segundo, sem o anular, isto num aspecto. Noutro, a provisoriedade resulta como consequência normal do tipo de cognição que o juiz do processo acessório faz sobre o mérito do *quid* que é objecto do segundo processo: cognição assente na aparência, já que apenas se exige como grau de prova a fundamentação. Emitida com base num juízo de probabilidade, a decisão proferida no processo acessório não pode "dire le droit"[284] para o objecto da causa principal. E é sempre provisória *de direito* perante o juiz da causa principal[285], já que os seus efeitos de direito são sempre modificáveis e extintos pelo juiz da causa principal[286].

Em síntese, a decisão cautelar legítima, isto é, provisória, é sempre uma decisão reversível ainda que antecipe na totalidade os efeitos da decisão de mérito. E reversível sob o ponto de vista *de direito*, ainda que não seja de facto, porque, a configurar-se a produção de factos consumados, teremos de concluir que, para o espaço interino, a decisão provisória produziu efeitos definitivos[287].

---

[283] Para uma síntese, vd. M. CONCETTA FUCCILLO, *La tutela cautelare nel processo ammistrativo* ... cit., pp. 5 e 6.

[284] Neste sentido, G. CLOSSET-MARCHAL, "L'urgence", *Les mesures provisoires en droit belge, français et italien. Étude de droit comparé* ... cit., p. 22.

[285] Também a propósito das medidas provisórias, *sensu stricto*, vd. G. DEMEZ/C. PANIER, "L'autonomie du référé", *Les mesures provisoires en droit belge, français et italien. Étude de droit comparé* ... cit., pp. 45 e 46.

[286] P. CALAMANDREI, *Introduzione allo studio sistematico* ... cit., pp. 71 ss; G. ARIETA, "Comunicazione", *Les mesures provisoires en procédure civile* ... cit., pp. 269 a 273, esp. p. 274.

[287] Neste sentido, W.-D. WALKER, *Der einstweilige Rechtsschutz im Zivilprozeß und im arbeitsgerichtlichen Verfahren* ... cit., ns. ms. 28 e 32, pp. 25 a 27, esp. n. m. 32, p. 27; F. SCHOCH, *Verwaltungsgerichtsordnung* ... cit., n. m. 148, p. 67.

Repetindo a mesma ideia, a decisão cautelar nunca pode ser definitiva de direito porque é desprovida da qualidade para declarar a existência do direito acautelado, já que no processo em que é emitida "a cognição cautelar assenta num cálculo de probabilidades quanto à existência do direito acautelado"[288]. Mas, não obstante o mencionado, sendo a decisão cautelar sempre provisória de direito perante a causa principal, nada garante que os seus efeitos não possam ser, em certos termos, *de facto*, definitivos *nell frattempo*[289].

3.3. A *sumariedade*

Também a instrumentalidade da decisão cautelar perante a efectividade da decisão que põe fim ao processo principal marca uma outra sua característica estrutural, a da *sumariedade* cautelar[290], que é, aliás, segundo alguns, a sua característica verdadeiramente distintiva perante a tutela sumária *tout court*[291].

Entre os estudiosos clássicos do processos civil, italianos, espanhóis e portugueses, é comum afirmar-se que a tutela jurisdicional cautelar se diferencia das demais pelo tipo de cognição que o juiz faz do mérito da causa. A decisão cautelar é uma "apreciação perfunctória", "sumária" e "provisória da lide"[292], já que, em termos de prova, sobre a lide cautelar é realizada uma *sum-*

---

[288] A este propósito, F. TOMMASEO, *I provvedimenti d'urgenza*, ... cit., p. 159; E. TULLIO LIEBMAN, "Unità del provvedimento cautelare", *Rivista di Diritto Processuale*, 1954, pp. 107 e 108.

[289] Confirmando este raciocínio, F. TOMMASEO, *I provvedimenti d'urgenza* ... cit., p. 159 e F. SCHOCH, "Grundfragen des verwaltungsgerichtlichen vorläufigen Rechtsschutzes ... cit., pp. 171 ss. Cfr. a crítica de K. FINKELNBURG/K. P. JANK (*Vorläufiger Rechtsschutz im Verwaltungsstreitverfahren* ... cit., n.m. 209, pp. 100) a SCHOCH e ao pensamento dos que distinguem a provisoriedade da decisão da provisoriedade de efeitos.

[290] Neste sentido, MANUEL A. DOMINGUES DE ANDRADE, *Noções Elementares de Processo Civil* ... cit., p. 9.

[291] Neste sentido, F. TOMMASEO, *I provvedimenti d'urgenza*, ... cit., esp. 167; L. MONTESANO, "Strumentalità e superficialità della cognizione cautelare", *Rivista di Diritto Processuale*, 1999, pp. 309 ss.

[292] J. ALBERTO DOS REIS ("A figura do processo cautelar .. cit., p. 24 e esp. p. 25) utiliza a expressão "apreciação provisória" não só para se referir a forma como o juiz co-

maria cognitio e uma apreciação em termos de juízos de verosimilitude ou verosimilhança[293].

Segundo a doutrina clássica, nem faria sentido que outro fosse o tipo de cognição efectuado pelo juiz no processo cautelar, já que, sendo a tutela cautelar uma forma de tutela urgente, o juiz não pode querer atingir sobre o mérito da decisão cautelar um conhecimento profundo, isto é, um conhecimento baseado na certeza. Afinal, a rapidez de decisão poderá ser a única forma de atingir a finalidade cautelar, que é evitar a modificação irremediável de uma situação, enquanto se aguarda a decisão de fundo para essa situação. Existindo urgência, prefere o legislador que os processos que realizam este objectivo sejam expeditos a ponderados, já que nestes casos "julgar bem é, antes de tudo, julgar rápido"[294]. Por isso, as providências cautelares implicam, necessariamente, um processo simplificado e rápido[295], sob pena de a sua tramitação estar em flagrante desarmonia com a função, pois, como refere ALBERTO DOS REIS, a medida cautelar ou "actua rapidamente ou deixa de cumprir o fim a que se destina"[296].

Mas, por outro lado, porque o processo cautelar é acessório, pese embora a sua relativa autonomia estrutural, e porque tem como objectivo proteger o *quid* que é objecto da causa principal, não faz sentido, como realça ANSELMO DE CASTRO, que outro seja o tipo de cognição senão o do tipo

---

nhece do mérito da acção cautelar (se existe a aparência do direito que o requerente se arroga e se há realmente o *periculum in mora*), mas, também, porque ela se destina a produzir efeitos somente até ao momento em que se forma a decisão definitiva. Refere o autor que é "precisamente porque assenta sobre uma *summaria cognitio*" que a decisão cautelar aparece com a feição de provisória. No mesmo sentido, MANUEL A. DOMINGUES DE ANDRADE (*Noções Elementares de Processo Civil* ... cit., p. 9) fala em "apreciação perfunctória ou sumária", porque, caso contrário, se pode comprometer a finalidade do procedimento.

[293] Neste sentido, vd. P. CALAMANDREI, *Introduzione allo studio sistematico* ... cit., pp. 59 a 64; do mesmo autor, tb., "Verità e verosimiglianza nel processo civile", *Rivista di Diritto Processuale*, 1955, pp. 164 ss.; tb. "Il processo come giuoco", *Rivista di Diritto Processuale*, 1950, pp. 22 ss.

[294] R. CHAPUS, *Apud* R. DRAGO, em prefácio a O. DUGRIP, *L'urgence contentieuse*... cit., p. 5.

[295] Neste sentido, ADELINO DA PALMA CARLOS fala em "exame breve, sumário e rápido". Vd. "Procedimentos cautelares antecipadores ... cit., p. 241. Vd. tb. M. TEIXEIRA de SOUSA, *Estudos Sobre o Novo Processo Civil* ... cit., p. 232.

[296] As palavras são de ALBERTO DOS REIS, "A figura do processo cautelar ... cit., pp. 23 a 24.

superficial e sumário, ou seja a cognição cautelar, já que "o conhecimento exaustivo (só) traria inconvenientes, pois nesse caso o processo seria tão moroso como a acção principal, ficando, assim, frustrados os objectivos prosseguidos através dos procedimentos cautelares"[297]. E a que acresce o facto de ao juiz cautelar não cumprir "declarar a existência do direito", mas sim assegurá-lo na expectativa de que venha a ser definitivamente declarado como existente. Assim, também, pelo tipo de cognição sumária do processo cautelar se evita a duplicidade de decisões com igual natureza.

De acordo com o pensamento tradicional, em síntese, o juiz deve decidir com base numa apreciação superficial o mérito da causa assente na verosimilhança já que, "como não se exige a prova de que o direito existe", tem o requerente o ónus de "deduzir os factos que tornem provável a existência do direito[298] e o juiz de os conhecer em termos de probabilidade. Quanto ao grau de prova é, portanto, suficiente para o decretamento da medida a "mera justificação"[299], visto que uma prova *stricto sensu* seria incompatível quer com a celeridade própria da tutela cautelar, quer com a sua função. A decisão é, então, emitida após terem sido acreditadas as suas condições de procedência, "não pela verdadeira prova, mas pela simples justificação"[300], designadamente pela demonstração de existência provável do direito alegado[301].

Segundo a doutrina comumente aceite, incluindo a portuguesa, durante o processo cautelar "o juiz deve ter a certeza da existência do receio de dano jurídico", porque deve existir um estado objectivo de perigo iminentemente danoso, e deve satisfazer-se com a mera aparência do direito invocado[302], já que declarar com certeza o direito cabe ao juiz da causa principal, como já dissemos. Assim, na cognição cautelar defende-se a exigência de um juízo

---

[297] Vd., neste sentido, ANSELMO DE CASTO, *Direito Processual Civil Declaratório*... cit., p. 140.

[298] Palavras de ADELINO DA PALMA CARLOS, "Procedimentos cautelares antecipadores ... cit., p. 242.

[299] M. TEIXEIRA DE SOUSA, *Estudos sobre o Novo Processo Civil* ... cit., p. 228, p. 231 e p. 232.

[300] Palavras de MANUEL DE ANDRADE, *Noções Elementares de Processo Civil* ... cit., p. 9.

[301] Neste sentido, no respeitante ao processo civil alemão, R. CAPONI, "La tutela cautelare nel processo civile tedesco ... cit., p. 32 e pp. 39 a 40.

[302] Vd. P. CALAMANDREI, *Introduzione allo studio sistematico* ... cit. pp. 62 ss.

próximo da certeza sobre a produção do dano e um juízo de probabilidade sobre a existência do direito[303].

Nos diversos sistemas processuais, como no sistema alemão[304], suíço[305] e austríaco[306], o decretamento da decisão cautelar é precedido de um "exame sumário" suficiente, onde em termos de prova rege o "princípio da justificação" (*Glaubhaftmachung*), para que o juiz dê como acreditada, em termos de verosimilhança, as condições de procedência das ordens provisórias, o "Verfügungsgrund" e o "Verfügungsanspruch"[307].

---

[303] Quanto ao sistema processual português, ele segue, com o espanhol, o pensamento clássico italiano, distinguindo a profundidade da cognição quanto ao *periculum in mora* e quanto ao *fumus boni iuris*. O receio de lesão deve ser fundado, ou seja, deve ser "apoiado em factos que permitam afirmar, com objectividade e distanciamento a seriedade e actualidade" da lesão. O juiz, seguindo-se por critérios objectivos, deve convencer-se da lesão grave e da necessidade da medida cautelar. Quanto ao direito, é suficiente a sua aparência, devendo o tribunal pronunciar-se com "base em um mero juízo de probabilidade ou verosimilhança quanto à sua existência". A este propósito, vd. L. P. MOITINHO DE ALMEIDA, Providências cautelares não especificadas ... cit., p. 22; Neste sentido, A. M. PESSOA VAZ, "Les mesures provisoires et les procédures préventives dans l'évolution du droit de procédure portuguais ... cit., p. 182; J. ALBERTOS DOS REIS, "A figura do processo cautelar ... cit., p. 57; ADELINO DA PALMA CARLOS, "Procedimentos cautelares ... cit., p. 244; M. TEIXEIRA DE SOUSA, *Estudos sobre o Novo Processo Civil* ... cit., pp. 231, 232 e 233; A. S. ABRANTES GERALDES, "Procedimento cautelar comum ... cit., pp. 87 e 88.

[304] E quanto ao raciocínio feito pelo juiz cautelar no processo civil alemão, vd., por todos, INGE SCHERER, *Das Beweismaβ bei der Glaubhaftmachung*, Köln, Berlin, Bonn, München, 1996, pp. 19 ss.

[305] A este propósito, W. J. HABSCHEID, "Les mesures provisoires en procédure civile: droits allemand et suisse", *Les mesures provisoires en procédure civile* ... cit., pp. 47 e 52;

[306] F. MATSCHER, "Les mesures provisoires en droit de procédure civile autrichien", *Les mesures provisoires en procédure civile* ... cit., pp. 100 e 101.

[307] Assim, por exemplo, no sistema processual alemão, o decretamento das *einstweiligen Verfügungen* depende do *Verfügungsanspruch*, provável existência do direito do requerente, e do *Verfügungsgrund*", necessidade da medida para afastar o *periculum in mora*. Funciona para ambos, em termos de prova, a mera justificação (*Glaubhaftmachung*). Sobre esta questão, para uma síntese, vd. R. CAPONI, "La tutela cautelare nel processo civile tedesco ... cit., pp. 31 e 32, pp. 39 a 40.

É também exigido nos sistemas grego[308], brasileiro[309] e espanhol um juízo provisório, "de verosimilitude", "presuntivo" e "de indício" de que o direito a acautelar será declarado no processo principal"[310]. Este pressuposto deve ser alegado e justificado mediante os meios oportunos e permitidos pelo direito.

No sistema britânico, o decretamento de uma *interlocutory injunction* é precedida de um apreciação sobre se há "a serious question to be tried" e de um exame superficial, "balance of convenience", tendente a averiguar não só a natureza dos interesses em causa ameaçados pela demora, como também qual das partes aparenta possuir mais probabilidade de vencer no processo principal (ou qual das partes demonstra ter um "good arguable case")[311].

No modelo francês, e também no belga[312], por causa da *interdiction de faire prejudice au principal*, que impede a análise da questão de fundo submetida ao juiz principal, o juiz cautelar actua também no "seuil d'évidence". Assim, o juiz do *référé* aprecia por via de "examen superficiel du fond", se a "contestation présente un caractère sérieux", ou, noutros casos, se o demandante alega um *"moyen sérieux"*[313].

---

[308] Vd. K. D. KERAMEUS/ K. P. POLYZOGOPOULOS, "Les mesures provisoires en procédure civile hellénique", *Les mesures provisoires en procédures civile* ... cit., pp. 68 e 69 e esp. p. 71.

[309] Neste sentido, A. PELLEGRINI GRINOVER, "La tutela cautelare atipica nel processo civile brasiliano", *Les mesures provisoires en procédures civile* ... cit., pp. 134 e 135.

[310] Neste sentido, por todos, F. RAMOS MENDEZ, "Les mesures provisoires indéterminées dans le procès civil espagnol", *Les mesures provisoires en procédure civile* ... cit., esp. p. 200; M. P. CALDERÓN CUADRADO, *Las Medidas Indeterminadas en el Proceso Civil* ... cit., pp. 33 ss.; M. ÁNGELES JOVÉ, *Medidas Innominadas en el Proceso Civil* ... cit., pp. 30 a 34; S. BARONA VILAR, "proceso cautelar", *El nuevo proceso civil* (Ley 1/2000) ... cit., pp. 742 a 743.

[311] V. VARANO, "Appunti sulla tutela provvisoria nell'ordinamento inglese, con particolare riferimento all'interlocutory injunction", *Les mesures provisoires en procédure civile* ... cit., pp. 244 a 247.

[312] J. V. COMPERNOLLE, "Les mesures provisoires en droit belge. Introduction générale", *Les mesures provisoires en droit belge, français et italien. Étude de droit comparé*... cit., p. 22; G. CLOSSET-MARCHAL, "Les mesures provisoires en droit belge. L'urgence", *Les mesures provisoires en droit belge, français et italien. Étude de droit comparé* ... cit., p. 22.

[313] Neste sentido, a propósito do regime previsto no processo civil francês, vd. R. PERROT, "Les mesures provisoires en droit français", *Les mesures provisoires en procé-*

Em síntese, para que o juiz da causa cautelar ordene a medida provisória solicitada deve sumariamente apreciar o *periculum in mora* e averiguar a aparência do direito[314], em exame (ou cognição) tão superficial quanto aquela que lhe permita concluir pela existência provável quer da iminência do prejuízo, quer do direito a proteger, variando a intensidade da cognição, mais ou menos profunda conforme o tipo de medida asseguradora ou antecipatória requerida, de modo a evitar os riscos de decisões antecipadas erradas[315].

Neste contexto, pese embora a compreensão que apresentámos do conceito de *sumariedade cautelar* e o raciocínio desenvolvido no texto, consideramos apropriado discutir quão distinta é a cognição sumária *tout court* da cognição sumária cautelar.

E esta distinção problemática, que tem aliás tradição na doutrina clássica do processo civil, é na actualidade mais questionada, já que, por três diferentes razões, a especificidade da *sumariedade* cautelar está em via de se esfumar.

Por um lado, são os próprios estudiosos do processo quem inicia a aproximação entre os tipos de cognição sumária, ao duvidar dos conceitos de "verosimilhança" e "instrumentalidade hipotética" e ao realçar as suas semelhanças estruturais.

Depois, é o próprio juiz da causa cautelar que, não obstante saber quais são os limites do seu poder de decretar medidas provisórias, abusa no acto de cognição, antecipando para a causa cautelar o julgamento de mérito. A este fundamento acrescenta-se a própria vontade das partes em alcançar de modo antecipado e alternativo uma solução definitiva para a causa. As partes contentam-se, cada vez mais, com soluções provisórias, ainda que proferidas com base numa cognição diferente da cognição normal, já que, mesmo provisórias, satisfazem os seus interesses[316].

Em terceiro lugar, é o próprio legislador quem contribui para o esbatimento das diferenças entre os tipos de cognição sumária *tout court* e sumária

---

dure civile ... cit., pp. 162, 164 e 165; P. ESTOUP, *La Pratique des Procédures Rapides* ... cit., pp. 75 a 82; C. SILVESTRI, "Il sistema francese dei 'référé' ... cit., pp. 14 ss.

[314] P. CALAMANDREI, *Introduzione allo studio sistematico* ... cit. p. 59.

[315] Neste sentido, L. DU CASTILLON, "Les pouvoirs, au provisoire, du juge des référés: déraison de la mesure ou mesure de la raison", *Les mesures provisoires en droit belge, français et italien. Étude de droit comparé* ... cit., pp. 32, 33, 37 e 39.

[316] Sobre esta questão, vd. W.-D. WALKER, *Der einstweilige Rechtsschutz im Zivilprozeß und im arbeitsgerichtlichen Verfahren* ... cit., esp. ns. ms. 31 e 32, pp. 27 a 29.

cautelar, visto que cria processos urgentes variados sem distinguir claramente qual das técnicas neles disciplina, dando origem a processos cautelares que na sua estrutura concretizam mais a técnica da *sumariedade tout court* do que a cautelar.

Como já referimos, não obstante a doutrina clássica ter distinguido a tutela sumária cautelar da não cautelar, não existem critérios de distinção definidos e nem há uma aceitação geral de alguns dos critérios avançados[317] pelo que, na actualidade, há quem defenda que entre uma e outra não há diferenças substanciais[318].

Aliás, segundo alguns, a diferença entre a cognição cautelar e a cognição sumária *tout court* é cada vez menor se tomarmos em consideração alguns dos regimes de realização e valoração de prova em processos urgentes. E podemos dar como exemplo o processo de *référé* para decretamento de "medidas provisórias em sentido restrito" (do sistema francês e belga) com estrutura antecipatória, tal qual o *référé-provision*. Neste processo de *référé*, quanto ao tipo de prova e à sua força probatória, tem vindo a admitir-se que nele também vale, se bem que com alguma polémica, tanto a "comparution personnelle des parties", tendente a produzir "l'aveu", como o "serment litis-décisoire", e não obstante a sua natureza ser contrária (e, de certo, incompatível) à da decisão provisória proferida no processo de *référé*, já que se traduzem num mecanismo tendente a desembocar numa decisão irrevogável, no primeiro caso, e com capacidade para decidir sobre o fundo da causa, no segundo[319].

---

[317] A este propósito, vd., por todos, E. A. DINI/MAMMONE, *I provvedimenti d'urgenza* ... cit., pp. 55 a 59, esp. nota 76.

[318] A este propósito, vd. a crítica de L. MONTESANO ("Strumentalità e superficialità della cognizione cautelare ... cit., pp. 309 e 310) a A. PROTO PISANI, cuja posição, igual à do texto, é expressa, designadamente, em "Appunti sulla tutela cautelare nel processo civile", *Rivista di Diritto Processuale*, 1987, pp. 109 ss., esp. pp. 128 e 129; "Usi ed abusi delle procedure camerali", *Rivista di Diritto Processuale*, 1990, pp. 411 ss., esp. pp. 418 e 419, nota 50; *La nuova disciplina del processo civile*, Napoli, 1991, pp. 315 ss.

[319] Sobre esta questão, por todos, vd. G. CLOSSET-MARCHAL, "Le juge du provisoire et les règles de preuve", *Les mesures provisoires en droit belge, français et italien. Étude de droit comparé*... cit., pp. 155 ss., esp. pp. 158 a 160; J. NORMAND, "Le juge du provisoire et les règles de preuve", *Les mesures provisoires en droit belge, français et italien. Étude de droit comparé*... cit., pp. 175 ss., esp. pp. 176 e 177.

Devemos, em primeiro lugar, precisar algumas noções. Por "cognição sumária" a doutrina compreende o tipo de instrução em que o conhecimento dos factos, que nela são objecto, e as fontes de convencimento do juiz são menos "completas"[320], "menos aprofundadas" e mais aceleradas na procura da verdade, do que no tipo de instrução que podemos dizer normal. Não obstante o que afirmámos, também devemos reconhecer que a definição de cognição sumária por contraste, em absoluto, com o tipo de "cognição ordinária", "ou plena", não é integralmente aceite[321].

A cognição cautelar, como categoria que integra os "tipos de tutela com cognição sumária"[322], é uma cognição menos aprofundada e mais acelerada. Aliás, a cognição sumária, como já dissemos, pode ser uma técnica tanto ao serviço da economia processual como da urgência. E neste perspectiva, pode traduzir-se num instrumento de luta do direito processual contra o tempo e serve para evitar que a cognição normal possa tornar ineficiente a tutela ordinária.

Todavia, a cognição sumária *tout court* conduz a uma aceitação antecipada, total ou parcial, e revogável ou não, do pedido formulado na demanda de tutela, cujo deferimento o juiz só pode pronunciar se as provas apresentadas o convencerem do fundamento total ou parcial do pedido[323]. Todavia, nestes casos, e há exemplos variados nos diversos sistemas processuais, há uma valoração antecipada da causa, a que acresce a capacidade de tal decisão sumária *tout court* se transformar em definitiva, visto que, nesses mesmos sistemas onde está consagrada, não está sujeita ao regime da caducidade. Bem pelo contrário, se não for revogada num outro juízo posterior, pode adquirir estabilidade[324].

---

[320] E. A. DINI/MAMMONE, *I provvedimenti d'urgenza* ... cit., pp. 55 a 59, esp. nota 76.

[321] Assim, B. CAVALLONE, "Les mesures provisoires et les règles de preuve", *Les mesures provisoires en droit belge, français et italien. Étude de droit comparé*... cit., pp. 163 ss, esp. 164 e 165 e pp. 171 a 174; L. LANFRANCHI, "Procedimenti decisori sommari ... cit., pp. 4 ss.

[322] Neste sentido, por todos, L. MONTESANO, *Le tutele giurisdizionali dei diritti*, Bari, 1981, pp. 291 ss.

[323] Sobre esta questão, e sobre as variedades de antecipação e da possibilidade de tal antecipação ser revogável ou poder tornar-se estável, vd. L. LANFRANCHI, "Procedimenti decisori sommari ... cit., pp. 10 a 20.

[324] A este propósito, vd., por exemplo, L. LANFRANCHI, "Procedimenti decisori sommari ... cit., pp. 15 ss.; A. PROTO PISANI, "La tutela sommaria. (Note *de jure condito* e *de jure condendo* ... cit., p. 332; A. SALETTI, "Le système des mesures provisoires

Bem diversa é a "estrutura e a função" da cognição cautelar[325]. Nesta não há qualquer "decisão antecipada sobre a demanda", pois não há ainda acolhimento do pedido formulado na petição do processo principal (no qual vai ser realizada a cognição plena), mas há tão só o decretamento de uma medida protectora contra o prejuízo da demora desse processo (diferença bem visível no processo de arresto perante o processo principal)[326]. E, em segundo lugar, também a valoração do perigo é diversa, é feita pelo juiz e não pelo legislador. Verificada que seja esta condição, o juiz deve decretar a medida com base num *fumus boni iuris*. A decisão cautelar forma-se de modo distinto: a verificação do *periculum in mora* obriga a que o juiz sacrifique a exigência de justiça à exigência de fazer rápido, como diz CALAMANDREI[327], decretando a medida sem que a instrução lhe dê a certeza sobre a existência do direito acautelado, sendo suficiente a probabilidade.

E, neste contexto, vale dizer que esta valoração do juiz, não poderá mais ser considerada no sucessivo juízo de mérito, e este é um dado fundamental para distinguir a cognição cautelar da sumária não cautelar. A primeira cognição sofre, em termos de qualidade, de uma "insuperável insuficiência" perante a cognição de mérito, já que os factos dados como provados e os juízos formulados na causa cautelar não contam no processo principal. Ao contrário, a cognição sumária *tout court* tem "potencial suficiência" para substituir a cognição ordinária, já que a sua instrução apenas diverge desta em termos de "quantidade", porque é uma "cognição incompleta"[328].

---

en droit italien", *Les mesures provisoires en droit belge, français et italien* ... cit., pp. 64, 65 e 66; E. MERLIN, "La caducité et la rétractation des mesures provisoires", *Les mesures provisoires en droit belge, français et italien* ... cit., pp. 369 ss., esp. pp. 370 e 371.

[325] Expressão, exactamente, de L. MONTESANO, "Strumentalità e superficialità della cognizione cautelare ... cit., p. 310.

[326] L. MONTESANO, "Strumentalità e superficialità della cognizione cautelare ... cit., p. 310.

[327] L. MONTESANO, "Strumentalità e superficialità della cognizione cautelare ... cit., p. 311.

[328] A este propósito, e neste sentido, L. MONTESANO, "Strumentalità e superficialità della cognizione cautelare ... cit., p. 312; E. A. DINI/MAMMONE, *I provvedimenti d'urgenza* ... cit., pp. 46 e 47, esp. p. 47; F. TOMMASEO, *I provvedimenti d'urgenza* ... cit., p. 171. Em sentido diferente, A. PROTO PISANI, "Problemi della c.d. tutela giurisdizionale differenziata", *Appunti sulla giustizia civile* ... cit., pp. 211 ss., esp. pp. 246 ss.; "Per l'utilizzazione della tutela cautelare anche in funzione di economia processuale ... cit., pp. 8 ss.

Julgamos oportuno sintetizar algumas ideias, para depois concluir. Em primeiro lugar, configurámos o conceito clássico de *sumariedade* cautelar, cuja compreensão remete para os conceitos de "verosimilhança", "aparência" e "probabilidade", todos entendidos na perspectiva da instrumentalidade e da provisoriedade da decisão acautelar perante a eficácia da decisão final. Em segundo lugar, configurámos um conceito mais alargado de cognição sumária cautelar que se confunde com o da cognição sumária *tout court*, já que, no entender de alguma doutrina francesa e italiana, os conceitos de "verosimilhança", "aparência" são conceitos mais de ordem "psicológica" ou "empírica" do que jurídica, pois não pressupõem, como refere PROTO PISANI, a realização de uma instrução "menos fraca"[329]. E, neste último sentido, quando estão em causa medidas cautelares com estrutura antecipatória, e com conteúdo inovador, defendem alguns, que a cognição cautelar se identifica como "especial", perante a cognição sumária *tout court*, na medida em que na primeira vingam os juízos "de prudência" e "de ponderação de interesses"[330].

A terceira ideia a sintetizar é a de que, por "mais complicada e heterogénea" que seja a delimitação da cognição sumária *tout court*, nem, por isso, há razão para fingir que esta e a cognição cautelar são a mesma coisa[331].

Numa perspectiva, ao pretendermos realizar uma demarcação entre cognição sumária *tout court* e cognição cautelar, temos de previamente delimitar a cognição sumária perante a cognição normal "ou plena". Neste sentido, a decisão sumária pode ser o resultado de processos que disciplinam formas diferentes de cognição das que integram a "cognição plena": a) ser resultado de um processo em que a instrução é diferente da ordinária, e que dizemos que é sumária porque é relativamente pouco diferente da ordinária e, neste caso, poderia até justificar a formação de um juízo definitivo; b) ser

---

[329] Neste sentido, B. CAVALLONE, "Les mesures provisoires et les règles de preuve", *Les mesures provisoires en droit belge, français et italien. Étude de droit comparé...* cit., pp. 163 ss., esp. pp. 164 e 165 e pp. 171 a 174; L. MONTESANO, "Strumentalità e superficialità della cognizione cautelare ... cit., p. 313.

[330] Esta é a opinião de B. CAVALLONE, "Les mesures provisoires et les règles de preuve", *Les mesures provisoires en droit belge, français et italien. Étude de droit comparé...* cit., pp. 173 e 174.

[331] Cfr. B. CAVALLONE, "Les mesures provisoires et les règles de preuve", *Les mesures provisoires en droit belge, français et italien. Étude de droit comparé...* cit., pp. 163 ss, esp. pp. 164 e 165 e pp. 171 a 174; L. LANFRANCHI, "Procedimenti decisori sommari ... cit., pp. 4 ss.

resultado de um processo em que a instrução sumária dependeu de limites à admissibilidade de prova, mais reduzida que a permitida para a cognição ordinária; c) ser resultado de uma instrução somente "embrionária" ou ser decretada *in limine litis,* com base na prova que acompanha a demanda, por exemplo, ou que é produzida de imediato com a entrega da demanda; d) ser resultado do processo em que a decisão surge em qualquer momento do processo de cognição ordinária com base na instrução já realizada até ao momento no processo, sendo suficiente para que o juiz decida antecipada e sumariamente; e) ou, ainda, ser resultado do processo em que a decisão surge da valoração de "informações sumárias", como a de audição informal de uma testemunha, ou da falta de defesa ou da ausência de contestação de uma das partes no processo[332].

Mas se a cognição sumária se distingue da "cognição plena", ela também é distinta, qualitativamente, da cognição cautelar. A cautelar, pese embora ser realizada num processo acessório, é autónoma perante a cognição realizada no processo principal ordinário. E, porque incide sobre um *thema probandum* distinto, não tem pretensão nem para substituir nem para ser confirmada pela cognição do processo principal. Ela tão só visa acautelar o efeito útil da posterior cognição ordinária. Havendo, portanto, autonomia funcional e estrutural, já que o juiz da causa não estará "preso" nem à interpretação, nem à valoração que o juiz cautelar fez da prova na causa cautelar[333], a apreciação do mérito cautelar "tem valor de caso julgado" tanto como decisão quanto ao apuramento da existência das condições tidas como necessárias e suficientes para conceder a medida, como em relação à declaração da existência do direito[334].

---

[332] Sobre esta questão, vd. L. MONTESANO, "Strumentalità e superficialità della cognizione cautelare ... cit., pp. 309 e ss., esp. pp. 310 e 311; cfr. B. CAVALLONE, "Les mesures provisoires et les règles de preuve", *Les mesures provisoires en droit belge, français et italien. Étude de droit comparé...* cit., pp. 163 ss, esp. 164 e 165 e pp. 171 a 174; L. LANFRANCHI, "Procedimenti decisori sommari ... cit., pp. 10 a 20.

[333] Vd. G. CLOSSET-MARCHAL, "Le juge du provisoire et les règles de preuve", *Les mesures provisoires en droit belge, français et italien. Étude de droit comparé ...* cit., pp. 159 e 160; J. NORMAND, "Le juge du provisoire et les règles de preuve", *Les mesures provisoires en droit belge, français et italien. Étude de droit comparé...* cit., pp. 155 ss., esp. p. 176.

[334] Neste sentido, P. CALAMANDREI, *Introduzione allo studio sistematico ...* cit., pp. 62 ss.; F. TOMMASEO, *I provvedimenti d'urgenza ...* cit., p. 176. A este propósito,

E se regressarmos à terminologia da doutrina clássica, recordando a característica da instrumentalidade hipotética, no processo cautelar a declaração da existência do direito feita sob a forma de cognição sumária tem um valor apenas "hipotético", já que somente quando se dita a decisão principal se poderá ver se a hipótese corresponde à realidade. A *sumariedade* cautelar, assente num juízo de probabilidade, é consequência da natureza instrumental da decisão cautelar perante a decisão principal, pois "no dia em que a existência do direito não for já uma hipótese, mas uma certeza jurídica, a providência cautelar esgotará a sua função"[335]. A probabilidade só será confirmada em sede de processo longo, mas o processo principal não vem "convalidar" a decisão cautelar – o que aconteceria se ela fosse sumária em sentido restrito –, a decisão deste processo vem apenas "encerrar um ciclo"[336].

4. As condições de procedência da tutela cautelar.
O *periculum in mora*, de infrutuosidade e de retardamento, e o *fumus boni iuris*

Não obstante a variação terminológica[337], podemos eleger como sendo duas as condições de procedência da acção cautelar comumente reconhecidas

---

para mais considerações, vd. F. MARELLI, "La stabilità dei provvedimenti cautelari ... cit., pp. 761 ss.

[335] Esta instrumentalidade da tutela cautelar face à tutela principal revela-se mesmo neste momento. Como refere P. CALAMANDREI "a vida da providência cautelar está em todos os casos fatalmente ligada à emanação de uma providência principal". Se esta declara que o direito não existe, então a medida cautelar desaparece porque a aparência em que a mesma se baseava manifesta-se como ilusória. Se pelo contrário declara que o direito existe, a medida cautelar não pode senão dar lugar aos efeitos definitivos produzidos pela sentença principal. Vd. *Introduzione allo studio sistematico* ... cit., pp. 61 a 64.

[336] P. CALAMANDREI, *Introduzione allo studio sistematico* ... cit., p. 64.

[337] Pensamos que quando na generalidade a doutrina do processo civil recorre às expressões "condição da acção", "requisitos", "pressupostos", "mérito da acção", "características", *periculum in mora* e o *fumus boni iuris*, a "aparência de um direito" e "o perigo de insatisfação desse direito aparente", se quer referir, como diz J. ALBERTO DOS REIS, "aos requisitos de que depende a emissão da providência cautelar". Vd., a este propósito, "A figura do processo cautelar ... cit., p. 27.

pela doutrina do processo, e, na generalidade, previstas nos diversos sistemas processuais[338].

A doutrina clássica identifica a "existência provável do direito" e o "perigo de não satisfação do direito aparente"[339] como sendo as condições de procedência da tutela cautelar, fazendo-lhes corresponder os vocábulos latinos de *periculum in mora* e de *fumus boni iuris*. Obviamente, estas condições são distintas das do processo principal, já que entre um e outro não há identidade de objectos; no processo principal o objecto é a própria situação que é acautelada ou tutelada pela decisão a proferir no processo cautelar[340].

Relacionado com a apreciação das condições de procedência está o juízo de avaliação de conveniência da medida, que pressupõe a ponderação. Quanto ao tipo de ponderação, todavia, devemos dizer que "este juízo de

---

[338] Assim, por exemplo, no sistema processual alemão, o decretamento das *einstweiligen Verfügungen* depende do *Verfügungsanspruch*, provável existência do direito do requerente, e do *Verfügungsgrund*, fundamento na necessidade de se afastar o prejuízo que se receia. Quanto ao decretamento da "Befriedigungsverfügung", a doutrina acrescenta o *Interessenabwägung*, ou balanço de interesses. Funciona, quanto às primeiras, em termos de prova, a mera justificação (*Glaubhaftmachung*), devendo ser acreditados em termos de verosimilitude, após a realização de um exame sumário. Sobre esta questão, para mais desenvolvimentos sobre as variações na sua apreciação, conforme se esteja a falar do "Arrest" ou da "Sicherungsverfügung" ou da "Befriedigungsverfügung", vd. W.-WALKER, *Der einstweilige Rechtsschutz im Zivilprozeß* ... cit., pp. 147 ss.; H. DUNKL, "Arrest und einstweilige Verfügung", *Handbuch des Vorläufigen Rechtsschutzes* ... cit., ns. ms. 495 a 514, pp. 120 a 130; R. CAPONI, "La tutela cautelare nel processo civile tedesco ... cit., pp. 31 e 32. No processo administrativo a terminologia é semelhante: *Anordnungsgrund* e *Anordnugspruch* (e, eventualmente, com carácter complementar o *Interessenabwägung*). A este propósito, vd. F. F. SCHOCH/SCHMITT-ASSMAN/PIETZNER, *Verwaltungsgerichtsordnung* ... cit., ns. ms. 62, 63 e 64, pp. 22 ss.; W. SCHMITT GLAESER, *Verwaltungsprozeßrecht*, ... cit., n. m. 320, pp. 203 e 204.

[339] Nestes sentido, P. CALAMANDREI (*Introduzione allo studio sistematico* ... cit., p. 63) enumera como condições de procedência da tutela cautelar a "aparência de um direito" ("apparenza di un diritto" – e "o perigo de insatisfação do direito aparente" – "pericolo di insoddisfazione del diritto apparente"). E igualmente, no mesmo sentido, J. ALBERTO DOS REIS, "A figura do processo cautelar ... cit., p. 27.

[340] Neste sentido, M. TEIXEIRA DE SOUSA (*Estudos sobre o Novo Processo Civil* ... cit., p. 232) defende que "na acção principal há que apreciar os factos constitutivos da situação jurídica alegada", já que "no procedimento cautelar importa averiguar os fundamentos da necessidade da composição provisória, através do decretamento da garantia, da regulação transitória ou da antecipação da tutela".

prudência" pode ter diferentes configurações, podendo revelar-se em momentos diferentes do processo cautelar – como no momento da decisão de decretamento da medida e no da cognição do mérito da acção cautelar[341], no da modificação ou revogação da medida decretada e como, também, por exemplo, no momento de decidir da necessidade de o requerente prestar caução – e, podendo ser de iniciativa jurisprudencial ou legal.

A questão relativa à "ponderação" envolve alguma problemática, já que quando esta é fixada como condição de procedência do processo cautelar, tal como actualmente se consagra nos sistemas civil português[342] e no administrativo espanhol[343], pode assumir o papel de condição central de decretamento. E tal acontecerá se esta condição for disciplinada como condição cumulativa, que se concretiza num balanço de interesses no qual é apurado o "excesso de danos" resultantes do decretamento da medida para a contraparte. Esta condição, como se vê, porque pode valer como condição negativa de procedência do processo cautelar e, por isso, como condição central que anula o juízo favorável ao decretamento da medida solicitada decorrente do preenchimento das demais condições de procedência, é em alguns sistemas reservado para as medidas com natureza antecipatória, como sejam o *référé-provision* e as *einstweiligen Verfügungen*, principalmente, a de prestação, nas quais a ponderação se justifica duplamente. Por um lado, é o princípio da prudência que proíbe que se exponha a contraparte a riscos desproporcionais, entre os quais se conta a possibilidade de se criarem situações de factos consumados, infundadamente. Por outro lado, a concretização da ética do processo cautelar, que permite o sacrifício do improvável ao provável, exige que perante algumas composições provisórias, o aprofundamento da cognição sumária

---

[341] Esta é a opinião de B. CAVALLONE, "Les mesures provisoires et les règles de preuve", *Les mesures provisoires en droit belge, français et italien. Étude de droit comparé...* cit., pp. 173 e 174.

[342] Por exemplo, no sistema processual civil português, as condições de procedência da decisão a proferir no processo cautelar comum são, nos termos do art. 387º, n.º 1 e n.º 2 : a) a probabilidade séria sobre a existência do direito e b) o fundado o receio da sua violação; c) a providência pode, não obstante, ser recusada pelo tribunal, quando o prejuízo dela resultante para o requerido, exceda consideravelmente o dano que com ela o requerente pretende evitar.

[343] A este propósito vd., nomeadamente, quanto ao fundamento da ponderação de todos os interesses em causa (da contraparte e de terceiros), a *Exposición de motivos* da LJCA espanhola, de 13 de Julho de 1998.

cautelar seja acompanhada pela ponderação de interesses, de tal modo que quanto maiores são os riscos para os interesses das partes, de existir uma solução antecipada errada, mais intensa deve ser a cognição cautelar[344].

4.1. O *periculum in mora* de infrutuosidade e *periculum in mora* de retardamento

Após ter examinado superficialmente o mérito da causa cautelar, o juiz só pode decretar a providência requerida se, depois de formulado um juízo de verosimilhança, aliás, próximo da certeza, considerar existente o perigo ou a ameaça de ser causado um prejuízo ao *quid* (direito) sob que incide o processo principal, enquanto este demora nos seus termos. Esta é a condição do *periculum in mora*, resultante do desenrolar do processo principal para um direito aparente.

Só se justifica, portanto, que o juiz cautelar intervenha sobre o objecto da causa principal, designadamente, se estivermos, aqui, a referirmo-nos às medidas cautelares com estrutura antecipatória, se se configurar uma situação de urgência provocada pela ameaça de prejuízos que são de molde a anular esse objecto, o que provocaria, claro está, a inutilidade da sentença final por falta de objecto. Esta situação de urgência identifica-se com o *periculum in mora*.

Como em outro lugar distinguimos as diversas situações de urgência, queremos neste momento confirmar, recorrendo ao ensinamento de CALAMANDREI, que não deve identificar-se o *periculum in mora*, que é condição típica e distintiva das providências cautelares, "com o perigo genérico de dano jurídico em vista do qual, em certos casos, a tutela jurisdicional ordinária pode assumir carácter preventivo"[345]. Não podemos confundir tutela

---

[344] A este propósito, e neste sentido, vd. L. DU CASTILLON, "Les pouvoirs, au provisoire, du juge des référés: déraison de la mesure ou mesure de la raison", *Les mesures provisoires en droit belge, français et italien. Étude de droit comparé* ... cit., pp. 32, 33, 37 e 39; G. ARIETA, "Comunicazione", *Les mesures provisoires en procédure civile* ... cit., pp. 269 a 273; F. TOMMASEO, "Intervento", *Les mesures provisoires en procédure civile* ... cit., p. 307.

[345] Assim, P. CALAMANDREI, *Introduzione allo studio sistematico* ... cit., pp. 15 ss. Cfr. F. TOMMASEO, *I Provvedimenti d'urgenza* ... cit., p. 133.

preventiva com tutela cautelar, já que há entre elas, com certeza, "uma relação de género e espécie"[346]. Aliás, em certos casos, os sistemas jurídicos consagram (e devem consagrar, pelo menos perante determinados tipos de direitos, como os de personalidade, ou os qualificados como direitos, liberdades e garantias) formas de tutela preventiva, enquanto meios de protecção para reagir "antes do direito ser efectivamente lesionado", que têm como objectivo antecipar a protecção para situações em que "a lesão se anuncia como próxima ou possível". Nestes casos, portanto, a tutela jurisdicional, em vez de actuar *a posteriori* do dano, actua *a priori* perante a ameaça de lesão[347].

Reconhecendo que a tutela preventiva é oposta à tutela repressiva, isto somente não é suficiente para qualificar a situação de *periculum in mora*, ou de urgência *tout court* (respectivamente, enquanto condição típica de procedência do processo cautelar, ou do processo de *référé* francês[348] e belga[349]). Em síntese, nem toda a tutela preventiva é tutela cautelar.

A situação de *periculum in mora* pressupõe um outro conceito, que é o da urgência em sentido amplo. Porque a necessidade de evitar a concretização da ameaça de um prejuízo para o direito, ou de evitar um perigo de dano, tem de ser rapidamente acudida, pois, em alguns casos, só dessa forma, a eficácia preventiva de uma providência não ficará diminuída, ao conceito de prevenção devemos acrescentar o de celeridade. Ora, nestes casos, referimo-nos a uma "tutela preventiva de urgência" e não a tutela cautelar, ainda. É que existem, como já vimos, "processos e providências de urgência que não têm

---

[346] P. CALAMANDREI, *Introduzione allo studio sistematico* ... cit., pp. 15 ss.

[347] Neste sentido, vejam-se as acções de prevenção contra o dano (art. 1346.º do CC) e as acções que, em específico, tutelam direitos de personalidade (art. 70.º do CC e art. 1474.º do CPC).

[348] Neste sentido, no respeitante ao sistema processual civil dos *référés*, para maiores desenvolvimentos, P. ESTOUP, *La Pratique des Procédures Rapides* ... cit., pp. 72 a 75; R. PERROT, "Les mesures provisoires en droit français", *Les mesures provisoires en procédure civile* ... cit., esp. pp. 154 a 159; J. NORMAND, "Les mesures provisoires en droit français. Les fonctions des référés", *Les mesures provisoires en droit belge, français et italien. Étude de droit comparé*... cit., esp. pp. 76 a 83.

[349] Neste sentido, G. DEMEZ/C. PANIER, "L'autonomie du référé", *Les mesures provisoires en droit belge, français et italien. Étude de droit comparé* ... cit., pp. 46 ss.; J. V. COMPERNOLLE, "Les mesures provisoires en droit belge. Introduction générale", *Les mesures provisoires en droit belge, français et italien. Étude de droit comparé*... cit., p. 6 ss. esp. pp. 12 ss.

carácter ou natureza cautelar", aliás como refere CALAMANDREI[350]. Na verdade, invocando novamente o seu pensamento, uma das formas de tutelar de modo rápido ou célere é, "em vez de decretar uma medida cautelar, reduzir o processo ordinário de cognição ou de execução" e atingir, por conseguinte, "uma aceleração da providência definitiva"[351].

A tutela jurisdicional a proferir num processo pode ter, efectivamente, um carácter preventivo e este pode até desenrolar-se com carácter de urgência, mas isto não faz dele um processo cautelar. Para que nos possamos deparar com tutela jurisdicional cautelar é necessário juntar a estes elementos, prevenção e urgência, um outro, que respeita à situação de *periculum in mora*. É necessário que, para evitar oportunamente o perigo de dano resultante para um direito, se configure a incapacidade do processo de cognição plena para compor definitivamente a relação controvertida relativa a esse direito. E é necessário também que, para além do processo longo de cognição plena incapaz, se configure o perigo de perda, ou a ameaça de prejuízo, para o objecto ou para o *quid* sob que versa esse processo principal *incapaz*[352]. Perigo de perda ou ameaça de prejuízos que são provocados, claro está, por acção dos efeitos negativos do tempo que vai passando, sobre o *quid* que é objecto da causa principal, enquanto para ele se aguarda a decisão definitiva. São os efeitos nefastos do tempo normal do desenrolar das fases do processo principal que configuram a situação de urgência (*tout court*) ou de *periculum in mora*.

Em síntese, o *periculum in mora*, que constitui a condição típica e existencial das medidas cautelares, não é, pois, "um perigo genérico de dano jurídico"[353]. É um "perigo de ulterior dano marginal que pode derivar do atra-

---

[350] Neste sentido, P. CALAMANDREI, *Introduzione allo studio sistematico* ... cit., p. 16.

[351] Todo o raciocínio desenvolvido no texto é orientado por P. CALAMANDREI, *Introduzione allo studio sistematico* ... cit. p. 17.

[352] Utilizámos no texto a expressão incapaz, na perspectiva em que, seguindo o pensamento de CALAMANDREI, consideramos que "é a impossibilidade prática de acelerar o decretamento da decisão definitiva que faz surgir o interesse na decisão provisória". E, igualmente defendemos, aderindo à posição de CALAMANDREI, que "é a demora da decisão definitiva, considerada em si mesma como causa do ulterior dano, que se visa evitar" pelo decretamento de uma medida que, antecipando provisoriamente os efeitos da providência definitiva, anula o prejuízo da demora do processo. Vd. P. CALAMANDREI, *Introduzione allo studio sistematico* ... cit., pp. 18 ss.

[353] Neste sentido, citamos a expressão de E. FINZI ("Questioni controverse in tema di esecuzione provvisoria", *Rivista di Diritto Processuale*, 1926, p. 50) que é retomada

so da decisão definitiva, resultante da inevitável lentidão do processo ordinário"[354].

Tivemos oportunidade de mencionar que o *periculum in mora* é a origem da existência da tutela cautelar. O *periculum in mora* é, em primeira instância, a verdadeira causa ou fundamento que autoriza a adopção de qualquer medida cautelar, contudo, o legislador pode graduar ou qualificar o tipo de *periculum in mora* que merece protecção[355]. Pode permitir[356] que tenham relevância no processo cautelar não somente a ameaça de perda definitiva do *quid* da causa principal, mas também que os prejuízos que

---

por P. CALAMANDREI (*Introduzione allo studio sistematico* ... cit., pp. 15 e 18) e, mais recentemente, pela doutrina italiana em geral. Vd., por todos, G. TARZIA, "La tutela cautelare ... cit., pp. XVII e A. PROTO PISANI, *La nuova disciplina del processo civile* ... cit., pp. 303 ss.

[354] Em conclusão, P. CALAMANDREI apresenta três passos para apreciar o *periculum in mora*: 1) que a tutela cautelar se requeira como meio para prevenir um perigo de dano jurídico – isto é, um dano somente temido. 2) que por causa da iminência do perigo a acção tenha um carácter urgente – que seja de prever que, se a mesma demorasse, o dano temido se transformaria em dano efectivo ou se agravaria o dano iniciado, de tal modo que a eficácia preventiva da providência resultaria praticamente anulada ou diminuída. 3) que aos requisitos de prevenção e urgência se adicione um terceiro (mais característico) que se traduz na necessidade de fazer frente ao perigo de dano que ameaça o direito no *interim*, isto é, enquanto se aguarda o resultado final do processo. Vd. P. CALAMANDREI, *Introduzione allo studio sistematico* ... cit., pp. 18 ss.

[355] Neste sentido, M. TEIXEIRA DE SOUSA (*Estudos sobre o Novo Processo Civil* ... cit., p. 232) considera que a necessidade de composição provisória decorre do prejuízo que a demora na decisão da causa ou demora na composição definitiva provocaria na parte cuja situação jurídica merece ser acautelada ou tutelada. A. S. ABRANTES GERALDES ("O procedimento cautelar comum ... cit., p. 42) destaca também o *periculum in mora*, que se traduz para o autor no perigo que surge ou pode surgir para um direito da inevitável demora de um processo jurisdicional.

[356] Esta é a posição da jurisprudência civil ao considerar que "só lesões graves e dificilmente reparáveis têm virtualidade de permitir ao tribunal, mediante iniciativa do interessado, a tomada de uma decisão que o coloque a coberto da previsível lesão", vd. Ac. da Rel. de Évora de 13.06.1991, in BMJ 408/673 e Ac. do STJ de 29.11.1988, in BMJ 381/615; Ac. da Rel. de Lisboa, de 19/2/87, in CJ, t. I, p. 141, onde, na ponderação no decretamento de uma providência destinada a fazer cessar uma situação ruidosa provocada pelos ensaios de uma orquestra, se atendeu à especial sensibilidade do lesado e não ao padrão do homem médio.

o afectem sejam graves e objectivamente sérios[357]. De qualquer modo, o *periculum in mora* é, por regra, e deve ser, valorado num perfil funcional, considerado em função da efectividade da sentença de mérito do processo principal assegurado.

Em todo o caso, a confirmação do *periculum in mora* é, verdadeiramente, um elemento constitutivo da providência requerida, pelo que a sua inexistência obsta ao decretamento daquela, como refere ADELINO DA PALMA CARLOS[358].

Devemos neste momento considerar, num outro perfil, a compreensão que a doutrina clássica italiana do processo civil tem do conceito de *periculum in mora* e que integra quer o *periculum in mora* de infrutuosidade, quer o de retardamento[359].

No primeiro caso, o conceito inclui o "pericolo nel ritardo", que é o prejuízo de não fruir utilmente a decisão definitiva. O *periculum de infruttuosità*, como distingue CALAMANDREI, é o prejuízo que poderá sofrer o credor, enquanto aguarda que num processo declarativo demorado o devedor seja condenado no pagamento de uma quantia ou na entrega de uma coisa, e que

---

[357] A apreciação é, por regra, deixada para o juiz, já que o legislador, nos vários sistemas, consagra um regime de cláusulas abertas pelo recurso aos conceitos imprecisos e indeterminados: tal como em Espanha se faz depender o decretamento da tutela cautelar da verificação de "danos de imposible o difícil reparación", em França de "préjudice grave et irréparable", em Itália de "danno grave e irreparabile" e em Portugal da "lesão grave e dificilmente reparável".

[358] ADELINO DA PALMA CARLOS, "Procedimentos cautelares antecipadores ... cit., p. 240 e p. 244. No mesmo sentido, quanto à posição da doutrina portuguesa, pese embora existir alguma variação terminológica, vd. L. P. MOITINHO DE ALMEIDA, *Providências cautelares não especificadas* ... cit., p. 22; J. ALBERTOS DOS REIS, "A figura do processo cautelar ... cit., p. 57; M. TEIXEIRA DE SOUSA, *Estudos sobre o Novo Processo Civil* ... cit., pp. 231, 232 e 233; A. S. ABRANTES GERALDES, "Procedimento cautelar comum ... cit., pp. 87 e 88.

[359] Esta distinção é já clássica e remonta a P. CALAMANDREI, *Introduzione allo studio sistematico* ... cit., pp. 56 ss. A doutrina italiana mais recente, não só a do processo civil como a do processo administrativo, acolheu esta distinção. Vd., por exemplo, F. TOMMASEO, *I provvedimenti d'urgenza* ... cit., pp. 134 ss.; G. TARZIA, "La tutela cautelar ... cit., p. XXVI; A. SALETTI, "Le système des mesures provisoires en droit italien", *Les mesures provisoires en droit belge, français et italien. Étude de droit comparé* ... cit., pp. 60 a 63; M. ANDREIS, *Tutela sommaria e tutella cautelare nel processo amministrativo* ... cit., pp. 77 ss.

poderá resultar das próprias condutas fraudulentas e de má fé do devedor. Perante a ameaça de ser impossível executar a sentença condenatória, porque, por exemplo, o devedor ameaça dissipar todo o seu património, a protecção cautelar tem uma finalidade de garantia, traduzida em assegurar a permanência de bens do credor ou em cristalizar uma dada situação de direito, ou de facto, até que seja proferida a sentença final[360].

Já de outro tipo é o "prejuízo de retardamento". Neste considera-se o tipo de efeitos negativos que são resultantes do estado de insatisfação do direito, durante o tempo em que se aguarda o desfecho do processo. O "pericolo del ritardo", como lhe chama a doutrina italiana, resulta para o demandante da satisfação tardia do direito, por causa da demora na composição da lide. Perante este tipo de prejuízo, a tutela cautelar tem como função solucionar interina e antecipadamente a lide. É o prejuízo de retardamento, por exemplo, aquele que ameaça o credor de alimentos, já que enquanto aguarda a condenação na prestação de alimentos definitivos, pode correr o risco de definhar.

Em síntese, deste duplo tipo de prejuízos resulta a dupla função cautelar, a asseguradora, incluindo a de simples garantia, e a que realiza a satisfação interina do direito ameaçado, já que, explicando melhor, se perante o *periculum de infruttuosità* a tutela cautelar tem fundamentalmente uma "função cristalizadora", de protecção do *status quo ante*, já perante o *periculum de tardività*, a função cautelar é outra[361]: é a de se intrometer na causa e antecipar para o seu objecto uma solução provisória de direito[362].

---

[360] Em outros sistemas, não obstante não serem utilizados os mesmos vocábulos, também se faz uma distinção idêntica quanto às situações de urgência *tout court*. E a cada uma das situações correspondem diversas medidas, de arresto, de asseguramento ou de antecipação. Vd., neste sentido, R. PERROT, "Les mesures provisoires en droit français", *Les mesures provisoires en procédure civile* ... cit., pp. 154 a 165; J. NORMAND, "Les mesures provisoires en droit français. Les fonctions des référés", *Les mesures provisoires en droit belge, français et italien. Étude de droit comparé*... cit., pp. 76 a 86; J. V. COMPERNOLLE, "Les mesures provisoires en droit belge. Introduction générale", *Les mesures provisoires en droit belge, français et italien. Étude de droit comparé*... cit., pp. 12 ss.

[361] Também neste sentido, quanto à posição da doutrina espanhola, vd., por todos, M. P. CALDERÓN CUADRADO, *Las Medidas Indeterminadas en el Proceso Civil* ... cit., pp. 33 ss.; M. ÁNGELES JOVÉ, *Medidas Innominadas en el Proceso Civil* ... cit., pp. 30 a 34; S. BARONA VILAR, "proceso cautelar", *El nuevo proceso civil* (Ley 1/2000) ... cit., pp. 742 a 743.

[362] E igualmente neste sentido, quanto à posição da doutrina alemã que sustenta esta dupla função das ordens provisórias e a sua dupla forma de actuação, R. CAPONI, "La tutela cautelare nel processo civile tedesco ... cit., pp. 33 ss.; W. J. HABSCHEID, "Les

E devemos também dizer que, quanto à estrutura da protecção jurisdicional cautelar, é em face do prejuízo provocado pela insatisfação do direito que esta actua através da técnica da antecipação. Com excepção das decisões cautelares que têm natureza de simples garantia, maxime, a de arresto, as demais decisões têm perante a decisão da causa principal uma estrutura antecipatória, já que o seu conteúdo produz efeitos de natureza asseguradora ou ampliadora do *status quo*, dependendo do conteúdo antecipado da sentença de fundo[363].

4.2. O *fumus boni iuris*

Em harmonia com o tipo de cognição sumária cautelar, a outra condição de procedência do processo cautelar é a aparência do direito acautelado. E, igualmente, esta condição vai de encontro à característica da instrumentalidade da tutela cautelar, visto que não seria compatível com a sua função a exigência de certeza quanto à existência do direito alegado, nem a existência de uma sua prova *stricto sensu*[364].

Para além da ameaça de dano, como dissemos já, é condição de procedência da decisão cautelar a provável existência do direito alegado, já que a *plena cognitio*, relativamente à existência do direito, se torna incompatível tanto com a celeridade do processo cautelar, como com a função do processo, uma vez que o objectivo deste é assegurar o direito provável e não declará-lo

---

mesures provisoires en procédure civile: droits allemand et suisse", *Les mesures provisoires en procédure civile* ... cit., pp. 33 ss.; ; W.-WALKER, *Der einstweilige Rechtsschutz im Zivilprozeß* ... cit., esp. ns. ms. 62 a 73, pp. 51 a 60 e ns. ms. 62 a 69, pp. 62 a 68; H. DUNKL, "Arrest und einstweilige Verfügung", *Handbuch des Vorläufigen Rechtsschutzes* ... cit., ns. ms. 505 ss., pp. 126 ss.; F. MATSCHER, "Les mesures provisoires en droit de procédure civile autrichien", *Les mesures provisoires en procédure civile* ... cit., pp. 87 ss.; e principalmente, F. SCHOCH, "Grundfragen des verwaltungsgerichtlichen vorläufigen Rechtsschutzes ... cit., pp. 159 ss.

[363] Por todos vd., M. ANDREIS, *Tutela sommaria e tutella cautelare nel processo amministrativo* ... cit., pp. 77 ss; E. A. DINI/MAMMONE, *I provvedimenti d'urgenza* ... cit., pp. 46 e 47, esp. p. 47; F. TOMMASEO, *I provvedimenti d'urgenza* ... cit., p. 171.

[364] Neste sentido, M. TEIXEIRA DE SOUSA, *Estudos sobre o Novo Processo Civil* ... cit., p. 233.

como existente[365]. Como esse direito será objecto de um cognição profunda no processo de cognição principal, faz apenas sentido que, aos olhos do juiz cautelar, ele pareça como existente, apenas hipoteticamente[366].

A doutrina portuguesa do processo civil, por inspiração na italiana, considera também que o *fumus boni iuris*, ou "aparência de realidade do direito invocado", é um requisito para o deferimento da medida cautelar. E neste sentido, o juiz, antes de decretar a providência, deve considerar como acreditada a probabilidade do direito "através da realização de um exame e instrução perfunctórios"[367]. Assim, por outras palavras, no entender da doutrina portuguesa, para que haja o decretamento de uma providência cautelar exige-se apenas a prova sumária de que a situação jurídica alegada é provável ou verosímil, deixando para o processo principal a confirmação da probabilidade[368].

Em síntese, quanto ao grau de prova, a condição da aparência do direito requer uma mera justificação, ou uma suficiente "motivação", como refere TOMMASEO. Todavia, não deve entender-se do exposto que se deseje entregar ao juiz alguma discricionariedade no respeitante à apreciação desta condição[369]. Quando se comprova que existe ou pode existir o *periculum in mora* para o direito de quem o solicita, desde que seja provável que esse direito venha a ser confirmado no processo principal, não se coaduna com a natureza e a função da tutela cautelar que ao juiz seja atribuída qualquer margem de discricionariedade quanto a decretar ou não decretar a medida[370].

---

[365] Assim, por todos, neste sentido, P. CALAMANDREI, *Introduzione allo studio sistematico* ... cit., pp. 63 ss.; E. A. DINI/G. MAMMONE, *I provvedimenti d'urgenza* ... cit., pp. 32 ss.; R. CAPONI, "La tutela cautelare nel processo civile tedesco ... cit., pp. 31 e 32, pp. 39 e 40.

[366] Seguindo, em particular a ideia de CALAMANDREI, *Introduzione allo studio sistematico* ... cit., pp. 63 ss. esp. p. 72 (onde o autor recorre à metáfora do paciente e do médico. O médico chamado de urgência a intervir e suspeitando do tipo de mal do doente – que exige imediata intervenção – não pode correr o risco de perder o seu paciente pela necessidade de lhe fazer exames prolongados que confirmem o diagnóstico. A sua actuação de urgência terá de se basear na hipótese, ainda que depois de salvar o doente, realizados exames mais aprofundados, não venha a confirmar o diagnóstico hipotético).

[367] ADELINO DA PALMA CARLOS, "Procedimentos cautelares antecipadores ... cit., p. 240.

[368] P. CALAMANDREI, *Introduzione allo studio sistematico* ... cit., pp. 59 e 60.

[369] Neste sentido, M. TEIXEIRA DE SOUSA (*Estudos sobre o Novo Processo Civil* ... cit., p. 234) refere que "se esse *fumus boni iuris* se encontrar provado, o tribunal deve decretar a providência; se isso não suceder, o tribunal não a pode decretar".

[370] Vd., no mesmo sentido, F. SCHOCH, *Verwaltungsgerichtsordnung*... cit., n.m. 151, p. 69 e n.m. 64, pp. 28 e 29.

Perante a tutela cautelar com estrutura antecipatória tem vindo a defender-se a comprovação de um *fumus boni iuris* mais qualificado, na medida em que, existindo riscos de antecipação definitiva, o juiz cautelar deve antecipar a apreciação do mérito da causa de forma a evitar decisões antecipadas erradas. E, com certeza, a antecipação da apreciação do fundo da causa, que seria suposto que não acontecesse, tem vindo a ser proposta, de modo crescente, pela doutrina, pelo menos no que respeita ao *référé-provision* (francês) [371], ao *référé* belga pelo qual é emitida uma *allocation d'une provision*[372] e à *Befriedigungsverfügung* alemã[373]. E, de um modo geral, podemos afirmar que os tribunais também têm vindo a atenuar o grau de sumariedade na apreciação desta condição, e nesse sentido têm vindo a realizar um aprofundamento da cognição sobre este pressuposto, pese embora a existência dos princípios, francês e alemão, que proíbem a antecipação da causa[374].

5. Conteúdo e limites da tutela cautelar

No contexto do conteúdo e dos limites da tutela cautelar, como em nenhum outro, a terminologia varia com mais intensidade e são menores as posições consensuais da doutrina. Esta tem vindo a defender que, quanto ao conteúdo da tutela cautelar, se podem identificar medidas asseguradoras ou antecipatórias, medidas com conteúdo ("ou teor") conservativo ou antecipatório e, numa outra perspectiva, medidas cuja finalidade é preventiva ou conservatória, é de garantia, de regulação provisória da lide e antecipa-

---

[371] P. ESTOUP, *Le Pratique des Procedures Rapides* ... cit., pp. 75 a 80.

[372] Neste contexto, vd. J. VAN COMPERNOLLE, "Les mesures provisoires en droit belge", *Les mesures provisoires en procédure civile* ... cit., pp. 227 e 228.

[373] A este propósito, vd. W. J. HABSCHEID, "Les mesures provisoires en procédure civile: droits allemand et suisse", *Les mesures provisoires en procédure civile* ... cit., pp. 47 a 48.

[374] Vd. K. FINKELNBURG/K. P. JANK (*Vorläufiger Rechtsschutz im Verwaltungsstreitverfahren* ... cit., ns. ms. 144 ss., pp. 65 ss e ns. ms. 160 a 164, pp. 74 a 76, ns. ms. 173 ss., pp. 81 ss.; esp. n. m. 216, pp. 103 e 104), a propósito da atitude jurisprudencial na apreciação dos tipos de urgência no contencioso administrativo alemão, existindo ou não antecipação e configurando a necessidade de apreciação antecipada da causa, exigindo-se uma "qualificada probabilidade de sucesso na causa principal".

tória[375]. E a doutrina não tem também uma posição uniforme quanto à compreensão dos limites da tutela cautelar.

Segundo pensamos, o entendimento do conteúdo da tutela cautelar deve, em primeiro lugar, partir logicamente do reconhecimento do duplo tipo de *periculum in mora*. Em segundo lugar, cremos que o conteúdo da decisão cautelar pode ser melhor compreendido à luz das perspectivas funcional e estrutural.

Num primeiro sentido, de teor clássico, que atende ao perfil teleológico da medida, julgamos que, na globalidade, uma medida cautelar pode ter duas funções: garantir a permanência de um *status quo* ou alterar interinamente um determinado *status quo* (provocando a composição provisória da lide).

Por outras palavras, segundo o que julgamos bem, aderindo ao pensamento de CALAMANDREI, porque é a "natureza do *periculum in mora*", de infrutuosidade ou de retardamento, que determina o conteúdo da providência, certa medida cautelar pode ter como função evitar a modificação do *status quo* inicial, tendo, nestes casos, uma função asseguradora[376]. E pode pretender, exactamente, pelo contrário, causar essa alteração ou ampliação no *status quo* inicial, e, neste caso, a medida terá como função definir interinamente a lide[377].

---

[375] Neste sentido, quanto à terminologia da doutrina portuguesa, vd. J. ALBERTO DOS REIS, "A figura do processo cautelar ... cit., pp. 21 a 24; ADELINO DA PALMA CARLOS, "Procedimentos cautelares antecipadores ... cit., pp. 236 ss., esp. pp. 246 e 247; VASCO DA GAMA LOBO XAVIER, "O conteúdo da providência de suspensão de deliberações sociais ... cit., pp. 195 a 283; L. P. MOITINHO DE ALMEIDA, *Providências cautelares não Especificadas* ... cit., pp. 29 a 48; ANTUNES VARELA, J. MIGUEL BEZERRA e SAMPAIO E NORA, *Manual de processo Civil* ... cit., pp. 26 e 27; J. F. RODRIGUES BASTOS, *Notas ao Código de Processo Civil* ... cit., p. 159; A. S. ABRANTES GERALDES, "Procedimento cautelar comum", *Temas da reforma do processo civil* ... cit., pp. 91 a 100; M. TEIXEIRA DE SOUSA, *Estudos sobre o Novo Processo Civil* ... cit., pp. 235 a 242.

[376] Neste sentido, quanto às medidas provisórias *stricto sensu* do sistema civil belga, J. V. COMPERNOLLE, "Les mesures provisoires en droit belge. Introduction générale", *Les mesures provisoires en droit belge, français et italien. Étude de droit comparé*... cit., p. 12, p. 13 e p. 14; G. CLOSSET-MARCHAL, "Les mesures provisoires en droit belge. L'urgence", *Les mesures provisoires en droit belge, français et italien. Étude de droit comparé* ... cit., pp. 20 e 21.

[377] A propósito do conteúdo das medidas cautelares consagradas nos sistemas grego e brasileiro, respectivamente, vd. K. D. KERAMEUS/K. P. POLYZOGOPOULOS, "Les mesures provisoires en procédure civile hellénique", *Les mesures provisoires en procédure civile* ... cit., pp. 55, 56, 57 e 58; A. PELLEGRINI GRINOVER, "La tutela cautelare atipi-

Perante a ameaça de infrutuosidade da sentença, provocada pela perda de bens do devedor ou pela destruição do objecto mediato da causa principal, a medida cautelar deve ter um conteúdo que funcionalmente cumpra o objectivo de conservar o efeito útil da sentença, garantindo que o réu, no dia em que for condenado, ainda tenha no seu património bens que permitam a execução da sentença, ou assegurando que, no momento em que definitivamente se decide sobre o destino do objecto mediato da lide, ele ainda está íntegro[378]. Para alcançar esse objectivo o juiz da causa cautelar tem de emitir uma medida adequada a evitar alterações da realidade, arrestando bens ou interditando a prática de comportamentos *de facere* lesivos da contraparte[379].

Já perante o *periculum in mora* de retardamento, isto é, perante o prejuízo que resulta para o demandante da satisfação demasiado tardia do direito, a medida cautelar tem de ter um conteúdo diverso do anterior. Ela deve ter como objectivo fingir que a decisão principal chega a tempo, isto é, que chega antes do tempo (normal) devido. Ora, para fingir deste modo, a decisão cautelar tem de produzir um efeito semelhante ao da decisão principal, definindo de forma antecipada[380], interinamente, o direito para um *status*

---

ca nel processo civile brasiliano", *Les mesures provisoires en procédure civile* ... cit., pp. 130 a 132.

[378] No que diz respeito ao conteúdo do *référé* do processo civil francês, e das "mesures d'attente" e "mesures préparatoires", vd. J. NORMAND, "Les mesures provisoires en droit français. Les fonctions des référé", *Les mesures provisoires en droit belge, français et italien. Étude de droit comparé...* cit., pp. 76 a 81; R. PERROT, "Les mesures provisoires en droit français", *Les mesures provisoires en procédure civile* ... cit., pp. 154 e 155.

[379] Neste sentido, quanto à solução legal espanhola, vd., M. ORTELLS RAMOS/M. P. CALDERÓN CUADRADO, *La tutela judicial cautelar en el Derecho español* ... cit., pp. 18 a 20; J. RODRÍGUEZ PONTÓN, *Pluralidad de Intereses en la Tutela cautelar del Proceso Contencioso-Administrativo* ... cit., esp. pp. 36 e 37; S. BARONA VILAR, "Proceso Cautelar", *El nuevo proceso civil* (Ley 1/2000) ... cit., esp. p. 741 e p. 745.

[380] Neste sentido, a propósito da função das ordens provisórias previstas no sistema alemão, austríaco e suíço, principalmente da ordem reguladora e da ordem de prestação, vd. E. SCHILKEN, *Die Befriedigungsverfügung* ... cit., esp. pp. 115 ss.; W. J. HABSCHEID, "Les mesures provisoires en procédure civile: droits allemand et suisse", *Les mesures provisoires en procédure civile* ... cit., p. 57; W. GRUNSKY, in: STEIN-JONAS *Kommentar zur Zivilprozeßordnung* ... cit., p. 483; F. MATSCHER, "Les mesures provisoires en droit de procédure civile autrichien", *Les mesures provisoires en procédure civile* ... cit., pp. 94 a 97; W.-D. WALKER, *Der einstweilige Rechtsschutz im Zivilprozeß und im arbeitsgerichtlichen Verfahren* ... cit., ns. ms. 66 a 73, pp. 53 a 60.

quo[381]. As medidas de que falamos traduzem um "preanúncio e antecipação provisória dos previsíveis efeitos próprios dessa outra providência definitiva"[382].

No seguimento do que já afirmámos, integram o tipo de decisões cautelares com conteúdo funcionalmente assegurador não só aquelas que se traduzem no arresto ou no arrolamento de bens, mas também as que intimem o requerido para que se abstenha de certa conduta[383]. Os processos cautelares que desemboquem em decisões com este conteúdo, de *desistat*, são, por regra, acessórios de processos pelos quais se pretende a condenação do réu na prestação de facto negativo[384]. Neste tipo de situações pretende-se obviar à persistência de determinados comportamentos susceptíveis de afectar em especial certos tipos de direitos ou interesses, como os direitos de personalidade, saúde, sossego, bem-estar ou qualidade de vida. Este é, aliás, o campo de eleição das decisões cautelares com conteúdo funcionalmente assegurador,

---

[381] A propósito do conteúdo das providências cautelares consagradas no processo civil espanhol, medidas de "aseguramiento" e "medidas anticipatorias", vd. F. RAMOS MENDEZ, "Les mesures provisoires indéterminées dans de procès civil espagnol", *Les mesures provisoires en procédure civile* ... cit., pp. 190 e 191, p. 193, p. 197, pp. 198 e 199; S. BARONA VILAR, "Proceso Cautelar", *El nuevo proceso civil* (Ley 1/2000) ... cit., esp. pp. 745 ss.

[382] Palavras de MANUEL A. DOMINGUES DE ANDRADE, *Noções Elementares de Processo Civil* ... cit., p. 9.

[383] Quanto ao conteúdo das medidas cautelares previstas no sistema italiano, considerando uma diferente terminologia, A. SALETTI, "Le système des mesures provisoires en droit italien", *Les mesures provisoires en droit belge, français et italien* ... cit., pp. 60 e 61, p. 62 e p. 64.; e G. TARZIA ("La tutela cautelare", *Il nuovo processo cautelare* ... cit., p. XVIII) distingue três tipos de medidas, atendendo à sua função: uma de aseguramento de um direito ou facto, outra de regulação provisória da situação, mediante uma resolução inovadora que se destina a durar até que se obtenha uma decisão definitiva e outra com função antecipatória dos efeitos da resolução definitiva.

[384] Seguindo a jurisprudência civil portuguesa, o conteúdo destas medidas pode traduzir-se, nomeadamente, em intimações para que o requerido se abstenha de certos comportamentos: arrendar ou vender um imóvel (Ac. da RC, de 8.1.1991, CJ, tomo I, p. 39), intimação do promitente vendedor para que se abstenha de vender a coisa objecto do contrato-promessa (Ac. RL, de 26.5.1983, CJ, tomo III, p. 132), bem como em sede de conflitos conjugais, fora da aplicação das providências típicas, intimações para que um dos cônjuges se abstenha de praticar certo acto. Cfr. outra jurisprudência: Ac. do STJ de 24.10.95, in BMJ (450/403) e Ac. da RL de 24.11.94 in CJ, Tomo V, p. 112. (confirmado por Ac. do STJ de 14.12.95, in BMJ (452/400).

já que o objectivo que estas medidas cumprem é o de inibir a modificação e a destruição do *status quo* subjacente à causa principal[385].

Neste grupo integramos também, a decisão cautelar que proíbe determinada publicação ou a divulgação de certa notícia nos meios de comunicação social, tendo como fim evitar a lesão de direitos de personalidade. Tem igualmente conteúdo funcionalmente protector ou assegurador, sem prejuízo do que diremos a propósito da sua estrutura antecipatória, a decisão que proíbe a realização de uma venda, a concretização de uma manifestação, ou a realização de um espectáculo de tourada, todos marcados para certa data[386].

E, igualmente, como já dissemos, têm conteúdo assegurador tanto a decisão pela qual se procede ao arrolamento e ao arresto como a que visa proteger a posse no tocante a actos de esbulho, de turbação ou de simples perigo de perturbação da posse.

Já com conteúdo funcionalmente diverso se apresenta a decisão cautelar pela qual se concede ao requerente determinado benefício ou pela qual se intima o requerido a adoptar certa conduta[387].

Têm conteúdo funcionalmente semelhante ao da decisão principal, o da medida que condene antecipadamente não só o requerido a reparar um elevador de um prédio, de modo a obstar que o requerente tenha de subir até ao oitavo andar com uma criança ao colo[388], como também a que intima uma empresa que explora o serviço telefónico a proceder à imediata ligação à rede do telefone do requerente (e a manter a ligação enquanto este efectuar o pagamento dos consumos)[389]. Tem igualmente conteúdo funcionalmente se-

---

[385] Neste sentido, por todos, vd. V. VARANO, "Appunti sulla tutela provvisoria nell'ordinamento inglese, con particolare riferimento all'interlocutory injunction", *Les mesures provisoires en procédure civile* ... cit., pp. 236 e 237, 241 a 245; J. NORMAND, "Les mesures provisoires en droit français. Les fonctions des référés", *Les mesures provisoires en droit belge, français et italien. Étude de droit comparé...* cit., pp. 76 a 86; M. DINI/E. A. DINI, *I provvedimenti d'urgenza* ... cit., pp. 338 a 341.

[386] Vd., neste sentido, Sentença de 09.08.1999, referente ao processo 562/99, da 1ª Secção da 14.ª Vara Cível de Lisboa.

[387] No que respeita e esta particular função das medidas provisórias *sensu stricto*, vd. as considerações de W.-D. WALKER, *Der einstweilige Rechtsschutz im Zivilprozeß* .... cit., ns. ms. 62 ss., pp. 51 ss., esp, ns. ms. 66 e 67, pp. 54 a 57; e de R. PERROT, "Les mesures provisoires en droit français", *Les mesures provisoires en procédure civile* ... cit., pp. 154 a 156.

[388] Ac. da RE, de 19.05.94, in CJ, tomo III, p. 94.

[389] Ac. da RL, de 11.01.96, in CJ, tomo I, p. 82.

melhante ao da causa principal, a medida que condena quer o senhorio para que proceda, de imediato, a obras de reparação do locado[390], quer a que intima um vizinho para que realize obras na sua casa de modo a obviar a uma infiltração de águas no prédio[391]. Ainda, no âmbito da tutela cautelar que compõe provisoriamente a lide, podemos exemplificar com a medida que ordena a entrega de bens móveis ou imóveis que se encontram na posse de terceiro, bem como a que condena no pagamento de uma quantia, a título de alimentos ou em termos de arbitramento provisório de uma quantia.

Julgamos que a questão do conteúdo da tutela cautelar não fica bem compreendida se nos limitarmos a considerá-la somente na perspectiva funcional. Numa outra perspectiva, que é consonante com a anterior, o entendimento do tipo de conteúdo das medidas cautelares impõe que se questione o seu *modus operandi* e que se analise se tais medidas provocam ou não decisões antecipadas da lide.

Numa perspectiva estrutural, ou seja no modo "como realiza o direito", pretendemos afirmar que o juiz da causa cautelar, perante o juiz da causa principal, actua também de diferente forma para combater os dois tipos de *periculum in mora*. Num dos casos, o juiz cautelar decide a causa cautelar sem que seja necessário intrometer-se na causa principal, noutro, pelo contrário, o juiz ao decidir sobre o pedido cautelar tem de previamente julgar a causa[392].

Ao contrário da medida cautelar do arresto ou da de arrolamento, cujo conteúdo não abrange o objecto da causa principal, quando o juiz cautelar condena, por antecipação, o réu a praticar um comportamento, de fazer ou não fazer, ou a entregar uma coisa, sendo este conteúdo o objecto imediato da causa principal, então, o juiz está a antecipar a solução para a causa[393]. E "o objecto da antecipação é o hipotético regulamento para essa controvérsia principal"[394]. Afinal, a medida antecipatória resulta sempre que o juiz da causa

---

[390] Ac. da RC de 02.05.84, in BMJ (337/420)

[391] Ac. da RC, de 22.07.80, in CJ, tomo IV, p. 21.

[392] Neste sentido, ADELINO DA PALMA CARLOS ("Procedimentos cautelares antecipadores ... cit., pp. 246 e 247, p. 250) refere que "a procedência antecipada e eventual da acção principal se coaduna perfeitamente com o âmbito e a natureza das providências cautelares". E, também, defende que "há casos em que no processo preventivo a decisão da lide é antecipada".

[393] Neste sentido, em especial, vd. F. TOMMASEO, *I provvedimenti d'urgenza* ... cit., esp. pp. 209 ss.

[394] F. TOMMASEO, *I provvedimenti d'urgenza* ... cit., esp. p. 247.

cautelar decide sobre o objecto da causa principal e, portanto, sempre que realiza uma composição provisória da lide[395].

É somente na perspectiva estrutural que se dá a conhecer a medida cautelar antecipatória, já que, aparentemente, numa perspectiva funcional, muitas das medidas que parecem (erradamente) antecipatórias, na verdade não o são. E outras são antecipatórias sem o parecerem.

Segundo pensamos, enquanto que a medida cautelar pela qual se concede ao proprietário de um prédio encravado o direito a passar sobre o prédio alheio é, claramente, uma medida antecipatória que tem um conteúdo ampliador do *status quo*, a medida cautelar que obsta à realização de uma tourada, marcada para certa data, é, também e ainda que não pareça, uma medida cautelar antecipatória[396], cujo conteúdo é meramente assegurador.

Nos exemplos dados, tanto uma como outra são medidas que têm um *modus operandi* antecipatório da causa, distinguindo-se apenas pelo conteúdo, já que este resulta da antecipação de dois tipos diferentes de "regulamentos hipotéticos para a causa principal"[397].

E são de natureza antecipatória, quer a medida cautelar que tenha como conteúdo ordenar a uma Câmara Municipal para se abster de danificar, por qualquer modo, a vala ou o muro que circunda uma propriedade, quer a medida que obsta à inauguração e exploração de um novo restaurante, cujo proprietário se obrigou num anterior trespasse a não abrir, na mesma cidade, um restaurante, nos próximos três anos[398].

---

[395] Neste sentido, por todos, vd. R. PERROT, "Les mesures provisoires en droit français", *Les mesures provisoires en procédure civile* ... cit., pp. 161 e 162; J. NORMAND, "Les mesures provisoires en droit français. Les fonctions des référés", *Les mesures provisoires en droit belge, français et italien. Étude de droit comparé...* cit., p. 74; J. V. COMPERNOLLE, "Les mesures provisoires en droit belge", *Les mesures provisoires en procédure civile* ... cit., pp. 224 ss., esp. 227 a 229; W. J. HABSCHEID, "Les mesures provisoires en procédure civile: droits allemand et suisse", *Les mesures provisoires en procédure civile* ... cit., pp. 45 a 48; F. MATSCHER, "Les mesures provisoires en droit de procédure civile autrichien", *Les mesures provisoires en procédure civile* ... cit., esp. p. 97.

[396] Neste sentido, A. S. ABRANTES GERALDES, "Procedimento cautelar comum", *Temas da reforma do processo civil* ... cit., p. 93, nota 88.

[397] F. TOMMASEO, *I provvedimenti d'urgenza* ... cit., esp. pp. 250 ss.

[398] Exemplo configurado a partir do Ac. do STJ, de 14.07.1944, citado por L. P. MOITINHO DE ALMEIDA, *Providências Cautelares não Especificadas* ... cit., p. 38.

Já pelo contrário, não tem qualquer natureza antecipatória, nem o arresto nem a medida pela qual se procede à apreensão e depósito do veículo automóvel, ou pela qual se proíbe a sua circulação, "até que no processo principal se decida sobre a resolução do contrato de compra e venda"[399]. Igualmente, não tem natureza antecipatória a medida requerida pelo senhorio e que determina o "sequestro ou depósito dos frutos" para se determinar que parte neles tem direito, isto, na sequência de um conflito que opõe este ao arrendatário de um prédio rústico quanto ao pagamento da renda, cuja natureza, sendo constituída, em princípio, em parte por dinheiro e outra parte por géneros, poderia variar conforme a produção[400].

Nem tem qualquer natureza antecipatória a medida cautelar que ordene uma vistoria a um arrastão, antes de descarregado o peixe, para nele se verificar se a eventração do peixe e sua acomodação nos porões seria satisfatória, logo após a pesca, sendo tais factos objecto da contenda que opõe uma companhia de pesca e um indivíduo que se obrigou a comprar todo o peixe pescado por esse arrastão[401].

Nem tem, forçosamente, natureza antecipatória a medida que realiza uma "função reguladora interina"[402], e não tem natureza antecipatória desde que não proceda ao adiantamento da solução para a causa. Não tem natureza antecipatória a providência cautelar que, na dependência de uma acção de dissolução de uma sociedade por quotas, tem como conteúdo a nomeação de pessoa idónea para representar, exercer a gerência e administrar a empresa, até ao momento em que sejam judicialmente nomeados os liquidatários[403]. Esta medida, que deixa a causa principal intacta e não "*pré julgada*", é uma medida preparatória e que não antecipa a causa. Para que haja antecipação, em síntese, é necessário que o objecto da causa principal seja "pré julgado",

---

[399] Hipótese citada por A. S. ABRANTES GERALDES, "Procedimento cautelar comum", *Temas da reforma do processo civil* ... cit., p. 91.
[400] Exemplo configurado a partir de uma Ac. do STJ, de 17.06.1952, citado por L. P. MOITINHO DE ALMEIDA, *Providências Cautelares não Especificadas* ... cit., p. 38.
[401] Exemplo retirado de um Ac. do STJ, de 16.06.1950, citado por L. P. MOITINHO DE ALMEIDA, *Providências Cautelares não Especificadas* ... cit., p. 37.
[402] Neste sentido, ao que julgamos, M. TEIXEIRA DE SOUSA, *Estudos sobre o Novo Processo Civil* ... cit., pp. 243 e 245.
[403] Exemplo configurado a partir de um Ac. da Relação de Lisboa, de 14.12.1966, citado por L. P. MOITINHO DE ALMEIDA, *Providências Cautelares não Especificadas* ... cit., p. 43.

provisoriamente, na causa cautelar e que o conteúdo da decisão cautelar corresponda ao hipotético conteúdo, antecipado, da sentença definitiva[404].

Reconhecemos que o conceito de antecipação cautelar não é de modo algum pacificamente entendido[405]. Bem pelo contrário, esta é a *vexata quaestio* da tutela cautelar. As divergências dogmáticas sobre a natureza jurídica da tutela cautelar e as discussões em torno do conteúdo da tutela cautelar e da natureza dos seus efeitos têm subjacente a diferente compreensão do seu *modus operandi*, a antecipação.

Na verdade, sem prejuízo do que diremos mais adiante, numa primeira consideração, poderíamos até afirmar que o conceito de antecipação é incompatível com o de tutela cautelar. E, neste sentido, concordaríamos com uma posição tradicional da doutrina, predominantemente alemã e francesa, quanto à compreensão do princípio universal "da proibição da antecipação da causa", que nega, por defeito, a natureza cautelar às medidas que incidem imediatamente sobre uma relação jurídica e a decidem. E, poderíamos até continuar a negar a integração da medida antecipatória, neste caso por excesso, na categoria de tutela cautelar, concordando com alguma doutrina que, na actualidade, vai no sentido de fazer corresponder à tutela cautelar antecipatória uma nova categoria sistemática[406].

Porque a instrumentalidade da tutela cautelar nem sempre é clara e evidente, pois a medida cautelar antecipatória, tantas vezes, satisfaz definitivamente as pretensões de uma das partes, e, como afirmámos vezes sem conta, a natureza jurídica cautelar de uma medida exige a consideração da instrumentalidade do seu conteúdo perante a efectividade do processo principal[407],

---

[404] Sobre esta questão, vd. W.-D. WALKER, *Der einstweilige Rechtsschutz im Zivilprozeß und im arbeitsgerichtlichen Verfahren* ... cit., esp. ns. ms. 84 ss., pp. 68 ss.; F. TOMMASEO, *I provvedimenti d'urgenza* ... cit., esp. pp. 209 ss.; esp. 247 a 250.

[405] Na doutrina portuguesa esta questão não tem sido, porém, muito discutida. A este propósito, vd. ADELINO DA PALMA CARLOS, "Procedimentos cautelares antecipadores ... cit., pp. 246 a 250, onde a este propósito, cita, abundantemente, a doutrina clássica italiana, alemã e espanhola.

[406] Sobre esta questão, F. CARPI, "La tutela d'urgenza fra cautela, 'sentenza anticipata' e giudizio di merito ... cit., pp. 700 a 706; C. MANDRIOLI, "Per una nozione strutturale dei provvedimenti interinali o anticipatori", *Rivista di Diritto Processuale*, 1985, p. 565, nota 23; P. FRISINA, "La tutela anticipatoria: profili funzionali e strutturali ... cit., pp. 370 a 373.

[407] Neste sentido, aderimos ao pensamento clássico de P. CALAMANDREI, *Introduzione allo studio sistematico* ... cit., pp. 26 ss. e pp. 55 ss. Pensamento que é aceite,

somos da opinião de que a natureza cautelar de uma medida antecipatória também dependente da natureza dos efeitos criados na relação jurídica controvertida[408].

Considerando que o princípio "Verbot der Vorwegnahme der Hauptsache" é, na actualidade, flexivelmente interpretado e compreendido[409] (no sentido de interdição ao juiz cautelar de não só decidir, em termos *de direito*, definitivamente a questão de fundo, como também, de exceder o juiz da causa principal[410]), para que a medida estruturalmente antecipatória seja cautelar é suficiente que nela se reconheça a característica da instrumentalidade[411]. Já, pelo contrário, a medida que não respeite o princípio "de ne pas dire droit"[412] para a causa e que "ne statue provisoirement" não pode ter natureza cautelar[413].

---

de modo generalizado, pela doutrina italiana, portuguesa e espanhola. Como alerta M. P. CALDERÓN CUADRADO (*Las medidas cautelares...* cit., p. 80), sem esta característica " se transformarían las medidas cautelares en procesos sumarios". No mesmo sentido, F. TOMMASEO, *I provvedimenti d'urgenza* ... cit., p. 215.

[408] Como se entende no sistema francês, o conteúdo do *référé*, porque deve ser caracterizado pela provisoriedade, não pode "préjuger au principal". Vd. G. DEMEZ/C. PANIER, "L'autonomie du référé", *Les mesures provisoires en droit belge, français et italien. Étude de droit comparé...* cit., p. 43.

[409] Sobre esta questão, e, designadamente sobre o princípio "Verbot der Vorwegnahme der Hauptsache", para uma síntese, vd. W.-D. WALKER, *Der einstweilige Rechtsschutz im Zivilprozeß und im arbeitsgerichtlichen Verfahren* ... cit., ns. ms. 66 ss.; pp. 54 a 60; H. HUBA, "Grundfälle zum vorläufigen Rechtsschutz nach der VwGO ... cit., pp. 983 a 990, esp. p. 986.; F. SCHOCH, "Grundfragen des verwaltungsgerichtlichen vorläufigen Rechtsschutzes ... cit., pp. 159 ss.

[410] Sobre esta questão, vd. G. DEMEZ/C. PANIER, "L'autonomie du référé", *Les mesures provisoires en droit belge, français et italien. Étude de droit comparé...* cit., pp. 49, 51 a 53; L. DU CASTILLON, "Variations autour du principe dispositif et du contradictoire dans l'instance en référé", *Les mesures provisoires en droit belge, français et italien. Étude de droit comparé* ... cit., pp. 104 e 105.

[411] Sobre esta questão, vd., fundamentalmente, C. MANDRIOLI, "Per una nozione strutturale dei provvedimenti interinali o anticipatori ... cit., p. 565, nota 23; A. PROTO PISANI, "La tutela sommaria. (Note *de jure condito* e *de jure condendo* ... cit., p. 315; G. TARZIA, "La tutela cautelare ... cit., p. XXVI; M. ÁNGELES JOVÉ, *Medidas Cautelares Innominadas* ... cit., p. 115.

[412] Expressão de G. DEMEZ/C. PANIER, "L'autonomie du référé", *Les mesures provisoires en droit belge, français et italien. Étude de droit comparé* ... cit., p. 53.

[413] Sobre esta questão, vd. fundamentalmente, R. PERROT, "Les mesures provisoires en droit français", *Les mesures provisoires en procédure civile* ... cit., pp. 161 e 162;

Antes de desenvolver este raciocínio, porque o juiz da causa cautelar pode incidir sobre "a relação jurídica controvertida" do processo principal e porque, *medio tempore*, pode antecipar uma solução para o seu objecto imediato ou porque pode pretender assegurar o seu objecto mediato, somos da opinião de que, quanto ao conteúdo, se podem identificar quatro subespécies de decisões cautelares. Decisões que diferem quanto ao grau de instrumentalidade perante a efectividade da sentença final, quanto ao tipo de *periculum in mora* que visam combater e ao tipo de efeitos que produzem no *status quo* referente à causa e quanto à parecença com o hipotético regulamento para a causa[414].

a) Tutela cautelar relativa à prova
b) Tutela cautelar preparatória e de garantia
c) Tutela cautelar antecipatória com conteúdo assegurador
d) Tutela cautelar antecipatória com conteúdo inovador

A relação de instrumentalidade que encontramos em cada uma das subespécies identificadas com a tutela principal é de intensidade variável. Assim, enquanto que as identificadas nas als. **a)** (destinada a realizar antecipadamente ou conservar meios de prova) e **b)** (com função de conservar bens ou meios necessários a uma futura execução de sentença) não tocam nunca no mérito da relação substancial controvertida e, apenas, se limitam a aprontar

---

J. NORMAND, "Les mesures provisoires en droit français. Les fonctions des référés", *Les mesures provisoires en droit belge, français et italien. Étude de droit comparé*... cit., p. 74; J. V. COMPERNOLLE, "Les mesures provisoires en droit belge", *Les mesures provisoires en procédure civile* ... cit., pp. 224 ss., esp. 227 a 229.

[414] P. CALAMANDREI (Vd. *Introduzione allo studio sistematico* ... cit., pp. 31 a 51) distinguia quatro tipos de medidas cautelares, tendo em atenção o diverso grau de instrumentalidade de cada uma perante a efectividade da tutela principal: a) Providências de instrução antecipada, que visam realizar ou conservar meios de prova, em vista da sua utilização posterior no processo principal; b) Providências que servem para facilitar o resultado prático de uma futura execução forçosa, impedindo a dispersão de bens que poderão ser objecto da mesma; c) Providências mediante as quais se decide interinamente uma relação controvertida, enquanto se aguarda a decisão definitiva; d) Providências que se traduzem em cauções processuais impostas pelo juiz, como garantia perante a emissão de uma outra providência cautelar. Estas constituem "uma cautela da cautela" ou, como também refere CHIOVENDA, "contra cautela", destinadas a restabelecer o equilíbrio de interesses entre as duas partes na lide.

meios para facilitar a declaração ou a execução da decisão resultante do processo principal, as subespécies de tutela cautelar referidas na alínea **c)** e **d)** traduzem-se numa decisão que já se intromete no objecto da causa.

As providências identificadas nas als. **a)** e **b)** não tratam de acelerar a satisfação do direito controvertido, mas, pelo contrário, gerem preventivamente os meios adequados para conseguir a declaração de certeza (no caso **a)**)[415], ou a execução forçada (**b)**) do direito. Como refere CALAMANDREI, "o carácter urgente não é a satisfação do direito, mas assegurar preventivamente os meios aptos para determinar que a providência principal quando chegar seja justa e praticamente eficaz". Nestes casos, ainda depois de ser decretada a decisão cautelar, a relação substancial continua a ter o carácter de controvertida e de não "prejudicada".

No que diz respeito à medida **a)**, pese embora a sua controversa natureza, já que segundo alguns, a prova realizada antecipadamente não difere da realizada num outro momento normal de processo, somos da opinião de que nela se identifica a característica da instrumentalidade perante o processo principal[416]. No nosso entender, deve tomar-se em consideração que a instrumentalidade neste tipo de medidas se conjuga com o perigo de que, por razões fundadas, a prova não possa vir a realizar-se no momento normal do processo, pelo que nelas se configura a característica da instrumentalidade e se identifica a condição do *periculum in mora*.

A providência cautelar interina (com efeito ampliador ou inovador) opera à satisfação antecipada do direito controvertido, ainda que seja provisoriamente. Esta providência cautelar **d)** apenas tem de distinto com a **c)** o facto de antecipar diferentes tipos de efeitos da sentença principal. E, mais uma vez seguindo o raciocínio de CALAMANDREI, ambas actuam como "as forças de protecção destinadas a manter as posições até à chegada da parte

---

[415] A propósito da natureza dos arts. 520.º e 521.º, ambos do CPC, que regem a produção antecipada de prova, como sendo um procedimento destinado a evitar que a demora do processo impeça ou dificulte a produção de meios de prova necessários à defesa dos direitos que se discutem no processo, vd. as considerações de A. S. ABRANTES GERALDES, "Procedimento cautelar comum ... cit., p. 61.

[416] A propósito da posição da doutrina italiana que aceita a sua natureza cautelar, pese embora o "remoto grado di strumentalità" deste procedimento perante o meio principal, vd. G. BALENA, "Il procedimento di istruzione preventiva", *Enciclopedia Giuridica*, XVIII, Roma, 1990, pp. 1 ss.; L. SALVANESCHI, "I provvedimenti di istruzione preventiva, *Rivista di Diritto Processuale*, 1998, p. 801; F. MAGI-F. CARLETTI, "I provvedimenti di istruzione preventiva", *Il nuovo processo cautelare* ... cit., pp. 125 ss.

mais forte do exército, a fim de evitar a este perdas de posições que lhe custariam a reconquista"[417]. É neste sentido que, mais uma vez, falamos em instrumentalidade hipotética. A tutela cautelar antecipa os efeitos da providência principal, na hipótese de estes virem no futuro a ser produzidos, isto é, a instrumentalidade das providências cautelares exige que o juiz cautelar proceda a um juízo de "viabilidade"[418] e a um cálculo de probabilidade sobre qual poderá ser o conteúdo da futura sentença final[419], já que tem de existir um exacta correspondência entre os conteúdos e efeitos das duas decisões, a principal e a acessória, pelo menos provisória e interinamente.

E, no seguimento do que afirmámos, é importante mencionar que, pese embora o amplo poder de "polícia judiciária"[420] do juiz cautelar, este tem o seu poder discricionário rigorosamente limitado por dois princípios[421].

Um primeiro limite depreende-se do exposto anteriormente. O juiz cautelar tem o dever de, durante a antecipação, limitar "a sua fantasia" ao adiantar os efeitos correspondentes ao conteúdo hipotético da futura sentença de mérito. O juiz, provisoriamente, não pode proporcionar ao requerente nem mais do que o que lhe será permitido alcançar pela sentença de fundo[422], nem coisa diversa[423].

O segundo princípio, mais complicado, decorre da proibição ao juiz cautelar de decidir a causa antecipadamente e de se substituir ao juiz da causa principal, sem prejuízo das considerações que já fizemos a propósito das medidas cautelares com estrutura antecipatória[424].

---

[417] Palavras de P. CALAMANDREI, *Introduzione allo studio sistematico* ... cit., p. 41.

[418] Expressão de MANUEL A. DOMINGUES DE ANDRADE, *Noções Elementares de Processo Civil* ... cit., p. 9.

[419] Neste sentido, P. CALAMANDREI, *Introduzione allo studio sistematico*... cit., pp. 55 ss.

[420] Expressão de F. TOMMASEO, *I provvedimenti d'urgenza* ... cit., p. 282.

[421] Quanto aos limites impostos ao *référé*, vd. G. DEMEZ/C. PANIER, "L'autonomie du référé", *Les mesures provisoires en droit belge, français et italien. Étude de droit comparé...* cit., pp. 49, 51 a 53.

[422] Sobre este princípio, vd. F. TOMMASEO, *I provvedimenti d'urgenza* ... cit., pp. 280 ss.; E. FAZZALARI, "Intervento", *Les mesures provisoires en procédure civile* ... cit., p. 279.

[423] Neste sentido, L. DU CASTILLON, "Les pouvoirs, au provisoire, du juge des référés: déraison de la mesure ou mesure de la raison?", *Les mesures provisoires en droit belge, français et italien. Étude de droit comparé...* cit., p. 40.

[424] Sobre a compreensão do princípio que proíbe, no sistema cautelar alemão, a antecipação da causa ("Dogma Verbot der Vorwegnahme der Hauptsache"), vd. W.-D. WALKER, *Der*

A compreensão deste princípio tem estado envolta em alguma controvérsia, que se deve não só à rejeição da técnica da antecipação como *modus operandi* da tutela cautelar, como também ao tipo de estudo teórico que alguns estudiosos realizam sobre esta técnica, que nem sempre é aceite[425].

Não obstante a doutrina mais recente ter reconhecido a antecipação como instrumento ao serviço da efectividade da sentença de um processo principal, a integração das medidas antecipatórias no grupo das cautelares, não é pacífica, como já demonstrámos. E não é, principalmente, se entendermos o princípio da proibição da antecipação da causa num sentido restrito, no sentido que proíbe ao juiz cautelar a emissão de qualquer decisão que adiante no tempo os efeitos, ou alguns dos efeitos, do hipotético regulamento da controvérsia subjacente ao juízo principal de cognição. Neste sentido, alguma doutrina considerou que a proibição de antecipar a solução para a causa se deveria entender como interdição de antecipar a totalidade de efeitos da sentença principal, podendo a antecipação ser legítima quando apenas se traduzisse no adiantamento parcial[426]. A *einstweilige Verfügung* foi considerada, por isso, como um *aliud e um minus* perante a acção principal.

Na actualidade, o entendimento do princípio da proibição da antecipação da causa, em torno do qual há mais consenso, considera que a proibição só atinge a decisão que "porte préjudice à la situation juridique de la partie adverse"[427] no sentido de definitivamente anular o objecto da causa principal. Há uma antecipação ilegal da causa principal quando há um *préjudice au*

---

einstweilige Rechtsschutz im Zivilprozeß und im arbeitsgerichtlichen Verfahren ... cit., ns. ms. 66 ss.; pp. 54 a 60; K. FINKELNBURG/K. P. JANK, *Vorläufiger Rechtsschutz im Verwaltungsstreitverfahren* ... cit., ns. ms. 202 ss., pp. 95 ss. e ns. ms. 236, pp. 115 ss.

[425] Este princípio foi amplamente estudado, e criticado, por F. SCHOCH (*Vorläufiger Rechtsschutz und Risikoverteilung im Verwaltungsrecht*, Heidelberg, 1988), relacionando-o com a perspectiva bidimensional do factor tempo e com a problemática da repartição de riscos entre as partes (resultantes do tempo perdido para o objecto da causa). Vd. esp. pp. 892 a 958; 1310 a 1318; 1395 ss.

[426] Sobre este entendimento, vd., fundamentalmente, K. FINKELNBURG/K. P. JANK (*Vorläufiger Rechtsschutz im Verwaltungsstreitverfahren* ... cit., ns. ms. 204, 207 e 209, pp. 95 ss., pp. 98 ss. e p. 100) que considera no seu estudo as diferentes perspectivas de antecipação (parcial, total; definitiva, provisória; de direito e de facto) e a sua crítica a F. SCHOCH.

[427] Neste sentido, L. DU CASTILLON, "Les pouvoirs, au provisoire, du juge des référés: déraison de la mesure ou mesure de la raison?", *Les mesures provisoires en droit belge, français et italien. Étude de droit comparé*... cit., p. 43.

fond, ou seja quando a medida "dita o direito"[428] para a causa, de modo "definitivo e irreversível"[429], esvaziando a causa e tornando-a inútil e sem interesse[430].

De acordo com entendimento da doutrina actual, em suma, a antecipação só é legítima se a incidência ou intromissão do juiz cautelar "no âmbito da relação substancial" produzir efeitos jurídicos provisórios, isto é, se "ne lier le juge du fond", o que pressupõe que tais efeitos podem ser reversíveis e anuláveis pelo juiz da causa principal[431]. Só deste modo, se garante que a decisão do juiz cautelar não torne a causa obsoleta e escusa, por falta de utilidade[432].

Ainda, a este propósito foi discutido no seio da doutrina a natureza dos efeitos definitivos que integram o alcance do princípio da proibição da antecipação da causa. Segundo alguma doutrina clássica, como os efeitos anteci-

---

[428] Neste sentido, em síntese, quanto à posição da doutrina francesa e belga, vd. fundamentalmente, R. PERROT, "Les mesures provisoires en droit français", *Les mesures provisoires en procédure civile* ... cit., pp. 161, 162 e 165; J. NORMAND, "Les mesures provisoires en droit français. Les fonctions des référés", *Les mesures provisoires en droit belge, français et italien. Étude de droit comparé...* cit., p. 74; J. V. COMPERNOLLE, "Les mesures provisoires en droit belge", *Les mesures provisoires en procédure civile* ... cit., pp. 224 ss., esp. pp. 227 a 229.

[429] Neste sentido, quanto à posição alemã, F. SCHOCH, *Vorläufiger Rechtsschutz* ... cit., pp. 1395 a 1410; e tb., do mesmo autor, *Verwaltungsgerichtsordnung* ...cit., n. m. 148, pp. 67 e 68 e n. m. 155, p. 71 e H. HUBA, "Grundfälle zum vorläufigen Rechtsschutz nach der VwGO ... cit., esp., pp. 986 e 987.

[430] Neste sentido, L. DU CASTILLON, "Les pouvoirs, au provisoire, du juge des référés: déraison de la mesure ou mesure de la raison?", *Les mesures provisoires en droit belge, français et italien. Étude de droit comparé...* cit., p. 43; G. DEMEZ/C. PANIER, "L'autonomie du référé", *Les mesures provisoires en droit belge, français et italien. Étude de droit comparé...* cit., pp. 49 e 50.

[431] Neste sentido, L. DU CASTILLON, "Les pouvoirs, au provisoire, du juge des référés: déraison de la mesures ou mesure de la raison?", *Les mesures provisoires en droit belge, français et italien. Étude de droit comparé...* cit., p. 41.

[432] Neste sentido, em síntese, tb., quanto às posições alemã e austríaca, R. CAPONI, "La tutela cautelare nel processo civile tedesco ... cit., pp. 33 ss.; W. J. HABSCHEID, "Les mesures provisoires en procédure civile: droits allemand et suisse", *Les mesures provisoires en procédure civile* ... cit., pp. 33 ss.; W. GRUNSKY, STEIN-JONAS *Kommentar zur Zivilprozeßordnung* ... cit., pp. 470 ss., esp. 482 ss.; F. MATSCHER, "Les mesures provisoires en droit de procédure civile autrichien", *Les mesures provisoires en procédure civile* ... cit., pp. 87 ss.

pados têm sempre natureza jurídica (efeitos de direito)[433], não faz sentido que se distinga a definitividade legítima de um deles, os de facto por contraposição aos de direito. Todavia, segundo outra doutrina a antecipação produz efeitos de direito e de facto, sendo os de facto[434], por regra, de natureza definitiva para o tempo interino[435].

Segundo esta última posição, só a medida que satisfaça a pretensão do requerente e que produza uma situação de direito irreversível é que é uma medida cautelar proibida, só podendo ser admitida, a título excepcional, quando, para proporcionar tutela judicial efectiva, nenhuma outra solução se apresente como idónea.

Em síntese, a doutrina tem vindo a admitir que a antecipação correcta ainda abrange a possibilidade da produção de efeitos definitivos de facto[436], para o espaço interino e irreversíveis para o futuro[437], já que neste caso se

---

[433] Neste sentido, CARNELUTTI afirma qualquer que seja a decisão num processo "non può non avere effeti giuridici", (*Diritto e Processo*, Nápoles, 1958, p. 355; *Lezioni di diritto processuale civile*, II, Padova, 1931, p. 60). E no mesmo sentido, P. CALAMANDREI, *Introduzione allo studio sistematico* ... cit., pp. 75 ss.; F TOMMASEO, *I provvedimenti d'urgenza* ... cit., pp. 250 e 251 e, do mesmo autor, "Intervento", *Les mesures provisoires en procédure civile* ... cit., p. 302.

[434] Sobre esta questão, quanto à posição alemã, vd. K. BLOMEYER, "Arrest und einstweilige Verfügung", *Zeitschrift für Zivilprozess*, 1952, pp. 63 ss.; F. BAUR, *Studien zum einstweiligen Rechtsschutz* ... cit., pp. 66 ss.; M. MINNEROP, *Materielles Recht und einstweiliger Rechtsschutz* ... cit., p. 50. Em sentido contrário, admitindo uma possibilidade de satisfação antecipada de direito, O. JAUERNIG, *Der zulässige Inhalt einstweiliger Verfügungen* ... cit., pp. 331 ss.

[435] Neste sentido, quanto à posição da doutrina italiana, G. ARIETA, "Comunicazione", *Les mesures provisoires en procédure civile* ... cit., p. 273. Para uma síntese da posição alemã, F. SCHOCH, *Verwaltungsgerichtsordnung* ...cit., n. m. 148, p. 67 e n. m. 149, p. 68 e H. HUBA, "Grundfälle zum vorläufigen Rechtsschutz nach der VwGO ... cit., esp., p. 986.

[436] Neste sentido vai também a posição de alguma doutrina portuguesa, ao que julgamos, M. TEIXEIRA DE SOUSA, *Estudos sobre o Novo Processo Civil* ... cit., p. 246; A. S. ABRANTES GERALDES, "Procedimento cautelar comum ... cit., p. 76.

[437] Perante a hipótese da acção principal ser julgada improcedente, podemos configurar a existência de uma situação factual definitiva resultante da prestação provisória de alimentos e da prestação antecipada de uma quantia. E tal definitividade factual pode ter origem na lei ou numa impossibilidade de facto de restituição da quantia adiantada ao abonado, que se encontra numa situação económica desfavorável e sem garantias. A compreensão que fizemos desta situação não é, contudo, consensual. Vd., a este propósito, as diferentes posições de W.-D. WALKER, *Der einstweilige Rechtsschutz im Zivilprozeß und*

constitui uma definitividade de facto e não de direito, respeitando-se, pois, ainda assim, a característica da provisoriedade[438].

O requerente que obtém a seu favor uma providência cautelar destinada a proibir um comerciante de arte a abster-se de vender uma obra num leilão, que só voltará a repetir-se meses mais tarde, obtém, por certo, mais que uma medida asseguradora. Pelo contrário, o requerente alcança a satisfação da sua pretensão, já que, para o espaço interino, a decisão provisória produziu os mesmos efeitos que produziria a sentença final, se fosse ditada nesse momento. Ainda que esta medida cautelar caduque se a acção principal não vier a ser instaurada, com ela se prova que a tutela cautelar tem capacidade para realizar interinamente o direito e para satisfazer definitivamente, numa perspectiva factual, a pretensão da parte, bastando, para o efeito, que o leilão não venha a realizar-se mais.

E igual situação definitiva de facto se configura no processo cautelar em que o proprietário de um navio obtém a sua restituição provisória, como efeito antecipado da condenação na entrega do navio que os trabalhadores de um estaleiro retinham durante uma greve[439]. Porque é provável que o requerente não vá propor uma acção principal e porque este é um dos casos em que a instrumentalidade não é clara, pretendemos dizer com este exemplo que na prática judiciária a antecipação cautelar pode actuar verdadeiramente como antecipação *tout court*.

Para que se diminuam os riscos envolventes às decisões sumárias cautelares e para que não se desvirtue a tutela cautelar neste tipo de situações, cujo efeito é sempre definitivo para o espaço interino, os modelos devem conter uma solução adequada, assente em processos urgentes, aptos a desembocar em decisões definitivas, proferidas com base numa cognição sumária *tout court*.

---

im arbeitsgerichtlichen Verfahren ... cit., ns. ms. 28 a 31; pp. 24 a 27; K. FINKELNBURG/ /K. P. JANK, *Vorläufiger Rechtsschutz im Verwaltungsstreitverfahren* ... cit., n. m. 209, p. 100.

[438] Neste sentido, vd. F. SCHOCH, *Verwaltungsgerichtsordnung* ...cit., n. m. 148, p. 67 e n. m. 149, p. 68.

[439] Exemplos configurados por M. TEIXEIRA DE SOUSA, *Estudos sobre o Novo Processo Civil* ... cit., pp. 246 a 247.

CAPÍTULO II

**PROBLEMA:
MODELOS DE TUTELA CAUTELAR: À PROCURA
DA *PEÇA* CAUTELAR ADEQUADA**

Sumário:
1. A tutela jurisdicional cautelar na jurisprudência comunitária: A. A tutela cautelar como garantia objectiva de tutela da legalidade comunitária. B. A tutela cautelar como garantia subjectiva da legalidade comunitária. C. O *ius commune cautelar europeum*. 2. Apontamentos breves de direito comparado.

1. A tutela jurisdicional cautelar na jurisprudência comunitária
A. A Justiça Cautelar no âmbito da Comunidade Europeia. A tutela cautelar como garantia objectiva de tutela da legalidade comunitária

1. Introdução

É impossível contestar que existe, actualmente, uma convergência dos direitos administrativos nacionais na Europa[440]. Na actualidade, assiste-se ao nascimento de um Direito Administrativo Comunitário ou de um *ius publicum commune*[441], pelo menos numa das perspectivas que considera a

---

[440] A este propósito, vd. JÜRGEN SCHWARZE, "Convergences et divergences des droits administratifs de l'Union Européenne", AJDA, 1996, n.° esp., pp. 140 a 155. Aliás, vd. o n.° especial da AJDA, Junho de 1996, dedicado à relação existente entre o Direito Comunitário e o direito administrativo próprio do Estados membros e aos tipos de influência do primeiro sobre o segundo.

[441] Para um reconhecimento deste fenómeno, no que à tutela cautelar diz respeito, vd. E. GARCÍA DE ENTERRÍA, *La Batalla por las Medidas Cautelares* (*Derecho Comunitario y proceso contencioso-administrativo espanõl*), 2.ª ed., Madrid, 1995; IDEM, "hacia una medida cautelar ordinaria de pago anticipado de deudas (référé-provision). A propósito del auto del Presidente del Tribunal de Justicia de las Comunidades Europeas

influência cada vez maior do direito comunitário sobre o direito administrativo substantivo e processual dos Estados membros[442].

De facto, a ordem jurídica (administrativa) portuguesa integra a ordem jurídica comunitária[443] e a ordem jurídica comunitária impõe-se à portugue-

---

de 29 de enero de 1997 (asunto Antonissen), RAP, 142, 1997, pp. 225 ss.; IDEM, "Perspectivas de las justicias administrativas nacionales en el ámbito de la Unión Europea", *Rivista trimestrale di diritto publico*, 1, 1999, pp. 1 a 14; JÜRGEN SCHWARZE, *Le Droit Administratif sous l'influence de l'Europe. Une étude sur la convergence des ordres juridiques nationaux dans l'Union Européenne*, Baden-Baden, Bruxelles, 1996, esp. p. 20 e pp. 812 ss.; R. CARANTA, "L'ampliamento degli strumenti di tutela cautelare e la progressiva 'comunitarizzazione' delle regole processuali nazionali", *Il Foro Amministrativo*, 1996, pp. 2554 ss., esp. 2560; I. DEL GUAYO CASTIELLA, *Judicial Review y Justicia Cautelar*, Madrid, 1997, esp. pp. 33 a 43 e 96 ss.; FAUSTO DE QUADROS, *A Nova Dimensão do Direito Administrativo. O Direito Administrativo português na perspectiva comunitária*, Coimbra, 1999, pp. 21 a 26.

[442] Esta influência não fica apenas pelo momento cautelar. Diz respeito ao próprio conteúdo do direito administrativo e (principalmente) à própria natureza e conteúdo do contencioso administrativo (actos impugnáveis, prazos, meios de acesso aos tribunais e, enfim, poderes dos juizes). A este propósito, vd. R. CARANTA, "L'ampliamento degli strumenti di tutela cautelare e la progressiva 'comunitarizzazione' ... cit., pp. 2556 a 2560; IDEM, "Sull'impugnabilità degli atti endoprocedimentali adottati dalle autorità nazionali ipotesi di coamministrazione", *Il Foro Amministrativo*, 1994, pp. 752 ss.; E. GARCÍA DE ENTERRÍA, "La ampliación de la competencia de las jurisdicciones contencioso-administrativas nacionales por obra del Derecho Comunitario. Sentença Borelli de 3 diciembre de 1992 del Tribunal de Justicia y el artículo 5 CEE", REDA, 1993, pp. 301 ss.; IDEM, "Perspectivas de las justicias administrativas nacionales ... cit., pp. 5 a 9. Para uma exemplificação de formas de influência do Direito comunitário sobre o direito administrativo (e também sobre o contencioso administrativo), vd., ainda, E. GARCÍA DE ENTERRÍA, "Perspectivas de las justicias administrativas nacionales en el ámbito de la Unión Europea ... cit., pp. 5 a 10; R. ALONSO GARCÍA, *Derecho comunitário, Derechos nacionales y Derecho común europeo*, Madrid, Civitas, 1989, esp. pp. 227 a 301. E, para maiores desenvolvimentos, vd. JÜRGEN SCHWARZE, *Droit Administratif Européen*, vol. I, vol. II, Bruxelles, Luxembourg, Bruylant, 1994; M. FROMONT, "La justice administrative en Europe. Convergences", *Droit administratif, Mélanges René Chapus*, Paris, 1992, pp. 197 ss.

[443] A aplicabilidade directa traduz-se no facto de o direito comunitário não necessitar de ser recebido por qualquer acto do Estado membro para vigorar na sua ordem jurídica interna. Ou por outras palavras, a partir do momento da sua entrada em vigor, o Estado membro nada pode fazer para obstar à aplicação imediata da norma na sua ordem jurídica. Algumas regras desta ordem jurídica comunitária gozam também de efeito directo, isto é, podem atribuir imediatamente direitos (e obrigações) aos nacionais dos Estados mem-

sa[444]. Esta última expressão tem subjacente o princípio do primado do direito comunitário, entendido numa perspectiva diferente, isto é, numa perspectiva relativa menos aos fundamentos de superioridade do direito comunitário do

---

bros, que estes podem invocar (entre si e perante os poderes públicos do Estado a que pertencem) e fazer valer directamente nos tribunais nacionais. Este efeito directo tem como fundamento o primado do direito comunitário e visa a sua penetração nos direitos nacionais, rompendo o chamado *écran étatique*. Todos juntos reforçam a aplicação uniforme do direito comunitário nos Estados membros. Acerca do primado e do princípio do efeito directo do direito comunitário sobre a ordem jurídica interna dos Estados membros. Vd. Ac. do TJ, de 5.2.1963, *Van Gend & Loos*, proc., 26/62; Ac. do TJ, de 17.3.1963, caso Costa, procs., 28-A e 30/62; de 15.7.1964, *Costa/enel*, proc., 6/64; Ac. do TJ, de 30.6.1966, Vaassen-Göbbels, proc., 61/65, in: *Selecção de Acordão Notáveis do Tribunal de Justiça* (C.E), Lisboa, Europa Editora, 1993. Vd. Ac., de 4.12.1974, caso *Van Duyn*, proc. 41/74, Rec., 1974, pp. 1349 ss. Cfr., FAUSTO DE QUADROS, *Direito das Comunidades Europeias*, AAFDL, 1983, pp. 97 ss.; R. M. MOURA RAMOS, *As Comunidades Europeias. Enquadramento Normativo-Institucional*, Documentação e Direito Comparado, 25/26, 1987, p. 105.; ou do mesmo Autor, Das *Comunidades à União Europeia. Estudos de Direito Comunitário*, 2.ª ed., Coimbra, 1999, pp. 94 ss.; J. MOTA DE CAMPOS, "O Ordenamento Jurídico Comunitário", in: *Direito Comunitário*, Vol. II, 3.ª ed., Lisboa, 1990, pp. 165 a 276; A. GONÇALVES PEREIRA/FAUSTO DE QUADROS, *Manual de Direito Internacional Público*, Coimbra, 1993, pp. 124 a 148; J. G. SÁ PEREIRA, *Direito Comunitário Institucional*, Porto, 1995, pp. 154 a 167.

[444] Primado do direito comunitário ou prevalência, superioridade, supremacia e enfim, preeminência deste, face ao direito interno dos Estados membros. Visto como "exigência existencial" da ordem jurídica comunitária (PESCATORE) ou como imposição da "capacidade funcional das comunidades (*funktionsfähigkeit*) (IPSEN), este princípio tem sido afirmado pela jurisprudência comunitária desde o célebre caso *Costa/Enel* (Ac. do TJ de 15.7.1964, proc. 6/64, Rec., p. 1141 ss.). O fundamento do princípio está precisamente na própria ideia de Comunidade e de mercado comum, cuja ordem jurídica tem de ser marcada pela unicidade, uniformidade e pela eficácia, de forma a que nenhuma norma comunitária (de direito originário ou derivado) possa ser afastada por outra norma de direito interno (seja ela anterior ou posterior a esta). O fundamento do primado está também na transferência de poderes dos Estados para a Comunidade. Cabe ao juiz nacional assegurar o primado, recusando a aplicação do direito interno desconforme com o direito comunitário, vd. caso *Simmenthal*, Ac. de 9.3.1978, proc. 106/78, Rec., pp. 609 ss. Para maiores desenvolvimentos, vd. FAUSTO DE QUADROS, *Direito das Comunidades Europeias* ... cit., pp. 93 a 96; R. M. MOURA RAMOS, *Das Comunidades à União Europeia. Estudos de Direito Comunitário* ... cit., pp. 98 a 101; J. MOTA DE CAMPOS, "O Ordenamento Jurídico Comunitário ... cit., pp. 289 a 354; A. GONÇALVES PEREIRA/FAUSTO DE QUADROS, *Manual de Direito Internacional Público* ... cit., pp. 124 a 148; J. GOMES SÁ PEREIRA, *Direito Comunitário Institucional* ... cit., pp. 167 a

que às consequências que este tem nas jurisdições internas[445]. Assim, a consideração deste perfil do princípio faz realçar a influência do direito comunitário sobre o direito dos Estados membros, atendendo a dois tipos de relação, a jurídico-institucional e a jurídico processual[446].

172; C. BOTELHO MONIZ/P. MOURA PINHEIRO, "As relações da ordem jurídica portuguesa com a ordem jurídica comunitária – algumas reflexões", *Cadernos de Ciência de Legislação*, 4/5, 1992, pp. 121 a 144.

[445] No que respeita ao relacionamento entre a ordem jurídica comunitária e a ordem jurídica interna de cada um dos Estados membros, cumpre indicar, para além dos princípios do primado do direito comunitário e da aplicabilidade directa, os princípios de segurança jurídica, (afirmado pelo TJ no Ac. *Comissão/Países Baixos*, 1986) o que significa que os Estados membros devem eliminar as incertezas resultantes da existência de normas internas incompatíveis com as normas comunitárias. De acordo com este princípio devem os estados proceder a uma incorporação clara, precisa e inequívoca do direito comunitário na sua ordem interna. Destaca-se ainda o princípio de que a eficácia do direito comunitário impõe aos estado a obrigação de reparar os danos causados aos particulares por violações do Direito Comunitário que lhe sejam imputáveis (Ac. *Frakovich y Bonifaci* de 1991, jurisprudência francamente ampliada a partir de 1996).

[446] Nesta relação podemos salientar dois princípios orientadores. <u>O princípio de que os juízes nacionais são os juízes comuns ou ordinários do Direito Comunitário</u>. Equivale isto a dizer que, na medida em que o Direito Comunitário vincula a Administração Pública de cada Estado membro, os cidadãos podem recorrer à justiça administrativa para a demandar por violação de regras comunitárias. E como o Direito Comunitário vincula também os demais cidadãos, os tribunais judiciais podem ser chamados a resolver os conflitos (que entre os particulares surjam). Portanto cabe aos tribunais nacionais a aplicação jurisdicional do direito comunitário, de acordo com a estrutura jurisdicional que em cada Estado exista. Ora, como os Tribunais Comunitários (TJC e TPI) são tribunais cuja competência é de atribuição – isto é, um sistema não universal, mas de acções típicas – os tribunais nacionais, inclusive os tribunais administrativos – , vão exercer com normalidade uma vigilância sobre a forma como as suas Administrações aplicam o Direito Comunitário. <u>O princípio da cumplicidade entre o juiz nacional e o juiz comunitário</u>, que tem subjacente o mecanismo do reenvio prejudial e cujo fim é fazer respeitar a uniformidade (unidade) de interpretação (e de apreciação de validade de normas) e de aplicação do Direito Comunitário nas diversas jurisdições nacionais – pese embora a diversidade de ordenamentos jurídicos e processuais, princípios e tradição (de Direito Romano, de Direito Germânico e de Common Law). Vd., para maiores desenvolvimentos, E. GARCÍA DE ENTERRÍA, "Perspectivas de las justicias administrativas nacionales en el ámbito de la Unión Europea", *Rivista trimestrale di diritto publico*, 1, 1999, pp. 1 a 5 (o mesmo trabalho, publ., in: REDA, 103, 1999, pp. 401 a 411.)

No âmbito do contencioso comunitário, existe um contencioso peculiar, denominado, por alguns, de *"deuxième génèration"*[447] que considera os tribunais nacionais dos Estados membros, incluindo a administrativa, como tribunais comuns de aplicação da ordem jurídica comunitária. Não poderemos, por isso, ser alheios ao modelo de tutela cautelar existente neste contencioso, pela influência que o mesmo tem sobre os modelos internos de tutela cautelar dos Estados membros, incluindo a jurisdição administrativa.

A primeira ideia que queremos afirmar traduz o pensamento da doutrina que estuda o contencioso comunitário e vai no sentido de considerar o contencioso comunitário em contínuo aperfeiçoamento, mercê dos princípios do primado do direito comunitário e da sua aplicação uniforme. Também o aprofundamento da relação de cooperação entre o juiz nacional e as instâncias jurisdicionais comunitárias tem vindo a criar um sistema coerente de tutela jurisdicional efectiva da ordem jurídica comunitária.

Esta efectividade objectiva procura-se quando são os próprios órgãos jurisdicionais comunitários (TJ e TPI) a assegurar a tutela da ordem jurídica comunitária, mas pretende-se também (ou principalmente) quando são os órgãos jurisdicionais dos Estados membros a garantir a defesa dessa ordem enquanto tribunais comuns do contencioso comunitário[448].

---

[447] A relação entre a ordem jurídica comunitária e as ordens internas dá origem a um peculiar tipo de relações jurisdicionais. No correcto funcionamento desta relação está o sucesso da efectividade da aplicação do direito comunitário e a garantia do acesso à justiça comunitária. A propósito desta relação, vd. L. M. PAIS ANTUNES, "A vertente judiciária da integração europeia – Portugal perante os Tribunais comunitários", *Cadernos de Ciência de Legislação*, 4/5, 1992, pp. 161 a 190; D. SIMON, "Les exigences de la primauté du droit communautaire: continuité ou métamorphoses?", *Mélanges en hommage à J. Boulouis*, Paris, Dalloz, 1991, p. 481. Recentemente, tem surgido um novo entendimento do primado do direito comunitário que se prende com a problemática dos meios adequados a demandar os Estados membros pelo não cumprimento das suas obrigações comunitárias. Este constitui já "the third generation of the Court's jurisprudence" e "a new ius commune". Vd. R. CARANTA, "Judicial protection Against Member States: A new Ius Commune takes place", *Common Market Law Review*, 1995, p. 707.

[448] Vd. as conclusões do Advogado-Geral TESAURO, (no Ac. do TJ de 19.6.1990, caso *Factotame*) onde refere que para que o juiz cautelar possa conceder plena eficácia às regras comunitárias, é necessário que proporcione uma tutela jurisdicional completa e efectiva. Esta ideia implica que, em concreto, por um lado, cada Estado membro não oponha as suas estruturas jurídicas a essa obrigação e que, por outro lado, disponha de instrumentos que lhe permitam proporcionar essa tutela efectiva, e, nomeadamente, de mecanismos cautelares.

Não obstante a perspectiva objectiva de tutela, a doutrina tem vindo a realçar, cada vez mais, a realização do princípio da tutela jurisdicional efectiva num perfil subjectivo, no âmbito do contencioso comunitário. É neste contexto que intervêm os tribunais nacionais (como *juizes comunitários*), enquanto defensores dos direitos subjectivos atribuídos pelo direito comunitário aos cidadãos nacionais. Na verdade, são os tribunais nacionais que realizam a defesa efectiva dos direitos atribuídos pela ordem comunitária aos particulares, beneficiando de autonomia institucional e processual na determinação das vias de direito adequadas, seguindo as orientações deixadas pelo TJCE nos casos *Zuckerfabrik e Atlanta*[449].

O TJ tem vindo a afirmar que a ordem jurídica comunitária precisa de ser globalmente eficaz, ora, uma das formas de proporcionar uma tutela jurisdicional efectiva no seio do ordenamento jurídico comunitário (numa perspectiva subjectiva e objectiva), reside na correcta gestão dos instrumentos de tutela cautelar[450].

O facto é que para existir uma gestão correcta da tutela provisória ela tem de ser coerente, quer ao nível dos órgãos jurisdicionais comunitários quer ao nível dos órgãos jurisdicionais nacionais, entre outras coisas, sujeita às mesmas condições de procedência.

Neste sentido, e desde os casos *Factortame, Zuckerfabrik* e *Atlanta*, o TJ tem vindo a instituir, passo a passo, um sistema coerente de medidas provisórias, socorrendo-se, em primeiro lugar, do método de "habilitação ime-

---

[449] Há de facto uma alteração na perspectiva da consideração do princípio da tutela jurisdicional efectiva ao nível da justiça comunitária. Se no caso *Factortame* é a defesa da efectividade do Direito comunitário que move a aplicação de tutela cautelar (designadamente, pela proibição dos tribunais nacionais aplicarem a lei interna), nos casos posteriores em que o TJC se pronunciou, realça-se uma perspectiva subjectiva do conceito do direito à tutela judicial efectiva. Agora o princípio impõe que nenhum direito subjectivo directamente atribuído pelo direito comunitário aos cidadãos nacionais dos Estados membros fique sem tutela plena. Neste sentido, sem prejuízo de outras citações, vd., em síntese, ANNALISA DI CUIA, "La sospensione dell'esecuzione del provvedimento impugnato del processo amministrativo", http:/www.gelso.unitn.it/.

[450] MATTHIAS RUFFERT, "Rights and remedies in european community law: a comparative view", *Common Market Law Review*, 1997, p. 330. Vd., no mesmo sentido, D. SIMON/A. BARAV, "Le droit communautaire et la suspension des mesures nationales, les enjeux de l'affaire Factortame", *Revue du Marché Commum*, 1990, 2, pp. 591 ss.

diata"[451], ou de "atribuição de competência directa", e, num segundo momento, impondo critérios uniformes de aplicação de tutela cautelar.

Sem dúvida que, a propósito da aplicação de medidas cautelares no espaço comunitário, é impossível deixar de reconhecer que um fenómeno de *"communautarisation de la compétence du juge national de l'urgence"* está em curso[452].

Por este motivo, faremos, em primeiro lugar, uma análise do modo como o TJ e o TPI fazem uso dos instrumentos de tutela cautelar. E, na sequência lógica dessa análise, far-se-á um destaque do fenómeno de convergência de regras de tutela cautelar ao nível da sua aplicação pelos tribunais comuns do contencioso comunitário.

2. As medidas cautelares no contencioso comunitário, noção, características. 3. Condições de admissibilidade da medida. 4. Condições de decretamento da medida (*fumus boni iuris*, *periculum in mora* e a ponderação de interesses em conflito). 5. O conteúdo das decisões cautelares proferidas pelo TJC e pelo TPI

Também no contencioso comunitário a celeridade na realização da justiça é um elemento essencial de tutela judicial efectiva[453]. Afinal, em todos os sistemas judiciais em que entre o início de um litígio judicial e a sua reso-

---

[451] Vd. ROSTANE MEDHI, "Le droit communautaire et les pouvoirs du juge national de l'urgence (quelques enseignements d'une jurisprudence récente)", *revue trimestrielle de droit européen*, 1996, 1, p. 78.

[452] A expressão é de ROSTANE MEDHI, "Le droit communautaire et les pouvoirs du juge national de l'urgence ... cit., p, 78. Utilizando a mesma expressão "comunitarizzazione" das regras relativas ao processo cautelar do Estados membros, R. CARANTA, "L'ampliamento degli strumenti di tutela cautelare e la progressiva 'comunitarizzazione' delle regole processuali nazionali", *Il Foro Amministrativo*, 1996, pp. 2554 ss.

[453] Vd. E. GARCÍA DE ENTERRÍA, *La Batalla por las Medidas Cautelares* ... cit., esp., pp. 35 a 137.Vd. J. MOTA DE CAMPOS, "O Ordenamento Jurídico Comunitário", in: *Direito Comunitário*, 3.ª ed., Lisboa, p. 382. O Autor menciona que os Tratados europeus prevêem medidas provisórias de carácter cautelar no sentido de "impedir que o alcance, a utilidade ou eficácia da decisão final a proferir quanto ao fundo da questão subjudice, possam ser prejudicados pela inevitável demora da decisão final e pela execução, que entretanto poderia ter lugar, dos actos impugnados".

lução medeie um lapso de tempo – "délai universellement incompressible"[454] –, suficiente para causar um perigo grave e irreparável ao *quid* sobre o qual incide esse litígio, está fundamentada a existência de remédios processuais que visam proteger esse *quid*, de modo a que, na circunstância de vir a ser proferida sentença favorável, esta não seja desprovida de todo o seu efeito útil, apesar do tempo passado[455].

Por conseguinte, o contencioso comunitário[456] está apetrechado com mecanismos de tutela cautelar que neste têm, exactamente, a mesma função que em qualquer outro processo: assegurar a efectividade da decisão jurisdicional que porá fim ao processo principal. Ao mesmo tempo, estruturalmente, a tutela cautelar actua, mantendo ou inovando sobre o *status quo*.

Sem dúvida que no contencioso comunitário, mercê de uma série de circunstâncias – de um lado, o desenvolvimento do próprio ordenamento jurídico e, portanto, o aumento do *tráfego* de normas jurídicas comunitárias, e, do outro, o aumento considerável de litígios e (consequente) aumento da duração dos processos nas instâncias comunitárias –, as medidas cautelares têm assumido um papel relevante[457].

---

[454] Palavras de ROSTANE MEDHI, "Le droit communautaire et les pouvoirs du juge national de l'urgence ... cit., p. 85.

[455] J. PALACIO GONZÁLEZ, *El Sistema Judicial Comunitario*, Bilbao, 1996, p. 346.

[456] Nos termos do art. 242.º e do art. 243.º do Tratado CE (c/ alt. introduzidas pelo Tratado de Amesterdão) prevê-se que, respectivamente, o juiz comunitário ordene "a suspensão da execução do acto impugnado" e que "nas causas submetidas à sua apreciação" ordene "as medidas provisórias necessárias". Vd. F. LOUREIRO BASTOS, *Tratado da União Europeia e Tratado da Comunidade Europeia*, Lisboa, SPB Editores, 1999. Devem ainda trazer-se à colação os arts. 36.º, 50.º e 53.º do Protocolo relativo ao Estatuto do TJ e do TPI, sendo, ainda, de realçar os arts. 83.º a 90.º do Regulamento Processual do TJ (RPTJ) e arts. 104.º a 110.º do Regulamento Processual do TPI (RPTPI).

[457] Vejam-se os seguintes números: em sede de questões prejudicais, em 1970 deram entrada nas instâncias jurisdicionais comunitárias 79 pedidos, com duração processual de seis meses. Em 1990, introduziram-se mais 443 novas questões, cuja duração aumentou para 17,4 meses. Em sede de recursos directos, a duração dos processos variou, entre 1970 e 1990, de nove para 25,5 meses. Cfr. B. PASTOR BORGOÑON/E. VAN GINDERACHTER, *El Procedimiento de Medidas Cautelares ante el Tribunal de Justicia y el Tribunal de Primeira Instancia de las Comunidades Europeas*, Madrid, 1993, p. 23, nota 14.

O primeiro e nuclear objectivo das medidas cautelares está em manter um certo equilíbrio entre as partes num processo principal, de modo que se evitem situações irreversíveis que de todo inutilizam a sentença que vier a ser proferida, deixando em aberto, portanto, a possibilidade da efectiva execução *in natura* da sentença definitiva[458]. Por conseguinte, o objectivo da tutela cautelar (também) no âmbito da Justiça comunitária é "cristalizar"[459] a situação de facto entre as partes, até ao momento em que se decide definitivamente a questão submetida ao juiz de fundo ou de mérito, ou, para que, em caso de *periculum* de alteração irreversível do *statu quo*, seja possível a criação de um *modus vivendi ex novo* provisório entre as partes[460].

Os mecanismos de urgência no direito comunitário têm, por isso, também uma outra função que é "servir l'intérêt d'une bonne administration de la justice", preservando a utilidade da decisão de fundo[461].

O juízo cautelar no contencioso comunitário, sobre a decretação ou não da medida provisória[462], tem sido, constante e reiteradamente, feito nestes termos: "(...) no âmbito de um pedido de suspensão de execução, compete ao juiz do processo de medidas provisórias examinar se a eventual anulação do acto em litígio, pelo tribunal que decidir quanto ao mérito, permite [*a posteriori*] modificar a situação provocada pela execução imediata desse acto, e, [tem também ajuizado] inversamente, se a suspensão da execução desse acto pode impedir o efeito útil do acto, na hipótese de o recurso principal vir a ser decidido em sentido contrário". Apura-se que a jurisprudência comunitária considera que o juiz cautelar deve intervir para preservar o efeito útil da sentença final, sendo que é em função da efectividade da decisão de mérito que se afere da adequação da medida solicitada[463].

---

[458] A este propósito, vd. PIERRE PESCATORE, "Les mesures conservatoires et les 'référés'", in: *La jurisdiction internationale permanente*, Paris, 1987, p. 326.

[459] A expressão é de ROSTANE MEDHI, "Le droit communautaire et les pouvoirs du juge national de l'urgence ... cit., p. 85.

[460] Assim, MARCEL SLUSNY, "Les mesures provisoires dans la jurisprudence de la Cour de Justice des Communautés européennes", *Revue belge de droit international*, 1967, 1, p. 131.

[461] ROSTANE MEDHI, "Le droit communautaire et les pouvoirs du juge national de l'urgence ... cit., p. 85.

[462] No mesmo sentido, vd. Despacho do Presidente do TJ de 11.5.1989, procs. 76/89, 77/89 e 91/89 R, *RTE e o./Comissão*, Colect. 1989, p. I-1141.

[463] A propósito das condições de decretação de medidas provisórias, vd. a síntese do Despacho do Presidente do TJ de 21.3.1997, proc., C-110/97 R, *Reino dos Países*

Também as medidas provisórias decretadas pelo instâncias jurisdicionais comunitárias, no âmbito da aplicação dos arts. 185.º (actual 242.º) e 186.º (actual 243.º) do Tratado CE, apresentam as características de instrumentalidade, provisoriedade[464] e *sumariedade*, pelo que as qualificamos de medidas cautelares[465].

É unânime a jurisprudência a afirmar que tem de existir uma forte conexão entre a medida requerida e o objecto da questão principal, de tal modo que aquela nasce para servir esta. Por outro lado, considera que o conteúdo da decisão cautelar está limitado, num duplo sentido, pelos efeitos da decisão principal[466].

A instrumentalidade está presente, desde logo, no próprio Tratado UE ao nele se prever que o Juiz Comunitário só poderá ordenar "a suspensão de acto impugnado" e a decretação de medidas provisórias "nas causas submetidas à sua apreciação". Deste primeiro aspecto realçado apura-se que a tutela caute-

---

Baixos/Conselho da União Europeia, Colect., 1997, p. I-1797. Neste se menciona que "a suspensão da execução e as medidas provisórias podem ser concedidas pelo juiz das medidas provisórias se se chegar à conclusão que, à primeira vista, a sua concessão é justificada de facto e de direito (*fumus boni iuris*) e que são urgentes no sentido de que são necessárias para evitar um prejuízo grave e irreparável dos interesses do requerente, que sejam decretadas e produzam os seus efeitos antes da decisão no processo principal. Além disso, devem ser provisórias para que não prejudiquem as questões de direito ou de facto em litígio, nem neutralizem por antecipação as consequências da decisão a proferir posteriormente no processo principal".

[464] Realça-se, desde já, a contribuição do Advogado Geral CAPOTORTI (relativamente aos procs. 24/80 e 97/80 R, *Comissão/França*, Rec. 1980, pp. 1334 ss.) que aponta, por aplicação do art. 186.º do Tratado CEE (actual 243.º), as seguintes características às medidas provisórias aplicadas pelo juiz comunitário, a saber: a) a existência de um "forte vínculo" entre a medida cautelar e a questão de fundo do litígio; b) a natureza provisória dos efeitos da decisão cautelar; c) a limitação do conteúdo da decisão cautelar, no sentido de não julgar antecipadamente a questão de fundo.

[465] Se bem que também no âmbito do contencioso comunitário existam outras medidas provisórias de natureza urgente, a tendência da doutrina é para autonomizar os processos tradicionalmente acessórios.

[466] Aponta-se, ainda, à tutela cautelar a característica de "homogeneidade" ("pero no identidad") entre o conteúdo da decisão cautelar e "las medidas ejecutivas". Cfr. B. PASTOR BORGOÑON/E. VAN GINDERACHTER, *El Procedimiento de Medidas Cautelares ante el Tribunal de Justicia* ... cit., p. 24.

lar está dependente ou subordinada ao processo principal que serve ou que assegura. Mais especificamente, o processo cautelar serve a pretensão de manter íntegro o *quid* sobre que incide o processo principal.

No contencioso comunitário, a proibição de existência isolada ou autónoma do processo cautelar é clara. Por isso, não há qualquer possibilidade do processo cautelar se apresentar só, isto é, desacompanhado de um processo principal[467]. E ainda se torna clara a negação da existência prévia de pedido ou demanda cautelar face ao pedido ou meio principal. Portanto, uma das condições de admissibilidade do pedido de medida cautelar é a existência de um processo pendente, cujo efeito prático ou útil será assegurado pelo primeiro[468], existindo assim uma forte conexão/vínculo entre os dois meios[469]. Note-se, todavia, que, no que respeita ao pedido de medidas cautelares distintas da suspensão de execução de um acto, a jurisprudência não precisou claramente o tipo de vínculo existente, e, de um modo geral, estabeleceu que a medida solicitada tem de "ter conexão" com o processo principal[470]. A doutrina defende que, no que respeita a esta questão, a posição a seguir passa pelo critério da instrumentalidade do meio cautelar perante a efectividade da sentença principal, sendo que o juiz deve fazer um juízo de adequação da medida solicitada à sua função: garantir que a decisão final que vier a ser proferida

---

[467] Cfr. art. 83.º, § 1, RPTJ e art. 104.º, § 1, RPTPI.

[468] Neste sentido, B. PASTOR BORGOÑON/E. VAN GINDERACHTER, *El Procedimiento de Medidas Cautelares ante el Tribunal de Justicia* ... cit., p. 25.

[469] Defende-se na jurisprudência que, em princípio, o acto, cuja suspensão é requerida, é o mesmo acto que é objecto de impugnação no processo principal. Cfr. Decisão do TJ de 16.7.1963, procs. 35/62 e 16/63 R, *André Leroy/Alta Autoridade*. O demandante impugnou uma decisão da Alta Autoridade, de quem era agente auxiliar, que lhe havia negado a sua integração como funcionário, pedindo em sede de medida cautelar que, entre outro aspectos, se proibisse a rescisão do contrato e se impedisse a realização de concurso para preenchimento da vaga. Tal pedido não foi aceite. Esta posição foi qualificada, pela doutrina em geral, como excessivamente formalista. Vd. G. BORCHARD, "The award of interim measures by European Court of Justice", *Common Market Law Review*, 1985, 2, p. 208; GRAY, "Interim measures of protection in European Court", *European Court Review*, 1979, 2, p. 86; PASTOR/GINDERACHTER, "La procédure en 'référé'", *Revue trimistrielle de droit européen*, 1989, pp. 561 ss.

[470] O juiz comunitário já negou um pedido cautelar, alegando que "este não faz parte das pretensões do requerente apresentadas no processo principal". Cfr. Despacho do Presidente do TJ de 3.11.1980, proc. 186/80 R, *Benoit Suss/Comissão*, Rec., 1980, p. 3506.

no processo principal não seja inútil ou de efeito meramente platónico[471]. Neste sentido, vai o Acórdão do TJ, de 16.06.98, proc. C-53/96, *Hermès International* (*société en commandite par actions*) contra *FHT Marketing Choice BV*, que surge no âmbito de uma questão prejudicial solicitada por *Arrondissementsrechtbank Amsterdam*[472] e que acaba por confirmar as noções de instrumentalidade e de provisoriedade cautelares[473].

No que respeita à provisoriedade, esta é uma das características da tutela cautelar que no contencioso comunitário apresenta duas vertentes próprias. Por um lado, de acordo com o disposto no RPTJ e no RPTPI, a medida deixa de produzir efeitos desde a altura em que é pronunciada a decisão que põe fim à instância principal, salvo se outra data for fixada quanto ao momento a partir do qual deixa de produzir efeitos[474]. Ou seja, a medida decretada *nasce com*

---

[471] Assim defendem B. PASTOR BORGOÑON/E. VAN GINDERACHTER, (*El Procedimiento de Medidas Cautelares ante el Tribunal de Justicia* ... cit., p. 29) ao mencionar que "o juiz cautelar tem de perguntar a si mesmo se a medida será adequada (ou não) para evitar que a decisão final do processo perca a sua utilidade prática".

[472] A questão prejudicial surge da dúvida, de entre outros aspectos, de saber se o art. 50.º, n.º 6 do Acordo TRIPs. – que exige que as autoridades judiciais nacionais das partes contratantes estejam habilitadas a ordenar a adopção de medidas provisórias para proteger os interesses dos titulares dos direitos de marca conferidos pela legislação das referidas partes – e o art. 99.º do Regulamento n.º 40/94 – sobre marca comunitária – que refere que o direito de marca comunitária pode ser protegido através da adopção de medidas provisórias e cautelares – seria correctamente respeitado através da aplicação, pelo juiz nacional, do artigo 289.º, n.º 1 do Código de Processo Civil neerlandês (que tem o seguinte conteúdo: "tendo em conta os interesses das partes, podem requer uma medida provisória imediata por motivos de urgência"). A resposta foi no sentido de que "a medida urgente adoptada pelo presidente não prejudicaria a análise quanto ao mérito do processo principal", porque esta visaria apenas assegurar a efectividade da decisão final.

[473] Vd., ainda Acórdão do TJ de 17.11.1995, p. C-391/95, *Van Uden Maritime BV* contra *Kommanditgesellschaft in Firma Deco-line*. Pedido de decisão prejudicial a propósito da clarificação do conteúdo da medida provisória cautelar para efeitos do art. 24 da Convenção de Bruxelas de 27 de Setembro de 1968. Nele é afirmada a necessidade da natureza instrumental e provisória (no sentido de não definitiva e reversível) da tutela cautelar na ordem jurídica comunitária. Vd. M. REQUEJO ISIDO, "Hans-Hermann Mietz v. Intership Yachting Sneek BV: venta a plazos y medidas cautelares, y otras cosas (que el tribunal no resuelve). Comentario a la STJCE de 27 de abril de 1999", *La Ley* (Union Europea), 31 de Maio, 1999, pp. 1 a 3.

[474] Cfr. arts. 86.º, § 3, RPTJ e 107.º, § 3, RPTPI.

os dias contados, ou *vive* com uma "duração transitória", seja ela prefixada (ou determinada pelo juiz comunitário[475]), seja essa duração indeterminada (dependendo, assim, do momento em que for ditada a decisão que põe fim ao processo principal). Por outro lado, entende-se que as medidas cautelares comungam da característica de provisoriedade porque a decisão pela qual se decretam não pode antecipar um julgamento prévio da questão de fundo, nem criar uma situação de facto irreversível[476]. Nos termos do art. 36.º (último parágrafo) do PETJCC[477] e dos arts. 86.º, § 4, RPTJ e art. 107, § 4 do RPTPI, consagra-se de forma clara que "o despacho (...) não poderá decidir antecipadamente de modo algum sobre a questão principal".

A jurisprudência comunitária, desde a mais antiga à mais recente, tem sido firme ao respeitar os preceitos em causa[478]. Têm as instâncias jurisdicionais comunitárias, neste sentido, decretado medidas, que "não prejudicam a decisão de fundo"[479] ou medidas "que não decidem os aspectos de direito ou de facto do litígio, nem neutralizam por antecipação as consequências da decisão que irá adoptar-se relativamente à questão de fundo"[480].

Destaca-se, por fim, o Despacho do Presidente do TPI de 03.03.1998, proc.T-610/97 R, *Hanne Norup Carlsen e o. /Conselho da União Europeia*, cujo excerto concretiza a jurisprudência comunitária actual, a propósito das

---

[475] Por exemplo, cfr., proc. 23/86 R, *Grã-Bretanha/Parlamento Europeu*, (Rec., 1986, p. 1085), em que Presidente decidiu, pelo Despacho de 17.3.1986, que o acto seria suspenso até que o Tribunal se pronunciasse sobre a validade do mesmo.

[476] Para uma panorâmica geral sobre a doutrina, a este propósito, vd. B. PASTOR BORGOÑON/E. VAN GINDERACHTER, *El Procedimiento de Medidas Cautelares ante el Tribunal de Justicia* ... cit., p. 29.

[477] Nos termos do art. 36.º do Protocolo Relativo ao Estatuto do Tribunal de Justiça da Comunidade Europeia, "A decisão proferida pelo presidente ou pelo seu substituto tem carácter meramente provisório e em nada prejudica a decisão do Tribunal sobre o fundo da causa".

[478] Vd., especialmente, o Despacho do Presidente do TJ de 28.5.1975, proc. 44/75 R, *Köneche*, Rec.,1975, p. 637. O Despacho do Presidente do TJ de 26 de 3.1.1987, (proc. 46/87 R, *Hoeschst/Comissão*, Rec.,1987, p. 1549 ss.), no qual o Presidente nem sequer atende aos fundamentos do requerente, já que se pretendia demonstrar a ilegalidade manifesta dos actos da Comissão.

[479] Despacho do Presidente do TJ de 7.7.1981, procs. 60 e 190/81 R, *IBM*, Rec., 1981, p. 1857; Despacho do Presidente do TJ de 26.2.1981 R, *Arbed*, Rec., 1981, p. 721.

[480] Despacho do Presidente do TJ de 20.7.1981, proc. 206/81 R, *Alvarez*, Rec., 1981, p. 2178.

características de instrumentalidade e provisoriedade da tutela provisória (cautelar), em sede do contencioso comunitário. Assim, neste despacho, é referido, no que à primeira característica respeita, que "a decisão não pode antecipar em nada a decisão provisória do tribunal quanto ao mérito (...), devido à sua natureza acessória, pois deve tender unicamente a salvaguardar, durante o processo no Tribunal, os interesses de uma das partes no litígio, a fim de não tornar ilusório o acórdão no processo principal, privando-o de efeito útil"[481]. No que diz respeito à segunda característica, o juiz cautelar realçou que "as medidas provisórias devem cessar, em princípio, de produzir os seus efeitos logo que seja proferido o Acórdão que põe termo à instância (...)" e, por isso, considerou, também, que "o pedido de medidas provisórias, que se destina a intimar o Conselho a comunicar a um tribunal nacional (e às partes no processo pendente neste órgão jurisdicional) certos documentos de carácter interno não pode ser atendido, pois, além de antecipar a decisão principal (...), esta transmissão iria produzir efeitos que não poderiam interromper-se definitivamente no momento da emissão dessa decisão". Concluiu, assim, o juiz do processo de medidas provisórias "que estas medidas não poderiam ser qualificadas de provisórias"[482].

Não podemos deixar de mencionar que alguma doutrina espanhola acrescenta à tutela cautelar outra característica, a "*homogeneidade*" ou semelhança com as "medidas de execução", que se traduz no facto de o conteúdo das medidas cautelares dever ser escolhido em função do conteúdo da futura sentença[483].

---

[481] Assim, Despacho do Presidente do TPI de 3.3.1998, proc. T-610/97 R, Colect., 1998, p. II- 488. No mesmo sentido, Despacho do Presidente do TJ de 17.5.1991, *CIRFS e o./Comissão*, proc. C-313/90R, Colect., 1991, p. I, 2557; Despacho do Presidente do TPI de 17.12.1996, *Moccia Irme/Comissão*, proc. T-164/96 R, Colect., 1996, p. II-2261; Despacho do Presidente do TPI de 3.3.1997, *Comafrica e Dole Fresh Fruit Europe/Comissão*, proc. T-6/97 R, Colect., 1997, p. II-291.

[482] Assim, Despacho do Presidente do TPI de 3.3.1998, proc. T-610/97 R, Colect., 1998, p. II- 488.

[483] B. PASTOR BORGOÑON/E. VAN GINDERACHTER, *El Procedimiento de Medidas Cautelares ante el Tribunal de Justicia* ... cit., p. 30. Autores que referem que "si bien las medidas pueden ser idénticas, puesto que las declaraciones jurisdiccionales relativas a la estimabilidad de la pretensión sobre las que respectivamente se fundamenta no tiene el mismo valor", visto que uma medida cautelar é decretada com base no *fumus boni iuris*, enquanto que as medidas executivas têm por base uma declaração jurisdicional definitiva. A que se acrescenta o facto de uma medida cautelar nunca poder antecipar todos os efeitos da decisão principal, sob pena de criar uma situação irreversível e converter em

3. Condições de admissibilidade da medida

3.1. Órgão judicial competente. 3.2. Procedimento normal. 3.3. Decisão

Em princípio, o órgão judicial competente para ordenar medidas provisórias é o Presidente do Tribunal que decide o litígio principal, cuja competência é determinada em função da qualidade do demandante[484]. O Presidente pode, todavia, atribuir o assunto ao Tribunal (art. 85.º § 1RPTJ) ou, no caso de se tratar do TPI, "à sala que julga a questão principal ou ao Pleno do Tribunal de Primeira Instância, se for este último o órgão que decide a questão principal".

O procedimento cautelar é autónomo face ao litígio principal, não podendo, todavia, iniciar-se antes deste. Quanto ao prazo para interposição do procedimento cautelar, não há um momento certo, mas, como é jurisprudência certa, a solicitação de uma medida cautelar num momento avançado do processo principal traduz um indício contrário à urgência do mesmo[485].

O procedimento inicia-se por requerimento separado que se deve fazer chegar à secretaria, ao qual se seguirá a fixação, pelo Presidente, de um prazo para "apresentação de observações escritas ou orais"[486]. O princípio do contraditório não é aqui afirmado cegamente. Na verdade, nem a parte demandada tem direito a apresentar por escrito a sua visão dos factos, nem as partes podem sempre apresentar oralmente as suas observações. Apesar de tudo, o princípio do contraditório concretiza-se, a não ser em caso de extrema urgência[487]. A propósito desta questão, cumpre destacar o Despacho,

---

inútil o processo principal. No mesmo sentido, J. PALACIO GONZÁLEZ, *El Sistema Judicial* ... cit., p. 349.

[484] Cfr. arts. 36.º, § 1 ETJCE, 85.º § 1 RPTJ e 106.º § 1 RPTPI.

[485] Vd. Despacho do Presidente do TJ de 16.08.1989, relativo ao proc. 57/89 R, *Comissão / República Federal da Alemanha*, Rec., 1989, pp. 2849 ss.

[486] Cfr. art. 84.º, § 1, RPTJ e art. 105.º, § 1 RPTPI.

[487] Vd. Despacho do Presidente do TJ de 16.2.1987, proc. 45/87 R, *Comissão CE/Irlanda*, (Colect., 1987, pp. 783 ss.) no qual foi deferido um pedido traduzido na proibição da Irlanda proceder à adjudicação (pelo conselho da área urbana de Dundalk) de uma empreitada de obra de melhoramento da rede de abastecimento de água potável de Dundalk. O juiz cautelar justificou o deferimento da medida, mesmo antes da outra parte ter apresentado as suas observações, com a urgência da mesma, argumentando que se pretendia "evitar que o êxito do pedido de medidas provisórias ficasse comprometido devido

do Presidente do TJ de 13.9.88, p. 194/88 R, *Comissão/República Italiana*, que dois dias depois de perante si ser requerida a suspensão do concurso de empreitada de obra pública, realizado por um "agrupamento de municípios para construção e gestão de uma instalação de incineração e de transformação de resíduos sólidos urbanos", ordena de imediato à República italiana que adopte todas as medidas necessárias a suspender o concurso da referida empreitada. O juiz cautelar não deixou de ouvir as partes em audiência, apesar de ter já decretado um medida provisória, tendo até de a prorrogar devido ao facto de a audiência estar marcada para data posterior ao momento em que caducaria a medida provisória decretada. Por conseguinte, tem vindo a entender-se que, apesar da urgência nas medidas provisórias, o princípio do contraditório deve ser assegurado, ainda que seja realizado posteriormente à emissão da decisão cautelar interlocutória[488].

O procedimento cautelar está aberto à intervenção de terceiros.

A decisão, que surge através de despacho fundamentado não é recorrível, salvo se for proferida pelo TPI, pois neste caso será susceptível de recurso para o TJ (art. 50.º do ETJCE)[489]. A decisão pode ser modificada ou revogada se "houver alteração das circunstâncias"[490]. A medida provisória não pode "prejudicar a decisão principal", isto é, decidir dos factos ou dos aspectos de direito do litígio principal, nem pode produzir efeitos para além da data em que se pronuncia a sentença que põe fim ao processo principal[491].

Muito embora se reconheça firmemente que a decisão sobre medidas cautelares não pode prejudicar a questão de fundo, nem sempre se evita que o decretamento de certas medidas provisórias, em determinadas circunstâncias, incida sobre a questão de fundo, levando à extinção do litígio principal [492].

à existência de um *fait accompli*. Se a empreitada em causa fosse adjudicada antes de haver uma decisão sobre o pedido de medidas provisórias poderiam surgir dificuldades quanto à posterior anulação". O juiz cautelar, neste caso, emitiu tutela provisória num prazo de três dias.

[488] Vd. Despacho do Presidente do TJ de 13.9.1988, proc. 194/88 R, *Comissão/República Italiana*, Colect., 1988, pp. 4559 ss. e Despacho do Juiz T. Koopmans (em substituição do Presidente do TJ) de 27.9.1988, proc., 194/88 R, *Comissão da Comunidades Europeias/República Italiana*, Colect., 1988, pp. 5647 ss. Despacho este que prorroga a decisão anterior.

[489] Despacho do Presidente do TJ de 7.3.1995, proc. C-12/95 P, *Transacções Marítimas S.A.* (Tramasa), Rec., I-467.

[490] Cfr. arts. 88.º RPTJ e art. 108.º RPTPI.

[491] Cfr. arts. 86.º, § 3, RPTJ e 107.º, § 3 e 4 RPTPI.

[492] Assim verifica J. PALACIO GONZÁLEZ, *El Sistema Judicial* ... cit., p. 349.

4. Condições de decretamento da medida cautelar solicitada

Dispõe o RPTJ e o RPTPI que o juiz comunitário pode ordenar a suspensão da execução de um acto de uma instituição comunitária ou decretar outra qualquer medida desde que estejam preenchidos certos pressupostos. É necessário, nos termos do regulamento, que o pedido formulado especifique, além do objecto do litígio, "as circunstâncias que configuram a urgência, assim como os antecedentes de facto e os fundamentos de direito que justificam à primeira vista a concessão da medida provisória solicitada"[493].

Ora, escrito assim, podemos concluir que são dois os pressupostos de procedência da medida cautelar: a urgência e uma aparência sobre os elementos de facto e de direito que justificam a concessão de medida requerida.

A jurisprudência comunitária tem elaborado – como é, em geral, de seu génio – estas condições de procedência da tutela cautelar[494]. Assim, é jurisprudência, mais ou menos[495] constante, que esse decretamento depende da verificação de duas condições, sendo que lhe adicionam mais uma de origem exclusivamente pretoriana[496]. São elas: a ameaça de perigo grave e

---

[493] Cfr. arts. 83.º, § 2, RPTJ e 104.º, § 2, RPTPI.

[494] Vd. Despacho do Presidente do TPI de 2.3.1998, proc. T-310/97, *Governo de Antilhas Neerlandesas/Conselho da União Europeia*, Colect., 1998, p. II-458. O Despacho refere-se a aspectos importantes relativos à concessão das medidas provisórias no contencioso comunitário: a) Condições de concessão da providência provisória; prejuízo grave e irreparável, designadamente o conceito de irreparabilidade. Destaca ainda a ponderação de interesses em causa efectuada.

[495] A expressão "mais ou menos" significa que houve variações na adopção da posição jurisprudencial. Assim, a primeira variação aconteceu com a elaboração do conceito de urgência: a jurisprudência do TJCE precisou que o carácter urgente de uma demanda cautelar se deve apreciar "em relação com a necessidade que existe de proceder a um decretamento de uma medida cautelar a fim de evitar que se produza à parte que solicita a medida provisória um prejuízo grave e irreparável". Vd., a este propósito, Despacho do Presidente do TJ de 9.7.1986, proc. 119/86 R, *Reino de Espanha /Conselho e Comissão*, Colect., 1986, p. 2241. Para uma análise de jurisprudência mais actual, vd. Despacho do Presidente do TPI de 2.3.1998, proc. T-310/97, *Governo de Antilhas Neerlandesas/Conselho da União Europeia*, Colect., 1998, p. II-458; Despacho do Presidente do TJ, de 15.4.1998, *Camar Srl/Comissão da Comunidades Europeias e Conselho da União Europeia*, Colect., 1998, p. I-1818.

[496] Assim, vd. Despacho do Presidente do TJ, de 22.4.1994, proc. C-87/94 R, *Comissão/Reino da Bélgica*, Colect., 1994, p. I-1395, onde se afirma que é jurisprudên-

irreparável; o *fumus boni iuris* ou a aparência de direito e a ponderação de interesses, traduzida no equilíbrio dos interesses em presença.

Este último pressuposto, não previsto nas regras, tem vindo a assumir um peso determinante no momento de emissão da providência, pois esta só é decretada, mesmo que estejam preenchidos os dois outros pressupostos, quando depois de efectuado um juízo de ponderação ou de pesagem em conjunto dos interesses em jogo, se conclui que os danos que se pretendem evitar ao requerente com a emissão da providência, são de maior intensidade do que os prejuízos que a mesma provoca ao demandado. O juiz cautelar comunitário tem vindo a contemplar no seu juízo ponderativo os interesses de terceiros e o interesse geral da União Europeia.

Quanto à ordem de conhecimento dos dois primeiros pressupostos, a jurisprudência não tem vindo a ser uniforme.

Em 1959, o juiz comunitário entendeu que só faria sentido apreciar a condição relativa ao *fumus boni iuris* quando estivesse preenchida a condição relativa ao *periculum in mora,* ou prejuízo grave e irreparável[497].

Já posteriormente em 1963, esta ordem foi alterada no sentido de não apreciar se há prejuízo grave ou irreparável, quando o pedido não se mostra fundado[498]. Em 76 volta-se ao início, isto é, o juiz cautelar deixa de tratar da questão do *fumus boni iuris* prioritariamente[499]. Assim, na maioria das decisões das instâncias comunitárias recentes, o juiz cautelar tem deixado de apreciar a condição relativa à aparência de bom direito, pelo facto de não se encontrar preenchida a condição relativa à urgência[500].

---

cia comunitária constante que o despacho favorável ao requerente está dependente de "circunstâncias demonstrativas da urgência; bem como da existência de fundamentos de facto e direito que, à primeira vista, justifiquem a adopção da medida requerida (*fumus boni iuris*). Tal "(...) decisão pressupõe ainda que a ponderação dos interesses em causa penda a favor da concessão de tal medida. Estas condições são cumulativas".

[497] Cfr. Despacho do Presidente do TJ de 26 de Junho de 1959, proc. 31/59 R, *Acciaireria e Tubificio di Brescia /Alta Autoridade*, Rec., 1960, pp. 211 ss.

[498] Cfr. Despacho do Presidente do TJ de 17.71963, proc. 68/63 R, *Luhleich /Comissão*, Rec., 1965, pp. 768 ss.

[499] Vd. Despacho do Presidente do TJ de 15.10.1976, proc. *Lacroix/ Tribunal de Justiça*, Rec., 1976, pp. 1563 ss.

[500] Vd. Despacho do Presidente do TPI, de 15.12.1992, proc. T-96/92 R, *Comité Central d'Entreprise de la Société de Grandes Sources e o./Comissão*, Colect. 1992, p. II-2579, onde é referido que "sem que seja necessário analisar os fundamentos invocados

Recentemente, o TJ pronunciou-se sobre esta questão e mencionou que o "juiz das medidas provisórias dispõe de um vasto poder de apreciação e é livre de determinar, relativamente às especificidades do caso concreto, o modo como essas condições devem considerar-se, bem como a ordem dessa análise"[501].

Nestes anos, a jurisprudência comunitária foi, em suma, marcada por uma "incoerência"[502] e variação. Este fenómeno tem como razão a natureza da tutela em causa, a urgência processual e o facto de a decisão ser ditada por uma só pessoa, para um caso concreto e sem ser devidamente fundamentada, por regra.

A doutrina tem vindo a defender que a análise do requisito relativo à urgência deve ser prévia à da análise do *fumus boni iuris*[503], e, de um modo geral (na década de 90), tem sido neste sentido que o juiz cautelar tem vindo a actuar, precedendo a averiguação do *fumus boni iuris* pela confirmação do

---

pelos requerentes para justificar a apresentação do carácter fundamentado dos seus pedidos no processo principal." Vd., tb., Despacho do Presidente do TJ de 13.4.1993 R, *Compagnie Maritime Belge Transport NV/Comissão*, Colect., 1993, p. II-1543, onde se refere que, face à ausência de urgência na medida provisória, "não é necessário analisar a presunção de procedência relativamente aos fundamentos invocados pela requerente no seu processo principal."; Despacho do Presidente do TPI de 16.12.1994, procs. T-278, 555, 280/93 R, *Davis Alwyn Jones e Mary Bridget Jones e o/Conselho da EU e Comissão das CE*, Colect., 1994, p. II-0011; Despacho do Presidente do TJ de 15.4.1998, proc. C-43/98 P (R), *Camar Srl/Comissão das Comunidades Europeias e Conselho da União Europeia*, Colect., 1998, p. I-1815.

[501] Sendo que "nenhuma norma de direito comunitário lhe impõe um esquema de análise pre-estabelecido para apreciar a necessidade de decidir provisoriamente" e, dado que tais condições têm um carácter cumulativo, "os fundamentos relativos à existência de um *fumus boni iuris*, não podem pôr em causa a inexistência de urgência, nem podem levar à anulação, nem sequer parcial, do despacho". Vd., a este propósito, Despacho do Presidente do TJ de 10.9.1997, proc. C-248/97 P (R), *Luís Manuel Chaves Fonseca Ferrão/Instituto de Harmonização do Mercado Interno (marcas, desenhos e modelos)*, Colect., 1997, p. I-4731.

[502] B. PASTOR BORGOÑON/E. VAN GINDERACHTER, *El Procedimiento de Medidas Cautelares ante el Tribunal de Justicia* ... cit., p. 76.

[503] Neste sentido, PIERRE PESCATORE, "Les mesures conservatoires et les 'référés' ... cit., pp. 338 ss. B. PASTOR BORGOÑON/E. VAN GINDERACHTER, *El Procedimiento de Medidas Cautelares ante el Tribunal de Justicia* ... cit., p. 77. Defendem os autores que só fará sentido que o juiz cautelar aprecie mais de perto o fundo da questão se se demonstrar que existe uma ameaçada de produção de um prejuízo grave e irreparável.

periculum in mora. Todavia, de vez em quando, o juiz cautelar resolve averiguar o *fumus boni iuris* em primeiro lugar.

Destaca-se, a título de exemplo, o Despacho do Presidente do TJ de 21.6.1988, p. 148/88 R, *Allessandro Albani e o./Comissão das CE*, em que, no pedido de suspensão de um concurso (COM/A/482)[504] e no pedido de proibição de elaboração e publicação da lista de aptidão dele resultante, o tribunal decide que, "de acordo com as poucas informações, a alegada irregularidade da correcção da segunda prova escrita não parece como sendo de molde a falsear sensivelmente o resultado final do concurso e não pode, por isso, justificar a concessão das medidas provisórias requeridas". Assim, concluiu o Presidente do TJ que "não estando preenchida esta condição para a concessão das medidas provisórias, não cabia apreciar as outras (...)[505].

Antes de atender ao estudo de cada uma condições, cumpre referir um primeiro obstáculo formal que aos requerentes é colocado quando solicitam a tutela cautelar e que é uma das condições de admissibilidade do processo de medidas provisórias, que se refere à admissibilidade do processo principal.

Na actualidade, aceita-se firmemente que o juiz cautelar deva examinar, no âmbito do processo cautelar que lhe é entregue, se o que é alegado pelo requerente no processo principal é sério e tem fundamento. Ao proceder de tal modo, o juiz aprecia um dos pressupostos de procedência da medida provisória, o *fumus boni iuris*. Contudo, a posição da jurisprudência comunitária

---

[504] Os requerentes interpuseram recurso de anulação do processo de correcção de provas escritas do concurso COM/A/482 ou, subsidiariamente, da decisão do júri de os não admitir às provas orais do mesmo concurso. Em separado, requereram a suspensão do prosseguimento do processo do concurso e a suspensão da elaboração ou da publicação da lista de aptidão dele resultantes. Para cumprir o normativo 83.º § 2 do RPTJ, o dever "de especificar os fundamentos de facto e de direito que perfunctoriamente justificam a medida provisória requerida", os requerentes invocaram irregularidades no desenrolar das provas escritas e na correcção da segunda das provas escritas.

[505] Refere o Presidente do TJ que, "de acordo com estas informações, a alegada irregularidade de correcção da segunda prova escrita não aparece como sendo de molde a falsear sensivelmente o resultado final do concurso e não pode, por isso, justificar a concessão das medidas provisórias requeridas. Não estando preenchida a primeira condição para a concessão de medidas provisórias, não cabe apreciar as outras condições referidas no n.º 2, do art. 83.º do Regulamento Processual". Vd. Despacho do Presidente do TJ de 21.6.1988, proc. 148/88 R, *Allessandro Albani e o./Comissão das CE*, Colect., 1988, pp. 3361 ss.

não é tão segura no que respeita à questão de saber se pode (também) o juiz cautelar analisar a admissibilidade e a adequação do processo principal, antes de entrar na análise deste e de outros pressupostos de concessão da providência cautelar.

Até 1983, vinga a posição de que deve o juiz do processo provisório deixar essa análise (sobre a admissibilidade ou não do meio principal) para o juiz do processo principal, sob pena daquele antecipar o julgamento sobre a questão de fundo[506]. Este traço jurisprudencial tem como propósito evitar *promiscuidade* nas competências atribuídas a cada um dos juizes. Esta delineação da jurisprudência comunitária, a partir de 1983[507], vai sofrer uma excepção que permite ao juiz cautelar emitir uma apreciação sobre a pertinência (admissibilidade) do meio principal, apenas quando este for manifestamente inadmissível. Esta jurisprudência tem-se mantido firme.

Quanto aos motivos que levariam à inadmissibilidade do meio principal e que poderiam ser tomados em consideração pelo juiz cautelar, estes seriam, num primeiro momento, de tipo meramente formal, designadamente o motivo da extemporaneidade do recurso de anulação, ou o não cumprimento dos requisitos do art. 37.º, § 1, RPTJ.

Durante algum tempo, foi adoptada a posição no sentido de considerar suficientes as dúvidas sobre a admissibilidade do meio principal para justificar a rejeição da providência cautelar[508].

---

[506] Vd. os processos 75/72 R, *Perinciolo/Conselho*, Rec., 1972, pp. 1201 ss.; proc. 186/80 R, *Suss/Comissão*, Rec., 1980, pp. 3501 ss.; proc. 23/86 R, *Reino Unido/Parlamento Europeu*, Colect., 1986, pp. 1085 ss.

[507] Este traço jurisprudencial iniciou-se com o Despacho do Presidente do TJ de 5.8.1983, proc. 118/83 R, *CMC Muratori/Comissão*, Rec., 1983, pp. 2583 ss. A propósito do pedido de suspensão da execução de um contrato de obra pública e em que a demandada invoca a incompetência do Tribunal, este inicia a análise da admissibilidade do recurso principal; o qual deve mostrar-se, *prima facie*, possível para que o juiz cautelar admita a existência de um interesse legítimo em solicitar medidas cautelares.

[508] A conclusão é de B. PASTOR BORGOÑON/E. VAN GINDERACHTER, *El Procedimiento de Medidas Cautelares ante el Tribunal de Justicia* ... cit., p. 79. Cfr. Despacho do Presidente do TJ de 18.8.1988, proc. 191/88 R, *Société Co-Frutta/Comissão*, Colect., 1988, pp. 4551.

O TJ marcou claramente a sua posição na decisão de 16.10.1986, relativa ao caso *Grupo das Direitas Europeias e Partido Frente Nacional/ Parlamento Europeu*.

Neste processo, em que o grupo pretende suspender a execução de uma decisão do Parlamento Europeu e em que a Comissão invoca a inadmissibilidade manifesta do recurso de fundo, entre outros aspectos pelo facto de o acto comunitário não ser impugnável e também pela falta de legitimidade do grupo, o juiz cautelar começou por referir que "é certo que o Tribunal já manifestou, em vários momentos, que o problema da admissibilidade do recurso principal não deve ser examinado em princípio em sede de um processo cautelar, mas que deve ser reservado para análise do processo principal (...). Não obstante, dado que no caso concreto se invoca uma inadmissibilidade manifesta (...) cumpre analisar se há certos elementos que permitam considerar, à primeira vista, se a admissibilidade não é totalmente excluída".

Assim, considerou o tribunal do processo cautelar que "sem prejuízo da competência do Tribunal para decidir sobre a admissibilidade do recurso principal" o facto de se ter constatado que o recurso principal não tinha sido interposto só pelo grupo das Direitas Europeias, mas também pelo partido 'Frente Nacional' "tal constatação bastava para concluir que, *prima facie*, a demanda de suspensão de execução [seria] admissível".

Nesta decisão reconhece-se que o juízo de admissibilidade do meio principal depende de um juízo *prima facie* e que é suficiente que tal admissibilidade se mostre possível para que a medida cautelar não deva ser indeferida[509].

Na década de 90, a apreciação da admissibilidade do meio principal, a partir do juízo *prima facie* de admissibilidade suficiente ou possível, manteve-se[510]. Neste sentido vai o Despacho do Presidente do TPI de 15.12.1992,

---

[509] A propósito desta solução "possibilista", vd. PIERRE PESCATORE, "Les mesures conservatoires et les 'référés' ... cit., p. 335.

[510] Vd. Despacho do Presidente do TJ de 27.6.1991, proc., C-117/91 R, *Bostman/Comissão*, Colect., 1991, p. I-3353; Despacho do Presidente do TJ de 13.4.1993 R, *Compagnie Maritime Belge du Transport NV/Comissão, Col.*, 1993, p. II-1543. No despacho utiliza-se a seguinte terminologia: "o processo principal, *prima facie*, não se afigura inadmissível". Tb., Despacho do Presidente do TPI de 26.8.1996, proc., T-75/96 R, *Söktas/Comissão*, Colect., 1996, p. II-859; Despacho do Presidente do TPI de 14.10.1996, proc. T-137/96 R, *Valio/Comissão*, Colect., 1996, p. II-1330. Finalmente, vd. Despacho de Presidente do TPI de 2.3.1998 ... cit.

p. T-96/92 R, *Comité Central d'Entreprise de la Société de Grandes Sources e o./Comissão*. Perante a alegação da inadmissibilidade do recurso principal, foi referido que "compete ao juiz que se pronuncia sobre as medidas provisórias determinar se, à primeira vista, o recurso apresenta elementos que permitem concluir, com certa probabilidade, a sua admissibilidade" [511].

4.1. O *fumus boni iuris*

Nos termos das regras jurídicas aplicáveis, quer o pedido de suspensão de execução de uma decisão, quer o pedido relativo a medidas provisórias, devem conter expressamente os "antecedentes de facto e os fundamentos de direito que justificam à primeira vista a concessão da medida provisória solicitada"[512].

Esta disposição permite que se analise, no estado do processo cautelar, a hipótese de procedência do processo principal[513], ou a seriedade dos fundamentos de facto e de direito alegados no processo principal. Por conseguinte, o juiz cautelar, ainda que respeite a regra segundo a qual a sua decisão não pode prejudicar a decisão de fundo, deve valorizar os elementos alegados pelo requerente. Só pode emitir a medida cautelar se, depois de recorrer a um juízo de probabilidade, ficar convencido de que o requerente sairá vencedor na lide principal[514].

---

[511] Despacho do Presidente do TPI de 15.12.1992, proc. T-96/92 R, *Comité Central d'Entreprise de la Société de Grandes Sources e o./Comissão*, Colect. 1992, p. II-2579.

[512] Cfr. art. 83.º, § 2, RPTJ e art. 104.º, § 2, RPTPI.

[513] Alguma doutrina entende, porém, que este requisito apenas se pode analisar depois de confirmada a condição da urgência. Vd. B. PASTOR BORGOÑON/E. VAN GINDERACHTER, *El Procedimiento de Medidas Cautelares ante el Tribunal de Justicia* ... cit., p. 86. No mesmo sentido, J. PALACIO GONZÁLEZ, *El Sistema Judicial* ... cit., p. 351. Como já demonstrámos, a jurisprudência comunitária não é constante na ordem de apreciação das condições de decretamento da medida provisória, todavia, na década de 90 é jurisprudência majoritária conhecer, em primeiro lugar, a urgência do pedido.

[514] Desta opinião são MARCEL SLUSNY, "Les mesures provisoires dans la jurisprudence de la Cour de Justice ... cit., pp. 139 a 141; G. BORCHARDT, "The award of interim measures by European Court of Justice", *Common Market Law Review*, 1985, 22, p. 210. Cfr. PIERRE PESCATORE, "Les mesures conservatoires et les 'référés' ... cit., pp. 337 a 340. O Autor, fundamentando-se numa interpretação textual do normativo 83.º, § 2, RPTJ, é da opinião que nesta regra não consta nenhuma condição relativa ao *fumus*

Numa perspectiva de descoberta quanto às formulações do *fumus boni iuris* utilizadas pela jurisprudência, podemos verificar que estas nem sempre são idênticas, nem reflectem a mesma intensidade.

Se em 1959 a jurisprudência admite exigir um grau maior de probabilidade quanto à procedência do meio principal, requerendo "uma forte presunção a favor da procedência da demanda principal"[515], na década de 60, a jurisprudência exige que "o recurso principal se apresente como manifestamente fundado"[516].

A partir do Despacho do Presidente do TJ de 16.1.75, *Johnson & Fith Brown*, a jurisprudência parece considerar que para satisfazer a condição basta que "alguns elementos básicos do recurso principal não se apresentem, num primeiro exame, de tal modo que devam considerar-se como manifestamente sem fundamento"[517].

Já em meados de 80, o tribunal faz os seguintes juízos: "Pode admitir-se à luz dos elementos que acabam de ser expostos que o requerente conseguiu adiantar argumentos pertinentes que deverão constituir objecto de um exame mais aprofundado aquando da apreciação do processo principal. Pode, desde logo, entender-se que os fundamentos invocados pelo requerente são constitutivos de um *prima facie case* e podem justificar perfunctoriamente a concessão da medida provisória requerida"[518]. "Cumpre declarar que em sede de procedimento cautelar, o recurso não se apresenta como desprovido de todo o fundamento, pelo que satisfaz a condição do *fumus boni iuris*"[519].

---

boni iuris, pelo que o juiz cautelar não deve valorizar a postura do demandante no processo principal. No seu entender, o legislador fixa a condição da própria medida cautelar e neste sentido, o juiz cautelar apenas deve apreciar os factos e o direito alegados relativamente ao pedido solicitado, pois caso contrário, estará a prejudicar o fundo da questão do meio principal.

[515] Despacho do Presidente do TJ de 20.10.1959, procs. 43, 44, 45/59, *von Lachmüller*, Rec., 1960, pp. 983 e 988.

[516] Despacho do Presidente do TJ de 25.6.1963, procs. 19 e 65/63, *Luhleich /Comissão*, Rec., 1965, pp. 771 ss.

[517] Despacho do Presidente do TJ de 16.1.1975, proc. 3/75, *Johnson & Fith Brown, Ltd./Comissão*, Rec., 1975, pp. 1 ss.

[518] Despacho do Presidente do TJ de 17.3.1986, proc. 23/86 R, *Reino Unido/Comissão*, Colect., 1986, p. 1085 ss.

[519] Despacho do Presidente do TJ de 13.6.1989, proc. 56/89 R, *Publishers Association/Comissão*, Colect., 1989, pp. 1693 ss.

Na década de 90, esta necessária aparência de bom direito tem-se por preenchida, "invocando indícios ou elementos sérios", apresentando "uma *tesis* defensável e *prima facie* válida", formulando um pedido "não manifestamente desprovido de fundamento"[520], "se se chegar à conclusão que, à primeira vista, a sua concessão é justificada de facto e de direito (*fumus boni iuris*)"[521].

A doutrina tem justificado esta variação do grau de apreciação do *fumus boni iuris*[522], pela diversificação dos pedidos em causa. Assim, o tribunal tem exigido um maior grau de probabilidade quanto ao sucesso da lide principal por parte do requerente nas causas em que este em sede cautelar solicita uma antecipação da prestação de uma quantia por parte de uma Instituição, ou quando é pedida uma actuação do tribunal em substituição de uma Instituição comunitária.

4.2. A condição de urgência

O enquadramento legal da decretação das medidas provisórias vai no sentido de que o requerente deve especificar "as circunstâncias que dão lugar à urgência"[523].

---

[520] Despacho do Presidente do TJ de 10.5.1994, proc. T-88/94 R, *Société commerciales des potasses et de l'azote et Entreprise minière et chimique*, Colect., 1994, II-263.

[521] Despacho do Presidente do TJ de 21.3.1997, proc. C-110/97 R, *Reino dos Países Baixos/Conselho da União Europeia*, Colect., 1997, p. I-1797.

[522] Podem apresentar-se, em síntese, alguns exemplos desta variação jurisprudencial: a) " (...) *prima facie*, parece claro que as pretensões da demandada no processo são fundadas, (...) o que nos leva a admitir não somente que, o recurso da Comissão não está manifestamente desprovido de fundamento, senão que dele resulta um *fumus boni iuris*"; b) "basta que a demanda pareça ao menos defensável no processo principal"; c) "os elementos constituem, à primeira vista, indícios sérios de apoio da alegação da Comissão"; d) "a parte demandante conseguiu adiantar um argumento pertinente que é constitutivo de um *fumus boni iuris* susceptível de justificar, à primeira vista, a concessão da medida cautelar solicitada". Para mais exemplos, vd. B. PASTOR BORGOÑON/E. VAN GINDERACHTER, *El Procedimiento de Medidas Cautelares ante el Tribunal de Justicia* ... cit., pp. 86 a 90.

[523] Cfr. art. 83.º, § 2, RPTJ e art. 104.º, § 2, RPTPI.

Sem dúvida que a condição essencial de qualquer medida cautelar é a existência de um *periculum in mora*. Todavia, em sede de contencioso comunitário, esta condição tem um conteúdo e uma terminologia específicos, já considerando as variações e imprecisões[524]. A jurisprudência comunitária não recorre à expressão *periculum in mora*[525], utilizando, numa primeira fase, o conceito de "urgência" associada a necessidade[526] e depois a expressão "prejuízo grave e irreparável"[527].

De todo o modo, a *trave mestra* do pensamento do legislador comunitário é proibir que se decrete uma medida provisória – que cada vez menos tem natureza excepcional, em sede de jurisprudência comunitária – sem que "as circunstâncias o exijam", ou sem que "as medidas provisórias se mostrem necessárias"[528]. O requerente tem de demonstrar que corre o risco de sofrer imediatamente[529] um prejuízo grave e irreparável se o tribunal não acolher o

---

[524] Vd. M. C. BERGERES, "Les mesures provisoires devant la Cour de Justice", *Sebb information*, 1983, n.º 9, pp. 41 ss. Para algumas considerações sobre os conceitos de urgência e de necessidade, vd. MARCEL SLUSNY, "Les mesures provisoires dans la jurisprudence de la Cour de Justice ... cit., p. 44.

[525] Segundo cremos a primeira vez que se utiliza esta expressão é, no Despacho do Presidente do TPI de 8.10.1996, proc. T-84/96 R, *Cipeke-Comércio e Indústria de Papel, Lda./Comissão*, Colect., 1996, p. II-1315. Vd., tb, neste sentido, Despacho do Presidente do TPI de 1.10.1997, proc. T-230/97 R, *Comafrica e Dole Fresh Fruit Europe Ltd &Co./Comissão CE*, Colect., 1997, p. II-1591. Cfr., Acórdão do TJ de 26.11.1996, proc., C-68/95, *T. Port*, Colect., 1986, p. I-6065.

[526] Nas decisões mais recentes ainda se utiliza a expressão "urgência" no sentido de necessidade. Relativamente ao conceito de urgência, como condição essencial e indispensável para a concessão da medida provisória, vd. Despacho do Presidente do TJ de 22.4.1994, proc. C-87/94 R, *Comissão/Reino da Bélgica*, Colect., 1994, p. I-1395, onde se defende que "a urgência deve ser apreciada em relação com a necessidade de decidir provisoriamente, a fim de impedir que seja ocasionado à parte que solicita a medida provisória uma prejuízo grave e irreparável"; Despacho do Presidente do TPI de 16.12.1994, procs. T-278, 555, 280/93 R, *Davis Alwyn Jones e Mary Bridget Jones e o/Conselho da EU e Comissão das CE*, Colect., 1994, p. II-0011; Despacho do Presidente do TJ de 21.3.1997, proc. C-110/97 R, *Baíses Baixos/Conselho*, Colect.,1997, p. I-1795; Despacho do Presidente do TPI de 19.6.1997, proc. T- 159/97 R, *Chaves Fonseca Ferrão/OHMI*, Colect., 1997, p. II-1049.

[527] E é esta a concepção jurisprudencial dominante, nas duas últimas décadas.

[528] Cfr. art. 242.º e art. 243.º do Tratado CE.

[529] Vd. Despacho do Presidente do TPI de 26.9.1997, proc. T-183/97 R, *Carla Micheli e o./Comissão CE*, (Colect., p. II-1476), no qual se indefere um pedido, entre ou-

seu pedido antes de ser proferida a questão principal[530]. Não é necessário que o requerente prove que os prejuízos se mostram inevitáveis, mas que através de um juízo de probabilidade sobre a sua ocorrência se mostre fundado e razoável[531].

Mas, quanto à demonstração desse prejuízo, a jurisprudência tem entendido que "a invocação de que o prejuízo é irreparável porque atinge a esfera das liberdades fundamentais (...), não pode ser aceite sem mais. Com efeito, não basta dizer, de modo abstracto, que há ofensa aos direitos fundamentais, neste caso, do direito de propriedade e do direito de livre exercício de actividades profissionais, para fazer prova de que o dano que daí pode advir tem necessariamente um carácter irreparável"[532].

Nem o facto de estar a ser executado um acto de uma Instituição comunitária impede o juiz de decretar a sua suspensão, se da não aceitação da medida ainda resultarem prejuízos graves e irreparáveis ao requerente[533]. Todavia, é jurisprudência corrente que a não solicitação de uma medida provisória, destinada a evitar um prejuízo que já existe, é sinal de pouca urgência[534].

O conceito de urgência não é objecto de um entendimento uniforme por parte da jurisprudência comunitária. A partir da década de 80, o juiz cautelar começou a precisar que "o carácter de urgência de um pedido cautelar deve apreciar-se em relação com a necessidade de ser pronunciada provisoria-

---

tros motivos, pelo facto de o "prejuízo material que os requerentes poderiam sofrer na falta de suspensão, se mostrar longínquo, incerto e aleatório".

[530] O prejuízo não tem de ser pessoal, podendo, quando o requerente é uma Instituição comunitária, traduzir-se em danos para a Comunidade, terceiros e nacionais dos Estados membros (ou aos nacionais do Estado demandado). Vd. B. PASTOR BORGOÑON/E. VAN GINDERACHTER, *El Procedimiento de Medidas Cautelares ante el Tribunal de Justicia* ... cit., p. 95.

[531] Cabe ao requerente demonstrar a existência do prejuízo que visa evitar. Nesse sentido J. PALACIO GONZÁLEZ, *El Sistema Judicial Comunitario* ... cit., p. 349.

[532] Despacho do Presidente do TJ de 15.4.1998, proc. C-43/98 P(R), *Camar Srl/Comissão das Comunidades Europeias e Conselho da União Europeia*, Colect., 1998, pp. I-1815.

[533] Despacho do Presidente do TJ de 1.2.1987, proc. 82/87 R, *Autexpo/Comissão*, Colect., 1987, pp. 2131 ss.

[534] Vd., especialmente, Despacho do Presidente do TJ de 28.3.1984, proc. 45/84 R, *EISA/Comissão*, Rec., 1984, pp. 1579 ss.

mente uma medida a fim de evitar que se produza à parte que a solicita um prejuízo grave e irreparável"[535].

Quanto à noção de "prejuízo grave e irreparável", esta tem tido um conteúdo variável, isto é, a jurisprudência não se pronunciou de forma constante sobre o que deve entender-se por tal conceito.

Na década de 50, procurava averiguar-se num pedido de suspensão duma decisão, se estava em causa "uma dificuldade e um prejuízo graves"[536]. Também numa outra questão se afirmou que existiria um prejuízo irreparável se ocorresse "um dano tal que não poderia reparar-se em caso de anulação em instância principal"[537], e ainda, num outro, se refere a "prejuízo irreparável ou, ao menos, grave".

Em meados de 60, considerava-se numa decisão judicial "que por prejuízo irreparável se devia entender um prejuízo em relação ao qual a sentença de fundo não permitiria salvaguardar retroactivamente o interesse do demandante"[538].

Na década de 70, utilizavam-se variadamente os conceitos de "prejuízo grave"[539] e "prejuízo irreversível"[540].

Em 1980, a terminologia continuou a variar, o que se tornou alvo de críticas por parte da doutrina. Assim, o juiz das medidas provisórias utilizou, pelo menos em um despacho o termo "irreversível"[541]. Em seguida, começaram a precisar-se os conceitos de "grave" e "irreparável"[542]. O Advo-

---

[535] O primeiro despacho a utilizar esta terminologia é o Despacho do Presidente do TJ de 9.7.1986, proc. 119/86 R, *Espanha/Conselho e Comissão*, Rec., 1986, pp. 2241 ss.

[536] Acórdão do TJ de 4.12.1957, proc. 18/57, *NOLD/Alta Autoridade*, Rec., 1957, pp. 232 ss.

[537] Despacho do Presidente do TJ de 12.3.1959, proc. 19/59 R, *Geitling/Alta Autoridade*, Rec., 1960, pp. 85 ss.

[538] Despacho do Presidente do TJ de 28.11.de 1966, proc. 29/66 R, *Gutmann/Comissão*, Rec., 1967, pp. 313 ss.

[539] Despacho do Presidente do TJ de 18.8.1971, proc. 45/71, *Gema/Comissão*, Rec., 1971, pp. 791 ss.

[540] Despacho do Presidente do TJ de 15.10.1974, proc. 71/74, *Fruto/Comissão*, Rec., 1974, pp. 1031 ss.

[541] Despacho do Presidente do TJ de 16.12.1980, proc. 248/80 R, *Rumi/Comissão*, Rec., 1980, pp. 3867 ss.

[542] Vd. Despacho do Presidente do TJ, de 8.6.1989, proc. 69/89 R, *Nakajima All Precision Co./Conselho CE*, Colect., 1989, pp. 1689 ss. O juiz das medidas provisórias

gado Geral CAPOTORTI explicou que os dois conceitos são sinónimos. Com um duplo significado, "irreparável" significa, por um lado, que "a natureza do dano exclui toda a possibilidade de reparação", e por outro, que "o dano é de natureza a privar de objecto a sentença definitiva, isto é, que, na falta da medida provisória, a sentença se dita em vão"[543].

A jurisprudência também já reconheceu que a urgência pode ser justificada pela perturbação intolerável da ordem pública comunitária, independentemente do tipo de prejuízo. Assim, pode existir urgência quando se verificarem violações flagrantes às disposições dos Tratado da Comunidade[544]. A jurisprudência comunitária vai também no sentido de que a urgência pode manifestar-se pela existência (ou mera alegação) de uma "ilegalidade manifesta"[545].

---

considera que, relativamente ao pedido que lhe é feito de suspender a aplicação de um regulamento que institui um direito *antidumping* definitivo, "não faz prova da existência de um risco de prejuízo particularmente grave e irreparável (...), a empresa que alega o risco de perder definitivamente determinados mercados na Comunidade".Vd., a propósito do conceito de prejuízo financeiro, o Despacho do Presidente do TJ de 26.9.1988, proc. 229/88 R, *Cargill BV e o./Comissão CE*, Colect.,1988, pp. 5184 ss. Nesta decisão entendeu-se que "um prejuízo de ordem financeira só é, em princípio, considerado grave e irreparável se não for susceptível de ser inteiramente ressarcido, caso o requerente obtenha ganho de causa no processo principal".

[543] Conclusões do Advogado Geral F. CAPOTORTI, procs. 24/80 e 97/80 R, *Comissão/ França*, Rec., 1980, pp. 1334 ss.

[544] Despacho do Presidente do TJ de 21.5.1977, procs. 31 e 53/77, *Comissão/Reino Unido*, Rec., 1977, pp. 921 ss.

[545] Despacho do Presidente do TJ de 7.7.1981, procs. 60 e 190/81 R, *IBM/comissão*, (Rec., 1981, pp. 1857 ss.), pelo qual é iniciada uma jurisprudência, segundo a qual "quando um acto de direito comunitário, cuja suspensão seja solicitada, apareça como manifestamente ilegal no quadro de uma apreciação *prima facie*, não seria sequer necessário proceder a exame dos diferentes prejuízos materiais ou morais, que pudessem resultar da sua aplicação. Um acto manifestamente ilegal envolveria sempre, efectivamente, o risco de um prejuízo grave e irreparável". Cfr. Despacho do Presidente do TJ de 26.3.1987, proc., *Hoechst AG/Comissão CE*, Colect., 1987, pp. 1549 ss.; Despacho do Presidente do TPI, 2.4.1998, proc. T-86/96 R, *Arbeitsgemeinschaft Deutscher Luftahrt-Unternehmen e Hapag-Lloyd Fluggesellschaft mbH/Comissão CE*, Colect., 1998, p. II-644. Neste último é referido que "o juiz das medidas provisórias não pode modelar as exigências inerentes a este critério com fundamento de se manifestar a ilegalidade da decisão impugnada".

Desde o início da década de 90 a terminologia tem-se tornado mais constante. Assim, a jurisprudência tem vindo a considerar que a "urgência da medida é aferida pela necessidade da decretação de uma decisão provisória destinada a evitar um prejuízo de natureza grave e irreparável", sendo que "a ameaça pode referir-se a um prejuízo tanto material como moral"[546]. Todavia, considera-se que "o prejuízo financeiro só é considerado grave e irreparável se não for susceptível de ser inteiramente compensado no caso de o demandante obter vencimento no processo principal"[547]. Recorde-se que, "segundo jurisprudência bem estabelecida, um prejuízo financeiro só é, em princípio, considerado grave e irreparável se não for susceptível de ser inteiramente compensado no caso de o requerente obter vencimento no processo principal. É o que pode acontecer, designadamente, quando o prejuízo, ainda que verificado, não possa ser avaliado"[548]. Esses prejuízos devem ter uma natureza actual e não podem ser fundamentados com "um risco futuro, incerto e aleatório"[549].

Equivale isto dizer que, e sobretudo na década de 90, o juiz parte de uma "urgência ponderada", exigindo uma urgência proporcional à necessidade do requerente evitar a produção de um dano grave e irreparável[550], avaliada num contexto de interesses balançados.

---

[546] Aliás, já na década de 80 assim se entendia, vd. Despacho do Presidente do TJ de 20.7.1981, proc. 206/81 R, *Alvarez/Parlamento Europeu*, Rec., 1981, pp. 2187 ss. Vd., especialmente, jurisprudência mais recente: Despacho do Presidente do TPI, de 26.9.1997, proc. T-183/97 R, *Carla Micheli e o./Comissão CE*, (Colect., 1997, p. II-1476), em que se considera que o dano moral "relacionado com a perda de prestígio científico alegadamente sofrido pelos requerentes com a sua exclusão da lista dos projectos de investigação a financiar, pode ser objecto de uma reparação adequada". Despacho do Presidente do TPI, de 2.3. 1998, proc. T-310/97, *Governo de Antilhas Neerlandesas/Conselho da União Europeia*, Colect., 1998, p. II-458.

[547] Vd. tb, neste sentido, Despacho do Presidente do TPI, de 1.10.1997, proc. T-230/97 R, *Comafrica e Dole Fresh Fruit Europe Ltd &Co./Comissão CE*, Colect., 1997, p. II-1591. Cfr., Acórdão do TJ, de 26.11.1996, proc., C-68/95, *T. Port*, Colect., p. I-6065.

[548] Vd., neste sentido, Despacho do Presidente do TJ, de 23.5.1990, procs. C-51/90 e C-59/90 R, *Comos-Tank e o./Comissão*, Colect., 1990, p. I-2167.vd. Despacho do Presidente do TPI, de 2.10.1997, proc., T-213/97 R, *Comité das Indústrias de Algodão e Fibras Afins da União Europeia (Eurocoton) e o./Conselho da União Europeia*, Colect., 1997, p. II-1612.

[549] Vd. Despacho do Presidente do TJ de 13.4.1993 R, *Compagnie Maritime Belge du Transport NV/Comissão*, Colect., 1993, p. II-1543.

[550] Vd. Despacho do Presidente do TJ de 13.4.1993 R, *Compagnie Maritime Belge du Transport NV/Comissão*, (Colect., 1993, p. II-1543) que refere que "o carácter urgente

Num primeiro caso, em que é solicitada ao tribunal uma medida provisória adequada a evitar perturbações nos mercados de arroz e do açúcar, este decide que "não havendo existência de um risco de prejuízo grave e irreversível e, por outro lado, atendendo ao risco de [se produzir um] prejuízo grave [à] comunidade, na execução da Política Agrícola Comum, não pode considerar-se preenchida a condição de existência de *periculum in mora*"[551].

Num segundo caso, considera-se que "a urgência na adopção de medidas provisórias deve ser apreciada examinando se a execução dos actos em litígio, antes da intervenção da decisão do juiz comunitário no processo principal, é susceptível de acarretar, para a parte que solicita as medidas, prejuízos graves e irreversíveis que não podem ser reparados, mesmo que a decisão impugnada seja anulada ou que, apesar da sua natureza provisória, sejam desproporcionados ao interesse da parte requerida"[552].

Quanto à titularidade do prejuízo irreparável, tutela-se o prejuízo sofrido por quem requer a medida cautelar, tendo, aliás de demonstrar esse prejuízo[553]. De qualquer forma, a jurisprudência comunitária vai no sentido de que, quando o requerente é um Estado, deverão ser tomados em conta os prejuízos próprios do Estado e da sua economia; quando o requerente da medida provisória é a Comissão esta poderá invocar prejuízos para o interesse da Comunidade, para os interesses dos Estados membros, ou mesmo demandar tutela para interesses dos nacionais do Estado contra quem se solicita a medida.

---

de uma providência cautelar deve ser apreciado relativamente à necessidade que exista de decidir provisoriamente, com o objectivo de evitar que a parte que pede uma medida provisória sofra um prejuízo grave e irreparável".

[551] Despacho do Presidente do TPI, de 2.3.1998, proc. T-310/97, *Governo de Antilhas Neerlandesas/Conselho da União Europeia*, Colect., 1998, p. II-458.

[552] Vd. Despacho do Presidente do TPI, de 19.6.1997, proc., T-159/97 R, *Luís Manuel Chaves Fonseca Ferrão/Instituto de Harmonização do Mercado Interno* (marcas, desenhos e modelos), Colect., 1997, p. II-1051.

[553] Vd. Despacho do Presidente do TPI, de 8.10.1996, proc. T-84/96 R, *Cipeke-Comércio e Indústria de Papel, Lda./Comissão*, Colect., 1996, p. II-1315. Neste se refere que cabe à empresa que requer a suspensão da eficácia de uma decisão, que lhe impõe o reembolso de uma contribuição comunitária indevidamente recebida, "demonstrar o perigo para a existência da empresa em causa. Compete-lhe provar que é esse o caso". No mesmo sentido, vd. Despacho do Presidente TPI, de 6.12.1996, proc. T-155/96R, *Stadt Mainz/Comissão CE*, Colect., 1996, p. II-1657.vd. tb., Despacho do Presidente do TPI, de 2.10.1997, proc., T-213/97 R, *Comité das Indústrias de Algodão e Fibras Afins da União Europeia (Eurocoton) e o./Conselho da União Europeia*, Colect., 1997, p. II-1612.

Sem dúvida que a jurisprudência não tem sido uniforme ao preencher uma das condições de procedência da medida cautelar. A noção de "prejuízo grave e irreparável" tem sido variável, conforme os direitos e interesses envolvidos e consoante os sujeitos solicitantes das medidas. Alguma doutrina tem vindo a defender que a apreciação do "prejuízo grave e irreparável" se deveria pautar pela função do processo cautelar, que no fundamenal é garantir a efectividade da sentença de fundo favorável ao requerente[554]. No seu raciocíno, o juiz cautelar deveria partir da apreciação sumária do direito e dos interesses das partes e averiguar se a situação prejudicial, resultante da demora do processo principal para o direito do requerente, pode ser ou não reintegrada no momento da execução da sentença final[555], evitando que a decisão de fundo "caia em saco roto"[556].

4.3. A ponderação de interesses em jogo

O juiz cautelar comunitário, para além de averiguar as condições de procedência da medida provisória, pondera, em cada caso, os interesses em jogo, pesando, os eventuais prejuízos que sofrerá o requerente da medida com a não

---

[554] Sem dúvida que não existe uniformidade na noção de "prejuízo grave e irreparável", variando este conforme as situações e os interesses em causa. PESCATORE propõe, a este respeito, um conceito homogéneo de "prejuízo grave e irreparável" no sentido de "prejuízo irreparável para os direitos litigiosos", defendendo que ao falar-se em "prejuízo irreparável não se discute se ele é um prejuízo compensado, mas se a lesão dos direitos litigiosos se pode reparar, ou em outros termos, se o *statu quo ante* pode restabelecer-se, ou se ainda é possível uma restituição *in integrum*". cfr. PIERRE PESCATORE, "Les mesures conservatoires et les 'référés' ... cit., p. 339.

[555] A Comissão procede a este raciocínio nas vários situações que perante si são colocadas.

[556] A este propósito, vd. o Despacho do Presidente TPI, de 6.12.1996, proc. T-155/96R, *Stadt Mainz/Comissão CE* (Colect., p. 1996, II-1657), onde se constata mais uma vez a variação de terminologia utilizada. Assim, a "urgência da adopção de medidas provisórias deve ser apreciada examinando se a execução dos actos em litígio, antes da intervenção da decisão do tribunal no processo principal, é susceptível de acarretar, para a parte que solicita as medidas, prejuízos graves e irreversíveis, que não podem ser reparados, mesmo que a decisão impugnada seja anulada". Quanto à terminologia, vd., ainda, Despacho do Presidente do TPI de 26.9.1997, proc. T-183/97 R, *Carla Micheli e o./Comissão CE*, (Colect., 1997, p. II-1476), em que se defende a mesma posição.

decretação desta e avaliando, também, em contrapartida, os prejuízos que surgirão para o demandado ou para terceiros da decretação da medida[557].

Este requisito, baseado no princípio da proporcionalidade, que não deixa de ser uma condição de procedência da medida provisória, não está previsto no Regulamento Processual, surgindo por iniciativa dos *pretores comunitários*[558].

Na apreciação destes pressupostos, a jurisprudência atende, por regra, à situação das partes e aos interesses do requerente e do requerido[559]. Todavia, a ponderação pode ser alargada aos interesses de terceiros, tendo estes, em alguns casos, vindo a assumir um peso determinante na jurisprudência comunitária, mesmo superior aos do próprio demandante. Num caso concreto, foi suficiente para negar a medida provisória a ameaça de a mesma poder causar um prejuízo grave e irreparável a interesses de terceiros, o que, de facto, veio acontecer, uma vez que o tribunal valorou o prejuízo como "considerável"[560].

O Presidente do TJ, no caso *Simmenthal versus Comissão*, perante um pedido de uma medida provisória, cujos efeitos prejudicariam grave e irrepa-

---

[557] No entendimento de alguma doutrina (M. BACIGALUPO SAGGESE/J. A. FUENTETAJA PASTOR), o juízo de ponderação de interesses assume (ou pode assumir em certos casos) uma posição chave na decretação da tutela cautelar ao nível do contencioso comunitário. Para estes autores, ainda que estejam preenchidos os pressupostos de *periculum in mora* e *fumus boni iuris*, pode o juiz cautelar comunitário indeferir o pedido, se efectuado o juízo de ponderação, e se os prejuízos resultantes com a sua decretação (para os interesses da Comunidade e outros) forem superiores aos que se pretendem evitar com a emissão da medida. Vd. M. BACIGALUPO SAGGESE/J. A. FUENTETAJA PASTOR, "Fumus boni iuris, periculum in mora y equilibrio de intereses como presupuestos de la tutela cautelar comunitaria", REDA, 94, pp. 278 a 306.

[558] Neste sentido, vd. B. PASTOR BORGOÑON/E. VAN GINDERACHTER, *El Procedimiento de Medidas Cautelares ante el Tribunal de Justicia* ... cit., p. 115. Os autores entendem que a ponderação de interesses em jogo não é todavia uma originalidade do contencioso comunitário, tendo como fonte de inspiração a jurisprudência do Tribunal Internacional de Justiça e os Tribunais britânicos. Vd. ROSTANE MEDHI, "Les droit communautaire et le pouvoir du juge national de l'urgence ... cit., p. 94, nota 84.

[559] Vd. Despacho do Presidente do TPI, de 19.6.1997, proc., T-159/97 R, *Luís Manuel Chaves Fonseca Ferrão/Instituto de Harmonização do Mercado Interno (marcas, desenhos e modelos)*, Colect., 1997, p. II-1051.

[560] Despacho do Presidente do TJ de 23.7.1973, proc. 26/76 R, *Metro SB-Grossmärkte GmbH & Co kg /Comissão*, Rec., 1973, pp. 1353 ss. Despacho do Presidente do TJ de 16.1.1975, proc. 3/75 R, *Johnson & Firth Brown Ltd/Comissão*, Rec., 1975, pp. 1 ss.

ravelmente terceiros, não hesitou em considerar que só faria sentido a sua emissão se a parte solicitante estivesse ameaçada na sua própria existência[561].

Igualmente decidiu o Presidente do TJ e 18.10.1985, a propósito de uma questão *antidumping*, ao indeferir o pedido do requerente por considerar que "na falta de elementos de informação fiável as medidas causariam um prejuízo apreciável ao sector comunitário protegido pelos direitos *antidumping* impugnados"[562].

A mesma posição é adoptada no Despacho do Presidente do TPI de 15.12.1992, relativamente a um pedido dos órgãos representativos dos trabalhadores de uma empresa, que solicitara a suspensão da autorização da Comissão de controlo da *Perrier* pela *Nestlé* e a sua intimação para que interditasse a *Nestlé* de, designadamente, suprimir e transferir postos de trabalho. O juiz decidiu "colocar na balança não só os interesses dos requerentes, mas os interesses da Comissão no restabelecimento da concorrência efectiva"[563]. E entendeu considerar também os interesses de terceiros, "por forma a evitar, simultaneamente, a situação irreversível e a ocorrência de um prejuízo grave e irreparável para qualquer das partes em litígio, um terceiro, ou o interesse público"[564]. Assim, o juiz indeferiu o pedido, invocando fundamentos já firmes na jurisprudência comunitária, pois "numa situação como esta, não podia decretar as medidas requeridas só com fundamento na verificação de que, sem elas, os assalariados ficariam expostos a uma situação susceptível de pôr em perigo o seu futuro"[565].

---

[561] Despacho do Presidente do TJ de 12.5.1978, proc. 92/78 R. *Simmenthal/Comissão*, Rec. 1978, pp. 1128 ss.

[562] Despacho do Presidente do TJ de 18.10.1985 proc. 205/85, R, *Brother*, Rec., 1985, pp. 3459 ss.

[563] Interesses estes que seriam seriamente afectados, dado que o decretamento da suspensão da decisão implicaria que ficasse suspensa durante todo o processo contencioso a autorização concedida, levando, consequentemente, "à perturbação do funcionamento das empresas em causa", bem como ao "prolongamento de uma situação de posição dominante susceptível de ter consequências irreversíveis sobre a concorrência no sector em causa". Vd. Despacho do Presidente do TPI de 15.12.1992, proc. T-96/92 R, *Comite Central de Entreprise de la Société de Grandes Sources e o./Comissão*, Colect., 1992, p. II-2579.

[564] Despacho do Presidente do TPI de 15.12.1992, proc. T-96/92 R, *Comité Central d'Entreprise de la Société de Grandes Sources e o./Comissão*, Colect., 1992, p. II-2579.

[565] Idem. Vd. tb., o Despacho do Presidente do TPI de 26.9.1997 (proc. T-183/97 R, *Carla Micheli e o./Comissão CE*, Colect., 1997, p. II-1476), onde é referido, a propósito

Outras vezes porém, o balanço de interesses estende-se aos da própria Comunidade[566]. Exemplo desta ponderação alargada encontramo-lo no caso *Governo de Antilhas Neerlandesas versus Conselho da União Europeia*[567]. O requerente invocou que o seu interesse em obter a providência provisória solicitada deveria prevalecer, na medida em que os seus efeitos se traduziriam no aumento das trocas comerciais e na promoção do desenvolvimento económico e social, "o que levava a reduzir a taxa de desemprego de 12,4% para 12%", atendendo, ao mesmo passo, "aos objectivos da política Agrícola Comum"[568].

O requerido considerou que o prejuízo decorrente dos efeitos da decisão impugnada sobre a situação económica e social das Antilhas Neerlandesas seria incerto e aleatório, além de que "o facto alegado, de não se verificar a diminuição da 0,4% da taxa de desemprego – susceptível de resultar da manutenção do regime comercial instituído pela Decisão PTU –, não poderia ser considerado prejuízo grave", referindo ainda que "o prejuízo invocado pela requerente poderia ser objecto de reparação pecuniária, não se revestindo, ainda que significativo, de natureza irreversível". O requerido, concluiu que a necessidade de serem evitadas novas perturbações no mercado comunitário e a obrigação de o juiz cautelar não antecipar a decisão do tribunal, no âmbito do processo, deveriam primar sobre o risco de perdas meramente financeiras por parte das Antilhas Neerlandesas.

---

de um pedido de medidas provisórias – apresentado pelo autor de um projecto submetido à Comissão (no âmbito de uma programa específico de investigação, desenvolvimento tecnológico e demonstração, previsto pela decisão 94/804) e destinado a obter a suspensão da execução duma decisão que aprovava a lista de projectos a financiar e excluía o projecto apresentado pelos recorrentes –, que devia ser indeferido tal pedido, em cuja ponderação de interesses, se apurou que a concessão da mesma lesaria gravemente os interesses de terceiros (cujos projectos figuram na lista) e constituiria um entrave à acção da Comunidade no domínio em questão.

[566] Despacho do Presidente do TJ de 22.4.1994, proc. C-87/94 R, *Comissão/Reino da Bélgica*, Colect., 1994, p. I-1395, através do qual a Comissão, enquanto guardiã dos Tratados comunitários e da legalidade comunitária, requer que o TJ intime o Reino da Bélgica a tomar todas as medidas necessárias para suspender os efeitos jurídicos da decisão de adjudicação de um contrato público a uma sociedade (SRWT), bem como as medidas necessárias para suspender os efeitos jurídicos das relações contratuais estabelecidos entre essa empresa e outra (EMI).

[567] Despacho do Presidente do TPI de 2.3.1998, proc. T-310/97, *Governo de Antilhas Neerlandesas/Conselho da União Europeia*, Colect., 1998, p. II-458.

[568] Idem.

O juiz cautelar decidiu não decretar a medida solicitada, atendendo, entre outros fundamentos, à ausência de equilíbrio de interesses em causa. Assim justificou dizendo que: "no âmbito de uma ponderação de interesses em presença, dever-se-á, assim, ter em conta não só o risco de um atentado irreversível aos interesses da comunidade", atendendo, aos danos resultantes do deferimento da medida cautelar requerida, mas também ao referido poder discricionário do Conselho. Neste sentido só seria deferido o pedido do requerente se a urgência nas medidas pedidas se mostrasse incontestável[569].

Tem relevância o juízo de ponderação em matéria de contencioso do funcionalismo comunitário. O juiz cautelar tem procedido a um balanço entre o interesse do requerente e o interesse do serviço da instituição demandada, atribuindo uma "preponderância maior a este último"[570], de tal modo que se exige o preenchimento de uma condição suplementar ao requerente: que a medida solicitada não seja contrária ao interesse do serviço.

Na ponderação de interesses que a jurisprudência comunitária tem vindo a efectuar figuram também como princípios orientadores o de evitar a produção de prejuízos e efeitos danosos para os interesses dos nacionais de um Estado membro e o de evitar o agravamento de prejuízos para os seus interesses[571].

---

[569] Idem.

[570] Neste sentido, vd. B. PASTOR BORGOÑON/E. VAN GINDERACHTER, *El Procedimiento de Medidas Cautelares ante el Tribunal de Justicia* ... cit., p. 116.

[571] Neste sentido, Despacho do Presidente do Tribunal de 13.3.1987 R, *Comissão CE/Irlanda*, Colect., 1987, pp. 1369 ss. Muito embora o juiz cautelar tenha considerado como existentes nesta situação, quer o *fumus boni iuris* quer a urgência, não decretou a medida solicitada – pedido de medidas provisórias, no sentido de obter uma injunção provisória dirigida à Irlanda para que esta tomasse todas as medidas para evitar a adjudicação de uma empreitada de obras públicas, relativa ao "Dundalk Water Augmentation Scheme: contract n.º 4". Entendeu o tribunal que, "no caso em apreço, a ponderação dos interesses em causa pendia a favor da requerida". Sublinhou, inclusive, que "esta apreciação poderia ser muito diferente em relação a concursos públicos de obras de natureza diferente, em que o atraso na adjudicação não ocasionasse tais riscos para a saúde e para a segurança de uma população". Vd. Despacho do Presidente do TJ, de 22.4.1994, proc. C-87/94 R, *Comissão/Reino da Bélgica*, Colect., 1994, p. I-1395. Vd., igualmente, uma ponderação efectuada em favor da manutenção do emprego, Despacho do Presidente do TPI, de 2.10.1997, proc., T-213/97 R, *Comité das Indústrias de Algodão e Fibras Afins da União Europeia (Eurocoton) e o./Conselho da União Europeia*, Colect., p. II-1612.

5. O conteúdo das decisões cautelares decretadas pelo TJ e pelo TPI

De acordo com as regras aplicáveis, o órgão competente deve pronunciar-se sobre as pretensões contidas no pedido cautelar "mediante decisão fundamentada"[572].

A decisão pode ser meramente interlocutória (de *dupla provisoriedade*)[573], nos termos da legislação aplicável, tendo como fim a regulação provisória da situação entre as partes, em caso de extrema urgência[574], podendo esta ser modificada, revogada e mesmo até oficiosamente[575]. Vejamos a utilidade deste mecanismo, trazendo à colação uma decisão de 1988, na qual se decidiu provisoriamente, atendendo à situação de urgência. A Comissão requereu ao tribunal em 18.7.1988 que ordenasse a título provisório a suspensão do concurso de empreitada de obras públicas realizado pelo "Agrupamento de municípios para construção e gestão de uma instalação de incineração e de transformação dos resíduos sólidos urbanos", com sede em *La Spezia*. Em 20.7.1988 (dois dias depois), o tribunal ordenou à República Italiana que adoptasse todas as medidas necessárias para suspender o concurso da referida empreitada até ao dia 15.9.1988, ou até que fosse proferido despacho final sobre as medidas provisórias. Todavia, dado que se devia ouvir em audiência a entidade requerida em data posterior a 15.9.1988, o tribunal decidiu oficiosamente prorrogar o efeito desta medida provisória *provisória*, passe a expressão, até à data em que fosse proferido o despacho final[576].

Na verdade, a sentença, num duplo sentido provisória, não produz caso julgado, nem mesmo no processo cautelar. Através deste tipo de decisões judiciais ordenam-se essencialmente medidas conservatórias urgentíssimas, dispensando-se, por regra, a audiência da parte contra quem é emitida.

O juiz cautelar decide a lide, por norma, através de uma decisão judicial propriamente dita. Em concreto, a decisão que põe fim ao procedimento cautelar pode ser de três tipos, de decretamento de todas ou de algumas das medidas solicitadas pelo requerente e de indeferimento por falta de alguns

---

[572] Cfr. art. 86.º, § 1, RPTJ e art. 107.º, § 1, RPTPI.
[573] Cfr. art. 84.º, § 2, II, RPTJ e art. 105, § 2, II, RPTPI.
[574] A este propósito, convém realçar o Despacho do Presidente do TJ, de 13.9.1988, proc. 194/88 R, *Comissão/República Italiana*, Colect., 1988, pp. 4559 ss.
[575] Idem.
[576] Idem.

dos pressupostos processuais ou de indeferimento pela ausência das condições de procedência da medida solicitada[577]. O juiz cautelar, em certos casos[578], pode fazer depender a decretação da medida provisória solicitada da prestação de uma "contra cautela"[579] ou caução, pelo requerente, nos termos dos arts. 86.º, § 2, RPTJ e 107, § 2, RPTPI.

As decisões do TPI são susceptíveis de reapreciação pelo TJC, sendo que as decisões deste têm firmeza imediata, ou seja, não são passíveis de recurso jurisdicional.

Permite-se, todavia, que a decisão cautelar emitida seja modificada, tendo em atenção a variação e alteração dos pressupostos ou circunstâncias de facto que motivaram a sua adopção e nos quais aquela se baseou. Esta é uma característica da decisão emitida num processo cautelar que traduz a sua provisoriedade[580].

A decisão produz efeitos de caso julgado limitado. Esta disposição é assaz importante, na medida em que implica que a decisão cautelar jamais forme caso julgado perante o órgão jurisdicional que decide sobre o fundo do litígio[581]. Estes normativos dispõem, imperativamente, que a decisão cautelar

---

[577] Neste sentido, vd. B. PASTOR BORGOÑON/E. VAN GINDERACHTER, *El Procedimiento de Medidas Cautelares ante el Tribunal de Justicia* ... cit., p. 118.

[578] Situações em que estão em causa decisões relativas a obrigações pecuniárias, nomeadamente o pagamento de multas e ou casos de reconhecimento de direitos *anti-dumping*. Assim, é jurisprudência firme que o juiz cautelar pode fixar uma caução quando se requer a suspensão de uma decisão que ordena o pagamento de uma multa ao requerente. Cfr. Despacho do Presidente do TJ de 14.10.1977, procs. 113/77 R e 113/77 R, *NTN TOYO Bearing Co Ltd e o./Conselho*, Rec., 1977, pp. 1725 ss.; Despacho do Presidente do TJ de 7.5.1982, proc. 86/82 R, *Hasselblad (BG) Ltd/Comissão*, Rec., 1982, pp. 1557 ss.; Despacho do Presidente do TJ de 7.3.1986, proc. 392/85 R, *Finsider/Comissão CE*, Colect., 1986, pp. 959 ss. – no qual se requer a suspensão da execução do pagamento de uma multa, sendo a mesma deferida na condição do recorrente constituir previamente uma caução bancária nos termos em que a Comissão o estabelecer".

[579] Pode traduzir-se numa abonação pecuniária, noutro tipo de "contracautela", como naquele em que o requerente se abstenha de certo comportamento *pendente litis*. Um exemplo de como a garantia pode ser submetida a certas modalidades pode ser encontrado no Despacho do Presidente do TPI de 17.2.1995, as. T-308/94 R, *Cascades*, Colect., 1995, p. II-265.

[580] Nos termos do art. 84.º, § 4, RPTJ e art. 107, § 4, RPTPI e 36.º, último parágrafo do PECEE.

[581] Neste sentido, vd. B. PASTOR BORGOÑON/E. VAN GINDERACHTER, *El Procedimiento de Medidas Cautelares ante el Tribunal de Justicia* ... cit., p. 68.

não prejudicará de modo algum a decisão do tribunal sobre o assunto principal[582].

Não é pois de estranhar o facto de a jurisprudência comunitária seguir como dogma o princípio de que as medidas cautelares não podem prejudicar, nem "pré-julgar" a decisão de fundo[583], isto é, "não podem decidir aspectos de direito e de facto do litígio principal"[584].

5. o conteúdo das medidas e os limites ao poder do juiz caulelar. 5.1. As medidas cautelares que podem ordenar-se. 5.1.1. A proibição de antecipação da decisão de mérito e a provisoriedade da decisão cautelar emitida. 5.1.2. A relação da providência solicitada com o *quid* sobre que versa a questão principal. 5.1.3.A impossibilidade de realizar a produção de prova, através das medidas provisórias. 5.1.4. A proibição de medidas cautelares que colocam em risco o equilíbrio institucional

Nos termos do Tratado da UE, que prevê dois tipos de medidas provisórias (um tipo de providências cautelares não especificadas e outro de medida típica), o juiz cautelar tem um poder amplo para ordenar qualquer medida provisória necessária a garantir o efeito útil da sentença principal[585]. Assim, segundo o art. 242.º (ex-art. 185.º), dado que os recursos perante o TJ não têm efeito suspensivo, pode o juiz ordenar a suspensão da execução do

---

[582] São três as razões apontadas pelo Advogado Geral CAPOTORTI para justificar esta limitação ao conteúdo da medida cautelar: a) "em primeiro lugar, a relação existente entre a medida provisória e a sentença, caracterizada pelo papel auxiliar da primeira, inverter-se-ia se a medida provisória influenciasse ou antecipasse a sentença"; b) "em segundo lugar, o procedimento sumário subjacente à medida cautelar não permite chegar a uma decisão susceptível de incidir sobre o fundo, sem prejudicar gravemente os direitos das partes"; c) "em terceiro lugar, a repetição do processo sobre a questão de fundo (...) não faria sentido, já que a questão [seria] resolvida em sede cautelar". Vd. Despacho cit., pp. 1338 ss.

[583] Também se reconhece que há situações contadas em que ainda que seja decretada uma medida provisória, tal medida pode extinguir o litígio entre as partes.

[584] Despacho do Presidente do TJ de 20.7.1981 proc. 206/81, R, *Alvarez*, Rec., 1981, pp. 2187 ss.

[585] A este propósito, vd. E. GARCÍA DE ENTERRÍA, "La suspensión cautelar inmediata de una ley nacional por el Tribunal de Justicia de las Comunidades Europeas

acto impugnado, "se considerar que as circunstâncias o exigem", podendo também, perante as causas submetidas à sua apreciação, nos termos do art. 243.º (ex- art. 186.º), "ordenar as medidas provisórias necessárias".

Não se duvida que, em abstracto, o juiz cautelar disponha de um poder discricionário na gestão da tutela cautelar comunitária[586], indeferindo ou, pelo contrário, decretando a medida cautelar solicitada pelo requerente deparando--se com limites universalmente reconhecidos.

É jurisprudência comunitária firme que, para além de poder ordenar a suspensão da eficácia de uma decisão de uma Instituição Comunitária, o juiz cautelar pode adoptar medidas positivas, traduzidas em efeitos inovadores sobre o *status quo*, que o alteram provisoriamente[587].

A jurisprudência comunitária tem revelado a existência de uma relação de subsidiariedade das medidas provisórias inominadas perante a suspensão da executoriedade de um acto institucional, nos termos das regras referidas do Tratado da EU, de modo que as primeiras só poderão ser ordenadas quando a suspensão se mostrar insuficiente para proporcionar uma tutela judicial efectiva[588].

É também jurisprudência constante que o juiz cautelar goza de um poder discricionário quanto ao conteúdo da providência, podendo decretar a medida provisória mais adequada ou apropriada ao caso concreto. Logo no início da década de 90, o Presidente CRUZ VILAÇA, tendo sido solicitado em sede de procedimento cautelar, para suspender a rescisão de um contrato de trabalho (existente entre um funcionário e o Grupo das Direitas Europeias do Parlamento Europeu) decretou uma medida diferente da solicitada pelo requerente. Assim, entendeu que as condições para emitir a providência cautelar solicitada estavam preenchidas, considerando, todavia, que não seria

---

(auto de 28 de junio de 1990, Comisión c. Alemania)", *Revista de Instituiciones Europeas*, 1990, pp. 875 ss., recolhido em , *La batalla por las medidas cautelares* ... cit., pp. 93 ss.

[586] Neste sentido, vd. B. PASTOR BORGOÑON/E. VAN GINDERACHTER, *El Procedimiento de Medidas Cautelares ante el Tribunal de Justicia* ... cit., p. 121.

[587] Vd. decisões em que se permite ao juiz do processo de medidas provisórias ordenar à Comissão a adopção de medidas positivas: Despacho do Presidente do TJ de 17.1.1980, proc. 809/79 R, *Pardini/Comissão*, Rec., 1983, pp. 139 ss.; Despacho do Presidente do TJ de 5.8.1983, proc. 118/83 R, *CMC/Comissão*, Rec., 1983, pp. 2583 ss.; Despacho do Presidente do TJ 17 de Março de 1986, proc. 23/86 R, *Reino Unido/Comissão*, Colect., 1986, p. 1085 ss. Em sentido contrário, vd. Despacho do Presidente do TPI, de 10.12.1997, proc. T-260/97 R, *Camar/Comissão*, Colect., 1997, pp. II-2357.

[588] Assim defende J. PALACIO GONZÁLEZ, *El Sistema Judicial* ... cit., p. 353.

adequado ordenar a admissão do requerente, pois era evidente que entre as partes não existia a relação de confiança mútua necessária numa relação de trabalho do género. Neste sentido, ordenou ao Parlamento Europeu que antecipasse o pagamento de uma quantia a que a requerente tinha direito[589].

Por conseguinte, a jurisprudência comunitária tem vindo a considerar que o juiz cautelar tem um poder amplo quanto à determinação do conteúdo das medidas provisórias a adoptar, podendo ordenar qualquer medida cautelar que seja oportuna, ajustada ou apropriada a assegurar a efectividade da provável sentença favorável ao requerente, ainda que a medida ordenada não corresponda à solicitada pelo requerente.

É jurisprudência adquirida que "o juiz do processo de medidas provisórias, chamado a pronunciar-se no quadro de um processo principal contra a acção ou inacção de uma Instituição, (...) pode ordenar unicamente as medidas provisórias que se revelem necessárias a fim de evitar que, antes da decisão final de mérito, a parte requerente sofra danos graves e irreversíveis, que não possam ser reparados no caso dos pedidos do processo principal virem a ter acolhimento no Acórdão"[590].

De qualquer modo, o juiz cautelar não pode decretar medidas cuja decisão tenha "como efeito levar o tribunal a ir além das medidas necessárias à plena eficácia da futura decisão definitiva"[591].

Se a jurisprudência tem sido uniforme ao afimar que, no âmbito do contencioso comunitário, poderão ser ordenadas todas as medidas provisórias necessárias a assegurar a efectividade da sentença de fundo, o mesmo não se passa em relação aos limites desse poder, já que a posição dos juizes comunitários é menos clara. A partir do disposto nos normativos aplicáveis, a jurisprudência comunitária tem vindo a revelar alguma variação quanto ao conteúdo e limites do poder cautelar.

---

[589] Despacho do Presidente do TJ de 23.11.1990, proc. T-45/90 R, *Alicia Speybrouck/Parlamento Europeu*, Colect., 1990, pp. II-705.

[590] Despacho do Presidente do TJ de 15.4.1998, proc. C-43/98 P (R), *Camar Srl/Comissão das Comunidades Europeias e Conselho da União Europeia*, Colect., 1998, pp. I-1815.

[591] Idem.

Em primeiro lugar, a jurisprudência comunitária sempre considerou que o juiz cautelar está proibido de antecipar a decisão de mérito, ou prejudicar a decisão principal.

Aliás, já na década de 70, o Presidente do TJ considerava que, no caso de estar pendente um processo por incumprimento, o juiz não poderia, no âmbito do processo cautelar, "dirigir uma intimação ao Estado membro, pois tal significaria retirar antecipadamente as consequências de uma eventual condenação por incumprimento"[592].

O Presidente do TPI, a propósito do conteúdo de uma medida provisória solicitada, cujo pedido se traduzia na ordenação à Comissão para que autorizasse provisoriamente um auxílio económico a um Estado, recusou as medidas requeridas, com o fundamento de que as medidas provisórias "devem ter carácter provisório, no sentido de que não devem antecipar a decisão quanto ao mérito"[593], o que não acontecia com as medidas solicitadas.

Já o juiz comunitário considerou que quando estão causa violações ao Tratado pode o juiz do processo provisório dirigir-se a um Estado membro em falta e ordenar-lhe provisória e antecipadamente que não aplique disposições contrárias ao Tratado[594].

Também já foi reconhecido pela jurisprudência comunitária que o juiz da causa provisória não pode decidir definitivamente a questão sob que incide o processo principal, pois esta deverá permanecer em aberto, ainda após a emissão da decisão provisória. No Despacho de 3.3.1998, pelo qual o Presidente do TPI indeferiu uma medida provisória, destinada a intimar o Conselho a comunicar a um tribunal nacional e às partes o conteúdo de certos documentos de carácter interno, são esclarecidos o conceito de provisoriedade e o sentido do princípio que proíbe o juiz cautelar de antecipar a causa principal. Por um lado, o juiz refere que ainda que ordenada por medida provisória a "transmissão dos documentos ao tribunal e às partes anteciparia o acórdão a proferir pelo tribunal de primeira instância sobre o recurso

---

[592] Despacho do Presidente do TJ de 21.5.1977, procs. 31 e 53/77 R, *Comissão/Reino Unido*, Rec., 1977, pp. 921 ss. Na medida em que a sentença definitiva vai culminar com uma declaração de incumprimento.

[593] Vd. Despacho do Presidente do TPI de 2.4.1998, proc. T-86/96 R, *Arbeitsgemeinschaft deutscher Luftfahrt-Unternehmen e Hapag-Lloyd FluggesellschaftmbH/Comissão das Comunidades Europeias*, Colect., 1998, pp. II-641.

[594] Despacho do Presidente do TJ de 10.10.1989, proc. 246/89 R, *Comissão/Reino Unido*, Colect., 1989, pp. 3125 ss.

de anulação, que tinha justamente por objecto a decisão de indeferimento do pedido de acesso a esses mesmos documentos. E, "por outro lado, esta transmissão produziria efeitos que não poderiam interromper-se definitivamente no momento da prolação desse acórdão"[595]. Entendeu o juiz que "estas medidas não poderiam ser qualificadas de provisórias", pois, "neutralizariam antecipadamente as consequências da decisão a tomar posteriormente na causa principal"[596].

O juiz comunitário já rejeitou medidas provisórias cujo pedido se traduzia na obtenção do pagamento antecipado de uma indemnização por perdas e danos (para reparação de um prejuízo, cuja questão da existência era objecto de um processo principal), com o fundamento de que o adiantamento da provisão teria como consequência a antecipação da decisão de fundo[597].

Em alguns casos, a jurisprudência comunitária fez corresponder o conceito de provisoriedade da decisão à provisoriedade dos efeitos da decisão[598],

---

[595] Vd. Despacho do Presidente do TPI de 3.3.1998, proc. T-610/97R, *Hanne Norup Carlsen e o./Conselho da União Europeia*, colect., 1998, p. II-488.

[596] Vd. Despacho do Presidente do TPI de 3.3.1998, proc. T-610/97R, *Hanne Norup Carlsen e o./Conselho da União Europeia*, colect., 1998, p. II-485. Em síntese, este despacho tem por base o seguinte historial: os requerentes, em 6 de Janeiro de 1998, apresentaram um pedido de medidas provisórias destinado, por um lado, a que o Conselho fosse intimado a comunicar ao *Højesteret* e às partes, num processo pendente, certos documentos (pareceres dados pelos serviços jurídicos do Conselho e da Comissão) e, por outro lado, que fosse imposta a obrigação de não divulgar, na audiência pública, o teor dos documentos comunicados. O Conselho, face à natureza da medida em causa requerida, afirmou que o pedido teria efeitos definitivos, dado que neutralizaria as consequências do acórdão a proferir no processo principal, além de que, a medida vinha proporcionar aos requerentes mais do que lhes era legítimo esperar da sentença principal. E foi neste sentido que o Presidente do TPI decidiu indeferindo a medida.

[597] Despacho do Presidente do TPI de 16.12.1994, procs. T-278, 555, 280/93 R, *Davis Alwyn Jones e Mary Bridget Jones e o/Conselho da EU e Comissão das CE*, Colect., 1994, p. II-0011.

[598] Vd. Despacho do Presidente do TPI de 3.3.1998 (proc. T-610/97R, *Hanne Norup Carlsen e o./Conselho da União Europeia*, colect., 1998, p. II-485), onde se refere que "as medidas provisórias devem cessar, em princípio, de produzir os seus efeitos, logo que seja proferido o Acórdão que põe termo à instância". São provisórias porque "não podem antecipar em nada a decisão do tribunal quanto ao mérito". E, "por outro lado são de natureza acessória, no sentido que devem tender unicamente a salvaguardar, durante o processo no tribunal, os interesses de uma das partes no litígio, a fim de não tornar ilusório o acórdão no processo principal, privando-o de efeito útil".

no sentido de que as decisões provisórias são aquelas cujos efeitos são reversíveis. Assim, o TJ já considerou que, "porque tem de ser provisória, o conteúdo da medida provisória não pode ter efeitos irreversíveis sobre a situação de facto ou jurídica, pois converteria em inútil uma sentença favorável ao demandado"[599].

A propósito da relação da medida solicitada com o *quid* sobre que versa a questão principal, o legislador comunitário estabelece que a medida solicitada tem de ter uma conexão com o *quid* sob que versa a questão principal. A jurisprudência ainda não revelou qual é o seu entendimento sobre esta questão, no entanto, as medidas provisórias decretadas demonstram que o juiz comunitário se pauta pelo conceito de relação funcional, focalizado para a garantia da efectividade da sentença final.

Um outro limite que a jurisprudência tem vindo a determinar aos poderes amplos do juiz das medidas provisórias diz respeito à impossibilidade de este ordenar, por meio destas medidas, a realização de meios de prova.

O juiz cautelar não tem podido ordenar a produção antecipada de meios prova, através das medidas provisórias[600].

Finalmente, a jurisprudência comunitária tem vindo a manifestar-se contrária à possibilidade do juiz ordenar medidas cautelares que coloquem em risco o equilíbrio funcional entre as Instituições comunitárias. A este propósito, verificámos jurisprudência firme que vai no sentido de apenas

---

[599] Neste sentido, vd. Despacho do Presidente do TPI, de 1.10.1997, proc. T-230/97 R, *Comafrica e Dole Fresh Fruit Europe Ltd &Co./Comissão CE*, Colect., 1997, p. II-1591. Cfr., Acórdão do TJ, de 26.11.1996, proc., C-68/95, *T. Port*, Colect., 1995, p. I-6065. Para mais desenvolvimentos, vd. B. PASTOR BORGOÑON/E. VAN GINDERACHTER, *El Procedimiento de Medidas Cautelares ante el Tribunal de Justicia* ... cit., p. 125.

[600] Despachos do Presidente do TJ, de 20.2.1987, procs. 121 e 122/86 R, *Anonimos Eteria Epichirisseon Metalleftikon Viomichanikon Kai Naftiliankon AE e o./Conselho e Comissão CE*, Colect., pp. 833 ss.; Neste é realçado que "resulta da própria natureza do processo de medidas provisórias e das condições a que está subordinada a sua concessão, que ele não é, em princípio, um processo adequado para obter medidas como as solicitadas pelos requerentes. Estas medidas aparentam-se, com efeito, a diligências de instrução que o tribunal pode ordenar no processo principal quer oficiosamente, quer a pedido das partes". Cfr., proc. C-358/89 R, *Extramet/Conselho*, Rec., 1989, p. I-431.

ordenar, excepcionalmente, medidas provisórias traduzidas em intimações para comportamento ou omissões a Instituições Comunitárias.

Por exemplo, em 1988, entendeu o juiz que a medida ordenada se podia traduzir numa autorização provisória, todavia muito restritamente concedida, tendo em consideração o poder discricionário da Instituição Comunitária demandada e respeitando o equilíbrio institucional instituído pelos tratados[601].

Um ano depois é referido pelo juiz cautelar que podem dirigir-se certas *ordens* provisórias às Instituições da Comunidade, desde que seja respeitado o seu poder discricionário e a repartição institucional de competências na Comunidade[602]. Designadamente, na decisão provisória de 6.12.1989 é mencionado que "quando se atribui à Comissão poder para adoptar medidas cautelares, não pode o juiz substituir-se à Comissão no cumprimento dessa faculdade, quando ela o não faz".

Na década de 90, o juiz das medidas provisórias confirma esta posição, justificando que "não pode substituir-se às Instituições e decidir em sua vez"[603], e tal posição é tão firme quanto mais está em causa o exercício de um poder discricionário. Neste sentido, o TJ tem indeferido medidas cautelares, em que se requer que "seja ordenado à Comissão que intime um Estado membro a fazer beneficiar a empresa recorrente de um regime de não tributação (...)", com fundamento de que tal medida se situa fora dos poderes da Comissão, e "porque tal pedido teria o mesmo conteúdo e os mesmos efeitos que a medida que, segundo a requerente, a Comissão omitiu adoptar". Com efeito, refere o juiz cautelar que "tal decisão não seria conforme aos princí-

---

[601] Despacho do Presidente do TJ de 10.5.1988, proc. 152/88R, *Sofrimport Sarl/Comissão CE* (Colect., 1988, pp. 2932 ss.), onde o juiz cautelar aceita a medida provisória de suspender a aplicação de Regulamentos da Comissão (que suspendiam a entrega de certificados de importação de maçãs de mesa originárias do Chile), mas não procedeu à entrega aos requerentes do certificado de importação para certas quantidades, tal como tinham solicitado.

[602] Despacho do TPI de 6.12.1989, proc. T-131/89 R, *Comisex GmbH/ Comissão, Colect.*, 1990, II-1.Vd. outro tipo de decisões nas quais é clara a não admissibilidade das instâncias jurisdicionais dirigirem injunções a outras Instituições Comunitárias: Ac. do TPI de 8.6.1995, T-496/93, *Allo/Comissão*, Colect.ºs 31 e 32; vd. Ac. do TPI de 30.11.95, proc. T-507/93, *Paulo Branco/Tribunal de Contas*, Col. – Função Pública, 1995, I A-0265, II-0797. Neste último, refere-se que "sob pena de invadir as prerrogativa da AIPN, não podem dirigir injunções a uma Instituição Comunitária".

[603] PETER OLIVER, "Interim measures: Some recent developments", *Common Market Law Review*, 1992, p. 9.

pios que regem a repartição de competências entre as diferentes Instituições da Comunidade"[604].

Mais uma vez, a jurisprudência é firme, já que o juiz das medidas provisórias é impedido de decretar uma medida provisória que não pode sequer ser decretada em sede do processo principal.

De acordo com a jurisprudência que temos vindo a invocar, o juiz cautelar não pode, no âmbito de um pedido de medidas provisórias apresentado por um importador de bananas (que se traduziu numa intimação à Comissão para que atribuisse certificados de importação), emitir essa medida provisória, já que tal "privaria a Comissão da competência que lhe é própria" e "levaria à adopção de medidas que não têm carácter provisório". Além disso, esta medida "produziria efeitos idênticos aos que são objecto de recurso no processo principal, uma vez que se limitariam a antecipar os efeitos da eventual anulação do regulamento impugnado"[605].

Da mesma forma, o juiz do processo de medidas provisórias não pode deferir o pedido que se destina a intimar o Conselho para comunicar a um tribunal nacional a às partes certos documentos de carácter interno, pois "a injunção feita ao Conselho para comunicar certos documentos é impossível, pois esta comunicação nem o TPI a pode ordenar, ao pronunciar-se sobre o recurso principal. Com efeito, o tribunal apenas pode anular a decisão impugnada, sem todavia poder ordenar a entrega dos documentos em causa"[606]. Nem lhe é permitido substituir-se à Comissão na classificação de um auxílio como sendo incompatível com o mercado comum, o que leva a que, "na falta de elementos bastantes para provar a existência de uma ameaça grave e irreparável (...) não [possa o tribunal] ordenar à Comissão que autorize provisoriamente o auxílio"[607].

---

[604] Vd. Despacho do Presidente do TPI de 21.10.1996, proc. T-107/96 R, *Pantochim AS/Comissão CE*, Colect., 1996, p. II-1363.

[605] Vd. Despacho do Presidente do TPI, de 1.10.1997, proc. T-230/97 R, *Comafrica e Dole Fresh Fruit Europe* Ltd &Co./*Comissão CE*, Colect., 1997, p. II-1591. Cfr., Acórdão do TJ, de 26.11.1996, proc., C-68/95, *T. Port*, Colect., p. I-6065, em que não se exclui, embora excepcionalmente, que no domínio da regulamentação comunitária de bananas, o TPI possa ordenar medidas provisórias que podem ir até à atribuição de certificados provisórios.

[606] Vd. Despacho do Presidente do TPI de 3.3.1998, proc. T-610/97R, *Hanne Norup Carlsen e o./Conselho da União Europeia*, colect., 1998, p. II-488.

[607] Vd. Despacho do Presidente do TPI de 2.4.1998, proc. T-86/96 R, *Arbeitsgemeinschaft Deutscher Luftahrt-Unternehmen e Hapag-Lloyd Fluggesellschaft mbH/Comissão CE*, Colect., 1998, p. II-641.

O juiz das decisões provisórias tem vindo a negar medidas que atentam "contra o poder discricionário do Conselho (...), já que, o tribunal pode "sobrepor a sua apreciação à desta instituição, no que se refere à escolha da medida de protecção mais adequada para evitar perturbações nos mercados dos produtos em causa"[608].

No final da década de 90, a jurisprudência comunitária traça uma ruptura com a anterior posição, a propósito do princípio da proibição de antecipação da causa principal. Tal atenuação da proibição está marcada no Despacho do Presidente do TJ, de 29.1.1997, relativo ao caso *Antonissen*[609], pelo qual se decide em sede de recurso jurisdicional[610]. Na decisão provisória recorrida, que negou a "condenação provisória da comunidade no pagamento de uma quantia correspondente a uma parte do montante, em que o recorrente avaliava o seu prejuízo no âmbito do processo principal", afirma-se que o deferimento de tal medida "equivaleria a fazer uma apreciação definitiva dos factos que estão na origem do recurso" e levaria "a conceder uma parte

---

[608] Despacho do Presidente do TPI de 2.3.1998, proc. T-310/97, *Governo de Antilhas Neerlandesas/Conselho da União Europeia*, Colect., 1998, p. II-458. Vd. Despacho do Presidente do TJ de 19.8.1988 (proc., 191/88 R, *Co-Frutta SARL/Comissão CE*, Colect., 1988, pp. 4551 ss.), em que se indefere um pedido de medidas provisórias, destinado a impedir que a decisão litigiosa fosse um obstáculo à concessão da licença de importação de 2 000 toneladas da bananas originárias da Colômbia. Tal pedido "constituiria uma intervenção na gestão da política comercial da Comunidade que ultrapassaria largamente as competências do tribunal, em processo de medidas provisórias". No mesmo sentido, vd. Despacho do Presidente do TJ de 21.3.1997, proc., C-110/97 R, *Reino dos Países Baixos/Conselho da União Europeia*, (Colect., 1997, p. I-1797), onde se refere que "o juiz de medidas provisórias apenas poderá substituir a sua apreciação à da Instituição em circunstâncias excepcionais". Vd. ainda, Despacho do Presidente do TPI de 2.10.1997, proc., T-213/97 R, *Comité das Indústrias de Algodão e Fibras Afins da União Europeia (Eurocoton) e o./Conselho da União Europeia*, Colect., 1997, p. II-1612. Neste despacho é dito que "a injunção ao Conselho para que adopte a proposta da Comissão de impor direitos *antidumping* definitivos constituiria, *prima facie*, uma intervenção no referido poder do Conselho, incompatível com a repartição das competências entre as Instituições da Comunidade".

[609] A este propósito, vd. E. GARCÍA DE ENTERRÍA, "Hacia una medida cautelar ordinaria de pago anticipado de deudas (référé-provision). A propósito del Auto del presidente del Tribunal de Justicia de las Comunidades Europeas de 19 de enero de 1997 (asunto Antonissen), *Revista de Administración Pública*, 142, 1997, pp. 225 ss.

[610] Despacho Presidente do TPI de 29.11.1996, proc. T-179/96 R, *J. Antonissen/Conselho da União Europeia e Comissão das CE*, Colect., 1996, p. II-1643.

das medidas solicitadas no processo principal (...)". Ora, considerou o tribunal *a quo* que "a verificação da responsabilidade e dos efeitos que dela decorrem não pode basear-se numa aparência de razão, mas sim numa apreciação definitiva dos factos e dos fundamentos alegados, necessitando, portanto, de um processo que garantisse a todas as partes o respeito dos direitos de defesa".

Diferentemente entendeu o Presidente do TJ, tendo como fundamento ("excelente")[611] que "uma proibição absoluta de obter uma medida com esta natureza, (...) seria contrária ao direito a uma protecção jurisdicional completa e efectiva que os requerentes têm perante o Direito Comunitário".

O TJ, anulando o despacho recorrido, começou por tornar claro que "não pode excluir-se antecipadamente, de modo geral e abstracto, que o pagamento a título provisório (...) seja necessário para garantir a eficácia da sentença de fundo, quando, no caso, pareça justificada, atendendo aos interesses em presença". Em seguida realçou um qualificado *fumus boni iuris* como condição da decretação deste tipo de medida provisória: um *fumus boni iuris* "particularmente sólido" e uma urgência "incontestável".

Considerou o TJ que, em cada caso concreto, deve ainda o juiz "apreciar o conjunto das circunstâncias, a fim de ponderar os interesses em presença", aceitando a medida solicitada, se nessa pesagem de interesses, a balança se inclinar a favor do requerente, podendo fazer depender a concessão da antecipação da quantia de uma prestação de garantia.

---

[611] Expressão de E. GARCÍA DE ENTERRÍA, "Hacia una medida cautelar ordinaria de pago anticipado de deudas (*référé-provision* ... cit., p. 232.

B. A Justiça Cautelar no âmbito da Comunidade Europeia.
A tutela cautelar em especial como garantia subjectiva da legalidade comunitária

1. A ordem jurídica comunitária. 2. A obrigação que impende sobre o juiz nacional de ordenar medidas (urgentes) provisórias no sentido de tutelar eficazmente o direito comunitário. 3. As medidas provisórias (cautelares) permitidas. 3.1. O poder-dever do juiz nacional para suspender cautelarmente a aplicação de uma norma interna, cuja compatibilidade com o Direito Comunitário se questiona (o caso *Factortame*). 3.1.2. O poder do juiz nacional para conceder a suspensão da eficácia de actos da Administração Pública (respectiva), que aplicam um Regulamento Comunitário cuja validade está em causa (o caso *Zuckerfabrik*). 3.1.3. O poder do juiz nacional para adoptar medidas cautelares positivas (e não apenas de natureza suspensiva) contra actos da Administração Pública (respectiva), resultantes da execução de Regulamentos Comunitários cuja validade se duvida (o caso *Atlanta*)

Desde o início da década de 90, o TJCE tem vindo a decidir um conjunto de importantes casos relativos à aplicação de medidas provisórias no seio do contencioso comunitário.

Desde o assunto *Foto-Frost*[612] (acórdão de 22.10.1987[613]), por uma exigência de uniformidade da aplicação do direito comunitário e por causa da necessária existência de um sistema de protecção jurisdicional coerente, o TJ tem vindo a pronunciar-se no sentido de que "os órgãos jurisdicionais nacionais não são competentes para declarar a invalidade dos actos das instituições comunitárias". Neste sentido, o TJ tem recomendado o accionamento do mecanismo de reenvio a título prejudicial e tem, ainda, reservado, para si,

---

[612] A este propósito, vd. anotação de A. GLAESNER, "Die Vorlagepflicht unterinstanzlicher Gerichte im Vorabentscheidungsverfahren", *Europarecht*, 1990, pp. 143 ss.; L. GOFFIN, "De l'incompétence des juridictions nationales pour constater l'invalidité des actes d'institutions communautaires", *Cahiers de Droit Européen*, 1990, pp. 211 ss.; vd. ainda, W.-H. ROTH, "The application of Community Law in West Germany: 1980-1990, *Common Market Law Review*, 1991, pp. 147 ss.

[613] Acórdão do TJ, de 22.10.1987 , procs. 20 e 314/85, *Foto-Frost*, Colect., 1987, pp. 4199 ss.

de "forma exclusiva" o poder de controle da legalidade dos actos das Instituições Comunitárias, retirando por completo tal tarefa aos tribunais dos Estados membros. Todavia, desde o caso *Foto-Frost*, o TJ deixou aberta a possibilidade de serem invocadas medidas cautelares enquanto se desenrola o processo de reenvio prejudicial. Afinal, no entender do Tribunal, "esse direito ficaria comprometido se, na expectativa de um acórdão do TJ, único competente para declarar a invalidade de um regulamento comunitário, não pudesse uma pessoa, estando preenchidas determinadas condições, obter uma decisão de suspensão susceptível de paralisar, no que a essa pessoa respeitam, os efeitos do acto institucional em causa". Trata-se, ao fim e ao cabo, do poder de invocar, durante a actuação deste mecanismo, um certo paralelismo de garantias [614].

Em sede de medidas provisórias, no âmbito do contencioso comunitário, este paralelismo de garantias foi posto à prova, em primeiro lugar, no caso *Factortame*, considerado como "one of the high-water marks"[615] do contencioso comunitário (acórdão de 19.6.1990[616]). Não será possível duvidar, sequer, da validade da nomeação de "marco do contencioso comunitário" atribuída a este caso: primeiro, porque fixa o momento a partir do qual as medidas provisórias são assumidas como instrumentos ao serviço da aplicação efectiva do direito comunitário; depois, porque esta decisão se assume como a primeira tentativa de estabelecimento de um sistema coerente de tutela jurisdicional cautelar, na ordem jurídica comunitária[617].

A decisão do TJ surge no âmbito de um reenvio prejudicial accionado pela *House of Lords*, tendo por base um litígio entre uma sociedade de pesqueiros (e outros) e o Governo britânico (*Secretary of State for Transport*). Em causa esteve um novo regime legal referente ao registo de navios

---

[614] H. LABAYLE, "L'éffectivité et la protection juridictionnelle des particuliers. Le droit administratif français et les exigences de la jurisprudence européenne, *revue française de droit administratif*, 1992, p. 628.

[615] MATTHIAS RUFFERT, "Rights and remedies in european community law: a comparative view", *Common Market Law Review*, 1997, p. 307.

[616] Acórdão do TJ, de 19.6.1990, proc. C-213/89, *The Queen/Secretary os State for Transport, ex parte Factortame Ltd.* e o., Colect. 1990, p. I-2433., pedido de decisão prejudicial enviada pela *House of Lords* (Reino Unido).

[617] Ao mesmo tempo não trata de um problema clássico relativo ao princípio do primado, mas de um problema de "primauté au provisoire". Vd. D. SIMON/A. BARAV, "*Le droit communautaire et la suspension des mesures nationales* ... cit., p. 592.

de pesca que, no entender dos requerentes, seria contrário às regras do Direito comunitário. Os requerentes impugnaram tais normas e solicitaram medidas cautelares adequadas enquanto aguardavam uma sentença final.

As questões submetidas, a título prejudicial, ao TJ pela *House of Lords* (Reino Unido) foram, em síntese, as de saber se "tinha o tribunal nacional poder para outorgar *interim relief* aos direitos reclamados, suspendendo a aplicação de medidas nacionais, até que [fosse] resolvida a questão prejudicial" e "com base em que critérios devia decretar-se a tutela provisória".

Atendendo à importância do conteúdo do acórdão[618], tão atentamente seguida pela doutrina em geral[619] e por alguma em particular[620], propõe-se uma visão mais pormenorizada do caso.

---

[618] Muito embora tal conteúdo tenha ficado a desejar, na medida em que não respondeu a algumas questões colocadas pelo juiz nacional e cuja resposta seria essencial. Por isso, há doutrina que refere que o caso *Factortame* é "une grande affaire", decidido por "un petit arrêt". D. SIMON/A. BARAV, "le droit communautaire et la suspension des mesures nationales ... cit., p. 597.

[619] Em geral, sobre o acompanhamento doutrinal deste caso, vd. N. P. GRAVELLS, "Disapplying an Act of Parliament pending a preliminary rulling: constitutional enormity or Community law right?", *Public Law*, 1989, pp. 568 ss.; A. BARAV, "Enforcement of Community rights in the national courts: the case for jurisdiction to grant interim relief", *Common Market Law Review*, 1989, pp. 369 ss.; J. HANNA, "Community rights all at sea", *Law Quarterly Review*, 1990, pp. 2 ss.; D. SIMON/A. BARAV, "le droit communautaire et la suspension des mesures nationales, les enjeux de l'affaire Factortame,", *Revue du Marché Commun*, 1990, 2, pp. 591ss.; N. P. GRAVELLS, "Effective protection of Community law rights: temporary disapplication of an Act of Parliament", *Public Law*, 1991, pp. 180 ss.; R. CARANTA, "Effettività della garanzia giurisdizionale nei confronti della pubblica amministrazione e diritto comunitario: il problema della tutela cautelare", *Il Foro Amministrativo*, 1991, pp. 1889 ss.; M. MUSCARDINI, "Potere cautelare dei Giudici nazionali in materie disciplinate dal diritto comunitario", *Rivista italiana di diritto pubblico comunitario*, 1991, pp. 1042 ss.; P. OLIVER, "Interim measures: some comparative developments", *Common Market Law Review*, 29, 1992, pp. 7 ss, esp., 10 a 12; S. BOYRON/L.NEVILLE-BROWN, "L'affaire Factortame: droit communautaire contre droit public anglais, *revue française de droit administratif*, 1994, pp. 70 ss.; I. DEL GUAYO CASTIELLA, *Judicial review y Justicia cautelar*, Madrid, 1997, pp. 96 ss. esp. 96 a 100.

[620] Em particular, por E. GARCÍA DE ENTERRÍA, "El problema de los poderes del juez nacional para suspender cautelarmente la ejecución de las Leyes nacionales en consideración al Derecho Comunitario Europeo. La Sentencia inglesa 'Regina/Secretary of State for Transport, ex parte Factortame Limited and Others', 1989, y la negación general

Em primeiro lugar, cumpre recordar o enquadramento factual subjacente à questão *Factortame* que, em última instância, culminou com a afirmação feita pelo TJ de que existe o dever de "o órgão jurisdicional nacional (...) decretar medidas provisórias e suspender a aplicação da lei nacional em causa, até que o Tribunal da Justiça indique a sua interpretação".

Factos relevantes:

1.

a) As questões foram suscitadas no âmbito de um litígio entre a *Secretary of State for Transport* e a sociedade *Factortame Ltd.*
b) As sociedades em questão eram proprietárias de (ou exploravam) 95 navios de pesca que estavam matriculados no registo dos navios britânicos, ao abrigo do *Merchant Shipping Act* 1894.
c) Em 1988, surgiu um novo regime de registo de navios de pesca britânicos (parte II do *Marchant Shipping Act* 1988). De acordo com o novo diploma todos os navios de pesca britânicos teriam de estar inscritos e só os navios de pesca que obedecessem aos requisitos do art. 14.º poderiam ser matriculados no novo registo.
d) Quando foi instaurado o processo, que esteve na origem do litígio principal, os 95 navios de pesca do requerente não satisfaziam pelo menos uma das condições previstas na lei de 1988.
e) Neste sentido, as sociedades em questão, e uma vez que estes navios iriam estar impossibilitados de pescar, impugnaram a compatibilidade das normas da Lei de 1988 com o direito comunitário e igualmente

---

de medidas cautelares contra la Corona", REDA, 63, 1989, pp. 411 ss; e "Novedades sobre los procesos en el conflicto de pesca anglo-español. La suspensión cautelar por el Tribunal de Justicia de las Comunidades Europeas de la Ley inglesa de 1988 aparentemente contraria al Derecho Comunitario. Enseñanzas para nuestro sistema de medidas cautelares, sobre la primacía del Derecho Comunitario y respecto a la indemnizabilidad de los daños causados por infracción de éste". REDA, 64, 1989, pp. 593 ss.; e "La sentencia Factortame (19 de junio de 1990) del Tribunal de Justicia de las Comunidades Europeas. La obligación del juez nacional de tutelar cautelarmente la eficacia del Derecho Comunitario aun a costa de su proprio Derecho nacional. Trascendencia general de la Sentencia en el Derecho Comunitario u en el sistema español de medidas cautelares". REDA, 67, 1990, pp. 401 ss, trabalhos reunidos in: *La batalla por las medidas cautelas ...* cit., respectivamente, pp., 35 ss., 71 ss., 105 ss.

solicitaram medidas cautelares adequadas até que fosse proferida decisão final junto da *High Court of Justice, Queen's Bench Division.*

2.

a) A *High Court of Justice, Queen's Bench Division* ordenou, em 10.3.1989 e a título cautelar, uma *interim relief* que se traduzia na suspensão da aplicação da Parte II da Lei de 1988. E submeteu a questão de fundo, referente à interpretação sobre a incompatibilidade da norma com o direito comunitário, a título prejudicial ao TJ.
b) A *interim relief* foi revogada em 23.3.1989, pela *Court of Appeal*, chamada em sede de recurso jurisdicional. Considerou o Tribunal que, nos termos do direito nacional, os órgãos jurisdicionais não tinham o poder de suspender provisoriamente a aplicação de leis (visto que não existia "*l'acte clair*").
c) Finalmente, em sede de segundo recurso jurisdicional, a questão chegou à *House of Lords*, a qual viria a manter a revogação da medida cautelar com original fundamento na *Common Law* – segundo a qual ninguém pode ordenar nenhuma medida cautelar contra a Coroa (ou seja, contra o Governo). Obrigatório seria, então, suscitar junto do TJ um esclarecimento sobre: a) a questão da relação entre o direito nacional e o direito comunitário; b) a questão da protecção cautelar dos nacionais de um Estado membro contra normas nacionais desse Estado, desconformes com o direito comunitário.

Em primeiro lugar, o TJ reiterou jurisprudência no sentido de que as regras de aplicabilidade directa do direito comunitário devem ter uma aplicação uniforme em todos os estados membros. E, ainda confirmou a ideia de que, por força do princípio do primado do direito comunitário, as disposições do Tratado e os actos das Instituições directamente aplicáveis devem ter, nas suas relações com o direito interno dos Estados membros desconforme com estes, a automática inaplicabilidade daquele[621].

Em segundo lugar, o TJ confirmou a posição de que compete aos órgãos jurisdicionais nacionais a aplicação do princípio da cooperação enunciado no art. 5.º do Tratado – a garantia da protecção jurídica decorrente para os particulares do efeito directo das disposições do direito comunitário.

---

[621] Vd. caso *Simmenthal*, de Março de 1978 (cit.)

Em terceiro lugar, defendeu que é incompatível com o direito comunitário a aplicação pelos órgão administrativos ou jurisdicionais de um Estado membro de disposições legislativas que, ainda que temporariamente, obstem à plena eficácia do direito comunitário. E, assim, considerou como obstáculo à plena eficácia do direito comunitário a existência de uma regra de direito interno que interdite o juiz interno de aplicar medidas cautelares num litígio, cujas regras subjacentes de direito comunitário atribuam direitos aos particulares.

O TJ preceituou – à semelhança de S. Mateus, no sexto mandamento, "se a tua mão direita for para ti origem de pecado, corta-a e deita-a fora"[622] – que "quando o órgão jurisdicional nacional, ao qual foi submetido um litígio que se prende com o direito comunitário, considere que o único obstáculo que se opõe a que ele conceda medidas provisórias é uma norma do direito nacional, deve afastar a aplicação dessa norma"[623].

Ainda a propósito da questão *Factortame*, cumpre referir que, paralelamente ao desenrolar do caso referido, a Comissão accionou uma acção por incumprimento contra o Governo britânico e, acessoriamente, requereu medidas provisórias em face da *Merchant Shipping Act* 1988.

O Presidente do TJ, pelo despacho de 10.10.1989, veio suspender a aplicação de partes da Lei do Parlamento de 1988, considerando provados o *fumus boni iuris* e a urgência da medida pela iminência de produção de um prejuízo grave e irreparável. Entendeu, balançando os interesses em causa, que os danos provocados aos nacionais espanhóis com a não decretação da medida solicitada seriam mais intensos do que os danos resultantes para o requerido com a decretação. Tomou ainda em consideração os interesses da Comunidade[624].

---

[622] S. Mateus 5; 30.

[623] Sem dúvida que no caso Factortame se reitera a jurisprudência iniciada com o caso *Simmenthal*, acentuando-a no respeitante à tutela provisória. Tal jurisprudência vai no sentido de que, se o direito comunitário tem existencialmente primazia sobre o direito interno e se deve ser uniformemente aplicável em todos os Estados membros, então só pode ter como efeito a inaplicabilidade automática do direito interno desconforme com ele.

[624] Cfr. E. GARCÍA DE ENTERRÍA, no referente ao juízo de ponderação de interesses. No seu entender este juízo deverá ser feito *granus salis*, isto é, no sentido de que a ponderação a fazer deva ser sempre em função da protecção judicial efectiva e não a partir de necessidades públicas "imaginárias". Vd. "Novedades sobre los procesos en el conflicto de pesca anglo-español. La suspensión cautelar por el Tribunal de Justicia de las Comunidades Europeas de la Ley inglesa de 1988 aparentemente contraria al Derecho

Voltando ao *locus classicus Factortame*, o Advogado-Geral G.TESAU-RO, nas suas conclusões *didácticas*, defendeu que "a tutela cautelar visa evitar que o dano provocado pela não simultaneidade da determinação e da existência do direito prejudique a efectividade e a própria função da determinação" definitiva do direito[625]. No seu entender, a tutela cautelar constitui "um instrumento fundamental e indispensável a qualquer sistema judicial"[626]. Ressuscitando a já antiga máxima de Chiovenda, "a necessidade de utilizar o processo para obter justiça não deve voltar-se contra quem tem razão", concluiu que os cidadãos têm direito a uma justiça plena e completa no seio da Comunidade Europeia e os juizes nacionais têm o "poder dever" de lhes proporcionar essa tutela efectiva[627]. As conclusões de TESAURO criaram mais jurisprudência que a própria sentença, visto que esta nada esclareceu a este

---

Comunitario. Enseñanzas para nuestro sistema de medidas cautelares, sobre la primacía del Derecho Comunitario y respecto a la indemnizabilidad de los daños causados por infracción de éste", REDA, 64, 1989, pp. 593 ss., reunido in: *La batalla por las medidas cautelares* ... cit., pp. 86 a 88.

[625] Pois, a tutela cautelar permite resolver um problema que nasce da "não simultaneidade entre os dois momentos que fisicamente marcam o fenómeno jurídico: o da existência do direito e o da sua (definitiva) confirmação, num contexto particular e complexo como aquele que exige um moderno sistema de tutela jurisdicional". Como explica TESAURO, se o direito só existe definitivamente quando é confirmado com plenitude e certeza, a determinação judicial, ainda que tenha efeitos retroactivos, nem sempre proporciona uma tutela efectiva do direito. Como explica, "por vezes a declaração verifica-se demasiado tarde para que o direito invocado possa ser plena e utilmente exercitado". Quer isto dizer que, a tutela cautelar, no seu entender, tem, precisamente, como fim objectivo, "fazer com que o tempo necessário à determinação do direito não acabe por irreversivelmente esvaziar de conteúdo o próprio direito, tornando vãs as possibilidades de o exercer". Em suma, TESAURO refere que a tutela cautelar permite realizar o objectivo fundamental de qualquer ordem jurídica que é a efectividade da tutela jurisdicional.

[626] No seu entender, a tutela cautelar revela-se como um instrumento fundamental e indispensável de qualquer sistema jurisdicional, na medida em que "visa a realização de forma precisa e nunca inútil do objectivo de determinação do direito". Acrescenta que a tutela cautelar "garante a aplicação da norma jurídica, sempre que a demora do processo seja susceptível de prejudicar a realização desse objectivo e, portanto, de esvaziar a sentença do seu efeito útil".

[627] Não se trata de uma alternativa entre uma "obrigação" ou uma "faculdade", na opinião de TESAURO, trata-se de uma actividade jurisdicional que se solicita ao juiz nacional, "uma actividade que implica uma valoração de elementos de facto e de direito que cada caso concreto implica".

propósito. Nas suas conclusões, TESAURO enuncia quais os pressupostos de procedência da tutela cautelar na ordem jurídica comunitária, estabelecendo o *periculum in mora* e o *fumus boni iuris*, como necessários[628].

Por conseguinte, ficou estabelecido pelo TJCE (embora de forma "*manifestement réductrice de la problématique*"[629], na medida em que não responde a todas as questões formuladas) que deve o juiz nacional adoptar providências cautelares sempre que tal se mostre necessário para evitar a produção de um prejuízo grave e irreparável para um direito atribuído pelo direito comunitário. Inclusive, deve o juiz nacional, se preciso for, afastar qualquer norma ou prática interna que à decretação da medida cautelar se oponha, pondo em risco o efeito útil do mecanismo previsto no art. 177.º TC (actual 234.º).

Fica deste modo dado o primeiro passo no sentido da afirmação do princípio da tutela jurisdicional efectiva, no âmbito da justiça comunitária.

O segundo passo acontece no caso *Zuckerfabriken Süderdithmarschen und Soest* pelo Acórdão do Presidente do TJ de 21.2.1991[630]. Novamente o TJ se pronuncia em sede de pedidos de decisão prejudicial formulados. Desta desta vez, os pedidos vêm da Alemanha através do *Finanzgericht Hamburg e do Finanzgericht Düsseldorf*. O TJ confirma a jurisprudência a este respeito já iniciada, contudo *ex novo* invoca uma perspectiva de aplicação do princípio da tutela efectiva da ordem jurídica comunitária. Este Acórdão – consi-

---

[628] A este propósito, considera TESAURO que "não só ao juiz compete, obviamente, a apreciação dos pressupostos da tutela cautelar, mas igualmente que esses pressupostos devem ser e permanecer os que os diversos ordenamentos jurídicos nacionais prevêem". Noutro momento do texto, constata que parece não existir grande espaço para "fantasias ou para descobertas revolucionárias", visto que já há muito a teoria geral do direito e os ordenamentos jurídicos positivos "identificaram o *fumus boni iuris* (seja qual for a forma por que é denominado) e o *periculum in mora* como os dois pressupostos fundamentais da protecção cautelar". TESAURO sintetiza que "seja a tónica posta num ou noutro conforme o ordenamento; ou que o *fumus* coincida ou não com a manifesta falta de fundamento ou com o fundamento *prima facie* do direito *aut similia*; ou que na apreciação do *periculum* esteja incluída a tradicional e necessária ponderação das posições em confronto; tudo isto faz parte da apreciação prudente do juiz nacional.

[629] D. SIMON/A. BARAV, "Le droit communautaire et la suspension des mesures nationales ... cit., p. 594.

[630] Ac. de TJ de 21.2.1991, p. C-143/88 e C-92/89, *Zuckerfabrik Süderdithmarschen AG/Hauptzollamt Itzehoe e Zuckerfabrik Soest GmbH/Hauptzollamt Paderborn*, Colect., p. I-415.

derado como *"landmark"*[631] na protecção jurisdicional dos direitos subjectivos atribuídos pelo direito comunitário aos nacionais dos Estados membros – vem pela primeira vez afirmar a perspectiva subjectiva do princípio da tutela jurisdicional efectiva da Ordem Jurídica comunitária.

O TJ veio permitir que um tribunal nacional controlasse provisoriamente, por efeito *ricochete*, a validade de uma norma comunitária, desde que preenchidas as condições por si determinadas[632].

Uma das questões suscitadas ao TJ dizia respeito à competência dos órgãos jurisdicionais nacionais, decidindo em processos de medidas provisórias, para suspenderem a execução de um acto nacional, baseado num regulamento comunitário, e também (consequentemente) às condições de decretamento dessas medidas provisórias[633]. Mais uma vez o raciocínio sub-

---

[631] Acórdão que para H. G. SCHERMERS, em comentário ao caso e à decisão do TJ (in: *Common Market Law Review*, 29, 1992, pp. 135 a 139), constitui "a 'landmark' " na nova era do contencioso comunitário. O assunto é uma "landmark (...) "for the reason that it is so clearly places the protection of individual in the foreground, even in front of the question of priority. This case is the case where individual protection overtakes priority, it is by no means the case where the protection of the individual begins". Para mais desenvolvimentos sobre o Acórdão, vd. G. TESAURO, "la tutela cautelare e diritto comunitario", *Rivista italiana di diritto comunitario*, 1992, pp. 131 ss.; R. CARANTA, "Diritto comunitario e tutela cautelare: dall'effectività allo jus commune", *Giurisprudenza italiana*, 1994, pp. 353 ss.; A. BARONE, " Questione pregiudiziale di validità di un regolamento comunitario e poteri cautelari del giudice nazionale", *Il Foro Italiano*, 1992, IV, pp. 3 ss.; G. GORNING, em anotação ao Acórdão, *Juristen Zeitung*, 1992, pp. 36 ss.; M. P. CHITI, "I signori del diritto comunitario: la Corte di giustizia e lo sviluppo del diritto amministrativo europeo", *Rivista trimestrale di diritto pubblico*; 1991, pp 816 ss.; P. OLIVIER, "Le droit communautaire et les voies de recours nationales", *Cahiers de Droit Européen*, 1991, pp. 371 ss. e H. LABAYALE, "L'effectivité de la protection juridictionelle des particuliers. Le droit administratif français et les exigences de la jurisprudence européenne", *revue française de droit administratif*, 1992, pp. 628 ss.

[632] Vd. GARCÍA DE ENTERRÍA, "Las medidas cautelares que puede adoptar el juez nacional contra el derecho comunitario: La sentencia Zuckerfabrik del Tribunal de Justicia de las Comunidades Europeas de 21 de febrero de 1991", REDA, 72, 1991, pp. 537 ss., reunido in: *La batalla por las medidas cautelares* ... cit., pp. 139 ss.

[633] Está em causa a aplicação do Regulamento 1914/87 (que cria uma quotização destinada a reabsorver integralmente as perdas sofridas pela Comunidade no sector do açúcar durante a campanha de 1986/87) pelas alfândegas alemãs que exigiram às sociedades em causa o pagamento de significativas quantias. As referidas sociedades interpuseram recurso de anulação dos actos administrativos em causa e juntamente solicitaram a

jacente à decisão prejudicial foi no sentido de, em atenção ao princípio da coerência do sistema[634] e da aplicação uniforme do direito comunitário[635], permitir ao juiz nacional decretar medidas provisórias para salvaguardar a efectiva protecção dos seus nacionais, face a normas comunitárias supostamente inválidas.

Quanto às condições de procedência da medida provisória, ficou estabelecido pelo TJ, neste caso, que o órgão jurisdicional nacional só poderá decretar a suspensão se:

a) "tiver sérias dúvidas sobre a validade do acto comunitário, e se, no caso da questão da validade do acto impugnado não tiver ainda sido submetida à apreciação do TJ, lha reenviar ele próprio";
b) se "houver urgência, correndo o requerente o risco de sofrer um prejuízo grave e irreparável" e
c) "se tiver tomado em devida conta os interesses da Comunidade". No que a esta última condição diz respeito, o TJ decidiu que "a ponderação do interesse da Comunidade obriga o órgão jurisdicional

---

suspensão das respectivas decisões administrativas. Ambos tribunais alemães suspenderam a execução do acto recorrido e ambos suscitaram perante o TJ a questão prejudicial de apreciação da validade do regulamento e da aplicação de medidas cautelares.

[634] São os seguintes os momentos do raciocínio do TJ: a) o tratado permite que os órgão jurisdicionais nacionais decretem a suspensão da execução de um acto administrativo nacional adoptado com base num regulamento comunitário; b) se, nos termos do tratado, é possível ao recorrente pedir a suspensão da execução de um acto impugnado e ao Tribunal de Justiça é atribuída competência para tal, "a coerência do sistema judicial provisória exige que, no âmbito de um reenvio prejudicial a efectuar pelo juiz nacional, este possa igualmente decretar a suspensão de um acto administrativo nacional baseado num regulamento comunitário, cuja legalidade seja contestada e que só o Tribunal de Justiça pode declarar inválido"; c) Para que o art. 177.º do Tratado tenha efeito útil é necessário que se confira, aos tribunais jurisdicionais nacionais, competência para suspender a aplicação de normas que se apresentem incompatíveis com o direito comunitário (originário ou derivado).

[635] Foi referido no acórdão que "essa aplicação uniforme é uma exigência fundamental da ordem jurídica comunitária". Assim, considerou-se que "a suspensão da execução de actos administrativos, baseados num regulamento comunitário, embora sujeita às regras processuais nacionais (...), deve depender, em todos os Estados membros, de requisitos de concessão uniformes".

nacional a verificar se o acto comunitário em causa não ficaria, caso não fosse imediatamente aplicado, privado de qualquer efeito útil[636].

Por conseguinte, em suma, as orientações quanto aos critérios de aplicação uniforme das providências cautelares (instrumentais de uma tutela efectiva da ordem jurídica comunitária), fixadas pelo TJ, confirmam a jurisprudência por si criada desde 1957, impondo três condições de concessão, a saber: a) o *fumus boni iuris* (o juiz nacional deve ter "sérias dúvidas sobre a validade" do direito comunitário e deve suscitar a questão prejudicial de validade, bastando o preenchimento desta última formalidade para provar o *fumus boni iuris*); b) o *periculum in mora*, traduzido em prejuízos "graves e irreparáveis"[637]; c) e a concreta ponderação de interesses em jogo, sendo que o interesse da comunidade deve obrigatoriamente ser pesado.

Deste acórdão brota ainda a posição de que a protecção cautelar no seio da ordem jurídica comunitária encontra o seu fundamento no direito comunitário. Pelo que, ainda que esta seja executada em cada Estado membro, através de normas internas, em cada momento, tais normas internas devem *funcionar* pelos critérios próprios do direito comunitário[638]. Desta orientação resulta a atribuição do protagonismo (anteriormente não revelado [639]) na tare-

---

[636] No caso do órgão jurisdicional suspender a execução do acto e tal significar um risco financeiro para a comunidade, pode (deve?) o juiz cautelar exigir a prestação de garantias suficientes. Aliás, como é jurisprudência comunitária, em princípio, um risco de natureza financeiro não é de molde a ser considerado irreparável. Todavia, "compete ao órgão jurisdicional que deve conhecer das medidas provisórias examinar as circunstâncias do caso concreto".

[637] Cfr., FAUSTO DE QUADROS, *A Nova Dimensão do Direito Administrativo* ... cit., p. 37.

[638] Critérios que se podem traduzir, em cada um dos Estados membros, numa orientação mais ou menos restritiva de adopção de tutela cautelar em comparação com os seus próprios critérios. A este propósito, vd. R. CARANTA, "L'ampliamento degli strumenti di tutela cautelare e la progressiva 'comunitarizzazione' ... cit., p. 2561. Cfr., H.-W. REGELING, A. MIDDEKE E M. GELLERMANN, *Rechsstsschutz in Europäischen Union,* München, 1994, pp. 556 ss.

[639] H. G. SCHERMERS, em comentário ao caso em análise, *Common Market Law Review*, 29, 1992, pp. 139. Vd. tb., P. OLIVER, "Interim measures: Some recent developments", *Common Market Law Review*, 29, 1992, pp. 7 a 27.

fa de uniformização da aplicação da tutela cautelar no espaço jurídico comunitário aos tribunais nacionais[640].

Na segunda metade da década de 90, o TJ veio a acentuar esta jurisprudência iniciada no caso *Zuckerfabrik*. Desta feita, através do acórdão de 9.11.1995, relativamente ao caso *Atlanta* que tem subjacente um pedido de decisão prejudicial enviado pelo *Verwaltungsgericht Frankfurt am Main* (Alemanha)[641] e que se mostrou de suma importância no preenchimento do "*halo de incertitudes*"[642] deixado pela jurisprudência anterior, respeitantes a saber quais as condições de procedência da tutela cautelar e quais os poderes do juiz nacional cautelar[643].

Este caso tem subjacente os factos que se seguem:

Em 14.12.1993, o *Verwaltungsgericht Frankfurt am Main* apresentou no TJ duas questões prejudiciais, nos termos do art. 177.º do TCE, sobre a interpretação do art. 189.º do TCE. Surgiram tais questões no âmbito de um litígio que opunha a *Atlanta* (e outras dezassete sociedades do mesmo grupo) ao Serviço Federal para a Alimentação e Silvicultura, a seguir *Bundesamt*, a respeito da atribuição de contingentes de importação de bananas de países terceiros.

Nos termos do Regulamento do Conselho n.º 404/93, que vinha reger a organização comum do mercado no sector das bananas, a *Atlanta* (tradicional

---

[640] P. OLIVER refere que a Alemanha é de todos os Estados membros o mais "liberal" na aplicação de medidas cautelares. Isso deve-se não só ao princípio do efeito suspensivo do recurso de impugnação de actos administrativos, mas também ao enquadramento jurídico do art. 19.º, IV GG. Vd. "Interim measures: Some recent developments", *Common Market Law Review*, 1992, p. 21. A este propósito, vd. M. FROMONT, "La protection provisoire de particuliers contre les décisions administratives dans les Etats membres de Communautés européennes ", RISA, 1984, 4, pp. 309 ss.

[641] Acórdão do TJ de 9.11.1995, proc. C-465/93, *Atlanta Fruchthandelsgesellschaft MBH e o./Bundesamt Fuer Ernaehrung und Forstwirtschaft*., Colect., 1995, p.I-3761.

[642] Expressão de R. JOLIET, "Protection juridictionnelle provisoire et droit communautaire", *Revue trimestrielle de droit européen*, 1992, p. 260.

[643] A este propósito, vd. L. PAPADIAS, "Interim Protection Under Community Law Before the National Courts. The right to a Jugde with jurisdiction to Grant Interim Relief", *Legal Issues European Integration*, 1994, 2, pp. 153 ss. Sobre esta "bananensaga", vd. R. CARANTA, "L'ampliamento degli strumenti do tutela cautelare e la progressiva 'comunitarizzazione' delle regole processuali nazionali", *Il Foro Amministrativo*, 1996, pp. 2554 ss.

importadora de bananas de países terceiros) viu reduzida as suas possibilidades de importação e reclamou junto do *Bundasamt*. Das decisões de indeferimento, a *Atlanta* interpôs recurso de anulação junto do *Verwaltungsgericht Frankfurt am Main* e solicitou, a título de medidas provisórias, que o tribunal administrativo ordenasse ao *Bundesamt* que este emitisse em seu favor certificados suplementares de importação de bananas, além das quantias já atribuídas, até que o TJ proferisse decisão relativa ao reenvio prejudicial para apreciação da validade do regulamento.

Entendeu o órgão jurisdicional alemão que uma recusa de aceitação de medidas provisórias iria contra o princípio da tutela jurisdicional efectiva, consagrado no art. 19.º IV da Lei Fundamental alemã (*Grundgesetz*).

Nesta sequência, o tribunal alemão ordenou ao *Bundesamt* que emitisse provisoriamente, pelo prazo de dois meses (Novembro e Dezembro de 1993), certificados suplementares de importação (com a percepção de um direito aduaneiro de 100 ecus /tonelada), com a condição de os requerentes "não fazerem uso dos certificados de importação passados para 1994 com a mesma percepção".

A título prejudicial, o órgão jurisdicional alemão pretendia obter resposta para as seguintes questões:

a) "pode o juiz nacional, através de medida cautelar relativa acto administrativo de autoridade nacional, praticado com base no regulamento objecto do pedido prejudicial, regular ou dar uma determinada conformação provisória às situações jurídicas em causa, até que seja proferida decisão sobre a validade do regulamento";
b) e, no caso da resposta ser afirmativa à primeira questão, "sob que condições pode o tribunal nacional adoptar medidas cautelares;
c) e, finalmente, será necessário ao ponderar as condições de deferimento da medida cautelar solicitada, distinguir entre as medidas cautelares destinadas a assegurar uma situação jurídica já existente daquelas que têm como objectivo criar uma nova situação jurídica.

Mais uma vez, o TJ afirmou que "a coerência da protecção provisória dos particulares" exige que o juiz nacional possa decretar a suspensão da execução de um acto administrativo nacional baseado num regulamento (cuja validade foi objecto de reenvio prejudicial). E, neste sentido, não excluiu o poder dos órgãos jurisdicionais decretarem medidas provisórias, corrigindo ou regulamentando situações jurídicas ou relações controvertidas, a respeito de um acto administrativo nacional baseado num regulamento comunitário. Por conseguinte o TJ admitiu, *sem grande esforço*, as medidas provisórias positivas ou medidas estruturalmente antecipatórias e com conteúdo inovador[644].

Quanto à segunda questão prejudicial, respeitante às condições de procedência das medidas provisórias, o TJ enumerou "didáctica e doutrinariamente"[645]:

a) o *fumus boni iuris*, relembrando a argumentação do caso *Zuckerfabrik*[646]. Todavia, considerou que esta exigência não ficaria satisfeita com "o reenvio a título prejudicial para avaliação da validade do regulamento". A este respeito, o TJ deixou claro que "o tribunal nacional deve ter em consideração o alcance da margem de apreciação que, à luz da jurisprudência do TJ, deve ser reconhecida às instituições comunitárias";

b) a urgência em decretar uma medida aferida pela possibilidade do requerente correr o risco de sofrer um prejuízo grave e irreparável, sendo que o prejuízo tem de ser iminente, isto é, "susceptível de se concretizar antes do TJ se pronunciar sobre a validade do acto"[647].

c) E a consideração da repercussão que a medida provisória a adoptar possa ter nos interesses da comunidade, devendo, por isso, o juiz nacional ponderar os interesses desta juntamente com os do requerente.

---

[644] A este propósito, R. CARANTA, ("L'ampliamento degli strumenti di tutela cautelare e la progressiva 'comunitarizzazione' ... cit., p. 2562) baseando-se na decisão em causa, congratula-se com os dois passos dados pelo TJ nesta decisão, a saber: a) que a partir desse momento o TJCE abandona o conceito tradicional de justiça administrativa; b) e há a escolha por um conceito amplo de tutela cautelar – conceito que confere um alargamento da tutela cautelar aos particulares no âmbito do direito comunitário. O autor defende que o juiz administrativo italiano não poderá continuar a negar tutela de conteúdo antecipatório aos administrados, no âmbito de aplicação do direito comunitário.

[645] Expressões de FAUSTO DE QUADROS, *A Nova Dimensão do Direito Administrativo* ... cit., p. 37.

[646] Através da expressão "a suspensão da execução de um acto administrativo em execução de um regulamento comunitário só pode ser concedida por um órgão se esse órgão tiver sérias dúvidas quanto à validade do acto comunitário".

[647] E quanto à natureza do prejuízo, o TJ declarou, ressuscitando terminologia antiga e minoritária, que só serão relevantes "os prejuízos irreversíveis e impossíveis de reparação". Referiu, ainda, que o prejuízo puramente pecuniário não pode ser, em princípio, considerado como irreparável.

Quanto ao conteúdo da medida, o TJ reiterou a posição manifestada em últimos acórdãos que, segundo alguma doutrina, traduz uma visão "minimalista"[648], quanto aos poderes do juiz cautelar para dirigir injunções às Instituições comunitárias (quando estas exercem um poder discricionário). Assim, o TJ fixou, quanto ao conteúdo da decisão cautelar, que a medida provisória deve manter o carácter provisório; deve tomar em consideração a obrigação de assegurar a plena eficácia do direito comunitário e, designadamente, deve averiguar "se o acto comunitário em causa não ficaria, na falta de imediata aplicação, privado de efeito útil". Finalmente, "deve considerar a repercussão dos efeitos da medida provisória decretada em toda a comunidade, podendo o juiz determinar a obrigação de prestação de garantia"[649].

Em suma, nos termos da jurisprudência referida, o juiz cautelar nacional deve conceder tutela cautelar de efeito assegurador ou inovador (neste caso através das medidas cautelares de efeito positivo e antecipatório), nos mesmos termos em que o TJ e o TPI o poderão fazer para defender a ordem jurídica comunitária[650].

Na expressão do Tribunal, "deve o órgão jurisdicional nacional respeitar as decisões do TJ ou do TPI sobre a legalidade do regulamento ou um despacho em processo de medidas provisórias com vista à concessão, a nível comunitário, de medidas provisórias similares". Se invocarmos, por exemplo, o conteúdo da decisão do Presidente do TJ no caso *Antonissen* – onde não excluiu de forma geral e abstracta que a título cautelar o juiz nacional conceda uma antecipação de uma quantia reivindicada em sede de acção de responsabilidade extracontratual instaurada contra a comunidade – podemos, enfim, verificar que a tutela cautelar antecipatória é ordenada com regularidade no contencioso comunitário.

Finalmente, destacamos o Acórdão do TJ de 17.7.1997, caso *Krÿger GmbH & Co. KG/Hauptzollamt Hamburg-Jonas*[651], que reitera a posição

---

[648] ROSTANE MEDHI, "Le droit communautaire et les pouvoirs du juge national de l'urgence ... cit., p. 84.

[649] Assim, deve tomar-se em consideração o efeito cumulativo, originado pela situação de um grande número órgãos jurisdicionais nacionais decretarem, simultaneamente, medidas provisórias, por fundamentos análogos.

[650] Tal como tivemos oportunidade de estudar, em momento anterior.

[651] Acórdão do TJ de 17.7.1997, *Krÿger GmbH & Co. KG/Hauptzollamt Hamburg-Jonas*, proc. C-334/95, Colect., 1997, p. I-14517.

jurisprudencial anterior[652] – exemplo que surge no final da década de 90 e que confirma, aperta e afina as exigências quanto às condições de procedência de tutela cautelar.

Este caso tem na sua base uma contestação da validade de um acto comunitário em sede de um recurso contra uma medida nacional de aplicação, perante um órgão jurisdicional nacional. Ao mesmo tempo, foi pedida a suspensão do acto nacional de aplicação. O *Finanzgericht Hamburg* (Alemanha), nos termos do art. 177.º do TCE, solicitou ao TJ que precisasse os critérios com base nos quais poderia decidir a suspensão da execução de uma decisão administrativa nacional, no caso de ter dúvidas quanto à validade do acto comunitário que lhe serve de fundamento.

O TJ manteve a jurisprudência do caso *Atlanta* (Acórdão de 9.11.1995) e do caso *Zuckerfabrik* (Acórdão de 21.2.1991). E, por isso, o TJ afirmou mais uma vez que, em função do princípio da aplicação uniforme do direito comunitário – e salvaguardando também a competência exclusiva do TJ para decidir quanto à validade de um acto de direito comunitário –, "um órgão jurisdicional nacional apenas pode suspender a execução de uma decisão administrativa nacional baseada num acto comunitário:

> a) se o tribunal jurisdicional nacional tiver "sérias dúvidas" sobre a validade do acto comunitário e desde que accione o mecanismo de reenvio no caso de ainda o não ter feito, quanto à questão da validade do acto impugnado;
> b) se existir urgência, no sentido de que as medidas provisórias deverão ser necessárias para evitar que a parte que as solicita sofra um prejuízo grave e irreparável;
> c) se o órgão jurisdicional tomar em devida conta o interesse da Comunidade;
> d) e "se na aplicação de todas estas condições, o órgão jurisdicional nacional respeitar as decisões do Tribunal de Justiça ou do Tribunal de Primeira Instância sobre a legalidade do regulamento ou de um despacho em processo de medidas provisórias similares".

---

[652] Acórdão anotado por G.B.GOLETTI, "I procedimenti sommari nazionali e comunitari e la validità degli atti comunitari", *Il Foro Amministrativo*, 1998, pp. 308 a 315.

Tudo isto permite afirmar que o TJCE tem vindo a estabelecer condições de procedência de tutela cautelar pelos tribunais comuns do contencioso comunitário muito severas, deixando a impressão de "querer retirar com uma mão o que dá com outra"[653]. Por exemplo, no que respeita ao *fumus boni iuris*, este tem sido fixado em moldes de maior exigência. Se antes se exigia que os fundamentos da acção principal não parecessem, à primeira vista, "manifestamente desprovidos de fundamento", em exame "*sommaire e conjecturale*"[654], a partir do caso *Atlanta* tem vindo a exigir-se o preenchimento da condição do *fumus* através de "dúvidas sérias" sobre a validade do acto.

Quanto à condição de urgência esta é entendida num sentido "restrito"[655], tendo o TJ estipulado que a medida deve ser ordenada de modo a evitar um prejuízo grave e irreparável, avaliado em concreto. O TJ, em certos momentos, obriga mesmo a que o requerente demonstre não poder esperar o desenrolar da questão prejudicial sem sofrer um prejuízo irreparável[656].

Finalmente, o juiz nacional tem de pesar os interesses em jogo e, designadamente, tomar em conta os interesses da comunidade. De acordo com jurisprudência já estabelecida, o juiz nacional deve, neste sentido, averiguar se a medida provisória não retira todo o efeito útil ao acto comunitário.

Julgamos, em síntese, que o TJ tem vindo a reduzir (severamente) a margem de apreciação quanto às condições de decretação da medida por parte do juiz nacional, atacando o princípio da autonomia das estruturas jurídicas e jurisdicionais internas dos Estados (parecendo consistir numa dinâmica federalizante)[657].

---

[653] Expressão de ROSTANE MEDHI, "Le droit communautaire et les pouvoirs du juge national de l'urgence ... cit., p. 94.

[654] Neste sentido, ROSTANE MEDHI, "Le droit communautaire et les pouvoirs du juge national de l'urgence ... cit., p. 94.

[655] ROSTANE MEDHI, "Le droit communautaire et les pouvoirs du juge national de l'urgence ... cit., p. 95.

[656] Se bem que o juízo pareça ser de "irreversibilidade", mais do que "não compensação". Aliás, a afirmação do TJ, a este propósito, tem sido no sentido de que os prejuízos financeiros ou de natureza puramente pecuniária não são irreparáveis.

[657] Desde o caso *Foto-frost* e *Zuckerfabrik*, em sede de aplicação de medidas provisórias, tem-se acentuado esta perspectiva de orientação do TJ sobre os órgãos jurisdicionais, o que nos leva a perguntar se não haverá nesta actuação do TJ uma actuação típica de um Tribunal Supremo. Parecem-nos existir laivos de um federalismo, relativo à tutela jurisdicional cautelar. Cfr. R. M. MOURA RAMOS, *Das comunidades à União Europeia*... cit., pp., 99 a 101; FAUSTO DE QUADROS, "Direito das comunidades europeias ... cit., pp. 28 ss.

C. Balanço:

1. Uma realidade – *ius commune europeum* – em início de construção ...

De entre a jurisprudência comunitária relativa à aplicação de medidas cautelares no seio do contencioso comunitário, que tivemos oportunidade de depurar, pode depreender-se a convergência na aplicação de medidas provisórias por parte dos tribunais nacionais dos Estados membros.

Apurámos, também, da análise da jurisprudência comunitária efectuada, que, enquanto a aplicação de medidas provisórias por parte do TJ e do TPI parece ter estabilizado e adquirido uma firmeza e constância, a aplicação de medidas provisórias, pelos órgãos jurisdicionais internos dos Estado membros, quando estes têm a tarefa de defender a efectividade das regras de direito comunitário, está ainda na fase de "infância"[658], não obstante o crescimento ocorrido nos casos *Factortame, Zuckerfabrik, Atlanta* e *Krÿger GmbH & Co. KG/Hauptzollamt Hamburg-Jonas*. Tudo leva a crer que a jurisprudência respeitante à tutela provisória, neste perfil considerada, está em construção.

Segundo a nossa lógica, a orientação jurisprudencial do TJ exigirá dos Estados membros o aperfeiçoamento dos seus sistemas de medidas provisórias, para mais eficazmente cumprirem a função referida. E, como será fácil de perceber, em alguns dos sistemas o aperfeiçoamento exigirá uma actuação legislativa.

Em suma, da análise a cada um dos Acórdãos mencionados, fica a impressão de que se caminha, também no âmbito das medidas cautelares, para um *ius commune europeum*[659] e, por consequência, para uma "europeização do Direito administrativo", numa sua perspectiva[660].

---

[658] Neste sentido, P. OLIVER, "Interim measures: Some recent developments", *Common Market Law Review*, 1992, p. 27.

[659] Vd. R. ALONSO, Derecho communitario, *Derechos nacionales y Derecho común europeo*, Madrid, 1989; E. GARCÍA DE ENTERRÍA, "Hacia una medida cautelar ordinaria de pago anticipado de deudas (référé-provision ... cit., p. 233; e do mesmo autor, "Perspectivas de las justicias administrativas nacionales en el ámbito de la Unión Europea ... cit., pp. 13 e 14. No mesmo sentido, R. CARANTA, "L'ampliamento degli strumenti di tutela cautelare e la progressiva 'comunitarizzazione' delle regole processuali nazionali", *Il Foro Amministrativo*, 1996, p. 2559; Do mesmo Autor, "Judicial Protection Against Member States: A New Jus Commune takes shape", *Common Market Law Review*, 1995, p. 703; W. VAN GERVEN, "Bridging the gap between Community and national laws:

Desde os casos *Factortame, Zuckerfabrik* e *Atlanta* verificámos que a relação de *cumplicidade*[661] entre o juiz comunitário e o juiz nacional, quanto à função de velar pela eficácia da ordem jurídica eficaz, tem-se gradualmente acentuado[662].

Se no primeiro caso enunciado, o juiz comunitário deu a conhecer que a aplicação de medidas provisórias era um instrumento a utilizar para alcançar um sistema de aplicação uniforme do direito comunitário, nos dois últimos casos apresentados, o TJ revelou a intenção de reforçar o princípio da

---

Towards a principle of homogeneity in the field of legal remedies", *Common Market Law Review*, 1995, p. 679; L. PAPADIAS, "Interim Protection Under Community Law ... cit., p. 191; G. B. GOLETTI, "I procedimenti sommari nazionali e comunitari e la validità degli atti comunitari", *Il Foro Amministrativo*, 1998, p. 313.; M. BACIGALUPO, *La nueva tutela cautelar en el Contecioso Administrativo*, Madrid, 1999, pp. 59 a 115, esp, pp. 113 ss.

[660] As palavras são de FAUSTO DE QUADROS, *A Nova Dimensão do Direito Administrativo* ... cit., p. 42. Para maiores desenvolvimentos sobre esta temática e a influência do Direito comunitário nos sistemas de justiça administrativa dos países membros, vd. GIORGIO RECCHIA, "Ordinamenti europei di giustizia amministrativa", in: *Trattato di diritto Amministrativo*, eds. G. SANTANIELLO, Vol., XXV, Padova, 1996.

[661] Confirmando esta cumplicidade entre as diversas ordens jurídicas internas dos Estados e a da Comunidade, em termos substantivos e processuais, bem como a influência entre as ordens jurídicas individualmente consideradas, Y. CRIPPS, "Some Effects of European Law on English Administrative Law", *Global Legal Studies* II, http:/www.law.indiana.edu/glsj/vol2/cripps.html, pp. 1 e 2, esp. p. 8. Refere-se, a propósito da experiência Británica que "particulary since the United Kingdom joined the European Community, English courts have been increasingly inclined to look not only at the law of the Community, which, depending on the subject matter of the case, may or may not bind them, but also at the national domestic laws of individual Member States such as France and Germany". Refere ainda a autora que "even where Community influences are not direct, the development of English common law has been accelerated and shaped by the very existence of a body of Community law, itself influenced by national European laws and even earlier set of pan-European legal principles".

[662] Para um quadro geral desta relação, vd. E. GARCÍA DE ENTERRÍA, "Perspectivas de las justicias administrativas nacionales en el ámbito de la Unión Europea", REDA, 103, 1999, pp. 401 a 411; A. BRIGUGLIO, *Pregiudiziale comunitaria e processo civile*, Padova, 1996, pp. 737 ss.; R. JOLIET, "Protection jurisdictionelle provisoire et droit communautaire", *Revue trimestrielle de droit européen*, 1992, pp. 253 ss.; P. MENGOZZI, *Il diritto communitario e dell'Unione europea*, Padova, 1997, pp. 221 ss.; SZYSZCZAK, "Making Europe more relevant to its citizens: Effective judicial process", *European Law Review*, 1996, 21, pp. 351 ss.

protecção jurisdicional efectiva e uniforme dos direitos dos particulares, no seio da ordem jurídica comunitária, destruindo, se para tal fosse necessário, a regra interna exclusiva e própria de um Estado da suspensão automática dos actos administrativos impugnados[663].

Pela jurisprudência consultada, denunciamos uma evolução constante do sentido do princípio da tutela jurisdicional efectiva no âmbito do contencioso comunitário. Este deixou de ser compreendido em função do efeito útil do direito comunitário para passar a assumir uma consistência autónoma[664]. Na decisão referente ao caso "Factortame" o princípio da efectividade da tutela jurisdicional era invocado de modo instrumental perante a efectiva produção dos efeitos das normas de direito comunitário[665]. Pelo contrário, nos casos "Zuckerfabrik" e "Atlanta" são reconhecidas posições subjectivas aos particulares que passam a ser garantidas jurisdicionalmente de forma efectiva[666]. Realçam-se dois valores distintos nestas perspectivas. Note-se que existe, ou pode existir, um conflito entre este dois princípios (o da tutela jurisdicional efectiva das posições subjectivas dos particulares e o do efeito útil do direito comunitário) daí que no caso "Atlanta" o Tribunal tenha adoptado um comportamento *cauteloso*[667]. Esta solução resultou de um "balanço" que contempla interesses privados e interesses públicos da Comunidade[668], o interesse *ex parte actoris* e os interesses de terceiros, como são os dos Estados membros e os dos seus cidadãos[669].

---

[663] Sobre esta questão, S. KADELBACH, "Diritto comunitario e giustizia cautelare amministrativa", *Rivista trimestrale di diritto pubblico*, 2000, pp. 370 e 371.

[664] Neste mesmo sentido, GARCÍA DE ENTERRÍA, "Sobre la posibilidad de que las jurisdicciones nacionales adopten medidas cautelares positivas ... cit., pp. 565 ss.; R. CARANTA, "L'ampliamento degli strumenti di tutela cautelare e la progressiva 'comunitarizzazione' ... cit., p. 2559.

[665] Vd., neste sentido, ROSTANE MEDHI, "Le droit communautaire et les pouvoirs du juge national de l'urgence ... cit., pp. 85 ss.

[666] R. CARANTA, "L'ampliamento degli strumenti di tutela cautelare e la progressiva 'comunitarizzazione' ... cit., p. 2559.

[667] A respeito do caso "Zuckerfabrik" e da eventual posição "restritiva" do TJCE, quanto à concessão da tutela cautelar, vd. H.-W. REGELING, A./MIDDEKE/M. GELLERMANN, *Rechtsschutz in Europäischen Union*, München, 1994, pp. 556 ss.

[668] Neste sentido, R. CARANTA, "L'ampliamento degli strumenti di tutela cautelare e la progressiva 'comunitarizzazione' ... cit., p. 2560.

[669] Parece, assim, tomar em consideração as regras e princípios que vigoram em alguns ordenamentos jurídicos. Vd., para uma visão comparativa, J.-P. MARKUS, "Sursis à exécution et intérêt général", AJDA, 1996, pp. 251 ss.

Efectivamente, o "poder-dever"[670] – resultante do método adoptado pelo TJ desde o caso *Factortame* de "l'investiture directe"[671] ou de habilitação imediata do juiz nacional ordenar medidas provisórias para salvaguardar os direitos atribuídos pelo direito comunitário aos seus nacionais, é exercido nos termos das suas estruturas jurídicas, mas seguindo a "Vereinheitlichugsrechtsprechung"[672] do TJC, isto é, seguindo os critérios de uniformidade estabelecidos pela jurisprudência comunitária. Daqui resultam a *comunitarização* ou "comunanza"[673] do juízo cautelar e a homogeneidade[674] dos critérios de decretação da tutela cautelar.

Este "statut immédiatisé"[675] do *juiz comunitário*, de que beneficia o juiz nacional, exige que este tenha em seu poder *ferramentas* ou meios processuais adequados e próprios para cumprir a sua função. Ora, porque o juiz nacional não pode abster-se de ordenar medidas provisórias quando estas se mostram necessárias, surge-nos a dúvida de saber qual será a atitude do juiz nacional quando, nessa situação, fizer parte de um sistema processual desprovido de mecanismos cautelares.

---

[670] Não deixa de ser um poder, porque a tutela cautelar é naturalmente uma tutela decretada tendo em consideração a análise das condições de deferimento, no caso concreto. Mas não deixa de ser um dever que deve ser cumprido, em ordem a garantir uma tutela jurisdicional efectiva do direito comunitário (do qual o tribunal nacional é o primeiro guardião), sempre que estejam preenchidas essas condições de aceitação de medida cautelar requerida. Neste mesmo sentido, vd. conclusões do Advogado-Geral GIUSEPPE TESAURO, no caso *Factortame*, (Acórdão do TJ de 19.6.1990 ... cit.) para quem este poder de decretar medidas cautelares está entre a "obrigação" e a "faculdade", sendo que se encaminha mais para a primeira figura, no caso de estarem preenchidos todos os requisitos de procedência da tutela cautelar. Para mais desenvolvimentos a propósito das relações existentes entre o juiz nacional e o direito comunitário, vd. A. BARAV, "La plénitude de compétence du juge national et sa qualité de juge communautaire", in: *L'Europe et le droit, Mélanges en hommage à J. Boulouis*, Paris, Dalloz, 1991.

[671] Expressão de ROSTANE MEDHI, "Le droit communautaire et les pouvoirs du juge national de l'urgence ... cit., p. 91.

[672] Vd. W. SCHMITT GLAESER, *Verwaltungsprozeßrecht* ... cit., n. m. 324, p. 206.

[673] Neste sentido, R. CARANTA, "L'ampliamento degli strumenti di tutela cautelare e la progressiva 'comunitarizzazione' ... cit., p. 2561.

[674] M. BACIGALUPO, *La nueva tutela cautelar en el Contencioso Administrativo*, Madrid, 1999, pp. 59 a 115, esp, pp. 113 ss.

[675] D. SIMON, "Les exigences de la primauté du droit communautaire ... cit., p. 492.

Na jurisprudência analisada verificámos que é exigida a verificação de iguais pressupostos e condições para que os juizes dos Estados membros decretem tutela cautelar[676], e esta exigência ainda existe quando a tutela cautelar respeita às decisões jurídicas internas de execução de preceitos comunitários (inclusive actos das Instituições Comunitárias)[677]. Desta maneira, verificámos nos acórdão do TJ mencionados que nenhum dos juizes nacionais dos Estados membros pode recusar decretar tutela, invocando normas internas contrárias a essa ordenação ou pressupostos diferentes (menos severos ou mais exigentes) de ordenação de tutela cautelar, nem pode fundamentar a recusa na ausência de meios processuais adequados.

Perante esta realidade, para além da incerteza quanto à orientação a seguir pelo juiz nacional, cujo modelo de justiça não contenha mecanísmos cautelares, poderá configurar-se uma situação de relativa *injustiça*, a propósito da garantia jurisdicional efectiva dos direitos atribuídos pelo Direito Comunitário aos cidadão nacionais dos Estados membros. Se nos lembrarmos que existem sistemas jurisdicionais cautelares devidamente *equipados* por oposição a outros nesse aspecto *pobres*, ou se confrontarmos dois modelos internos de tutela cautelar, cujos pressupostos de actuação são mais *fáceis* ou mais *difíceis* de preencher[678] em comparação com o sistema cautelar comunitário, só podemos concluir que essa desigualdade é real.

---

[676] A este propósito, vd. R. CARANTA ("L'ampliamento degli strumenti do tutela cautelare e la progressiva 'comunitarizzazione' ... cit., p. 2562), que refere que a partir deste momento o TJCE abandona um "modello tradizionale di giustizia amministrativa", conferindo um alargamento da tutela cautelar aos particulares no âmbito do direito comunitário. O autor defende, por isso, que o juiz administrativo italiano "non potrano, nelle controversie relative all'applicazione del diritto comunitaro, negare misure cautelari anche diverse dalla sospensiva purchè odonee ad evitare pregiudizi gravi e irreparabili", como já tivemos oportunidade de confrontar noutra nota.

[677] Neste sentido, ROSTANE MEDHI, "Le droit communautaire et les pouvoirs du juge national de l'urgence ... cit., p. 99. Todavia, faz sentido que tal processo de uniformização da protecção provisória seja levado a cabo pelo legislador. Vd., neste sentido, W. DANZER-VANOTTI, "Der Gerichtshof der Europäischen Gemeinschaften beschränkt vorläufigen Rechtsschutz", *Der Betriebsberater*, 1991, p. 1015. No mesmo sentido, vd. tb., PETER OLIVER, "Interim measures: Some recent developments", *Common Market Law Review* 1992, p. 27.

[678] A este propósito, vd. M. FROMONT, ob., cit., e vd. tb., ANDREA GIARDINA "provisional measures in Europe: some comparative observations", *Diritto del Commercio Internazionale*, 1993, pp. 791 a 802.

Aliás, a este propósito, a posição doutrinal alemã tem vindo a denunciar esta situação de desconformidade ("para pior")[679], entre o seu sistema interno de tutela provisória e o comunitário, que se deve, por um lado, à regra do efeito suspensivo automático produzido pelo recurso contra actos administrativos, e, por outro, às condições de procedência das *ordens provisórias* que obedecem a uma menor exigência, quando comparadas com os *Standards* Comunitários[680], já que a tutela provisória alemã é enquadrada constitucionalmente no artigo 19. IV, segundo o qual é permitido decretar toda a tutela cautelar – ainda que, em alguns casos, antecipatória e definitiva – no sentido da protecção judicial efectiva[681].

Esta questão coloca-se também relativamente ao modelo de justiça português, ainda que numa perspectiva diferente. No plano do direito administrativo e do seu contencioso cautelar, tal como verificámos, deparamo-nos com um modelo insuficiente e aplicado em termos *formalistas*. Surge-nos, por isso, a incerteza quanto ao êxito da atitude do juiz cautelar administrativo que, ao cumprir os princípios do primado, da uniformidade e da "plena justiciabilidade do direito comunitário"[682], apenas poderá ordenar a suspensão

---

[679] Expressão de S. KADELBACH, "Diritto comunitario e giustitizia cautelare amministrativa", *Rivista trimestrale di diritto pubblico*, 2, 2000, p. 371.

[680] Para uma apreciação crítica, vd. S. KADELBACH ("Diritto comunitario e giustitizia cautelare amministrativa", *Rivista trimestrale di diritto pubblico*, 2, 2000, pp. 368, esp. pp. 371 e 372.), que a este propósito considera que a orientação comunitária contrária ao efeito suspensivo automático dos recursos impugnatórios dos actos representa uma execpção legítima à regra, tal como o § 80, n.º 2, VwGO.

[681] A este propósito, realçam-se as posições de W. SCHMITT GLAESER, *Verwaltungsprozeβrecht* ... cit., n. m. 324, pp. 205 e 206 ; F. SCHOCH em comentário ao § 80 e § 123 da VwGO Alemã, ob. cit., respectivamente ns.ms.16 ss., pp. 9 ss e ns. ms. 91 ss., pp. 42 ss.; W. SANDNER, "Probleme des vorläufigen Rechtsschutzes gegen Gemeinschaftsrecht vor nationalen Gerichten", *Deutsches Verwaltungsblatt*, 1998, pp. 262 ss., esp., pp. 265 e 266 ss.; Th. V. DANWITZ, "Die Eigenverantwortung der Mitgliedsstaaten für die Durchführung von Gemeinschaftsrecht (*Zu den europarechtlichen Vorgaben für das nationale Verwaltungs – und Gerichtsverfahrensrecht)*", *Deutsches Verwaltungsblatt*, 1998, pp. 421 ss, esp., pp. 426 ss. Por exemplo, ainda a propósito das decisões *Zuckerfabrik/Atlanta*, manifestaram a posição descrita no texto, F. SCHOCH, "Die Europäisierung des vorläufigen Rechtsschutzes", *Deutsches Verwaltungsblatt*, 1997, pp. 289 ss., esp. p. 295; e R. WÄGENBAUR, "Die jüngere Rechtsprechung der Gemeinschaftsgerichte im Bereich des vorläufigen Rechtsschutzes", *Europäische Zeitschrift für Wirtschaftsrecht*, 1996, pp. 327 ss.

[682] Terminologia de FAUSTO DE QUADROS, (*A Nova Dimensão do Direito Administrativo* ... cit., p. 47) para traduzir o princípio da garantia plena e eficaz da ordem

da eficácia de um acto administrativo. As regras ordinárias internas não lhe permitirão ordenar as medidas cautelares que, em cada caso, lhe parecerem ser as mais idóneas para proteger plena e efectivamente as posições substantivas dos particulares atribuídas pelo Direito Comunitário[683].

Pensamos que, por um princípio de igualdade e para que se evite o fenómeno de "esquizofrenia jurídica" (GARCÍA DE ENTERRÍA)[684] deve também o juiz administrativo, nas relações jurídico administrativas internas, poder dispor do mesmo poder cautelar geral para, no âmbito da justiça administrativa, garantir uma tutela judicial efectiva[685]. Não fará sentido que para garantir os

---

jurídica Comunitária, ou o mesmo será dizer, tutela judicial efectiva que E. GARCÍA DE ENTERRÍA considera ser um direito fundamental dos nacionais de cada Estado membro. Aliás este assume-se, na sua perspectiva, como "verdadero principio general del Derecho Europeo". Vd. " La sentencia Factortame (19 de junio de 1990) del Tribunal de Justicia de las Comunidades Europeas. La obligación del juez nacional de tutelar cautelarmente la eficacia del Derecho Comunitario aún a costa de su proprio Derecho nacional. Trascendencia general de la Sentencia en el Derecho Comunitario en el sistema español de medidas cautelares", REDA, 67, 1990, pp. 401 ss, trabalho reunido em, *La batalla por las medidas cautelares* ... cit., p. 133.

[683] Condição fundamental da ordem jurídica comunitária. Vd. Neste sentido, ROSTANE MEDHI, "Le droit communautaire et les pouvoirs du juge national de l'urgence ... cit., p. 99.; D. SIMON, "Les exigences de la primauté du droit communautaire ... cit., p. 484.

[684] E. GARCÍA DE ENTERRÍA, "Perspectivas de las justicias administrativas ... cit., p. 13.

[685] Vd. posição de FAUSTO DE QUADROS, (*A Nova Dimensão do Direito Administrativo* ... cit., p. 48), com a qual concordamos parcialmente. No seu entender, cabendo ao legislador ordinário o dever de positivar, no direito processual administrativo, um preceito que permita ao juiz decretar medidas provisórias, este preceito deve poder "englobar, de modo claro, o poder de os tribunais decretarem, em geral, também providências cautelares de tipo injunção ou intimação, mesmo sem ser na dependência de qualquer processo principal". A este propósito cumpre lembrar a posição de E. GARCÍA DE ENTERRÍA, que vai também no sentido de que o legislador deva poder positivar medidas cautelares sem que estas possuam a característica de instrumentalidade (e, sem que sejam, portanto, acessórias a um meio principal). Sem prejuízo de concordarmos com a necessidade de serem instituídos processos rápidos, todavia, salvo o devido respeito, estes processos urgentes e autónomos, não são processos cautelares. Cfr., "La sentencia Factortame (19 de junio de 1990) del Tribunal de Justicia de las Comunidades Europeas... cit., pp. 401 ss, trabalho reunido in: *La batalla por las medidas cautelares* ... cit., pp. 133 e 134.

direitos subjectivos dos seus nacionais, o juiz administrativo disponha de meios processuais cautelares inominados ou de poderes cautelares amplos, conforme os direitos sejam ou não atribuídos pelo direito comunitário[686]; por isso, julgamos que neste plano se poderá justificar a actuação do legislador.

Seguindo a orientação jurisprudencial do TJ ou criando regras internas conformes com essa jurisprudência, o futuro que se prevê para os modelos de tutela cautelar é o da *tutela cautelar comunitarizada*. Assim se pode falar, a este propósito, na construção em curso de um *ius commune europeum*[687], fenómeno que se desenvolve *à frente dos nossos olhos* e que não pode ser ignorado.

2. Apontamentos breves de direito comparado

1. Introdução. O *status* constitucional da tutela jurisdicional cautelar no contencioso administrativo. 2. Os modelos de tutela cautelar previstos no contencioso administrativo alemão, francês, do Reino Unido e belga. 3. Síntese de uma *batalha* pela tutela cautelar: a experiência espanhola

Neste momento do trabalho vamos considerar outros modelos de justiça administrativa e apreciar o tipo de tutela cautelar neles instituído, atendendo às condições de procedência, ao conteúdo e limites do poder do juiz cautelar. Simultaneamente, tomaremos em consideração a existência de tipos de tutela urgente não cautelar.

De qualquer forma, é necessário apresentar, primeiramente e em síntese, algumas apreciações a propósito dos sistemas processuais a estudar.

Uma consideração inicial diz respeito ao estado de entorpecimento dos tribunais administrativos e à situação de morosidade que caracteriza a realização da justiça administrativa em alguns países da Europa, como na Alemanha, na França, na Espanha e em Itália. Na actualidade, estes modelos são objecto constante de reformas legislativas, em regra, parcelares, e em certos casos podemos verificar que a justiça administrativa se transforma num

---

[686] Vd. R. CARANTA, ("L'ampliamento degli strumenti del tutela cautelare e la progressiva 'comunitarizzazione' ... cit., p. 2564; H.-W. REGELING, A. MIDDEKE e M. GELLERMANN, *Rechstsschutz in Europäischen Union*... cit., pp. 556 ss.

[687] R. JOLIET, "Protection juridictionelle provisoire ... cit., p. 282.

campo de *ensaios* ou *experiências* legislativas sucessivas[688]. As reformas têm vindo a introduzir, por regra, os mesmos tipos de soluções que se traduzem na aceleração e simplificação processual[689]. Em simultâneo, o legislador tem vindo a contemplar a orgânica judiciária de alterações, traduzidas na criação ou extinção de diferentes níveis de jurisdição[690].

Numa segunda apreciação, pretende-se informar que os melhoramentos processuais introduzidos, embora sejam diferentes de país para país conforme as suas tradições e as opções político-legislativas, têm vindo a revelar uma intenção de beneficiar os sistemas de mecanismos de aceleração. Alguns dos instrumentos de aceleração passam pelo encurtamento de prazos processuais, pela diminuição de formalidades na realização de actos processuais, pela criação de formas de acção sumária e provisória e por meios processuais de cognição plena acelerados[691].

As reformas dos sistemas têm ainda traduzido uma vontade de aperfeiçoar o modelo de tutela cautelar, modificando-o quanto ao tipo de medidas provisórias previstas, aos pressupostos de procedência das medidas e através

---

[688] Consideração feita, a propósito das alterações ao sistema de tutela urgente alemão, por F. SCHOCH/SCHMITT-ASSMAN/PIETZNER, *Verwaltungsgerichtsordnung*, München, 1998, Comentário ao § 80 VwGO, nm. 74, p. 33.

[689] A este propósito, vd. P. MOUZOURAKI, "La modification du code des tribunaux administratifs en Allemagne Fédérale", *revue française de droit administratif*, 15, 1999, pp. 150 a 158; J.-M. DUBOIS-VERDIER, "Le procedure d'urgenza nel processo amministrativo francese", *Amministrare*, dedicada ao tema "la tutela cautelare nel processo amministrativo", 1, Abril, 1999, pp. 85 a 98; GUIDO CORSO, "Per una giustizia amministrtaiva più celere", in: *Per una Giustizia Amministrativa più celere ed Efficace, Atti Convegno Messina Aula Magna di Giustizia 15-16, aprile 1988,* Milano, 1993, pp. 141 a 156.

[690] Por exemplo, se na França a operação de desobstrução dos tribunais administrativos se traduziu na criação das *Cours Administratives d'Appel*, introduzindo-se, assim, três níveis de jurisdição, na Alemanha a solução foi precisamente a inversa. Vd., P. MOUZOURAKI, "La modification du code des tribunaux administratifs en Allemagne fédérale", *revue française de droit administratif*, 15, 1999, pp. 155 a 156. Entre nós, sobre esta questão, vd. MÁRIO TORRES, "Relatórios de síntese", *Cadernos de Justiça Administrativa*, 16, 1999, pp. 87 a 90.

[691] Sobre esta questão, vd. por exemplo, R. CHAPUS, *Droit du contentieux administratif*, 8.ª ed., Paris, 1999, pp. 1107 ss.

da instituição *ex novo* de processos de tutela urgente, cuja natureza jurídica a doutrina discute[692].

Do conjunto dos sistemas de justiça administrativa mencionados, no que respeita ao sistema cautelar instituído, realçam-se dois modelos opostos. Por um lado, existem os que consagram um *tradicional* ou típico mecanismo de suspensão da eficácia de actos administrativos, que, na ausência de efeito suspensivo do recurso de anulação dos actos administrativos, evitam a perda da utilidade da sentença anulatória. Em alguns dos modelos referidos, a par do mecanismo de suspensão de actos existe ainda um outro tipo de tutela cautelar – traduzida numa tutela cautelar inominada ou especificada em certos países –, sujeita a apertados limites quanto ao seu conteúdo e condições de procedência. Por outro lado, na Alemanha, está previsto um modelo cautelar assente, quer na suspensão da eficácia dos actos administrativos que funciona, por regra, *automaticamente* pelo accionamento dos meios principais de impugnação do actos[693], quer em medidas provisórias não especificadas, cujo campo de aplicação foi alargado na mais recente reforma legislativa[694].

Finalmente, a última avaliação em relação aos modelos de justiça administrativa considerados é a que respeita ao papel que a tutela cautelar tem vindo a assumir, por toda a Europa, após a 2ª guerra mundial. A partir desta data, acentuou-se a constitucionalização dos direitos dos indivíduos, de entre os quais, se conta o direito a uma tutela jurisdicional efectiva. Se no geral as Constituições garantem expressamente o direito a uma tutela judicial efectiva, contudo nem todas clarificam qual o conteúdo preciso desse direito.

Ao contrário do que se passa nos sistemas de direito comparado alemão, italiano, francês e espanhol, o legislador constituinte português consagra de forma expressa que o direito a uma tutela jurisdicional cautelar integra o conteúdo do direito fundamental a uma tutela jurisdicional efectiva. Por conseguinte, contrariamente aos demais sistemas, em Portugal é a Constituição a

---

[692] Para mais considerações, vd. F. SCHOCH/SCHMITT-ASSMAN/PIETZNER, *Verwaltungsgerichtsordnung* ... cit., Comentário ao § 80 VwGO ns. ms. 52 ss., pp. 22 ss.

[693] A este propósito, vd. B. PETER, "Spécificités au regard du droit français des procédures d'urgence en droit allemand", RDP, 1994, pp. 185 ss.

[694] Para mais desenvolvimentos relativamente às reformas que contemplaram o modelo de tutela provisória, vd. F. O. KOPP / W.-R. SCHENKE, *Verwaltungsgerichtsordnung*, 11.ª ed., München, 1998, pp. 1810 ss.; T. WÜRTENBERGER, *Verwaltungsprozeßrecht*, München, 1998, n.m. 538 ss., pp., 239 ss.; F. HUFEN, *Verwaltungsprozeßrecht*, 3.ª ed., München, 1998, pp. 531 ss.

primeira a atribuir o estatuto constitucional à garantia cautelar no âmbito da jurisdição contencioso administrativa[695].

Já em outros países da Europa, são os respectivos Tribunais Constitucionais que têm vindo a confirmar o estatuto constitucional da garantia jurisdicional cautelar, ao fazerem a sua inclusão nos respectivos preceitos constitucionais que dispõem sobre o direito fundamental de acesso aos tribunais e o direito fundamental a uma tutela jurisdicional efectiva.

O Tribunal Constitucional Federal alemão tem considerado o art.19.º IV GG como verdadeira *sedes materiae* da garantia cautelar no contencioso administrativo. Neste sentido, tem entendido que o direito à tutela jurisdicional efectiva (ou literalmente interpretado, o direito de acesso à jurisdição para defesa dos direitos subjectivos dos particulares, em face das actuações danosas da Administração) comporta não só o direito a reclamar a tutela cautelar adequada, mas também, em regra, o efeito suspensivo dos mecanismos impugnatórios contra actos administrativos.

A *Corte Costituzionale* italiana proferiu três sentenças irrepreensíveis e tidas já como históricas no reconhecimento da aceitação da tutela cautelar como parte do direito à tutela judicial efectiva. Através da mais recente, a n.º 190, de 26 de Junho de 1985, a *Corte Costituzionale* considerou o art. 21.º da Lei n.º 1034 de 6 de Dezembro de 1971 inconstitucional na parte em que restringia a um único meio cautelar – a suspensão da eficácia do acto administrativo – as garantias a utilizar pelos particulares perante o juiz administrativo, no âmbito de questões patrimoniais relativas ao funcionalismo público. A Corte ainda acrescentou, ressuscitando a máxima chiovendiana, que *"il tempo necessario ad aver ragione non deve andare a danno di chi ha ragione"*[696].

---

[695] O sistema Constitucional colombiano, desde 1886, atribui a dignidade constitucional à suspensão da eficácia do acto administrativo. Vd., neste sentido, ANTONIO BARRERA CARBONELL, "Hacia una nueva concepción de la suspensión provisória del acto administrativo en Colombia", *Boletin Mexicano de Derecho Comparado*, 90, 1997, pp. 899 a 901.

[696] Esta decisão foi objecto do olhar atento da doutrina por toda a Europa. Vd., por exemplo, doutrina italiana sobre a questão, "Sentenza 28 giugno 1985, n.º 190, *Il Foro Italiano*, 1985, pp. 1881 ss. e pp. 2491 ss., com anotação de A. PROTO PISANI e A. ROMANO. Vd., tb. M. NIGRO, "L'art. 700.º conquista anche il processo amministrativo", *Giurisprudenza Italiana*, 1985, I, pp. 1297 ss.; U. DI BENEDETTO, "La tutela cautelare nel pubblico impiego nel giudizio amministrativo", *Il Foro Amministrativo*, 1989, pp. 1625 a 1649; M. DI RAIMONDO, "La Corte costituzionale apre una breccia nel processo amministrativo", *Nuova Rassegna*, 1986; L. FIORILLO, "La Corte costituzionale introduce nel processo amministrativo la tutela cautelare atipica", *Il Foro Amministrativo*, 1986, pp.

Também o *Conseil Constitutionnel* francês confirmou o estatuto constitucional da tutela cautelar[697], desafiando a orientação restritiva e cautelosa do *Conseil d'Etat*[698]. O Tribunal pronunciou-se em relação à possibilidade dos tribunais administrativos decretarem a suspensão da eficácia (*sursis à l'exécution*) de determinados actos administrativos, designadamente, dos actos pelos quais é ordenada a expulsão de estrangeiros a residir ilegalmente no território francês e com relação a decisões sancionatórias emitidas por Autoridades administrativas independentes.

No que respeita a esta útltima questão, o Tribunal Constitucional manifestou-se no sentido dos tribunais administrativos poderem suspender a execução de actos administrativos emitidos por determinadas Autoridades administrativas independentes, designadamente de actos sancionatórios do Conselho de Concorrência. Assim, pela Decisão de 23 de Fevereiro de 1987, a ordem Jurisdicional Constitucional confirmou, "tendo em conta a natureza não jurisdicional do Conselho de Concorrência, a extensão dos seus poderes de *injonction* e as sanções pecuniárias que pode emitir" e ainda o direito dos particulares (que interponham recurso contra uma decisão deste organismo) a obter a suspensão da eficácia da decisão impugnada, pois tal "constitui uma garantia essencial dos direitos de defesa"[699].

O tribunal constitucional espanhol tem vindo a dar o seu aval à posição jurisprudencial da Sala 3.ª do TS, confirmando a dimensão e a sede constitucional da tutela cautelar, sob três perfis diferentes:

1675 a 1677; G. FALCON, "Itália. La justicia Administrativa", in: *La Justicia Administrativa en el Derecho Comparado* ... cit., pp. 237 a 249. Na doutrina espanhola vd. T. QUINTANASS LÓPEZ, "La medidas cautelares en el proceso administrativo italiano", REDA, 64, 1989, pp. 540 ss.; C. CHINCHILLA MARÍN, *La tutela cautelar en la nueva justicia administrativa* ... cit., pp. 103 ss.; E. GARCÍA DE ENTERRÍA, *La batalla por las medidas cautelares* ... cit., pp. 21 a 179. Na doutrina portuguesa, vd. M. FERNANDA MAÇÃS, "A Relevância Constitucional da Suspensão Judicial da Eficácia dos Actos Administrativos", in: *Estudos Sobre a Jurisprudência do Tribunal Constitucional*, Lisboa, 1993, pp. 330 ss. e *A Suspensão Judicial da Eficácia* ... cit., pp. 28 a 29 e pp. 277 a 280.

[697] A este propósito, vd. S. TSIKLITIRAS, "Le statut constitutionnel du sursis à l'exécution devant le juge administratif", *RDP*, 3, 1992, pp. 679 ss.

[698] Sobre esta, vd., entre outra bibliografia, J. F. GIPOULON, "Las medidas cautelares en la justicia administrativa francesa", REDA, pp. 145 ss.; GARCÍA DE ENTERRÍA, *La batalla or las medidas cautelares* ... cit., pp. 286 ss.; C. CHINCHILLA MARÍN, *La tutela cautelar en la nueva justicia administrativa* ... cit., pp. 65 ss., esp. pp. 85 ss.

[699] Sobre esta questão vd. , J. P. MARKUS, "sursis à exécution et intérêt général", AJDA, 1996, pp. 255 e 256.

a) na afirmação de um direito fundamental a uma tutela judicial cautelar, "incardinado" no art. 24.º 1 da CE. Uma outra dimensão funcional da sede constitucional da tutela cautelar, numa outra perspectiva jurisprudencial, está fixada no art. 117.º 3 CE, o qual integra a "potestad jurisdiccional" e o poder dos tribunais para "julgar e fazer executar o julgado". A tutela cautelar será, assim, igualmente, um instrumento de preservação da integridade da função jurisdicional[700];
b) na afirmação do *fumus boni iuris* como um critério "válido" de decretamento da tutela cautelar;
c) e no reconhecimento da insuficiência de um sistema cautelar baseado apenas na suspensão de actos administrativos. O mesmo é dizer que o direito à tutela judicial efectiva implica um poder "e um dever constitucional!" de o juiz administrativo para adoptar as medidas cautelares que em cada caso se mostrem necessárias a garantir a efectividade da sentença definitiva. Medidas de conteúdo assegurador e de conteúdo antecipatório positivo[701].

No que respeita à primeira alínea, o Tribunal Constitucional espanhol já se manifestou no sentido do *status* constitucional[702] da tutela cautelar, em várias decisões, na década de 80. Todavia, é em decisões proferidas mais recentemente que afirma claramente a existência de um "genuíno" direito fundamental à tutela cautelar previsto no art. 24.º 1 da CE.

Afirmou-o, primeiro, na STC 14/1992, ao declarar inconstitucional o art. 1 435.º (primeira frase do parágrafo, expressão *"juicio ejecutivo"*) da LEC. Nesta decisão o tribunal expressou que "a tutela judicial não é a mesma sem medidas cautelares adequadas que assegurem o efectivo cumprimento da resolução definitiva em que culmine o processo".

---

[700] Neste sentido, vd. ENRIQUE GARCÍA LLOVET, "o procedimento: as medidas cautelares", *Curso de verán sobre a nova lei da Xurisdicción contencioso-administrativa, Sada, 27 e 28 de xullo de 1998,* Escola Galega de Administración Pública, p. 3.
[701] Vd. E. GARCÍA DE ENTERRÍA, "Constitucionalización definitiva de las medidas cautelares contencioso-administrativas y ampliación de su campo de aplicación (medidas positivas) y jurisdicción plenaria de los Tribunales contencioso-administrativos, no limitada al efecto revisor de actos previos. Dos sentencias constitucionales", recolhido em *La batalla por las medidas cautelares* ... cit., pp. 305 ss.; M. BACIGALUPO, *La nueva tutela cautelar* ... cit., pp. 49 ss.
[702] Vd., a título de exemplo, STC 66/1984, STC 115/1987, STC 217/1991.

Depois, e em segundo lugar, o Tribunal Constitucional reforçou o estatuto constitucional da tutela cautelar no contencioso administrativo pela decisão 238/1992, a propósito da questão da inconstitucionalidade do art. 6.º 2, da Ley 34/1979 que impedia a suspensão cautelar da execução de decisões governamentais de classificação de *"fincas como manifiestamente mejorables"*. O Tribunal Constitucional veio reiterar a posição anterior, ao declarar inconstitucional o referido preceito, por vulnerar o direito à tutela judicial efectiva. Assim, o seu texto diz que: "a prerrogativa da executoriedade não pode deixar-se livre de qualquer controle judicial, e deve o legislador, por isso, articulá-lo com as medidas cautelares possíveis e que a Constituição exige".

O Tribunal Constitucional também se pronunciou sobre esta questão através da *Sentencia* 148/1993 de 29 de Abril, a propósito do Auto da Sala 3.ª do Tribunal Supremo que havia revogado uma decisão da *Sala do Contencioso-Administrativo da Audiência Territorial de Sevilha*, pela qual, este tribunal tinha, através de uma medida cautelar, suspendido e modificado parcialmente os actos impugnados – que fixavam os serviços mínimos essenciais durante a greve geral de 14 de Dezembro de 1988[703]. O TC referiu que "a efectividade que se exige da tutela judicial respeitante a qualquer direitos ou interesses legítimos reclama a possibilidade de adoptar as adequadas medidas cautelares que assegurem a eficácia real da decisão definitiva futura do processo".

Já no que se refere à alínea b), o TC não tem manifestado a sua concordância (em termos claros) com a jurisprudência iniciada pela Sala 3.º do Tribunal Supremo.

Entre estas duas possibilidades de entender o *fumus boni iuris* – como critério decisivo e único ou, pelo contrário, como critério complementar da decretação de tutela cautelar – o TC espanhol manifestou-se, até à data de 1998, em dois sentidos diferentes, sendo que em ambos considerou *a apariencia de buen derecho* como condição válida de decretamento da tutela cautelar[704]. Assim, se na Sentencia 14/1992 afirmou que "pode ser suficiente

---

[703] Vd. comentário à STC, por C. CHINCHILLA MARÍN, "El derecho a la tutela cautelar como garantía de la efectividad de las resoluciones judiciales", RAP, 131, 1993, pp. 183 ss.

[704] A este propósito, vd. E. GARCÍA DE ENTERRÍA, principalmente, *La batalla por las medidas cautelares* ... cit., *passim* e, num sentido oposto ao do primeiro, C. CHINCHILLA MARÍN, vd. essencialmente, "las medidas cautelares. Comentarios a la Ley ... cit., pp. 874 a 875 e J. RODRÍGUEZ PONTÓN, *Pluralidad de Intereses en la Tutela Cautelar* ... cit., pp. 66 ss., pp. 119 ss., esp. pp. 173 ss.

(...) uma aparência de bom direito digna de uma tutela judicial preventiva imediata", já na Sentença 148/1993 o tribunal considerou o *fumus boni iuris* como um critério necessário, mas de verificação conjunta ou cumulativa como outros critérios, a saber, o *periculum in mora* e a ponderação do interesse geral[705].

Assim, no texto pode ler-se: "o órgão judicial não deve pronunciar-se sobre as questões que devem ser resolvidas no processo principal (...) deve verificar se em concreto existe um perigo de dano jurídico para o direito cuja protecção se discute no processo principal derivado da pendência do recurso e da emissão tardia da decisão definitiva (*periculum in mora*) e a aparência, que o direito do demandante parece ser sério, acompanhado da provável ou verosímil ilegalidade da actuação administrativa (*fumus boni iuris*), e, por outro lado, valorar o prejuízo que para o interesse geral (...) acarretaria a adopção de tutela cautelar solicitada".

Finalmente, quanto à alínea c), o Tribunal Constitucional pronunciou-se favoravelmente à adopção de medidas cautelares de conteúdo positivo e não somente de medidas de efeito assegurador, nos casos em que a efectividade da tutela judicial o exija. Afirmou-o na STC 14/1992: "a tutela judicial não é a mesma sem medidas cautelares adequadas que assegurem o efectivo cumprimento da decisão definitiva do processo"; e, também, na STC 238/1992: "o poder jurisdicional de suspensão de actos administrativos, como em todas as medidas cautelares, responde assim à necessidade de assegurar (...) a efectividade da decisão do órgão judicial". Afirmou ainda na STC 148/1993 que "importa destacar que a medida cautelar a adoptar em cada caso deva ser a adequada à finalidade de garantir a efectividade da sentença final (...)".

O Tribunal Constitucional português, antes da revisão do preceito 268.º, n.º 4 da CRP e da previsão expressa da tutela cautelar como parte integrante do direito à tutela judicial efectiva, não tinha uma posição tão firme quanto a

---

[705] Cumpre, uma vez mais, consultar E. GARCÍA DE ENTERRÍA, *La batalla por las medidas cautelares* ...cit., pp. 220 ss.; do mesmo autor, vd, ainda, "Sobre la posibilidad de que las jurisdicciones nacionales adopten medidas cautelares positivas (y no sólo suspensiones) contra los actos de sus Administraciones respectivas dictados en ejecución de Reglamentos comunitarios cuya validez se cuestiona (Sentencia Atlanta del Tribunal de Justicia, de 9 de noviembre de 1996)", REDA, 88, 1995, pp. 565 ss, esp. p. 576, nota 13.

do Tribunal Constitucional espanhol no que respeita ao reconhecimento do estatuto constitucional da tutela jurisdicional cautelar. Das vezes em que foi solicitado, o Tribunal Constitucional português não manteve uma posição uniforme. Pelo contrário, manifestou duas posições diferentes, uma que entendia que, ao direito à tutela judicial efectiva, é conatural o direito à tutela cautelar e uma outra contrária.

O Tribunal Constitucional deixou a sua posição biforme, respeitante à aceitação da existência de um direito cautelar, como parte do conteúdo do direito fundamental à tutela judicial efectiva, ao pronunciar-se sobre a questão da inconstitucionalidade do art. 50.º da Lei de Bases da Reforma Agrária (Lei n.º 109/88 de 26 de Setembro)[706], que recusava a possibilidade de uma categoria de interessados (os que detinham posse útil da área objecto da reserva) de solicitar a suspensão da eficácia do actos administrativos atributivos das reservas.

Em outro momento, o Tribunal Constitucional, ao pronunciar-se sobre as condições previstas na lei para o deferimento da suspensão da eficácia do acto administrativo – e sobre a questão de saber se a exigência jurisprudencial do preenchimento cumulativo dos requisitos do art. 76º da LPTA viola ou não o princípio da tutela judicial efectiva[707] –, manteve as duas correntes jurisprudenciais diferenciadas. A primeira tem entendido que a suspensão jurisdicional da eficácia do acto administrativo não é garantida constitucionalmente, nem sequer ao nível do recurso contencioso. Quer isto dizer que nem sequer existe uma faculdade cautelar conatural à garantia do recurso contencioso. A segunda, entende que o direito de acesso aos tribunais pressupõe a faculdade de o recorrente obter a suspensão da eficácia dos actos

---

[706] Sobre esta questão, vd. Ac. n.º 107/88 (em sede de fiscalização preventiva), no qual se destaca uma declaração de voto de Nunes Almeida. Também Ac. n.º 450/91, de 3 de Dezembro de 1991 (publ. DR. II em 3 de Maio de 1993); Ac. n.º 43/92, de 28 de Janeiro (publ. DR. II, em 28 de Fevereiro de 1993) e Ac. n.º 366/92 do Pleno, de 28 de Janeiro de 1992. A este propósito, para maiores desenvolvimentos, vd. M. FERNANDA MAÇÃS, "A Relevância Constitucional da Suspensão Judicial da Eficácia dos Actos Administrativos", in: *Estudos Sobre a Jurisprudência do Tribunal Constitucional*, Lisboa, 1993, pp. 345 ss.

[707] Várias vezes o Tribunal foi chamado a pronunciar-se sobre esta questão. Destacam-se os seguintes Acórdãos: Ac. n.º 194/95, de 5 de Abril; Ac. n.º 631/94 (publ. DR. II, em 11de Janeiro de 1994) e Ac. n.º 202/90, de 19 de Junho, no qual merece destaque a declaração de voto de António Vitorino.

administrativos impugnados, o que não significa que se possa ler nesta última posição a inconstitucionalidade da norma que determina a verificação cumulativa dos referidos requisitos[708].

Finalmente, antes da última revisão constitucional, o Tribunal Constitucional foi também consultado a propósito da suspensão da eficácia de actos negativos. A questão em análise era a de saber se a prática jurisprudencial, de não deferimento de pedidos de suspensão de actos negativos, violava ou não o princípio da tutela jurisdicional efectiva e também o princípio de igualdade. O Tribunal Constitucional tem vindo a considerar que, nos actos administrativos de conteúdo negativo, o exercício de poder administrativo não se manifesta por inteiro, não acrescentando, por isso, nada de novo à esfera jurídica dos particulares. Nesse sentido, o Tribunal não negou a impossibilidade de ser ordenada a suspensão da eficácia de actos com esse conteúdo. No seu entender, quando os tribunais administrativos suspendem os efeitos de actos de conteúdo negativo estão a exceder o direito à tutela judicial efectiva[709].

---

[708] Esta última posição vai no mesmo sentido da jurisprudência dos Tribunais Administrativos, designadamente do STA. Este entendimento parece ser acolhido pela doutrina. Sobre esta questão, vd. MARIA DA GLÓRIA GARCIA, "Os procedimentos cautelares .... cit., p. 206.

[709] Cfr. Acórdãos de 6 de Abril de 1989, in BMJ, n.º 386, p. 287, de 28 de Novembro, in BMJ, n.º 391, p. 357 e de 4 de Julho de 1991, in BMJ, n.º 418, p. 409. Uma outra questão tem sido colocada ao Tribunal Constitucional, a de saber se existe um duplo grau obrigatório de jurisdição no seio da justiça administrativa e no âmbito da aplicação da garantia cautelar. Esta questão foi já objecto de apreciação pelo Tribunal a propósito do art. 103.º, d) da LPTA (actual art. 103.º, n.º 2, após a alteração à LPTA operada pelo Decreto Lei n.º 229/96) que afasta a possibilidade de recurso jurisdicional da decisão proferida no processo de suspensão de eficácia dos actos que directamente se recorre para o STA. Foi invocada a inconstitucionalidade do normativo, já que este contraria o duplo grau de jurisdição consagrado nos arts. 20.º, 212.º, n.º 2 e 215.º, da CRP. No Ac. n.º 202/90, de 19 de Junho de 1990, o Tribunal pronunciou-se no sentido da negação da existência do duplo grau de jurisdição constitucionalmente consagrado.

2. Os modelos de tutela cautelar consagrados na Alemanha, França, Reino-Unido, Bélgica e Espanha.

a) Tipo de medidas cautelares previsto; b) Condições de procedência da decisão cautelar – a *sumariedade* cautelar; c) O conteúdo da decisão cautelar e seus limites: a instrumentalidade e a provisoriedade cautelares

Tendo como tópicos de pesquisa o tipo de tutela cautelar consagrado, as condições de procedência estabelecidas pelo legislador, o conteúdo da decisão e os limites do poder do juiz cautelar, vamos analisar, em primeiro lugar, o modelo alemão de justiça administrativa – atendendo a que, como dissemos, o *epicentro* da garantia cautelar se situa no art. 19.º IV GG, nos termos do qual é garantida a tutela jurisdicional efectiva dos direitos dos parti-culares perante a actuação dos poderes públicos.

Num segundo momento, procuraremos descobrir as regras do sistema francês, já com a ideia de que o modelo cautelar sempre se pautou por uma tentativa de equilíbrio entre a defesa do interesse público e a defesa dos direitos dos cidadãos[710].

Consagramos, seguidamente, o estudo ao modelo de controlo da actuação da Administração Pública do Reino Unido, que é, *a priori*, fascinante e envolvido numa ambiência misteriosa – qual *conto de fadas* em que o rei e a rainha "can do no wrong", e onde o Parlamento pode tudo o que a *tradição* lhe não proibir –, não obstante a transformação que se vem revelando, por influência do Direito Comunitário[711].

No sistema Belga analisaremos os mecanismos de celeridade e urgência, recentemente instituídos e tentaremos descortinar sumariamente qual deles tem natureza cautelar[712].

Por fim, relembraremos (e acompanharemos) a *batalha* travada em Espanha pela criação de um modelo cautelar adequado a garantir a tutela jurisdicional efectiva no contencioso administrativo[713].

---

[710] Seguiremos O. DUGRIP, *L'urgence contentieuse* ... ob. cit., *passim*.

[711] Tomaremos em consideração, designadamente, FRANCIS G. JACOBS, "Public Law – The Impact of Europe", *Public Law*, 1999, pp. 238 a 145; ÍÑIGO DEL GUAYO CASTIELLA, *Judicial Review y Justicia Cautelar*, Madrid, 1997.

[712] Essencialmente, atenderemos a J.-P. LAGASSE/AMLYNCK/F. VAN DE GEJUCHTE, *Le Référé Administratif*, Bruxelles, 1992 e MICHEL LEROY, *Contentieux administratif*, Bruxelles, 1996, pp. 565 ss.

[713] Acompanharemos a jurisprudência emitida pela Sala 3.ª do Tribunal Supremo Espanhol e a doutrina que mais intensamente liderou tal *batalha*. Finalmente analisaremos

Logo no início da investigação, apurámos que, na actualidade, em todos os modelos de justiça administrativa indicados, a tutela cautelar é considerada como um instrumento vital para proporcionar tutela jurisdicional efectiva[714].

Não obstante, e lamentavelmente, também pudemos verificar que em alguns dos modelos indicados, a tutela cautelar prevista se resume ao processo de suspensão da eficácia de actos administrativos[715].

Assim acontece em Itália, onde o ordenamento jurídico (art. 21.º da Lei 1034/1971, relativa aos TARs e art. 39.º de 1924 da Lei, referente ao Conselho de Estado) apenas consagra uma única medida cautelar – a suspensão da execução do acto administrativo. Apesar de tudo, prevemos que o modelo assim instituído, em breve será objecto de uma reforma legislativa, que, aliás está já em curso. Por certo, também, o modelo cautelar incor-

---

a cláusula geral de tutela cautelar inominada prevista, *ex novo*, na nova Lei da Jurisdição Contencioso Administrativa de 13 de Julho de 1998. Consideraremos E. GARCÍA DE ENTERRÍA, *La batalha por las medidas cautelares* ... cit., passim e M. BACIGALUPO, *La nueva tutela cautelar en el contencioso administrativo*, Madrid, 1999, *passim*.

[714] A este respeito, a propósito do modelo italiano, vejam-se as considerações de G. CORSO, "La tutela cautelare nel processo amministrativo", *Il Foro Amministrativo*, 1987, pp. 1655 a 1665; A. CAVALLARI, "La tutela cautelare nel giudizio amministrativo", in: *Appunti sulla giustizia amministrativa*, Bari, 1988, pp. 141 a 241; F. BENVENUTI, "Relazione di sintesi", in: *Il Giudizio Cautelare Amministrativo. Aspetti e prospettive. Atti della gionarta di studio tenuta a Brescia il 4 maggio 1985,* Roma, 1987, pp. 83 a 87; A. ROMANO, "Il giudizio cautelare: linee di sviluppo", in: *Il Giudizio Cautelare Amministrativo. Aspetti e prospettive* ... cit., pp. 49 ss.; V. CAIANIELLO, *Manuale di Diritto Processuale Amministrativo*, 2.ª ed., Torino, 1994, pp. 623 a 661, esp., pp. 659 a 661. Para uma síntese, vd. S. ROMANO, "La tutela cautelare nel processo amministrativo italiano", *Amministrare,* 1, 1999, pp. 101 a 109. Vd. Decisão n.º 35/96 de 01.02.1996 de TAR Catania; Decisão n.º 311/97 de 30 e 31.01.1997 de TAR Catania; Decisão n.º 925 de 18.11.1997 de TAR Calabria, in: http://www.diritto.it/sentenze/ordinanza-regio.htm.

[715] A este propósito, não passa despercebida a inovação pretoriana lavada a efeito, nos últimos tempos, em Itália. Os tribunais administrativos, na ausência de Legislação adequada a emitir tutela cautelar diferente da tradicional suspensão da eficácia de actos administrativos, não se inibiram de ordenar providência cautelares de conteúdo ousado. Esta dinâmica processual teve a iniciativa do Tribunais Administrativos Regionais e a orientação da *Corte Costituzionale*. Para uma síntese, vd. M. ROSSI SANCHINI, "La tutela cautelare", *Trattato di Diritto Amministrativo*, a cura di SABINO CASSESE, t. IV, Milano, 2000, esp. pp. 3415 a 3443.

porará a tutela cautelar não especificada, como o demonstram as versões dos anteprojectos tornadas públicas nos últimos anos.

A tutela cautelar tem vindo a revelar-se "ponto crucial" ou "bari centro" do processo administrativo. Tal qualificação tem subjacente, quer a dinâmica dos tribunais, quer o aumento "massiccio" de pedidos de tutela cautelar, dada a longa duração dos processos principais que correm termos em primeira e segunda instância no contencioso administrativo em Itália.

A única forma de tutela cautelar prevista tem como objectivo suspender a execução do acto administrativo impugnado, sempre que essa execução cause danos graves e irreparáveis ao requerente. A função principal deste meio inibitório da eficácia do acto é, segundo a doutrina, assegurar um bem jurídico que já pertence ao sujeito destinatário do acto. O meio cautelar tem-se mostrado apto a satisfazer apenas o requerente que invoca um *"interessi oppositivi"*, deixando sem tutela aquele requerente, cuja pretensão se traduz na intimação à Administração para prestação positiva. De acordo com a doutrina, durante algum tempo, os particulares que pretendiam impugnar o silêncio administrativo e os actos administrativos de conteúdo negativo estavam desprovidos, em regra, de tutela cautelar no modelo de justiça administrativa na Itália.

A jurisprudência tem sido, contudo, audaz, no sentido do alargamento do conteúdo da tutela cautelar. Os tribunais administrativos já desde a década de 90 têm vindo a aplicar o instituto da suspensão da eficácia de actos, dada a ausência de mecanismos diversos de tutela cautelar, a situações para as quais a tutela cautelar atípica seria adequada se estivesse prevista. Os tribunais têm protegido certos interesses dos particulares, alargando o âmbito de aplicação do instituto de suspensão a actos "parcialmente de conteúdo negativo" – negação de renovação de concessões ou licenças, indeferimentos de dispensa do serviço militar" – e verdadeiramente de conteúdo negativo – exclusões de exames, concursos, procedimentos de adjudicação de obras públicas pela utilização de cláusulas acessórias (de reserva de modo, condição ou termo). Também pelo instituto referido os tribunais têm decretado tutela face a regulamentos administrativos imediatamente lesivos[716].

---

[716] A este propósito, vd. G. MONETA, "L'evoluzione involutiva della tutela cautelare amministrativa", *Diritto processuale amministrativo*, 1994, 2, esp. pp. 382 a 410; M. CONCETTA FUCCILLO, *La tutela cautelare nel processo amministrativo*, Padova, 1999, esp. pp. 91 a 128; L. BERTONAZZI, "Brevi riflessioni sulla tutela cautelare nei confronti dei provvedimenti negativi e dei comportamenti omissivi della pubblica amministrazione", *Diritto processuale amministrativo*, 1999, 4, pp. 1208 a 1231.

A jurisprudência tem mesmo realizado alguns *milagres*, no sentido de tutelar certos interesses dos particulares – interesses a satisfazer através de comportamentos positivos por parte da Administração – pela emissão de medidas cautelares de conteúdo antecipatório. Tais medidas têm permitido conceder provisoriamente ao particular o que a Administração em alguns casos havia negado, como na Decisão do Conselho de Estado n.º 1210 de 1996. A jurisprudência dos Tribunais Administrativos Regionais tem vindo a oferecer aos particulares uma tutela *radicalmente* diferente da traduzida na suspensão de actos.

O TAR de Toscana, pela decisão jurisdicional n.º 519/1998, intimou a Administração a permitir a um aluno a repetição de um exame, no sentido de lhe possibilitar a passagem a uma classe seguinte, no caso de ter nota positiva na prova. Também o TAR de Lazio, através das decisões n.ºs 225 e 384 de 1998, intimou uma Comissão administrativa para que procedesse a reavaliações técnicas de certa situação de facto.

Em síntese, do rol da jurisprudência recente, qualificada pela doutrina como inovadora, contam-se admissões a um concurso público para adjudicação de empreitadas com reserva, admissões a exames escolares, suspensões de tipo *"propulsive"*, ordens de reexame e intimações à Administração para proceder a inspecções técnicas[717].

Ora, se na Itália, a jurisprudência tem vindo gradualmente superar a única (*angustiosa*) via cautelar de suspensão da eficácia de actos prevista legalmente, o facto é que a doutrina tem vindo a defender que é necessário e urgente que o legislador institua a tutela cautelar adequada na justiça administrativa, ainda que, quanto à solução, as posições sejam divergentes. Há posições que vão no sentido de criar no processo administrativo um normativo que contemple a atipicidade cautelar, semelhante ao art. 700.º do c.p.c.[718].

---

[717] Para uma síntese, vd. M. ANDREIS, *Tutela Sommaria e Tutela Cautelare* ... cit., pp. 145 ss.

[718] Para uma visão de conjunto, vd. S. ROMANO, "La tutela cautelare nel processo ammistrativo italiano... cit., pp. 101 a 109; "Ancora novità dal T.A.R. Lombardia in materia di misure cautelari", *Diritto processuale amministrativo*, 1998, 3, pp. 724 ss. Vd., tb., Decisão n.º 35/96 de 01.02.1996 do TAR Catania; Decisão n.º 311/97 de 30 e 31.01.1997 do TAR Catania e Decisão n.º 925 de 18.11.1997 do TAR Calabria, in: http://www.diritto.it/sentenze/ordinanza-regio.htm.

2.1. O modelo de tutela cautelar consagrado na Alemanha.

a) Tipo de medidas cautelares previsto; b) Condições de procedência da decisão cautelar – a *sumariedade* cautelar; c) O conteúdo da decisão cautelar e seus limites: a instrumentalidade e a provisoriedade cautelares

O sistema alemão de justiça administrativa caracteriza-se *patologicamente* pela lentidão na realização da justiça e pelo *congestionamento* dos tribunais. O legislador tem vindo, por isso, a tomar providências no sentido de aliviar os tribunais administrativos e de acelerar o processo[719]. Algumas da recentes reformas foram introduzidas no modelo de tutela provisória.

O sistema alemão do *vorläufigen Rechtsschutz*, que serve de paradigma a legisladores, a tribunais internacionais e a investigadores, funciona em dois segmentos ou numa dupla via[720].

Numa das vias, está consagrado o efeito suspensivo automático dos mecanismos de impugnação do acto administrativo[721]. A suspensão automática da eficácia do acto funciona como regra quando se acciona uma impugnação administrativa ou quando se recorre jurisdicionalmente do acto administrativo (*aufschiebende Wirkung*, §§ 80.º e 80a VwGO, relativo ao efeito

---

[719] A propósito das alterações introduzidas, que, desde Janeiro de 1997, atingiram a orgânica judicial e a aceleração de certos meios processuais, vd. P. MOUZOURAKI, "La modification du code des tribunaux administratifs en Allemagne fédérale... cit., pp. 150 a 158.

[720] Sobre o sistema de tutela provisória na Alemanha, em termos de consideração geral, vd. F. O. KOPP./W.-R. SCHENKE, *Verwaltungsgerichtsordnung*, 11.ª ed., München, 1998, n.m. 1 a 6, pp. 1810 a 1818.; C. KRÄMER, *Vorläufiger Rechtsschutz in der VwGO – Verfahren*, Freiburg, Berlin, München, 1998, n.m. 1 ss., pp. 187 ss.; K. FINKELNBURG/K. P. JANK, *Vorläufiger Rechtsschutz im Verwaltungsstreitverfahren*, 4.ª ed., München, 1998, n.m. 10 ss., pp. 6 ss.; W.-R. SCHENKE, *Verwaltungsprozeßrecht*, 6.ª ed., Heidelberg, 1998, ns.ms. 936, 1019 e 1025, pp. 291, 319 e 321; T. WÜRTENBERGER, *Verwaltungsprozeßrecht*, München, 1998, n.m. 500 a 502, pp. 221 a 222; F. HUFEN, *Verwaltungsprozeßrecht*, 3.ª ed., München, 1998, n.m. 1, pp. 531 ss.

[721] A propósito deste mecanismo de suspensão automática dos efeitos da decisão impugnada, vd. W.-R. SCHENKE, *Verwaltungsprozeßrecht* ... cit. ns.ms. 937 ss., pp. 292 ss.; T. WÜRTENBERGER, *Verwaltungsprozeßrecht* ... cit., ns.ms. 503 a 537, pp. 222 a 237; F. HUFEN, *Verwaltungsprozeßrecht* ... cit., ns.ms. 2 ss., pp. 539 ss; R. ARNOLD, "Le contrôle juridictionnel des décisions administratives en Allemagne", AJDA, 9, 1999, p. 665.

suspensivo de actos administrativos de duplo efeito)[722]. Nos casos excepcionais (§ 80.º 2 VwGO) em que o efeito automático suspensivo do meios impugnatório ou anulatório não actua, pois há necessidade de execução imediata do acto – fixada por lei ou por menção do autor do acto –, ainda se permite ao requerente que solicite ao juiz que aprecie a questão da suspensão ou do eventual restabelecimento do efeito suspensivo (§ 80.º 5 VwGO)[723].

A outra via, pela qual se permite a emissão de uma ordem provisória (*einstweilige Anordnung*), está prevista no §123.º 1 (1ª parte e 2ª parte) VwGO[724].

---

[722] Sobre esta via de tutela provisória, vd. F. SCHOCH/SCHMITT-ASSMAN/PIETZNER, *Verwaltungsgerichtsordnung*, München, 1998, em comentário aos §§ 80 e 80a da VwGO; W. SCHMITT GLAESER, *Verwaltungsprozeßrecht* ... cit., pp. 153 ss.; K.-P. SOMMERMANN, "La Justicia Administrativa Alemana", in: *La Justicia Administrativa en el Derecho Comparado*, eds., J. BARNÉS VASQUÉZ, Madrid, 1993, pp. 101 a 107, (ou o mesmo trabalho publicado na *revue française de droit administratif*, 11, 1995, pp. 1145 ss., esp., 1164 a 1166.); G. HÄRING, "Aspetti del giudizio cautelare tedesco", in: AAVV, *Il Giudizio Amministrativo Cautelare*, Roma, 1987, pp. 45 a 48.; W. HANISCH, "I provvedimenti di urgenza nell'ordinamento tedesco", in: AAVV, *Il Giudizio Amministrativo Cautelare*, Roma, 1987, pp. 66 a 88; K. PLATZ, "La tutela cautelare nel processo amministrativo tedesco", *Amministrare*, 1, 1999, 71 a 77; B. PETER, "Spécificités au regard du droit français des procédures d'urgence en droit allemand, RDP, 1994, pp. 185 a 213, esp. pp. 186 a 201.

[723] Para outras considerações, vd. L. PAREJO ALFONSO, "La tutela judicial cautelar en el orden contencioso-administrativo", REDA, 49, pp. 198 ss.; S. GONZÁLEZ-VARAS IBÁÑEZ, *La jurisdicción contencioso-administrativo en Alemania*, Madrid, pp. 216 ss.; M. BACIGALUPO, "El sistema de tutela cautelar en el contencioso-administrativo alemán", RAP, 128, 1992, pp. 418 a 442. Na doutrina italiana, ALFONSO MASUCCI, "La legge tedesca sul Processo Amministrativo", in: *Quaderni di diritto processuale Amministrativo*, Milano, 1991, pp. 64 a 68.; Na doutrina portuguesa, vd. MARIA DA GLÓRIA FERREIRA PINTO, *As garantias de defesa jurisdicional dos particulares contra actuações do poder executivo na Alemanha*, Gabinete de Documentação e Direito Comparado, 27/28, Lisboa, 1986, pp. 448 a 450; PEDRO MACHETE, "A suspensão jurisdicional da eficácia de actos administrativos", *O Direito*, 123, 1991, pp. 244 a 252.

[724] Sobre a questão da relação entre estas duas vias de tutela provisória, vd. F. SCHOCH/SCHMITT-ASSMAN/PIETZNER, *Verwaltungsgerichtsordnung* ... cit., Comentário ao § 123 VwGO, n.m. 3, pp. 4 ss. e n.m. 19, pp. 10 ss. SCHOCH refere que, de acordo com a *Subsidiaritätsklausel* prevista no § 123.º 5 VwGO, a ordem provisória actua subsidiariamente perante o outro mecanismo. Neste sentido, o § 80.º VwGO funcionará como *leges speciales* em relação ao regime jurídico da ordem provisória.

Estes dois segmentos de tutela cautelar (*aufschiebende Wirkung* e *einstweilige Anordnung*) pretendem proporcionar um modelo jurisdicional cautelar sem lacunas (*Lückenlosigkeit des vorläufigen Rechtsschutzes*), uma tutela cautelar, cuja *sedes materiae*, a jurisprudência constitucional tem vindo a centrar, como dissemos, no art. 19.º IV da GG que estabelece o *Standard* mínimo do direito fundamental dos particulares à tutela jurisdicional efectiva. Este comando constitucional tem vindo a servir de orientação ao juiz cautelar administrativo na escolha da via cautelar a ordenar e da ordem provisória em concreto adequada, na determinação do conteúdo da medida e na questão da admissibilidade de *ordens* de efeitos irreversíveis, quando este exerce a sua função de garantir a efectividade das sentenças principais[725].

A tutela provisória prevista no §123.º 1 VwGO, que pode ser solicitada, em regra, quando o meio processual principal accionado não é um dos meios impugnatórios de actos administrativos, engloba dois tipos de tutela provisória distintos, atendendo ao seu conteúdo, efeitos e limites.

Estes dois tipos de tutela provisória correspondem a duas modalidades de *ordens* provisórias que o juiz pode decretar, e cujo conteúdo pode determinar, tendo em consideração o efeito que pretende provocar no *status quo* sob que incide a causa principal, conforme o previsto no §123.º 1, 1ª parte e 2ª parte, e de acordo com os normativos da lei processual civil, §§ 920 a 945 ZPO, para qual o primeiro remete[726].

---

[725] Para mais desenvolvimentos sobre esta problemática, vd. H. HUBA, "Grundfälle zum vorläufigen Rechtsschutz nach der VwGO", *Juristische Schulung*, 12, 1990, p. 983, esp. p. 986; F. SCHOCH, "Grundfragen des verwaltungsgerichtlichen vorläufigen Rechtsschutzes", *Verwaltungs-Archiv*, 1991, pp. 149 ss.; K. FINKELNBURG/K. P. JANK, *Vorläufiger Rechtsschutz im Verwaltungsstreitverfahren* ... cit., n.m. 2 a 7, pp. 1 a 4; T. WÜRTENBERGER, *Verwaltungsprozeßrecht* ... cit., n.m. 538 ss., pp. 239 ss. Considere-se a posição de HUFEN que realça uma dupla função à tutela provisória: função da tutela provisória numa perspectiva objectiva, traduzida na garantia da integridade do exercício da função jurisdicional e a perspectiva subjectiva. No seu enteder, a primeira, que acentua o perfil da tutela cautelar como instrumento ao serviço de juízes independentes a ser utilizado para impedir que a Administração execute, definitiva e ilegalmente, uma decisão antes de sobre ela recair uma sentença final, complementa a perspectiva subjectiva. Vd. F. HUFEN, *Verwaltungsprozeßrecht* ... cit., n.m. 1e n. m. 8, pp. 531 e 534.

[726] Assim, neste sentido, vd. F. O. KOPP/W.-R. SCHENKE, *Verwaltungsgerichtsordnung* ... cit., n.m. 6, pp. 1818; C. KRÄMER, *Vorläufiger Rechtsschutz in der VwGO* ... cit., n.m. 11 a 16 ss., pp. 192 a 193; W.-R. SCHENKE, *Verwaltungsprozeßrecht* ... cit., n.m. 1025 ss., pp. 321 ss.; F. HUFEN, *Verwaltungsprozeßrecht*, 3.ª ed., München, 1998, n.m. 1, pp. 531 ss.; W. SCHMITT GLAESER, *Verwaltungsprozeßrecht* ... cit., n.m. 317, pp. 201 a 202.

A *ordem asseguradora* (*Sicherungsanordnung*) é ordenada para satisfazer a necessidade de conservar um determinado *status quo* (*Erhaltung des status quo*). Esta pretensão de manter inalterado o *quid* que é objecto da causa principal justifica-se quando se receia a sua alteração irreversível e definitiva, enquanto o requerente aguarda a decisão final para essa causa[727].

A *ordem reguladora* (*Regelungsanordnung*) é emitida quando o particular já não pretende apenas guardar um determinado estado de direito ou de facto, mas quando deseja que o juiz cautelar modifique e inove o *status quo ante* (*Veränderung des status quo*), pois só dessa forma a sentença de mérito será útil no futuro. Através desta ordem inovadora o juiz regula de forma interina determinada situação relativa a uma relação jurídica litigiosa existente, antecipando, para essa situação, uma regulação judicial provisória. Esta regulação deve mostrar-se necessária, o que acontece, principalmente, face a relações jurídicas duradoiras, para combater a produção de uma desvantagem (ou um prejuízo) substancial e essencial, ou para afastar uma violência iminente[728].

Em regra, nem a jurisprudência nem a doutrina distinguem uniformemente as duas modalidades de ordens provisórias. Aliás, a jurisprudência, na maioria dos casos, fundamenta a decretação de uma medida solicitada no § 123.º VwGO, sem distinguir se emite uma *Regelungsanordnung* ou uma *Sicherungsanordnung*[729]. Todavia, a doutrina majoritária é da opinião de que elas se distinguem conforme a ordem decretada produza ou não a ampliação do *status quo* existente[730].

---

[727] Neste sentido, C. KRÄMER, *Vorläufiger Rechtsschutz in der VwGO* ... cit., n.m. 11 a 16, pp. 192 a 193; W.-R. SCHENKE, *Verwaltungsprozeßrecht*, ... cit., n.m. 1025 ss. pp. 321 ss.; T. WÜRTENBERGER, *Verwaltungsprozeßrecht*, ... cit., n.m. 544 ss., pp. 241 ss.; F. HUFEN, *Verwaltungsprozeßrecht*... cit., n.m. 13, p. 572.

[728] Para uma consideração desenvolvida, vd. K. FINKELNBURG/K. P. JANK, *Vorläufiger Rechtsschutz im Verwaltungsstreitverfahren* ... cit., ns.ms. 173 ss., pp. 81 ss.

[729] F. SCHOCH (*Verwaltungsgerichtsordnung* ... cit., n.m. 50, p. 23) distingue uma da outra conforme os seus efeitos. No seu entender, enquanto que a *ordem asseguradora* está preordenada para assegurar (conservar) um *status quo*, a *ordem reguladora* serve para alterar (provisoriamente) esse *status quo*. O autor considera que o pedido de urgência para emissão de cada uma delas deve ser fundamentado de forma diferente. No primeiro caso, deverá fundamentar-se na conservação de uma posição jurídica ("*Erhaltung einer Rechtsposition*"), no segundo caso, o pedido deve ser fundamentado na regulação ou na ampliação de uma posição jurídica ("*Einräumung oder Erweiterung einer Rechtsposition*").

[730] Neste sentido, por todos, vd. M. BACIGALUPO, "El sistema de tutela cautelar en el contencioso-administrativo alemán ... cit., pp. 445 a 446; S. GONZÁLEZ-VARAS IBÁÑEZ, *La jurisdicción contencioso-administrativa en Alemania* ... cit., p. 287, nota 281.

Por conseguinte, através da *ordem asseguradora*, o juiz cautelar dará tutela provisória a situações, que constituem o objecto litigioso, ameaçadas de modificação ou alteração irreversível, com a consequente frustração da realização do direito do requerente. Esta modalidade de *ordem* provisória é adequada para proteger o requerente que, na espera da decisão de fundo a proferir numa acção principal destinada a condenar a Administração a abster-se de praticar uma actividade material lesiva, corre o risco de sofrer antecipadamente a execução ilegal pela Administração, de tal forma que a situação de facto ilegalmente constituída muito dificilmente será reversível, ainda que a sentença venha a ser favorável ao requerente. Há, segundo a doutrina alemã, uma semelhança estrutural e funcional entre a *Sicherungsanordnung* e a *aufschiebende Wirkung*[731].

Através da *ordem* provisória asseguradora pode ordenar-se à Administração que suspenda a realização de trabalhos e obras públicas, que suspenda uma ordem de expulsão de um estrangeiro do território nacional, e que suspenda certos trabalhos de construção de um imóvel, cuja licença foi impugnada por terceiros vizinhos (isto, no caso da Administração se encontrar em omissão). Também a *Sicherungsanordung* é o meio adequado para impedir que certo funcionário público seja promovido (e cuja promoção foi impugnada) e para obstar ao preenchimento de uma vaga por um concorrente, cujo procedimento contratual foi contestado. E, esta mesma ordem pode servir para constituir garantia de uma prestação pecuniária, visto que no processo administrativo não se prevê o *Arrest*[732].

E, enfim, é através da *Sicherungsanordnung* que é garantida a tutela jurisdicional preventiva, pois, através deste tipo de ordem consegue evitar-se a lesão iminente de uma posição substantiva.

---

[731] F. SCHOCH, (*Verwaltungsgerichtsordnung* ... cit., n.m. 50, pp. 23 ss.) refere que existe um paralelismo estrutural entre a *Sicherungsanordnung* (conservação provisória de um estado jurídico) e a *aufschiebende Wirkung* que também serve o interesse provisório de suspensão. Mas existe também uma equivalência funcional entre elas, na medida em que, cada uma delas tem a função de manter um *status quo*. Através da *aufschiebende Wirkung* consegue-se que a intervenção hipotética do acto fique paralizada, através da primeira, o juiz impede que aconteçam as alterações sobre o *status quo* resultantes de outro tipo de actuações administrativas (diferentes de um acto administrativo).

[732] Exemplos configurados a partir de jurisprudência citada por F. SCHOCH, *Verwaltungsgerichtsordnung* ... cit., ns.ms. 52, 53, 54, pp. 23 a 25.

Já pelo contrário, a *Regelungsanordnung* é a *ordem* adequada a solicitar no processo acessório, quando o requerente pretende, pelo meio principal, a condenação da Administração a realizar certa conduta positiva, a praticar um acto administrativo negado, ou a realizar certa prestação material, já que esta *ordem* é a mais adequada para antecipar os efeitos das decisões de fundo[733].

Na *ordem* provisória reguladora é revelada a outra função que em regra a doutrina tem vindo a identificar na tutela provisória, a de dar tratamento jurisdicional interino a um estado ou a uma situação respeitante a uma relação jurídica litigiosa. A *ordem* reguladora realiza provisoriamente o direito material, ao regular, em termos interinos, esse direito. O juiz da *ordem* provisória, quando emite uma *Regelungsanordnung*, vai interferir com a posição subjectiva do particular e, ao ampliá-a, consegue a satisfação interina do seu direito[734].

Assim, através da *ordem* provisória reguladora, é possível a inscrição de um aluno numa universidade, a realização (e repetição) de um exame, a passagem provisória de um certificado de habilitações, a prestação de um bem ou de uma prestação social, a nomeação de um funcionário público, a incorporação de um médico no quadro de funcionários públicos (ou a sua transferência para lugar diferente), a concessão de uma licença, a autorização provisória de permanência de estrangeiros no país e a concessão do direito de antena numa estação de televisão num momento de campanha eleitoral[735].

Cumpre referir, contudo, que a jurisprudência e a doutrina tradicionais eram desfavoráveis à possibilidade de o juiz ordenar, pela *ordem* provisória reguladora, a entrega de um bem, a realização de uma prestação, ou a prática de um acto favorável (v.g. a concessão da licença de construção), quando a *ordem* provisória se traduzisse na antecipação da causa e/ou quando o juiz se confrontasse com poderes discricionários da Administração[736].

---

[733] Segundo F. SCHOCH (*Verwaltungsgerichtsordnung* ... cit., n.m. 51, p. 23), não fará sentido a criação de uma *Leistungsanordnung* para tutelar estas pretensões, pois a *Regelungsanordnung* permite dar resposta a pretensões deste género. Cfr. C. KRÄMER, *Vorläufiger Rechtsschutz in der VwGO* ... cit., n.m. 15, p. 193.

[734] Quanto a esta posição, vd., em síntese, H. HUBA, "Grundfälle zum vorläufigen Rechtsschutz nach der VwGO ... cit., p. 983; F. SCHOCH, "Grundfragen des verwaltungsgerichtlichen vorläufigen Rechtsschutzes ... cit., p. 157.

[735] A este propósito, vd. jurisprudência citada por F. SCHOCH, *Verwaltungsgerichtsordnung* ... cit., ns.ms. 56, 57, pp. 35 ss. e por K. FINKELNBURG/K. P. JANK, *Vorläufiger Rechtsschutz im Verwaltungsstreitverfahren* ... cit., n.m. 142 ss., pp. 64 ss.

[736] Neste sentido, F. O. KOPP/W.-R. SCHENKE, *Verwaltungsgerichtsordnung* ... cit., n.m. 14, pp. 1825; C. KRÄMER, *Vorläufiger Rechtsschutz in der VwGO* ... cit., ns.

Por conseguinte, a via cautelar que se proporciona através da *einstweilige Anordnung* é a adequada quando o requerente acciona a título principal uma *Verpflichtungsklage*, ou uma *Leistungsklage* ou também uma acção declarativa (*Feststellungsklage*). Isto leva-nos a pensar que sempre que a parte não pretenda impugnar ou anular um acto administrativo no processo principal, a garantia provisória adequada para satisfazer as demais pretensões é decretada no sistema alemão com base no § 123.º VwGO[737].

É afirmação correntemente[738] que o juiz da *einstweilige Anordnung* goza de uma margem ampla de conformação do conteúdo da *ordem* provisória. Todavia, também é sabido que tão amplo poder não corresponde à concessão de um poder materialmente de tipo administrativo. Bem ao contrário, a concretização desse poder insere-se numa actividade verdadeiramente jurisdicional[739].

No que respeita às condições de procedência de uma *ordem* provisória, a jurisprudência e a doutrina alemãs não têm posições unânimes[740].

Legalmente, nos termos do § 123 VwGO, as condições de procedência da ordem provisória (*die Begründetheit einer einstweiligen Anordnung*), são duas a saber: a existência de uma pretensão jurídico subjectiva, ou, por outras palavras, a existência de um direito subjectivo que sustente a pretensão

---

ms. 67 a 79, pp. 209 ss., esp. ns. ms. 72 a 79, pp. 213; K. FINKELNBURG/K. P. JANK, *Vorläufiger Rechtsschutz im Verwaltungsstreitverfahren* ... cit., n.m. 202 ss., pp. 95 ss.; W.-R. SCHENKE, *Verwaltungsprozeßrecht*, ... cit., n.m. 1034 ss., pp. 324 ss.; T. WÜRTENBERGER, *Verwaltungsprozeßrecht*, ... cit., n.m. 550, pp. 243 e 244; F. HUFEN, *Verwaltungsprozeßrecht* ... cit., ns.ms. 16 e 17, pp. 573 e 574.

[737] Por todos, vd. K. PLATZ, "La tutela cautelare nel processo amministrativo tedesco ... cit., p. 69.

[738] Assim, J. GARBERI LLOBREGAT/N. GONZALEZ-CUELLAR SERRANO, "Ordenanza sobre los Tribunales Administrativos de la República Federal Alemana de 21 de enero de 1960 (Verwaltungsgerichtsordnung)", *Documentación Jurídica*, tomo XVIII, Madrid, 1991, introdução, p. 456.

[739] Neste sentido, F. SCHOCH, *Verwaltungsgerichtsordnung* ... cit., n.m. 3, pp. 4 ss.; W. SCHMITT GLAESER, *Verwaltungsprozeßrecht*, .. cit., n.m. 317, pp. 201 e 202.

[740] Para uma visão de conjunto, vd. F. O. KOPP/W.-R. SCHENKE, *Verwaltungsgerichtsordnung* ... cit., ns.ms. 25 e 26, p. 1836; C. KRÄMER, *Vorläufiger Rechtsschutz in der VwGO* ... cit., ns. ms. 37 a 65, pp. 200 ss.; K. FINKELNBURG/K. P. JANK, *Vorläufiger Rechtsschutz im Verwaltungsstreitverfahren*, ... cit., ns.ms. 144 ss., pp. 65 ss.; ns. ms. 173 ss., pp. 81 ss.; W.-R. SCHENKE, *Verwaltungsprozeßrecht*, ... cit., ns.ms. 1032 e 1033, p. 323; T. WÜRTENBERGER, *Verwaltungsprozeßrecht*, ... cit., ns.ms. 545 a 549, pp. 242 e 243; F. HUFEN, *Verwaltungsprozeßrecht* ... cit., ns.ms. 13 ss., pp. 572 e 573.

principal e que é objecto do processo principal (*Anordnungsanspruch*); e a segunda respeita à existência de uma necessidade de protecção cautelar urgente (*Anordnungsgrund*) que será diferente conforme se esteja perante um pedido de *ordem* asseguradora ou *ordem* reguladora[741].

Ambas as condições ou pressupostos são objecto de um exame sumário (*summarische Prüfung*) pelo juiz. A primeira destas condições apreende-se através de um juízo superficial, suficiente para criar a convicção sobre a probabilidade de êxito do requerente na causa principal (*summarische Prüfung der Erfolgsaussichten des Rechtsbehelfs in der Hauptsache*)[742].

Há doutrina e jurisprudência que comungam na defesa do preenchimento de uma terceira condição cumulativa de procedência das *ordens* provisórias, traduzida na ponderação cumulativa de interesses públicos e privados. Todavia, subjacente a esta jurisprudência está a emissão de *ordens* provisórias que antecipam a solução para a causa principal e, em algumas situações, definitivamente[743].

Não obstante o que já foi dito, há ainda que acrescentar uma outra posição doutrinal (e jurisprudencial) que aceita a ponderação de interesses como condição subsidiária. De acordo com o seu entendimento, no caso de existirem dúvidas quanto ao preenchimento do *Anordnungsanspruch* – e, por conseguinte, perante a situação de dúvida relativa ao êxito da pretensão do requerente na causa principal (*Erfolgsaussichten in der Hauptsache*) –, o juiz

---

[741] No sentido de que os únicos pressupostos de emissão da *ordem* provisória são "o motivo da *ordem*" e "o direito à *ordem*" vai F. SCHOCH, *Verwaltungsgerichtsordnung* ... cit., ns.ms. 62 ss., pp. 28 ss. O autor julga não haver lugar para uma ponderação de interesses público e privado como "critério suplementar" de decretação das ordens provisórias. Vd. também, revelando o sentido da jurisprudência administrativa, W. SCHMITT GLAESER, *Verwaltungsprozeßrecht* ... cit., ns.ms. 320 e 321, pp. 203 a 204; K. FINKELNBURG/K. P. JANK, *Vorläufiger Rechtsschutz im Verwaltungsstreitverfahren* ... cit., ns. ms., 144 ss., pp. 65 ss. e ns.ms.173 ss., pp. 81 ss., esp. ns.ms. 228 a 230, p. 111.

[742] Neste sentido, W. SCHMITT GLAESER, *Verwaltungsprozeßrecht* ... cit., n.m. 320, p. 204; F. SCHOCH, *Verwaltungsgerichtsordnung* ... cit., n. m. 64, p. 29; K. FINKELNBURG/K. P. JANK, *Vorläufiger Rechtsschutz im Verwaltungsstreitverfahren* ... cit., n.m. 217 e 218, pp. 104 e 105.

[743] Para um entendimento mais desenvolvido, vd. K. FINKELNBURG/K. P. JANK, *Vorläufiger Rechtsschutz im Verwaltungsstreitverfahren* ... cit., ns.ms. 160 a 164, pp. 74 a 76. Cfr. a posição de HUFEN, F. (*Verwaltungsprozeßrecht*, n.m. 15, pp. 572 e 573) que defende a ponderação de interesses públicos e privados como uma tarefa obrigatória antes da emissão de ambas ordens provisórias.

pode socorrer-se de um critério subsidiário de procedência da *ordem*. Esse critério suplementar é o do balanço de interesses públicos e privados (*Interessenabwägung*)[744].

Portanto, de acordo com este entendimento, no caso do juiz cautelar chegar a um *non liquet* quanto à apreciação do *Anordnungsanspruch*, resultante da impossibilidade de através do juízo sumário, se convencer do êxito do requerente na causa principal, deve socorrer-se (a título subsidiário) de um terceiro critério de decretação que se traduz na ponderação de todos os interesses em conflito[745].

Alguma doutrina tem vindo a considerar que o juiz administrativo não possui qualquer poder discricionário na apreciação dos pressupostos de procedência da *ordem*, contrariamente ao juízo que deve formular ao decidir sobre a suspensão da execução de um acto, pois neste caso deve proceder à ponderação dos interesses privados e públicos, no caso concreto, existentes. De acordo com esta compreensão, a emissão da tutela cautelar é "uma decisão de direito vinculado", quanto à apreciação dos pressupostos de decretação[746].

Para esta doutrina, sempre que sejam críveis (*Glaubhaftmachung*), ou sempre que estejam fundamentadas, em termos de verosimilhança as condições de decretação da tutela provisória (*Anordnungsanspruch* e o *Anordnungsgrund*), através de exame num *summarischen Aussetzungsverfahren*, o juiz não pode negar a tutela provisória[747].

---

[744] Para um entendimento mais desenvolvido, vd. K. FINKELNBURG/K. P. JANK, *Vorläufiger Rechtsschutz im Verwaltungsstreitverfahren*, ... cit., ns.ms. 160 a 164, pp. 74 a 76.

[745] W. SCHMITT GLAESER, *Verwaltungsprozeßrecht* ... cit., n.m. 320, p. 204. vd. ainda, M. BACIGALUPO, "El sistema de tutela cautelar en el contencioso-administrativo alemán ... cit., p. 447 e GONZÁLEZ-VARAS IBÁÑEZ, *La jurisdicción contencioso-administrativa en Alemania* ... cit., p. 295, nota 302.

[746] Sobre esta questão, vd. F. SCHOCH, *Verwaltungsgerichtsordnung* ... cit., ns.ms. 62, 63, 64, pp. 22 ss. Posição parcialmente diferente tem K.-P. SOMMERMANN ("Le système des actions et la protection d'urgence dans le contentieux administratif allemand", *revue française de droit administratif*, 11, 1995, p. 1167). O autor questiona a suficiência dos dois pressupostos fixados na lei e refere que o juiz administrativo pode proceder a um balanço de interesses, tal como o faz no âmbito da aplicação do § 80, ou seja, usando poder subjectivo de apreciação.

[747] F. SCHOCH, *Verwaltungsgerichtsordnung* ... cit., n.m. 151, p. 69 e n.m. 64, pp. 28 e 29.

Por isso, SCHOCH considera que não há lugar para um balanço de interesses como critério suplementar (*keine zusätzliche Interessenabwägung*) de decretação da tutela cautelar. No seu entender, tal seria não só contrário à lei como também incongruente [748], pois além de reduzir o conteúdo da lei não faria sentido que, se depois de acreditados os requisitos de decretação da tutela cautelar, ainda se fizesse depender a emissão de uma medida de um balanço de interesses públicos e privados (*öffentlichen und privaten Interessen*). Da mesma forma, no seu entender, não faz qualquer sentido o raciocínio contrário, isto é que se pondere os interesses em causa na ausência de urgência e de clara aparência de probabilidade de êxito da pretensão do requerente [749].

O juiz cautelar, movendo-se nos limites do art. 938.º da ZPO (para a qual remete a VwGO), goza de um poder discricionário na conformação do conteúdo da *ordem*, pois este permitirá determinar o seu conteúdo em função do seu fim [750]. Quer isto dizer que, o poder discricionário apenas se usa no "como" da tutela cautelar – ao contrário daquilo que é feito pelo juiz da *aufschiebende Wirkung* que, gozando de um igual poder, apenas o labora no "se" da suspensão [751].

---

[748] Nas suas palavras, "§123 normiert die Voraussetzungen abschließend, unter denen ein Eilantrag begründet ist und die einstweilige Anordnung ergeht. Eine zusätzliche, nach der Bejahung von Anordnungsanspruch und Anordnungsgrund erfolgende Interessenabwägung, wie sie in Rechtsprechung und Schrifttum postuliert wird, ist mit dem geltenden Recht nicht vereinbar". Ob., cit., n.m. 65, p. 29.

[749] F. SCHOCH, *Verwaltungsgerichtsordnung* ... cit. n.m. 65, p. 29. Vd., no mesmo sentido, sentença de 27.1.1997 do *Verwaltungsgerichtshof* da Baviera que nega um pedido da *Euronews* que se traduzia na intimação da *Landeszentrale* para que mantivesse a mesma sequência de canais, permitindo-lhe permanecer no canal inicialmente atribuído. Tal indeferimento foi fundamentado apenas na ausência de uma provável vitória do requerente na causa principal, vd. *Juristisches Internetprojekt Saarbrücken* (http://jura.unisb.de), 11.1.1999, 11: 49.

[750] Neste sentido F. SCHOCH afirma que "Das Gericht bestimmt nach freiem Ermessen, welche Anordnungen zur Erreichung des Zweckes erforderlich sind", ob. cit., n.m. 65, p. 29.

[751] Neste sentido, K.-P. SOMMERMANN, "Le système des actions et la protection d'urgence dans le contentieux administratif allemand... cit., p. 1167.; S. GONZÁLEZ-VARA IBÁÑEZ, *La jurisdicción contencioso-administrativa en Alemania*... cit., p. 294; M. BACIGALUPO, "El sistema de tutela cautelar en el contencioso-administrativo alemán ... cit., p. 448.

Mas, mesmo a pretensa discricionariedade de que goza o juiz administrativo, ao determinar o "como" da *ordem,* é finita, já que tem nos princípios gerais (*universais*) do processo cautelar os seus limites, e que acabam por denunciar os caracteres essenciais de instrumentalidade e provisoriedade da tutela cautelar no modelo alemão de tutela provisória.

O princípio que proíbe a antecipação da decisão de fundo (*Verbot der Vorwegnahme der Hauptsache*) é tradicionalmente aceite como princípio *fundamental* do processo cautelar. A doutrina do processo civil não estabeleceu, todavia, critérios de aplicação do princípio e a jurisprudência dos tribunais comuns foi casuisticamente revelando os seus contornos[752]. O princípio tem sido objecto de muita controvérsia e de crítica severa por parte de alguma doutrina[753].

Um outro limite aos vastos poderes do juiz das medidas provisórias é o que se refere ao conteúdo da decisão e determina que haja uma identidade entre a decisão provisória e a decisão de fundo, quanto aos seus efeitos. A primeira não deve exceder a segunda, visto que o juiz da ordem provisória não pode conceder ao requerente mais do que o juiz da causa principal[754].

De acordo com o primeiro princípio, o juiz cautelar administrativo está impedido de antecipar, através da ordem provisória – por regra, através da *Regelungsanordnung* – a decisão de mérito e de resolver a questão de fundo que deve permanecer em aberto até que o juiz da causa principal sobre ela decida.

Este princípio também não tem sido unanimemente interpretado pela doutrina do processo administrativo[755]. E, da mesma forma, não tem vindo a ser aplicado uniformemente pelos tribunais administrativos.

---

[752] Para uma visão da posição tradicional, vd. F. BAUR, *Studien zum einstweiligen Rechtsschutz*, Tübingen, 1967, p. 36; D. LEIPOLD, *Grundlagen des einstweiligen Rechtsschutzes im zivil-, verfassungs- und verwaltungsrechtlichen Verfahren*, München, 1971, pp. 1 a 10, p. 191; M. MINNEROP, *Materielles Recht und einstweiliger Rechtsschutz*, Köln, Berlin, Bonn, München, 1973.

[753] Uma das críticas ao princípio foi elaborada por F. SCHOCH, *Vorläufiger Rechtsschutz und Risikoverteilung im Verwaltungsrecht*, Heidelberg, 1988, p. 1395 ss.

[754] Neste sentido, F. BAUR, *Studien zum einstweiligen Rechtsschutz*, Tübingen, 1967, p. 62.

[755] Há doutrina que, fazendo uma interpretação cautelosa do princípio referido, se manifesta em sentido contrário à possibilidade do juiz cautelar interferir na questão de fundo, seja a que título for. Assim mostra-se reticente à possibilidade do juiz cautelar decidir sobre uma concessão de licença de construção ou a admissão de um aluno numa universidade, dado que estas decisões são exactamente as questões submetidas ao juiz principal. Decidir sobre isto, ainda que seja a título provisório, significa deixar vazia a

Seguindo um entendimento formalista, e, de algum modo, parcialmente ultrapassado, o juiz da *einstweilige Anordnung* está proibido de, por qualquer forma, interferir e se intrometer na questão principal (*Übergriff auf Hauptsacheentscheidung findet statt*), ainda que o faça provisoriamente.

Deste ponto de vista tradicional, a missão do juiz da *ordem* provisória é apenas assegurar o efeito útil da decisão final e não decidir a questão litigiosa entregue ao juiz principal[756]. Segundo este entendimento, ao juiz cautelar é interdito a decretação de medidas provisórias que determinem a inscrição de certo aluno numa turma, a autorização para a repetição de um exame, a nomeação provisória de um funcionário, o pagamento antecipado de uma quantia e o licenciamento antecipado de uma actividade, já que estas devem ser pronunciadas pelo juiz da causa[757].

Esta doutrina tem vindo a reconhecer excepções ao princípio *Verbot der Vorwegnahme der Hauptsache*, fazendo-o por imperativo do art. 19.º IV GG. São raros os casos em que é permitida a intromissão na causa principal[758].

---

questão principal. Ora, como referem EYERMANN/FRÖHLER, (apud, GONZÁLEZ-VARAS IBÁÑEZ, *La jurisdicción contencioso-administrativa en Alemania* ... cit., pp. 290 a 291, esp. nota 292) "Das Institut – die einstweilige Anordnung – darf nicht dazu missbraucht werden, den Hauptsacheprozess von vornherein leerlaufen zu lassen", isto é, deixaria sem objecto a questão litigiosa. Vd., por todos, GONZÁLEZ-VARAS IBÁÑEZ, *La jurisdicción contencioso-administrativa en Alemania* ... cit., pp. 290 a 291, esp. notas 290 a 293.

[756] O conceito de antecipação é dos mais complicados de precisar, a propósito da tutela provisória. A doutrina distingue vários tipos de antecipação: a provisória e a definitiva, a antecipação de facto e a antecipação de direito, a antecipação parcial e a antecipação total. Vd., para mais desenvolvidas considerações, K. FINKELNBURG/K. P. JANK, *Vorläufiger Rechtsschutz im Verwaltungsstreitverfahren* ... cit., n.m. 203 ss., pp. 95 ss. esp. n.m. 204, p. 95; n.m. 207, p. 98; n.m. 209, p. 100.

[757] Vd. F. SCHOCH, *Verwaltungsgerichtsordnung*... cit., ns. ms. 156, pp. 71 e 72. Para mais desenvolvimentos, vd. K. FINKELNBURG/K. P. JANK, *Vorläufiger Rechtsschutz im Verwaltungsstreitverfahren* ... cit., n.m. 215 ss., pp. 104 ss.

[758] As excepções que a doutrina considera possíveis referem-se a situações raras e decorrem duma especial urgência e de uma consequente inadequação do meio principal para garantir a tutela jurisdicional a tempo. A doutrina não tem vindo a enumerar critérios seguros para distinguir estas situações de urgência, contudo, tem identificado grupos de situações para as quais a antecipação é permitida. É possível apontar, em primeiro lugar, a existência de um prazo determinado ou fixo sobre certa situação (nomeadamente, eleições, conferências, licença de caça para certo prazo, ano escolar que começará em certo tempo, duração de mandato). Em segundo lugar, consideram-se os casos relativos à existência

Já diferente interpretação do princípio *Verbot der Vorwegnahme der Hauptsache* tem SCHOCH. No seu entender, o princípio deve ser compreendido de forma coerente com a função e estrutura da garantia cautelar, tendo como orientação o art. 19.º IV da GG[759]. O autor considera a antecipação como necessária para que a tutela realize a sua função: que é, não só assegurar o efeito útil da sentença principal, como também realizar interinamente um direito. É por causa desta última função cautelar – que permite regular provisoriamente uma relação litigiosa – que a antecipação se assume como um modo *normal* e *necessário*, já que visa repartir, entre as partes, os riscos e as perdas que a demora do processo lhes podem causar. A antecipação resulta da *interferência* e *intromissão* na questão litigiosa, submetida ao juiz da causa principal ("Übergriff auf Hauptsacheentscheidung findet statt"), que o juiz cautelar é obrigado a realizar e que é inevitável. Não permitir a antecipação dos efeitos da decisão é negar a natureza da tutela provisória, é actuar de forma "cega" ("blind")[760] e contrária ao princípio da tutela jurisdicional efectiva – por isso, no seu entender, este princípio nunca pode ser eleito como um princípio geral de direito processual cautelar[761]. Aliás, HUBA defende que

---

pessoal, social e profissional de alguém. Estão entre os exemplos as situações em que se necessita de uma prestação social necessária para salvaguardar a sobrevivência de alguém (ou de uma família) ou para garantir um nível mínimo de subsistência, como também, situações relativas à educação e formação profissional. Assim, pode autorizar-se a antecipação do pagamento de uma quantia ou a autorização para que certo aluno repita um exame escolar ou para que um funcionário frequente um curso profissional. Em terceiro lugar, contam-se situações respeitantes à economia pessoal do requerente, como por exemplo as medidas relativas à abertura e ao funcionamento de certos serviços ou estabelecimentos, a autorização ou licença de instalação e funcionamento de certa actividade privada ou certo negócio privado. Vd. também outras situações de urgência (com diferente ordem de prioridades) configuradas por T. WÜRTENBERGER, *Verwaltungsprozeßrecht*, ... cit., ns.ms. 550 e 551, pp. 243 e 244; F. HUFEN, *Verwaltungsprozeßrecht* ... cit., ns.ms. 16 e 17, pp. 573 e 574. E, desenvolvidamente, por K. FINKELNBURG/K. P. JANK, *Vorläufiger Rechtsschutz im Verwaltungsstreitverfahren*, ... cit., n.m. 225, p. 109; FRANK/LANGREH, BOSCH/SCHMIDT (apud, GONZÁLEZ-VARAS IBÁÑEZ, *La jurisdicción contencioso-administrativa en Alemania* ... cit., pp. 292 a 293).

[759] No mesmo sentido, H. HUBA, "Grundfälle zum vorläufigen Rechtsschutz nach der VwGO ... cit., esp. p. 986; Para uma síntese do pensamento de F. SCHOCH, vd. o seu "Grundfragen des verwaltungsgerichtlichen vorläufigen Rechtsschutzes ... cit., esp. p. 172.

[760] F. SCHOCH, *Verwaltungsgerichtsordnung* ... cit., n. m. 149, p. 68.

[761] ("Es kann daher mitnichten ein 'Grundsatz des allgemeinen Prozeßrechts' sein."), F. SCHOCH, *Verwaltungsgerichtsordnung*... cit., n. m. 149, p. 69.

o dogma que proíbe a antecipação da causa é falso, é errado ("verfehlt"), pois a intromissão na causa principal é necessária e válida quando os efeitos antecipados forem reversíveis para futuro[762].

SCHOCH considera que ao juiz da medida provisória é sempre permitido antecipar certos efeitos da sentença principal de forma interina e provisória[763]. No seu entender, o dogma deve ser interpretado no sentido de que é proibida a emanação de uma *einstweilige Anordnung* que prive o processo principal de objecto. Por outras palavras, para SCHOCH, o juiz cautelar apenas está proibido de decidir de forma totalmente definitiva a questão subjacente ao processo principal[764]. Esta proibição tem sentido quando o juiz cautelar decreta uma *einstweilige Anordnung* que sabe, à partida, que terá efeitos de direito que jamais podem ser apagados pelo juiz da causa principal, no futuro[765].

Por conseguinte, e em síntese, no entender do autor, quando se verifiquem as condições de decretação da medida cautelar, ("Anordnungsanspruch" e o "Anordnungsgrund") só ocorrerá uma intromissão proibida e ilegítima na causa principal se a medida decretada tiver um efeito juridicamente impossível de ser anulado posteriormente e, por consequência, deixar a acção principal sem utilidade, isto é "vazia" de objecto[766].

Todavia, também SCHOCH considera que esta interdição deve ser afastada em situações especiais de urgência. Mas, só essas são verdadeiras

---

[762] H. HUBA, "Grundfälle zum vorläufigen Rechtsschutz nach der VwGO ... cit., esp. p. 986.

[763] No seu entender, há sempre uma antecipação quando o juiz decreta tutela provisória, ainda que seja através do efeito suspensivo da acção impugnatória do acto – aliás, no que se refere à "aufschiebende Wirkung" esta constitui "(...) die Vorwegnahme der Hauptsache" enquanto "(...) Normalfall" (ou seja a antecipação da causa principal é o normal). Há sempre uma decisão provisória, nestes casos. "Die gemeinsame rechtliche Wirkung von Sicherungsanordnung, Regelungsanordnung und aufschiebender Wirkung liegt in einer vorläufigen Gestaltung der Verhältnisse"). F. SCHOCH, *Verwaltungsgerichtsordnung* ... cit., n. m. 149, p. 69.

[764] F. SCHOCH refere ainda que a antecipação produz efeitos parcialmente definitivos ("*partiell endgültig*") para o espaço interino (ob., cit., n. m. 148, p. 67). Ou "partiellen Vorgriff auf die mögliche Hauptsacheentscheidung" (ob. cit., n. m. 149, p. 68).

[765] F. SCHOCH, *Verwaltungsgerichtsordnung* ... cit., ns. ms. 146, 147 e 148, pp. 66 a 67.

[766] Nas suas palavras ("Dann wird die Hauptsacheentscheidung gegenstandslos, weil der angeordnete Zustand für die Zukunft irreversibel ist"), vd. F. SCHOCH, *Verwaltungsgerichtsordnung* ... cit., n.m. 157, p. 72.

excepções ao princípio da proibição de antecipar a causa principal, uma vez que estas *ordens provisórias* vão decidir definitivamente a questão principal.

Ainda assim, SCHOCH considera que, excepcionalmente, o juiz cautelar pode emitir uma ordem provisória de conteúdo antecipatório, ainda que ao ordenar tal medida saiba que está a decidir definitivamente a questão, quando existir uma especial urgência e uma séria aparência do direito do requerente. E tal ordem provisória deve mostrar-se, no caso concreto, como a única via processual para obstar à perda irreparável ("unwiederbringlicher Rechtsverlust") do direito.

No entender do autor, e nestas situações, o juiz da tutela provisória está "entre a espada e a parede", pois ou aceita decidir a causa principal, ou deixa que a passagem do tempo crie por si mesma uma situação jurídica irreparável e irreversível. Na dúvida, deve escolher a solução que se apresenta conforme ao princípio da tutela jurisdicional efectiva[767].

Estão, entre as situações de urgência especial, aquelas para as quais uma actuação administrativa imediata seria vital e a Administração não actuou, ou para as quais o tempo é um factor decisivo ("strikt zeitgebundene Verwaltungsmaßnahmen")[768].

A doutrina tem vindo a discutir a natureza jurídica desta tutela provisória que permite realizar tutela jurisdicional definitiva[769]. Segundo alguma

---

[767] F. SCHOCH, *Vorläufiger Rechtsschutz* ... cit. pp. 1408 a 1409. O autor realça a errada perspectiva unidimensional com que a jurisprudência aprecia a necessidade da medida urgente para evitar uma situação irreversível. No seu entender, a irreversibilidade deve ser aferida com reciprocidade. Tem de existir um novo entendimento da relação tempo/irreparabilidade ("*Zeit/Irreparabilität*"). As situações irreversíveis podem ocorrer, quer quando o juiz ordena a medida com certo conteúdo, quer quando a nega. Em alguns casos, perante a omissão do juiz, a passagem do tempo pode provocar a consumação dos factos e por si decidir a causa. Vd. F. SCHOCH, *Verwaltungsgerichtsordnung* ...cit., n. m. 148, pp. 67 e 68 e n. m. 155, p. 71 (nestes casos entra em jogo o "Faktor Zeit"). Igualmente, H. HUBA, "Grundfälle zum vorläufigen Rechtsschutz nach der VwGO ... cit., esp., pp. 986 e 987.

[768] F. SCHOCH, *Verwaltungsgerichtsordnung* ...cit., n m. 155, p. 71. No mesmo sentido, utilizando a expressão "absolute Fixmaßnahmen", H. HUBA, "Grundfälle zum vorläufigen Rechtsschutz nach der VwGO ... cit., p. 987.

[769] No que respeita ao problema, são três as questões formuladas: a) qual a relação entre protecção provisória e principal; b) qual a relação entre a tutela provisória e o direito material; c) qual a natureza jurídica dos processos urgentes. SCHOCH considera que as respostas do sistema positivado e da dogmática são deficitárias. Vd. SCHOCH, "Grundfragen des verwaltungsgerichtlichen vorläufigen Rechtsschutzes ... cit., esp. pp. 153 ss.

doutrina, a antecipação realizada é definitiva não de direito, mas de facto[770], pois a decisão é sempre provisória porque é proferida em processo distinto do principal, ainda que acessório, impossibilitando qualquer "prejulgamento" da causa ("keine Anprüfung der Hauptsachefrage"). Acresce que, a decisão provisória porque é proferida com base numa análise sumária (assente em juízo de probabilidade "wahrscheinlichkeit"), jamais pode definir juridicamente de forma definitiva uma situação e, por isso, a antecipação será definitiva de facto[771].

A jurisprudência tem vindo a ordenar medidas de conteúdo irreversível a título excepcional. Por actuação de uma ordem provisória, foi concedido tempo de antena televisivo a um partido político para realizar campanha eleitoral, enquanto corria termos o processo principal, no qual seria discutida a questão de fundo e enquanto decorria simultaneamente o período de campanha eleitoral, que em regra abarca quinze dias. Nesta situação existiu uma autêntica antecipação definitiva da causa principal. No caso concreto, o juiz da tutela provisória foi, verdadeiramente, o juiz da causa principal. Todavia, se deste modo não actuasse, o tempo teria sido o juiz, pois ter-se-ia consumado uma situação que jamais seria reversível. A sentença da causa principal seria inútil[772].

No que respeita ao segundo princípio limitador, o juiz cautelar está impedido de conceder, a título provisório, algo que o requerente não alcançará a titulo definitivo[773]. Portanto, dando cumprimento à característica instrumentalidade – que refere que a tutela cautelar visa apenas assegurar que a

---

[770] Todavia, o autor considera que a haver uma antecipação definita, ela será definitiva de facto e não de direito. Vd. ob., cit., n. m. 154, p. 70. Segundo SCHOCH, equivale "die getroffene Anordnung in ihren tatsächlichen Auswirkungen einer möglichen Hauptsacheentscheidung [gleichkommt]. Solche Effekte können mit jeder Interimsentscheidung verbunden sein. De jure liegt kein Vorgriff auf die Hauptsache vor". Neste mesmo sentido, H. HUBA, "Grundfälle zum vorläufigen Rechtsschutz nach der VwGO ... cit., p. 986 e, como vimos em outro momento, D. LEIPOLD, *Grundlagen* ... cit., p. 216. Para uma crítica a esta concepção, vd. K. FINKELNBURG/K. P. JANK, *Vorläufiger Rechtsschutz im Verwaltungsstreitverfahren* ... cit., n.m. 208, p. 99. Segundo FINKELNBURG/JANK, a posição criticada (também atribuída a JAKOBS, LEIPOLD, QUARITSCH e VOGG) transforma o processo cautelar num processo de antecipação de efeitos de natureza exclusivamente fáctica, processo cuja decisão é um *minus* e um *aliud* face à sentença principal.

[771] Neste mesmo sentido, H. HUBA, "Grundfälle zum vorläufigen Rechtsschutz nach der VwGO ... cit., p. 987.

[772] F. SCHOCH, *Verwaltungsgerichtsordnung* ... cit., n.m. 156, pp. 71 e 72.

[773] F. SCHOCH, *Verwaltungsgerichtsordnung*... cit., ns. ms. 151 e 152, p. 70.

sentença de mérito seja efectiva, e ainda que se permita através da tutela cautelar uma antecipação de efeitos da decisão de fundo – esta antecipação deve corresponder aos efeitos previsíveis e *balizados* pelo *thema decidendum* da questão principal. Por conseguinte, o processo provisório não é concebido para proporcionar o que o requerente só pode obter pela sentença final. E muito menos deve o juiz provisório exceder a causa principal.

A temática da limitação dos poderes do juiz cautelar administrativo ganha particular interesse quando referida ao controlo do exercício de poder discricionário da Administração.

A doutrina maioritária tem considerado que sempre que a discricionariedade enquadra certo comportamento da Administração, ou a prática de certo acto – e esta discricionariedade se não encontra reduzida a zero (*Ermessensreduzierung auf Null*), isto é, sempre que, ao fim e ao cabo, se não fixa uma única solução possível de acção (porque nesse caso haveria exercício de poder vinculado) – não pode o juiz cautelar ordenar provisoriamente o comportamento pedido, ou a prática do acto solicitado, pois também o juiz o não pode fazer a título principal[774].

A única pretensão cautelar possível de ser satisfeita traduz-se em solicitar que se ordene à Administração a repetição do acto (ou que resolva o pedido do particular) sem praticar (de novo) a mesma ilegalidade, pois, no processo principal, a sentença a proferir não vai além de *recomendar* à Administração para que pratique o acto ou realize o comportamento sem cometer as mesmas ilegalidades já censuradas pela sentença[775].

---

[774] Vd. decisão de um tribunal administrativo (de 14.10.1998, proc., 3 S 526/98) que nega uma medida cautelar asseguradora a um estrangeiro, que, perante uma ordem de expulsão do país, solicita provisoriamente a sua permanência na Alemanha, invocando, como fundamento de permanência o seu futuro casamento com uma nacional alemã. O tribunal negou a medida, justificando que com base no argumento apresentado, nada garantiria, com segurança, que o juiz da causa principal iria decidir a favor do requerente, pelo que, se a *ordem* provisória fosse decretada, iria exceder a causa definitiva. Vd. DÖV (*Die Öffentliche Verwaltung*), 14, Julho, 1999, pp. 610 e 611.

[775] M. BACIGALUPO, "El sistema de tutela cautelar en el contencioso-administrativo alemán ... cit., pp. 448 a 449 e, por todos, vd. GONZÁLEZ-VARAS IBÁÑEZ, *La jurisdicción contencioso-administrativa en Alemania* ... cit., pp. 294, nota 299. Para mais considerações, relativas às posições minoritária e maioritárias da doutrina e da jurisprudência, vd. K. FINKELNBURG/K. P. JANK, *Vorläufiger Rechtsschutz im Verwaltungsstreitverfahren* ... cit., ns.ms. 236 ss., pp.115 ss.

Alguma doutrina minoritária tem vindo a alargar o alcance do processo provisório e o conjunto dos poderes do juiz da *ordem* provisória, no sentido de ser garantida uma tutela jurisdicional efectiva, perante os poderes dicricionários da administração[776].

De qualquer modo e em jeito de conclusão, pode afirmar-se que a doutrina tem vindo a considerar que a decisão a proferir no processo cautelar não pode colocar provisoriamente o particular na situação hipotética imaginada pelo juiz, "sem segurança", correspondente à situação que eventualmente seria criada pela Administração no exercício do (verdadeiro) poder discricionário[777].

2. 2. O modelo de tutela cautelar consagrado na França.

a) Tipo de medidas cautelares previsto; b) Condições de procedência da decisão cautelar – a *sumariedade* cautelar; c) O conteúdo da decisão cautelar e seus limites: a instrumentalidade e a provisoriedade cautelares

São muitas as vozes que têm vindo a denunciar os aspectos negativos do sistema francês de tutela provisória. Tem sido corrente dizer-se que é um modelo parado, preso a dogmas e preconceitos, que prima por tratar em termos desiguais a Administração e os particulares, e cujas reformas são superficiais e restritas. Por consequência, também a acção do juiz administrativo do *référé* não tem conseguido fugir à ira do cépticos, já que consideram que este, apenas, aparentemente, tem vindo a tutelar os administrados de forma adequada[778].

---

[776] Neste mesmo sentido, H. HUBA, "Grundfälle zum vorläufigen Rechtschutz nach der VwGO ... cit., p. 988; F. SCHOCH, "Grundfragen des verwaltungsgerichtlichen vorläufigen Rechtsschutzes ... cit., esp. p. 173.

[777] Para considerações de síntese, vd. K. FINKELNBURG/K. P. JANK, *Vorläufiger Rechtsschutz im Verwaltungsstreitverfahren* ... cit., ns.ms. 242 a 247, pp. 118 a 121; F. SCHOCH, *Verwaltungsgerichtsordnung* ... cit., ns.ms. 159 a 162, pp. 72 ss.

[778] Afirmações que resultam da leitura de M. TOURDIAS, "Référé administratif et constat d'urgence", *La Semaine Juridique*, 1961, I, pp. 1628 ss.; P.-L. FRIER, "Un inconnu: le vrai référé administratif", AJDA, 1980, p. 76; A. BLAISSE, "Quo Vadis référé?", *La Semaine Juridique*, 1982, I, pp. 3083 ss.; D. CHABANOL, *Le juge administratif*, Paris, 1993, pp. 57 a 71; C. CHINCHILLA MARÍN, *La tutela cautelar en la nueva justicia administrativa*, cit., pp. 99 a 101; CARLA AMADO GOMES, *Contributo para o Estudo das Operações Materiais* ... cit., pp. 460 a 468.

Alguma doutrina entende mesmo que, se há 50 anos atrás a jurisprudência administrativa francesa era reconhecida como "serena, capaz de ditar a solução para um litígio de forma equilibrada sob o plano jurídico", na actualidade, neste início do século XXI, essa jurisprudência tem vindo a revelar-se desajustada da realidade – realidade essa, onde a urgência se transformou em extrema urgência[779].

Nas duas últimas décadas, como dissemos, o modelo de tutela urgente francês tem recebido um conjunto de inovações, sobretudo de dois tipos. O primeiro respeita ao aperfeiçoamento dos processos de urgência comuns já existentes e à criação de novos processos jurisdicionais de tutela urgente, quer comuns quer especiais. O segundo tipo de inovações diz respeito às *procédures rapides*, em sentido estrito.

Segundo alguns, as mais recentes reformas parciais do contencioso administrativo da "urgência" têm vindo a dar lugar a um sistema "anárquico", pois, para além da multiplicidade de processos urgentes existente, acresce, entre outros aspectos, a ausência de critérios de delimitação do alcance de aplicação de cada um deles[780].

Na verdade, no modelo da tutela jurisdicional rápida coexistem os *référés* comuns e especiais; os *référés* caracterizados pela provisoriedade e outros com natureza jurídica de tutela jurisdicional definitiva; uns accionados para tutelar a urgência e outros cuja actuação depende da sua utilidade; e, finalmente, alguns *référés* que não tocam a questão de fundo e outros que a resolvem.

Embora a doutrina francesa não adopte a mesma terminologia que a do sistema italiano, quanto à caracterização da natureza jurídica destes tipos de processo, reconhecemos que do conjunto dos mecanismos de tutela jurisdicional instituídos neste sistema, e denominados, *lato sensu*, por processo de *référé*, apenas alguns têm uma verdadeira natureza cautelar. Dos que sobram, uns constituem formas de tutela sumária não cautelar e os outros são tipos de tutela jurisdicional célere de cognição plena.

Da *multiplicidade* dos procedimentos especiais de *référé* que coexistem no modelo, fazem parte o *référé* fiscal, os *référés* com o fim de *sursis à exé-*

---

[779] Vd. J.-M. DUBOIS-VERDIER, "Le procedure d'urgenza nel processo amministrativo francese", *Amministrare*, 1999, 1, p. 97.

[780] Vd., para algumas apreciações ao modelo existente, J.-P. NÉGRIN, "Chronique d'une ordonnance de suspension provisoire annoncée", *revue française de droit administratif*, 14 (4), 1998, pp. 762 ss., esp. pp. 765 a 766.

cution (entre eles o introduzido pela lei de 8 de Fevereiro de 1995 – "suspension provisoire d'exécution des décisions administratives"), o *référé* com o fim de suspender com extrema urgência a execução de certos actos de Autoridades descentralizadas, o *référé en suspension d'astreintes* e, finalmente, o *référé* relativo a "affichages irréguliers"[781].

Do conjunto dos procedimentos rápidos, ultimamente instituídos, cumpre realçar os procedimentos de urgência que desembocam em decisões de mérito definitivas – estes processos estão num ponto de "ruptura"[782] com o conceito de *référé* e traduzem a aceitação, por parte dos intervenientes no contencioso administrativo francês, de uma (clara) opção por "uma justiça sumária, em vez da justiça produzida de forma demorada por tribunais colegiais, em processos normais [783]. São eles: a) em matéria de "domicile de secours" respeitante a ajuda social, b) "le prononcé de condamnations en matière d'audiovisuels" pelo qual, entre outras medidas, se poderá proibir a exibição de um filme erótico na televisão em horário de grande audiência, c) "le pouvoir d'annuler les arrêtés de reconduire des étrangers à la frontière" (ou seja o processo referente à anulação das decisões de recondução de estrangeiros à fronteira, cuja decisão de fundo será emitida em 48 horas) e d) o *référé précontractuel*[784].

Julgamos que as apreciações depreciativas que usualmente são formuladas ao sucesso dos *référés* do processo administrativo têm subjacente uma comparação entres estes e os do processo civil. Ora, parece-nos vã e desprovida de feito útil esta comparação[785], pois o modelo de justiça administrativa cautelar não pode ser entendido, senão em conjunto com o modelo de justiça administrativa global, com as especificidades do direito administrativo e com o princípio da separação de poderes. Achamos ainda que se deve compreender o dinamismo do *référé* à luz dos *feitios* que caracterizam o modelo de tutela jurisdicional administrativa principal[786].

---

[781] Para mais desenvolvimentos, vd. R. CHAPUS, *Droit du contentieux administratif*, Paris, 8.ª ed., 1999, pp. 1204 a 1207; C. GABOLDE, *Procédure des tribunaux administratifs* ... cit., p. 276 a 286.

[782] Vd. R. CHAPUS, *Droit du contentieux administratif* ... cit., pp. 1207.

[783] C. GABOLDE, *Procédure des tribunaux administratifs* ... cit., p. 272.

[784] Para mais desenvolvimentos, vd. R. CHAPUS, *Droit du contentieux administratif* ... cit., p. 1207 a 1240; C. GABOLDE, *Procédure des tribunaux administratifs* ... cit., pp. 285 a 288.

[785] O. DUGRIP, *L'urgence contentieuse* ... cit., p. 359.

[786] Neste sentido, O. DUGRIP, *L'urgence contentieuse* ... cit., p. 359.

Assim, em primeiro lugar, consideramos relevante focalizar os dois princípios que enquadram o contencioso de tutela jurisdicional principal e que, visando proteger a autonomia e independência da função administrativa, e pretendendo manter a integridade da separação das funções jurisdicional e administrativa, são causa do tolhimento do *juiz do référé*. Disso, se segue, portanto, o princípio que proíbe, como regra, (mas admitindo excepções pontuais), o tribunal administrativo de dirigir *injonctions* à Administração e o princípio que proíbe o juiz da causa principal de se substituir ao Administrador[787].

No que respeita ao primeiro[788], cumpre referir que a doutrina tem vindo a afirmar, quase por tradição[789], que o juiz administrativo está proibido de ordenar à Administração para que adopte ou deixe de adoptar certo comportamento, designadamente que intime a Administração a admitir um aluno num estabelecimento de ensino ou que imponha a plena reintegração de um funcionário demitido. Na sequência lógica desse raciocínio, o juiz administrativo está igualmente proibido de ordenar a um Ministro que   reexamine uma decisão administrativa ou que modifique um regulamento. Nem

---

[787] Vd., neste sentido, e para maiores desenvolvimentos, J. CHEVALLIER, *L'elaboration historique du principe de séparation de la juridiction administrative et de l'administration active*, LGDJ, 1970, *passim*, pp. 290 a 291; E, do mesmo autor, "L'interdiction pour le juge administratif de faire acte d'administrateur", AJDA, 1972, pp. 67 ss.; D. CHABANOL, *Code des tribunaux administratifs et des cours administratives d'appel annoté et commenté*, 4.ª ed., Paris, 1995, pp. 72 a 82; R. CHAPUS, *Droit du contentieux administratif* ... cit., pp. 841 ss. e pp. 866 a 875; GUSTAVE PEISER, *Contentieux administratif*, Paris, dalloz, 1997, pp. 102 a 104 e esp. pp. 191 a 194; C. GABOLDE, *Procédure des tribunaux administratifs et des cours administratives d'appel*, 6.ª ed., Paris, 1997, pp. 267 ss.; C. DEBBASCH/J.-C. RICCI, *Contentieux administratif*, 7.ª ed., Paris, 1999, pp. 151 ss., esp. pp. 700 a 704.

[788] Este princípio está presente em expressões utilizadas pela jurisprudência. Por exemplo, na década de 70 menciona-se que "il n'entre pas dans les pouvoirs du juge administratif d'adresse des injonctions à une autorité administrative". Na década de 80, é referido que "le juge administratif n'a pas qualité pour adresser des injonctions à l'administration ou à un organisme privé associé par le législateur à l'exécution d'un service public administratif". Vd. R. CHAPUS, *Droit du contentieux administratif* ... cit., pp. 855 a 858.

[789] Princípio confirmado pela jurisprudência. Por exemplo, pelo CE em 28 de Fevereiro de 1996, relativamente ao caso *Fauqueux*, publicado na *revue française de droit administratif*, 1996, pp. 397 ss. Vd., a este propósito, F. MODERNE, "Sur le nouveau pouvoir d'injonction du juge administratif", *revue française de droit administratif*, 1996, p. 43.

mesmo lhe é permitido condenar um órgão administrativo local a assegurar a ordem pública por determinada forma. Além disso, também não faz parte dos poderes do juiz administrativo o de ordenar à entidade pública competente para que atribua um tempo de antena na rádio-televisão, a propósito do exercício do direito de acesso a uma campanha eleitoral[790].

Este princípio admite derrogações que resultam das *injonctions d'instruction* à Administração e, desde 1992, no âmbito do référé *précontractuel*, dos poderes para ordenar a uma entidade pública o cumprimento das regras referentes à publicidade e concorrência, nos seus procedimentos contratuais. Mas já com a Lei de 16 de Julho de 1980 foram consagrados verdadeiros limites ao princípio. Esta passa a permitir o pedido de emissão de uma *astreinte*, de forma a pressionar a entidade pública a cumprir um julgado, estando em causa a rejeição da sua execução. Um "espectacular" desvio a este princípio surgiu com a Lei de 8 de Fevereiro de 1995 que, "virando uma página na história do contencioso administrativo", veio possibilitar a ordenação de "injonctions en vu de l'exécution de la chose jugée"[791].

Pelo segundo princípio – que decorre da separação entre as funções jurisdicional e a administrativa –, proíbe-se, em regra, ao juiz que se comporte como administrador, e, nesse sentido, é-lhe interdito que proporcione aquilo que compete à Administração dar. Por conseguinte, não pode o juiz administrativo, em consequência de um recurso de anulação, proceder à nomeação de funcionários, decretar autorizações, conceder licenças de

---

[790] Vd. CE de 12 de Março de 1993, referente ao caso *Union nat. écologiste*, publicado na AJDA, 1993, pp. 375 ss.

[791] A lei permite que o juiz administrativo dirija *injonctions* de conteúdo mais preciso (não deixando, em alguns casos, margem de escolha quanto à forma de execução), ou menos preciso, respeitantes à execução do caso julgado. Sobre esta questão e para mais desenvolvimentos, vd. R. CHAPUS, *Droit du contentieux administratif* ... cit., pp. 770 a 778; R. DEBBASCH, "Le juge administratif et l'injonction: la fin d'un tabou", *La Semaine Juridique*, 1996, I, n.º 3924; J. GOURDOU, "Les nouveaux pouvoirs du juge administratif en matière d'injonction et d'astreinte. Premières applications de la loi du 8 février 1995", *revue française de droit administratif*, 1996, pp. 333; F. MODERNE, "Sur le nouveau pouvoir d'injonction du juge administratif", *revue française de droit administratif*, 1996, pp. 43 ss.; J.-H. STAHL/D. CHAUVAUX, ADJA, 1995, pp. 505 ss. e 1996, pp. 115 ss.; Y. GAUDEMET, "Le juge administratif, futur administrateur?", in: *Le juge administratif à l'aube du XXI siècle, Presses univ. grenoble*, 1995, pp. 179 ss.; C. DEBBASCH/J.-C. RICCI, *Contentieux administratif* ... cit., pp. 700 a 704 , esp. pp. 526 a 530.

construção ou emitir regulamentos[792]. Também no contencioso de plena jurisdição esta interdição do juiz para se substituir ao administrador está presente, ainda que de forma subtil, o que faz com que nem sempre seja respeitado de forma absoluta[793].

A doutrina tem vindo a considerar que a recusa jurisprudencial em admitir tais poderes de injunção e de substituição tem fundamento no princípio da separação de poderes e que se justifica pela intenção de evitar, como referia LAFERRIÈRE, que o juiz administrativo "saia da sua função jurisdicional" e "entreprenne sur l'administration active"[794], usurpando os domínios que lhe são alheios.

Os princípios limitadores dos poderes do juiz principal enquadram, e limitam também os poderes do juiz do *référé*. Para além dos mencionados, o juiz do *référé* move-se, ainda, em torno de dois outros princípios[795].

O primeiro opõe-se a que o juiz destes processos tenha mais poderes que o juiz da causa principal. E por força do princípio, não poderá o juiz caute-

---

[792] Embora se possa considerar que existe já uma certa modificação da decisão emitida pela entidade administrativa, quando o juiz procede à anulação parcial de uma decisão administrativa, ou quando procede à anulação *"en tant que"* essa decisão tenha certo sentido, ou produza certo efeito. Vd. R. CHAPUS, *Droit du contentieux administratif*... cit., pp. 869 e 870.

[793] Esta possibilidade de modificar ou substituir as decisões da entidade administrativa surge a respeito da responsabilidade da Administração (do valor de indemnização e da forma de pagamento); do contencioso fiscal (em que se permite a modificação do montante fixado pela Administração); do contencioso eleitoral (em que é possível a rectificação dos resultados e a pronúncia dos candidatos eleitos); do contencioso "des installations classées", para a protecção do meio ambiente, no qual é permitido ao juiz não só emitir a licença de exploração (em caso de ter sido ilegalmente recusada), como de a modificar; e, finalmente, no que respeita ao contencioso dos "prédios que ameaçam ruir", o juiz administrativo pode determinar as medidas mais adequadas de actuação sobre o estado do prédio, pode ordenar, designadamente, a demolição do prédio ou a reparação do mesmo. Sobre esta questão, vd. R. CHAPUS, *Droit du contentieux administratif*... cit., pp. 866 a 868. Para mais desenvolvimentos sobre esta questão, vd. J. CHEVALLIER, "L'interdiction par le juge administratif de faire acte d'administrateur", AJDA, 1972, pp. 67 ss.

[794] E. LAFERRIÈRE *Traité de la juridiction administrative et des recours contentieux*, vol. II, 2.ª ed., Berger-Levrault, 1898, p. 569, apud, J. CHEVALLIER, "L'interdiction par le juge administratif ... cit., p. 70 .

[795] R. CHAPUS, *Droit du contentieux administratif*... cit., pp. 1176 a 1178.

lar dirigir *injonctions* à Administração, nem obstar à execução de decisões administrativas, nem substituir-se à Administração, relativamente a comportamentos que lhe competem a ela mesma levar a efeito[796].

O segundo princípio impede que o juiz do *référé* tome medidas que não sejam provisórias. As decisões emitidas nestes processos são desprovidas de caso julgado, principalmente, face à decisão na causa principal[797].

Por conseguinte, o juiz do *référé* não pode decidir sobre a questão de fundo e deve manter a relação litigiosa intacta e sem que seja antecipadamente julgada, apesar do poder de emitir medidas asseguradoras para o *quid* sob que incide essa relação[798].

Como temos vindo a afirmar, o sistema francês de justiça administrativa prevê uma multipicidade de processos rápidos[799], cuja natureza jurídica ainda não foi objecto de estudo pela doutrina.

Do conjunto dos meios processuais rápidos, comuns e ou previstos em legislação especial que proporcionam tutela provisória ou definitiva, processos autónomos e acessórios – só alguns constituem, no nosso entender, tutela cautelar.

Focalizemos a atenção para algumas *procédures d'urgence* comuns[800], previstas no Código TA/CAA, que sejam meios acessórios a um processo

---

[796] R. CHAPUS, *Droit du contentieux administratif* ... cit., p. 1176.

[797] R. CHAPUS, *Droit du contentieux administratif* ... cit., p. 1177.

[798] Estes são em regra os poderes do juiz do *référé* comum ou ordinário. Todavia, como veremos, o legislador tipificou *référés* especiais que derrogam estes princípios e transformam o "juge du référé" em "juge du principal", ao permitir que este decida sobre a questão de fundo. Sobre esta problemática, vd. R. CHAPUS, *Droit du contentieux administratif* ... cit., pp. 1207 a 1221.

[799] Este é o cenário que caracteriza mais distintivamente as formas de tutela urgente no sistema francês. A este propósito e para uma arrumação sistemática dos institutos de tutela urgente, vd. O. DUGRIP, *L'urgence contentieuse* ... cit., *passim* e J.-M. DUBOIS-VERDIER, "Le procedure d'urgenza nel processo amministrativo francese ... cit., pp. 85 a 98.

[800] No que respeita ao conceito "procédures d'urgence", a doutrina considera-o como "desajustado" ("maladroit"), na medida em que neste conceito tem vindo a incluir as formas de aceleração do processo (seja pela instituição dos "recours très abrégés", cuja urgência está fixada em termos legais – como o referente a processos em matéria eleitoral – , seja pela fixação de prazos versáteis de decisão a adaptar, conforme certas situações de urgência que o juiz valora, como em questões respeitantes ao serviço militar, a edifícios que ameaçam ruír, por exemplo e os procedimentos de urgência propriamente ditos. Mesmo os últimos não têm uma existência estável, mercê de uma série de factores, de entre os quais se conta o referente à coexistência entre os procedimentos rápidos comuns

principal e cujas sentenças neles proferidas tenham natureza provisória. Os meios processuais que conseguimos localizar com as características da *instrumentalidade* e da *provisoriedade* são apenas as *procédures d'urgence* tradicionalmente identificadas como *référé* em sentido restrito, o *sursis à l'exécution* e o *constat d'urgence*[801], cuja natureza é "excepcional"[802].

As origens do *référé* podem ser encontradas no instituto do *haro* – cuja fórmula completa da época é *"Haro (au secours!) mon Prince, on me fait tort"*[803] – e só por uma deturpação etimológica é que os processos de urgência em França adquirem este nome de *Référé*. De acordo com tal pedido de *haro* (de origem do direito anglo-saxónico) poderia alguém, em caso de perigo, exigir a presença do ameaçador perante um juiz sem que existisse um mandato ou uma autorização.

Com o passar do tempo, este instituto vem a ganhar assento na *Coutume de Normandie* (1781) e passa a permitir a emissão de uma medida de *socorro* a quem se sente ameaçado, não só na sua pessoa, mas também nos seus bens, servindo de introdução a um processo relativo à posse de bens. Embora no processo civil tal mecanismo esteja previsto desde 1806, no processo administrativo ele só vem a ser instituído pela Lei de 22 de Julho de 1889 (embora a jurisprudência já fizesse uso dele desde 22/2/1867).

O *constat d'urgence* foi o primeiro procedimento urgente a ser previsto, instituído para os Conselhos de Prefeitura e através do qual se permitia aos seus presidentes que ordenassem a "constatação de factos". Em 1955 é revogada a Lei anterior (e suprimido o *constat d'urgence* até 1959, altura em

---

e especiais, a incerteza da valorização jurisprudencial do conceito de urgência. Por isto tudo, a doutrina qualifica a existência deste tipo de *procédures d'urgence* como "anárquica" ("anarchique"), já que o seu tratamento dogmático não distingue critérios de diferenciação. Neste sentido, vd. R. CHAPUS, *Droit du contentieux administratif* ... cit., p. 1165 a 1168; GUSTAVE PEISER, *Contentieux administratif* ... pp. 124 a 133; C. GABOLDE, *Procédure des tribunaux administratifs* ... cit., pp. 267 a 288; C. DEBBASCH/J.-C. RICCI, *Contentieux administratif* ... cit., pp. 403 a 430; O. DUGRIP, *L'urgence contentieuse* ... cit., esp. pp. 304 ss.

[801] Vd. M. FROMONT, "La protection provisoire des particuliers contre les décisions administratives dans les Etats Membres des Communautés européennes", RISA, 4, 1984, pp. 315 e 316.

[802] O. DUGRIP, *L'urgence contentieuse* ... cit., p. 305.

[803] Para mais desenvolvimentos, vd. C. GABOLDE, *Procédure des tribunaux administratifs* ... cit., p. 267.

que é de novo instituído) e é dado poder aos presidentes dos tribunais administrativos para ordenarem, em caso de urgência, dentro de certos limites, "todas as medidas úteis". O *Conseil d'Etat* vem a beneficiar do poder de emitir um "référé dans les cas d'urgence" e de ordenar todas as medidas úteis "en vue de la solution d'un litige" pela lei de 31 de Julho de 1945 (posteriormente, confirmado pela lei de 1963 e depois pela de 1975, sempre com algumas modificações ténues)[804].

Paralelamente ao procedimento de *sursis à l'exécution*[805] – meio cautelar instrumental ao recurso de anulação de actos administrativos e pelo qual se requer a suspensão da eficácia do acto impugnado, na ausência (que é a regra) de efeito suspensivo automático do meio impugnatório[806] – estão consagrados os procedimentos destinados a conservar e a realizar antecipadamente meios de prova, *constat d'urgence* e *référé d'instruction*[807].

No que respeita às *procédures d'urgence*, com o objectivo de conservar ou realizar meios de prova, o sistema francês contém o *constat d'urgence*, que é o procedimento de urgência mais antigo do contencioso administrativo francês, e o *référé d'instruction*, respectivamente, art. R. 136 e R. 128 do Código TA/CAA.

---

[804] Para outras considerações, vd. C. GABOLDE, *Procédure des tribunaux administratifs* ... cit., pp. 267 a 271; R. CHAPUS, *Droit du contentieux administratif* ... cit., pp. 1173 e 1174 e pp. 1181 e 1182.

[805] Cfr., art. R 118 e ss. do CTA/CAA- *Code des tribunaux administratifs et des cours administratives d'appel*. Para uma síntese, vd. B. PACTEAU, *Contentieux administratif*, 5.ª ed., Paris, 1999, pp. 287 a 309; J.-M. DUBOIS-VERDIER, "Le procedure d'urgenza nel processo amministrativo francese ... cit., pp. 89 e 90; J.-P. MARKUS, "Sursis à exécution et intérêt général", AJDA, 1996, pp. 251 ss., esp. pp. 255 a 257; J.-M. FÈVRIER, "Remarques sur la procédure du sursis à exécution (L'exemple du contentieux de l'urbanisme)", *droit et ville, revue de l'institut des études juridiques de l'urbanisme et de la construcion*, 46, 1998, pp. 9 a 24.

[806] A este propósito, para uma apreciação ao sistema, vd. as considerações de O. DUGRIP, *L'urgence contentieuse* ... cit., pp. 205 ss., pp. 237 ss., esp. pp. 297 a 304.

[807] Para uma visão de conjunto, vd. Y. GAUDEMET, "Les procédures d'urgence dans le contentieux administratif", *revue française de droit administratif*, 1988, pp. 420 ss.; A. GUIHAL, "L'amélioration d'urgence devant le tribunal administratif", *revue française de droit administratif*, 1991, pp. 812 ss.; B. PACTEAU, *Contentieux administratif* ... cit., pp. 321 e 322; D. CHABANOL, *Code des tribunaux administratifs et des cours administratives d'appel annoté et commenté*, 4.ª ed., Paris, 1995, pp. 205 a 230; DUGRIP, *L'urgence contentieuse* ... cit., esp. pp. 305 e ss.

Pelo primeiro, o juiz designa (sem demoras) um perito para que registe certos estados de coisas e situações temporariamente existentes, para que verifique certas modificações no *terreno* e as "fotografe"[808] antes que a sua comprovação se dificulte ou seja impossível mais tarde. A intervenção imediata do perito justifica-se pela natureza fugaz, ocasional ou precária das coisas a registar, cuja temporalidade pode advir de uma intervenção (artificial ou natural) posterior sobre o estado dessa coisa, de tal modo que a sua prova, num processo posterior, possa parecer duvidosa[809]. Por conseguinte, de acordo com as disposições legais, são requisitos de procedência da decisão de *constat d'urgence* a urgência e a utilidade da medida.

Pelo *référé-instruction*, cuja inspiração foi colhida nas regras de processo civil, é permitido ao juiz ordenar "todas as medidas úteis de perícia ou de instrução". Através deste meio, e sem que em relação a este se exija a condição da urgência na emissão da medida (bastando a sua utilidade), pode o juiz, em caso de necessidade, ordenar certas diligências de prova, nomeadamente, a realização de prova pericial (*référé-expertise*), sendo que, através destas medidas, é possível ordenar à Administração verdadeiros comportamentos (*injonctions*). Destes podemos autonomizar o *référé-communication*, que é uma modalidade do processo de *référé* que tem como fim alcançar a realização de prova pela intimação à Administração para que comunique certas informações ou para que faculte ao administrado documentos destinados a instruir uma pretensão jurisdicional posterior[810].

O modelo francês tem prevista uma *procédure d'urgence* atípica, cujo objectivo é assegurar o direito das partes no processo principal e o efeito útil das sentenças de mérito. Este processo, que segue a forma de *référé*, tem natureza acessória e instrumental a um processo principal e termina com decisões provisórias.

Nos termos do art. R. 130 Código TA/CAA[811] que consagra, em abstracto, uma ampla possibilidade de tutela sumária cautelar, o juiz poderá, com o

---

[808] Expressão de C. GABOLDE, *Procédure des tribunaux administratifs* ... cit., p. 269.

[809] Para mais desenvolvimentos, vd. R. CHAPUS, *Droit du contentieux administratif*... cit., pp. 1178 a 1181; C. GABOLDE, *Procédure des tribunaux administratifs* ... cit., pp. 267 a 271 e pp. 283 a 285.

[810] C. GABOLDE, *Procédure des tribunaux administratifs* ... cit., pp. 267 a 271 e p. 277.

[811] Art. R. 130 do CTA "En cas d'urgence, le président du tribunal administratif ou de la cour administrative d'appel ou le magistrat que l'un d'eux délègue peut, sur simple requête qui, devant le tribunal administratif, sera recevable même en l'absence d'une déci-

fim de assegurar o objecto da relação litigiosa, decretar providências de urgência com conteúdo variável – que não se traduzem na produção de medidas de instrução, nem se destinam a antecipar uma provisão, já que, nestes casos, poderiam invadir o âmbito do *référé-instrucion* e do *référé-provision*. Destes *référés*, só o *référé conservatoire* é "condicionado pela existência de uma situação de urgência"[812].

Por via do *référé conservatoire*, o juiz do processo administrativo urgente – que é, por regra, o presidente do tribunal administrativo, ou o presidente do tribunal de recurso jurisdicional, ou o magistrado em quem for delegado tal poder – pode, a pedido do requerente, ordenar todas as medidas úteis e adequadas para assegurar o objecto da relação litigiosa, de tal modo que, no final do processo principal, esse objecto se mantenha íntegro. O que nos leva a pensar que a instrumentalidade do *référé préventif,* perante a efectividade do processo principal, caracteriza este processo urgente[813].

O *référé conservatoire* é decretado pelo juiz sempre que haja urgência na medida solicitada, tomando atenção aos limites de conteúdo da medida e evitando que a mesma se traduza na antecipação da decisão de fundo ou que constitua obstáculo à execução de uma decisão administrativa. Julgamos que a provisoriedade cautelar caracteriza também o *référé conservatoire*, na medida em que é proíbida ao juiz a intromissão na questão litigiosa principal e a antecipação definitiva da decisão de fundo.

Depois de tudo o que foi dito, cumpre autonomizar dois momentos relevantes a seguir no texto que se segue. O primeiro será dedicado às condições de procedência do *référé conservatoire*. O outro é reservado aos poderes do juiz do *référé* e para o tipo de medidas de urgência legalmente permitidas.

No que respeita ao ponto primeiro, devemos mencionar que a doutrina tem vindo a identificar duas condições positivas essenciais de procedência das medidas asseguradoras não especificadas a adoptar por via do *référé conservatoire* (e o preenchimento de duas condições negativas)[814].

---

sion administrative préalable, ordonner toutes mesures utiles sans faire préjudice au principal et sans faire obstacle à l'exécution d'aucune décision administrative".

[812] O. DUGRIP, *L'urgence contentieuse* ... cit., p. 305. J.-M. DUBOIS-VERDIER, "Le procedure d'urgenza nel processo amministrativo francese ... cit., p. 87.

[813] Por todos, vd. O. DUGRIP (*L'urgence contentieuse* ... cit., p. 306), que alerta precisamente para a natureza instrumental do mecanismo e para o risco que o juiz do *référé* pode correr ao decretar medidas que atinjam a questão de mérito, na falta de determinação das situações a tutelar pelo legislador.

[814] Vd. B. PACTEAU, *Contentieux administratif* ... cit., pp. 313 a 317.

A primeira condição positiva é a urgência.

O conceito de urgência está longe de ser uniformemente entendido pela doutrina e concretizado com uniformidade pela jurisprudência. Pelo contrário, este conceito tem vindo a ser valorado subjectiva e casuisticamente[815]. Também já é certo que este conceito de urgência escapa a uma definição de tipo estável, uniforme e absoluta, estando à mercê das circunstâncias de tempo e lugar[816].

De qualquer modo, e sem prejuízo do que se disse, pode existir urgência, e segundo o entendimento de alguns, sempre que o "comportamento litigioso é de natureza a criar uma situação prejudicial que dificilmente seja reversível" ou, simplesmente, quando há uma ameaça de dano[817]. Considera-se também que a urgência pode ser aferida pela necessidade de manter ou restabelecer o funcionamento normal de um serviço público ou a execução normal de obras públicas.

Tendo em consideração essa natureza multifacetada do conceito de *l'urgence*, alguma doutrina e jurisprudência têm vindo a preferir uma valoração

---

[815] O. DUGRIP (*L'urgence contentieuse* ... cit., pp. 69), apesar de concordar com a ideia de que há diferentes tipos de urgência (para os quais devem estar previstos diferentes tipos de solução), esclarece que a urgência prevista como condição de procedência do *référé* funciona numa relação de proporcionalidade, existente entre o prejuízo e o factor tempo (decorrente da demora do processo). Assim, a urgência varia em função do prejuízo (numerador) e no sentido inverso ao factor tempo (denominador). No que respeita ao tipo de urgência susceptível de tutela pelos meios acessórios (e não através da aceleração dos meios principais), o autor distingue duas formas de urgência. Quando o meio se destina a suspender a execução de um acto administrativo impugnado, a urgência é aferida por um prejuízo difícil de reparar ("préjudice difficilement réparable"), resultante da demora do processo principal, e pela susceptibilidade de tornar inútil a decisão de fundo (vd. *L'urgence contentieuse* .. cit., p. 204 e pp. 256 ss.). Já serão outras as medidas a tomar, através do *référé*, quando a urgência aparece com outras feições – natureza fugaz, precária ou temporária de certos bens ou situações referentes à causa principal (vd. *L'urgence contentieuse*... cit., p. 204 e pp. 308 ss. esp. pp. 327 a 333).

[816] Vd., para outras considerações, M. FRANCES, *Essai sur les notions d'urgence et de provisoire de la procédure du référé*, Sirey, Thèse Toulouse, 1935; P.-L. FRIER, *L'urgence*, LGDJ, Paris, 1987; G. PAMBOU TCHIVOUNDA, "Recherche sur l'urgence en droit administratif français", RDP, 1983, p. 95; B. PACTEAU, *Contentieux administratif* ... cit., pp. 313 a 314.

[817] R. CHAPUS, *Droit du contentieux administratif* ... cit., pp. 1186 e 1187; C. DEBBASCH/J.-C. RICCI, *Contentieux administratif* ... cit., p. 404.

funcional do conceito de urgência, admitindo que esta "decorre da necessidade de salvaguardar os direitos e interesses que correm risco de se perder, enquanto para eles se aguarda uma decisão de mérito"[818].

O segundo requisito positivo respeita à utilidade da medida requerida. Esta utilidade tem vindo a ser compreendida em dois sentidos. Por um lado, a utilidade da medida é examinada em função da situação a proteger, o que implica que as medidas sejam adequadas perante a "actual ou eventual" relação litigiosa. É perante a relação principal que se afere quais as medidas úteis para proteger o seu objecto litigioso[819], entendendo por úteis as medidas que visam salvaguardar o direito das partes até final do processo principal e que vão de encontro ao sentido da solução para a relação litigiosa nesse processo. Por outro lado, a utilidade é compreendida pelo perfil da necessidade, faltando a utilidade, por exemplo, quando a Administração pode ela mesma, pelos seus próprios meios, realizar a medida requerida[820].

Segundo a doutrina francesa, a urgência e a utilidade, concretizáveis pela finalidade do *référé*, enquanto procedimento provisório e acessório ao procedimento de fundo, constituem as condições fundamentais de procedência do *référé conservatoire*[821].

O primeiro requisito de natureza negativa, respeita ao conteúdo da medida e ao limite imposto pelo princípio de carácter "executório do acto administrativo".

O juiz do *référé* está impedido de suspender a execução de um acto ou ordenar uma medida asseguradora que tenha o mesmo efeito e, por isso, obste à execução de uma decisão administrativa[822]. E, por causa deste impe-

---

[818] O. DUGRIP, *L'urgence contentieuse* ... cit., p. 312 e pp. 323 a 327. No mesmo sentido, C. DEBBASCH/J.-C. RICCI, *Contentieux administratif* ... cit., p. 404.

[819] R. CHAPUS, *Droit du contentieux administratif* ... cit., pp. 1188 e 1189.

[820] Neste sentido, B. PACTEAU, *Contentieux administratif* ... cit., p. 314.

[821] O. DUGRIP, *L'urgence contentieuse* ... cit., pp. 333 a 341.

[822] No que respeita a esta proibição, M. DRAGO ("La procédure de référé devant le Conseil d'Etat", RDP, 1953, p. 297) entende que ela tem razão de ser, desde logo, pela proibição que é dirigida ao juiz do *référé* de decidir antecipadamente a questão de fundo. C. DEBBASCH/J.-C. RICCI (*Contentieux administratif* ... cit., p. 404) referem que o juiz do *référé* deve exercer a sua competência, procurando alcançar uma conciliação entre duas exigências contraditórias: "entre a necessidade de adoptar uma medida justificada pela urgência e a obrigação de não produzir à parte contrária um prejuízo resultante da antecipação da decisão de mérito".

dimento, o juiz do *référé* jamais poderá transformar-se legitimamente em juiz do *sursis à exécution*. Assim, e de acordo com a jurisprudência corrente, o juiz está inibido de reintegrar provisoriamente, num serviço, um funcionário que dele foi afastado pelo seu superior, bem como de anular provisoriamente os efeitos de uma nomeação, ou suspender uma ordem de internamento num hospital psiquiátrico. É também vedado ao juiz do *référé* o poder de ordenar a admissão provisória de um aluno numa turma desejada pelos (seus) pais (do aluno), no caso da Administração o ter negado[823].

De acordo com este entendimento, o juiz do *référé* não pode paralisar a Administração, nem malograr as suas prerrogativas tradicionais[824]. Não obstante, a jurisprudência tem vindo a *apertar* o círculo das decisões administrativas cuja execução beneficia desta interdição. Desse núcleo têm vindo a ser excluídas as autorizações administrativas em geral e, por norma, as decisões que não têm um carácter imperativo[825]. Nesta linha jurisprudencial já se admitiu que, em caso de urgência, um candidato liminarmente excluído de um concurso fosse nele, provisoriamente, readmitido para realizar provas[826].

Finalmente, o quarto pressuposto (segunda condição negativa), respeita ao princípio da proibição "*de faire préjudice au principal*".

Esta expressão "arcaica"[827], que foi prevista na lei do processo civil e importada para o Código TA/CAA, tem dado que entender à doutrina e aos tribunais administrativos franceses. A sua compreensão tem sido acaloradamente discutida[828].

---

[823] R. CHAPUS, *Droit du contentieux administratif*... cit., pp. 1080 a 1081.

[824] Vd., também, P. FANACHI, "Référé", *Répertoire de droit public et administratif*, Dalloz, 1985, *apud*, O. DUGRIP, *L'urgence contentieuse* ... cit., p. 363.

[825] Jurisprudência do CE, de 16 de Janeiro de 1985 e do TA de Rennes, de 13 de Maio de 1991, citada por R. CHAPUS, *Droit du contentieux administratif* ... cit., p. 1189.

[826] Jurisprudência do CE, de 11 de Maio de 1986 e do TA de Clermont-Ferrand, de 19 de Maio de 1992, citada por R. CHAPUS, *Droit du contentieux administratif* ... cit., p. 1189.

[827] R. CHAPUS, *Droit du contentieux administratif* ... cit., pp. 1189.

[828] Discussão que, no nosso entender, não atingiu a intensidade e a dimensão que tem vindo a caracterizar o debate em torno da questão, também colocada noutros sistemas processuais, como na Alemanha e na Itália. Vd., para uma síntese das considerações doutrinais e jurisprudenciais francesas, O. DUGRIP, *L'urgence contentieuse* ... cit., pp. 344 a 354; Y. GAUDEMET, "Les procédures d'urgence dans le contentieux administratif... cit., pp. 429 a 431; G. VEDEL/P. DELVOLVÉ, *Le système français de protection des administrés contre l'administration*, Paris, 1991, pp. 228 ss.

Este pressuposto de procedência da medida de *référé* – traduzido no dever de protecção *"du fond du droit par l'interdiction de préjudicier au principal"* – suscita-nos duas considerações que resultam da dupla perspectiva com que a doutrina tem vindo a perceber este princípio.

O princípio da proibição de antecipação da causa principal, numa vertente considerado, como *"l'interdiction de juger le fond du droit"* e que tem subjacente uma compreensão literal e tradicional originária da lei e da doutrina do processo civil, hoje já largamente abandonada, obsta a que, em algum caso e por qualquer modo, o juiz do *référé* possa atingir pela sua decisão a questão de fundo ou de mérito que é entregue ao juiz do processo principal[829]. Segundo este entendimento, ao *juge du référé* é apenas legítimo ordenar medidas cujo conteúdo visa *"protéger le fond du droit"*[830] e não decidir antecipadamente sobre o mérito da causa.

Se em abstracto o princípio não pode ter outra compreensão, já que os objectos de cada um dos processos são diferentes e autónomos[831], em concreto, o sentido e o alcance da proibição de antecipação estão longe de serem definitivamente estabelecidos pela doutrina e pelos tribunais administrativos.

A doutrina mais tradicional era da opinião que a antecipação da causa principal poderia ocorrer quando o juiz provisório ousasse decidir sobre o direito das partes ou sobre o conflito subjacente à questão litigiosa principal[832].

Igual entendimento tem vindo a revelar a jurisprudência quanto ao dogma da proibição da antecipação, segundo o qual o juiz do *référé* não pode decidir a mesma questão que é entregue ao juiz da causa principal, nem que seja interinamente. A jurisprudência tem considerado que o juiz do *référé* não pode anular uma decisão administrativa, nem intimar para comportamento um particular, nem condenar a Administração a realizar uma prestação quan-

---

[829] A este propósito, tomem-se em conta as apreciações de R. PERROT, "Les mesures provisoires en droit français", *Les mesures provisoires en procédure civile. Atti del colloquio internazionale*, Milano, 12-13 ottobre 1984, eds. G. TARZIA, Milano, 1985, pp.154 ss., esp. pp. 161 a 166.

[830] O. DUGRIP, *L'urgence contentieuse* ... cit., p. 343.

[831] Como refere J.-C. PIEDBOIS (*Procédures d'urgence*. Répertoire de contentieux administratif, Encyclopédie Dalloz, *apud*, O. DUGRIP, *L'urgence contentieuse* ... cit., p. 344) esta é uma das ideias menos contestadas e mais fáceis de compreender.

[832] Vd. R. CHAPUS, *Droit du contentieux administratif* ... cit., p. 1190; No mesmo sentido, C. DEBBASCH/J.-C. RICCI, *Contentieux administratif* ... cit., p. 404.

do essa é exactamente a pretensão de fundo. Segundo esta compreensão rígida, ao juiz do *référé* não cabe "ni satisfaire ni rejeter au fond", já que essa é a tarefa do juiz principal[833].

A doutrina mais recente, acompanhada por alguma jurisprudência, tem vindo a considerar que este princípio pode ser respeitado, ainda que o juiz do *référé* emita uma decisão que atinja a decisão de fundo, quando e na condição de ela ser provisória. De acordo com esta perspectiva mais flexível, ainda que o juiz decida sobre o litígio principal, ou determine um comportamento a uma das partes, não existe violação do princípio se a antecipação da decisão for provisória e se não comprometer irreversivelmente o sentido da sentença principal[834].

Em síntese, de acordo com esta concepção doutrinal, o juiz do *référé* deverá deixar intacto o objecto da causa principal e não deve "prender" o juiz do mérito, quanto aos efeitos das decisões que emita para o assegurar. E se houver necessidade de antecipar uma decisão para o *quid* sobre incide a causa principal, ao juiz apenas é permitido "juger provisoirement celui-ci"[835].

Já num outro quadrante, há que prestar atenção ao outro entendimento do princípio da proibição da antecipação, traduzido na "interdiction de préjuger le fond du droit", que obsta a que o juiz do *référé* formule um juízo antecipado sobre a questão de fundo[836].

Este princípio, desta forma considerado, obsta a que o *juge du référé* baseie a sua decisão numa apreciação de direito da causa principal, aliás, que apenas compete ao *juge au principal*. O juiz provisório não pode tomar medidas que demonstrem qual o seu entendimento sobre o mérito das pretensões das partes. Assim, tem-se vindo a entender que, ainda que lhe seja legítimo ajuizar provisoriamente a questão de fundo, a sua apreciação deve deixar o direito das partes "intacto" e não pode "comprometer" o juízo que posteriormente será feito em relação à questão principal.

---

[833] Vd., a este propósito, P.-L. FRIER, "Un inconnu: le vrai référé administratif", *revue française de droit administratif*, 1980, pp. 68 a 71; R. CHAPUS, *Droit du contentieux administratif...* cit., p. 1190; DEBBASCH/J.-C. RICCI, *Contentieux administratif ...* cit., p. 404; O. DUGRIP, *L'urgence contentieuse ...* cit., pp. 344 a 354; Y. GAUDEMET, "Les procédures d'urgence dans le contentieux administratif ... cit., pp. 429 a 431.

[834] Em síntese, vd. O. DUGRIP, *L'urgence contentieuse ...* cit., pp. 349; B. PACTEAU, *Contentieux administratif ...* cit., pp. 315 e 316.

[835] Vd. J. SEIGNOLLE, "De l'évolution de la juridiction des référés: l'évolution des pouvoirs du juge des référés", *La Semaine Juridique*, 1954, I, p. 1205.

[836] Sobre este entendimento, vd. O. DUGRIP, *L'urgence contentieuse ...* cit., pp. 354 a 358.

Contudo, este entendimento tem vindo a sofrer uma variação resultante, em certos casos, de "l'absence de contestation sérieuse" sobre a questão de fundo. É neste sentido que o juiz administrativo tem vindo a interpretar a proibição de antecipação do juízo sobre a causa principal, desde a década de 80, em processos de *référé*, cuja decisão se traduz na expulsão de ocupantes de bens de domínio público, quando estes não apresentem, seriamente, possuir um título legítimo de ocupação. O conceito de *contestation sérieuse*, ainda que insusceptível de definição abstracta, tem vindo a permitir, por isso, que o juiz do *référé* aprecie superficialmente as posições das partes menos "delicadas", mesmo que tal signifique uma antecipação da causa[837].

O enfraquecimento do dogma da proibição da antecipação da solução para a causa, que resulta da procedência da medida de *référé* pela ausência de *contestation sérieuse*, surgiu sem dúvida para beneficiar a posição da Administração e, por isso, a doutrina tem vindo a questionar se esta expressão não será uma "simples clause de style"[838]. Aliás, a doutrina tem vindo a interrogar se esta atenuação – proporcionada pela apreciação da *contestation sérieuse* – não deve ser, por regra, alargada na mesma proporção às duas partes. E mais, também a questão de saber se o juiz do *référé* deve tomar em consideração quais são "les chances de succès du recours" tem vindo a ser discutida[839].

Do exposto, será de concluir que também no processo administrativo o dogma da proibição da antecipação da causa tem vindo a esbater-se, ainda que lentamente[840].

No que respeita ao conteúdo das medidas de *référé* permitido no contencioso administrativo francês, por causa dos limites fixados ao poder do juiz do *référé* já referidos, e devido aos pressupostos negativos de procedência das medidas provisórias, devemos reconhecer que a tutela provisória, que tem vindo a ser decretada, tem sido pouco "ousada"[841], quando dirigida contra a Administração.

---

[837] Neste sentido, vd. O. DUGRIP, *L'urgence contentieuse* ... cit., pp. 354 e 355; B. PACTEAU, *Contentieux administratif* ... cit., p. 316.

[838] O. DUGRIP, *L'urgence contentieuse* ... cit., pp. 357.

[839] R. CHAPUS, *Droit du contentieux administratif* ... cit., p. 1191 e vd. tb. p. 1192.

[840] Vejam-se as considerações de R. PERROT, "Les mesures provisoires en droit français ... cit., 164 ss.

[841] Esta expressão é frequentemente utilizada por R. CHAPUS (*Droit du contentieux administratif* ... cit., p. 1191, p.1201) e por B. PACTEAU (*Contentieux administratif* ... cit., p. 316, p. 324).

Quando dirigidos contra os particulares, os procedimentos de *référé* podem desembocar em ordens provisórias de *fazer* e *não fazer* ("injonctions provisoires de faire ou de ne pas faire")[842]. Estas ordens provisórias têm vindo a materializar-se, por exemplo, nas imposições dirigidas a um empreiteiro de uma obra pública para que não execute certo trabalho, ou certa obra, de forma a evitar danos que venham a recair sobre terceiros. Também têm sido emitidas ordens aos co-contraentes da Administração para que continuem a assegurar a prestação de um serviço ou a construção de um obra pública. E pela medida asseguradora emitida pelo *référé* têm os tribunais ordenado a expulsão dos ocupantes sem título do domínio público. A execução destas ordens tem sido garantida pela possibilidade de se fazerem acompanhar de uma "astreinte" ou de execução por "force publique".

No que diz respeito ao *référé* dirigido contra a Administração, já os poderes de injunção do juiz são restritos. Neste sentido, tem lugar o "référé-communication", constituindo uma excepção ao princípio da proibição de dirigir "injonctions" à Administração, em nome da urgência. A jurisprudência tem vindo a negar as medidas que se traduzem em impedir ou paralisar a execução administrativa e a que se traduz numa injunção para comportamento à Administração[843].

Desde 1988 que na justiça administrativa francesa é permitido aos particulares lançarem mão de um outro tipo de *référé*: o *référé-provison*[844]. Através desta modalidade de *référé* dá-se a possibilidade ao credor, de uma prestação pecuniária, de requerer a antecipação do pagamento do crédito que lhe é devido, desde que o montante exacto desse crédito esteja (ou venha a ser) determinado.

Duas considerações nos suscita este instituto. A primeira diz respeito às três condições de que o legislador faz depender a antecipação da provisão,

---

[842] Assim, O. DUGRIP (*L'urgence contentieuse* ... cit., p. 349) refere que "*le juge du référé pode, sem prejulgar a questão de fundo, ordenar as medidas asseguradoras, modificando a situação das partes*". O essencial é que ele preserve os direitos das partes "*sur le fond en les laissant intacts*". Vd. R. CHAPUS, *Droit du contentieux administratif* ... cit., pp. 1182 e 1183.

[843] Como vimos noutro lugar do trabalho. Vd., para mais desenvolvimentos, O. DUGRIP, *L'urgence contentieuse* ... cit., pp. 359 ss.; B. PACTEAU, *Contentieux administratif* ... cit., p. 316.

[844] Vd. art. R. 129 do CTA/CAA que prescreve que o juiz do *référé* pode acordar uma provisão ao credor que, junto do juiz principal, interpôs uma acção principal, desde que a existência da obrigação não seja seriamente questionável ("*sérieusement contestable*").

que não incluem a urgência. A segunda diz respeito à amplitude do poder do *juge du référé-provision*.

Como já dissemos, e no que se refere às condições de aceitação de pagamento antecipado de uma quantia pecuniária, o legislador estabeleceu três condições. Em primeiro lugar, tem de existir uma petição dirigida ao juiz, no sentido de manifestar a sua pretensão, ou seja o juiz não pode abonar uma quantia oficiosamente. Depois, em segundo lugar, o requerente deve accionar, forçosamente, um processo principal, pois o exercício deste direito depende de um "litige actuel" submetido a apreciação do juiz de fundo. Este processo principal terá como fim condenar o devedor (Administração) no pagamento de uma quantia pecuniária, qualquer que seja a natureza da dívida reclamada, seja ela a título de perdas e danos ou não. Finalmente, a terceira condição, esta de apreciação subjectiva, faz depender o adiantamento do pagamento de uma quantia da existência dessa obrigação, reconhecida por um "moyen sérieux". Por outras palavras, o legislador faz com que a decretação do *référé-provision* venha a depender de uma não oposição séria à existência da obrigação (ou desde que esta não seja "sérieusement contestable"). E tanto quanto se sabe este requisito não tem vindo a ser afastado com a mera oposição do devedor, bem pelo contrário, o facto é inteiramente outro, tem-se vindo a exigir que essa oposição seja séria ("contestation sérieuse")[845].

Enfim, alguma doutrina defende que o *référé-provision* do processo administrativo, em comparação com o já previsto em 1973 no Código de processo civil, é muito mais "embaraçado". Aliás, de acordo com alguma doutrina, não faz sentido que este mecanismo funcione de forma tão apertada no modelo administrativo, pois se a provisão permite antecipar a solução para a causa, quando a obrigação não é seriamente questionável, a doutrina não vê necessidade para obrigar o requerente a propor uma acção principal. Aliás, e alguma doutrina acrescenta que, se no modelo administrativo o juiz do *référé* pode antecipar a provisão no correspondente à totalidade da soma, será importante perceber que a acção principal pode ficar desprovida de objecto, o que a leva a afirmar que só tem sentido a autonomia do *référé-provision*[846], pois só assim conseguirá ser "plus aisé"[847].

---

[845] Neste sentido, B. PACTEAU, *Contentieux administratif* ... cit., p. 318.

[846] Para outras considerações, *de iure condito* e *de iure condendo*, sobre este tipo de *référé-provision*, no processo civil e administrativo, vd. R. PERROT, "Les mesures provisoires en droit français ... cit., pp. 163 e 164.

[847] Expressão de R. CHAPUS, *Droit du contentieux administratif* ... cit., p. 1202.

Contrariamente à doutrina, o *Conseil d'Etat* tem-se oposto a esta corrente que ambiciona a autonomia do *référé-provision* administrativo – que é a razão do "sucesso" dos *référés* dos tribunais comuns, cujo princípio da proibição de antecipação da decisão de fundo foi afastado definitivamente no *référé-provision*[848].

Contas feitas, pode ser concluído que a doutrina francesa do processo administrativo tem vindo a reconhecer a insuficiência do modelo de tutela provisória e a dificuldade do juiz da urgência para ordenar eficazmente tutela urgente. Para alguns, tal deve-se mais "aos princípios de direito público", que limitam os poderes do juiz do *référé,* do que a outras razões, como a da edição de textos legais restritivos e a da existência de jurisprudência muito rigorosa.

Princípios como o do carácter executório do acto administrativo, consagrado pelo *Conseil d'État* como "regra fundamental do direito público" têm estado na origem da consideração do *sursis à exécution* como "graça". Da mesma forma, o princípio da proibição dos tribunais dirigirem *injonctions* à Administração é tido como causa da "timidez"[849] dos *référés* administrativos.

Como verificámos inicialmente, tem-se vindo a verificar uma tentativa de oposição a este fenómeno, nos últimos anos. O legislador multiplicou os textos legais especiais e diversificou o procedimento de urgência, no sentido de facilitar o pronunciamento de *sursis à exécution* ou de *référé* em domínios e hipóteses específicos.

Todavia, os particulares insatisfeitos parecem ter vindo a descobrir uma estratégia de defesa diferente e têm vindo a procurar o juiz dos tribunais judiciais para conseguir alcançar a suspensão dos comportamentos ilegais da Administração. Ironicamente, e através de uma interpretação livremente abusiva das condições de *voie de fait*, estes tribunais não se têm acanhado em dirigir ordens à Administração Pública, desprezando e negligenciando o princípio da separação de poderes.

Perante este cenário de alguma apreensão – cenário que, no entender de alguma doutrina, é o de "crise na justiça administrativa", ou o de "balanço globalmente negativo do sistema de justiça administrativa francesa[850] – tem vindo a desejar-se uma reforma. Alguma doutrina tem-se manifestado no sentido da reforma parcial e dos melhoramentos pontuais do sistema instituído.

---

[848] A este propósito, vd. R. CHAPUS, *Droit du contentieux administratif* ... cit., p. 1202; B. PACTEAU, *Contentieux administratif* ... cit., pp. 317 e 318; R. PERROT, "Les mesures provisoires en droit français ... cit., pp. 163 e 164.

[849] Expressão de B. PACTEAU, *Contentieux administratif* ... cit., p. 324.

[850] J.-M. DUBOIS-VERDIER, "Le procedure d'urgenza nel processo amministrativo francese ... cit., p. 95.

Por exemplo, há quem proponha a substituição do critério do prejuízo, pelo critério do *fumus boni iuris*, para a decretação da suspensão do acto administrativo, ou, mesmo, defendendo a instituição do efeito suspensivo automático do recurso de impugnação dos actos administrativos (aplicável, se não na globalidade, pelo menos a certas matérias sensíveis ou em certos termos).

No que se refere às *procédures d'urgence*, as propostas da doutrina são feitas no sentido da adopção, para o contencioso administrativo, de mecanismos bem sucedidos do processo civil. Defende-se, designadamente, a adopção do mecanismo de "procedimento para dia fixo", isto é um procedimento pelo qual se permita a marcação da audiência para data determinda.

Há quem ambicione uma reforma global do sistema francês, a começar pela simplificação dos procedimentos de urgência. Assim, A. LYONCAEN propõe a criação de um só procedimento de urgência, tendo este, no que respeita a conteúdo das medidas a adoptar e no que se refere aos critérios de procedência, a influência do direito comunitário[851].

Quer isto dizer que, de acordo com algumas posições doutrinais, se a jurisprudência francesa do direito administrativo sempre se pautou por decidir "serenamente", mantendo um equilíbrio entre as prerrogativas da Administração Pública e a defesa dos direitos dos cidadãos, hoje as pressões da comunidade têm vindo a exigir uma nova atitude por parte do juiz administrativo. E esta situação não terá outro desfecho, senão aquele em que o juiz, na impossibilidade de proceder serenamente a um balanço de interesses, tem de decidir em que medida está disposto a sacrificar os direitos dos cidadãos em favor das prerrogativas da Administração e em que sentido pode deixar que os particulares continuem a *fugir* para a jurisdição comum, pedindo-lhe socorro, acto que antigamente era considerado como atentatório ao princípio da separação de poderes – *au secours! On me fait tort!*

Durante o período de redacção e defesa desta tese, foi elaborado um projecto de reforma sobre os *procédures d'urgence* que se encontra em discussão actualmente no Parlamento francês[852].

---

[851] Apud, J.-M. DUBOIS-VERDIER, "Le procedure d'urgenza nel processo amministrativo francese .... cit., p. 97.

[852] Sobre a reforma, vd. O. DUGRIP, "Le projet de loi relatif au référé devant les juridictions administratives: la réforme des procédures d'urgence", *La Semaine Juridique*, 51-52, 1999, pp. 2281 a 2283; J.-P MUSSO, "L'administration face à la justice de l'urgence", AJDA, 1999, n.º esp., pp. 77 ss.; D. LABETOULLE, "Le projet de réforme des procédures d'urgence devant le juge administratif", AJDA, 1999, n.º esp., pp. 79 ss.

De acordo com a Exposição de Motivos do referido projecto de lei, pretende-se positivar *référés administratives* mais eficazes, através da ampliação dos poderes do juiz do *référé* e da simplificação do seu processo. Deixam-se de fora das alterações, todavia, os processos de *référé* em que não existe uma situação de urgência: *référé instruction, référé provision, référé fiscal.*

1. Ampliação de poderes; aquisição de poderes de suspensão e de injunção.

Como podemos verificar, os textos actualmente em vigor consagram a existência de duas fórmulas processuais distintas: de *sursis à exécution* e de *référé*. Como vimos, o juiz do *référé* não pode impedir a execução de uma decisão administrativa, nem pode, através do *référé,* ordenar o *sursis à exécution.*

Ora, esta dualidade vai chegar ao fim. O projecto de lei confere ao juiz do *référé* o poder de ordenar o *sursis à exécution*, ou seja, o poder de ordenar a suspensão da execução do acto administrativo. O *sursis* desaparece para dar lugar ao *référé* pelo qual se poderá proceder "à suspensão da execução do acto administrativo". Segundo o projecto, no futuro, a suspensão total ou parcial dos efeitos da decisão administrativa, ainda que seja de um acto de conteúdo negativo, vai ser ordenada pelo *juge du référé.*

As condições fixadas na lei são duas, a saber: a) a existência de uma situação de urgência será suficiente para justificar a suspensão – em vez da invocação de consequências, dificilmente reparáveis, que a jurisprudência interpretava como sinónimo de "prejuízo irreversível e não passível de compensação pecuniária"; b) a existência de um meio próprio a criar, no estado de instrução, uma dúvida séria quanto à legalidade da decisão, em vez da exigência de um *moyen sérieux* de natureza a justificar a anulação do acto (que tem vindo a desembocar na realização pelo tribunal dum exame prévio do fundo da questão ("pré-jugement du fond"). Ou seja, de acordo com o projecto, a suspensão será ordenada quando existirem dúvidas sérias sobre a legalidade do acto.

O projecto amplia consideravelmente os poderes de injunção do juiz do *référé.* No quadro dos artigos L. 22.º e L. 23.º, o juiz do *référé précontractuel* pode proibir que a assinatura do contrato se realize antes de terminar o processo de *référé*, resolvendo uma das dificuldades que o sistema actual contém.

É instituído, no projecto, um *référé liberté* ou "référé sauvegarde"[853], pelo qual o juiz pode ordenar todas as providências (ordens de fazer e não

---

[853] Assim denominado por R. CHAPUS (*Droit du contentieux administratif* ... cit., p. 1169). Para mais considerações sobre o conteúdo do projecto, vd., ob. cit., pp. 1166 a 1169.

fazer) para assegurar ou proteger uma liberdade fundamental. Tais poderes de *injonction* são justificados pela urgência, quando um acto, um comportamento, ou uma omissão administrativa, manifestamente ilegais, atentem contra uma liberdade fundamental. Assim, mesmo sem acção prévia da Administração e sem procurar o juiz de fundo, o juiz do *référé liberté* pode dirigir ordens à Administração para fazer parar a situação de ameaça a uma liberdade fundamental. São duas as condições fixadas no projecto: a que obriga à necessidade de uma situação de urgência; e a que faz referência à hipótese de um atentado grave e manifestamente ilegal a uma liberdade fundamental.

No que se refere concretamente ao juiz do *référé conservatoire*, actualmente previsto no art. R. 130.º, o projecto vem suprimir a expressão que interdita o juiz de "faire préjudice au principal", apesar de manter como limite a proibição de *faire obstacle à l'exécution d'aucune décision administrative*. É afastada, portanto, a complicada noção de "préjudice au principal".

II. Por outro lado, o projecto apresenta uma simplificação do processo de *référé*. Simplificação, essa, que justifica que a decisão desse processo tenha uma natureza provisória; como bem se entenderá pelas seguintes modificações: a) permite-se, no projecto, o afastamento de certas garantias, tais como a natureza escrita das fases processuais, a presença do *Commissaire du Gouvernement*, a colegialidade da decisão; b) mantém-se o contraditório, apesar de depender da escolha do juiz *ouvir* as partes oralmente; c) o juiz pode rejeitar imediatamente, sem realização de qualquer contraditório, os pedidos que se revelem não ser da competência do juiz administrativo, que não sejam aceitáveis, que não sejam urgentes e que sejam manifestamente mal fundados.

É afastada, com alguma controvérsia, a possibilidade de interpor recurso jurisdicional *d'appel* da decisão proferida no processo de *référé*.

Finalmente, o juiz do *référé*, que não pode decidir sobre a questão de fundo – *qui ne peut statuer sur le principal* –, pronuncia-se, apenas, através de decisões com natureza provisória. Consagra-se a possibilidade de estas decisões serem modificadas – a pedido de qualquer interessado, oficiosamente – ou serem revogadas com fundamento na existência de novas circunstâncias. Esta decisão tem uma imperatividade de caso julgado especial, pois é executória e deve ser imediatamente executada. Não obstante esta situação, a decisão emitida em processo de *référé* não tem autoridade de caso julgado *tout court*[854].

---

[854] Para outras considerações, vd. B. PACTEAU, *Contentieux administratif*... cit., p. 324.

2. 3. O modelo de tutela cautelar consagrado no Reino-Unido. a) Tipo de medidas cautelares previsto b) Condições de procedência da decisão cautelar – a *sumariedade* cautelar; c) O conteúdo da decisão cautelar e seus limites: a instrumentalidade e a provisoriedade cautelares

No Reino Unido, a actividade das Autoridades Administrativas não está isenta de controlo de natureza não judicial em certos casos, e judicial, em outros[855].

De entre os mecanismos de natureza jurisdicional, os que se exercitam nos Tribunais Comuns, contam-se os processos conduzidos contra a *Coroa* (os *Crown Proceedings*) e o processo (tipo *Proceeding on the King's/Queen's site*) que tem como objecto o controlo de legalidade da actuação administrativa e em que a *Coroa*, em solicitação de outrem (*the applicant*), é parte (o processo de *Judicial Review*).

Histórica e tradicionalmente, a *Coroa*, de acordo com um princípio de interesse público, é considerada imune à responsabilização pelos danos que os seus actos causem aos seus súbditos (*public interest immunity*). Esta é uma regra central do *Rule of law* e que tem subjacente o princípio de que *the king can do no wrong*. Todavia, apesar dessa consideração, tem vindo aceitar-se que a *Coroa* possa ser responsabilizada nos termos em que a Lei (o Parlamento) o entender.

---

[855] Quanto a este tipo de garantias, para uma visão de conjunto, vd R. CHANCERELLE DE MACHETE, "Contencioso Administrativo", in: *Estudos de Direito Público e Ciência Política*, Fundação Oliveira Martins, 1991, pp. 289 a pp. 294; D. FÉZAS VITAL, "Garantias Jurisdicionais da Legalidade na Administração Pública: França, Inglaterra e Estados Unidos, Bélgica, Alemanha, Itália, Suíça, Espanha e Brasil", *BFDUC*, ano XIII, 1932/1934, pp. 299 a 305; D. FREITAS DO AMARAL, *Direito Administrativo*, vol. IV, Lisboa, 1988, p. 337; M. BELOFF, "Judicial Safeguards Procedure: The United Kingdom", *Judicial Saveguards in Administrative Proceedings*, eds. F. MATSCHER, N. P. Engel Verlag, Kehl am Rhein, Straßburg, Arlington, 1989, pp. 39 a 63; H. B. JACOBINI, *An Introduction to Comparative Administrative* Law, New York/London/Rome, 1991, pp. 84 a 87; ÍÑIGO DEL GUAYO CASTIELLA, *Judicial Review y Justicia Cautelar*, Madrid, 1997, pp. 69 a 93; C. M. G. HIMSWORTH, "Judicial Review de los actos administrativos en el Reino Unido", in: AAVV, *La Justicia Administrativa en el Derecho Comparado*, eds. J. BARNÉS VÁSQUEZ, Madrid, 1993, pp. 514 a 530. Para maiores desenvolvimentos, P. P. CRAIG, *Administrative Law*, Londres, 3.ª ed., 1994; H. W. R. WADE/C.F. FORSYTH, *Administrative Law*, 7.ª ed., Oxford, 1994; JONATHAN MANNING, *Judicial Review Proceedings*, London, 1995.

Dada a posição especial que a *Coroa* e os seus Ministros ocupam no sistema jurídico do Reino Unido, a questão principal que é actualmente discutida pela doutrina é a de saber qual a amplitude da imunidade da *Coroa* perante o exercício das garantias cautelares. Por outras palavras, aquilo que se tem vindo a questionar passa mais pelo descobrir se a actividade do *Governo de Sua Majestade*, dos seus *ministers*, *officials*, *servants* ou *agents*, estará coberta por esta imunidade.

Assim, e na travessia desse vasto campo de questões que a primeira tem vindo a suscitar, discute-se, também, se estará o juiz interdito de dirigir determinados *Remedies* (tais como as *injunctions* provisórias e definitivas) contra os Ministros, tal como está impedido de os dirigir contra a *Coroa*, devido à sua *sacrossanta* imunidade.

Cumpre referir, antes de avançarmos, que o actual sistema de *Administrative Law* e o consequente processo de controlo se encontram em acelerada *metamorfose*, cuja principal causa foi a integração do Reino Unido na Comunidade Europeia[856]. Da integração resultou, inevitavelmente, a *influência* do sistema de Direito Comunitário e da orientação jurisprudêncial do TJCE. Segundo alguma doutrina, também a influência dos sistemas de direito de outros Estado membros tem vindo a contribuir para a criação da situação de *desassossego jurídico*. A este propósito, e desde o caso *Factortame*, a doutrina tem vindo a denunciar o estado de *esquizofrenia* em que caiu o sistema judicial *inglês*, já que os tribunais têm vindo a tutelar os seus particulares com dois pesos e duas medidas. Quando os tribunais aplicam Direito Comunitário são obrigados a afastar a tradição, por imposição da orientação do TJCE, e a ordenar *injunctions* (definitivas e provisórias) contra a *Coroa* e contra os Ministros que em seu nome actuam. Porém, quando os tribunais aplicam o direito do Reino para tutelar os seus nacionais, ficam na dúvida se a tradição deve ser cumprida[857].

Ultimamente, este "spill-over'effect" da jurisprudência comunitária, sobre a jurisprudência dos tribunais nacionais do Reino Unido, tem mesmo

---

[856] Vd. X. LEWIS, "L'influence du droit communautaire sur le droit administratif anglais", AJDA, 1996, pp. 124 ss. Embora o autor entenda que o sistema inglês não está tão distante dos de tipo continental, como em regra se considera.

[857] Neste sentido, é denunciada esta faceta de actuação dos tribunais no Reino Unido por FRANCIS G. JACOBS, "Public law – The impact of Europe", *Public Law*, 1999, p. 241; JONATHAN MANNING, *Judicial Review Proceedings*, London, 1995, p. 35.

permitido a decretação de autênticas *injunctions* provisórias contra a *Coroa* para proteger eficazmente as posições substantivas reconhecidas pelo direito interno[858].

Além da incerteza quanto a esta questão, os tribunais lidam com uma outra que é a da fixação dos critérios de procedência da tutela provisória. Também a este respeito a orientação do TJCE tem provocado alguma inquietação[859].

Antes de estudar o modo como pode ser adoptada tutela provisória perante a actividade das Autoridades Administrativas no Reino Unido, cumpre destacar o modelo de tutela jurisdicional principal que contém dois tipos de processos judiciais (os *Crown proceedings* e os *Judicial review*)[860].

---

[858] Por exemplo, assim aconteceu no caso *M. v. Home Office* (1994), no caso *Marshall* v. *Southampton and South-West Hampshire Area Health Authority* (1993), apud FRANCIS G. JACOBS, "Public law – The impact of Europe ... cit., pp. 242 e 243.

[859] L. MACKENZIE STUART, "Recent developments in English Administrative Law. The Impact of Europe?", in : AAVV, *Du droit international au droit de l'integration, liber Amicorum Pierre Pescatore*, Nomos Verlagsgesellschaft, Baden-Baden, 1987, pp. 411 a 420; N. P. GRAVELLS, "Effective Protection of Community Law Rights: temporary Disapplication of an Act of Parliament", *Public Law*, 1989, pp. 568 a 586; Idem, " European Community law in the English Courts", *Public Law*, 1993, pp. 45 a 53; E. DENZA, "La Chambre des Lords: vingt années d'enquêtes communautaires", *Revue du Marché commun et de l'Union européenne*, 371, 1993, pp. 740 a 745; GARCÍA DE ENTERRÍA, "Un paso capital en el Derecho constitucional británico: El poder de los jueces para enjuiciar en abstracto y con alcance general las leyes del Parlamento por su contradicción con el Derecho comunitario (Sentencia Equal Opportunities Commission de la Cámara de los Lordes de 3 de marzo de 1994", *Revista de Instituciones Europeas*, 21 (3), 1994, pp. 721 a 743; J. E. LEVITTSKY, "The Europeanization of the British Legal Style", *The American Journal of Comparative Law*, 42, (2), 1994, pp. 347 a 380; C. BARNARD/R. CREAVES, "The application of Community law in the United Kindom", *Common Market Law Review*, 31, 1994, pp. 1055 a 1092; JONATHAN MANNING, *Judicial Review Proceedings* ... cit., pp. 35 e 36; M. J. BELOFF, "Judicial Review: 2001: A Prophetic Odyssey", *the Modern Law Review*, 58, (2), 1995, pp. 143 a 159; NORMAN LEWIS, Prólogo a ÍÑIGO DEL GUAYO CASTIELLA, *Judicial Review y Justicia Cautelar*... cit.; ÍÑIGO DEL GUAYO CASTIELLA, *Judicial Review y Justicia Cautelar* ... cit., p. 85 e pp. 125 a 140; FRANCIS G. JACOBS, "Public law – The impact of Europe ... cit., pp. 241 a 245.

[860] Seguindo de perto, H. B. JACOBINI, *An Introduction to Comparative Administrative Law* ... cit., pp. 84 a 87; ÍÑIGO DEL GUAYO CASTIELLA, *Judicial Review y Justicia Cautelar* ... cit., pp. 69 a 93; C. M. G. HIMSWORTH, "Juducial Review de los actos administrativos en el Reino Unido ... cit., pp. 514 a 530.

Pelos *Crown proceedings*, processos ordinários ou *Civil proceedings*, desde a *Crown Proceedings Act* 1947, a *Coroa* pode ser responsabilizada pelos actos dos seus Ministros perante os seus súbditos e pode estar como parte no processo. Contudo, como seria de esperar, os *remédios*, nestes processos, não têm uma natureza coercitiva, mas declarativa dos direitos dos particulares. Não há condenações da *Coroa*, sendo fim provável destes processos o pagamento de uma indemnização por danos.

O *judicial review* é um processo *on the King's side* constituído, por *prerogative proceedings*, como a) *certiorari*, b) *prohibition* e c) *mandamus*, aos quais acrescem três remédios de natureza privada: a) *damages*, b) *declaration* e c) *injunction*.

Estes mecanismos, e todos os *prerogatives remedies*, tradicionalmente não são passíveis de ser requeridos contra a Coroa, embora, na actualidade, se tenha assistido a um crescer de dúvidas quanto à questão de saber se esta imunidade abrange ou não o Governo da sua Majestade. De igual forma, têm-se manifestado opiniões discordantes da jurisprudência e da doutrina quanto ao alargamento dessa imunidade a favor dos Ministros da Coroa.

Na actualidade, a *High Court* emite uma *certiorari* (ou pretensa *quashing order*) para anular uma decisão administrativa (ou decisão judicial definitiva) que sofra de *ultra vires*. A ordem de *prohibition* impede que a autoridade tome uma decisão com *ultra vires* ou que a execute. E serve para invalidar normas regulamentares (*secondary legislation*), emitidas no seio dos departamentos governamentais, pelas entidades administrativas locais, Ministros e outros entes públicos.

Através da ordem de *mandamus*, o tribunal (*Queen's Bench Division* ou a *High Court*) ordena a uma Entidade Pública para que cumpra certa obrigação. Neste caso estamos perante omissões antijurídicas e não perante acções (como no caso da *certiorari* e *prohibition*). No caso de poderes discricionários, não podem dirigir-se *mandamus* contra a entidade se esta não cumpre o poder conferido. Esta ordem tem uma natureza subsidiária, só podendo ser utilizada quando permitida e quando outros *remédios prerrogativos* não forem utilizados, sendo que não podem dirigir-se contra a *Coroa*.

Quanto aos *remédios* de natureza privada a utilizar contra as Autoridades Administrativas, as *injunctions* – que constituem um processo de natureza de Direito Privado, baseado em juízo de equidade, e é proveniente da antiga *Court of Chancery* (Tribunal de equidade) – podem ser decretadas pela Secção da *High Court*, bem como os *County Courts*. A *injunction* é uma ordem do tribunal (de acordo com o *Supreme Court Act* 1981, pode usar-se no processo de *Judicial review*) pela qual se intima a parte a realizar uma acção (*injunction* positiva ou *mandatory*) ou a abster-se de a realizar (*injunction* negativa ou *prohibitory*). As primeiras são menos frequentes que as segundas.

Ainda são de referir as *injunctions* definitivas e as *interim injunctions*. Enquanto que as primeiras correspondem a sentenças definitivas e, por isso, só se ditam após um processo de apreciação longo, as segundas são ordens interinas ou interlocutórias e têm a vantagem de ser rápidas e de permitir proibições. Todavia não são admitidas contra a Coroa.

As *Declarations* são, essencialmente, um meio de natureza de Direito privado, que, utilizado no processo de *Judicial review*, proporciona a declaração de direitos, permitindo, também, declarar certa decisão administrativa emitida pelo Governo (pelos seus Ministros) como contrária ao direito.

Finalmente, as *Damages* constituem um tipo de acção de raiz de Direito Privado pela qual se faz valer o direito a uma compensação por danos entre particulares. A partir de 1977, este *remédio*, é utilizado no processo de *judicial review* e transforma-se no meio por excelência para que os particulares possam exercer o direito a uma indemnização pelos danos provocados pela Administração.

No sistema britânico, a tutela provisória ou interina é proporcionada pela *injunctive relief* (ou *interlocutory injunction*) e pelo mecanismo de *stay of proceedings*[861].

Como referimos, neste modelo, as ordens de *injunctions* podem ser definitivas ou provisórias. Estas, as *interim* ou *interlocutory injunctions*, são decisões tomadas na pendência de um processo principal, sem que o tribunal conheça dos fundamentos das partes por via de prova *stricto sensu*, ou seja, sem escutar as partes ou sem valorar detalhadamente as provas trazidas ao processo[862].

---

[861] M. H. MATTHEWS, "Injunctions, Interim relief and Proceedings against Crown Servants", *Oxford Journal of Legal Studies*, 8, (8), 1988, pp. 154 a 168; H.W. R. WADE, "Injunctive relief against the Crown and Ministers", *The Law Quarterly Review*, 107, 1991, pp. 4 a 10; C. M. G. HIMSWORTH, "La tutela cautelar en los procedimientos de Judicial Review en el Reino Unido ... cit., pp. 531 a 548; D. J. EDWARDS, "Interdict and the Crown in Scotland", *The Law Quarterly Review*, 11, 1995, pp. 34 a 40; JONATHAN MANNING, *Judicial Review Proceedings* ... cit., pp. 34 ss.; ÍÑIGO DEL GUAYO CASTIELLA, *Judicial Review y Justicia Cautelar* ... cit., pp. 85 a 93.

[862] Neste sentido, vd. V. VARANO, "Appunti sulla tutela provvisoria nell'ordinamento inglese, con particolare riferimento all' interlocutory injunction", *Les mesures provisoires en procédure civile* ... cit., pp. 235 a 261.

A *interlocutory injunction* é caracterizada pela provisoriedade, pela instrumentalidade e pela *sumariedade*. A instumentalidade é aferida pela função que a medida provisória cumpre que é assegurar e regular um *status quo* referente à causa principal, mantendo-o íntegro até final do processo principal, de forma a permitir a efectividade da sentença principal. A provisoriedade diz respeito ao carácter temporário da *injunction* e ao facto da mesma produzir efeitos enquanto se aguarda para esse *status quo* uma *injunction* definitiva. A *sumariedade* marca a forma como o tribunal conhece o direito invocado pelas partes[863].

A *interlocutory injunction*, porque é uma medida acessória a uma outra, não é, em abstracto, considerada como uma medida antecipatória da *final injunction*, todavia em concreto, isso nem sempre é evitado[864].

Estas *interlocutory injunctions* permanecem em vigor até que seja proferida uma decisão definitiva ou até que seja substituída por outra decisão provisória. A *interim injunction* permanece ou vive até certa data marcada. No que acabámos de mencionar está provada a provisoriedade da *interim injunction*.

Quanto ao tipo de medidas, as *injunctions* podem ter um conteúdo negativo (*prohibitions relief*), ou conteúdo positivo (*mandatory relief*).

No modelo de tutela interina britânico está prevista ainda a *injunction quia timet*, que pode ser concedida quando se pretende proporcionar tutela preventiva, isto é, quando o direito de quem a solicita está apenas ameaçado. Pode também emitir-se uma *injunction* numa situação de extrema urgência, em processo que pode demorar apenas horas, sem que seja escutada a parte contrária, o que no caso se chama *injunction ex parte*[865].

Neste modelo, e no que respeita às garantias perante a ordem interina, o seu não cumprimento pune-se como desobediência ao tribunal. E, no que em específico diz respeito às garantias perante os prejuízos resultantes da ordem provisória, o sistema britânico consagra a possibilidade de fazer acompanhar a emissão de uma *interlocutory injunction* de uma garantia pecuniária que

---

[863] Neste sentido, V. VARANO, "Appunti sulla tutela provvisoria nell'ordinamento inglese ... cit., p. 235 e p. 259.

[864] V. VARANO, "Appunti sulla tutela provvisoria nell'ordinamento inglese ... cit., pp. 242 e 243, esp. pp. 259 e 260.

[865] Neste sentido, V. VARANO, "Appunti sulla tutela provvisoria nell'ordinamento inglese ... cit., pp. 248 e 249, esp., p. 261.

assegura os eventuais danos que a sua emissão injustificada provoque à parte contrária.

De acordo com a tradição, a *injunctive relief* pode ser requerida pela Coroa, o que não quer dizer que contra ela possa ser ordenada[866].

Quanto às condições de procedência da *injunctive relief*, os tribunais ajuízam da sua existência através de um *test* que é um método sumário assente num balanço de conveniência da ordem (*balance of convenience*)[867].

Neste balanço de conveniência da medida apreciam-se a natureza dos direitos e interesses existentes em concreto e consideram-se as hipóteses de reparabilidade económica *a posteriori* desses mesmos direitos ou interesses[868]. Não se atende, por norma, aos interesses de terceiros, eventualmente, conflituantes com os interesses das partes. Integra o exame de procedência da ordem a averiguação do *strong prima facie case test*[869].

O tribunal procede a um exame superficial antes da emissão da *interlocutory injunction*. Quer isto dizer que, numa primeira fase, o tribunal aprecia a natureza dos direitos e interesses das partes conflituantes. E, numa segunda fase, procede ao apuramento da natureza reversível, ou compensável em termos pecuniários, dos prejuízos provocados aos direitos de ambas as partes pela procedência da medida provisória ou pelo seu indeferimento.

O tribunal pondera tanto a possibilidade de indemnização dos prejuízos resultantes para a parte contra quem é ordenada a medida interina, como o tipo de perda resultante do indeferimento da tutela provisória para quem a solicita. Portanto, o juiz afere a existência do *periculum in mora*, uma vez que indaga reciprocamente sobre os eventuais prejuízos que resultam da sua decisão. O direito, cujo dano resultante da demora do processo é facilmente ressarcível *a posteriori*, não tem sido protegido, por regra, pela *interlocutory injunction*. Já pelo contrário, tem-se vindo a decretar *remedies* interinos nas

---

[866] Neste sentido, V. VARANO, "Appunti sulla tutela provvisoria nell'ordinamento inglese ... cit., pp. 240 e 241.

[867] C. M. G. HIMSWORTH, "La tutela cautelar en los procedimientos de Judicial review en el Reino Unido ... cit., pp. 534 e 535; JONATHAN MANNING, *Judicial Review Proceedings* ... cit., pp. 35 e 36 ÍÑIGO DEL GUAYO CASTIELLA, *Judicial Review y Justicia Cautelar* ... cit., pp. 87 a 90.

[868] V. VARANO, "Appunti sulla tutela provvisoria nell'ordinamento inglese ... cit., pp. 243 a 245.

[869] V. VARANO, "Appunti sulla tutela provvisoria nell'ordinamento inglese ... cit., pp. 245 a 247.

situações em que se quer evitar a produção de um dano, cujo ressarcimento económico se apresente impossível[870].

Neste sentido, a *Queen's bench Divisional Court* negou um medida cautelar solicitada pela *Continental Television BV* contra um acto da *Secretary of State for the National Heritage* que impedia a continuação da emissão, via satélite, de emissões pornográficas de origem Dinamarquesa. O tribunal entendeu que se devia negar tutela provisória no caso, pois o direito que estava a ser lesado tinha natureza irreparável por equivalente pecuniário. E, completando o raciocínio de balanço de conveniência da medida, considerou que a parte que beneficiaria da *interim injunction* apenas sofreria um prejuízo económico, facilmente reparável, se depois um *remedie* principal lhe viesse a dar razão[871]. Neste caso concreto, o tribunal apoiou a sua apreciação, quanto ao *periculum in mora*, no facto de os requerentes não terem apresentado um *strong case*. A *Court of Appeal* manteve a decisão *a quo*, com o mesmo fundamento.

Ora, como vimos, o tribunal sustenta a emissão de uma ordem provisória em *a serious question to be tried*. Também o juízo sobre qual das partes aparenta ter razão precede a emissão de uma medida provisória. Este pressuposto envolve, alguma discordância entre a jurisprudência e entre a doutrina, visto que, em certos momentos, a condição do *strong prima facie case test* é considerada como complementar, noutros é entendido como critério central do *test* da decisão de procedência da *interlocutory injunction*[872]. Tal critério traduz-se em considerar qual dos argumentos das partes aparenta superficialmente uma maior firmeza. O *strong prima facie case test* corresponde ao pressuposto conhecido na expressão latina por *fumus boni iuris*[873]. Em algumas decisões judiciais o *strong prima facie case test* foi considerado como critério excepcional, pois, segundo algumas opiniões, a sua apreciação envolve o risco de *a limine* realizar amplos juízos e desembocar em prejulgamentos da causa.

---

[870] Neste sentido, C. M. G. HIMSWORTH, "La tutela cautelar en los procedimientos de Judicial review en el Reino Unido ... cit., pp. 531 a 548; JONATHAN MANNING, *Judicial Review Proceedings* ... cit., pp. 34 ss.

[871] Vd. FRANCIS G. JACOBS, "Public law – The impact of Europe ... cit., pp. 243 e 244.

[872] V. VARANO, "Appunti sulla tutela provvsoria nell'ordinamento inglese ... cit., p. 244.

[873] A este propósito, vd. ÍÑIGO DEL GUAYO CASTIELLA, *Judicial Review y Justicia Cautelar* ... cit., pp. 91 a 93.

A este propósito cumpre realçar o juízo efectuado no caso *Factortame*. A *House of Lords*, depois de resolvida a questão prejudicial pelo TJCE, começou por apreciar a adequação da medida requerida para evitar os danos das partes e, nesse sentido, concluiu que o critério da indemnização dos danos não era suficiente para avaliar da justeza da medida. Nessa circunstância, obrigou-se depois a pronunciar-se sobre a aparência de direito dos demandantes, os quais tinham a seu favor uma forte probabilidade de vencer no recurso principal, já que o TJCE dessa forma se tinha pronunciado. Parece assim ter-se adoptado como critério central o *strong prima facie case test*, pois foi afirmado que o tribunal não devia impedir a execução de uma norma *apparently authentic*, através de uma medida cautelar, a não ser quando estivesse convencido de que o recurso contra a norma, depois de considerados todos os aspectos circunstanciais, estaria *prima facie* tão firmemente fundamentado que justificaria a adopção de uma medida excepcional[874].

No modelo de tutela provisória britânico, a protecção de terceiros não é assegurada, por regra, pois os seus interesses não são contrabalançados juntamente com o do *suplicante*, nem com o do interesse público geral[875].

O mecanismo de *stay of proceedings* é um outro procedimento cautelar previsto no modelo britânico, que permite ordenar a suspensão de uma decisão da Administração e que pode ser dirigido contra a Coroa. Este mecanismo tem-se mostrado, todavia, insuficiente para tutelar terceiros, pois não proporciona uma tutela positiva (*mandatory relief*), daí que, em termos de sugestões de reforma legislativa, se defenda que os interesses de terceiros devam ser ponderados juntamente com os interesses das partes[876].

Cumpre ainda fazer referência às *interim declarations*, mesmo que não estejam previstas no modelo de tutela provisória do Reino-Unido. Segundo alguma doutrina, deveria, contudo, permitir-se que no processo de *judicial review* os requerentes solicitassem que provisoriamente fosse declarada a existência de certo direito ou que se declarassem certas decisões da Administração como desconformes ao Direito. Tal medida teria como principais vantagens o seu carácter não coercitivo perante a Administração e a pos-

---

[874] Vd. ÍÑIGO DEL GUAYO CASTIELLA, *Judicial Review y Justicia Cautelar* ... cit., p. 89; JONATHAN MANNING, *Judicial Review Proceedings* ... cit., p. 35.

[875] V. VARANO, "Appunti sulla tutela provvisoria nell'ordinamento inglese ... cit., p. 246.

[876] Para mais desenvolvimentos, vd. JONATHAN MANNING, *Judicial Review Proceedings* ... cit., pp. 36 e 37.

sibilidade de proteger terceiros. Porém, há também quem pense que tal medida, além de desnecessária, é juridicamente impossível[877].

Têm-se vindo a defender alterações ao sistema de tutela provisória do Reino Unido, que vão no sentido de o aproximar dos modelos dos países do Continente Europeu. Invoca alguma doutrina que tais modificações são inevitáveis, dadas as influências do sistema jurídico da União Europeia.

Nesse sentido, a *Law Commission* já se pronunciou a favor do aperfeiçoamento do sistema de tutela provisória, no sentido de serem afastadas as imunidades da *Coroa*. No seguimento natural desta lógica, a *Law Commission* recomendou que a tutela cautelar fosse, nos assuntos de direito interno, concedida tal como já é no que respeita aos assuntos de direito comunitário. Assim, parece considerar-se que a tutela provisória deva ser ordenada perante a actuação dos Ministros, quando actuam no exercício das sua competências, e contra a actuação dos Departamentos do Governo no processo de *Judicial Review*.

Foi igualmente proposto que a tutela cautelar deva ser concedida previamente ao *Leave* (consideração preliminar sobre a demanda, no sentido de se aferir se se deve entrar na apreciação da questão de fundo). A *Law Commission* mostrou-se favorável à instituição de um modelo de tutela provisória assente nas *interim injunctions, stays* e *interim declarations*[878].

Além de todas as inovações descritas, ainda se propõe a protecção de terceiros no sistema de tutela provisória, sugerindo que os seus interesses sejam ponderados em conjunto com os demais interesses em conflito, previamente à emissão da ordem provisória[879].

---

[877] Para outras considerações, ÍÑIGO DEL GUAYO CASTIELLA, *Judicial Review y Justicia Cautelar* ... cit., p. 93.

[878] Para considerações mais desenvolvidas, vd. I. HARE, "The Law Commission and Judicial Review: Principle versus Pragmatism", *The Cambridge Law Journal*, 54, 1995, pp. 268 a 279; SIR H. WOOLF, "Judicial Review: a possible programme for reform", *Public Law*, 1992, pp. 221 a 237.

[879] Vd., para mais desenvolvimentos, *The Law Commission, Report on Remedies in Administrative Law*, Londres, 1976; *Administrative Justice, some necessary reforms* (reports of the Committee of Justice – Alls Souls Review of Administrative Law in the United kingdom), Oxford, 1988, esp. cap. V., *passim*. Para uma síntese, vd. C. M. G. HIMSWORTH, "La tutela cautelar en los procedimientos de Judicial review en el Reino Unido ... cit., pp. 547 a 548; ÍÑIGO DEL GUAYO CASTIELLA, *Judicial Review y Justicia Cautelar* ... cit., pp. 136 a 140.

2.4. O modelo de tutela cautelar consagrado na Bélgica

Do sistema belga, apenas propomos a referência aos tipos de reformas nele introduzidos, pelas quais o legislador tem vindo a acelerar e a simplificar o processo administrativo.

Assim, a título enumerativo, o modelo contém as *procédures accélérées*, introduzidas na década de 90 e que, embora processos de cognição plena, se caracterizam pela aceleração, traduzida em prazos curtos fixos ou passíveis de encurtamento pelo juiz.

O modelo dispõe das *procédures abrégées*, que no início foram processos sumários destinados a evacuar, rapidamente, as pretensões que não aparentassem ser suficientemente fundadas. Desde 1991, este mecanismo foi alargado a todas as pretensões, manifestamente, fundadas ou para as quais a solução é manifesta. No que respeita em particular a estes processos simplificados, o seu objectivo é acelerar e dar solução a casos simples e situações para cuja solução judicial não existe dúvida. Assim, seguem estes processos, além das pretensões manifestamente fundadas, os processos, em cujo requerente ou o demandado omitiu deveres processuais necessários, de entre os quais se contam, o de juntar peças processuais, ou o de dar continuidade a fases do processo iniciado.

No que respeita aos procedimentos cautelares propriamente ditos, o modelo belga conta com o mecanismo de suspensão da eficácia do acto impugnado (a decretar quando se invocam *moyens d'annulation sérieux* e o risco de um prejuízo grave e dificilmente reparável) e com o *référé* (*administrativo e judiciário*), através do qual se podem decretar todas as medidas provisórias necessárias a salvaguardar os interesses das partes ou de pessoas interessadas na resolução de uma questão litigiosa.

Assim, a Administração Pública belga não só pode ser paralisada pelo juiz administrativo como pelo juiz judiciário. Este último, o presidente do tribunal de primeira instância, no exercíco da sua "competência universal" para tutelar provisoriamente situações de urgência, pode decretar intimações positivas e negativas à Administração para assegurar a defesa de direitos subjectivos dos particulares, não obstante a atribuição de competência ao *Conseil d'Etat* para suspender a eficácia de um acto administrativo, perante ele impugnado. Medidas destinadas a suspender a execução de trabalhos ou obras públicas, a permitir a um partido político realizar campanha eleitoral e medidas destinadas a tutelar situações de urgência escolares, são todas exemplos de tutela provisória, em sentido restrito, emitidas contra a Administração[880].

Segundo a doutrina belga, a existência de uma "voie de fait", isto é, uma situação de ameaça a um direito subjectivo evidente e incontestável provocada por um acto material ou comportamento violento ou intempestivo, por parte de uma Autoridade administrativa é uma situação típica e denunciadora de necessidade de tutela urgente, que pode ser protegida pelo juiz judiciário, sem causar danos ao princípio da separação de poderes. A execução precipitada de uma ordem de expulsão de um estrangeiro, enquanto decorre um processo de recurso da decisão e sem que se aguarde a decisão final, configura uma situação de urgência de tutela a proteger pelo juiz universal do *référé*[881].

Também as medidas provisórias, em sentido restrito, previstas no sistema belga, dadas as suas características de provisoriedade e instrumentalidade, são enquadradas por dois limites: o da proibição de excesso da causa principal e o da antecipação definitiva da causa principal[882].

---

[880] Vd., para mais desenvolvimentos, M. LEROY, *Contentieux Administratif*, Bruxelles, 1996, pp. 498 a 641, esp., pp. 511 a 512; J.-P. LAGASSE/AMELYNCK/F. VAN DE GEJUCHTE, *Le référé administratif*, Bruxelles, 1992, pp. 91 a 110; G. CLOSSET-MARCHAL, "Le référé aujourd'hui", *Annales de droit de Liège*, 1986, pp. 310 a 317; C. DOYEN, "Le recours en référé comme procédure d'urgence dans le contentieux administratif", *Annales de droit de Liège*, 1989, pp. 270 a 287; J. VAN COMPERNOLLE/G. LEVAL, "Le référé administrtaif: une instituition en sursis?", *L'administration face à ses Juges*, Liège, Ed. Barreau de Liège, 1987, pp. 193 a 212.

[881] A este propósito, vd. G. CLOSSET-MARCHAL, "L'urgence", *Les mesures provisoires en droit belge, français et italien. Étude de droit comparé* ... cit., p. 20; J. V. COMPERNOLLE, "Les mesures provisoires en droit belge. Introduction générale", *Les mesures provisoires en droit belge, français et italien. Étude de droit comparé...* cit., p. 10.

[882] Para mais desenvolvimentos, vd. G. CLOSSET-MARCHAL, "L'urgence", *Les mesures provisoires en droit belge, français et italien. Étude de droit comparé* ... cit., pp. 19 ss.; J. V. COMPERNOLLE, "Les mesures provisoires en droit belge. Introduction générale", *Les mesures provisoires en droit belge, français et italien. Étude de droit comparé...* cit., pp. 5 ss.; L. DU CASTILLON, "Les pouvoirs, au provisoire, du juge des référés: déraison de la mesure ou mesure de la raison?", *Les mesures provisoires en droit belge, français et italien. Étude de droit comparé...* cit., pp. 31 ss.; G. DEMEZ/C. PANIER, "L'autonomie du référé", *Les mesures provisoires en droit belge, français et ita-lien. Étude de droit comparé...* cit., pp. 45 ss.

2. 5. O modelo de tutela cautelar consagrado na Espanha. a) Tipo de medidas cautelares previsto; b) Condições de procedência da decisão cautelar – a *sumariedade* cautelar; c) O conteúdo da decisão cautelar e seus limites: a instrumentalidade e a provisoriedade cautelares

De seguida, propomos outro desafio: investigar o modelo de tutela cautelar espanhol que foi recentemente objecto de uma reforma legislativa profunda.

Ao mesmo tempo, pretendemos narrar os momentos mais *empolgantes* da *batalha* pela tutela cautelar, protagonizada pela doutrina do processo administrativo e pelos tribunais administrativos espanhóis[883].

Antes da reforma da LJCA, a doutrina tinha vindo a defender que, no sistema de justiça administrativa, a tutela cautelar tinha um papel de "anedota" e com o qual ninguém contava, pois, "nem a parte demandante tinha alguma expectativa real na sua decretação", nem o "órgão jurisdicional a considerava como um elemento do processo"[884].

Segundo a doutrina do processo administrativo, a LJCA de 1956, contra a qual inicialmente ninguém mostrou descontentamento, ao fim de quatro décadas de existência revelou-se insuficiente, "retrógada" e "desajustada" para garantir uma tutela jurisdicional efectiva constitucionalmente consagrada aos particulares[885].

---

[883] A este respeito, realça-se a *batalha* pela instituição de um verdadeiro (e não só formal) Estado de Direito (e pela aceitação de tutela cautelar como instrumento ao serviço da tutela jurisdicional efectiva (assente no critério do *fumus boni iuris*), conduzida por E. GARCÍA DE ENTERRÍA, que com mais intensidade, desde o início de década de 90, não deixou de denunciar a insuficiência do art. 122.º da LJCA de 1956, para garantir tutela jurisdicional efectiva no seio do contencioso administrativo espanhol – insuficiência demonstrada pelo confronto do sistema jurisdicional espanhol com o Comunitário. Vd., a este propósito, *La batalla por las medidas cautelares. Derecho comunitario europeo y proceso contencioso-administrativo español*, Madrid, 1995, que surge no seguimento da *La lucha contra as inmunidades del poder*; tb., *Democracia, jueces y control de la Administración*, Madrid, 3.ª ed., 1997, e mais recentemente, "Perspectivas de las justicias administrativas nacionales en el ámbito de la Unión Europea ... cit., e tb. REDA, 103, 1999, pp. 401 a 411.

[884] Expressão de E. GARCÍA LLOVET, "o procedimento: as medidas cautelares", *Curso de verán sobre a nova lei da Xurisdicción contencioso-administrativa*, Sada, 27 e 28 de xullo de 1998, Escola Galega de Administración Pública, p. 3.

[885] Assim, C. CHINCHILLA MARÍN, "medidas cautelares", *Comentarios a la Ley de la Jurisdicción Contencioso-Administrativa de 1998*, REDA, 100, 1998, p. 866.

De facto, de acordo com a doutrina, o "modelo monoestructural"[886] positivado, limitado a prever a suspensão da eficácia de decisões administrativas, não vinha realizando tutela jurisdicional efectiva perante uma Administração que se omitia de prestar e que levava a efeito operações materiais e técnicas. Muito embora alguns tribunais administrativos tivessem vindo a ordenar medidas cautelares positivas, por aplicação do art. 24.º 1 da CE, em regra, o juiz administrativo espanhol era incapaz de proteger eficazmente os particulares, perante uma Administração típica de um Estado Social de Direito[887].

A doutrina denunciou a ausência de tutela cautelar de conteúdo positivo ou antecipatório e justificou a sua adopção no modelo de justiça administrativa por assim o exigir em (e em conformidade com) o art. 24.º, n.º 4 da CE[888], a ordem jurídica comunitária e a orientação jurisprudencial do TJCE. A doutrina propognou a criação de um modelo cautelar atípico, demonstrando que esse seria o único adequado a fazer face ao estado de entorpecimento e de realização lenta da justiça administrativa em Espanha[889].

Na narração que faremos, a propósito da experiência espanhola na criação do modelo cautelar, daremos destaque a uma alteração do entendimento jurisprudencial – que durante mais de vinte anos foi constante e consonante

---

[886] E. GARCÍA LLOVET, "o procedimento: as medidas cautelares ... cit., p. 5.

[887] O art. 122.º da LJCA de 1956 estabelecia a suspensão da eficácia do acto administrativo como excepção ao princípio da execução prévia do acto e do efeito não suspensivo do recurso contencioso de anulação. Nos termos do art. 122.º, n.º 2 da mesma lei, a suspensão do acto estava condicionada pela demonstração, por parte do requerente, de que a execução do acto causaria "daños o perjuicios de reparación imposible o difícil".

[888] Contam-se também como protagonistas dessa luta, L. PAREJO ALFONSO (*Estado social y Administración Pública. Los postulados constitucionales de reforma administrativa*, Madrid, 1983, pp. 286 ss.); C. CHINCHILLA MARÍN (*La tutela cautelar en la nueva justicia administrativa*, Madrid, Civitas, 1991; e, "El derecho a la tutela judicial efectiva como garantia de la efectividad de las resoluciones judiciales", RAP, 131, pp. 175 ss).

[889] Sistema que denuncia um estado de *colapso* e de *overdose*, particularmente causado pela estrutura orgânica da ordem contencioso-administrativa que se mostra incapaz de dar saída a uma aumento significativo de demandas jurídico-administrativas. A lentidão tem como causa o não cumprimento (pontual e contínuo) dos prazos processuais. Vd., a este propósito, E. GARCÍA DE ENTERRÍA, "réquiem por un Proyecto de Ley", *Democracia, jueces y control de la Administración*, 3.ª ed., Madrid, 1997, pp. 255 a 259; C. CHINCHILLA MARÍN, "Las medidas cautelares. Comentarios a la Ley ... cit., p. 865.

com a utilização amplamente restritiva e "literalista" do art. 122.º da LJCA de 1956 – ocorrida na década de noventa. Esta variação jurisprudencial, que se caracteriza por avanços e recuos, foi atentamente seguida pela doutrina.

Neste "duro batalhar"[890] pela tutela cautelar, daremos conta da vinda a lume das versões dos anteprojectos da LJCA de 1995 e de 1997, envolvidas em acaloradas discussões doutrinais.

Antes da Lei de 29/1998, de 13 de Julho, o modelo de tutela cautelar espanhol, que é enquadrado pelo modelo de tutela jurisdicional principal[891], pode caracterizar-se, sinteticamente, como um modelo limitado[892]:

– de tutela jurisdicional principal e cautelar *monocelular*, isto é, de um sistema centrado "no processo ao acto", no qual se considera a sus-

---

[890] Expressão de O. HERRÁIS SERRANO, "El paso firme dado por el duro batallar por la tutela cautelar: la aplicación de la técnica francesa del référé provision", RAP, 102, 1999, pp. 265 a 281.

[891] Para uma caracterização do modelo de tutela jurisdicional principal, vd. E. GARCÍA DE ENTERRÍA/T. R. FERNÁNDEZ, *Curso de Derecho Administrativo*, vol. II, 6ª ed., Madrid, 1999; pp. 549 ss.; J. GONZÁLEZ PÉREZ, "Reflexiones sobre la Justicia Administrativa en el final del siglo XX", in: *El Derecho Público de Finales de Siglo – Una Pespectiva IberoAmericana*, eds. E. GARCÍA DE ENTERRÍA/M. CLAVERO AREVALO, Madrid, 1997, pp. 677 a 690; do mesmo autor, "Evolución de la legislación contencioso-administrativa", RAP, 150, 1999, pp. 209 a 339; L. PAREJO ALFONSO, "El control de la Administración pública y de su actividad: el control judicial ordinario y el constitucional", in: AAVV, *Manual de Derecho Administrativo*, 4ª. ed., Barcelona, 1996, pp. 700 ss.; L. COSCULLUELA MONTANER, *Manual de Derecho Administrativo*, 9.ª ed., Madrid, 1998, pp. 549 a 554.

[892] A este respeito, pode ver-se, J. RODRÍGUEZ-ARANA MUÑOZ, *La suspensión del acto administrativo (en via de recurso)*, Madrid, 1986; J. SUAY RINCÓN, "Una resolución novedosa en materia de medidas cautelares: el Auto del tribunal supremo de 12 de marzo de 1984, REDA, 50, 1986, pp. 265 ss.; J. TORNOS MAS, "Suspensión cautelar en el proceso contencioso-administrativo y doctrina jurisprudencial", REDA, 61, 1989, esp. pp. 124 ss.; J. F. RODRÍGUEZ-ARANA, "De nuevo sobre la suspensión judicial del acto administrativo", REDA, 64, 1989, pp. 639 a 650; C. ESCUDERO HERRERA, "De la instrumentalidad y otras características de las medidas cautelares en el orden contencioso-administrativo. Especial referencia a la suspensión de las disposiciones y actos", *Actualidad Administrativa*, 25, 1998, pp. 527 ss., esp. pp. 528 a 534. Para uma síntese, vd. C. CHINCHILLA MARÍN, *La tutela cautelar en la nueva justicia administrativa*, Madrid, Civitas, 1991, pp. 140 ss.; E. OSORIO ACOSTA, *La suspensión jurisdiccional del acto administrativo*, Madrid, 1995; M. BACIGALUPO, *La nueva tutela cautelar* ... cit., pp. 14 a 28.

pensão como um meio excepcional ao princípio da execução imediata dos actos administrativos;
- cuja corrente jurisprudencial é marcada pela interpretação formalista do art. 122.º, n.º 2, da LJCA, que condiciona a suspensão do acto à produção de danos ou prejuízos de reparação impossível ou difícil. Deste pensamento restrito resulta a não suspensão de todos os actos, cuja execução produzisse danos reparáveis economicamente;
- que tradicionalmente não considerava o *fumus boni iuris* ou a aparência de bom direito como critério de procedência da tutela cautelar;
- no qual há submissão da tutela cautelar à prestação de caução – mecanismo, em certos momentos, "desejado como um obstáculo à emissão de tutela cautelar", em vez de "mecanismo de reequilíbrio entre as partes" ou perante terceiros[893];
- fechado a pedidos de suspensão de actos administrativos de conteúdo negativo[894] e a medidas cautelares que antecipam o conteúdo da decisão principal.

Da análise da Jurisprudência da Sala 3.ª do Contencioso Administrativo do Tribunal Supremo, pelo menos da que surge até à década de setenta, a doutrina verificou que é constante a consideração da suspensão da eficácia do acto como "uma excepção ao princípio geral da executoriedade dos actos administrativos". De acordo com esta corrente jurisprudencial que é a regra, a suspensão só é deferida se "a execução causar danos ou prejuízos de reparação impossível ou difícil".

Sem prejuízo da posição mais moderada, adoptada excepcionalmente, pelo Tribunal Supremo, pela qual considerava não ser de excluir, sem mais, a suspensão da eficácia do acto sempre que o prejuízo que resulta da execução fosse economicamente ressarcível, a verdade é que a sua orientação se fez, durante as duas primeiras décadas de aplicação da LJCA de 1956, no sentido de considerar esses danos, por regra, economicamente reparáveis[895]. De acor-

---

[893] Vd. E. GARCÍA LLOVET, "o procedimento: as medidas cautelares ... cit., p. 7.

[894] A doutrina e alguma jurisprudência aceitam, todavia, a possibilidade de suspensão de actos de "proyección negativa". Vd. E. GARCÍA LLOVET, "o procedimento: as medidas cautelares ... cit., p. 13.

[895] Assim, E. COCA VITA, "A vueltas com la suspensión de la ejecución de los actos administrativos recurridos. Últimas aportaciones doctrinales y jurisprudenciales", RAP, 127, 1992, p. 249.

do com a opinião da doutrina espanhola, o modelo de tutela cautelar realizou, por isso, menos justiça que frustração[896].

O Tribunal, por norma, procedia a uma ponderação dos interesses em jogo, averiguando em que termos exigia o interesse público a execução imediata e, por isso, quando as exigências de execução que o interesse público apresentava parecessem reduzidas, bastariam prejuízos de escassa relevância para provocar a suspensão. Pelo contrário, quando as exigências fossem de grande intensidade, só prejuízos de elevada consideração poderiam determinar a suspensão da execução[897]. Não admira, pois, que GARCÍA DE ENTERRÍA tenha considerado a suspensão da eficácia do acto administrativo como um "rara avis rarísimamente presente"[898] no contencioso administrativo. A que acresce o poder discricionário por parte do juiz nessa apreciação. Ora, o deferimento da suspensão foi, por isso, uma prática "remotíssima"[899].

Mais recentemente, a partir da década de oitenta, as instâncias jurisdicionais administrativas modificaram o seu entendimento quanto à questão da reparabilidade e, desde então, a "aberrante doctrina de la indemnizabilidad" foi dando lugar a outro juízo, em que se aprecia se "(...) é, possível restaurar plenamente a situação anterior à execução do acto administrativo"[900].

Um outro aspecto que caracteriza o sistema de jurisdição contencioso-administrativa, desde 1956 até à nova lei, respeita à jurisprudência reiterada do Tribunal Supremo (*Sala 3.ª do Tribunal Supremo*), de não tomar em consideração, como condição de decretamento da suspensão, a invocação, pelo requerente da "nulidade de pleno direito" do acto administrativo, exigindo nesses casos que as causas de nulidade se mostrassem "patentes e manifestas"[901]. Esta posição jurisprudencial restritiva, contrária à invocação da

---

[896] Neste sentido, T. FONT LLOVET, "Nuevas consideraciones en torno a la suspensión de los actos administrativos", REDA, 34, 1982, p. 477.

[897] Auto do Tribunal Supremo de 3 de Janeiro de 1991. Citado, juntamente com outros, por M. BACIGALUPO, *La nueva tutela cautelar* ... cit., p. 17.

[898] E. GARCÍA DE ENTERRÍA, *La batalla por las medidas* ... cit., p. 310.

[899] E. GARCÍA DE ENTERRRÍA, *La batalla por las medidas* ... cit., p. 13.

[900] Decisão de 17 de Dezembro do TC, processo 238/1992, citada por E. GARCÍA LLOVET, "o procedimento: as medidas cautelares ... cit., p. 6.

[901] Sobre esta questão, J. JORDANO FRAGA, "El proceso de afirmación del medio ambiente como interés público prevalente o la tutela cautelar ambiental efectiva. La sus-

apariencia de buen derecho, foi criticada e considerada inoperante pela doutrina[902].

Desde 1956 a 1998, a jurisprudência administrativa espanhola, excepcionando algumas posições minoritárias, é também caracterizada pela não aceitação da suspensão da eficácia de actos administrativos de conteúdo negativo "expresso ou tácito". Tal posição é sustentada pela ideia de que suspender um acto de conteúdo negativo se traduz, ao fim e ao cabo, na emissão, em via cautelar, do acto administrativo que se requereu em via administrativa[903]. No entender do Tribunal Supremo, "a suspensão significaria, pura e simplesmente, criar uma situação nova (...) em vez da suspensão, algo mais e distinto do que suspender; a saber, emitir um acto distinto e oposto ao acto administrativo impugnado"[904]. Esta jurisprudência contou com a concordância do Tribunal Constitucional, que na década de 1990 se manifestou no mesmo sentido[905].

Mesmo antes da década de 90, a jurisprudência foi marcada pela não aceitação de tutela cautelar diferente da suspensão de actos administrativos.

---

pensión de los actos administrativos por razón de la protección del medio ambiente en la jurisprudencia del TS", RAP, 145, 1998, pp. 195 ss.; L. CASES PALLARÉS, "La adopción de las medidas cautelares motivada en la nulidad de pleno derecho del acto administrativo", REDA, 76, 1992, pp. 661 ss. esp. pp. 670 ss.; J. M.ª BOQUERA OLIVER, "Insusceptibilidad de la suspensión de la eficacia del acto administrativo", RAP, 135, 1994, pp. 34 ss., esp. pp. 62 ss.; J. SUAY RINCÓN, "La suspensión de la expropiación: el "fumus boni iuris" como criterio determinante para la adopción de una medida cautelar", *Revista de Estudios de la Administración Local y Autonómica*, 251, 1991, pp. 659 a 674.

[902] Neste sentido, vd. C. CHINCHILLA MARÍN, *La tutela cautelar en la nueva justicia administrativa* ... cit., p. 166; L. CASES PALLARÉS, "La adopción de las medidas cautelares motivada en la nulidad de pleno derecho del acto administrativo ... cit., p. 674.

[903] Para uma crítica a esta posição – que claramente esquece que os efeitos de uma suspensão podem traduzir-se não somente num asseguramento de um *status quo*, mas também na possibilidade de permitir uma antecipação provisória dos efeitos da futura sentença definitiva – na doutrina espanhola, vd. C. ESCUDERO HERRERA, "De la instrumentalidad y otras características de las medidas cautelares en el orden contencioso-administrativo ... cit., pp. 537 ss.

[904] Auto da sala 4.ª do Tribunal Supremo de 16 de Fevereiro de 1978. Acórdão citado juntamente com outros, por M. BACIGALUPO, *La nueva tutela cautelar* ... cit., pp. 23 e 24 (nesta, vd. nota 27).

[905] ATC de 29 de Março de 1990, citado por M. BACIGALUPO, *La nueva tutela cautelar* ... cit., pp. 23 e 24 (nesta, vd. nota 27).

Perante as situações de inactividade ou actividade negatória, a Sala 3.ª da Jurisdição Administrativa do Tribunal Supremo, procedendo a uma interpretação excessivamente formalista do art. 122.º da LJCA de 1956, indeferiu constantemente o pedido de medidas cautelares de conteúdo *inovador* sobre um *status quo*.

Contra esta corrente jurisprudencial, que reconhece a impossibilidade de ser ordenada a suspensão da eficácia de actos de conteúdo negativo, e de ser adoptada a tutela cautelar que permita a antecipação, manifestou-se vigorosamente a doutrina espanhola do contencioso administrativo, nas últimas décadas que antecederam a reforma[906]. A doutrina exprimiu-se para que fossem incorporadas, na justiça administrativa, medidas cautelares não especificadas de conteúdo positivo, já que estas iriam permitir, ao juiz, ordenar a tutela cautelar adequada perante as diversas actividades da Administração (diferentes da traduzida em actos administrativos). E, segundo a mesma doutrina, permitiriam intimar a administração a realizar ou a omitir determinado comportamento[907].

Todavia, como estas medidas de conteúdo antecipatório não estavam previstas na LJCA (e nem caberiam no âmbito do art. 122.º da LJCA de 1956), salvo raras excepções, a Jurisprudência do Tribunal Supremo foi, durante estas quatro décadas, no sentido de rejeitar a sua aceitação. A Sala 3.ª (secção 9.ª) do Tribunal Supremo deixou a sua posição jurisprudencial bem

---

[906] Assim, neste sentido, vd. L. PAREJO ALFONSO (*Estado social y administración Pública* ... cit., p. 287) que considera o "carácter revisor de la Jurisdicción Contencioso-administrativa" como causa do insucesso da suspensão da eficácia do acto administrativo para tutelar as posições dos particulares face a actos de indeferimento. A este propósito, vd. E. GARCÍA DE ENTERRÍA, *La batalla por las medidas cautelares* ... cit., pp. 13 ss.; S. GONZÁLEZ-VARAS IBÁÑEZ, *Problemas procesales actuales de la jurisdicción contencioso-administrativa*, Cuadernos del Consejo General del Poder Judicial, Madrid, 1994, pp. 53 ss.; J. GONZÁLEZ PÉREZ, "El control jurisdiccional de la inactividad de la Administración en el proyecto de Ley de la Jurisdicción Contencioso-Administrativa de 1997", REDA, 97, 1998, pp. 17 ss., esp., p. 33.

[907] Neste sentido, vd. J. V. MOROTE SARRIÓN, "La suspensión de la ejecutividad de los actos administrativos tras la sentencia del Tribunal Constitucional 78/1996, de 20 de mayo", REDA, 94, 1997, pp. 307 ss., esp. pp. 314 ss.; R. RIVERO ORTEGA, "Medidas cautelares innominadas en lo contencioso-administrativo", REDA, 98, 1998, pp. 271 ss., esp. pp. 277 ss.; J. V. LORENZO JIMÉNEZ, *Reflexiones sobre el proceso contencioso-administrativo*, Cuadernos del Consejo General del Poder Judicial, 1993, pp. 127 ss., esp. p. 140.

marcada no *Auto* de 23 de Junho de 1990 ao revogar uma audaz decisão da Sala do Contencioso Administrativo da Audiência Territorial de Sevilha de 13 de Dezembro de 1988, que havia modificado parcialmente o conteúdo de uma decisão administrativa, respeitante aos serviços mínimos, por ocasião de uma greve geral.

Esta revogação da sentença a *quo* demonstra que a existência de tutela cautelar de conteúdo inovador no contencioso administrativo era, nessa altura, duvidosa.

Uma organização sindical impugnou os referidos actos e, como faltavam seis dias para o dia da greve, requereu a suspensão imediata das ordens de serviços mínimos impugnadas. A Sala do Contencioso Administrativo da Audiência Territorial de Sevilha não suspendeu na totalidade os actos. O que realmente fez foi modificar o conteúdo dos mesmos actos impugnados, fixando uma percentagem de serviços mínimos, inferior ao estabelecido nessas ordens.

O Tribunal Sevilhano, ao modificar o conteúdo do acto, reduzindo a percentagem dos serviços mínimos, adoptou tutela cautelar antecipatória. E deste modo inaugurou a tutela cautelar positiva no contencioso administrativo espanhol[908].

Na situação, o TS (Sala 3ª, secção 9.ª) só poderia revogar o *Auto* com base em dois fundamentos. Pelo primeiro invocava o interesse público, pois, a suspensão dos actos que fixavam serviços mínimos em actividades essenciais para a comunidade (nomeadamente, abastecimento de água, electricidade e transportes urbanos) penalizariam demasiado o interesse público. Pelo segundo argumento fazia-se referência ao conteúdo da decisão jurisdicional *a quo*. No seu entender, o tribunal nunca poderia modificar ou substituir os actos impugnados[909].

Mas os ventos de mudança a favor da positivação de um modelo de tutela jurisdicional efectiva, por via da aplicação da tutela cautelar, faziam-se já sentir. O Tribunal Constitucional veio pronunciar-se contra a decisão do TS

---

[908] Vd., para mais desenvolvimentos, E. GARCÍA DE ENTERRÍA, *La batalla por las medidas cautelares* ... cit., pp. 18 ss.

[909] Em sentido contrário, E. GARCÍA DE ENTERRÍA (*La batalla por las medidas cautelares* ... cit., p. 19) considerou ser esta a única forma de impedir a perda "total e irreversível" do direito à tutela judicial efectiva.

e veio estabelecer a regra de que "a medida cautelar a adoptar em cada caso tem de ser adequada à finalidade de garantir a efectividade da tutela judicial"[910]. E, nesse sentido, considerou "indiscutível que a medida acordada era idónea para não frustrar a efectividade da sentença final e salvaguardar, ao mesmo tempo, o interesse geral presente"[911].

E é desta forma que as medidas cautelares positivas acabaram por conquistar a Sala 3.ª do TS. A partir de 1990, o TS vai desencadear, de forma "revolucionária"[913], uma nova era no contencioso administrativo espanhol[913], que se inicia com o Acórdão de 20 de Dezembro de 1990 e, continua depois, com o Acórdão de 17 de Janeiro de 1991.

Em ambos os *Autos* são reveladas três posições jurisprudencias que são sinal claro da aceitação da tutela cautelar atípica no sistema de contencioso administrativo espanhol, e que vêm a ser confirmadas em outras sentenças e adoptadas (e desenvolvidas) pelos tribunais administrativos inferiores[914]. É reafirmado o direito fundamental à tutela judicial efectiva consagrado no art. 24.º 1 da CE, considerando-se que no seu conteúdo se inclui o direito à tutela cautelar. E, mais uma vez é invocado o princípio chiovendiano, (expressão citada no Auto de 20 de Dezembro de 1990) "la necesidad del proceso para

---

[910] Sobre o sentido e o alcance do princípio da tutela judicial efectiva, vd. L. VACAS GARCÍA-ALÓS, *El Derecho a la Tutela Judicial Efectiva en lo Contencioso-Administrativo*, Madrid, 1996.

[911] STC 148/1993, de 29 de Abril, citada por ENRIQUE GARCÍA LLOVET, "o procedimento: as medidas cautelares ... cit., p. 14. Vd. tb., E. GARCÍA DE ENTERRÍA, "Constitucionalización definitiva de las medidas cautelares contencioso-administrativas y ampliación de su campo de aplicación (medidas positivas), y jurisdicción plenaria de los Tribunales contencioso-administrativos, no limitada al efecto revisor de actos previos. Dos sentencias constitucionales", recolhido em *La batalla por las medidas cautelares* ... cit., pp. 305 ss.; M. BACIGALUPO, *La nueva tutela cautelar* ... cit., pp. 50 ss.

[912] Neste sentido, E. GARCÍA DE ENTERRÍA, em anotação ao Acórdão de 20 de Dezembro de 1990, "La nueva doctrina del Tribunal Supremo sobre medidas cautelares: la recepción del principio *del Fumus boni iuris* (Auto de 20 de diciembre de 1990) y su trascendencia general", recolhido em *La batalla por las medidas cautelares* ... cit., pp. 167 ss.

[913] Assim, E. GARCÍA DE ENTERRÍA, ob. Cit., pp. 167 ss., esp., p. 174.

[914] A este respeito, vd. V. AGUADO I CUDOLÀ, "La reciente evolución de la tutela cautelar en el proceso contencioso-administrativo", in: *La protección jurídica del ciudadano. Estudios en homenaje al Profesor Jesús González Pérez*, vol. II, Madrid, 1993, pp. 1625 ss.

obtener razón no debe convertirse en un daño para el que tiene la razón"[915]. Clarifica-se que um dos pressupostos de procedência da tutela cautelar é a demonstração da *apariencia de buen derecho*, pelo requerente. O Tribunal Supremo afirma e destaca o *fumus boni iuris* como critério "decisivo"[916] ou "central"[917] para que a tutela cautelar seja ordenada. Segundo esta jurisprudência, a aparência de bom direito do requerente deve ser apreciada através de um exame provisório e sumário, suficiente para permitir ao juiz cautelar averiguar as perspectivas de êxito do requerente no processo principal, através de um cálculo de probabilidade[918].

É afirmado que o direito fundamental a uma tutela cautelar comporta a possibilidade do juiz administrativo decretar qualquer medida (conservativa

---

[915] São também relembrados o caso *Factortame* e as conclusões do Advogado Geral TESAURO, relativas ao mesmo processo.

[916] No Acórdão de 20 de Dezembro, é referido que tal exame sumário ou *prima facie* não supõe que se julgue previamente ou que se antecipe a decisão de fundo sobre a questão principal. Tal exame supõe "una apariencia – apariencia, insistimos – de buen derecho. Esa apariencia, aún siendo sólo eso, basta en un proceso cautelar para otrogar la protección provisional solicitada". Vd., para mais desenvolvimentos e uma apreciação entusiasta ao Acórdão, E. GARCIA DE ENTERRÍA, La *batalla por las medidas cautelares* ... cit., pp. 201 ss.; Vd. C. CHINCHILLA MARÍN, "De Nuevo sobre la Tutela cautelar en el Proceso Contencioso-Administrativo", AAVV, *La Justicia Administrativa en el Derecho Comparado*, eds., J. BÁRNES VÁSQUEZ, Madrid, 1993, pp. 447 a 467. Este juízo de apreciação de *fumus boni iuris* foi adoptada pelo menos em mais de duas centenas de decisões jurisdicionais do contencioso administrativo espanhol, desde 1994. Neste sentido, F. GARRIDO FALLA, "Sobre la inejecucción de las sentencias recurridas en casación", *Actualidad jurídica Aranzadi*, n.º 359, Outubro de 1998, p. 4. Vd. tb., M. BACIGALUPO, *La nueva tutela cautelar* ... cit., p. 36, nota 62.

[917] E. GARCÍA DE ENTERRÍA, *La batalla por las medidas cautelares* ... cit., pp. 201 ss. e, em anotação ao Auto de 10 de Julho de 1991, ob., cit., pp. 243 ss.

[918] A este propósito, vd. Auto do TS de 20 de Dezembro de 1990, anotado por E. GARCÍA DE ENTERRÍA, *La batalla por las medidas cautelares* ... cit., p. 186. Vd. tb. C. CHINCHILLA MARÍN, *La tutela cautelar en la nueva justicia administrativa* ... cit., pp. 189 ss. Para mais desenvolvimentos sobre esta jurisprudência, vd. V. R. RODRÍGUEZ-POLLEDO Y VÁZQUEZ DE PRADA, "La suspensión, como medida cautelar en los procesos contencioso-administrativos. Princípios: el princípio de la apariencia de buen derecho (*fumus boni iuris*). Una valoración provisional, como base de una medida provisional", REDA, 82, 1994, pp. 311 ss.; J. SUAY RINCÓN, "La suspensión de la expropiación: el *fumus boni iuris* como criterio determinante para la adopción de una medida cautelar ... cit., pp. 665 ss.

ou inovadora) que, no caso concreto, se mostre idónea e adequada para assegurar a plena efectividade da sentença final.

Em particular, nesta vertente jurisprudencial da *batalha* pelas medidas cautelares, cumpre realçar o modo como o Tribunal Superior de Justiça do País Basco foi dela promotor, ao seguir a orientação da jurisprudência do TS e ao decretar tutela cautelar de conteúdo positivo. Na sua *luta* jurisdicional, deu origem a "um marco"[919] na história da justiça administrativa espanhola.

Uma primeira questão tem subjacente, concretamente, uma decisão administrativa da Direcção da Administração Industrial do Departamento de Indústria e Comércio do Governo Basco que tinha negado a uma empresa a sua inscrição no "Registo de Entidades de Inspecção e Controle de Regulamentos", inscrição necessária para que a mesma exercesse legitimamente a sua actividade de controle de segurança industrial, no âmbito dos regulamentos relativos ao funcionamento de elevadores, veículos e contentores, energia eléctrica etc. Perante o indeferimento, a requerente solicitou medidas cautelares alternativas: a) a suspensão da eficácia do acto de conteúdo negativo impugnado; b) e que o juiz provisoriamente (enquanto decorria o processo principal) lhe concedesse a autorização necessária para exercer essa actividade, se a primeira medida não fosse suficiente para tutelar a sua pretensão no caso de vir a ser aceite.

Visto que estavam em causa interesses públicos relevantes, designadamente o da "segurança de pessoas e bens", o tribunal ordenou à Administração que emitisse, no prazo de 30 dias, uma nova decisão devidamente fundamentada, sob pena, de ordenar outras medidas cautelares, inclusive, a inicialmente requerida[920].

Esta orientação jurisprudencial, francamente, favorável ao estabelecimento de *numerus apertus* ou de livre configuração da tutela cautelar pelo

---

[919] Vd., por exemplo, o Auto de 21 de Março de 1991 da sala do Contencioso-administrativo do Tribunal Superior de Justiça do País Basco. Decisão comentada por E. GARCÍA DE ENTERRÍA, "Medidas cautelares positivas y disociadas en el tiempo: el Auto de 21 de marzo de 1991 de la Sala de lo Contencioso-Administrativo del Tribunal Superior de Justiça del País vasco", recolhido em *La batalha por las medidas cautelares ...* cit., pp. 223 ss.

[920] Neste sentido, E. GARCÍA DE ENTERRÍA, *La batalha por las medidas cautelares ...* cit., pp. 226 ss.

juiz é seguida em outras decisões[921], sendo que em algumas delas são cometidos excessos[922].

Numa outra situação, foi questionada a emissão de medidas positivas face a um acto administrativo que tinha negado o licenciamento de uma instalação de um bar-cafetaria. Desta vez, o tribunal da Sala do Contencioso-Administrativo do Tribunal Superior de Justiça do País Basco veio fundamentar a sua decisão no art. 24.º 1 da CE e no art. 1 428.º da LEC, que ao contencioso administrativo considerou subsidiariamente aplicável. O Tribunal entendeu que a tutela cautelar no contencioso administrativo devia permitir decretar todas aquelas medidas que, "segundo as circunstâncias se mostrassem necessárias para assegurar a efectividade da sentença final", entre elas "as medidas cautelares de conteúdo positivo" e aquelas que impusessem "à Administração o dever de uma determinada conduta" ou que habilitassem "o cidadão a exercer ou a deixar de exercer certa actividade".

Em outra situação, decidiu o Tribunal – face a um pedido de suspensão cautelar de uma decisão administrativa em que se fixava o prazo de 10 dias para que um estrangeiro abandonasse o território nacional (com fundamento de que o requerente não se encontrava a residir no país desde data anterior a 15 de maio de 1991) – requerer à "Direcção Geral de Polícia e Migração" que emitisse uma nova decisão em resposta a pedidos anteriormente formulados pelo requerente (autorizações de residência e trabalho)[923].

---

[921] Vd. Auto da Sala do Contencioso-Administrativo de 26 de Fevereiro de 1998, que permite a adopção da técnica francesa do *référé-provision*. Anotação de O. HERRÁIS SERRANO, "El paso firme dado por el duro batallar por la tutela cautelar: la aplicación de la técnica francesa del référé provisión", RAP, 102, 1999, pp. 265 a 281.

[922] Vd. tb., Auto da sala do Contencioso-Administrativo do Tribunal Superior de Justiça do País Basco, de 14 de Outubro de 1991, comentada por E. GARCÍA DE ENTERRÍA ("Nuevas medidas cautelares positivas: la imposición por vía cautelar a la Administración de la obligación de continuar un procedimiento, eliminando un obstáculo inicial sin apariencia de buen derecho (Auto de la Sala de lo Contencioso-Administrativo del Tribunal Superior de Justicia del País Vasco de 14 de octubre de 1991)"), recolhido em *La batalla por las medidas cautelares* ... cit., pp. 255 ss.

[923] Auto de 21 de Março de 1993. A este respeito, cumpre considerar a crítica de E. CALVO ROJAS, "Medidas cautelares en el proceso contencioso-administrativo. Medidas provisionalísimas y medidas cautelares positivas. Últimos avances en la materia y algún exceso", REDA, 83, 1994, pp. 465 ss.

O Tribunal Superior de Justiça Basco, tendo sido solicitado no sentido de intimar a Administração Pública a concretizar o direito de informação, pronunciou-se, em via cautelar numa outra situação, ordenando à Administração para que "emitisse um acto administrativo, fornecendo a informação solicitada". Deveria também facilitar o acesso do requerente aos documentos, depois de considerar preenchidos os pressupostos *periculum in mora* e o *fumus boni iuris*[924].

A inovação jurisprudencial foi ao ponto de admitir a ordenação de medidas cautelares "provisionalísimas"[925] (ou medidas "pre-cautelares"[926]). Medidas adoptadas ainda no decurso do procedimento cautelar iniciado, e antes do seu termo, em situações urgentíssimas, permitindo a suspensão imediata de uma decisão administrativa no prazo inferior a 15 dias.

A Sala 3.ª do Contencioso-Administrativo do Tribunal Supremo, pelo Acórdão de 2 de Novembro, pronunciou-se, pela primeira vez, sobre a admissão deste tipo de medidas cautelares na justiça administrativa espanhola. Este Acórdão teve subjacente uma decisão do Conselho de Ministros que declarava com urgência a ocupação de vários imóveis (casas e indústrias), para que neles fossem realizadas as obras de ampliação do aeroporto de Barajas.

Tendo sido impugnada tal decisão, foi solicitada, ao mesmo tempo, a suspensão da execução do referido acto. A Secção 6.ª, da Sala 3.ª do Tribunal Supremo, porque receava que, durante a tramitação do incidente de suspensão, a Administração ocupasse irreversivelmente os bens imóveis, decretou urgentemente uma providência (em 16 de Setembro de 1993), dirigindo uma

---

[924] Auto de 30 de Abril de 1997, com anotação de R. RIVERO ORTEGA, "Medidas cautelares innominadas en el contencioso-administrativo ... cit., pp. 271 ss.

[925] A propósito destas medidas, vd. J. L. REQUERO IBÁÑEZ, "Las medidas cautelares provisionalísimas en el proceso contencioso-administrativo", *Actualidad Jurídica Aranzadi*, 132, 1994, pp. 10 ss.; A. CALONGE VELÁSQUEZ, "Primera decisión jurisprudencial sobre medidas cautelares provisionalísimas. Un paso más en la crisis de la ejecutividad de los actos administrativos", *Poder Judicial*, 33, 1994, pp. 465 ss.; E. CALVO ROJAS, "Medidas cautelares en el proceso contencioso-administrativo. Medidas provisionalísimas y medidas cautelares positivas ... cit., pp. 465 ss.; F. SANZ GANDASEGUI, "Medidas provisionalísimas en el proceso contencioso-administrativo?", RAP, 138, 1995, pp. 183 ss.

[926] M. BACIGALUPO, *La nueva tutela cautelar* ... cit., p. 42.

intimação ao Ministério de Obras Públicas para que não iniciasse execução alguma enquanto não fosse decidido o procedimento cautelar.

Todavia, esta orientação jurisprudencial "progressista"[927] não congregou unanimidade. Efectivamente, o TS vinha em outras decisões a adoptar uma posição jurisprudencial mais tradicional, para alguns qualificada como "restauradora"[928] e, para outros, "reaccionária"[929]. Esta prática acabou por dar origem à instabilidade do modelo cautelar.

Também a doutrina lamentou estas posições *vanguardista* e "restauradora"[930] do TS e os efeitos negativos que tais avanços e recuos provocaram na realização da tutela jurisdicional efectiva, pela adopção de tutela cautelar[931].

Das posições jurisprudenciais, que são exemplos os *Autos* do TS de 31 de Maio e 18 de Outubro de 1996, conta-se o afastamento do critério da *apariencia de buen derecho* como critério decisivo da decretação da tutela cautelar e a sua substituição pelo juízo obrigatório de ponderação, no sentido de que "a aparência deve ser ponderada circunstancialmente"[932].

---

[927] Expressão de M. BACIGALUPO, *La nueva tutela cautelar* ... cit., p. 42.

[928] Expressão de M. BACIGALUPO, *La nueva tutela cautelar* ... cit., p. 31.

[929] E. GARCÍA DE ENTERRÍA, *Democracia, jueces y control de la Administración* ... cit., pp. 291 ss. A este propósito, vd, a réplica de J. LEGUINA VILLA/M. SÁNCHEZ MORÓN/L.ORTEGA ÁLVAREZ, "La polémica com el Profesor García de Enterría", *Otrosí Revista del Colegio de Abogados de Madrid*, Outubro de 1996.

[930] Vd. decisões jurisdicionais da Sala 3.ª do Tribunal Supremo, de 18 de Outubro de 1996, que afastam o critério do *fumus boni iuris* como condição única e decisiva da decretação da tutela cautelar, justificando o afastamento deste critério com o facto de ele poder "prejuzgar la cuestión de fondo", o que violaria um direito igualmente fundamental previsto no art. 24.º da CE, que é o direito a um processo com as garantias devidas de contraditório e prova. Neste sentido se pronunciaram, J. LEGUINA VILLA/M. SÁNCHEZ MORÓN/L. ORTEGA ÁLVAREZ, "Parón a la reforma de la justicia administrativa?", *Otrosí Revista del Colegio de Abogados de Madrid*, Março/Abril de 1996, pp. 6 ss. esp. p. 9; E. GARCÍA LLOVET, "o procedimento: as medidas cautelares ... cit., pp. 8 a 10.

[931] E. GARCÍA DE ENTERRÍA dá conhecimento desta posição jurisprudencial em "Hacia una medida cautelar ordinaria de pago antecipado de deudas ... cit., pp. 232. E tb. em *Democracia, jueces y control de la Administración* ... cit., pp. 292 e 308.; R. RIVERO ORTEGA, "Medidas cautelares innominadas ... cit., p. 279.

[932] Vd. Decisões do Tribunal Supremo de 17 de Junho de 1997, de 1 de Dezembro de 1997, de 16 de Junho de 1997 e de 8 de Julho de 1997, todas citadas por C. CHINCHILLA MARÍN, "Las medidas cautelares. Comentarios a la Ley ... cit., p. 865, nota 5.

A este propósito, GARCÍA DE ENTERRÍA não deixa de lamentar esta nova maneira de entender a tutela cautelar. Para o autor esta maneira trata a aplicação da tutela cautelar como se "o art.24.º da Constituição" permitisse "a leitura de que o direito à tutela judicial efectiva se [pode] entender *salvo prejuízo do interesse público* (...)"[933].

Estas posições jurisprudenciais e doutrinais inconstantes, a propósito do critério do *fumus boni iuris*, não deixaram, em alguns momentos, de ser surpreendentes[934], culminando, em alguns casos, numa verdadeira *escaramuça judicial*. É afirmado no *Auto* da Audiência Nacional, de 17 de Fevereiro de 1998 que "é obvio que não pode esta sala, no âmbito do processo de suspensão entrar na questão de fundo debatida, mas também não será permitido que o poder público se ampare no privilégio da execução prévia quando no caso concreto – sem que se antecipe a questão de fundo – se aprecie *prima facie* se existe uma aparência de bom direito"[935].

Também nos momentos que antecederam a criação da nova lei do contencioso administrativo espanhol, foi assumida uma importante modalidade da luta pela tutela cautelar, que se centra nas versões dos anteprojectos da

---

[933] E. GARCÍA DE ENTERRÍA, *La batalla por las medidas cautelares* ... cit., pp. 214 ss.; Tb. vd. *Democracia, jueces y control da Administración* ... cit., p. 286, nota 10, onde refere que "al incluirse en el art. 24.º de la Constitución, como verdadero derecho fundamental, según el Tribunal Constitucional, el derecho a una medida cautelar no puede válidamente condicionarse a un requisito de mera oportunidad; no hay manera de leer el art. 24.º en el sentido de todas las personas tienen derecho a obtener la tutela judicial efectiva de los jueces y tribunales en el ejercicio de sus derechos e intereses legítimos salvo que outra cosa exija el interés público".

[934] No sentido da aceitação do critério do *fumus boni iuris*, vd. ATS de 20 de Dezembro de 1990, ATS de 31 de Janeiro de 1994, ATS de 22 de Novembro. Em sentido contrário, ATS de 18 de Outubro de 1996. Nesta sentença é referido que não se pode decidir a suspensão de um acto com base no critério da aparência de bom direito, pois "lo contrario se prejuzgaría la cuestión de fondo, de manera que por amparar el derecho a una tutela judicial efectiva se vulneraría outro derecho fundamental recogido en el proprio artículo 24 de la vigente Constitución, cual es el derecho al proceso con las garantías debidas de contradicción y prueba, porque el incidente de suspensión no es trámite idóneo para decidir la cuestión objeto del pleito".

[935] Auto da Audiência Nacional da Sala do contencioso-Administrativo, secção 8.ª de 17 de Fevereiro de 1998, citado por E. GARCÍA LLOVET, "o procedimento: as medidas cautelares ... cit., p. 11.

LJCA de 1995 e de 1997 que se tornam públicos. Em torno destas versões, gerou-se um "formidável debate doutrinal"[936] entre GARCÍA DE ENTERRÍA[937] e alguns dos autores do PLJCA de 1995[938], qualificado, por alguns, como "debate capital como poucos"[939].

A polémica sobrevoou vários assuntos ou aspectos da reforma. *Puxando a brasa à nossa sardinha*, cumpre, todavia, focalizar a atenção para a questão da tutela cautelar. São dois os aspectos a tomar em consideração. O primeiro, diz respeito à redacção do art. 128.º, n.º 2 do PLJCA de 1995[940], que impedia que, através da suspensão da eficácia do acto se pretendesse obter direitos ou faculdades cuja aceitação tivesse sido negada por acto administrativo, sem prejuízo de se poderem adoptar "outras medidas cautelares". O segundo, respeita à não inclusão do critério do *fumus boni iuris* (ou "*apariencia de buen derecho*") entre os critérios que deveriam servir de base à decretação da tutela cautelar.

GARCÍA DE ENTERRÍA qualificava o projecto como "reaccionário", pelo facto de não permitir a suspensão de actos negativos, nem a emissão de tutela cautelar positiva, e, ainda, por recuar face aos avanços jurisprudenciais anteriores da Jurisprudência do TJCE. Considerava que tal projecto se man-

---

[936] M. BACIGALUPO, *La nueva tutela cautelar* ... cit., p. 115.

[937] Sobre este debate, vd. "Sobre la situación de la justicia administrativa y su reforma (Requiem por un Proyecto de Ley)", *Otrosí Revista del Colegio de Abogados de Madrid* de Dezembro de 1995, recolhido em *Democracia, jueces y control de la Administración* ... cit., pp. 255 ss.; "Sobre la reforma de la Jurisdicción contencioso-administrativa: una réplica", *Otrosí Revista del Colegio de Abogados de Madrid*, de Junho de 1995, recolhido em *Democracia, jueces y control de la Administración* ... cit., pp. 263 ss.; "Aún sobre la reforma de la justicia administrativa y el modelo constitucional. Nota última", REDA, 93, 1997, recolhido em *Democracia, jueces y control de la Administración* ... cit., pp. 301 ss.; Podem ver-se também os prólogos à 2.ª e 3.ª edições de, *Democracia, jueces y control de la Administración* ... cit., pp. 16 ss.; e, finalmente, os comentários do Autor às Sentenças do TJCE relativas aos casos *Atlanta* e *Antonissen*, respectivamente, "Sobre la posibilidad de que las jurisdicciones nacionales adopten medidas cautelares ... cit., pp. 570 e 575, nota 13 e "Hacia una medida cautelar ordinaria de pago anticipado de deudas ... cit., pp. 233 e 238.

[938] Para maiores desenvolvimentos, vd. a *Otrosí Revista do Colegio de Abogados de Madrid*, Dezembro de 1995, Março/Abril de 1996 e n.º s. de Junho e Outubro de 1996.

[939] E. GARCÍA DE ENTERRÍA, *Democracia, jueces y control de la Administración* ... cit., prólogo à 3.ª ed., p. 19.

[940] *Boletín Oficial de las Cortes Generales. Congreso de los Diputados*, V Legislatura, Serie A, n.º133-1 de Setembro de 1995.

tinha longe das posições defendidas pela doutrina e dos regimes dos sistemas de justiça administrativa europeus, designadamente do alemão e do francês.

Por outro lado, GARCÍA DE ENTERRÍA considerava "displicente" a razão do afastamento do critério do *fumus boni iuris* constante da *Exposición de Motivos*, e que referia o seguinte: "a justiça cautelar desnaturalizar-se-á, e corre o risco de se converter em espécie de justiça sumária se se fundar em meras aparências (...) a sua finalidade não é antecipar o resultado do processo". Entre outros aspectos, GARCÍA DE ENTERRIA afirmou que, com a duração exorbitante dos processos, em regra, raros serão os casos em que não existirão prejuízos graves e frustração da sentença principal. Nesse sentido, o critério do *fumus* (ou o da *aparência prima facie* do abuso ou da falta de seriedade da oposição ao recurso) foi defendido como centro da análise da oportunidade da tutela cautelar[941].

Em *contra-ataque*, os seus *adversários* no debate replicaram e invocaram a consagração no PLJCA de uma ampla tutela cautelar, limitada pelo princípio da proibição de antecipar a resolução de fundo. Segundo os seus oponentes, a regra do art. 128.º 2 do PLJCA era óbvia, "se não se desejar confundir a justiça cautelar com uma mera justiça antecipada e sumária, baseada em aparências"[942].

Estas discussões doutrinais acabaram por ter influência no PLJCA de 1997[943]. Este novo projecto incorporava uma disposição (art. 129.º 2), cujo conteúdo permitia ao juiz do tribunal ordenar as medidas que segundo as circunstâncias fossem necessárias, incluindo as que, no caso concreto, se

---

[941] Vd. "Sobre la posibilidad de que las jurisdicciones nacionales adopten medidas cautelares positivas ... cit., p. 575, nota 13.

[942] Vd. J. LEGUINA VILLA, M. SÁNCHEZ MORÓN Y L. ORTEGA ÁLVAREZ, "Parón a la reforma de la justicia administrativa? ... cit., p. 8. A propósito do critério de aparência de bom direito, o *Grupo Parlamentario del Partido Nacionalista Vasco* apresentou uma emenda ao projecto no sentido de se fixarem critérios "orientadores" da decretação da tutela cautelar. Um desses critérios "orientadores" dizia respeito à "la prosperabilidad del recurso, siempre que pueda formarse una opinión al respecto razonablemente segura sin necesidad de analizar en detalle las cuestiones formales y de fondo que aquél presente". Todavia, "en ningún caso poderá fundarse la resolución cautelar exclusivamente en este criterio". Vd. J. LEGUINA VILLA, M. SÁNCHEZ MORÓN Y L. ORTEGA ÁLVAREZ, "Parón a la reforma de la justicia administrativa? ... cit., p. 9.

[943] Boletín Oficial de las Cortes Generales. Congreso de los Diputados, VI Legislatura, Serie A, n.º 70-1, de 18 de junio de 1997.

mostrassem necessárias ao asseguramento ou regulação provisória dos direitos ou faculdades controvertidos.

Este projecto também contemplava o critério do *fumus boni iuris* no art. 124.º 2, prevendo que a adopção de medidas cautelares poderia acordar-se quando existissem dúvidas razoáveis sobre a legalidade da actividade administrativa, devendo fundar-se numa ponderação suficientemente motivada de todos os interesses em conflito[942]. Esta versão foi criticada pelo critério de procedência nele fixado, o da ponderação de todos os interesses em conflito, pois, segundo GARCÍA DE ENTERRÍA, o art. 24 da CE não garante uma tutela judicial efectiva "salvo se o interesse público exigir outra coisa"[945].

Depois da tempestade, chega a tão almejada bonança, que é como quem diz a nova lei.

Se até ao momento as dúvidas parecem mais ou menos desfeitas, deste parágrafo em diante, voltamos a levantar a questão: será que a tutela cautelar saiu (realmente) vencedora dessa luta, ou, pelo contrário, não terá sido o seu tratamento técnico-jurídico "afortunado"[946]?

A Ley 29/1998 de 13 de Julho[947] teve como objectivo cumprir o comando constitucional da submissão de toda a actividade administrativa aos tribunais e de instituir um sistema de meios processuais adequados a controlar

---

[944] Esta é uma perspectiva negativa do *fumus boni iuris*. Todavia, ao contrário do que vinha defendendo E. GARCÍA DE ENTERRÍA, no projecto exigiam-se "dudas serias" e não "dudas razonables". E também se estabelecia como condição de decretamento "una ponderación de todos los intereses en conflicto". Sabemos que GARCÍA DE ENTERRÍA defende que o direito à tutela judicial efectiva não deve ser compreendido "salvo perjuicio del interés público". Vd. *La batalla por las medidas cautelares* ... cit., pp. 214 ss.

[945] E. GARCÍA DE ENTERRÍA, *La batalla por las medidas cautelares* ... cit., pp. 214 ss.

[946] Neste último sentido parece encaminhado o legislador. E. GARCÍA DE ENTERRÍA, em carta pessoal do autor, Setembro de 1998.

[947] A Exposición de Motivos da Lei 29/1998, de 13 de Julho, assinala que a nova lei tem como preocupação actualizar a Lei da Jurisdição Contencioso Administrativo às novas formas de actuação da Administração, que, "como é notório, não se expressa só através de regulamentos, actos administrativos ou contratos públicos, mas também através de uma actividade de prestação, de actividades negociadas de diverso tipo, de actuações materiais, de inactividades ou omissões devidas". O legislador teve, por isso, a intenção de "submeter ao controle da *Jurisdição*, a actividade da Administração pública de qualquer categoria desde que esta esteja sujeita ao direito administrativo, articulando para ela as acções processuais adequadas".

as novas formas de actuar da Administração, independentemente de ser um "comportamento administrativo activo ou omissivo, formal ou material, singular ou normativo"[948].

Tendo sido esta a vontade, a nova lei veio ampliar o controle da actuação administrativa, superando "a tradicional e restrita concepção do recurso contencioso-administrativo, como uma revisão judicial de actos administrativos prévios, ou como um recurso ao acto". Em seu lugar, instituiu um modelo caracterizado pela diversificação do recurso contencioso administrativo, em função das diferentes pretensões a tutelar dos particulares. Surgiram, por isso, novas modalidades de recurso contencioso, a saber, "o recurso contra a inactividade" (art. 29.º) e o "recurso contra as actuações materiais constitutivas de *vía de hecho*" (art. 30.º). Para além das pretensões anulatórias, passam a ter guarida na jurisdição administrativa espanhola "uma genuína pretensão de condenação – de fazer ou não fazer –, ou de prestação"[949] e de execução (execução judicial de "*actos firmes*")[950].

Perante a existência de quatro acções ou modalidades de recurso, em que se tutelam diferentes pretensões – a) "recurso contra actos administrativos expressos ou tácitos", b) "recurso que, de maneira directa ou indirecta, versa sobre a legalidade de uma norma de valor inferior a lei", c) recurso contra a omissão administrativa" e d) "recurso contra actuações materias constitutivas de *vía de hecho*" –, o modelo de tutela cautelar teria de sofrer, forçosamente, uma ampliação significativa no mesmo sentido[951].

---

[948] Neste sentido, M. BACIGALUPO, *La nueva tutela cautelar* ... cit., p. 130.

[949] Neste sentido, M. BACIGALUPO, *La nueva tutela cautelar* ... cit., p. 132. Para mais desenvolvimentos sobre estes dois novos mecanismos de controle da Administração, vd. S. GONZÁLEZ-VARAS IBÁÑEZ, *Problemas procesales actuales* ... cit., pp. 23 ss.; J. GONZÁLEZ PÉREZ, *Comentarios a la Ley de la Jurisdicción Contencioso-Administrativa* (Ley 29/1998, de 13 de julio), 3ª ed., vol. II, Madrid, 1998, pp. 711 ss.

[950] C. CHINCHILLA MARÍN, "Las medidas cautelares. Comentarios a la Ley ... cit., p. 864.

[951] Assim, M. BACIGALUPO, *La nueva tutela cautelar* ... cit., pp. 132 e 133; S. GONZÁLEZ-VARAS IBÁÑEZ, *Problemas procesales actuales* ... cit., pp. 23 ss.; J. GONZÁLEZ PÉREZ, *Comentarios a la Ley de la Jurisdicción Contencioso-Administrativa* ... cit., pp. 2027.; J. M.ª ÁLVAREZ-CIENFUEGOS SUARÉZ, "Las medidas cautelares en la Ley de la Jurisdicción Contencioso-Administrativa de 13 de julio de 1998", *Actualidad Jurídica Aranzadi*, 370, de 17 de Dezembro de 1998, pp. 3 ss.; C. CHINCHILLA MARÍN, "La medidas cautelares. Comentarios a la ley ... cit., pp. 865 ss., F. PERA VERDAGUER, *Comentarios a la Ley de Contencioso-Administrativo* (*Ley*

A *batalha* pelas medidas cautelares deixa para trás um modelo de tutela cautelar cuja trave mestra assenta numa única forma típica de tutela cautelar e faz surgir um modelo cautelar regido pelo princípio do *numerus apertus*. De um sistema em que apenas se previa a suspensão da eficácia do acto administrativo, a reforma fez surgir um outro onde "os interessados podem solicitar, em qualquer estado do processo, a adopção de quantas medidas assegurem a efectividade da sentença"[952].

Na actualidade, no contencioso administrativo espanhol, a escolha da tutela cautelar pelos particulares passa tanto pelas medidas de conteúdo assegurador como pelas medidas de conteúdo antecipatório[953].

Por conseguinte, vamos procurar saber quão generoso será o sistema cautelar instituído e tentar apurar quais as condições de procedência das medidas e que limites são fixados na LJCA aos poderes do juiz, tendo presente que a tutela cautelar, no modelo jurisdicional espanhol, sempre se caracterizou pela instrumentalidade e "*homogeneidade*" (existentes entre o meio principal e o cautelar) e pelas características de provisoriedade e *sumariedade*[954].

Em sentido similar ao art. 1428.º da LEC, a nova lei do contencioso administrativo veio consagrar a tutela cautelar inominada, permitindo decretar ao juiz administrativo todas as medidas necessárias para assegurar a efectividade da sentença. O legislador positivou um instituto de tutela jurisdicional urgente no qual estão bem presentes as características distintivas da tutela cautelar de instrumentalidade e provisoriedade. No que respeita à instrumentalidade, o legislador manifestou claramente essa qualidade ao permitir, ao juiz, decretar quaisquer medidas necessárias a tornar a sentença de

---

29/1998, de 13 de julio), 6ª. Ed., Barcelona, 1998, pp. 20 ss. esp., p. 28; L. MIGUEZ MACHO, "Medidas cautelares", inédito, texto dactilografado em curso de publicação (por gentil cedência do autor).

[952] Art. 129.º 1 da LJCA 29/1998.

[953] Vd. M. BACIGALUPO, *La nueva tutela cautelar* ... cit., pp. 134 ss. O autor faz corresponder o conteúdo das sentenças a proferir, em cada um dos recursos principais, ao conteúdo das decisões provisórias. No mesmo sentido, C. CHINCHILLA MARÍN, "La medidas cautelares. Comentarios a la ley ... cit., pp. 865 ss. e pp. 891 a 894.

[954] Para uma síntese das posições tradicionais, vd. J. RODRÍGUEZ PONTÓN, *Pluralidad de Intereses en la Tutela* ... cit., pp. 27 a 46; C. ESCUDERO HERRERA, "De la instrumentalidad y otras características de las medidas cautelares en el orden contencioso-administrativo ... cit., pp. 527 ss.

fundo (a proferir no meio principal) efectiva, isto é, passível de execução *in natura*[955].

Por conseguinte, no recente modelo espanhol de justiça administrativa está bem desenhada a imagem do meio cautelar como *escora*, ou como denominam os processualistas italianos, como "puntello", "braccio avanzato" da decisão definitiva. Enfim, está presente a ideia de que a tutela cautelar está preordenada para a execução plena da sentença de mérito (definitiva), não pretendendo substituí-la, nem nela se converter, pretendendo, sim, a defesa do objecto da relação litigiosa até que para ele seja proferida decisão definitiva[956].

Mas a nova lei foi também original ao criar um regime comum e um procedimento processual unitário para todo o modelo cautelar. Nele estão fixadas, em comum, as condições de procedência da tutela cautelar (art. 130.º). Estão também previstas as regras especiais a aplicar à tutela cautelar a adoptar perante a omissão administrativa e face à actividade material da Administração (ou tida como *via de hecho*).

Antes de analisarmos quais os poderes de decretação da tutela cautelar e os (eventuais) limites, cumpre descortinar quais são as condições gerais e comuns de procedência da tutela cautelar na LJCA. Nos termos do art. 130.º, são condições: o *periculum in mora*, que se apresenta como o pressuposto "essencial e básico" da emissão da tutela cautelar[957], e a ponderação circunstanciada, com toda a "minudência e sem omitir circunstância ou particularidade"[958], de todos os interesses em conflito (de natureza antagónica) no processo[959]. O legislador não determinou literalmente o *fumus boni iuris* como condição de procedência da tutela cautelar comum[960].

---

[955] Neste sentido, para uma síntese da doutrina espanhola do processo, F. RAMOS MENDEZ, "Les mesures provisoires indéterminées dans le procès civil espagnol", *Les mesures provisoires en procédure civil* ... cit., pp. 189 ss.; M. ORTELLS RAMOS/M. P. CALDERÓN CUADRADO, *La tutela judicial cautelar en el Derecho español*, Granada, 1996, pp. 3 a 34, pp. 171 a 175; F. GASCÓN INCHAUSTI, *La Adopción de las Medidas Cautelares con Carácter Previo a la Demanda*, Barcelona, 1999, pp. 13 a 17.

[956] Para um síntese destas posições, vd. M. ÁNGELES JOVÉ, *Medidas Cautelares Innominadas en el Proceso Civil*, Barcelona, 1995, pp. 13 a 28.

[957] C. CHINCHILLA MARÍN, "Las medidas cautelares. Comentarios a la Ley ... cit., p. 871.

[958] C. CHINCHILLA MARÍN, "Las medidas cautelares. Comentarios a la Ley ... cit., p. 871.

[959] Para mais desenvolvimentos sobre esta condição de procedência da tutela cautelar inominada, vd. J. RODRÍGUEZ PONTÓN, *Pluralidad de Intereses en la Tutela* ... cit., esp. pp. 198 e 199.

[960] Neste sentido, C. CHINCHILLA MARÍN, "Las medidas cautelares. Comentarios a la Ley ... cit., p. 871 e pp. 874 e 875. A autora, embora considere que o *fumus boni iuris*

Juntamente com o regime comum de tutela cautelar (arts. 129.º e 130.º), o legislador definiu, como dissemos já, um regime especial de tutela cautelar para os casos de omissão administrativa (nas suas diferentes variações) e para a "*vía de hecho*".

Segundo alguma doutrina, a diferença entre estes dois tipos de regime é significativa. Enquanto que no primeiro caso, a tutela cautelar se consagra como excepção à regra "geral da executoriedade" (pois, "a medida cautelar poderá **acordar-se** unicamente **quando**"), no segundo caso, a tutela cautelar constitui a regra (pois, "adoptar-se-á **salvo se**")[961]. A adopção da tutela cautelar obedece a uma lógica diferente em cada um dos casos. No primeiro, visa evitar a frustração da decisão final; no segundo caso, visa dar tutela antecipada ao administrado que sofre da ilegalidade prevista nos arts. 29.º e 30.º da LJCA. Por conseguinte, o pressuposto de adopção da tutela urgente, neste caso não é o *periculum in mora*, mas a evidência da actuação ilegal da Administração.

Note-se que nestes casos de tutela urgente, face à inactividade e operações materiais da Administração, o legislador não tipifica como condição um simples *fumus boni iuris*, pelo contrário, o legislador faz depender a decretação da tutela rápida, não tanto da aparência de que estão preenchidas as condições que a lei exige para que sejam ordenadas as medidas cautelares, mas da não existência de uma evidência em contrário[962].

No que respeita ao conteúdo das medidas e aos poderes do juiz cautelar, se fizermos uma correspondência entre as diversas modalidades do recurso contencioso e o respectivo poder cautelar do juiz para acautelar o efeito útil das respectivas sentenças, poderemos chegar às seguintes conclusões.

---

não pode ser senão mais um critério de procedência da tutela cautelar, lamenta, por isso, que o legislador não tenha seguido a jurisprudência do Tribunal Supremo e do Tribunal Constitucional e não tenha consagrado o critério do *fumus* nas condições de procedência previstas no art. 130.º da LJCA. M. BACIGALUPO (*La nueva tutela cautelar* ... cit.) refere que ainda que o pressuposto do *fumus* não esteja previsto expressamente na lei, o juiz cautelar tem de fazer um juízo sumário (e probabilístico) sobre a existência do direito do requerente (e sobre o sucesso do requerente no processo principal). No mesmo sentido, F. CORDÓN MORENO, *El Proceso Contencioso Administrativo*, Pamplona, 1999, p. 274.

[961] C. CHINCHILLA MARÍN, "Las medidas cautelares. Comentarios a la Ley ... cit., p. 891. Para uma interpretação parcialmente diferente, vd. M. BACIGALUPO, *La nueva Tutela cautelar* ... cit. pp. 155 e 156 e p.173.

[962] Vd. C. CHINCHILLA MARÍN ("Las medidas cautelares. Comentarios a la Ley ... cit., p. 892), que qualifica este normativo como "desafortunado".

De acordo com a doutrina espanhola do processo administrativo, o recurso principal contra actos administrativos não pode ser acompanhado, senão da pretensão de suspender a eficácia do acto administrativo impugnado.

Já quando se impugna um acto de conteúdo negativo, a doutrina espanhola defende que a pretensão cautelar é a de que se condene a Administração a praticar antecipadamente o acto administrativo devido, pois corresponde à pretensão principal[963]. O juiz cautelar pode antecipar, apenas provisoriamente, os efeitos da decisão principal e na circunstância de não criar efeitos irreversíveis para o futuro[964]. Logo, apenas pode antecipar os efeitos previsíveis da sentença principal, pelo que, no que respeita ao acto administrativo de conteúdo negativo, praticado no exercício de poder discricionário, estará interdito ao juiz cautelar dar, ao requerente, mais do que aquilo que alcançará através da decisão de mérito[965].

Assim, poderá o juiz cautelar condenar a Administração, na prática do acto administrativo devido (exercido no uso de poder vinculado e não no uso de poder discricionário), desde que o faça com carácter de provisoriedade. Não poderá condenar a Administração a emitir uma licença de construção, pois a sua emissão dificilmente terá um carácter provisório. Porém, já poderá condenar a Administração a nomear provisoriamente um funcionário seu, através da emissão de actos com cláusulas acessórias de condição, reserva de modo. A doutrina espanhola admite mesmo a possibilidade de ordenação de tutela cautelar definitiva perante a Administração

---

[963] Vd., sobre a questão, S. GONZÁLEZ-VARAS IBAÑEZ, *Problemas procesales actuales* ... cit., p. 73; M. BACIGALUPO, "Es posible ejercitar pretensiones de condena en los recursos contencioso-administrativos contra actos negativos expresos?", *La Ley*, de 5 de Dezembro de 1995.

[964] M. BACIGALUPO, *La nueva tutela cautelar* .... cit., pp. 142 e 143.

[965] Neste sentido, R. PARADA (*Derecho Administrativo I, Parte General*, 10.ª ed., Madrid, 1998, p. 781) refere que a Ley 29/1998 de 13 de Julho aceita as "medidas (cautelares) positivas de anticipación del cumplimiento de obligaciones concretas que constituyan la pretensión deducida en el proceso". Também, no mesmo sentido, J. M.ª ÁLVAREZ-CIENFUEGOS SUÁREZ/J. J. GONZÁLEZ RIVAS, *Análisis Teórico y Jurisprudencial de la Ley de la Jurisdicción Contencioso-Administrativa*, Coleccion Monografias Aranzadi, pp. 365 a 379, esp. p. 366; F. CORDÓN MORENO, *El Proceso Contencioso Administrativo* ... cit., pp. 272 e 273; E. GARCÍA DE ENTERRÍA/T. R. FERNÁNDEZ, *Curso de Derecho Administrativo* ... cit., p. 627; M. BACIGALUPO SAGGESE, "Comentário ao art. 75.º da LJCA", REDA, 100, 1998, pp. 505 ss.

quando esta usa poder discricionário, desde que, de acordo com o princípio da tutela judicial efectiva, essa se mostre como única forma de não negar justiça ao requerente[966].

Em suma, embora o legislador não especifique limites ou restrições ao poder cautelar do juiz[967], estes vão existir sempre, por um lado, pela natureza cautelar da medida e, por outro, pela natureza (administrativa/discricionária) das matérias em causa.

No que respeita aos recursos contra as "disposiciones de carácter general", sendo a pretensão de fundo a de ver declarada a disposição geral como não conforme ao direito, os particulares poderão requerer a sua anulação total ou parcial e como medida cautelar poderá pedir a suspensão da vigência de tal norma impugnada (art. 129.2 LJCA)[968].

No que respeita às condições de decretação da tutela cautelar face a actos e normas administrativas fixadas na nova LJCA, são elas: o perigo de frustração da finalidade do recurso; e a ponderação de todos os interesses em conflito (interesse público e de terceiros)[969]. Nos termos do art. 130.º 2, a medida cautelar poderá negar-se quando da sua decretação possa resultar uma perturbação grave dos interesses gerais ou de terceiros, interesses que o juiz cautelar deve ponderar de forma circunstanciada. Por conseguinte, parece não existir qualquer menção à condição do *fumus boni iuris*[970].

---

[966] Neste sentido, M. BACIGALUPO, *La nueva tutela cautelar* ....cit., pp. 144 e 145. Parecem ter o mesmo entendimento, E. GARCÍA DE ENTERRÍA, *La batalla por las medidas cautelares* ... cit., pp. 18 ss.; C. ESCUDERO HERRERA, "De la instrumentalidad y otras características de las medidas cautelares en el orden contencioso-administrativo ... cit., pp. 538 ss.

[967] Nesse sentido, C. CHINCHILLA MARÍN, "las medidas cautelares ... cit., p. 865.

[968] Para uma interpretação diferente, no sentido de que pode "sustituir la disposición impugnada (...) por una regulación provisional", vd. E. GARCÍA DE ENTERRÍA/T. R. FERNÁNDEZ, *Curso de derecho Administrativo*, ... cit., p. 627; C. CHINCHILLA MARÍN, "La medidas cautelares. Comentarios a la ley ... cit., p. 867.

[969] De acordo com a Exposición de Motivos, "as condições comuns" de procedência de "cualesquiera medidas cautelares" são as fixadas no art. 130.º 1, ou seja, pelo "peligro de frustración de la finalidad del recurso" e pela "ponderación de los intereses en conflicto". Sobre a ponderação de interesses públicos e interesses de terceiros, como condição obrigatória de procedência da tutela cautelar na justiça administrativa, vd. J. RODRÍGUEZ PONTÓN, *Pluralidad de Intereses en la Tutela Cautelar*... cit., *passim*.

[970] Para algumas críticas, quanto à ausência do critério do *fumus boni iuris* na LJCA, vd. E. COLLADO GARCÍA-LAJARA, "Las medidas cautelares en la nueva Ley de la

Como na nova LJCA estão previstas formas novas de tutela jurisdicional principal, perante a inactividade administrativa e face a actividades materiais da Administração, também perante essas mesmas foi consagrada uma tutela cautelar antecipatória[971]. Tratar-se-á, nestes casos de condenar provisoriamente a Administração na prática de certa prestação (cuja natureza o permita), enquanto decorre o processo principal. Todavia, nestas situações apresentam-se, aos poderes do juiz, a proibição de conceder, através da tutela cautelar, mais do que o requerente alcançará através da acção principal, e a proibição de antecipar irreversivelmente os efeitos da decisão jurisdicional definitiva[972]. Assim, de acordo com a doutrina, perante a omissão de prestação devida, o juiz cautelar poderá ordenar a condenação da Administração na prestação de assistência sanitária, na realização de determinadas prestações sociais e na determinação de uma provisão a favor do credor da Administração[973].

Tudo isto nos leva a dizer que a doutrina não se inibe em considerar ligítima a antecipação executiva de algumas pretensões, o que pode suscitar algumas cautelas, dados os riscos de irreversibilidade que as antecipações executórias podem causar; e isto também a propósito da problemática da exe-

---

Jurisdicción Contencioso-Administrativa", *La Ley*, de 30 de Novembro de 1998, pp. 2 ss., esp. p. 6.; E. GARCÍA DE ENTERRÍA/T. R. FERNÁNDEZ, *Curso de Derecho Administrativo* ... cit., p. 628; J. GONZÁLEZ PÉREZ, *Comentarios a la Ley de la Jurisdicción* ... cit., pp. 2045 a 2047; M. BACIGALUPO, *La nueva tutela cautelar...* cit., pp. 148 ss.; C. CHINCHILLA MARÍN, "Las medidas cautelares. Comentarios a la Ley ... cit., p. 891; F. CORDÓN MORENO, *El Proceso Contencioso Administrativo...* cit., p. 274.

[971] R. PARADA, *Derecho Administrativo* ... cit., p. 781; C. CHINCHILLA MARÍN, "Las medidas cautelares. Comentarios a la Ley ... cit., pp. 866 e 867.

[972] Vd. M. BACIGALUPO, *La nueva tutela cautelar* ... cit., p. 166, onde admite excepções à regra da proibição de antecipar irreversivelmente o conteúdo da decisão definitiva, quando tal antecipação se mostre, de acordo com o art. 24.º 1 da CE, como única forma de garantir uma tutela jurisdicional efectiva.

[973] Sobre a admissibilidade destas condenações de pagamento antecipado de certas dívidas a um credor da Administração, vd. GARCÍA DE ENTERRÍA, "Hacia un medida cautelar ordinaria de pago antecipado de deudas .... cit., pp. 238 ss.; O. HERRÁIZ SERRANO, "El paso firme dado por el Tribunal Superior de Justicia de Aragón en el duro batallar por la tutela cautelar: la aplicación de la técnica francesa del référé-provisión", RAP, 147, 1998, pp. 141 ss. (e tb., publ., in: REDA, 102, 1999, pp. 265 ss.).

cução antecipada de sentenças provisórias, enquanto medida cautelar do processo executivo[974].

No que respeita à tutela cautelar que pode acompanhar o recurso contra a via de facto administrativa – que, segundo a *Exposición de Motivos* da LJCA, constituem actuações que carecem da "necessária cobertura jurídica e lesionam direitos e interesses legítimos de qualquer classe" –, dado que o que se pretende por regra é evitar que a Administração actue, ou em outras situações, que actue sobre o *status quo ante*, enquanto se desenrola um processo principal, poder-se-á lançar mão tanto da tutela cautelar de conteúdo assegurador, como da tutela cautelar de conteúdo antecipatório[975].

Quanto aos critérios de procedência da tutela cautelar, perante as sentenças a proferir em recursos contra a omissão, e face à actividade material da Administração, eles são diferentes dos previstos no art. 130.º da LJCA. Como vimos, no art. 136.º da LJCA são fixados critérios diversos para a adopção de uma medida cautelar que se apresenta como meio instrumental a um recurso contra a omissão Administrativa e a sua actividade material (*"via de hecho"*). Ainda se exige uma ponderação dos interesses em conflito, mas introduz-se uma modalidade do *fumus boni iuris*, segundo a qual a medida cautelar será adoptada salvo que se aprecie com evidência que não se verificam as situações previstas de *via de facto*. Este critério será um critério do *fumus non malis iuris*[976].

Acompanhámos, em síntese, a história do "duro batalhar" pela tutela cautelar no modelo espanhol, que não encontrou o seu fim. Cremos que caberá agora aos tribunais, aos juristas e aos particulares ousar ordenar e solicitar, respectivamente, autênticas medidas cautelares, pois, caso contrário, tudo permanecerá como dantes.

Aliás, não podemos deixar de confessar que duvidamos que só alguma ousadia poderá compensar a ausência do critério do *fumus boni iuris* das

---

[974] Sobre esta questão, vd. I. MARTÍNEZ DE PISÓN APARICIO, *La ejecución provisional de sentencias en lo contencioso-administrativo*, Madrid, 1999, esp. pp. 118 a 149.

[975] M. BACIGALUPO, *La nueva tutela cautelar* ... cit., pp. 174 a 175.

[976] Neste sentido, M. BACIGALUPO, *La nueva tutela cautelar* ... cit., pp. 171 e 172; E. GARCÍA DE ENTERRÍA/T. R. FERNÁNDEZ, *Curso de Derecho Administrativo* ... cit., p. 628. J. GONZÁLEZ PÉREZ fala em presunção a favor da adopção da tutela cautelar, vd. *Comentarios a la Ley de la Jurisdicción* ... cit., p. 2101.

condições de procedência comuns da tutela cautelar[977]. Falta saber com base em que critérios vai o juiz administrativo espanhol ordenar medidas cautelares, quando estiver a aplicar o Direito Comunitário[978].

---

[977] Opinião que resulta parcialmente da consideração do Auto da Sala 3.ª do Tribunal Supremo, de 6 de Maio, relativo ao recurso 17/1999 e em que foi relator Sr. D. Manuel Campos. Neste Acórdão foi indeferido um pedido de suspensão de uma decisão do Conselho de Ministros, pelo qual se ampliava a moratória fixada na Lei de Liberalização das Telecomunicações de 16 para 24 meses, impedindo a Telefónica S.A. de, durante esse período, entrar no mercado. A requerente (Telefónica S.A.), que durante muito tempo teve o monopólio das telecomunicações, alegou vir a sofrer um prejuízo irreparável resultante da não suspensão do acto. E ainda invocou a seu favor uma aparência de bom direito. Diferente entendimento teve o *Abogado del Estado* que, além de insistir no carácter excepcional da medida cautelar no contencioso administrativo espanhol, defendeu não se dever aceitar o critério do *fumus boni iuris* como critério válido de procedência da tutela cautelar. No seu entender, não poderia ser suspensa a decisão, pois os danos do requerente seriam "em todo caso indemnizáveis", enquanto que a não execução imediata da decisão causaria "graves prejuízos para o interesse geral e para terceiros". Ora, no nosso entender, embora tenha sido alterada a lei, há continuidade no raciocínio do Advogado do Estado. Quanto à decisão do tribunal, o juiz fundamentou o indeferimento do pedido solicitado na existência de prejuízos para terceiros, que resultariam da suspensão. O tribunal também entendeu que os terceiros, operadores de telecomunicações por cabo que necessitariam desse tempo de moratória imposto à Telefónica S.A. para se instalarem no mercado, apresentavam "um melhor direito".

[978] Neste sentido, vd. a posição de Sr. D. Manuel Campos, relator do Acórdão da Sala 3ª do Tribunal Supremo de 6 de Maio, relativo ao recurso 17/1999, que entendeu que, apesar do critério do *fumus boni iuris* não estar previsto na lei, deveria ser apreciado, "uma vez que a tutela cautelar se refere a direitos derivados da aplicação, directa ou indirectamente, de normas de direito comunitário, a respeito das quais os juizes nacionais têm de dar tutela conforme a orientações jurídicas homogéneas para todos os Estados membros. E, nesse sentido, "[deverão] ser tomados em conta os critérios usualmente utilizados para o efeito pelo Tribunal de Justiça das Comunidades Europeias: entre eles aparece reite-radamente (...) la apariencia de buen derecho".

CAPÍTULO III

**PROBLEMA
MODELO PORTUGUÊS DE JUSTIÇA ADMINISTRATIVA:
PUZZLE SEM *PEÇA* CAUTELAR**

Sumário:
1. A tutela cautelar no sistema português de justiça administrativa – Introdução: a tendência para a superação do desequilíbrio. 2. A tutela cautelar no sistema português de justiça administrativa – Evolução: da prática jurisprudencial *formalista* à *tolerante*. 3. A tutela cautelar no sistema português de justiça administrativa – Sistematização: a tutela cautelar *versus* tutela sumária não cautelar. 4. A tutela cautelar no sistema português de justiça administrativa – Síntese: a urgência na reforma

1. A tutela cautelar no sistema português de justiça administrativa – Introdução: a tendência para a superação do desequilíbrio

Cedo se verificou que a actividade da Administração não pode escapar ao olhar atento e fiscalizador de uma entidade de si distinta, de natureza jurisdicional (ou quase jurisdicional), que controle imparcialmente o cumprimento da lei e assegure a defesa dos particulares.

Esta confirmação, sendo fruto da "mais bela e útil descoberta moral do século" (MOUZINHO DA SILVEIRA), não garante, por si só, a defesa dos particulares, já que ela se relaciona com o dogma da separação de poderes. E, nessa circunstância, a concretização dos tipos de controlo da Administração es-tá dependente da compreensão deste princípo[979]. Interpretado num sentido "he-

---

[979] Para maiores desenvolvimentos sobre esta evolução, vd. ROGÉRIO EHRHARDT SOARES, "Administração Pública e controlo judicial", *Revista de*

terodoxo"[980], o princípio da separação de poderes exigiu a subtracção radical do controlo da Administração aos tribunais jurisdicionais comuns e obrigou à criação de um sistema alternativo ("peculiar") de garantias dos particulares[981], segundo o qual, "julgar a Administração é ainda administrar"[982].

Mais cedo ou mais tarde uma compreensão "moderada" do princípio da separação de poderes acabou por vingar, obrigando a que o seu cumprimento se fizesse pela atribuição dos poderes de controlo da Administração a quem exerce um verdadeiro poder jurisdicional. E depois de estabelecida em Portugal a regra pela qual julgar a Administração é verdadeiramente julgar, surge a missão nova de procurar o equilíbrio entre os poderes, legislativo, administrativo e judicial, que, se em abstracto é de fácil delineamento, inter-

---

Legislação e Jurisprudência, ano 127, n.º 3 845, pp. 226 ss.; PAULO OTERO, "Revolução Liberal e Codificação Administrativa: a Separação de Poderes e as Garantias dos Administrados", in: *Estudos em Memória do Professor Doutor João de Castro Mendes*, Lisboa, s.d., pp. 603 ss.; MARIA DA GLÓRIA FERREIRA DIAS GARCIA, *Da Justiça Administrativa em Portugal. Da sua Origem e Evolução*, Lisboa, 1994.

[980] Segundo o decreto de 16 do Frutidor do ano III, era proibido conhecer aos tribunais os actos da Administração, de qualquer espécie que fossem, sob pena de sanções. A este propósito, para uma síntese da peculiar interpretação do princípio da separação de poderes, de origem francesa, e posteriores consequências jurídicas, vd., por todos, PROSPER WEIL, *O Direito Administrativo*, (trad. portuguesa de MARIA DA GLÓRIA FERREIRA PINTO), Almedina, Coimbra, pp. 7 a 36; E. GARCÍA DE ENTERRÍA, *La lucha contra las inmunidades del poder*, reimp. da 3.ª ed., 1995. E do mesmo autor, *Revolución Francesa y Administración Contemporanea*, Madrid, ed. de 1998, pp. 35 a 77. Vd., tb., MARIA DA GLÓRIA F. P. D. GARCIA, *Do Conselho de Estado ao actual Supremo Tribunal Administrativo*, Fundação Luso-Americana, Lisboa, 1998, pp. 11 e 12.

[981] Sobre esta questão, E. GARCÍA DE ENTERRÍA/TOMÁS- RAMÓN FERNÁNDEZ, *Curso de Derecho Administrativo*, vol. I, 8.ª ed., Madrid, pp. 27 ss.; BERNARD PACTEAU, *Contentieux Administratif*, Paris, 1985, p. 16; C. DEBBASCH/J.-C. RICCI, *Contentieux Administratif*, 7.ª ed. Dalloz, Paris, 1999, pp. 1 a 13, esp., 4 a 7; MARIO NIGRO, *Giustizia Amministrativa*, Bologna, 4.ª ed. 1994, p. 42; V. PEREIRA DA SILVA, *Para um Contencioso Administrativo dos Particulares* (Esboço de uma teoria subjectiva do recurso directo de anulação), Coimbra, 1989, pp. 13 ss.

[982] Em termos de análise científica da realidade de garantias, para alguns não houve, verdadeiramente, uma ruptura entre a realidade pré revolucionária e a pós revolucionária. Assim, pelo contrário, no entender de ALEXIS DE TOCQUEVILLE, existiu uma continuidade, na medida em que, "em matéria de justiça administrativa a revolução apenas encontrou a fórmula, pois ao antigo regime pertence a ideia". Vd., *Antigo Regime e a Revolução*, Lisboa, 1989, p. 64.

ditando um deles de se imiscuir nos outros[983], em concreto, é uma tarefa árdua.

Aliás, a *intensa* relação entre os poderes administrativo e judicial, que marcou o nascimento do contencioso administrativo e que está presente na sua evolução[984], chega a tornar-se *tensa* em dois momentos cruciais desse contencioso: no da aplicação de tutela cautelar e no da execução das sentenças[985].

A relação é particularmente vulnerável no momento da execução das sentenças proferidas pelos tribunais administrativos contra a Administração, e tem-se agunizado quando os tribunais, perante a invocação de causa legítima de inexecução, procedem ao apuramento da legitimidade do afastamento da regra da execução *in natura*. E complicada será não só a tarefa de apurar se da execução da sentença resulta grave prejuízo para o interesse público, como também convencer o particular de que a causa legítima de inexecução tem lugar num Estado de Direito. Enfim, nem o "oferecer ao cidadão um juiz, dizer-lhe que a ele pode recorrer, fazê-lo enfrentar um processo, dar-lhe a ilusão de ter vencido e depois dizer-lhe que em verdade estava na razão, mas por motivos de interesse ou de ordem pública se opõem a que obtenha o que tem direito de obter", pode significar para o particular um desvio ao princípio da separação de poderes[986]. Mais complicado é ainda afirmar a existência de um Estado de Direito material se, perante o reconhecimento de causa ilegítima de inexecução pelo tribunal, a Administração, sem dotação orçamental suficiente, nega cumprir a ordem de execução.

Tudo isto nos leva a questionar, com G. VIOLA, se esta situação não mina, pela base, a própria essência do direito e da justiça[987].

Numa outra perspectiva, a *sensibilidade* do momento da execução das sentenças revela-se na *embaraçosa* solução que o Estado de Direito consagra,

---

[983] Neste sentido, ROGÉRIO EHRHARDT SOARES, "Administração Pública ... cit., p. 228 e também *Direito Administrativo*, policop., Universidade Católica, Porto (s/ data), pp. 24 ss.

[984] J. C. VIEIRA DE ANDRADE, "As transformações do contencioso administrativo na Terceira República Portuguesa", Legislação-*Cadernos de Ciência de Legislação*, INA, n.º 18, Janeiro-Março, 1997, p. 65 ss.

[985] A propósito do sistema de execução de sentenças, vd. D. FREITAS DO AMARAL, *A Execução de Sentenças dos Tribunais Administrativos*, 2.ª ed., Coimbra, 1997.

[986] G. VIOLA, "Le ragioni di ordine e interesse pubblico ostative alla esecuzione del giudicato", Apud, D. FREITAS DO AMARAL, *A Execução de Sentenças dos Tribunais Administrativos* ... cit., pp. 140 e 141.

[987] Idem, ob. cit., p. 141.

ao preferir o privilégio da execução prévia do acto ilegal, perante a situação do particular que sai vencedor de um demorado e custoso processo contra a Administração e depara com a invocação de impossibilidade legítima de inexecução.

Se é fácil compreender que após a ordenação e posterior execução do abate de plantas ou de animais, ou da demolição de um monumento histórico, é manifesta a impossibilidade de executar as sentenças que venham porventura a anular os actos administrativos correspondentes, pois, logo se vê que a Administração se acha absolutamente impedida de reconstruir a situação que existiria se não fossem esses actos[988]. Já dificil será aceitar que, existindo tutela cautelar, ela não seja ordenada para evitar a perda irreversível de direitos e a consumação de factos, pois, como se entende, a Administração não pode ressuscitar um ser vivo que matou, nem pode refazer um monumento histórico que destruiu[989] ilegalmente.

Igualmente, se em abstracto se pode entender que se a Administração proibir uma actividade que tem de efectuar-se num dado momento, como uma reunião, um comício ou uma manifestação contrária à visita de um político estrangeiro, a realizar poucos dias depois, a Administração estará em absoluto impedida de executar a sentença que anule a proibição, pois, é evidente que não pode, designadamente, fazer repetir a viagem daquela personalidade para que os promotores da manifestação, ilegalmente proibida, possam efectuá-la[990].

O mesmo se diga, enfim, quando tiver sido extinto o cargo que um funcionário ilegalmente demitido ocupava ou quando já houver expirado o período de duração do mandato dos titulares de qualquer órgão administrativo ilegalmente dissolvido. Pois é claro que também aqui a Administração activa se encontra, em absoluto, impedida de executar as sentenças anulatórias dos actos de demissão do funcionário, ou de dissolução do colégio: não se pode reintegrar um agente num posto que já não existe, nem reinvestir alguém num mandato referente a um período de tempo que já decorreu[991].

---

[988] Cfr. D. FREITAS DO AMARAL, *A Execução de Sentenças dos Tribunais Administrativos* ... cit., p. 126.

[989] Cfr. D. FREITAS DO AMARAL, *A Execução de Sentenças dos Tribunais Administrativos* ... cit., p. 126.

[990] D. FREITAS DO AMARAL, *A Execução de Sentenças dos Tribunais Administrativos* ... cit., p. 126.

[991] D. FREITAS DO AMARAL, *A Execução de Sentenças dos Tribunais Administrativos* ... cit., p. 126.

Se o "fundamento desta solução legal é evidente: *ad impossibilita nemo tenetur*"[992], mais difícil é aceitá-lo num Estado de Direito, regido pelos princípios da separação de poderes, do acesso ao Direito e aos Tribunais e da tutela jurisdicional efectiva. Podendo o modelo conter formas de tutela cautelar adequadas, a solução que existe actualmente deve ser, por norma, evitada e remetida para a situação de supérflua, já que a tutela cautelar, quando adequadamente positivada e gerida, permite evitar as situações de inexecução de sentença, *maxime* por impossibilidade, que causam sempre mais frustração que justiça.

Em termos mais específicos, melindroso é ainda o momento cautelar do processo administrativo, pelo menos, em dois sentidos.

Por um lado, atendendo, não só à paralisação que o mesmo pode provocar na realização imediata do interesse público, como também pela possível perda do efeito útil *a posteriori* da acção administrativa previamente suspensa, ao que acresce, por outro lado, o risco de o juiz se transformar em *Administrador ante tempus*, perante pretensões dos particulares que envolvam uso de poder discricionário pela Administração. Também quando o juiz administrativo nega tutela cautelar, porque conscientemente remete a questão para o juiz da causa principal ou deixa que o tempo por si decida, pode correr o risco de se comportar como administrador *ante tempus,* sendo suficiente, para que isso aconteça que a actuação ilegal desenvolvida pela Administração, que devia ter sido por ele interdita interinamente e não foi, produza factos consumados, com efeitos irreversíveis. Quem administra, nestes casos, é o juiz cautelar. Cumpre, então, considerar o "factor tempo" numa dupla perspectiva.

Os momentos delicados do contencioso administrativo – execução de sentenças e cautelar – são duas faces da mesma moeda e podem ser compreendidas em conjunto. Num Estado de Direito, a solução de inexecução de sentenças, principalmente a que resulta da impossibilidade absoluta, deve ser evitada pela consagração e gestão de um modelo cautelar adequado.

O que se pretende com este pródromo ao estudo do sistema de tutela jurisdicional português – *puzzle* – é lançar o alerta para as dificuldades do sistema existente e a instituir, já que esta realidade não pode ser esquecida no momento em que são propostas reformas ao modelo de justiça administrativa cautelar instituído. De igual forma, deve ser evitada a construção do sistema

---

[992] D. FREITAS DO AMARAL, *A Execução de Sentenças dos Tribunais Administrativos* ... cit., pp. 125 e 126.

de tipo "estado neurótico" (ROGÉRIO SOARES)[993], e instituir-se, em seu lugar, um sistema onde não exista rivalidade, competição ou luta entre poderes. A aceitar a palavra competição, que esta tenha o significado que lhe dá MARIA DA GLÓRIA GARCIA, quando diz que terá de abandonar-se o sentido corrente do termo competir e usar outro, também possível, o de procurar em conjunto o sentido do direito administrativo[994].

No nosso entender, porque a procura pela realização efectiva do direito administrativo deve ser feita em conjunto, e, dado que tanto a função administrativa como a jurisdicional são actividades subordinadas à lei, a fundamental condição de procedência da tutela cautelar deve ser o *fumus boni iuris*. Aos tribunais deve ser exigida a aplicação de tutela cautelar perante a aparência de actuação ilegal da Administração. E esta obrigação existe, principalmente, nas situações em que o particular corre o risco de sofrer uma perda irreversível, do tipo daquelas perante as quais a Administração está habilitada a invocar uma causa legítima de inexecução. Caso contrário, a garantia dos particulares, enquanto "primeira e principal inspiração" do direito administrativo, sairá frustrada[995].

No nosso entender, a história do contencioso administrativo tem vindo a provar que a tendência do passado, em determinados momentos, foi realizar mais frustração que justiça, para a qual contribuiu o sistema processual cautelar de desigualdades e desequilíbrio.

O desequilíbrio tem sido manifesto no contencioso dos actos – dado o privilégio de execução do acto ilegal, dada a ausência de efeito suspensivo do recurso de anulação e dada a ineficiência do processo de suspensão – e a demora tem sido verdadeiramente prejudicial ao particular.

Também tem sido clara a desigualdade da tutela cautelar no contencioso das acções, no âmbito do qual, em determinados momentos, o legislador permitiu à Administração solicitar contra os particulares todas as medidas cautelares previstas no processo civil, enquanto que a estes restava a intimação para comportamento contra particulares e nada mais.

Só na década de 90 é que esta tendência começou a ser corrigida, quer, por força de actuação da jurisprudência, que por via do *enxerto* das providên-

---

[993] ROGÉRIO EHRHARDT SOARES, "Administração Pública ... cit., p. 228.

[994] MARIA DA GLÓRIA GARCIA, " Os procedimentos cautelares. Em especial, a suspensão da eficácia do acto administrativo, *Separata de Direito e Justiça*, vol. X, tomo 1, 1996, p. 212.

[995] PROSPER WEIL, *Direito Administrativo* ... cit., p. 105.

cias cautelares do processo civil tem vindo a compensar o desequilíbrio do modelo cautelar, quer por actuação do legislador que, recentemente, começou a superar tal tendência, atribuindo efeito suspensivo a certos recursos e positivando no contencioso dos contratos formas de tutela urgente e de tutela provisória atípica.

É desta evolução do modelo de tutela cautelar, que se traduz na compensação do tratamento desigual entre a Administração e os particulares, ainda em curso, e por isso inacabada, que daremos conta de seguida.

Torna-se fundamental considerar que a evolução do modelo cautelar tem subjacente as alterações que o próprio modelo do contencioso administrativo tem vindo a sofrer, pelo menos intensamente desde há 20 anos, e cujo impulso se deve ao legislador constituinte.

No plano da evolução do modelo organizatório do contencioso administrativo, só com a revisão constitucional de 1989 é que a jurisdição administrativa surge consagrada como obrigatória, ainda que desde a Lei-Constitucional n.º 3/74 se tenha instituído um sistema "em que julgar é verdadeiramente julgar" e se tenha criado uma jurisdição especializada em matéria administrativa – os Tribunais Administrativos de Círculo (em substituição das Auditorias) e o Supremo Tribunal Administrativo com competência em 1ª instância e em sede de recurso, com a reforma de 1984/85.

Recentemente, pelo Decreto-Lei n.º 229/96 de 29 de Novembro, a orgânica jurisdicional administrativa volta a sofrer uma alteração, que por alguma doutrina é considerada insuficiente – qual solução "meias-tintas"[996] –, desta feita, para instituir o TCA.

Em 1997, nada de novo. O sistema permanece inalterável ao nível organizativo, apesar da revisão constitucional. Muito embora se registe a criação de dois novos tribunais administrativos de círculo e a instalação de dois já criados, segundo alguns, a reforma da orgânica judiciária parece inevitável, pois, a lentidão da realização da justiça e o usual entorpecimen-

---

[996] Expressão de V. PEREIRA DA SILVA, "Breve Crónica de uma Reforma Anunciada", *Cadernos de Justiça Administrativa*, 1, 1997, pp. 3 a 7. A doutrina tem vindo a defender que seria mais conveniente fazer acompanhar a criação deste tribunal de uma nova distribuição de competências entre o STA, o TCA e os TACs, poupando o STA o ter de conhecer e decidir em 1ª instância. Neste sentido, vd. M. AROSO DE ALMEIDA, "Contributo para a reforma do contencioso administrativo", *Direito e Justiça*, vol. IX, t. 1, 1995, pp. 120 e 121.

to dos tribunais não se consertam apenas com as alterações ao modelo processual[997].

No que respeita ao modelo processual, as sucessivas revisões constitucionais têm vindo a acentuar a perspectiva subjectiva do modelo[998]. Se em 1976 o sistema correspondia, no essencial, ao modelo de inspiração francesa de base objectivista, onde, não obstante estarem previstos meios jurisdicionais para apurar a responsabilidade civil da Administração, meios referentes a contratos administrativos e procedimentos eleitorais, o

---

[997] Considere-se o "Manifesto de Guimarães sobre a Justiça Administrativa", *Cadernos de Justiça Administrativa*, 14, 1999, p. 67.

[998] Para maiores desenvolvimentos sobre esta evolução do modelo do processual de justiça administrativa, vd. R. CHANCERELLE DE MACHETE, "A garantia contenciosa para obter o reconhecimento de um direito ou interesse legalmente protegido", in: *Nos Dez Anos da Constituição*, Lisboa, 1986; L. M. C. SOUSA DA FÁBRICA, "A Acção para Reconhecimento de Direitos e Interesses Legalmente Protegidos", BMJ *Boletim do Ministério da Justiça*, 365, 1987, pp. 21 a 68; ROGÉRIO EHRHARDT SOARES, "O Acto Administrativo", *Scientia Ivridica*, 223/228, 1990, pp. 25 a 35; J. M. SÉRVULO CORREIA, "Linhas de Aperfeiçoamento da Jurisdição Administrativa", ROA *Revista da Ordem dos Advogados*, ano 51, 1991, pp. 181 a 190; RUI MACHETE, "Contencioso Administrativo", *Estudos de Direito Público e Ciência Política*, Lisboa, 1991, pp. 183 a 331; D. FREITAS DO AMARAL, "Projecto de Código do Contencioso Administrativo", *Scientia Ivridica*, 235/237, 1992, pp. 7 a 26; MARIA DA GLÓRIA DIAS GARCIA, *Da Justiça Administrativa em Portugal. Sua origem e evolução*, Lisboa, 1994, passim.; M. AROSO DE ALMEIDA, "Os direitos fundamentais dos administrados após a revisão constitucional de 1989", *Direito e Justiça*, vol. VI, 1992, pp. 322 ss.; J. C. VIEIRA DE ANDRADE, *A Justiça Administrativa* ... cit., pp. 27 a 39 e, ainda, "As transformações do contencioso administrativo na Terceira República Portuguesa ... cit., pp. 69 ss. Cfr. V. PEREIRA DA SILVA, *Em Busca de um Acto Administrativo Perdido*, Coimbra, 1996, pp. 664 ss.; e do mesmo Autor, "Breve Crónica de uma Reforma Anunciada", *Cadernos de Justiça Administrativa*, 1, 1997, pp. 3 a 7. No entender deste último autor, a Revisão de 1989 trouxe uma importante transformação do contencioso administrativo em vigor, referindo que dos artigos 268°, n.° 4 e n.° 5 da CRP "resulta muito claramente que: o contencioso administrativo na sua globalidade – isto é, tanto o relativo ao recurso de anulação (n.° 4 do art. 268.°), como o das acções administrativas (n.° 5 do art. 268.°) – assume, na nossa ordem jurídica, uma função e uma natureza subjectivas, visando assegurar uma protecção efectiva e integral dos direitos dos cidadãos perante a Administração Pública; e que, no que respeita ao importante meio jurisdicional que é o recurso directo de anulação, é possível impugnar contenciosamente 'quaisquer' actos administrativos que lesem os direitos dos particulares".

contencioso regra se identifica com o recurso contencioso de anulação de actos administrativos, após a revisão constitucional de 1982 e, no seu seguimento, com a alteração de legislação processual de 1984/85 (ETAF em 1984, LPTA em 1985), assistiu-se ao alargamento do âmbito contencioso administrativo e à intensificação da protecção dos direitos e interesses legalmente protegidos dos cidadãos. Tal ampliação do modelo resultou da introdução de um novo meio de acesso à justiça administrativa – a Acção para reconhecimento de direitos ou interesses legítimos –; da intensificação dos poderes do juiz no âmbito dos meios impugnatórios; do alargamento da possibilidade de o juiz dirigir condenações à Administração; e da criação de meios processuais acessórios.

Em 1989 deu-se uma alteração profunda no modelo de justiça administrativa, que para alguma doutrina significou a subversão do sistema tradicional.

Nesta data, ficou consagrado no texto constitucional que os particulares têm direito a interpor o recurso contencioso de anulação contra quaisquer actos administrativos que os lesem[999], bem como foi prevista a garantia

---

[999] Para uma panorâmica dessa doutrina, vd. J. C. VIEIRA DE ANDRADE, *A Justiça Administrativa* ... cit., pp. 27 a 39 e, ainda, "As transformações do contencioso administrativo ... cit., pp. 73 ss.; Do mesmo autor, vd. ainda, "Em defesa do recurso hierárquico", *Cadernos de Justiça Administrativa*, 1, 1997, p. 13. A este propósito, V. PEREIRA DA SILVA entende que foi a "necessidade de assegurar uma protecção plena e efectiva dos particulares perante Administração, que fez com que a Constituição abandonasse a cláusula restritiva clássica dos actos definitivos e executórios, para passar a aferir a recorribilidade em razão de um critério, também ele de cariz subjectivo, que é o da lesão dos direitos dos particulares, envolvidos com a Administração numa relação jurídica administrativa". Desta forma o autor considera que, a partir de 1989, "passam a ser recorríveis desde que (e sempre que) sejam lesivos de direitos dos particulares, tanto os actos praticados no termo de um procedimento como os actos preliminares ou intermédios desse mesmo procedimento; tanto os actos praticados pelo superior hierárquico como os dos subalternos; tanto os actos de conteúdo regulador de uma situação jurídica como os de natureza prestadora ou conformadora, que o mesmo é dizer, tanto os actos da Administração Agressiva como os da Prestadora ou da Infra-estrutural". Cfr., respectivamente, V. PEREIRA DA SILVA, *Em Busca de um Acto Administrativo...* cit., pp. 664 ss.; e em "Breve Crónica de uma Reforma ... cit., p. 4. A este propósito, tem interesse a análise dos Acórdãos do Tribunal Constitucional n.º 115/96 – relativamente ao conceito de defi-nitividade do acto administrativo para efeito de impugnação contenciosa – , n.º 449/96 e n.º 603/95 – relativo à constitucionalidade da exigência legal de recurso hierárquico necessário, previamente à interposição do recurso contencioso de anulação. Vd., para uma perspectiva de análise

constitucional de acesso à justiça administrativa como direito fundamental dos administrados, em termos que a doutrina e a jurisprudência lhe reconheceram um regime análogo aos direitos liberdades e garantias[1000]. Decorreu também do texto constitucional, do pós 1989, a afirmação de dois princípios, o da plenitude dos meios de acesso à jurisdição administrativa, que permite, entre outras soluções, recorrer às acções e providências cautelares não especificadas da lei processual civil[1001], e o da tutela jurisdicional efectiva que possibilita uma interpretação da lei processual conforme ao princípio do favorecimento do processo, ao alargamento do âmbito da acção para reconhecimento de direitos e interesses legalmente protegidos e a uma aplicação mais generosa da suspensão da eficácia do acto administrativo.

No que respeita à revisão constitucional de 1997, podemos enumerar algumas inovações benéficas introduzidas no modelo de justiça administrativa, que resultam, desde logo, do afastamento definitivo, no entender da doutrina, do carácter residual da Acção para reconhecimento de direitos; da introdução da possibilidade de dirigir uma intimação à Administração para a prática de actos administrativos legalmente devidos; da acentuação da tendência para uma plena jurisdição do processo. Desde 1997, a consagração expressa do princípio da tutela judicial efectiva dos direitos e interesses legalmente protegidos dos administrados passou a incluir a garantia clara da tutela cautelar adequada.

Pelas inovações introduzidas pelo legislador constituinte, parece não existir dúvida de que o modelo (*puzzle*) tem como objectivo realizar uma justiça administrativa efectiva (*desenho*).

---

jurisprudencial do STA, L. F. COLAÇO ANTUNES, "À margem de uma recente orientação do Supremo Tribunal Administrativo: um olhar ecológico sobre o artigo 268.º/4 da Constituição", Separata da RMP, 63, Lisboa, 1995, pp. 109 a 120.

[1000] Neste sentido vai a posição da doutrina, vd. J. C. VIEIRA DE ANDRADE, *A Justiça Administrativa* ... cit., pp. 27 a 39 e pp. 149 a 152, e "As transformações do contencioso administrativo ... cit., pp. 73 ss. e, ainda do mesmo autor, "Em defesa do recurso hierárquico ... cit., p. 13. Cfr. V. PEREIRA DA SILVA, *Em Busca de um Acto Administrativo* ... cit., pp. 664 ss. e, do mesmo autor, "Breve Crónica de uma Reforma ... cit., p. 4.

[1001] Neste sentido vai a posição da doutrina, vd. J. C. VIEIRA DE ANDRADE, *A Justiça Administrativa* ... cit., pp. 27 a 39 e, ainda, "As transformações do contencioso administrativo ... cit., p. 74.

As garantias dos administrados que hoje se conhecem têm a sua origem no antigo direito português, num período histórico anterior à revolução liberal, muito embora, nem sempre se tenha aceite esta ideia. Não obstante, hoje, conhecem-se, instrumentos de controle da actuação da Administração, previstos nas Ordenações do Reino[1002].

Durante a Idade Média, a aplicação cautelar fez-se por via de três "remédios", "forjados" para unificar a justiça no rei e combater pretensos actos de autoridade de forma urgente: "o interdito recuperatório", "o embargo de obra nova" e o "mandato de segurança"[1003]. Nestes casos, como diz MARIA DA GLÓRIA GARCIA, a intervenção régia tinha como missão pôr termo, rápida e eficazmente, às situações perturbadoras de ordem e paz internas, sem que essa intervenção envolvesse a resolução do problema jurídico de fundo[1004].

Na Idade Moderna, "as coisas de graça" medieval conservam-se e, se no exercício das actividades de prossecução do bem comum, os oficiais ameaçassem afectar os direitos dos particulares, estes poderiam lançar mão de "remédios" de defesa urgente, como "os interditos, embargos e cartas de segurança" junto dos juizes[1005]. Merece ainda realce, nesta enumeração dos meios de natureza urgente, "a suspensão da execução de determinada 'provisão'" que, nos termos do Regimento do Desembargo do Paço, aprovado pela Lei de 27 de Julho de 1582, teria lugar se "da execução resultasse dano irreparável"[1006]. Neste período, era previsto também o "instituto de segurança

---

[1002] A este propósito, vd. MARIA DA GLÓRIA F. DIAS GARCIA, *Da Justiça Administrativa em Portugal. Da sua Origem e Evolução*, Lisboa, 1994; PAULO OTERO, "Revolução Liberal e Codificação Administrativa: a Separação de Poderes e as Garantias dos Administrados", in: *Estudos em Memória do Professor Doutor João de Castro Mendes*, Lisboa, s.d., pp. 603 ss.; MARIA TERESA DE MELO RIBEIRO, "A eliminação do acto definitivo e executório na revisão constitucional de 1989", *Direito e Justiça*, 1992, pp. 365 a 400; PEDRO MACHETE, "A suspensão jurisdicional da eficácia de actos administrativos", *O Direito*, ano 123.º (1991), III, pp. 271 ss.

[1003] Para maiores desenvolvimentos, a este propósito, vd. MARIA DA GLÓRIA F. DIAS GARCIA, *Da Justiça Administrativa* ... cit., p. 129.

[1004] No entender de MARIA DA GLÓRIA F. DIAS GARCIA quer "os 'embargos à execução dos actos régios", quer os " remédios" cautelares contra actos dos oficiais régios junto de outros oficiais (...) se integram num espírito judicialista – existe um juiz, que procede com imparcialidade, à instrução dos processos litigiosos e em que o monarca é parte (...)", ob., cit., pp. 130 ss., em especial, pp. 136 a 137 .

[1005] MARIA DA GLÓRIA F. DIAS GARCIA, *Da Justiça Administrativa* ... cit., p. 243.

[1006] PAULO OTERO, "Revolução Liberal e Codificação Administrativa ... cit., p. 637.

real", que se consubstanciava num meio processual passível de ser utilizado por quem receasse uma ameaça de lesão a um seu direito. Na altura, tal instituto possibilitava a "obtenção de um mandato judicial contra o particular ou a autoridade pública que [causasse] ameaça ou ofensa"[1007]. No que também respeita aos mecanismos de tutela urgente, na passagem da Idade Média para a Idade Moderna, a tendência judicialista é mantida[1008].

No pós Revolução Liberal, são emitidas várias leis onde se faz referência à possibilidade de suspensão da execução de decisões das Administração: "suspensão da execução" do acto, de "suspensão do acto" e de "suspensão do cumprimento" do acto -, cujo fundamento estava no "dano irreparável ou dificilmente reparável", resultante da sua execução[1009].

É precisamente em 1846 que o Conselho de Estado propõe à Rainha a suspensão da execução de uma *postura* da Câmara Municipal do Porto que impunha a remoção, em quatro meses, de uma fábrica de velas de sebo fora dos limites da cidade. A suspensão foi deferida porquanto a requerente invocava vir a sofrer danos irreparáveis e uma vez que dela não resultavam danos para o interesse público. Esta medida cautelar foi decretada pelo Conselho de Estado com o fundamento na necessidade de garantir a efectividade da sentença que viesse a ser proferida no âmbito do recurso de anulação[1010].

Em 1940, com o CA, acentua-se a positivação de um sistema processual de desigualdades entre a Administração e os particulares, a respeito da adopção de tutela cautelar. As normas do CA vêm permitir à Administração solicitar contra os particulares todas as providências cautelares admitidas na lei do processo civil, restando apenas, ao particular, a possibilidade de solicitar ao Auditor um único meio jurisdicional cautelar, a "suspensão de executoriedade do acto administrativo".

Para além do que já foi dito, há ainda que acrescentar que a desigualdade se mantém, numa outra perspectiva, no que respeita à suspensão dos efeitos do acto, na LOSTA (1956) e no RSTA (1957), já que, quanto aos requisitos de

---

[1007] PAULO OTERO, "Revolução Liberal e Codificação Administrativa ... cit., pp. 637 e 638.

[1008] MARIA DA GLÓRIA F. DIAS GARCIA, *Da Justiça Administrativa* ... cit., p. 243.

[1009] PEDRO MACHETE, "A suspensão jurisdicional da eficácia de actos administrativos"... cit., pp. 271 ss.

[1010] Para relembrar a 1.ª aplicação de uma medida cautelar, vd. MARIA DA GLÓRIA DIAS GARCIA, "Da exlusividade de uma medida cautelar típica ... cit., p. 74; e, tb., *Do Conselho de Estado e Actual Supremo Tribunal Administrativo*, Lisboa, 1998, p. 41.

procedência da suspensão, eles diferem nas Auditorias e no STA. Para a decretação da providência pelas auditorias era necessário que a suspensão fosse requerida, em primeiro lugar, e que da execução do acto impugnado resultassem prejuízos irreparáveis ou de difícil reparação. Só não seria decretada a suspensão se existisse indeferimento liminar por extemporaneidade, por incompetência absoluta do tribunal ou por manifesta ilegalidade do recurso. Não seria igualmente decretada a medida requerida se o juiz entendesse que, em concreto, se não verificaria o risco de se produzirem prejuízos para o requerente.

Pelo Supremo Tribunal Administrativo a suspensão do acto só podia ser ordenada a pedido do particular, desde que a não suspensão não determinasse grave dano para a realização do interesse público, além de fundamentar que a execução do acto lhe produziria prejuízos irreparáveis ou de difícil reparação. Já nesta altura, a desiguldade era evidente, no que respeita à irrecorribilidade da decisão do tribunal para o pleno do STA[1011].

A reforma de 1984/1985 veio alargar o modelo de tutela provisória do contencioso administrativo, muito embora mantivesse o sistema de desigualdades, em cujo esquema de garantias jurisdicionais permanece prejudicado, com a sua demora, o particular. A LPTA passou a regular a tutela provisória dos particulares perante os actos administrativos, nos seus arts. 76.º e seguintes, sob a denominação de "suspensão de eficácia dos actos"[1012], estabelecendo critérios de preenchimento cumulativo, mas em separado considerados. Num modelo de tutela jurisdicional principal, centrado no recurso, contencioso de anulação desprovido de efeito suspensivo, o mecanismo de suspensão, tendo como função paralisar a alteração de um *status quo* já existente, provocado pela imediata execução do acto, gerou, à sua volta, muita expectativa por parte dos particulares, em alcançar, nesse modelo, tutela jurisdiconal efectiva[1013].

[1011] Vd. PEDRO MACHETE, "A suspensão jurisdicional da eficácia de actos administrativos ... cit., p. 272.

[1012] Para um estudo desenvolvido sobre a prática dos tribunais administrativos relativamente à suspensão da eficácia do acto administrativo, vd. M. FERNANDA MAÇÃS, *A Suspensão Judicial da Eficácia dos Actos Administrativos e a Garantia Constitucional da Tutela Judicial Efectiva*, Coimbra, 1996.

[1013] Sobre este aspecto, embora com algumas variações, vd. PEDRO MACHETE, "A suspensão jurisdicional da eficácia de actos administrativos ... cit., p. 276; CLÁUDIO R. MONTEIRO, *Suspensão da Eficácia de Actos de Conteúdo negativo*, AAFDL, 1990, pp. 54 a 68.Vd., ainda, M. FERNANDA MAÇÃS, *A Suspensão Judicial da Eficácia dos Actos Administrativos* ... cit., p. 12, pp. 45 ss., esp. pp. 85 ss. e pp. 98 a 103.

Para além da suspensão, a LPTA veio positivar outros mecanismos de natureza acessória. O modelo passou a prever o pedido de produção antecipada de prova, nos termos do artigo 92.º e seguintes da LPTA[1014], que é "a providência cautelar comum" a utilizar no caso de existir justo receio de impossibilidade, ou grande dificuldade, de produção de prova no momento adequado do processo[1015].

A LPTA tipifica, respectivamente, nos seus artigos 82.º e 86.º, dois tipos de intimação, uma para consulta de documentos e para passagem de certidões, outra para comportamento, apenas dirigida contra particulares. A lei consagra as intimações como meios estruturalmente dependentes ou acessórios, concretizados em processos urgentes[1016]. E, mais uma vez a desigualdade está presente na intimação para comportamento urgente, uma vez que esta é apenas dirigida contra particulares ou concessionários.

Finalmente, o modelo legal de justiça administrativa prevê a execução de julgados, nos termos dos arts. 95.º seguintes da LPTA, que não é, na verdade, um meio acessório[1017], nem um meio urgente[1018]. Embora com qualificações doutrinais diversas, para alguma doutrina, este meio traduz-se numa

---

[1014] Entendemos que este é um tipo de tutela cautelar, pois neste meio acessório existe instrumentalidade face ao meio principal.

[1015] D. FREITAS DO AMARAL, *Direito Administrativo*, vol. IV, Lisboa, 1988, pp. 29 ss.; J. C. VIEIRA DE ANDRADE, *A Justiça Administrativa* ... cit., pp. 148 e 149. No mesmo sentido, JOÃO CAUPERS, *Direito Administrativo* ... cit., pp. 170 a 171.

[1016] MARIA DA GLÓRIA GARCIA (" Os procedimentos cautelares. Em especial, a suspensão da eficácia do acto administrativo, *Separata de Direito e Justiça*, vol. X, tomo 1, 1996) não parece afastar a possibilidade de assim qualificar este meio acessório. Cfr. J. M. SÉRVULO CORREIA, "O direito dos interessados à informação: *ubi ius, ibi remedium*", *Cadernos de Justiça Administrativa*, n.º 5, Setembro/Outubro, 1997, pp. 3 a 12.

[1017] J. C. VIEIRA DE ANDRADE denomina este meio como "acção sumária de indemnização" ou como "uma espécie de acção especial (complementar) de reconhecimento de direitos e interesses legítimos", vd. *A Justiça Administrativa* ... cit., p. 119.; E do mesmo Autor, "Actos consequentes e execução de sentença anulatória. (Um caso exemplar em matéria de funcionalismo público)", *Revista Jurídica da Universidade Moderna*, Ano I, 1, 1998, pp. 30 ss.

[1018] Cfr., dados da estatística que revelam que este meio é um dos que sofre de maior morosidade processual. Quadro fornecido no II Seminário de Justiça Administrativa, já citado.

acção sumária (de indemnização) ou acção especial (complementar) de reconhecimento de direitos ou interesses legítimos com processo urgente[1019].

A compensação da desigualdade do sistema só começa a acontecer na década de noventa, por via da influência do princípio da tutela jurisdicional efectiva no legislador ordinário e na jurisprudência administrativa.

Assim, invertendo a regra do CA de 1940, a jurisprudência tem vindo a permitir aos particulares a solicitação de providências cautelares não especificadas, previstas no CPC, contra a Administração, ainda que não seja contra a Administração local, apenas. A aplicação *a título de empréstimo*[1020] da tutela cautelar inominada do sistema civil tem vindo a ser fundamentada nos artigos 1º da LPTA e 268º, n.º 4 da CRP, que consagra o direito fundamental à tutela judicial efectiva[1021]. É, portanto, por via do *enxerto* jurisprudencial que o equilíbrio do modelo cautelar se tem vindo a alcançar, numa perspectiva.

Numa outra perspectiva, também o legislador ordinário tem vindo a reparar o desequilíbrio do sistema, cuja solução, numa opção radical, até poderia exigir o estabelecimento *automático* de garantia cautelar, dotando certos recursos jurisdicionais de efeito suspensivo, dependente, em certos casos, de condições complementares de procedência a averiguar pelo Tribunal. A Lei n.º 83/95, de 31 de Agosto, permite que o tribunal, com uma acção

---

[1019] J. C. VIEIRA DE ANDRADE, *A Justiça Administrativa* ... cit., p. 119, e, do mesmo autor, "Actos consequentes e execução de sentença anulatória ... cit.

[1020] Sobre esta questão, vd. M. FERNANDA MAÇÃS, *A Suspensão Judicial da Eficácia dos Actos Administrativos* ... cit., pp. 297 ss.; MARIA DA GLÓRIA F. P. DIAS GARCIA, "Os procedimentos cautelares ... cit., p. 209, nota 35; J. C. VIEIRA DE ANDRADE, *A Justiça administrativa* ... cit., p. 151. Para uma visão de síntese sobre o entendimento da jurisprudência constitucional sobre a tutela cautelar na justiça administrativa, vd. M. FERNANDA MAÇÃS, "A Relevância Constitucional da Suspensão Judicial da Eficácia dos Actos Administrativos", in: *Estudos sobre a Jurisprudência do Tribunal Constitucional*, Lisboa, 1993, pp. 345 ss.; o nosso, *Para uma tutela cautelar adequada dos administrados*, Braga, 1999, pp. 26 a 33.

[1021] Cfr. J. C. VIEIRA DE ANDRADE ("As transformações do contencioso administrativo ... cit., p. 77) que defende "que o juiz possa lançar mão de providências cautelares não especificadas, desaplicando mesmo, se tal for necessário, com fundamento em inconstitucionalidade, as normas legislativas que possam ser interpretadas como obstáculo a uma protecção adequada conservatória ou mesmo antecipatória, dos direitos ou interesses legalmente protegidos dos particulares". Sobre a forma de aplicação imediata da regra constitucional, vd. MARIA DA GLÓRIA F. P. DIAS GARCÍA, "Da exclusividade de uma medida cautelar típica à atipicidade das medidas cautelares ou a necessidade de uma nova compreensão do Direito e do Estado", *Cadernos de Justiça Administrativa*, 16, 1999, p. 76.

popular, dê efeito suspensivo ao recurso para evitar a produção de um dano irreparável ou de difícil reparação. E a Lei n.º 15/98, de 26 de Março, por exemplo, vai também nesse sentido, já que permite que o recurso contra a decisão ministerial de recusa de asilo tenha como efeito a permanência provisória do requerente no país, dada a sua especial vulnerabilidade. De igual forma se lê o Decreto-Lei n.º 555/99, de 16 de Dezembro, que institui o efeito suspensivo do recurso contencioso das ordens de demolição de obra ou de reposição do terreno proferidas pelo presidente da câmara municipal.

Passo a passo, o legislador tem vindo a fazer diminuir a *carga* demasiado pesada, que os particulares têm vindo a carregar, já que, por accionarem o contencioso administrativo, têm sido os maiores prejudicados com a demora do processo administrativo. Ainda que por determinação do Direito Comunitário, também a recente opção do legislador em positivar um afoito recurso contencioso urgente e uma providência provisória inominada, destinados a garantir tutela jurisdicional efectiva num limitado âmbito do contencioso dos contratos da Administração, vem nesse mesmo sentido.

2. A tutela cautelar no sistema português de justiça administrativa – Desenvolvimento: da prática jurisprudencial formalista à tolerante

1. Uma aplicação jurisprudencial excessivamente cautelosa. 2.1. O modelo não possibilita uma tutela cautelar eficiente quando existe um acto administrativo – o calvário para obter a suspensão da eficácia do acto: 2.1.1. O carácter excepcional da garantia. 2.1.2. improcedência de suspensão nas situações cujos prejuízos do particular são economicamente reparáveis. 2.1.3. A infundada presunção de actuação válida da Administração. 2.1.4. Ausência de balanço de conveniência da suspensão. 2.1.5. A improcedência de suspensão de actos administrativos de conteúdo negativo

Num modelo de justiça administrativa como o português, de controlo de uma Administração executiva – onde o acto administrativo goza de uma "autoridade própria", em que o recurso contencioso de anulação não impede que o acto deixe de produzir efeitos e a inexecução da sentença anulatória é legitimamente possível em duas situações – o processo cautelar de suspensão de eficácia de actos não tem senão uma *missão quase impossível*.

Na verdade, se *em abstracto* a função desta forma típica de tutela cautelar é assegurar todo o objecto sob que incide o recurso contencioso de anulação e combater os dois tipos de *periculum in mora* que a morosidade do recurso contencioso de anulação lhe pode provocar; em *concreto*, a função deste meio cautelar tem sido menor, reduzida à paralisação dos efeitos positivos produzidos por um certo tipo de acto administrativo.

Se nas palavras da doutrina[1022] a função do pedido de suspensão de eficácia de um acto administrativo é "a de prevenir e evitar o *periculum in mora* que do normal decurso do processo resulta para o particular recorrente", ou "a de garantir a efectiva operatividade da sentença principal para que esta não se transforme numa platónica declaração"[1023], na realidade[1024], na prática jurisprudencial, este meio cautelar tem tido um âmbito e alcance mais restritos[1025], já que os tribunais têm vindo a considerá-lo como estruturalmente inadequado, para antecipar os efeitos que em regra são imputáveis à sentença anulatória (efeitos *ultraconstitutivos, reconstrutivos* ou de efeito *construtivo*)[1026] e que se manifestam no processo de execução de julgados. A prática jurisprudencial tem ignorado o *periculum in mora* de retardamento da sentença de anulação e a estrutura antecipatória desta forma de tutela.

Para além das disfunções de gestão do mecanismo cautelar de suspensão de eficácia de actos – desconsideração da sua instrumentalidade perante a acção de execução de julgados e a negação da sua estrutura antecipatória –

[1022] Sobre estes entendimentos, cfr. M. FERNANDA MAÇÃS, *A Suspensão Judicial da Eficácia dos Actos Administrativos e a Garantia Constitucional da Tutela Judicial Efectiva*, Coimbra, 1996.

[1023] *Idem*, pp. 264 e 265.

[1024] Em regra, a questão é apreciada sob o perfil funcional. Ainda assim, há quem reconheça que o acto, em última instância, pode traduzir-se numa "medida de alcance positivo", podendo antecipar, a nível provisório, os efeitos da sentença de anulação. Com a suspensão judicial, os efeitos do acto ficam em estado de "quiescência ou de letargia". Deste modo, impede-se que a administração proceda à execução do acto ou dele retire ou extraia quaisquer consequências. Vd., neste sentido, M. AROSO DE ALMEIDA, "As medidas cautelares no ordenamento contencioso ... cit., p. 140; L. F. COLAÇO ANTUNES, *O Procedimento Administrativo de Avaliação de Impacto Ambiental*, Coimbra, 1998, p. 723, nota 320.

[1025] A propósito deste funcionamento estritamente formalista e rígido, vd. M. AROSO DE ALMEIDA, "As medidas cautelares no ordenamento contencioso ... cit., pp. 140 a 148; CLÁUDIO MONTEIRO, *Suspensão da Eficácia de Actos Administrativos de Conteúdo Negativo* ... cit., pp. 107 a 124.

[1026] Vd. M. AROSO DE ALMEIDA, anotação ao Ac. do STA de 13.07.1995, *Cadernos de Justiça Administrativa*, 2, 1997, pp. 18 ss.; J. C. VIEIRA DE ANDRADE, *A Justiça Administrativa* ... cit., pp. 228 ss.

a prática jurisprudencial deste meio típico cautelar tem-se pautado pela disfunção *interpretativa* das normas a ele aplicáveis, tidas, por via de regra, como obstáculos a ultrapassar pelo particular. Por isso, somos da opinião que o caminho trilhado pelo particular, para alcançar tutela cautelar no contencioso dos actos, tem sido verdadeiramente *o do calvário*.

Sem prejuízo de reconhecermos uma evolução jurisprudencial, iniciada em 1989 e acentuada após a revisão Constitucional de 1997, o modelo cautelar dos actos administrativos caracteriza-se por ter sido excessivamente rígido e formalista, quer em sede de interpretação das regras, quer na apreciação das condições de procedência da suspensão[1027].

Os tribunais têm exigido ao particular que demonstre que a execução imediata do acto lhe causa um prejuízo de difícil reparação. Não satisfeitos, e, mesmo que se demonstre tal prejuízo, vão ainda averiguar se a não execução imediata do acto provoca ou não grave lesão para o interesse público, recusando a suspensão em caso de resposta positiva e abstraindo de juízos de ponderação de conveniência da medida, já que estas duas condições são cumulativas, mas em separado consideradas[1028].

Esclarecendo em que termos as fasquias são colocadas aos particulares no contencioso cautelar dos actos, lembremo-nos, em particular, da valoração jurisprudencial do conceito de (ir)reparabilidade do direito ou interesses ameaçados, em termos economicistas, não considerando irreparável um direito que seja passível de indemnização por equivalente, e da presunção *infundada* da actuação administrativa legal, que afastou toda a consideração da *aparente bondade* da pretensão do recorrente[1029].

No que respeita às condições de procedência da suspensão, e ao pressuposto positivo, os tribunais administrativos têm tido uma prática que vem no sentido de, restritivamente, considerar o acto impugnado capaz de causar prejuízos de difícil reparação ao recorrente, adoptando para o efeito o critério de que o prejuízo só é de difícil reparação quando insusceptível de avaliação

---

[1027] M. AROSO DE ALMEIDA, "As medidas cautelares no ordenamento contencioso .... cit., p. 142.

[1028] Esta consideração, em separado, dos pressupostos do art. 76.º, n.º 1 da LPTA, que corresponde à forma tradicional como os tribunais decidem, é também apreciada por M. FERNANDA MAÇÃS, *A Suspensão Judicial da Eficácia dos Actos Administrativos* ... cit., p. 204.

[1029] Neste sentido, J. C. VIEIRA DE ANDRADE, *A Justiça Administrativa* ... cit., pp. 139 a 142.

pecuniária. Esta jurisprudência, que representa um *deficit* de aplicação de tutela cautelar, apesar de ter sofrido uma ligeira flexibilização[1030], nem sempre tem sido superada. No Acórdão do STA de 4.2.1998[1031], a propósito da suspensão da eficácia do acto administrativo que determina a abertura de um procedimento concursal, o Supremo considerou que "sendo quantificáveis e quantificados pelo requerente os prejuízos sofridos (...) [falecia] um dos requisitos essenciais ao deferimento daquela pretensão, de acordo com o n.º 1, al. a), do art. 76.º da LPTA" e esclareceu que os prejuízos a ter em consideração, para efeitos do mesmo normativo, têm de ser "prejuízos directos", excluindo-se "os prejuízos eventuais ou hipotéticos", designadamente, os decorrentes da entrada de outros concorrentes no mercado, perda de mercado potencial, bem como a perda de eventuais apoios financeiros no quadro comunitário, nacional e regional[1032].

A solução da indemnização dos prejuízos do requerente, por regra encontrada, não tem vindo a ser equacinada à luz do princípio da tutela jurisdicional efectiva, pois no momento de conceder ou não a suspensão, os tribunais administrativos não têm reflectido sobre a questão de saber se é indiferente para o Direito, ou para o correcto exercício da função administrativa, ou para a integridade da função jurisdicional, que a Administração execute, ou não, uma sentença anulatória. Ao contrário da perspectiva jurisprudencial, a doutrina há já muito tempo tem vindo a defender que "a legalidade

---

[1030] Neste sentido, vd. Acórdão do Supremo de 3 de Julho de 1997, Recurso n.º 42 496, onde são tomados em consideração os prejuízos morais de difícil reparação. Vd., para uma síntese desta perspectiva de aplicação jurisprudencial, do instituto de suspensão da eficácia do acto, M. FERNANDA MAÇÃS, "Tutela judicial efectiva e suspensão da eficácia: balanço e perspectivas", *Cadernos de Justiça Administrativa*, 1999, 16, pp. 52 a 61.

[1031] Indefere um pedido de suspensão de eficácia das resoluções n.ºs 114/87 e 115/97, que declarou nulas e, subsidiariamente, revogadas as Resoluções que haviam determinado a abertura de um concurso, da mesma forma que determinou a vencedora e mandatou o Secretário Regional para a prática dos actos necessários à transferência de terrenos em falta. Ac. anotado por LUIS GONÇALVES DA SILVA, "Os contra-interessados na suspensão da eficácia dos actos administrativos", *Cadernos de Justiça Administrativa*, 12, 1998, pp. 44 a 49.

[1032] Em sentido contrário ao juízo formulado, vd. Sentença do TAC de Lisboa de 27.10.1997, p. n.º 77/97, posteriormente confirmada por Ac. do TCA de 8.1.1998, p. n.º 512/97. Vd. Ac. do STA de 7.3.1996.

e a justiça exigem que, sempre que possível, a execução prevaleça sobre a inexecução"[1033].

A jurisprudência tem vindo ainda a pautar-se por uma sobrevalorização do pressuposto negativo de procedência da suspensão, e pela consideração de um "genérico e omnipresente" interesse público na imediata execução do acto[1034].

A estas dificuldades acresce uma outra, que, alegada sem grande rigor jurídico, vem *penalizando* desnecessariamente o requerente da suspensão da eficácia do acto. A jurisprudência tem vindo a afirmar, embora sem fundamento legal, que no contencioso dos actos vale a presunção da legalidade dos actos administrativos[1035], presunção essa que tem vindo a sobrecarregar os particulares, duplamente.

Por um lado, esta presunção a favor da actuação legal da Administração, que é tendência *pontual e assídua* do pensamento dos juízes, acaba por transferir, de forma "abusiva"[1036], o ónus da prova sobre o juízo de validade do acto para o particular[1037], antecipando esse ónus, no tempo, para o processo cautelar.

[1033] As palavras são de M. AROSO DE ALMEIDA, "Medidas cautelares no ordenamento contencioso ... cit., p. 143. J. C. VIEIRA DE ANDRADE lembra, pelo contrário, que não deve esquecer-se de ponderar o direito à tutela judicial efectiva "(que não pode implicar, em qualquer caso, um direito a uma reconstituição natural)", com a necessidade de realização do interesse público. Para maiores desenvolvimentos, no que ao tema diz respeito, D. FREITAS DO AMARAL, *A Execução das Sentenças dos Tribunais Administrativos...* cit., 1997, pp. 115 a 165.

[1034] M. AROSO DE ALMEIDA, "Medidas cautelares no ordenamento contencioso ... cit., p. 142. Para uma caracterização deste privilégio da execução prévia, vd. RUI MACHETE, "Privilégio da execução prévia", in: *Dicionário Jurídico da Administração Pública*, vol. VI, pp. 453 ss.

[1035] Neste sentido, cfr. Acórdão do Supremo de 10 de Julho de 1997, recurso n.º 42 580, onde é referido que "neste meio processual acessório, o tribunal deve partir da presunção da legalidade do acto suspendendo, que abrange a exactidão dos respectivos pressupostos e fundamentos, estando-lhe vedada, nesta fase processual, a apreciação dessa veracidade".

[1036] M. AROSO DE ALMEIDA, "Medidas cautelares no ordenamento contencioso ... cit., p. 143.; M. FERNANDA MAÇÃS, *A Suspensão Judicial da Eficácia dos Actos Administrativos...* cit., p. 297.

[1037] Assim afirma claramente M. AROSO DE ALMEIDA, "Suspensão de eficácia de actos administrativos de execução de sentença", *Cadernos de Justiça Administrativa*, 11, 1998, p. 19. Vd., tb., M. FERNANDA MAÇÃS, "Tutela judicial efectiva e suspensão da eficácia: balanço e perspectivas", *Cadernos de Justiça Administrativa*, 18, 1999, pp. 54 ss.

Por outro lado, esta presunção tem vindo a afastar qualquer tentativa de apreciação da aparência do direito do recorrente e a obstar à formulação de qualquer juízo de probabilidade quanto ao sucesso do recurso de anulação. Ora, salvo em situações extremas de "ostensiva nulidade", os tribunais têm evitado fazer juízos sumários sobre a invalidade do acto ou sobre a lesão dos direitos do particular e sobre o provável desenlace do recurso contencioso de anulação. Neste campo, como em nenhum outro do exercício do poder jurisdicional, a demora do processo para obter razão prejudicou verdadeiramente quem teve necessidade de o accionar, independentemente da sua razão aparente.

Em algumas das situações, enfim, os tribunais não chegam sequer a presumir a legalidade do acto no processo de suspensão, e, pelo contrário, limitam-se a deixar a questão da legalidade do acto em aberto, rementendo essa tarefa para o juiz da causa principal (e transferindo, por certo, para o juiz da execução de julgados a complicada missão de *condenar* a Administração a reconstituir a situação que ilegalmente prejudicou), quando por via de um exame sumário ou perfunctório o juiz cautelar poderia ter, provavelmente, reconhecido a ilegalidade da actuação[1038], e prevenido a perda irreversível de um direito ou interesse, ilegalmente, provocada.

Bem vistos os diversos comportamentos dos tribunais administrativos, contra a vontade dos que não querem reconhecer uma tendência na jurisprudência administrativa portuguesa a favor da apreciação do *fumus boni iuris*, afirmamos a irónica existência de um *fumus boni iuris sul bonum ius* de actuação administrativa legal no processo de suspensão da eficácia do acto.

Tradicionalmente, as condições de procedência da suspensão da eficácia do acto administrativo foram apreciadas discricionariamente. E nos casos de dúvida quanto à suspensão da execução do acto, a jurisprudência, presumindo que o mesmo acto seria válido[1039], e que visaria realizar de forma ime-

---

[1038] A este propósito, sobre a consideração do *fumus boni iuris* no contencioso administrativo de natureza cautelar, vd. M. AROSO DE ALMEIDA, "Suspensão de eficácia de actos administrativos de execução de sentença ... cit., p. 19, e ainda, "As medidas cautelares no ordenamento contencioso ... cit., p. 144.

[1039] A este propósito, vd. Ac. do STA de 17.6.1997, p. 42 389, em que se indefere o pedido de suspensão da eficácia de um acto praticado em sede de execução de sentença, precisamente, por ter sido considerado "que o mesmo acto é legal" e por isso insusceptível de suspensão. Presumiu-se que o vício alegado não existia, e, como tal, foi negada tutela cautelar. O tribunal nem considerou se o acto seria nulo por ofensa ao caso julgado,

diata o interesse público, não hesitou em reger-se pela regra do indeferimento. Afinal, também perante o pedido de suspensão da eficácia do acto, os tribunais viram o interesse público em *todo lado* e o interesse do particular *em lado nenhum*[1040].

Em termos precisos, o entendimento restritivo do conceito de interesse público e a perspectiva tradicional de identificar o interesse público com o interesse em concreto prosseguido pela Administração foi obstáculo à tutela jurisdicional efectiva de interesses públicos diversos, nomeadamente, interesses ambientais[1041], do património cultural e interesses colectivos, a que acresceu a ausência da sua ponderação devida[1042]. Aliás, repetindo a ideia, no contencioso dos actos administrativos, perante interesses públicos conflituantes, e entre interesses públicos e privados opostos, a ponderação poderia ter sido exigida cumulativamente como condição de procedência da suspensão[1043].

é que a invocação de nulidade, como refere M. AROSO DE ALMEIDA, "desde que existam indícios minimamente consistentes de que a alegação pode ser fundada, deve contribuir para uma mais fácil atribuição da providência cautelar". Vd., em anotação ao Ac., "Suspensão de eficácia de actos administrativos de execução de sentença", *Cadernos de Justiça Administrativa*, 11, 1998, pp. 18 a 22.

[1040] A este propósito, vd. M. AROSO DE ALMEIDA, "Medidas cautelares no ordenamento contencioso ... cit., p. 144. No que diz respeito à suspensão da eficácia de acto administrativo de conteúdo negativo, CLÁUDIO MONTEIRO entende que "se a lei não exige ao administrado que faça a demonstração da aparência do seu direito, não sendo o *fumus boni iuris* um requisito da procedência do pedido da suspensão, não é legítimo opor-lhe a presunção de legalidade do acto administrativo. Pelo contrário, para garantir a utilidade da sentença que vier a ser proferida, deve ponderar o interesse do administrado tal como ele lhe é apresentado, no pressuposto de que o mesmo é portador de uma posição subjectiva merecedora de tutela". No entender do autor, (ob. cit., pp. 107 a 124) há sem dúvida um desequilíbrio entre as partes, de que é prova "a timidez" do administrado face à autoridade da Administração, que, mesmo nesse momento, manda.

[1041] Vd. JOSÉ EDUARDO F. DIAS, "A suspensão da eficácia e a polissemia da noção de interesse público; um salto em frente na protecção cautelar do ambiente", *Cadernos de Justiça Administrativa*, 7, 1998, p. 11.

[1042] Neste sentido, vd. M. AROSO DE ALMEIDA, "Medidas cautelares no ordenamento contencioso ... cit., p. 148.

[1043] Há uma ausência de ponderação dos eventuais riscos que a suspensão envolve para o interesse público, com a magnitude dos danos que a execução do acto, com toda a probabilidade, pode trazer ao recorrente, ou a terceiros eventualmente prejudicados. FERNANDA MAÇÃS refere que "o juiz administrativo (...) deve deixar de ser um mero aplicador mecânico da lei e passar a assumir um papel activo de modo a encontrar, para cada

A prática jurisprudencial caracterizou-se, ainda, pela improcedência de pedidos de suspensão da eficácia de actos de conteúdo negativo, cuja superação, parece, estar longe de acontecer[1044].

São dois, em regra, os argumentos utilizados pela jurisprudência para não admitir a suspensão da eficácia de actos com este conteúdo[1045]. Em primeiro lugar, tem-se invocado que o acto negativo não produz efeitos inovadores e que, por isso, não altera a esfera jurídica do particular. E, como não lhe acrescenta nada, também nenhuma utilidade para o administrado pode advir da sua suspensão. Em segundo lugar, tem-se considerado que, a aceitar-se a suspensão da eficácia de actos de conteúdo negativo, admite-se a intromissão dos tribunais no exercício da actividade administrativa, e, por conseguinte, a violação do princípio da separação de poderes.

Alguns argumentos da doutrina tradicional (que nega a possibilidade de *suspensão* de actos de conteúdo negativo) dizem que o "acto administrativo suspenso não obriga, nem pode ser coercivamente imposto", que "o acto está como que adormecido" e não produz efeitos. É dito que "os direitos e deveres

---

situação, uma decisão (provisória) de justiça material. Isto é, 'uma solução cuja vertente essencial faça prevalecer a solução menos prejudicial para os interesses afectados com a imediata execução do acto e menos perturbadora do equilíbrio das relações entre os cidadãos e a Administração". Vd. "Correcção do requerimento de suspensão da eficácia: uma jurisprudência a corrigir", *Cadernos de Justiça Administrativa*, 2, 1998, 42. Vd., ainda da mesma autora, *A suspensão Judicial da Eficácia dos Actos Administrativos ... cit.*, p. 215.

[1044] Neste sentido, Vd., Ac. do TCA de 18 de Janeiro de 1999, publ. in F. RODRIGUES PARDAL/ A. MADEIRA BORDALO, *Antologia de Acórdãos do Supremo Tribunal Administrativo e Tribunal Central Administrativo*, Ano II, n.º 2, 1999, pp. 261 ss. A este propósito, vd. CLÁUDIO MONTEIRO, *Suspensão da Eficácia de Actos Administrativos de Conteúdo Negativo ... cit.*, pp. 148 a 149 e pp. 156 a 157, e, do mesmo autor, "Ainda a suspensão de eficácia de actos administrativos de conteúdo negativo", *Cadernos de Justiça Administrativa*, 1, 1997, pp. 24 a 28. Cfr., M. FERNANDA MAÇÃS, "Tutela judicial efectiva e suspensão da eficácia: balanço e perspectivas", *Cadernos de Justiça Administrativa*, 18, 1999, pp. 59 ss.

[1045] Neste sentido, Acs. do STA de 18.10.1979 (CA, 1979, pp. 2558 ss.), Ac. de 21.10.1986 (AD, 306/801). Em sentido contrário, Ac. do STA de 24.01.1947 (CA, 1947, pp. 76 a 78) o famoso caso "Oliveira Neiva", em que o STA decidiu em sentido favorável à suspensão. Na doutrina mais tradicional, realça-se a posição de MARCELO CAETANO, *Manual de Direito Administrativo*, Lisboa, 1973, pp. 566.; e de A. R. M. SAMPAIO CARAMELO, "Da suspensão da executoriedade dos actos administrativos por decisão dos tribunais administrativos", *O Direito*, Lisboa, 1969, 1 e 2, pp. 235 a 237.

criados pelo acto, logo que intervém a suspensão, ficam paralisados, isto é, não são operacionais"[1046].

Não obstante o respeito que nos merecem tais considerações, estamos em crer que não tomam em atenção alguns *pontos cardeais* de orientação, de ordem substantiva[1047] e adjectiva[1048].

Tal entendimento não nos parece o mais correcto, se considerarmos os ensinamentos da doutrina clássica do processo, referentes ao perfil estrutural do processo cautelar, e se os aplicarmos ao processo de suspensão de eficácia dos actos administrativos[1049]. Não tem sido considerado que a tutela cautelar, ainda que toda ela seja funcionalmente conservativa – o que desde logo permite justificar uma igualdade de necessidade de tutela cautelar, quer se este-

---

[1046] Expressões de MARCELO CAETANO, aceites por SAMPAIO CARAMELO, "Suspensão da executoriedade ... cit., pp. 50 ss. Ou, como refere este último, "em boa verdade, estes actos, como acontece com os de indeferimento, executam-se no próprio momento em que são emitidos e em nada alteram a situação em que o particular se encontrava imediatamente antes da emissão", ob., cit., pp. 235 a 237.

[1047] A este propósito, salvo o devido respeito, será mais correcto o ensinamento de J. M. SÉRVULO CORREIA quando refere que acto de conteúdo negativo é aquele que recusa a introdução da alteração jurídica pretendida pelo particular ou, ainda por outras palavras, o que recusa ou rejeita os efeitos jurídicos que podem integrar o conteúdo positivo de um acto administrativo, mediante o qual o particular obtém satisfação para o seu interesse. Vd. *Noções de Direito Administrativo*, Lisboa, 1982, pp. 415 ss. e p. 457.

[1048] Como demonstra E. GARCIA LLOVET, " (...) en los supuestos de resoluciones negativas en relación con una reclamación de una actividad administrativa de contenido positivo (...) los peligros para la garantía de derechos e intereses de los ciudadanos son, sin embargo, de igual calidad". Vd. "O procedimento: as medidas cautelares ... cit., p. 3.

[1049] Neste sentido, vd. M. ANDREIS, *Tutela sommaria e tutela cautelare nel processo amministrativo*, Milano, 1996. Na doutrina espanhola, com posição no sentido da referida no texto, C. ESCUDERO HERRERA, "De la instrumentalidad y otras características de las medidas cautelares en el orden contencioso-administrativo. Especial referencia a la suspensión de las disposiciones y actos", *Actualidad Administrativa*, 25, 1998, pp. 527 ss. Ainda no sistema alemão, a doutrina reconhece que a suspensão da eficácia do acto proporciona uma ingerência na causa principal e permite uma antecipação dos efeitos da sentença anulatória definitiva. Aliás, F. SCHOCH, não vê razão para distinguir estruturalmente a suspensão da eficácia do acto da ordem asseguradora. Vd., neste sentido, F. SCHOCH, *Verwaltungsgerichtsordnung* ... cit., n. m. 149, p. 69.

ja perante um acto administrativo de conteúdo positivo, quer de conteúdo negativo[1050] –, também pode ser estruturalmente antecipatória[1051].

A jurisprudência do STA, em matéria de suspensão da eficácia de actos administrativos de conteúdo negativo, tem sido alvo de uma ligeira evolução[1052], apenas, porque, no essencial, a tendência, que conta com o aval do Tribunal Constitucional[1053], vai no sentido de reduzir o deferimento da suspensão para situações em que apenas há expectativas de conservação de efeitos jurídicos de um acto administrativo já emitido, como no caso de actos administrativos negativos com efeitos positivos[1054] (recusas de pedidos de renovação, de prerrogação ou de manutenção de uma posição jurídica), e, como no caso de actos negativos cujos efeitos positivos secundários têm natureza ablativa[1055].

[1050] Vd., na doutrina espanhola, com posição crítica no mesmo sentido, C. ESCUDERO HERRERA, "De la instrumentalidad y notas características de las medidas cautelares en el orden contencioso-administrativo. Especial referencia a la suspensión de las disposiciones y actos... cit., pp. 539 a 540. C. ESCUDERO HERRERA refere que, se bem que o que se pretende com a suspensão é o "mantenimiento del status quo (...)", este não é, todavia, o único efeito que com a decretação da medida se produz: "también se obtiene una satisfacción provisional de la resolución futura". É dito ainda que uma das consequências que se pretende gerar com a sentença definitiva é precisamente a mesma que com a suspensão se ambiciona, como por exemplo, "que no se demuela el edificio, que no se expulse el demandante, que siega abierto el establecimiento (...). Por lo tanto, algunos efectos de la sentencia se adelantan en fase cautelar". Vd. ob. cit., p. 540.

[1051] Cfr. PEDRO MACHETE, *A Suspensão Jurisdicional da Eficácia de Actos Administrativos* ... cit., pp. 300 ss. Vd. CLÁUDIO MONTEIRO, *Suspensão da Eficácia de Actos Administrativos de Conteúdo Negativo* ... cit., pp. 139 a 151 e pp. 156 a 158.; M. FERNANDA MAÇÃS, *A Suspensão Judicial da Eficácia de Actos Administrativos* ... cit., pp. 73 a 102.

[1052] Desde o caso "Oliveira Neiva", o Supremo concedeu a suspensão da eficácia de actos de conteúdo negativo, pelo menos, em três casos: Acórdão do STA de 5.01.1995, p. 36 489-A; Ac. de 30.11.1995, p. 38 959 e Ac. de 10.09.1997.

[1053] Esta posição do Tribunal Constitucional está expressa, designadamente, no Acórdão n.º 303/94, p. n.º 564/92, pub. DR, II, de 27.08.1994.

[1054] Neste sentido, vd. o fundamento da negação da suspensão da eficácia do acto, tido como de "conteúdo puramente negativo", pelo STA no Recurso n.º 45 403, de 28.10.1999, em que foi recorrente o Banco Santander Central Hispano S.A. e recorrido o Ministro das Finanças. Segundo o STA, da suspensão "não resulta para o requerente qualquer efeito útil", já que a "suspensão não teria potencialidade para determinar, "ex-se" a produção dos efeitos jurídicos negados ao Administrado com a prática do acto".

[1055] No Ac. do STA de 24.10.1996 (p. 41 029-A), o tribunal negou a suspensão da eficácia do indeferimento de um pedido de um ex-aluno da Academia Militar, que, em

Segundo alguns, porque a jurisprudência dos tribunais administrativos portugueses ainda não está "aberta" a admitir a suspensão da eficácia de actos de conteúdo negativo, e, porque faz uma "aplicação cega da jurisprudência firmada em anteriores decisões", sem atender à situação concreta apresentada perante si[1056], torna-se necessária a utilização complementar de novas formas de tutela cautelar[1057].

Também a propósito da suspensão de actos silentes, a jurisprudência e a doutrina têm vindo a negar a possibilidade de suspensão, devido à sua "função instrumental" e ao seu "carácter conservatório", que se têm mostrado naturalmente ineficazes[1058], com o apelo para formas alternativas de tutela jurisdicional, nomeadamente, e, a título subsidiário, as providências cautelares não especificadas previstas no CPC.

2.2. O modelo não proporciona tutela eficiente na ausência de acto administrativo

Se a garantia jurisdicional efectiva dos particulares tem parecido duvidosa num modelo de contencioso que ainda *gira à volta* do acto administrativo na ausência de acto administrativo, ou no contencioso das acções, a garantia jurisdicional efectiva tem sido quase nula. Se, no primeiro caso,

---

vista da sua matrícula num Instituto Superior Público, havia solicitado a entrega de documentos e a passagem de certidões necessárias a instruir a referida matrícula. O sentido da decisão, encontrado quase mecanicamente, tal como em outras decisões com o mesmo sentido, reflecte a aversão em aceitar que a suspensão do acto tenha efeito antecipatório, e que essa aceitação não quer dizer, forçosamente, que o juiz antecipe a decisão que cumpre à Administração definitivamente emitir.

[1056] Posição de CLÁUDIO MONTEIRO, "Ainda a suspensão de eficácia de actos administrativos de conteúdo negativo", *Cadernos de Justiça Administrativa*, 1, 1997, p. 26. Vd., ainda, para maior desenvolvimento sobre a evolução jurisprudencial a este propósito, e do mesmo autor, *Suspensão da Eficácia de Actos Administrativos de Conteúdo Negativo*, Lisboa, 1990, pp. 107 ss. Vd. também, embora confrontando, M. FERNANDA MAÇÃS, *A Suspensão Judicial da Eficácia dos Actos Administrativos* ... cit., pp. 45 ss.

[1057] CLÁUDIO MONTEIRO, "Ainda a suspensão de eficácia de actos ... cit., p. 28.

[1058] M. FERNANDA MAÇÃS, *A Suspensão Judicial da Eficácia de Actos Administrativos* ... cit., p. 300.

como vimos, a razão da reduzida eficiência da suspensão da eficácia do acto se deve à prática jurisprudencial excessivamente cautelosa e ao incentivo *envergonhado* da doutrina, no contencioso de plena jurisdição, o fundamento está na insuficiência do modelo cautelar previsto. Tal situação tem-se mostrado particularmente prejudicial aos particulares, visto que, na actualidade, a demora do processo atinge mais intensamente o contencioso das acções, e como sabemos, quem é prejudicado pela demora do processo é quem o acciona, ou seja o particular[1059].

O contencioso de plena jurisdição, em que se inclui, entre outras, a acção para reconhecimento de direitos ou interesses legalmente protegidos, a acção sobre responsabilidade civil extra-contratual, por actos de gestão pública, e as acções sobre contratos administrativos, não tem vindo a realizar uma defesa jurisdicional efectiva dos administrados, – essencialmente, até ao ano de 1995. Neste campo, como em nenhum outro, valeu a regra da execução de sentenças por equivalente pecuniário. Todavia, mais uma vez se diga, a razão subjacente à inexistência de tutela jurisdicional efectiva, neste âmbito, não está na menor *boa vontade* do juiz administrativo em realizar justiça, até porque neste campo se tem revelado, mais recentemente, criativo, mas na ausência de *instrumentária* cautelar adequada, diversa da suspensão da eficácia de actos.

Se em presença da típica forma de actuação da Administração agressiva – o acto administrativo –, ao particular não foram concedidas suficientes *graças* cautelares, na ausência de actos administrativos, a defesa preventiva e urgente dos particulares só tem vindo a ser assegurada por grandes *milagres*[1060].

[1059] As acções no processo administrativo demoram, em regra, mais de 20 meses a serem definitivamente resolvidas. Por exemplo, as acções sobre contratos resolvidas no ano de 1988, em média, estiveram pendentes nos TACs durante 32 meses e as resolvidas no ano de 1998, em regra demoraram 26 meses a ser decididas. As acções sobre responsabilidade sofrem de uma lentidão bastante significativa. Assim, as acções terminadas no ano de 1988 e de 1997 demoraram, respectivamente, 39 meses e 23 meses, de acordo com um quadro de estatística apresentado no II Seminário de Justiça Administrativa realizado em Guimarães, já citado.

[1060] A este propósito, e com igual fundamento, vd. Exposición de Motivos da Lei 29 de 13 de Julho de 1998, que procedeu à reforma da lei da jurisdição contenciosa administrativa espanhola.

Mas, se se pensar bem, é precisamente no âmbito do contencioso das acções que a *benesse* cautelar mais falta faz. Basta pensar que é, exactamente, no momento em que a Administração mais se revela como entidade conformadora e prestadora de bens e serviços, e onde reproduz e diversifica as suas formas de actuação, invadindo campos e esferas nunca antes vistos, que o particular mais desprotegido fica pelo modelo de justiça administrativa. E isto é tanto mais visível quanto mais estejamos, como veremos, perante novos tipos de acção da Administração, tornando-se óbvio o *pauperismo* do contencioso administrativo cautelar.

A pobreza cautelar do contencioso administrativo revela-se quando a Administração, imbuída da missão amigável e prestadora, numa actividade material de exercício, e em "via de facto" (incluindo as execuções *ultra vires* e a execução de actos nulos) constrói infra-estruturas, procede ao arranjo e melhoramento de espaços, ao abate de árvores ou animais, à leccionação de aulas, à demolição e reconstrução de imóveis. Enfim, se a lesão irreversível da esfera jurídica dos particulares se dá como certa, quando a Administração leva a efeito operações materiais[1061] – as tais manifestações externas sem qualquer conteúdo jurídico que concretizam um resultado de facto e que são pressuposto da verificação de consequências jurídicas[1062] –, já a defesa dos particulares, perante esta forma de actuação, tem sido duvidosa. Tal como este tipo de actividade da Administração foi esquecida como

---

[1061] Na doutrina portuguesa as operações materiais não têm tradição dogmática, nem são sequer elencadas no conjunto das formas normais de actuação da Administração. A este propósito, vd. CARLOS ALBERTO MOREIRA, *Direito Administrativo*, 2ª ed., Porto, 1932, p. 61; A. DA ROCHA SARAIVA, *Princípios de Direito Administrativo português*, Lições ao 2º ano jurídico de 1932/33, Lisboa, p. 183; MARCELO CAETANO, *Manual de Direito Administrativo*, I, 10.ª ed., Lisboa, 1973, pp. 9 e 10; J. M. SÉRVULO CORREIA, *Noções de Direito Administrativo*, I, Lisboa, 1982, p. 258; M. ESTEVES DE OLIVEIRA, *Direito Administrativo*, I, Coimbra, 1984, p. 390; D. FREITAS DO AMARAL, *Direito Administrativo*, III, Lisboa, 1989, p. 469. ROGÉRIO EHRHARDT SOARES é excepção a esta regra, dando-lhe tratamento autónomo no seu *Direito Administrativo*. Nele distingue, do conjunto das acções materiais as acções materiais de exercício, que podem ou não ter eficácia externa, das acções materiais de execução. Vd. *Direito Administrativo*, Coimbra, 1978.

[1062] Sobre esta questão, e para uma noção de operação material administrativa, vd. CARLA AMADO GOMES, "Operações Materiais Administrativas", in: *Dicionário Jurídico da Administração Pública*, separata do 1º Suplemento.

figura dogmática autónoma[1063], também, fatalmente, sob o ponto de vista das garantias, o "esquecimento" teve as suas consequências nefastas[1064], como veremos.

Dado que tais actos são desprovidos, à partida, de uma coloração jurídica, a primeira dificuldade que os lesados por esta forma de actuação da Administração têm de superar diz respeito à descoberta da *porta de entrada* de exercício de garantias de tutela jurisdicional. A incerteza quanto ao enquadramento jurídico da actividade da Administração – direito público/ /direito privado –, e quanto à ordem jurisdicional competente para resolver os conflitos resultantes dessa actuação, tem vindo a revelar-se como verdadeiro obstáculo para quem pretende alcançar tutela jurisdicional. Os tribunais comuns têm ganho no momento da escolha, visto que, por uma série de razões, se mostram mais apetecíveis, desde logo pela *tradicional* confiança que os particulares neles depositam, como defensores do direito de propriedade. Depois porque o processo civil *está mais à mão* e nele podem escolher, de entre o *cardápio* alongado de mecanismos cautelares, o procedimento típico cautelar adequado, ou o procedimento cautelar comum, através do qual o juiz pode ordenar uma providência cautelar não especificada.

Se a total ausência de tonalidade jurídica da operação lesiva instala a confusão[1065] no momento da escolha da ordem jurisdicional competente, essa

---

[1063] Para uma resenha comparatística da autonomização dogmática das operações materiais, e para uma excursão sobre o seu controlo jurisdicional, vd. CARLA AMADO GOMES, *Contributo Para o Estudo das Operações Materiais da Administração Pública e do seu Controlo Jurisdicional*, Coimbra, 1999, pp. 197 a 211 e pp. 297 a 343.

[1064] No sentido de travar estas consequências nefastas resultantes da ausência de tutela jurisdicional administrativa face a actuação material da Administração, foi provocada na mais recente reforma da jurisdição espanhola uma revolução legal no sentido de instituir mecanismos de tutela adequados. A LJCA instituiu um meio principal e um mecanismo cautelar adequados, nos termos dos arts. 30.º; 32.º, 2 e 71.º, 1 a) e b). Também, a este respeito, a *Exposición de Motivos* fundamenta um regime favorável à decretação de tutela cautelar face a este tipo de actividade, reconhecida como "aquellas actuaciones materiales de la Administración que carecen de la necesaria cobertura jurídica (...) que lesiona derechos e intereses legítimos de cualquier clase".

[1065] Notam-se várias tendências na jurisprudência portuguesa, em sede de controlo deste tipo de actos, que vão desde a total inexistência de pedidos de condenação da Administração na prática de determinadas condutas, ao recurso à via indemnizatória, através do pedido de efectivação de responsabilidade da Administração e ao estado de confusão quanto à ordem jurisdicional competente. Para mais desenvolvimentos, vd.

confusão agrava-se particularmente quando as duas ordens jurisdicionais se consideram incompetentes para conhecer os conflitos que envolvem estas questões, revelando-se como obstáculos a transpor para alcançar tutela jurisdicional.

De regresso à jurisdição administrativa – partindo afinal do princípio de que a jurisdição administrativa é a jurisdição comum competente para resolver os conflitos que surgem no âmbito das relações jurídico administrativas e considerando que este tipo de actividade prossegue o interesse público e que a Administração se rege, ao actuar desse forma, segundo os padrões jurídico públicos – e invocando que a operação material lesiva da sua esfera jurídica foi levada a cabo no exercício de uma actividade de gestão pública inserida na função administrativa, o particular não vê a sua sorte melhorar.

Na ausência de um acto administrativo, instala-se o *caos* na prática dos tribunais e inicia-se uma actividade de *caça ao acto*. A custo, procura-se encontrar um acto administrativo, e são rejeitados automaticamente os meios cautelares propostos pelo particular, se este não utilizou o recurso contra actos, já que, no entender do juiz, deve existir *algures* um acto administrativo impugnável. Em caso de acautelamento perante estas actividades, o juiz administrativo tem entendido que, a ter sido praticado um acto administrativo, só a suspensão do acto administrativo é viável[1066].

Num modelo criado em torno do recurso contencioso de anulação do acto, face a este tipo de actividade material, o particular, podendo lançar mão da acção para reconhecimento de direitos ou interesses legalmente protegidos, ou, tendo outra pretensão, a acção sobre responsabilidade civil (por responsabilidade objectivo ou subjectiva), tem estado impedido de usufruir da tutela cautelar, visto que esta é inexistente neste modelo. Não podendo *lançar mão* da suspensão da eficácia do acto administrativo, o particular tem contado apenas com a intimação para comportamento, pelo menos face a certo tipo de actuações de particulares ou concessionários.

A partir da segunda metade da década de noventa, as providências cautelares não especificadas do processo civil têm vindo a revelar-se como solução provisória para proporcionar tutela jurisdicional efectiva frente a operações

---

CARLA AMADO GOMES, "Pistas de investigação para o estudo do controlo jurisdicional das operações materiais da Administração", RFDUL, *Revista da Faculdade de Direito da Universidade de Lisboa*, vol. XXXVII, n.º 2, 1996, pp. 453 ss.

[1066] Considere-se, por exemplo, o Acórdão do TCA, 27.02.1998, p. 847/98 (que confirma, aliás, a decisão do TAC do Porto) e o Acórdão do TCA de 04.02.1999, relativo ao processo n.º 2263/99.

materiais[1067]. Contudo, tal solução não deve ser prolongada por muito mais tempo, já que o recurso subsidiário à tutela cautelar inominada do CPC não constitui um recurso ileso de inconvenientes. Por isso, a doutrina tem vindo a entender que a criação de tutela cautelar inominada no contencioso administrativo será a melhor saída para as dificuldades de desprotecção, já que ao juiz será permitido ditar a medida interina, asseguradora ou antecipatória, que perante o caso concreto seja idónea para impedir a perda irreversível de direitos ou interesses.

No nosso entender, tal como a nova LJCA espanhola veio prever um procedimento cautelar especial, relativo à actividade considerada como "via de facto", francamente favorável à decretação de tutela cautelar, já que estabelece como regra a decretação da medida cautelar e a excepção a não decretação[1068], também em Portugal faria sentido uma solução do género. Uma solução que contemplasse um procedimento cautelar típico, com trâmite processual distinto, designadamente, em termos de prazos, e, cuja procedência da medida especificada dependesse de condições próprias e distintas.

O modelo de tutela cautelar do contencioso administrativo não é suficiente para proporcionar tutela jurisdicional efectiva face a normas regulamentares inválidas. Já que ao modelo falta um mecanismo cautelar próprio, a alternativa processual provisória poderia ter passado por *estender* a aplicação do instituto da suspensão da eficácia de actos a estas situações. Todavia, a proposta que neste sentido tem sido concebida pela doutrina não tem tido acolhimento na jurisprudência. Nos últimos anos, o STA[1069] já negou várias

---

[1067] A propósito da tutela cautelar dos particulares, face às operações materiais, faz todo o sentido a aplicação de uma garantia cautelar inominada. Para além desta, a doutrina defende, *de iure condendo*, a instituição de garantias cautelares especificadas como o arbitramento de reparação provisória e o embargo de obra nova. Vd., a este propósito, CARLA AMADO GOMES (*Contributo para o Estudo das Operações Materiais* ... cit., pp. 493 ss e p. 555), sendo que a autora defende o princípio da mínima interferência na causa principal, no que respeita à aplicação das providências atípicas. Ainda a propósito das garantias face a operações materiais lesivas, defende a previsão de uma acção para defesa dos direitos fundamentais, com carácter urgente, de competência dos tribunais administrativos com recurso para o Tribunal Constitucional.

[1068] Vd., para mais desenvolvimentos, Cap. II.

[1069] Conhecem-se dois acórdãos do STA da década de 80 que se pronunciaram sobre esta questão. O Acórdão do STA de 13.5.1986, relativo ao recurso n.º 23 553, publ. in: BMJ, n.º 358/300 acompanhado da anotação de A. RODRIGUES QUEIRÓ. *O apreciado*

vezes a possibilidade de suspensão de normas regulamentares com eficácia imediata, mesmo quando emitidas por um órgão da Administração local autárquica. Os tribunais administrativos têm considerado que só com disposição legal permissiva é possível suspender a eficácia de normas regulamentares, emitidas no desempenho de funções administrativas[1070].

Mais recentemente, o STA[1071] voltou a confirmar esta jurisprudência ao não suspender uma norma proibitiva do exercício de uma actividade na área do município, com fundamento no teor literal do art. 76.º da LPTA, reforçada pelos arts. 40.º, alínea f) e 51.º, n.º 1, alínea l) do ETAF.

Perante esta posição, não se vislumbra outra solução que não seja a de reforma e criação de tutela cautelar adequada, já que os tribunais administrativos continuam a não interpretar o processo de suspensão dos actos de acordo com o princípio da tutela judicial efectiva, nem mesmo para incluir no seu âmbito as normas que atingem a esfera jurídica dos destinatários, sem a imediação de qualquer acto administrativo e que lesam como verdadeiros actos administrativos.

---

resultou do recurso jurisdicional do indeferimento do pedido de suspensão de eficácia de deliberações de órgãos do poder local, fundamentada na insusceptibilidade de suspensão de actos normativos. O STA, para negar a possibilidade de suspensão, baseou-se em argumentos de ordem literal, racional e sistemática e na própria natureza dos actos regulamentares, justificando que só uma inequívoca enunciação legal permitiria a suspensão de normas regulamentares, ainda que emitidas pela Administração local. Ora, como fundamentou o tribunal, "a lei não só não formula tal enunciação, como, pelo contrário, de modo suficientemente claro, aponta como susceptíveis de suspensão de eficácia apenas os actos administrativos (ou actos praticados em matéria administrativa, no que respeita ao âmbito da aplicação do art. 26.º do Decreto-Lei n.º 129/84)". Este Acórdão contém uma declaração de voto de vencido de LUCIANO PATRÃO, que "frontalmente discorda" de "semelhante entendimento".

[1070] Neste sentido, vd. Ac. do STA de 17.05.1988, relativo ao recurso n.º 25 946, publicado na *Revista de Direito Público*, n.º 5, Janeiro/Junho, 1989. O STA entendeu que como não existe lacuna na lei e "como o legislador dispôs expressamente sobre a matéria por forma a que, por interpretação da lei, se pode correctamente concluir que em nenhum caso e situação os tribunais administrativos têm o poder de decretar a suspensão da eficácia de normas regulamentares ou de outras normas emitidas no desempenho da função administrativa".

[1071] Ac. do STA de 21.03.1996, p. n.º 39 683.

A doutrina tem vindo a manifestar-se, de modo significativo, no sentido de contrariar esta posição da jurisprudência administrativa[1072]. VIEIRA DE ANDRADE considera a aplicação do regime de suspensão da eficácia dos actos aos regulamentos, de aplicação imediata, razoável e "não contrária à filosofia da lei". No seu entender, quando a suspensão é indispensável para assegurar a tutela judicial efectiva não pode recusar-se essa suspensão[1073]. No mesmo sentido, ALVES CORREIA defende a aplicação do art. 76.º da LPTA à pretensão de suspensão da eficácia de regulamentos de eficácia imediata, e defende ainda que, sempre que tal seja "indispensável à garantia da 'tutela jurisdicional efectiva' a negação desta possibilidade significa a inconstitucionalidade das normas dos arts. 76.º da LPTA e 40.º, al. f) e 51.º, n.º 1, al. l) do ETAF"[1074].

Voltando à questão *de iure condendo*, relativamente à suspensão da eficácia de normas, MARIA DA GLÓRIA GARCIA, em 1994, referia ter receio em aceitar garantia cautelar "no caso dos regulamentos que exigem actos concretos de aplicação". Entendia, então, que: se, relativamente "aos regulamentos que não exigem actos de aplicação as razões que apontam para a possibilidade de pedir a suspensão não diferem das que justificam a possibilidade de pedir a suspensão dos actos administrativos, antes mesmo as reforçam – recorde-se o regime de declaração de invalidade das normas permite expressamente a salvaguarda dos efeitos já produzidos"[1075] –; em relação aos regulamentos que necessitam de actos de aplicação, a autora mostrou-se reticente em aceitar a solução, dada a inadaptação de um processo urgente a estes casos[1076].

[1072] Sobre esta questão, e no sentido da posição do texto, vd. PEDRO MACHETE, "A Suspensão da Eficácia dos Actos Administrativos ... cit., p. 282; CARLA AMADO GOMES, "A Suspensão Jurisdicional da Eficácia de Regulamentos Imediatamente Exequíveis – Breves reflexões", *Revista Jurídica*, 21, pp. 290 ss.; M. FERNANDA MAÇÃS, *A Suspensão Judicial da Eficácia dos Actos Administrativos* ... cit., pp. 119 ss. , esp. p. 125.

[1073] J. C. VIEIRA DE ANDRADE, *A Justiça Administrativa* ... cit., p. 140.

[1074] Vd. FERNANDO ALVES CORREIA, "A impugnação jurisdicional de normas administrativas", *Cadernos de Justiça Administrativa*, 18, 1999, p. 24.

[1075] Neste sentido, MARIA DA GLÓRIA F. DIAS GARCIA, "Os Meios Cautelares em Direito Processual Administrativo", *Scientia Ivridica*, tomo XLIII, 1994, p. 216. Vd., tb., no mesmo sentido, com algumas especificidades, FERNANDO ALVES CORREIA, "A impugnação jurisdicional de normas administrativas ... cit., p. 27.

[1076] MARIA DA GLÓRIA F. DIAS GARCIA, "Os Meios Cautelares em Direito Processual Administrativo ... cit., p. 216.

Parece-nos que as alterações constitucionais de 1997 poderão ter alguma relevância para precisar o raciocínio aqui desenvolvido[1077]. Em primeiro lugar, o legislador constituinte, aclarou o conteúdo do direito à tutela judicial efectiva (nele incluindo o direito à tutela cautelar adequada). Depois, o legislador constituinte não restringiu esta tutela cautelar adequada a nenhum meio processual em particular, pelo contrário, pensamos que terá querido beneficiar o sistema processual administrativo no seu todo[1078].

Na actualidade, ainda que numa pequena parte do contencioso dos contratos da Administração seja (aparentemente) possível realizar tutela jurisdicional efectiva, por aplicação do diploma que transpôs a Directiva 89/665/CEE, na verdade, porém, na globalidade, a justiça administrativa dos contratos não é por regra efectiva e no *imbróglio jurídico* que caracteriza este contencioso são os particulares quem têm sido perdedores.

Às dificuldades tradicionalmente reconhecidas que o regime dos contratos da Administração contém[1079] – relativas à distinção entre contratos privados e contratos administrativos, à crescente fuga para o direito privado e para a desvinculação jurídico-pública, às *dificuldades* do regime da responsabilidade civil (pré-contratual, contratual e extra-contratual), relativa à actividade contratual da Administração e seus contraentes, ao complicado regime de invalidades dos contratos da Administração, à existência da duali-

---

[1077] Referem A. DUARTE DE ALMEIDA/ CLÁUDIO MONTEIRO/J. L. MOREIRA DA SILVA ("A caminho da plenitude da justiça administrativa", *Cadernos de Justiça Administrativa*, 7, 1998, pp. 3 ss.) ter sido afirmado, durante o debate na Comissão Eventual para a Revisão Constitucional de 1997, a propósito do n.º 5 do art. 268.º, que este não pode ser interpretado como constituindo uma diminuição do significado e do alcance da garantia estabelecia no n.º 4. Por tudo isto, numa segunda leitura, ao que parece, afirmou-se "a possibilidade de recurso directo de uma norma administrativa da Administração Central ou institucional (...) bem como, aliás, a necessidade de assegurar a respectiva e adequada tutela cautelar".

[1078] No mesmo sentido, JOSÉ DA CRUZ RODRIGUES, "Medidas cautelares no âmbito do contencioso administrativo", RMP, 16, 1995, pp. 134 e 135.

[1079] A este propósito, vd., por todos, MARIA JOÃO ESTORNINHO, *Requiem pelo Contrato Administrativo*, Coimbra, 1990, passim; tb., *A Fuga para o Direito privado*, Coimbra, 1996, pp. 166 ss.; e tb., *Contratos da Administração Pública (Esboço de autonomização curricular)*, Coimbra, 1999, pp. 39 a 67; pp. 105 ss.; J. M. SÉRVULO CORREIA, *Legalidade e Autonomia Contratual nos Contratos Administrativos*, Coimbra, 1987, pp. 500 ss.

dade de meios processuais próprios do contencioso dos contratos administrativos[1080] – acresce a ausência de mecanismos cautelares adequados. O modelo do contencioso dos contratos administrativos não está equipado para controlar eficazmente os comportamentos da Administração, integrados, quer no momento de formação do contrato, quer durante a sua execução.

No nosso entender, um dos problemas da teia do contencioso dos contratos administrativos – relativo à dualidade de meios processuais previstos, recurso de anulação (e execução) e a acção contratual –, que tem constantemente ficado sem solução, teria sido resolvido se a ponte entre o recurso de actos destacáveis e a execução *in natura* da sentença anulatória, tivesse sido assegurada pela suspensão da eficácia do acto impugnado, isto já para não se invocar a solução do tipo de tutela urgente previsto no Decreto-lei n.º 134/98 de 15 de Maio. Esse mecanismo milagroso poderia ter sido a suspensão da eficácia do acto, mas não foi porque o juiz administrativo, tantas vezes, preferiu fazer juízos excessivamente formalistas a realizar justiça material.

Na verdade, a tutela jurisdicional do contencioso dos contratos administrativos tem vindo a caracterizar-se, verdadeiramente, como um tipo de tutela em que o juiz chega sempre tarde demais, tal como a guarda na ópera bufa. No *teatro* deste contencioso dos contratos administrativos vinga um *melodrama em dois actos*.

No primeiro entram em cena os terceiros interessados em contratar com a Administração, que ilegalmente afastados, e recorrendo cautelarmente ao juiz, não podem senão (*des)esperar* que, enquanto aguardam a anulação das decisões ilegais, a Administração se não *case* definitivamente com outro. E, nem a suspensão da eficácia de actos destacáveis do procedimento contratual conseguiu evitar o drama que paira neste *teatro cómico*, a da *inútil precaução*,

---

[1080] Para uma visão de conjunto, vd. MARIA JOÃO ESTORNINHO, *Algumas questões de contencioso dos contratos da Administração*, AAFDL, 1996; tb., "Critério da ambiência de direito público: esforço inglório para salvar o contrato administrativo?", *Cadernos de Justiça Administrativa*, 2, 1997, pp. 9 e ss.; tb. "Um contrato ilegal ... é legal?", *Cadernos de Justiça Administrativa*, 1, 1997, pp. 19 ss.; e, ainda, "Responsabilidade por danos de concessionários", *La responsabilidad patrimonial de los Poderes Públicos*, III Coloquio Hispano-Luso de Derecho Administrativo Valladolid, 16-18 de octubre de 1997, Madrid, Barcelona, 1999, pp. 419 a 433; MARCELO REBELO DE SOUSA, *O concurso público na formação do contrato administrativo*, Lisboa, 1994; J. M. SÉRVULO CORREIA, "Contrato Administrativo", *Dicionário Jurídico da Administração Pública*, Vol. III, Lisboa, 1990, pp. 54 ss. e pp. 66 ss.

já que, quer a sua interpretação rigorosa do conceito de acto destacável, quer a apreciação formalista dos pressupostos de procedência da suspensão, designadamente o pressuposto negativo de "grave lesão para o interesse público", têm sido de molde a não facilitar a suspensão do procedimento contratual. Para completar este cenário de *inútil precaução*, falta trazer à memória a inexistência na lei, de todo, e na prática jurisprudencial, de garantia cautelar de natureza antecipatória com conteúdo ampliador.

Mais uma vez, à semelhança da guarda na ópera bufa, o segundo acto é marcado pela entrada tardia na *cena*, do juiz do recurso de anulação que raríssimas vezes chega a tempo de evitar a execução do contrato, quanto mais a sua celebração, e pela resignação do terceiro, irremediavelmente lesado que, perante a invocação de causa legítima de inexecução, pois "o que está feito, está feito", aceita a duvidosa, porque complicada, compensação económica[1081].

No nosso entender, o *desespero* contra a falta de meios de tutela jurisdicional urgente, para resolver os conflitos surgidos na fase procedimental dos contratos administrativos, poderá ser *aliviado* de forma idêntica à do regime de tutela jurisdicional rápida, aplicável apenas aos contratos de empreitada de obras públicas, de prestação de serviços e de fornecimento de bens, constante do Decreto-Lei n.º 134/98, de 15 de Maio.

Este diploma[1082] prevê a possibilidade de recurso contencioso, em processo urgente, contra actos administrativos, relativos à formação de certos contratos da Administração que lesem direitos ou interesses legalmente pro-

---

[1081] Assim, MARIA JOÃO ESTORNINHO, "Contencioso dos contratos da Administração Pública", *Cadernos de Justiça Administrativa*, 18, 1999, p. 31.

[1082] Dando um *olhar de soslaio* sobre a forma como em outros sistemas de direito comparado foram instituídos mecanismos urgentes de defesa, perante ilegalidades, em sede de procedimento contratual, por impulso do direito comunitário, podemos apresentar a seguinte síntese: em França, desde 1992, por via do Decreto 7 de Dezembro que transpôs a directiva comunitária "recursos" de 21 de Dezembro de 1989, para a fase de formação de certos contratos (os previstos no art. L. 22 do CA/CAA), foi instituído um mecanismo totalmente inovador e original, que permite ao juiz adoptar dois tipos de medidas, uma medida de natureza provisória, outra de decisão de fundo. São adoptadas no âmbito de um processo caracterizado pela urgência: o *référé précontractuel*, adequado a servir a pretensão de impugnação das decisões relativamente à escolha do procedimento, à forma de concretização do princípio da publicidade ou da decisão de adjudicação. O *référé* pode ser utilizado pelos interessados, Estado e terceiros que se sintam prejudicados com o não cumprimento dos princípios de concorrência e publicidade, no procedimento contratual.

Este processo urgente está na jurisdição administrativa entregue aos presidentes dos tribunais administrativos, os quais possuem poderes para suspender o procedimento e poderes "d'injonction" (intimações de fazer ou não fazer), devendo estes, todavia, ponderar o deferimento do pedido com o interesse geral. Juntamente com estas medidas urgentes podem pedir-se medidas de fundo – a anulação da adjudicação ou a supressão de cláusulas contratuais ilegais – que constituem verdadeiras excepções à regra de que o "juiz administrativo do contrato" não pode anular o contrato ou modificá-lo com o objectivo de o tornar legal. O juiz do "*référé précontractuel*" não pode, todavia, decidir sobre a indemnização de danos sofridos por terceiros com a ilegalidade do procedimento. Para maiores desenvolvimentos, vd. P. SUBRÁ DE BIEUSSES, "La incidência del derecho comunitario europeo sobre el derecho francés de contratos públicos: el caso de la directiva recursos", in: *Contratación Pública, Jornadas de Valladolid, 27-29 de enero de 1993,* Madrid, 1996, pp. 175 ss.; J. PINI, "Autorité et contrat dans l'Administration moderne en France", in: *Annuaire Européen D'Administration Publique*, Presses Universitaires d'Aix-Marseille, Aix-en-Provence, 1997, pp. 73 ss.; C. CHANTEPY, "L'encadrement du référé précontractuel", *revue française de droit administratif*, 1996, pp. 1077 ss. No Reino Unido, em resultado da transposição de Directivas Comunitárias, foram criadas relativamente a certos contratos, designadamente de obras públicas, medidas provisórias que permitem ao juiz decretar a suspensão do procedimento de adjudicação e dirigir ordens de *facere* e *non facere* à própria Coroa (*interim injunction*), bem como, ainda, se permite determinar uma compensação provisória por danos causados a terceiros contratistas, resultantes da ilegalidade do procedimento. Vd., para maiores desenvolvimentos, L. HANCHER, "La transposición de las normas comunitárias sobre contratos administrativos en el Reino Unido", in: *Contratación Pública, Jornadas de Valladolid*... cit., pp. 125 ss.; C. GRAHAM, "Autorité et contrat dans l'Administration moderne en Grande-Bretagne", in: *Annuaire Européen D'Administration Publique* ... cit., pp. 89 ss.

No sistema italiano, como descreve E. PICOZZA, foi instituída uma comissão denominada "Autoridade para a vigilância" que tem como função exercer fiscalização de sobre certos contratos, em sede da sua formação, controlando a ilegalidade mais frequente de "corrupção 'burocrática' na adjudicação". Vd. "La contratación Pública in Itália", in: *Contratación Pública, Jornadas de Valladolid* ... cit., pp. 141 ss.; G. D'AURIA, "Autorité et contrat dans l'Administration moderne en Italie", in: *Annuaire Européen D'Administration Publique* ... cit., pp. 93 ss. Também na Alemanha o direito comunitário exerceu influência no que respeita às garantias a instituir em sede de contratação administrativa. No que diz respeito à Directiva 89/665/CEE, a transposição fez-se no sentido de estabelecer regras de controlo do procedimento da adjudicação a cargo de "órgãos de vigilância" (Kammen) de natureza executiva, mas de tendência jurisdicional. Tais entidades podem suspender o procedimento de adjudicação, anular a decisão dos entes públicos e ordenar a correcção de ilegalidades no procedimento. Vd. R. HENDLER, "Convenio

tegidos dos administrados[1083] e medidas provisórias, que podem ser requeridas antes ou juntamente com o recurso.

Através deste mecanismo urgente, que há muito se "impunha em absoluto"[1084] no âmbito do contencioso dos contratos administrativos, o juiz decidirá sobre a questão de fundo, traduzida na pretensão de anulação de um acto administrativo inserido no procedimento contratual.

Por via da emissão de medidas provisórias, também de carácter urgente, o juiz pode corrigir a ilegalidade invocada, impedir que sejam causados outros danos aos interesses em causa, e, suspender, ainda, o procedimento de formação do contrato[1085]. Estas medidas provisórias têm, em princípio, natureza cautelar[1086]. Quanto ao conteúdo destas medidas provisórias, o juiz admi-

---

jurídico-público y contrato público en la República Federal de Alemania", in: *Contratación Pública, Jornadas de Valladolid* ... cit. pp. 125 ss.; K.-P. SOMMERMANN, "Autorité et contrat dans l'Administration moderne en Allemagne", in: *Annuaire Européen D'Administration Publique* ...cit., pp. 19 ss. Vd., para uma síntese, o nosso, *Problemas actuais da justiça administrativa dos contratos, contributo para a resolução do 'imbróglio jurídico'*, Braga, 1999, pp. 10 a 18.

[1083] Sobre o conceito de acto destacável, vd. J. M. SÉRVULO CORREIA, *Legalidade e Autonomia Contratual nos Contratos Administrativos*... cit., esp., pp. 583 a 584; MARIA JOÃO ESTORNINHO, *Algumas questões de contencioso dos contratos da Administração Pública*, Lisboa, A.A.F.D.L., 1996. Para uma síntese da figura, vd. o nosso, *Problemas actuais da justiça administrativa dos contratos* ... cit., pp. 10 a 14, e 24 a 28.

[1084] MARIA JOÃO ESTORNINHO, "A propósito do Decreto-Lei n.º 134/98, de 15 de Maio, e das alterações introduzidas ao regime de contencioso dos contratos da Administração Pública ...", *Cadernos de Justiça Administrativa*, 11, 1998, p. 5.

[1085] No correcto manuseamento destas medidas provisórias, por parte dos tribunais (e dos interessados), está, no nosso entender, o segredo para alcançar a tutela judicial efectiva, em sede do contencioso dos contratos da Administração – dada a problemática, ainda por resolver, referente à validade dos contratos da Administração e também da complicada relação entre actos administrativos inválidos (praticados na fase de formação do contrato da Administração) e a acção sobre a validade do contrato (e, isto, designadamente, no que respeita à restrita legitimidade processual para propor a acção). A este propósito, vd. o nosso, *Problemas actuais da justiça administrativa dos contratos* ... cit., pp. 26 a 27 e 36 a 38.

[1086] Na verdade, nelas descobrimos, entre outras, as características de instrumentalidade, sumariedade e de provisoriedade. Há uma relação de funcionalidade, de auxílio e de asseguramento destas para com a efectividade da decisão que vier a ser proferida, em sede de recurso de anulação de um acto administrativo relativo à formação do contrato. E, na

nistrativo pode ordenar medidas de teor conservatório ou inovador, podendo mesmo, ter efeito correctivo[1086]. À semelhança do já dito, este mecanismo de "carácter arrojado"[1087], poderá ser a *password* para a solução do *imbróglio jurídico* referente à falta de ligação entre o recurso e a execução da sentença anulatória[1088], que continua a dar azo à declaração de inutilidade superveniente da lide ou à inexecução legítima por parte da Administração, no caso de vir a ser ditada sentença favorável ao recorrente[1089].

Tudo nos leva a crer que o único obstáculo ao sucesso dos tipos de tutela instituídos, e, designadamente, das medidas provisórias, no sentido de serem aplicados como instrumentos para garantir tutela jurisdicional efectiva, poderá estar na apreciação dos pressupostos de procedência estabelecidos, e, particularmente, na consideração da condição negativa prevista no art. 5.º, n.º 4, que impede o juiz de decretar a medida requerida, se "em juízo de probabilidade, ponderados os direitos ou interesses susceptíveis de serem lesados, concluir que as consequências negativas para o interesse público excedem o proveito a obter pelo requerente". O receio que manifestamos em relação ao modo como, no futuro, os tribunais poderão concretizar este normativo tem como fundamento a ponderação discricionária de interesses em causa, na

---

medida em que os efeitos da decisão provisória apenas vivam até que seja proferida a decisão relativa ao processo principal (urgente), podemos reconhecer em tal decisão a característica da provisoriedade – não obstante poderem antecipar os efeitos desta decisão principal, interinamente e de forma reversível. Cfr. posição de BERNARDO DINIZ DE AYALA, "A Tutela Contenciosa dos Particulares em Procedimento de Formação de Contratos da Administração Pública: Reflexões sobre o Decreto-Lei n.º 134/98, de 15 de Maio", *Cadernos de Justiça Administrativa*, 14, 1999, p.16, nota 48.

[1086] Neste sentido, J. C. VIEIRA DE ANDRADE, *A Justiça Administrativa* ... cit., p. 149.

[1087] MARIA JOÃO ESTORNINHO, "Contencioso dos contratos da Administração Pública ... cit., p. 30.

[1088] Vd. MARIA JOÃO ESTORNINHO, "A propósito do Decreto-Lei n.º 134/98, de 15 de Maio ... cit., p. 6. Apesar da autora considerar esta solução como idónea para combater a lógica do "facto consumado", não se encontra "optimista quanto a saber até que ponto tais medidas serão, de facto, adequadas e, sobretudo, até que ponto irão na prática ter efeito útil!". Cfr., sobre a questão, PEDRO GONÇALVES, "Apreciação do Decreto-Lei n.º 134/98, de 15 de Maio, que estabelece o regime jurídico da impugnação contenciosa dos actos administrativos relativos à formação de certos 'contratos públicos'", in: *Lusíada, Revista de Ciência e Cultura*, Universidade Lusíada-Porto, 1, 1998, pp. 53 ss.

[1089] Como exemplos de dificuldades existentes actualmente no sistema do contencioso, vd. Ac. do Pleno do STA, de 23.06.1998, p. n.º 33 295; Ac. do STA, de 09.06.1998, p. n.º 29 166-B.

qual, em regra, são tidos em conta, de forma desproporcionada, o interesse público, que tem sido sobrevalorizado em abstracto, e os interesses do particular, que, por regra, são avaliados economicamente. Além de que, a ponderação do juiz antecede, por regra, os juízos de apreciação sumária quanto às probabilidades de êxito do requerente na causa principal, o que traduz claramente o esquecimento de que o objectivo das medidas provisórias é garantir a tutela jurisdicional efectiva.

Tendo em consideração os termos do diploma, segundo as quais deve ser negada a medida cautelar, no caso das consequências negativas dela resultantes para o interesse público excederem o proveito do requerente, o Supremo no Acórdão de 15/10/1998 (p. 44 171-A) indeferiu a medida cautelar solicitada por um concorrente num concurso com vista à adjudicação de uma empreitada para a construção de instalações de um serviço de urgência hospitalar, sem que tivesse apreciado a aparência de bom direito do requerente, porquanto existia uma significativa desproporção entre o interesse da requerente e o interesse público, já que em causa estavam serviços de urgência de satisfação de necessidades essenciais para a comunidade.

A desconfiança perante a forma como os tribunais interpretarão o referido normativo tem subjacente a tradicional prática de recurso à *válvula de escape* de defesa do *interesse público* para fundamentar o indeferimento da medida cautelar, evitando apreciar as outras condições de procedência, *periculum in mora* e o *fumus boni iuris*.

Além de que, ao receio dos juízes verem o *interesse em todo o lado* e o interesse do particular *em lado nenhum* acresce a *disfunção* do sistema jurídico actual, designadamente, do instituto da responsabilidade civil e da não consideração da aparência do bom direito do particular.

Para que os particulares ganhem alguma coisa com este mecanismo urgente, como diz MARIA JOÃO ESTORNINHO, é necessário que nas situações de suspeita da ilegalidade de um acto procedimental do contrato, o tribunal esteja disposto a fazer "perder algum tempo" e suspender a realização do mesmo, ao invés de eliminar pela raiz a tutela efectiva dos particulares[1090]. Só esta perspectiva, que vai ao encontro do princípio

---

[1090] MARIA JOÃO ESTORNINHO aceita como desvio a esta regra "casos que são absolutamente excepcionais (por exemplo, contratos para fazer face a situações de calamidade pública), em que a urgência na realização do interesse público é, na realidade, incontestável". Vd. "A propósito do Decreto-Lei n.º 134/98, de 15 de Maio ... cit., p. 7.

da tutela jurisdicional efectiva, permitirá que o diploma tenha sucesso na prática[1091].

Voltando ao regime regra do contencioso dos contratos, onde, na ausência de mecanismo cautelares, os lesados estão menos protegidos[1092], questionamos qual a solução provisória para evitar a produção de factos consumados. E no nosso entender, na impossibilidade de lhe ser aplicado analogamente o mesmo regime, não deve negar-se, no mínimo, a aplicação da tutela jurisdicional cautelar regra, a suspensão da eficácia desses actos administrativos, bem como da tutela cautelar inominada, com conteúdo antecipatório, subsidiariamente aplicável do CPC[1093].

Da visita realizada ao contencioso dos actos administrativos, das normas, dos contratos e das operações materiais, cumpre ainda acrescentar, lamentavelmente, a descoberta de uma total ausência de tutela cautelar adequada quando, na justiça administrativa, os lesados pela Administração accionam contra ela uma acção sobre responsabilidade civil extra-contratual e pretendem obter, por antecipação, o pagamento de uma quantia[1094].

[1091] MARIA JOÃO ESTORNINHO considera que "se não houver uma alteração na lógica de ponderação das razões que devem levar à suspensão do procedimento pré-contratual (libertando-se os juízes dos argumentos normalmente utilizados a propósito da suspensão jurisdicional da eficácia dos actos administrativos), é caso para perguntar o que ganham os concorrentes com este novo regime jurídico". Vd. "A propósito do Decreto-Lei n.º 134/98, de 15 de Maio ... cit., p. 9.

[1092] Para soluções possíveis para esta questão, vd. BERNARDO DINIZ DE AYALA, "A Tutela Contenciosa dos Particulares em Procedimento de Formação de Contratos da Administração Pública ... cit., pp. 9 a 11; JOÃO CAUPERS, Direito Administrativo, Guia de Estudo, Lisboa, 1998, pp. 172 ss.; J. C. VIEIRA DE ANDRADE, A Justiça Administrativa ... cit., p. 126.

[1093] Ou seja, defende-se a aplicabilidade nos mesmos termos gerais referidos: Art. 268.º, n.º 4 da CRP e art. 1.º da LPTA.

[1094] Confrontando o quadro apresentado em Guimarães, durante o II Seminário de Justiça Administrativa, podemos concluir que são as Acções sobre responsabilidade civil que sofrem de maior lentidão.

2.3. A recente abertura do sistema, no respeitante à aplicação de tutela cautelar

Não obstante a caracterização já realizada, reconhecemos que o modelo português de justiça administrativa, incluindo o cautelar, tem vindo a sofrer uma evolução nos últimos anos, mercê de vários factores, entre os quais se contam a iniciativa do legislador constituinte e a prática jurisprudencial, pautada pelo princípio da tutela jurisdicional efectiva.

No que respeita ao modelo de tutela jurisdicional não principal, a sua dinâmica foi provocada pelos próprios particulares, que, desde 1995, passaram a accionar mais frequentemente processos acessórios de intimação e a solicitar tutela cautelar diversa da suspensão da eficácia de actos administrativos impugnados[1095]. Igualmente contribuiu para a destreza do modelo a maior cumplicidade entre a jurisprudência e a doutrina do processo administrativo.

Se a prática jurisprudencial mais recente, relativa à suspensão da eficácia de actos, tem revelado uma suave *flexibilização*[1096], já a propósito da garantia cautelar inominada, os tribunais administrativos têm-se mostrado verdadeiramente inovadores.

A maior inovação resultou da generosa interpretação do artigo 1.º da LPTA em conformidade com o artigo 268.º da CRP, e da consequente introdução da tutela cautelar não especificada do CPC no contencioso administrativo, como temos vindo pontualmente a afirmar. A aceitação da tutela cautelar inominada do processo civil, a título supletivo, na justiça administrativa, ainda que com alguns *avanços e recuos* no incício da segunda parte da década de 90, desencadeou a introdução de efeitos vantajosos para todo o mode-

---

[1095] Socorremo-nos, novamente, do mesmo quadro para afirmar a variação significativa destes meios acessórios (contabilizados, ao que pensamos, no âmbito da rubrica "outros"), entre 125 processos findos no ano de 1986 e 1096 decididos no ano de 1998.

[1096] A única variação relevante será a da tendência ligeira para a sua substituição por outras formas de tutela jurisdicional urgente. Consultando novamente o mesmo quadro, constata-se uma ligeira diminuição do número de entradas de requerimentos a solicitar a suspensão da eficácia do acto, e, pelo contrário, tem existido um aumento da solicitação de outros processos. Esta diminuição das entradas acontece em relação ao STA (por subsecções), que de 183 pedidos em 1986 passou para 55 pedidos de suspensão em 1998 (se bem que esta diminuição se deva à transferência de competência do STA para o TCA, relativa às questões referentes ao funcionalismo público).

lo cautelar. Para lá do mérito que decorreu da possibilidade dos tribunais ordenarem toda a tutela cautelar que se mostre idónea ao caso concreto, acresceu o reconhecimento do *fumus boni iuris* como condição necessária de procedência da tutela cautelar, a introdução do balanço de conveniência da medida e a chegada da tutela cautelar de natureza antecipatória com efeitos ampliadores.

Enfim, a abertura atingiu, também, as duas fórmulas processuais de intimação previstas na lei como tipos de tutela jurisdicional urgente acessória e que, na última década, se têm revelado como meios processuais capazes de realizarem tutela jurisdicional efectiva, por si mesmos[1097]. A doutrina do processo administrativo tem vindo, por isso, a reivindicar, para estes tipos de tutela, a autonomia processual.

Começando pela ténue e suave *flexibilização* do modelo cautelar dos actos, ela decorreu, em primeiro lugar, da interpretação das regras relativas à suspensão da eficácia dos actos conforme aos princípios do favorecimento do processo, ou *pro actione* e da tutela jurisdicional efectiva, que têm permitido ultrapassar os tradicionais obstáculos à realização da justiça (material) administrativa, e, designadamente, a aplicação do artigo 40.º, alínea b) da LPTA (sobre regularização da petição principal) ao processo cautelar[1098] e a consideração menos formalista do juízo de subsidiariedade de uns processos perante outros – do processo cautelar comum perante o de suspensão de actos.

[1097] Sobre esta questão, vd. o interessante Ac. do TCA de 23.04.1998, referente ao caso da Estação do Arco do Cego, em Lisboa, e pelo qual foram intimadas certas entidades particulares a absterem-se de utilizar a antiga estação de recolha de eléctricos como "terminal de Operadores Privados de Transporte Rodoviário Expresso". Os requerentes conseguiram na justiça administrativa, pelo referido Acórdão, o que não alcançaram na jurisdição comum (nas três instâncias).

[1098] Sobre esta questão, vd. o Acórdão do STA (Pleno da 1ª Secção) de 03.10.1996, p. n.º 37 933, decidiu com fundamento em oposição de julgados, porquanto a jurisprudência majoritária vinha no sentido da não aplicação do artigo 40º, n.º 1, al. b) da LPTA à suspensão da eficácia do acto, conhecendo-se apenas uma decisão em sentido contrário a essa regra, o Ac. de 18.04.1991, p. n.º 29 293, que tinha admitido a regularização da petição de suspensão de eficácia do acto. Sobre este tema, vd. M. FERNANDA MAÇÃS, "Correcção do requerimento de suspensão da eficácia: uma jurisprudência a corrigir", *Cadernos de Justiça Administrativa*, 2, 1997, pp. 33 a 44.

Não obstante a orientação ser no sentido do afastamento de obstáculos formais à realização da justiça, ambas variações ainda se mostram inseguras[1099].

A abertura do sistema de justiça administrativa passa já, e deverá passar mais ainda, por uma maior intervenção do MP nos processos cautelares. Designadamente, o aperfeiçoamento da aplicação da tutela cautelar resulta da atribuição de legitimidade processual ao MP para recorrer da decisão que indefere um pedido de suspensão de eficácia do acto, mesmo que o requerente o não faça (art. 104°, n.° 1 da LPTA)[1100].

O mesmo se diga a propósito da caução, no âmbito do processo cautelar de suspensão, estando em causa o pagamento duma quantia. A prestação da caução tem vindo a justificar-se como forma de acautelar uma eventual decisão futura que negue provimento ao recurso interposto, prevenindo-se o interesse público. Todavia, como entende a doutrina do processo, a caução não pode ser vista como obstáculo a ultrapassar para que o requerente obtenha a suspensão, mas como uma faculdade acrescida, ou um *"plus"* de garantia de apreciação da legalidade do acto, tendo em atenção o tipo de relação em causa. A caução deveria ser encarada como uma vantagem para o requerente, no sentido de poder ficar dispensado de invocar os requisitos do art. 76°, n.° 1, e para a Administração[1101].

Uma inovação jurisprudencial significativa do processo cautelar típico dos actos decorreu da introdução do balanço de conveniência da suspensão, considerados todos os interesses em presença. Até esta altura, como já afirmámos, os tribunais administrativos, ao apreciarem cumulativamente, mas em separado, os pressupostos de decretação da suspensão, não procediam a qualquer ponderação de interesses em conflito. E, como vinha defendendo a dou-

---

[1099] CLÁUDIO MONTEIRO, "Ainda a suspensão de eficácia de actos administrativos de conteúdo negativo", *Cadernos de Justiça Administrativa*, 1, 1997, p. 26.

[1100] Vd. FILOMENA VIEIRA, "Suspensão da eficácia e legitimidade do Ministério Público para recorrer", *Cadernos de Justiça Administrativa*, 3, 1997, pp. 19 a 30. Em anotação ao Ac. do STA de 14.08.1996 (p. n.° 40 824.) refere a autora que, se ao MP não pode ser negada a legitimidade activa para pedir a suspensão da eficácia de um acto administrativo, também não pode ser limitada a legitimidade para recorrer das decisões jurisdicionais de 1ª instância que negam a suspensão. Cfr. PEDRO MACHETE, "A suspensão jurisdicional da eficácia de actos administrativos... cit., p. 278.

[1101] Sobre esta questão, vd. FILOMENA VIEIRA, " Suspensão da eficácia e legitimidade do Ministério Público para recorrer", *Cadernos de Justiça Administrativa*, 3, 1997, p. 30.

trina, se perante a típica relação bilateral a ausência de ponderação não se mostrou benéfica, perante as relações jurídicas "poligonais" ou de tipo "multipolar"[1102], a prática jurisprudencial tradicional dos tribunais administrativos portugueses revelou-se prejudicial, e, por isso, deveria ser repensada.

E foi exactamente esse balanço de conveniência que, num recente aresto do Supremo Tribunal Administrativo, o tribunal fez, ao ordenar a suspensão da eficácia do licenciamento de uma operação de loteamento. O tribunal recorreu a um balanço de conveniência da suspensão, tendo em conta a pretensão de uma associação de defesa do ambiente de âmbito nacional, que justificou o pedido de suspensão do acto na lesão irreversível do *habitat* natural de uma espécie animal, e a pretensão de uma entidade pública, que apelou para a imediata prossecução do interesse público através da execução do acto, visto que no terreno estavam já instaladas máquinas, estaleiros e viaturas. O tribunal, após um juizo ponderativo, decretou a suspensão, ainda que a Câmara Municipal tivesse fundamentado a sua posição no grave prejuízo para o interesse público, resultante das perdas de investimento na zona (que o loteamento significaria), acrescido do facto de a autarquia ter já iniciado a construção de infra estruturas (como a instalação do sistema de esgotos) e contratado a instalação de uma ETAR, com apoio financeiro Comunitário.

Como foi dito em anotação ao Acórdão, o tribunal procedeu a um novo equacionamento dos pressupostos da suspensão da eficácia e deu novo entendimento ou nova "configuração" ao interesse público[1103], abandonando

---

[1102] J. J. GOMES CANOTILHO, "Relações poligonais. Ponderação ecológica de bens e controlo judicial preventivo", RJUA, n.º 1, Junho, 1994, p. 56. É aqui definida como oposta à relação de tipo binário (de um lado os poderes públicos administrativos e de outro lado um cidadão ou vários cidadãos com interesses idênticos). Nas relações poligonais, pelo contrário, perfila-se do lado dos particulares um complexo multipolar de interesses diferentes ou até contrapostos. Estas relações desenvolvem-se em vários domínios, mas adquirem um relevo significativo em certas áreas como as que se referem ao ambiente. No mesmo sentido, J. J. GOMES CANOTILHO, "Privatismo, Associativismo ... cit., n.º 3861, pp. 356 ss.

[1103] "A principal novidade" deste equacionamento reside na forma como o tribunal interpretou a al. b), do n.º 1, do art. 76º da LPTA – a lesão do interesse público, cuja gravidade determina a não suspensão do acto administrativo. Equacionamento, que, no entender da doutrina, pode dar uma nova utilidade a este meio acessório de natureza cautelar, principalmente em sede de tutela jurisdicional do ambiente. Neste sentido, JOSÉ EDUARDO F. DIAS, "A suspensão da eficácia e a polissemia da noção de interesse público; um salto em frente na protecção cautelar do ambiente", *Cadernos de Justiça Administrativa*, 7, 1998, p. 11.

uma noção tradicional "redutora e monista"[1104]. E ao mesmo tempo, o juiz, porque confrontado com diversos interesses públicos, cumpriu a tarefa de os pesar[1105], na perspectiva de não perder nenhum deles, com irreversibilidade para o futuro.

É o juízo de conveniência da suspensão, o que há, em suma, a fixar deste aresto, já que o tribunal, não se *compadecendo* com um conceito restrito de interesse público, "deu um salto em frente" ao ser positivamente sensível à eventualidade da perda irreversível do direito (ou interesses) do requerente, traduzida na consumação do *status quo* sobre que versaria a causa principal. O tribunal permitiu, desse modo, que, enquanto se aguardava a decisão no processo principal, se mantivesse em aberto o objecto da causa.

No nosso entender, há uma segunda inovação neste Acórdão, respeitante à aceitação de uma modalidade do critério do *fumus boni iuris*. No aresto em questão, ao contrário da posição tradicional, não prevaleceu uma *presuntiva* e *abusiva* actuação legal da Administração, mas uma aparente existência do direito, ou do interesse, que o requerente defendia na acção principal. Somos obrigados a reconhecer, todavia, que a presunção *abusiva* da validade da actuação do órgão autárquico não foi afastada porque o tribunal tenha ousadamente procedido à apreciação da aparência de bom direito do requerente (a menos que o tenha feito *timidamente*), mas porque o (outro) interesse público *dominante* era também *público*.

A apreciação do critério do *fumus boni iuris* foi claramente introduzido no contencioso administrativo, na segunda metade da década de 90, a propósito da emissão da garantia cautelar não especificada[1106]. Na verdade, como verificaremos já de seguida, o juiz cautelar administrativo, embora sem

---

[1104] Idem, ob. cit., loc. cit.

[1105] Sobre conceito de interesse público e sobre ponderação dos tipos de interesse a tomar em conta pela Administração, vd. J. C. VIEIRA DE ANDRADE, "Interesse público", in: *Dicionário Jurídico da Administração Pública*, Vol. V, Lisboa, 1993, p. 276. A propósito de relações jurídicas multipolares ou poligonais, vd. JOSÉ EDUARDO F. DIAS, *Tutela Ambiental e Contencioso Administrativo*, Coimbra, 1997, pp. 319 ss.; do mesmo autor, "A suspensão da eficácia e a polissemia da noção de interesse público; um salto em frente na protecção cautelar do ambiente ... cit., p. 13.

[1106] Vd. Ac. do STA de 07.03.1996, decisão do TAC de Lisboa de 27.06.1997 (sentença n.º 68/87), Ac. do STA de 08.07.1997; Decisão do TAC de Lisboa de 27.10.1997 (p. n.º 77/97), confirmada pelo Ac. do TCA de 08.01.1998 (p. n.º 512/97); Ac. do STA de 09.06.1999, p. n.º 44 962.

experiência, revelou saber aplicar a condição (normal) de procedência de tutela cautelar – aparência de bom direito – tão bem, ou melhor, que o juiz da jurisdição comum. Aliás, o juiz administrativo aplicou já o critério da aparência numa modalidade ousada, considerando-o fundamentado com a mera intenção de o requerente accionar o meio principal[1107].

Sem prejuízo das considerações já expostas a propósito da evolução do sistema cautelar de justiça administrativa, na nossa opinião, a autêntica abertura – qual *revolução copérniciana*[1108] – só aconteceu verdadeiramente no final da década de noventa, por via da *enxertia jurisprudencial* da tutela cautelar não especificada do código do processo civil no contencioso administrativo.

O nosso próximo passo será pois fazer uma apreciação a este novo modelo de tutela cautelar, cuja configuração ganha forma e estabilidade, actualmente.

Numa primeira análise, apreciaremos o momento de introdução das providências cautelares não especificadas na justiça administrativa, caracterizado por avanços e recuos, tanto por parte do Supremo como por parte dos Tribunais de Círculo.

Depois, numa segunda análise, atendendo ao tipo em causa de *transplante jurisprudencial*, tomaremos em atenção a compreensão da relação existente entre dois tipos de *peças* de *puzzles* diferentes: a suspensão da eficácia dos actos, enquanto *peça* nuclear do modelo cautelar administrativo e a tutela cautelar inominada, enquanto *peça estranha*; cuja relação parece ser de "primazia" e de exclusão, da primeira em relação à segunda.

Num terceiro momento, vamos considerar especialmente o momento de *encaixe* e da análise das condições de procedência da tutela cautelar inominada que os tribunais administrativos têm vindo a fazer. Neste sentido, tentaremos encontrar uma resposta para a dúvida quanto ao mérito da solução actual do sistema administrativo para tutelar a urgência.

[1107] Vd. Sentença do TAC de 27.10.1997, p. n.º 77/97 e Ac. do TCA 08.01.1998, p. n.º 512/97.

[1108] Na apreciação do modelo cautelar, adaptamos, assim, a terminologia de VASCO PEREIRA DA SILVA, "A Acção para o reconhecimento de direitos", *Cadernos de Justiça Administrativa*, 16, 1999, p. 43; e, tb., O *Contencioso Administrativo como "direito constitucional concretizado" ou "ainda por concretizar"?*, Coimbra, 1999, pp. 43 ss.

Como temos vindo a afirmar, depois de reconhecida a insuficiência do modelo de tutela cautelar existente, a saída que em dada altura a jurisprudência ousadamente encontrou, de certo modo já sugerida pela doutrina[1109], foi a de integrar no processo administrativo a tutela cautelar inominada do processo civil, resultando *ex vi* do art. 1.º da LPTA e da sua interpretação em conformidade com o princípio constitucional da tutela jurisdicional efectiva. Interpretação que até à segunda metade da década de noventa foi marcada pela dúvida, mesmo por parte do Tribunal Constitucional, já que, a garantia constitucional da tutela judicial efectiva (268.º, n.º 4) só a partir de 1997 passou a englobar a vertente cautelar, claramente[1110].

Esta compreensão da jurisprudência dos normativos da LPTA e da CRP, quanto ao sentido e alcance, teve como consequência a introdução incerta das providências cautelares do CPC – solução *malmequer; bem-me-quer* –, marcada pela aceitação e rejeição liminar, principalmente por parte dos Tribunais Administrativos de Círculo[1111].

[1109] Neste sentido, reconhecendo as dificuldades do sistema positivado e propondo diversas soluções, sendo que todas vão no sentido da introdução de tutela cautelar inominada no processo administrativo, M. FERNANDA MAÇÃS, *A Suspensão Judicial da Eficácia dos Actos Administrativos...* cit., esp. p. 250; MARIA DA GLÓRIA DIAS GARCIA, "Os procedimentos cautelares. Em especial, a suspensão da eficácia do acto administrativo", *Direito e Justiça*, X, 1996, pp. 195, esp. p. 209, nota 35; M. AROSO DE ALMEIDA, "Medidas cautelares ... cit., pp. 139 ss.; o nosso, " Para uma nova tutela cautelar na justiça administrativa. Prólogo de uma batalha ... cit., pp. 43 ss.; CARLA AMADO GOMES, *Contributo para o Estudo das Operações materiais* ... cit., esp. pp. 493 ss.; VASCO PEREIRA DA SILVA, O Contencioso Administrativo como "direito constitucional concretizado" ou "ainda por concretizar"?, Coimbra, 1999, pp. 43 ss., esp. p. 45.

[1110] Quanto às consequências da revisão constitucional (em 1997) do normativo 268.º, n.º 4 da CRP para o modelo de tutela cautelar, vd, MARIA DA GLÓRIA GARCIA, "Da exclusividade de uma medida cautelar típica ... cit., p. 76; J. C. VIEIRA DE ANDRADE, *A Justiça Administrativa* ... cit., pp. 60, 181 e 182, 193 e 194.

[1111] No sentido do texto, considere-se a seguinte jurisprudência: Sentença do TAC de Lisboa, proc. n.º 434-A/97, sentença 68/87, de 27.06.1997 e os Acórdãos do STA que, em sede de recurso jurisdicional, vêm reconhecer, em sentido contrário ao das sentenças recorridas, a aplicação da tutela cautelar não especificada no processo administrativo, embora tenham negado a providência, em causa, solicitada.

Assim sucedeu antes do Acórdão do Supremo Tribunal Administrativo[1112], relativo ao processo n.º 28 017, e, assim aconteceu, ironicamente, depois do Acórdão de 07.03.1996, pelo qual o Supremo reconheceu a introdução da tutela cautelar inominada no processo administrativo, decidindo em sentido contrário ao TAC do Porto, que havia indeferido uma providência cautelar não especificada, traduzida numa intimação a uma Câmara Municipal para proceder à ligação do sistema de abastecimento de água a estabelecimentos comerciais provisoriamente instalados num mercado municipal[1113].

O retrocesso em relação à aceitação da tutela cautelar não especificada no modelo de justiça administrativa continuou com a Sentença de 27.06.1997

[1112] Num primeiro momento, o STA manifestou-se favoravelmente à aplicação das providências cautelares do processo civil ao processo administrativo, no processo n.º 28 017. Neste Acórdão, o Supremo entendeu que "o Tribunal Administrativo de Círculo é competente para conhecer das providências cautelares requeridas na pendência das acções cujo conhecimento é competente, nos termos da alínea b) do n.º 1 do artigo 51º do Estatuto dos Tribunais Administrativos e Fiscais", revogando, assim, a decisão TAC que havia afirmado não terem os tribunais administrativos competência para decretar este tipo de providências. Cfr. Ac. publicado em apêndice ao DR de 31 de Janeiro de 1995 (e em que foi Relator o Senhor Conselheiro Miller Simões).

[1113] Porque este Acórdão marca o momento inicial da introdução de tutela cautelar inominada na justiça administrativa, considere-se em particular. Foi solicitada uma providência cautelar não especificada ao TAC do Porto, cujo pedido se traduzia na intimação à Câmara Municipal de S. Tirso e seu Presidente para "procederem à ligação do sistema de abastecimento de água a cada um dos estabelecimentos dos requerentes", provisoriamente instalados em pavilhões pré fabricados, situados em terreno anexo ao edifício do Mercado Municipal de S. Tirso. Destacam-se, neste primeiro momento, dois aspectos: a) O requerimento é liminarmente rejeitado com fundamento de que no contencioso administrativo não é admissível a providência requerida. Tal decisão foi revogada pelo STA que ordenou "a baixa dos autos à 1ª instância, a fim dos mesmos prosseguirem" e, nomeadamente, para "apreciação dos demais pressupostos legais à admissão da providência requerida"; b) Seguidamente, a providência vem a ser indeferida, por não ser adequada a fazer parelha com a acção principal. Entendeu o tribunal que deve existir uma instrumentalidade e uma subsidiariedade entre o meio cautelar e a acção principal. Ora, como na acção principal os requerentes solicitaram determinado pedido – que fosse declarado que estes têm direito a ocupar no Mercado Municipal lojas com a mesma área e a mesma localização das que ocupavam anteriormente ao início das obras ou, subsidiariamente, na impossibilidade de restituição, lhes fosse atribuída uma indemnização pela compensação de prejuízos -, tal pedido seria incompatível com a pretensão solicitada no meio cautelar.

do TAC de Lisboa[1114], já que a mesma duvidou da orientação dada em jurisprudência anterior, quanto à interpretação do artigo 1.º da LPTA. O Tribunal de Círculo considerou que, pese embora tal normativo permitir a aplicação supletiva das regras do CPC, ele não autoriza uma interpretação em desconformidade com princípio da tipicidade das formas processuais. E considerou, também, que a tutela cautelar inominada "a ser admitida" no processo administrativo deveria respeitar "a primazia da suspensão do acto"[1115].

Este período inicial é, enfim, caracterizado pela rejeição liminar de providências cautelares não especificadas por parte dos tribunais de primeira instância, e pela revogação, em sede de recurso jurisdicional, de tais decisões, pelo Supremo[1116], ou pelo Tribunal Central Administrativo[1117].

Associada a esta dificuldade, que parece ultrapassada na actualidade, está outra, sem superação próxima, que é a de delimitar, por um lado, o alcance e os limites da suspensão da eficácia do acto administrativo e, por outro, a de determinar o âmbito próprio das providências cautelares não especificadas no processo administrativo.

A propósito da compreensão da relação de subsidiariedade entre os dois processos cautelares, os tribunais administrativos têm vindo a invocar sem rigor a "primazia" da suspensão da eficácia do acto[1118] e instalado o casuísmo na

---

[1114] Sentença respeitante ao p. n.º 434-A/97 e decidido pelo Senhor Dr. Pimentel Marcos.

[1115] Assim, considerou o tribunal que, estando perante um acto administrativo, o requerente deveria ter utilizado o recurso contencioso de anulação, e não a acção para reconhecimento. Também entendeu que, "se o particular estiver perante um acto administrativo recorrível, não poderá optar indistintamente pela acção ou pelo recurso", também a escolha dos meios acessórios tem de ter em conta o meio principal. Pelo que, em princípio, só são aplicáveis os meios processuais acessórios tipificados, "maxime a suspensão da eficácia dos actos administrativos". E mesmo que se criem novos meios processuais, estes não poderão "pôr em causa a primazia do procedimento da suspensão da eficácia dos actos administrativos".

[1116] Por exemplo, vd. Ac. de 07.03.1996, p. n.º 39438, Ac. de 08.07.1997, p. n.º 42481. E o Acórdão do Tribunal de Conflitos de 26.05.1999, conflito n.º 336.

[1117] Vd. Acórdão de 04.02.1999, p. n.º 2263/99.

[1118] Neste sentido, considere-se a seguinte jurisprudência: Acórdãos do STA, de 07.03.1996, p. n.º 39438 e de 08.07.1997, p. n.º 42 481. Vd. Acórdão do TCA, que, a respeito desta dificuldade, revela uma significativa evolução, ao aceitar que o recurso contencioso de anulação possa ser acompanhado pelo processo de tutela cautelar não especificada, Ac. de 04.02.1999, p. n.º 2263/99.

solução a dar perante a solicitação de uma medida cautelar que não seja a suspensão. E isto deve-se tanto ao facto de no processo civil a tutela cautelar inominada ser adoptada através de um procedimento cautelar geral ou comum, apenas admitido quando não é requerida uma providência cautelar específica, e, cujo campo de actuação está legalmente determinado em função do específico *periculum in mora*; como ao facto de, no processo administrativo, a *providência nuclear comum* ser a suspensão da eficácia do acto. Deste realidade tem resultado que as providências cautelares não especificadas, quando introduzidas no processo administrativo, têm sido consideradas não só como duplamente subsidiárias, mas, pior ainda, como a última forma de tutela a aceitar.

A compreensão que os tribunais administrativos têm vindo a fazer do princípio da subsidiariedade entre a suspensão da eficácia dos actos e a tutela cautelar inominada tem sido errada, num duplo sentido. Por um lado, tem sido revelada a tendência para negar *cegamente* os pedidos de tutela cautelar inominada sempre que se possa sumariamente antever a existência algures de um acto administrativo. Sem que se considere qual é o tipo de *periculum in mora* que ameaça o direito ou interesse do requerente, indefere-se liminarmente a medida inominada, tal como na prática jurisprudencial respeitante à questão da escolha (subsidiária ou não) da acção para reconhecimento perante o recurso contencioso de anulação[1119]. Por outro lado, e em consequência do primeiro comportamento, os tribunais têm realizado juízos tipo *dois em um*, antecipando para o processo cautelar o juízo de adequação do processo principal, designadamente a propósito da acção para reconhecimento, e têm rejeitado liminarmente o pedido de providências cautelares não especificadas, quando o requerente revela a intenção de o fazer acompanhar da acção em vez do recurso, cuja escolha é considerada errada pelo juiz.

[1119] Sobre esta questão, vd. FREITAS DO AMARAL, "Direitos Fundamentais dos Administrados", in: *Dez Anos da Constituição*, Lisboa, 1986, pp. 23 a 25; LUÍS FÁBRICA, "A acção para reconhecimento de direitos e interesses legalmente protegidos", BMJ, n.º 365, 1987, esp. p. 61; RUI MEDEIROS, "Estrutura e âmbito da acção para reconhecimento de um direito ou interesse legalmente protegido", *Revista de Direito e Estudos Sociais*, ano XXXI, IV, 1 e 2, 1989, esp. p. 10; ALEXANDRA LEITÃO, "Da pretensa subsidiariedade da acção para reconhecimento de direitos ou interesses legítimos face aos restantes meios contenciosos", *Cadernos de Justiça Administrativa*, 7, 1998, pp. 19 a 23; V. PEREIRA DA SILVA, "A acção para reconhecimento de direitos", *Cadernos de Justiça Administrativa*, 16, 1999, pp. 41 a 48; J. C. VIEIRA DE ANDRADE, *A Justiça Administrativa* ... cit., pp. 105 ss.

O TAC de Lisboa[1120] confirmou este raciocínio na Sentença n.º 44/97, 29/4/97, relativa ao pedido de intimação ao Conselho de Ministros para excluir do processo de privatização do capital social da *Quimigal-Química de Portugal*, S.A., um lote de acções correspondentes a 90% da *Quimigal Adubos S.A.*

O TAC negou a providência não especificada destinada a impedir a venda de uma percentagem do capital social da sociedade referida, sem antes avaliar os pressupostos de *fumus boni iuris* e *periculum in mora*, pois, considerou que "a medida cautelar inominada é uma medida subsidiária, isto é, só utilizável quando outra medida cautelar não for a adequada ao caso concreto". Reconheceu que em princípio apenas são admissíveis os procedimentos acessórios tipificados na LPTA, "'maxime', a suspensão da eficácia dos actos administrativos". Ainda que a CRP tenha "aberto caminho" ao legislador ordinário para criação de novos procedimentos cautelares, no seu entender, "sempre haverá uma primazia do meio processual suspensão da eficácia dos actos administrativos". Considerou também que, na medida em que os "actos administrativos gozam da presunção da legitimidade", e que, por isso, a Administração goza do privilégio da execução prévia, não poderão aceitar-se medidas que "permitam paralisar o normal exercício da actividade administrativa".

À incerteza traduzida no raciocínio do juiz administrativo de considerar a providência cautelar não especificada adequada em abstracto, mas em concreto inadmissível, por existir um acto administrativo *algures*, na maioria dos casos, de conteúdo negativo, acresce a *incongruência* do tribunal, ao verificar que na situação concreta, a medida cautelar é menos "excessiva que a suspensão" e ao reconhecer que a suspensão da eficácia do acto não terá efeito útil[1121].

[1120] Sentença proferida pelo Senhor Dr. Pimentel Marcos, relativa ao p. n.º 277/97.

[1121] Exactamente, no caso referido, o Tribunal entendeu que a medida cautelar inominada solicitada não seria o meio cautelar adequado a tutelar o interesse dos requerentes, mas também considerou que, neste caso concreto, o não seria a suspensão, pois os particulares não pretendiam paralisar a venda da Quimigal S. A., mas apenas retirar da operação de venda as acções da Quimigal Adubos, não querendo deste modo utilizar uma medida "desnecessariamente excessiva".

Também o Supremo[1122] manteve esta compreensão da relação entre a tutela cautelar inominada e o processo de suspensão no Acórdão de 8.07.97. Entre outras considerações, para além de não se ter convencido que, no caso a decidir, o meio jurisdicional cautelar adequado fosse a suspensão da eficácia do acto, recorreu à *tradicional válvula da escape* para fundamentar o indeferimento da medida cautelar, o grave prejuízo para o interesse público. Não deixou de revelar insegurança quanto à compreensão da relação entre a suspensão e a tutela cautelar inominada, já que fundamentou a sua decisão da seguinte forma: "ainda que se admitisse a providência cautelar não especificada, ela não poderia proceder no caso em análise".

Neste caso, todavia, ao contrário do tribunal de 1.ª instância, o Supremo ainda apreciou as condições de decretação e fundamentou o indeferimento com a protecção do interesse público, já que "a adopção da medida cautelar pretendida pelos recorrentes, visando embora a defesa dos seus direitos como cidadãos, tinha uma dimensão muito menor sob o ponto de vista de prognose dos danos, do que causaria para o Estado a adopção da medida cautelar em causa".

Esta dificuldade, na apreciação do conceito de subsidiariedade da tutela cautelar inominada, não tem sido solucionada noutras decisões, como, no Acórdão do TCA que reitera uma decisão do TAC do Porto[1123]. Ambos tinham subjacente uma intimação de *non facere* dirigida à Junta Autónoma das Estradas para que suspendesse trabalhos de terraplanagem, de movimentação e transporte de terras e demolição de casas, operações preparatórias à construção do IC1 entre Póvoa de Varzim e Apúlia, e cujo projecto não tinha sido, segundo o requerente, devidamente aprovado, já que o estudo de impacto ambiental se encontrava ainda numa fase de consulta pública.

O TAC do Porto decidiu indeferir a providência cautelar não especificada requerida, justificando que esta só teria aplicação, quando, para o caso concreto, não existisse providência cautelar adequada. Ora, no seu entender, porque existia um despacho do Secretário de Estado a "declarar a utilidade pública com carácter de urgência das expropriações", e, sendo "esse um verdadeiro acto administrativo", o meio próprio para tutelar o interesse do reque-

---

[1122] Acórdão que diz respeito ao processo n.º 42 481 que teve como Relator o Senhor Conselheiro Marques Borges, publicado nos Cadernos de Justiça Administrativa, e com nossa anotação, "Para uma nova tutela cautelar na justiça administrativa. Prólogo de uma batalha...", *Cadernos de Justiça Administrativa*, n.º 8, 1998, pp. 37 a 48.

[1123] Acórdão do TCA, relativo ao processo n.º 847/98, de 27.02.1998.

rente seria um outro: "ou o meio previsto na LPTA (artigos 76.º e ss.), ou o meio previsto no artigo 18.º da Lei n.º 83/95".

O TAC apresentou em abstracto um *catálogo* de meios jurisdicionais que o requerente poderia ter utilizado, sem atender ao pedido formulado – suspender a actividade material em curso e não suspender a declaração de utilidade pública dos terrenos; sem atender à irreversibilidade dos danos entretanto provocados – demolição de casas e movimentação de terras junto a uma escola primária; e sem considerar a aparência de bom direito que o particular defendia no processo, visto que a actividade material em curso estava em desconformidade com o projecto inicialmente aprovado.

O TCA, em 27.02.1998, veio confirmar o indeferimento da providência cautelar não especificada (processo n.º 847/98), pois, como referiu, a admissibilidade da medida cautelar não especificada dependia da inexistência de providência cautelar específica no contencioso administrativo. Assim, a acção popular prevista na Lei n.º 83/95 foi considerada pelo Tribunal "como o meio típico, previsto na legislação ordinária, pelo qual se podia evitar a produção dos danos irreparáveis ou de difícil reparação que o recorrente alegava na sua petição inicial, como a qualidade de vida e a defesa do ambiente".

Em síntese, quanto à questão do âmbito próprio de aplicação das providências cautelares não especificadas na justiça administrativa, o Tribunal Central Administrativo determinou que "é a própria acção popular que funciona como providência cautelar específica, e assim não faria sentido "admitir-se uma providência cautelar de uma providência cautelar"!

Integra o Acórdão uma declaração de voto de vencido que é no sentido da admissão da providência requerida, visto que de "contrário, a letra da constituição, 'adopção de medidas cautelares adequadas', mais não será que uma garantia meramente virtual e inócua".

Se nas situações sem acto à vista se tem instalado a desorientação e não se têm encontrado critérios para determinar o âmbito próprio de aplicação da tutela cautelar não especificada[1124], já quanto à questão do âmbito derivado de aplicação da tutela cautelar inominada, parece *existir luz ao fundo do*

[1124] Esta necessidade de procurar, no acto administrativo, o instrumento orientador da atribuição de tutela manifesta a não tomada em consideração da cada vez maior diversidade de formas de actuação da Administração, designadamente, da não consideração das frequentes operações materiais.

túnel, resultante da recente jurisprudência do Tribunal Central (processo n.º 2263/99)[1125].

Esta jurisprudência reconheceu, pela primeira vez, a possibilidade de um recurso contencioso de anulação ser acompanhado de providências cautelares não especificadas. Subjacente a esta posição do TCA estava a decisão do Tribunal Administrativo de Círculo de Lisboa, que tinha sido de indeferimento da providência cautelar não especificada, cujo pedido se traduzia na intimação ao Instituto de Gestão e Alienação do Património Habitacional do Estado para desocupar o prédio que tinha sido objecto de expropriação por utilidade pública e de imediata posse administrativa (pelo Fundo de Fomento de Habitação), e para aí "se abster de intervir por qualquer forma".

O Tribunal de Círculo, que inicialmente tinha indeferido liminarmente a providência por se considerar incompetente em razão da matéria para conhecimento do procedimento cautelar, volta a indeferir a providência, desta vez, recorrendo ao juízo *tipo dois em um*, com fundamento na "inadequação da acção principal" que o particular revelou ter intenção de accionar, dado o silêncio do Ministro do Equipamento ao pedido de "reversão do prédio expropriado".

Numa primeira fase, o Tribunal Central Administrativo, em sede de recurso jurisdicional, superou a fase de *malmequer/ bem-me-quer* e esclareceu que a tutela cautelar inominada integra a justiça administrativa, e, por isso, os tribunais administrativos são competentes para a decretar. Num segundo momento, resolveu, parcialmente, a problemática da relação da subsidiariedade da tutela cautelar inominada perante a suspensão do acto, decifrando pela metade, o juízo *tipo dois em um*.

Muito embora tenha concordado em parte com o juiz *a quo*, ao aceitar que "não faz sentido apreciar a bondade de uma decisão sem previamente lhe determinar a índole e o consequente alcance" e que "estando uma causa destinada ao malogro, igual destino tem de receber o procedimento cautelar que dela dependa", contudo o Tribunal Central foi mais longe, afirmando a possibilidade de um recurso contencioso de anulação ser acompanhado da providência cautelar não especificada, no caso de "um direito negado por um acto administrativo puder perigar por motivos alheios à eficácia do acto".

[1125] Ac. de 04.02.1999, cujo Relator foi o Senhor Conselheiro Madoreira dos Santos.

O TCA, "em homenagem à ideia constitucionalmente consagrada de que aos administrados é garantida a tutela jurisdicional efectiva dos seus direitos através de medidas cautelares adequadas (268.º, n.º 4 da CRP)", admitiu, pela primeira vez, que "desde que a finalidade preventiva não seja a paralisia da eficácia do acto administrativo impugnado", que é possível a articulação, numa relação de dependência, de "um procedimento cautelar, ordenado a um diferente propósito", com um recurso contencioso de anulação.

Todavia, na situação em concreto, o tribunal, que não conseguiu, por completo, ultrapassar a dificuldade dos juízos *tipo dois em um*, indeferiu a providência cautelar por se mostrar "*ab initio*" desacompanhada de qualquer outra causa principal, já que, a acção para reconhecimento estava "votada ao malogro", por um lado, e, por outro, porque os processos "correriam em tribunais diferentes" (visto que o recurso de anulação correria termos no STA).

Apesar do avanço jurisprudencial, o TCA nunca se pronunciou sobre a existência, ou não, das condições de procedência da medida em causa; e a propósito do juízo de adequação do meio, talvez teria sido mais correcto seguir a orientação do TJCE, que se vem manifestando no sentido de apenas não admitir o meio cautelar quando o processo principal for manifestamente inadmissível, deixando para o juiz da causa principal a tarefa de averiguar da sua adequação[1126].

A terceira perspectiva que nos propomos considerar, a da actual abertura do modelo de tutela de tutela cautelar, tem por objecto o momento de encaixe da peça, visto que as condições de procedência fixadas na lei processual civil poderão não se ajustar automaticamente e exigir adaptações[1127]. Cumpre-nos, por isso, verificar que tipo de adaptações têm os tribunais realizado.

[1126] Vd., para mais desenvolvimentos, cap. II, 1.ª parte.

[1127] Neste sentido, J. C. VIEIRA DE ANDRADE, "Relatórios de síntese", *Cadernos de Justiça Administrativa*, 16, 1999, p. 85. O autor alertou para esta questão no final do II Seminário de Justiça Administrativa (Guimarães) e afirmou que, não obstante o facto de o direito processual civil ser útil à reconstrução do processo administrativo, não pode significar "uma pura transplantação", já que sempre se devem considerar "as características e os objectivos próprios da jurisdição administrativa". Aliás, pensamos também que esta é a razão da exigência e da necessidade de se criar de raiz a tutela cautelar inominada no contencioso administrativo, já que os dois tipos do contencioso diferem. Sobre esta questão, vd. G. PEREIRA DA FONSECA, "Differences entre la procédure civile et la procédure du contentieux Administratif", *Revista de Direito Público*, 9, Ano IV, Jan/Julho, 1991, pp. 79 ss.

De acordo com a doutrina do processo administrativo[1128], as condições de procedência das providências cautelares não especificadas, estabelecidas nos artigos 381.º e ss. do CPC, devem ter na justiça administrativa a seguinte compreensão: a) que haja o receio fundado de lesão grave e dificilmente reparável a um direito ou a um interesse legalmente protegido; b) que se demonstre a probabilidade séria da existência do direito invocado (ou a probabilidade séria sobre a posição jurídica subjectiva; c) que, efectuado um juízo de ponderação, entre os prejuízos resultantes da providência (eventualmente a decretar) e os danos que com ela se pretendem evitar, aqueles não sejam consideravelmente de maior intensidade.

Pela primeira vez, a orientação jurisprudencial quanto à apreciação dos pressupostos de procedência da tutela cautelar não especificada no contencioso administrativo foi estabelecida pelo Supremo Tribunal Administrativo[1129], no Acórdão de 07.03.1996, onde determinou o *fumus boni iuris*, o *periculum in mora* e a não existência de dano para o requerido.

Destacamos da análise do tribunal a prioridade que teve na apreciação do *fumus boni iuris* sobre o *periculum in mora*.

Na apreciação do prejuízo, o Tribunal considerou de difícil reparação económica a perda da clientela do estabelecimento[1130], visto que, se a acção principal viesse a ser favorável ao requerente, "o *status quo* poderia ter-se alterado por completo", de tal modo que "já o direito nela reconhecido seria dificilmente reintegrado".

[1128] A este propósito, vd. J. C. VIEIRA DE ANDRADE, *A Justiça Administrativa* ... cit., p. 149.

[1129] Não é verdadeiramente o primeiro. Na verdade, a primeira vez que o STA se manifestou favorável à aplicação das providências cautelares do processo civil ao processo administrativo foi o Ac. do STA relativo ao p. n.º 28 017. Ac. publicado em apêndice ao DR de 31 de Janeiro de 1995 (e em que foi Relator o Senhor Conselheiro Miller Simões).

[1130] Neste sentido, foi referido que "como é do conhecimento geral, a paralisação ou suspensão demorada de certa actividade comercial é factor relevante para um afastamento da clientela". Por existir tal perda de "difícil reparação económica", considerou o tribunal existir "justo e fundado receio de que tal direito fosse gravemente lesado, em termos de difícil reparação".

Quanto ao juízo de conveniência da medida, o tribunal deu por provado que as despesas, eventualmente, decorrentes para a Câmara Municipal com o deferimento da providência, traduzida na intimação para proceder à ligação da água aos estabelecimentos, não excederiam os danos que com ela os particulares pretendiam evitar.

Tudo indica que a decisão do Supremo teria sido no sentido do decretamento da medida referida, se não tivessem sido demolidos todos os pavilhões, onde os requerentes vinham exercendo provisoriamente as suas actividades comerciais.

Se na anterior decisão o Supremo assentou a sua decisão na análise de todos os pressupostos de procedência da medida, no Acórdão de 08.07.1997, o Supremo centrou a decisão de indeferimento da medida apenas na condição negativa, que, utilizou como *saída de emergência*. Considerando que "o meio processual não se compadece com uma defesa exclusiva dos administrados, nem com a necessária e exclusiva "reconstituição natural", e que, superficialmente, os requerentes não apresentavam uma aparência de direito, o tribunal indeferiu a medida cautelar, já que a mesma penalizaria excessivamente o interesse público.

Em sentido positivo, destacamos, agora, uma outra providência cautelar não especificada solicitada, aceite e, finalmente, decretada, na justiça administrativa, pela forma como foram analisadas as condições de decretamento da providência requerida, quer em primeira instância, quer, posteriormente, em sede de recurso; e bem como deram parecer os Magistrados do MP, em cada uma das instâncias.

Referimo-nos ao decretamento de providência cautelar não especificada[1131] pela qual a requerente, em apenso a uma acção para reconhecimento de

---

[1131] Providência cautelar não especificada de 27.10.1997, decretada pelo TAC de Lisboa, relativa ao processo n.º 77/97. Decisão que tem subjacente os seguintes factos: a) a requerente, desde 1962, é concessionária da ocupação do espaço de via pública onde tem instalado um posto de abastecimento de combustíveis. b) Nos termos do contrato inicial, findo o prazo de concessão, garantia-se à requerente o direito de opção na nova hasta pública a realizar para nova adjudicação. Ora, porque não lhe é espontaneamente reconhecido esse direito, a requerente vem propor uma Acção para reconhecimento do seu direito de opção na nova hasta pública, a realizar. E, porque a CM de Lisboa estava já a preparar uma hasta pública para escolher o novo concessionário do local do posto de abastecimen-

um direito de preferência, solicitou a intimação do Presidente da CM de Lisboa para "se abster de realizar uma hasta pública para escolha do novo concessionário" – de ocupação de um espaço público, para nele ser instalado um posto de abastecimento de combustível – "sem incluir nas condições do concurso o direito de opção do requerente".

O Tribunal, antes de decidir favoravelmente ao requerente, entendeu averiguar os seguintes pressupostos de procedência: a) a probabilidade séria da existência do direito (*fumus boni iuris*); b) ser suficientemente fundado o receio de lesão (*periculum in mora*); c) e ainda, a consideração de não produção de excesso de dano à contraparte resultante da decretação da medida.

Independentemente da entidade recorrida alegar vir a sofrer "prejuízos nitidamente lesivos do interesse público que necessitavam de tutela adequada e eficaz", o Tribunal considerou inovadoramente preenchidos a condição do *fumus* "com a interposição da acção", cujo consideração superficial foi "suficiente para considerar (...) a probabilidade séria da existência do direito", e o *periculum in mora* com a invocação do dano que de imediato resultaria do encerramento de empresa.

Do balanço de conveniência, o Tribunal apurou que "o prejuízo resultante para a entidade pública com o decretamento da medida era inferior ao dano que com ela a entidade concessionária pretendia evitar.

Esta posição jurisprudencial foi confirmada na íntegra no Acórdão de 08.01.1998 pelo TCA, chamado a decidir em sede de recurso jurisdicional (p. n.º 512/97), o qual não obstante ter refeito o balanço de conveniência da medida, considerou que o prejuízo resultante para o município não excedia o prejuízo que do indeferimento resultaria para o particular (que, em última instância, se traduziria no encerramento da empresa)[1132]. E assim, o TCA,

---

to de combustíveis, o requerente, invocando ser titular desse direito de preferência, vem propor acção cautelar não especificada cujo pedido se traduz na intimação do requerido a não realizar a hasta pública (...) sem incluir nas condições do concurso o direito de opção do requerente". c) O requerente alegou que a tutela efectiva do seu direito depende da medida cautelar, já que, "caso a hasta pública se [realizasse], sem consideração do seu direito de preferência, a consequência imediata seria o encerramento do posto de combustíveis e a sua entrega à Câmara e ao concorrente vencedor".

[1132] O tribunal considerou que, em bom rigor, o prejuízo para o município resultaria da inclusão desta cláusula no respectivo concurso. Ou seja, a apreciação da conveniência da medida assentou na avaliação do prejuízo que resultaria da análise comparativa do valor obtido em hasta pública com e sem incluir a preferência do concessionário.

através de uma providência cautelar não especificada, de natureza antecipatória, cujo conteúdo ampliador (do *status* quo) permitiu beneficiar interinamente o particular do efeito futuro da sentença definitiva, impediu a realização do concurso, sem que a Administração incluisse nas suas condições o direito de preferência da concessionária.

Finalmente, destacamos uma *singular* decisão cautelar, pela qual se permitiu a um militar usufruir, interina e antecipadamente, da sua passagem à situação de reserva e participar politicamente como candidato a titular de um órgão autárquico, antes de ser decidida a causa principal e antes de expirado o prazo de apresentação de candidaturas[1133].

Este acórdão do Tribunal Central é de realçar ainda por outros aspectos: a) pela dispensa da audiência da entidade requerida, no processo cautelar; b) pela admissibilidade de pedidos cumulativos; c) pelo reconhecimento da antecipação definitiva dos efeitos da causa principal; d) e, finalmente, – visto ter sido interposto recurso jurisdicional para o Supremo – pela demonstração de que para tutelar o direito fundamental em causa, o processo cautelar se revela lento demais[1134].

O requerente, piloto aviador na Força Aérea, pretendendo ser candidato a membro da Assembleia Municipal, solicitou a sua passagem à situação de reserva, *status* reconhecido pela lei e necessário para poder exercer o direito político, em causa. Na medida em que lhe foi indeferida a satisfação da sua pretensão, o requerente, na pendência de uma acção para reconhecimento de um direito, e porque o prazo para apresentação da sua candidatura decorria decrescente e aceleradamente, veio solicitar a intimação da autoridade requerida para revelar os documentos autênticos que lhe tinham sido entregues, referentes ao pedido da passagem à situação de reserva, "a fim de permitir a pública verificação da sua existência, veracidade e autenticidade, por forma a conferir a necessária certeza à situação substancial de elegibilidade do requerente". E, cumulativamente, o militar requereu ao juiz administrativo para intimar a autoridade requerida a abster-se de, por qualquer forma,

---

[1133] Providência cautelar não especificada (n.º 2690/99), proferida pelo TCA, através do Ac. de 18.03.1999, em que foi Relator o Senhor Conselheiro António Xavier Forte.

[1134] Cfr., Ac. do STA de 15 de Julho de 1999, p. n.º 44 972, pelo qual se vem a proferir a inutilidade superveniente da lide, por decorrência das eleições, nas quais o requerente pretenderia ser candidato.

perturbar o legítimo exercício do seu direito de participação política, até que fosse proferida sentença final[1135].

Neste processo, o Tribunal tomou em consideração a possibilidade de decretar a medida sem que se procedesse à audiência da entidade requerida, fazendo aplicação do art. 385.º, 2.ª parte do CPC (*ex vi* do art. 1.º da LPTA). Nesse sentido, o tribunal, concordando com o parecer do Magistrado do MP, e receando que a audiência do requerido colocasse em risco sério o fim ou a eficácia da providência, decretou a medida solicitada sem ouvir a entidade requerida.

Também admitiu que o requerente formulasse pedidos cumulativos, entendendo, deste modo, que os dois pedidos se destinavam a acautelar o seu direito constitucional de participação política, afectado pela manutenção da sua situação de militar contra a sua vontade e iniciativas. Se com o primeiro o requerente pretendia comprovar que tinha sido diligente no procedimento para a formalização da sua passagem à reserva, com o segundo, o requerente desejou antecipar provisoriamente os efeitos da acção principal e beneficiar interinamente da situação de reserva, como se a sentença a proferir na acção para reconhecimento o tivesse ditado.

A singularidade deste acórdão do Tribunal Central está na forma positiva com que decretou tutela cautelar antecipatória, não obstante de efeitos irreversíveis, indo ao encontro do princípio da tutela jurisdicional efectiva, já que se o tribunal tivesse sido *timorato*, faria perder definitivamente o direito fundamental em causa, por decurso do prazo para apresentação de candidaturas.

Nem se pense, como o fez o Magistrado do MP, que ao deferir-se tal providência se permitiria ao particular o exercício de funções de membro da Assembleia de Freguesia! O que esteve em causa, como agradavelmente se diz na decisão jurisdicional, foi "assegurar o direito constitucional do requerente a participar nas próximas eleições autárquicas".

[1135] A situação factual é a seguinte: O requerente é, desde 1989, piloto aviador na Força Aérea, tendo sido, em 1995, promovido a Tenente. Em virtude de pretender apresentar candidatura à eleição para membro da Assembleia de Freguesia, nos termos do disposto no n.º 10, do art. 31.º da Lei de defesa nacional (aprovada pela Lei n.º 29/92), solicitou a sua passagem à situação de reserva, procedendo devidamente à instrução do seu processo. Mercê de uma série de circunstâncias a si alheias, a entidade administrativa não proferiu resposta oportuna ao requerente, pois o prazo para apresentação das candidaturas terminara. Posteriormente é notificado de que "deixou de ter efeito útil a decisão sobre o objecto do pedido, uma vez que seria extemporâneo em relação ao fim pretendido, já que o próprio direito que se pretendia exercer "caducou".

Todavia, na medida em que a parte contrária interpôs recurso jurisdicional da decisão do TCA para o STA, o procedimento cautelar ainda se mostrou lento, visto que este só veio a decidir-se em data posterior ao momento eleitoral, declarando a inutilidade superveniente da lide.

Em suma, o TCA, ainda que sem tradição, aplicou tutela cautelar não especificada, inovadoramente, tal como em outros sistemas processuais com maior historial os demais tribunais administrativos aplicam (designadamente, na Alemanha[1136]) – não obstante o risco da irreversibilidade dos efeitos da decisão cautelar[1137].

Em jeito de balanço, a aplicação de tutela cautelar inominada do CPC pelos tribunais administrativos pode caracterizar-se pelos seguintes aspectos:

a) A tutela cautelar não especificada foi repetidamente rejeitada, numa primeira fase, e, numa segunda, negada uma vez sim, outra vez não, sendo que, por regra, os Tribunais Administrativos de Círculo decidiram liminarmente excluí-la do *puzzle*. Foram os tribunais de 2.ª instância (STA e TCA) que, claramente, introduziram a tutela cautelar não especificada na justiça administrativa.

b) Todavia, está ainda por definir o âmbito próprio de actuação da tutela cautelar não especificada. Esta forma de tutela cautelar tem tido um campo reduzidíssimo de actuação, visto que a tutela cautelar não especificada tem sido considerada como duplamente subsidiária[1138].

c) Também o âmbito derivado de aplicação da tutela cautelar não especificada – por existir um acto administrativo *algures* – não foi delimitado pela jurisprudência, já que esta tem vindo a afirmar a existência de uma primazia *injustificada* da suspensão da eficácia dos actos, mesmo face a pretensões cautelares relativamente às quais não interfere com o conteúdo do acto administrativo[1139].

[1136] Vd. cap. II, 2.ª parte.

[1137] O Supremo veio a declarar a inutilidade superveniente da lide por terem já decorrido as eleições ! Acórdão do STA de 15 de Junho de 1999, proc., n.º 44 972.

[1138] Neste sentido, Sentença do TAC de Lisboa de 27.06.1997, p. n.º 68/87.

[1139] Neste sentido, Sentença do TAC de Lisboa de 27.06.1997, p. n.º 68/87; Sentença do TAC Lisboa de 29.04.1997, p. n.º 44/97; Ac. do STA de 08.07.1997; Ac. do TCA de 27.02.1998, p. n.º 847/98.

d) A tutela cautelar inominada tem sofrido uma *perseguição* idêntica à que os tribunais vêm fazendo à acção para reconhecimento de direitos[1140]. São frequentes os juízos tipo *dois em um* quanto à admissibilidade do meio cautelar, quando se propõe uma providência não especificada como meio acessório a uma acção. Em regra, os tribunais procedem, no procedimento cautelar, à averiguação da admissibilidade do meio principal, averiguando se este é "próprio" ou "adequado", e rejeitam liminarmente providências cautelares não especificadas por "inadequação do meio principal" a propor[1141].

e) Quanto à problemática da delimitação do campo derivado de aplicação da tutela inominada, há jurisprudência que vem no sentido de admitir que uma medida cautelar inominada possa complementar a suspensão da eficácia do acto, fazendo *parelha* com o recurso contencioso de anulação[1142].

f) Da prática jurisprudencial tem sido corrente o indeferimento das medidas cautelares inominadas, sem que se proceda à análise das suas condições de decretamento.

g) Tem vindo a aceitar-se como condições de procedência da medida cautelar inominada o *periculum in mora e fumus boni iuris*[1143].

h) Para contrariar a falta de tradição da jurisprudência administrativa, na apreciação do critério do *fumus boni iuris*, tenha-se bem presente

---

[1140] Vd., Ac. do TCA de 04.02.1999, proc., n.º 2 263/99.

[1141] Assim, particularmente, Ac. do TCA de 04.02.1999, p. n.º 2263/99. A fazer-se este juízo seria preferível adoptar o raciocínio do TJC e do TPI, que se traduz em deixar para o processo principal essa averiguação, a menos que "haja uma manifesta ilegalidade na proposição do meio principal". Vd., noutro momento da dissertação, jurisprudência nesse sentido.

[1142] Neste sentido, Ac. do TCA de 04.02.1999, p. 2 263/99.

[1143] Neste sentido, Ac. do STA de 07.03.1996; Sentença do TAC de Lisboa de 29.04.1997, p. n.º 44/97; Sentença do TAC de 27.10.1997, p. n.º 77/97; Ac. do TCA de 08.01.1998, p. n.º 512/97; Ac. do STA de 09.06.1999, p. n.º 44 962. No que a este último respeita, refere-se que "o decretamento da providência cautelar não especificada, nos termos do arts. 381.º, n.º 1 e 387.º, n.º 1 do CPC, exige a verificação de determinados requisitos, designadamente, o da existência ou probabilidade séria de existência do direito ameaçado, e o do fundado receio da sua lesão grave e dificilmente reparável". Nesses termos, negou a providência em causa requerida, pois a lesão do eventual direito do requerente já se havia consumado.

que há jurisprudência constante, desde a segunda metade da década de noventa, que a esse propósito não tem revelado dificuldades. Considerou-se, aliás, uma vertente ousada de apreciação do *fumus*, dando esta condição por acreditada com a invocação, pelo requerente, "da intenção de propor o meio principal"[1144].

i) Além das condições referidas (*periculum in mora e fumus boni iuris*), tem vindo a proceder-se a um juízo cumulativo de ponderação quanto ao tipo de prejuízos resultantes para cada uma das partes da decisão cautelar. Em algumas decisões, este critério tem assumido uma posição central (decisiva) no conjunto das condições de procedência, qual *porta de emergência* por onde tem saído apressadamente "o não" para o particular, dispensando o tribunal de analisar as demais condições[1145].

j) No que respeita ao procedimento cautelar, a jurisprudência aceitou já a emissão de uma medida inominada com dispensa de audição da parte requerida (tutela "urgentíssima")[1146].

k) Também admitiu a possibilidade do requerente solicitar medidas cautelares a título subsidiário e cumulativo[1147].

l) Quanto ao conteúdo da tutela cautelar já decretada, podemos relembrar as medidas cautelares traduzidas em intimações *de facere* e *non facere*, e ainda medidas de conteúdo conservativo e inovador sobre o *status quo*[1148].

m) A propósito das medidas cautelares antecipatórias de conteúdo inovador, têm sido decretadas medidas antecipatórias dos efeitos da decisão principal. Nessas decisões, em consideração ao princípio da tutela jurisdicional efectiva, permitiu-se, excepcionalmente, através da medida decretada, a produção de efeitos irreversíveis para o futuro[1149].

[1144] Neste sentido, Sentença do TAC de Lisboa de 27.10.1997, p. n.º 77/97; Ac. do TCA de 08.01.1998, p. n.º 512/97.

[1145] Assim, particularmente, Ac. do TCA de 08.01.1998, p. n.º 512/97; Ac. do STA de 08.07.1996.

[1146] Vd., neste sentido, Ac. do TCA de 18.03.1999, p. n.º 2 690/99.

[1147] Vd., neste sentido, Ac. do TCA de 18.03.1999, p. n.º 2 690/99.

[1148] Ac. do TCA de 18.03.1999, p. n.º 2690/99; Ac. do TCA de 08.01.1998, p. n.º 512/97.

[1149] Vd., neste sentido, Ac. do TCA de 18.03.1999, p. n.º 2 690/99.

n) Unanimemente reconhece-se a instrumentalidade, a provisoriedade e a *sumariedade* como características da tutela cautelar inominada no contencioso administrativo[1150].

o) Dois obstáculos se opõem ao sucesso do *transplante* já descrito. No nosso entender, um está na relação, ainda por delimitar, da tutela cautelar inominada com o meio cautelar típico dos actos, que faz deste o *senhor* do modelo. O outro, respeita às condições de decretação da tutela cautelar inominada do CPC, que, na nossa opinião, traduzirão sempre uma fasquia a transpor pelos particulares, cuja altura, a manter-se eternamente esta solução, está em desconformidade com a fixada na Constituição, o que obrigará a que os particulares se comportem para sempre como *atletas em salto à vara*.

3. A tutela cautelar no sistema português de justiça administrativa – Sistematização: a tutela cautelar *versus* tutela sumária não cautelar

Temos vindo a estudar o modelo de tutela de meios não principais da justiça administrativa e a delatar os seus momentos de abertura, que são reconhecíveis também relativamente aos processos acessórios de intimação.

Nesta fase do trabalho, pretendemos, por isso, por um lado, aplicar os conceitos aprendidos anteriormente ao processo de suspensão de actos administrativos, e, por outro lado, experimentar os critérios que em outro lugar escolhemos como distintivos da tutela cautelar perante "outras formas sumárias de tutela jurisdicional dela vizinhas"[1151], aproveitando o momento de dinâmica das intimações e o debate em torno da natureza jurídica desses processos.

[1150] Assim, instrumentalidade: Ac. do TCA de 18.03.1999, p. n.º 2690/99; Ac. do STA de 07.03.1996. provisoriedade: Ac. do TCA de 08.01.1998, p. 512/97; Ac do TCA de 18.03.1999, p. n.º 2 690/99. *Sumariedade*: Ac. do TCA de 18.03.1999, p. n.º 2690/99.

[1151] Neste sentido, utilizando este terminologia, P. CALAMANDREI, ob. cit., loc. cit. Para maiores desenvolvimentos, vd. cap. I., e tb., F. TOMMASEO, "Provvedimenti di urgenza", in: *Enciclopedia del Diritto*, vol. XXXVII, 1988, p. 857; E. FAZZALARI, "Provvedimenti cautelari", *Enciclopedia del Diritto*, vol. XXXVII, 1988, p. 843.

Na tarefa de sistematização do modelo de tutela jurisdicional não principal paramos, em primeiro lugar, para reflectir sobre o meio cautelar que serve o recurso de anulação chamado "suspensão da eficácia do acto administrativo" e para saber se *o nome corresponde à coisa*.

Num sentido, invocando conceitos de VASCO PEREIRA DA SILVA, que nos parecem apropriados também neste campo, propomo-nos questionar se o processo cautelar típico, que tem por *nome* "suspensão da eficácia do acto", que serve somente o recurso de anulação, não corresponderá à *coisa* que encerra uma medida cautelar de conteúdo *semi inominado*, e "cuja infância difícil", semelhante à do recurso, impediu a sua "catarse" jurisprudencial e dogmática[1152] e a redução da *coisa ao nome*.

Num outro sentido, pretendemos confirmar a natureza antecipatória da suspensão da eficácia dos actos, cujo conteúdo poderá ser meramente assegurador ou regulador. Como veremos de seguida, a doutrina tem tido uma compreensão do instituto essencialmente num perfil funcional. E os tribunais administrativos têm vindo a aplicar esta forma de tutela como se pudesse actuar *automaticamente* e como se a Administração não tivesse o dever de executar e de retirar todas as consequências jurídicas da decisão de suspensão[1153]. Na verdade, Os tribunais *ordenaram* e *indeferiram*, de forma mecânica, a suspensão[1154] – decisão/*interruptor* –, deixando no esquecimento a

---

[1152] Vd., de VASCO PEREIRA DA SILVA, entre outros, *Para um Contencioso Administrativo dos Particulares* ... cit., pp. 67 a 130; *Em Busca do Acto Administrativo Perdido* ... cit., pp. 51 a 57, pp. 79 a 81, pp. 126 a 127; *Ensinar Direito (a Direito) Contencioso Administrativo*, Coimbra, 1999, p. 79; Para uma síntese, vd. "A acção para reconhecimento de direitos", *Cadernos de Justiça Administrativa*, 16, 1999, pp. 42 e 43; "Vem aí a Reforma do Contencioso Administrativo", *Cadernos de Justiça Administrativa*, 19, 2000, pp. 7 ss.; " O nome e a coisa" – A acção chamada recurso de anulação e a reforma do contencioso administrativo", *Cadernos de Justiça Administrativa*, 22, 2000, pp. 36 ss.

[1153] Em sentido excepcional a esta regra, vd. a este propósito, o Ac. do TCA de 14.01.1999 (p. n.º 2214-A) no qual se verifica uma evolução da jurisprudência no sentido de fazer acompanhar a suspensão de cláusulas acessórias. O tribunal decidiu suspender a eficácia de um acto administrativo, embora condicionada: "A CGD, embora mantendo a informação no seu sistema informático não deverá permitir até à resolução definitiva do recurso que qualquer utilização do sistema a ele tenha acesso, devendo tomar as medidas (técnicas e outras) adequadas".

[1154] Somos da opinião de que o funcionamento da suspensão da eficácia tem tido as limitações que se imputam ao recurso contencioso de anulação. Para uma apreciação *de*

potencialidade do meio cautelar, considerada em correlação com o conjunto dos efeitos ultraconstitutivos da sentença anulatória, visíveis no processo de execução de julgados.

As ideias afirmadas anteriormente, embora contrastem com as demais opiniões no âmbito do contencioso administrativo, não são todavia, originais. Em Portugal, a doutrina clássica do processo civil que estudou a medida cautelar de "suspensão das deliberações sociais" reconheceu tanto a sua estrutura antecipatória, como a sua indeterminação de conteúdo"[1155].

Confirmando o que afirmámos, por um lado, a doutrina afirmava que a medida cautelar de suspensão das deliberações sociais produz "a antecipação dos efeitos da decisão que venha a julgar o processo principal favoravelmente ao demandante" (AVELÃS NUNES)[1156]. E, em segundo lugar, quanto ao conteúdo da medida – de natureza constitutiva, para uns, de natureza verdadeiramente *condenatória* para outros –, a doutrina reconhece, que estando em causa uma deliberação anulável, esta medida cautelar "paralisa, – a totalidade dos efeitos jurídicos do acto", ficando estes num estado de "*quiescência*", até à sentença proferida na acção anulatória[1157]. E, estando em

---

iure condito e *de iure condendo* a este meio jurisdicional principal, vd. M. AROSO DE ALMEIDA, "Novas Perspectivas para o Contencioso Administrativo ... cit., pp. 554 ss.; e, tb., "tutela declarativa e executiva no contencioso administrativo português", *Cadernos de Justiça Administrativa*, 16, 1999, pp. 67 e ss.

[1155] VASCO DA GAMA LOBO XAVIER (*O conteúdo da providência de suspensão de deliberações sociais*, Coimbra, 1978, pp. 24 ss.), reconhecendo que a suspensão de deliberações sociais foi prevista como meio de acautelar a utilidade prática da sentença de anulação desses actos contra o risco derivado da duração do respectivo processo, refere que " o único conteúdo com que a providência pode servir uma finalidade definida em tais termos será a correspondente à antecipação, provisória embora, da referida sentença: ou seja, um conteúdo que, ao menos, tendencialmente – isto é, enquanto isso for permitido pelo carácter precário da medida cautelar – se identifique com o da decisão do processo principal em sentido favorável ao do autor". Este autor, (a pp. 75 e 76), a propósito da posição dos que vêem na providência, pura e simplesmente, uma anteciapção provisória da sentença de anulação, considera que há certos efeitos da anulação da deliberação social que não podem ligar-se, mesmo que a título provisório, à mera suspensão do acto".

[1156] AVELÃS NUNES, *O direito de exclusão de sócios nas sociedades comerciais*, Coimbra, 1968, pp. 326 ss.

[1157] Sobre esta problemática, vd. VASCO DA GAMA LOBO XAVIER, *O conteúdo da providência de suspensão de deliberações sociais*, Coimbra, 1978, pp. 37 ss.; pp. 41 ss.; pp. 44 a 58.

causa uma deliberação nula ou ineficaz, a doutrina é da opinião de que a suspensão da eficácia da deliberação não define exectamente o conteúdo da providência", aliás, "traduz uma regulação provisória da situação" (LOBO XAVIER)[1158]. E na actualidade, a doutrina do processo civil integra esta medida no tipo de tutela cautelar que tem como finalidade "regular e compor provisoriamente a lide"[1159], ou seja, nas medidas que, quanto à sua estrutura, não são somente de garantia, mas, pelo contrário, têm estrutura antecipatória, já que actuam sobre o objecto da causa principal.

Já a doutrina do processo administrativo tem duvidado da normal estrutura antecipatória do processo cautelar da suspensão da eficácia de actos[1160], e, por isso, também os tribunais têm negado, por regra, a capacidade deste processo para antecipar os efeitos da decisão de mérito do recurso de anulação. E assim se explica o frequente indeferimento, pelos tribunais administrativos de pedidos de suspensão da eficácia de actos de conteúdo negativo[1161], como verificámos[1162].

[1158] VASCO DA GAMA LOBO XAVIER, *O conteúdo da providência de suspensão de deliberações sociais...* cit., p. 58.

[1159] Neste sentido, M. TEIXEIRA DE SOUSA, *Estudos sobre o Novo Processo Civil* ... cit., p. 240.

[1160] Entre nós, CLÁUDIO MONTEIRO (*Suspensão da Eficácia da Actos Administrativos de Conteúdo Negativo*, AAFDL, 1990, p. 32) referiu que, "ao paralisar a eficácia do acto impugnado, a pronúncia da suspensão não satisfaz, é verdade, as necessidades de tutela das posições subjectivas dos particulares, mas permite-lhes manter o interesse na decisão final", dizendo mais a diante que "a suspensão da eficácia dos actos administrativos desempenha uma função instrumental, de salvaguarda da utilidade substancial da sentença proferida no recurso directo de anulação", (ob., cit., p. 153). M. FERNANDA MAÇÃS (*A suspensão judicial da eficácia dos actos* .... cit., p. 256.) refere que "ao paralisar a eficácia do acto impugnado durante a tramitação do recurso de anulação, mantém a integridade da situação de facto existente no momento do recurso, assegurando, deste modo, a reintegração dos interesses do recorrente lesado, através da eficácia restauradora da sentença de anulação"; e J. C. VIEIRA DE ANDRADE (*A Justiça Administrativa* ... cit., p. 133) considera que este meio pretende "acautelar o efeito útil do recurso, evitando que, em determinadas situações, a demora normal do processo possa retirar todo o alcance prático à sentença de provimento (ou na linguagem clássica, um meio para combater o 'periculum in mora')". Do que fica referido, tem-se em consideração o aspecto funcional do instituto e não se destaca o perfil estrutural da suspensão da eficácia do acto.

[1161] Neste sentido, Ac. do STA de 23.01.1996, p. n.º 39274 onde se afirma (ou confirma) a impossibilidade de suspensão por falta de capacidade do acto para modificar a

A garantia cautelar que serve o recurso de anulação de actos administrativos, denominada "suspensão da eficácia do acto", tem, no nosso entender, natureza antecipatória. E a decisão correspondente a esta garantia pode ter um conteúdo *semi indeterminado*, assegurador ou inovador (ampliador) conforme o conteúdo da sentença anulatória (o qual depende, em última instância, do tipo de acto anulado) e também do tipo de *periculum in mora*[1163].

Justificamos a nossa posição recorrendo ao entendimento de CALAMANDREI, que defendia que os sentidos estruturais dife-rentes de actuação cautelar têm subjacentes os dois tipos de *periculum in mora* do processo principal – e lembrando que as posições de alguns estudiosos do processo civil, contrárias à natureza antecipatória do processo cautelar[1164], também partilhadas no processo administrativo[1165], já há muito tempo foram afastadas.

Podemos acrescentar, no mesmo sentido, a perspectiva de SCHOCH que distingue a natureza antecipatória da tutela provisória con-

---

esfera jurídica do particular. Neste sentido, Acs. do TCA: Ac. de 14.01.1999, p. n.º 2230; Ac. de 07.01.1999, p. n.º 2229; Ac. de 28.01.1999, p. n.º 2338; Ac. de 04.02.1999, p. n.º 2440 e 2450; Ac. de 18.02.1999, p. n.º 2259 e 2492.

[1162] A doutrina, não obstante não reconhecer expressamente a natureza antecipatória ao processo de suspensão, tem vindo a defender, todavia, a possibilidade de deferimento de suspensão em certos casos de actos de conteúdo negativo, como quando existe "utilidade na suspensão de actos deste tipo", quando "os tribunais não se substituam à Administração", e desde que se verifique a "aparência de bom direito". Beneficiam deste regime excepcional, perante a regra da não suspensão, a recusa de dispensa da prestação obrigatória do serviço militar. Nestes casos, a suspensão vale como concessão do benefício da dispensa negada. Igualmente se contemplam os actos de negação de inscrições em ordens profissionais, ou actos que negam a renovação de determinada situação jurídica". Cfr. J. C. VIEIRA DE ANDRADE, *A Justiça Administrativa* ... cit., p. 141.

[1163] Esta afirmação não é original se lembrarmos a posição de M. ANDREIS (*Tutela sommaria e tutela cautelare nel processo amministrativo* ... cit., p. 307) quando analisa o conteúdo da suspensão da eficácia de actos, determinado pela jurisprudência administrativa italiana mais recente. Vd. tb., a este propósito, no mesmo sentido, M. CONCETTA FUCCILLO, *La tutela cautelare nel processo amministrativo*, 1999, pp. 41 a 43.

[1164] Por exemplo, na doutrina processualista italiana, S. SATTA, *Diritto Processuale Civile*, Padova, 1973, p. 655; C. CALVOSA, *La tutela cautelare*, Torino, 1963, p. 270. Vd., para mais desenvolvimentos, cap. I.

[1165] Cfr. V. GASPARINI CASARI, *Introduzione allo studio sistematico della tutela cautelare nei confronti della p. a.,* Modena, 1982, p. 254; P. VIRGA, *La tutela giurisdizionale nei confronti della pubblica amministrazione*, 3ª ed., Milano, 1982, p. 302.

forme haja, ou não, uma ingerência e intromissão do juiz cautelar na causa principal[1166].

A tutela cautelar visa neutralizar o *"pericolo nel ritardo"* que é o perigo de não poder fruir utilmente a decisão jurisdicional definitiva. Por outras palavras, trata-se do *"periculum de infruttuosità"*, resultante da demora do processo principal. A tutela cautelar tem neste âmbito uma função eminentemente conservativa ou asseguradora da situação de direito ou de facto, sem que proceda a qualquer ingerência na causa principal[1167].

A tutela cautelar visa remediar, também e principalmente, outro tipo de efeitos negativos que sobre o direito accionado provoca a duração (normal) do processo principal. Trata-se agora de neutralizar o *"pericolo de tarditività"*, entendido como *"pericolo del ritardo"*[1168]. O perigo em causa é resultante da satisfação tardia do direito, quando a situação corre o risco de ficar irremediavelmente prejudicada pela decisão tardia. Neste caso, o juiz cautelar intromete-se e decide antecipadamente sobre ela, em vez do juiz da causa. Nestes casos há antecipação, que pode ser de conteúdo assegurador ou inovador, conforme amplie ou não a situação pré existente.[1169]

A doutrina do processo tem vindo a reconhecer que a cada um dos tipos de *periculum in mora* corresponde uma forma de actuação cautelar: a forma de actuação intrometida na causa principal, ou não, de maneira a que o juiz

---

[1166] Vd. cap. I.

[1167] Assim A. PROTO PISANI, "Provvedimenti d'urgenza", in: *Enciclopedia Giuridica*, Roma, 1991, pp. 23 e 24.

[1168] No parágrafo, utilizamos terminologia de P. CALAMANDREI (*Introduzione allo studio* ... cit., pp. 55 ss), aceite, mais recentemente, pela doutrina italiana do processo, como F. TOMMASEO (*I provvedimenti d'urgenza* ... ob. cit.; e, tb., "Provvedimenti di urgenza", in: *Enciclopedia del Diritto*, cit., p. 858) e A. PROTO PISANI, "Provvedimenti d'urgenza ... cit. Vd., para mais desenvolvimentos, cap. I.

[1169] Neste sentido, G. VERDE, "Considerazioni sul procedimento d'urgenza", *I processi speciali. Studi offerti a V. Andrioli daí Suoi allievi*, Nápoles, 1979, pp. 415 ss.; S. LA CHINA, "Quale futuro per i provvedimenti d'urgenza?", *I processi speciali. Studi offerti a V. Andrioli daí Suoi allievi*, Nápoles, 1979, pp. 151 ss.; A. PROTO PISANI, "Due note in tema di tutela cautelare", *Foro Italiano*, 1983, vol. V, pp. 145 ss.; L. MONTESANO, "Sulle misure provvisorie in Italia", in: *Les mesures provisoires en procédure civile, (Atti del colloquio internazionale, Milano, 12-13 ottobre, 1984)*, ed. G. TARZIA, Milano, 1985, pp. 113 ss. Para uma síntese, L. DITTRICH, "Il provvedimento d'urgenza", *Il nuovo processo cautelare*, a cura di G. TARZIA, Padova, 1993, pp. 195 a 203.

cautelar se substitua interinamente ao juiz da causa principal (ou não tenha de o fazer) para combater esse perigo.

Enquanto que a decisão cautelar, pela qual o juiz cautelar apenas visa conservar o património do devedor, arrestando bens, ou arrolando documentos e coisas, não *prende*, nem prejudica, a solução para a relação material controvertida, pois nunca lhe toca, já a decisão cautelar pela qual o juiz paralisa o abate de um animal presumido doente, ou pela qual obsta à execução do indeferimento da renovação de uma licença de caça pela Administração, produz o efeito contrário, uma vez que que há uma ingerência do juiz cautelar na causa principal. É o juiz cautelar quem interinamente regula a situação, já que o animal vive durante um tempo, ou a licença de caça permanece eficaz durante meses, por efeito da actuação do juiz cautelar. Nestas situações, o juiz cautelar substitui-se ao juiz da causa principal e compõe provisoriamente a lide[1170], antecipando os efeitos da futura sentença anulatória pela regulação provisória da lide[1171]. E cabe à Administração, em sede de execução da sentença cautelar, não apenas suspender o acto, mas retirar da decisão cautelar provisoriamente o mesmo efeito que teria a sentença anulatória, se pudesse ser antecipada no tempo.

A suspensão da eficácia permite, nestes exemplos, a antecipação da sentença anulatória para um período de tempo, ainda que no caso da suspensão da eficácia da ordem de abate do animal a decisão cautelar tenha um conteúdo meramente assegurador do *status quo*, mas que corresponde, exactamente, ao efeito útil da sentença definitiva, se esta pudesse chegar a tempo.

É bem verdade que a natureza antecipatória da medida cautelar chamada "suspensão da eficácia dos actos" é mais evidente quando serve um processo, cuja sentença anulatória tem efeitos visivelmente positivos ou quando, existindo um poder vinculado, se pode afirmar que, "numa perspectiva substancialista" se pode antever na sentença anulatória a "condenação envergonhada" da Administração"[1172]. A natureza antecipatória é óbvia quando

---

[1170] Terminologia de F. CARNELUTTI, "Funzione e composizione del processo", *Sistema di Diritto Processuale Civile*, Padova, 1936, pp. 205 ss.

[1171] Estamos a trazer para o processo da suspensão da eficácia do acto o entendimento que a doutrina do processo civil tem, relativamente ao processo de suspensão de deliberações sociais. Neste sentido, vd. M. TEIXEIRA DE SOUSA, *Estudos sobre o Novo Processo Civil* ... cit., p. 240.

[1172] O nosso raciocínio assenta no texto de RUI MEDEIROS, "A confirmação de uma certeza: o reconhecimento dos efeitos ultraconstitutivos das sentenças de anulação", *Cadernos de Justiça Administrativa*, 13, 1999, pp. 39 a 41, esp. p. 41.

a Administração retira da decisão cautelar todas as suas consequência jurídicas, operando, "em via provisória, à satisfação da pretensão"[1173] daquele a quem foi negada essa satisfação por via do acto administrativo impugnado.

A verdade, porém, é que a suspensão da eficácia tem sempre um estrutura antecipatória, ainda que esta seja mais fácil de compreender nas decisões com efeito ampliador.

A suspensão pode traduzir-se materialmente numa *condenação* (*envergonhada*) antecipadada da Administração: para que aceite condicionalmente uma inscrição de um profissional numa Ordem, quando, pese embora o preenchimento dos requisitos legais, essa inscrição havia sido negada pela Administração. Tecnicamente é possível que, existindo vinculação legal, por via da decisão da suspensão da eficácia do acto de indeferimento, a Administração, devendo executar tal decisão, deva preencher o conteúdo da decisão de suspensão através da antecipação da "condenação envergonhada" que constituirá o efeito ultraconstitutivos da sentença anulatória (do acto de indeferimento da inscrição do profissional na Ordem). A suspensão terá neste caso um efeito *ultraantecipatório* plenamente possível.

Na decisão cautelar de suspensão da eficácia do acto revogatório de admissão de um aluno à Universidade pode *ler-se* uma *condenação* antecipada da Universidade para permitir a frequência provisória do curso universitário.

A suspensão da eficácia do acto que nega a um estrangeiro a permanência no território nacional e que nega o adiamento do cumprimento do serviço militar, são medidas cautelares que traduzem a autorização provisória de permanência e dispensa provisória do cumprimento da *obrigação* militar.

Nos exemplos dados são notórios dois aspectos: no primeiro compreende-se, que subjacente ao *nome* – suspensão da eficácia de um acto – existe uma *coisa semelhante* à tutela cautelar não especificada, não obstante no texto da sentença provisória que põe termo ao processo de suspensão da eficácia do acto figurar a expressão "suspendo" ou "não suspendo", já que o efeito alcançado não está determinado, dependendo, entre outros aspectos do conteúdo do acto suspenso e do *periculum in mora*. A suspensão da eficácia é um *nome*, é a medida cautelar típica perante actos administrativos, acessória ao recurso de anulação. Mas, quanto ao conteúdo da medida cautelar, a *coisa* traduz-se numa medida de conteúdo *semi inominado*, cuja determinação apenas acontece quando no caso concreto, perante o dever de a Administração

---

[1173] Neste sentido, E. A. DINI/G. MAMMONE, *I provvedimenti d'urgenza* ... cit., p. 340.

retirar todas as consequências da decisão, ela identificar os hipotéticos efeitos ultraconstitutivos da futura sentença anulatória e o tipo de *periculum*.

Nos exemplos dados é também óbvia a natureza antecipatória da suspensão, cuja decisão tem um efeito ampliador: a inscrição interina na Ordem; a autorização de frequência na Universidade; a autorização de permanência no país; o adiamento do cumprimento do serviço militar. Em qualquer uma das situações há uma pretensão que se realiza e um interesse que se satisfaz. Como refere SCHOCH, em algumas situações, a satisfação é "parcialmente definitiva" para o momento interino[1174], visto que a inscrição provisória dá direitos e obrigações, nomeadamente a de pagar quota, e a permanência na Universidade pode permitir frequentar aulas, realizar exames e passar de ano (!).

A antecipação é ainda visível na suspensão do acto de exclusão de um concurso, visto que, para que a decisão do juiz cautelar tenha como fim permitir que os efeitos da sentença anulatória sejam passíveis de execução, torna-se necessário antecipar alguns dos efeitos, entre eles, o de permitir o regresso do concorrente ao procedimento. Cabe à Administração reconhecer este efeito quando procede à integral execução da sentença cautelar.

Enfim, sempre que o juiz interfere com a causa principal e para ela dita, interinamente, o direito – decretando medidas de conteúdo assegurador, que não ampliam esse *status* sob que incide a causa, ou inovador, quando provisoriamente acrescenta à esfera do requerente algo, permitindo satisfação de uma pretensão que diz respeito ao mérito da causa, ainda que seja factual –, o juiz procede à antecipação da decisão da causa principal[1175].

Do que temos vindo a dizer, em suma, somos da opinião de que subjacente a uma medida cautelar chamada "suspensão da eficácia", existe materialmente uma "condenação antecipada envergonhada": a *condenação* provisória para que a Administração não proceda à demolição de um prédio, ou ao abate de um animal, ou à posse administrativa de uma propriedade[1176].

[1174] F. SCHOCH, *Verwaltungsgerichtsordnung*, ... ob. cit., n.m. 148, p. 69; n.m. 149, p. 69; n.m. 154, p. 70. Vd., para mais desenvolvimentos, cap. II, 2.ª parte.

[1175] Neste sentido, F. SCHOCH, *Verwaltungsgerichtsordnung*, ... ob. cit., n.m. 50, p. 23; n.m. 149, p. 69. Vd., para mais desenvolvimentos, cap. II, 2.ª parte.

[1176] Vd. M. ANDREIS (*Tutela sommaria e tutela cautelare nel processo amministrativo...* cit., pp. 236 a 242.) que considera que neste caso a suspensão da eficácia do acto tem uma estrutura de antecipação da decisão para causa. Todavia, como refere o autor, tal decisão cautelar, estruturalmente antecipatória, tem um efeito conservativo e não inovador. No mesmo sentido, vd. F. SCHOCH, *Verwaltungsgerichtsordnung* ... cit., ns. ms. 50

De igual forma, a suspensão pode traduzir-se numa condenação à Administração para que faça algo, para que admita um concorrente num concurso, um aluno a realizar uma prova ou um funcionário no seu posto de trabalho. Mais uma vez, diremos que o *nome* reduz *a coisa*.

A conservação do efeito útil da sentença anulatória não se produz sem que o juiz cautelar actue sobre a causa principal, pese embora, em alguns casos ser apenas para assegurar o *quid* sobre que ela incide. Mas, ainda aqui, a natureza antecipatória da medida cautelar, apelidada de "suspensão da eficácia", é inevitável[1177].

É bem verdade que esta medida cautelar, cujo *nome* é "suspensão da eficácia de um acto administrativo", não pode dar satisfação à totalidade das pretensões dos particulares. Todavia, esta realidade não tem subjacente a incapacidade deste meio cautelar para *antecipar*[1178], mas deve a impossibilidade aos dois limites que enquadram os poderes do juiz cautelar: um que deriva da natureza provisória da tutela cautelar, e que proíbe o juiz cautelar de decidir antecipadamente a lide, e o outro, que resulta da proibição de o juiz cautelar exceder a causa principal, dando ao requerente mais do que o que lhe é permitido[1179]. Mas estes são também os limites da medida inominada.

---

ss., pp. 23 ss.; C. ESCUDERO HERRERA, "De la instrumentalidad y otras características de las medidas cautelares en el contencioso-administrativo ... cit., p. 536; GONZÁLEZ-VARAS IBÁÑEZ, *Problemas procesales actuales* ... cit., pp. 23 ss. Vd., para mais desenvolvimentos, cap. II, 2.ª parte.

[1177] Segundo M. ANDREIS (*Tutela sommaria e tutela cautelare nel processo amministrativo...* cit., pp. 236 ss.), no processo administrativo italiano não estão previstas outras medidas cautelares senão as de estrutura antecipatória.

[1178] Cfr., M. FERNANDA MAÇÃS, "Tutela judicial efectiva e suspensão da eficácia: balanço e perspectivas", *Cadernos de Justiça Administrativa*, 16, 1999, p. 52.

[1179] Esta afirmação é aceite pela doutrina italiana do processo administrativo. Vd. U. POTOTSCHING, "La tutela cautelare", in: *Processo amministrativo: quadro sistematico e linee di evoluzione. Contributo alle iniziative legislative in corso* (*Atti del Convegno di Varenna* 19-21 settembre 1985), Milano, 1988, pp. 195, esp. 208 – o qual destaca que também o juiz administrativo deveria decretar medidas cautelares idóneas ao caso concreto, mas "non potrà assumere provvedimenti i cui effetti non potrebbero derivare neppure dall'accoglimento del ricorso di merito". E. FOLLIERI, "La cautela tipica e la sua evoluzione", *Diritto processuale amministrativo*, 1989, pp. 665 e 671, e, tb., "strumentalità ed efficacia 'ex tunc' dell'ordinanza di sospensione", *Giurisprudenza Italiana*, 1985, III, 1, pp. 196 ss., esp. p. 198. Este último autor invoca o efeito "ultranticipatorio" da decisão cautelar.

Como o juiz cautelar deve conter-se no limite de "não exorbitância"[1180], perante a decisão principal, e mover-se "imaginativamente" no âmbito do provável conteúdo da sentença principal, também lhe é vedado antecipar efeitos que provavelmente não incluirão a sentença anulatória, nem poderão ser determinados no âmbito da execução de julgados, principalmente se o acto tiver sido emitido no âmbito de poder discricionário[1181].

Se o recurso não tem apenas por função a eliminação do acto impugnado, mas envolve uma definição dos termos do exercício futuro do poder manifestado através desse acto[1182], então o juiz cautelar poderá ter um campo mais alargado de actuação, apenas vedado quando se confrontar com poder discricionário da Administração[1183].

Enfim, é neste contexto que entendemos que a *coisa* não pode identificar-se com o *nome*, porque este reduz a amplitude daquela. E se se pensa aperfeiçoar, no futuro, o modelo de tutela principal do contencioso administrativo, e, designadamente, se se pretende *estender* a amplitude do objecto do recurso de actos, então terá de se repensar e delimitar o âmbito próprio da medida cautelar, chamada "suspensão da eficácia do acto", e precisar se esta é apenas um *nome*, pois no nosso entender, este reduzirá o alcance da *coisa*. Faz todo sentido que este processo continue a ser consagrado num código de processo reformado, na condição de ser o meio acessório ao recurso, de permitir a emissão de uma decisão com conteúdo mais indeterminado – apenas determinável pela Administração no momento em que esta cumpre o dever de executar a decisão cautelar – e de estar sujeito a pressupostos específicos de procedência, entre eles a ponderação cumulativa de interesses públicos e privados[1184].

[1180] Vd., para mais considerações, M. ANDREIS, *Tutela sommaria e tutela cautelare nel processo amministrativo...* cit., p. 285.

[1181] Vd. M. ANDREIS, *Tutela sommaria e tutela cautelare nel processo amministrativo* ... cit., pp. 281, esp. p. 288.

[1182] A este propósito, vd. M. AROSO DE ALMEIDA, *Sobre a autoridade do caso julgado das sentenças de anulação de actos administrativos*, Coimbra, 1994.

[1183] Será interessante questionar se poderá ser concedida, por via do processo cautelar, uma licença da construção, pois esta dificilmente será concedida por entidade diferente daquela que exerce o poder administrativo. Vd. JOÃO CAUPERS, "Imposições à Administração Pública", *Cadernos de Justiça Administrativa*, 18, 1999, p. 51.

[1184] Partindo do princípio de que, numa futura reforma, se permitirá que, através do recurso de anulação do acto não possa só apenas pedir-se a restrita anulação do acto, mas que se solicite que o tribunal emita uma pronúncia inibitória que proíba a reincidência da

A dinâmica do modelo do contencioso dos processos não principais, que tem caracterizado as intimações nos últimos cinco anos, é visível não só pela crescente escolha destes processos pelos particulares como também pelo impulso jurisprudencial e dogmático ocorrido. Ainda recentemente, o Tribunal Central Administrativo, relativamente ao caso da Estação do Arco do Cego, revogando uma sentença do TAC e decidindo em sentido contrário aos tribunais comuns, que nos três níveis de jurisdição haviam negado uma providência cautelar não especificada com o mesmo fim, veio intimar entidades de transporte rodoviário de se absterem de utilizar a antiga estação de recolha de eléctricos do Arco do Cego como "terminal de Operadores Privados de Transporte Rodoviário Expresso", visto que tal comportamento violaria as regras do PDM de Lisboa[1185].

Não obstante estes processos serem qualificados pela doutrina tradicional como meios cautelares, ultimamente, a doutrina vem reivindicando para eles a autonomia processual – o que, de certo modo, até parece incongruente, já que não pode (simultaneamente) definir-se algo como sendo *carne* e *peixe*.

Não podemos deixar de verificar que há um esforço de raciocínio de quem defende, ao mesmo tempo, a dependência funcional do processo de intimação e a sua autonomização processual, e de quem qualifica, simultaneamente, o processo de intimação como processo cautelar e processo de jurisdição voluntária e, ainda assim, defende a sua autonomia, já que o mesmo permite, a quem o acciona, a satisfação definitiva (ainda que seja factual) do seu interesse. Também de *admirar* é a *perseverança* na procura do parceiro processual ideal para o processo de intimação[1186]. Em anotação ao Acórdão do

---

Administração na prática das mesmas ilegalidades, ou que o tribunal defina, nos mais amplos termos, a posição do recorrente perante a Administração no quadro da relação jurídico administrativa, na qual o acto impugnado se inscreve, então a suspensão do acto administrativo pode funcionar plenamente como medida que permite a composição provisória da lide. Partindo, em parte, ao que julgamos, do raciocínio de M. AROSO DE ALMEIDA, "Novas Perspectivas ... cit., pp. 552 ss.

[1185] Cfr. Sentença do TAC de Lisboa de 23.01.1998, p. 709/97; Acórdão do TCA, de 23.04.1998, p. 937/98.

[1186] Entre outros exemplos da doutrina, vd. J. M. SÉRVULO CORREIA, "Direito Administrativo II (Contencioso Administrativo). Relatório sobre programa, conteúdo e métodos de ensino", *Revista da Faculdade de Direito da Universidade de Lisboa*, 1994, pp. 57 ss., esp. p. 65. Vd. tb., Prefácio a R. LEITE PINTO, *Intimação para comportamento* ... cit., pp. XVI e ss., esp. pp. XXI ss.

STA de 28.11.96, em que se pretendia intimar um particular a retirar uma embarcação de uma albufeira e a proceder à respectiva destruição do ancoradouro[1187], reivindicou-se a autonomia processual para o processo de intimação, não obstante se ter considerado "inequivocamente" como "uma providência cautelar destinada a garantir a efectividade da tutela definitiva da pretensão invocada", ainda que no entretanto se tenha questionado se não seria um processo de jurisdição voluntária[1188].

Encontrada a problemática, pretendemos estudar e arrumar *sistematicamente* tais processos, *de iure condito*, dando depois algumas sugestões, *de iure condendo*.

Tradicionalmente, o processo de intimação para comportamento, previsto na LPTA (art. 86.º ss.) é caracterizado, tanto pela doutrina[1189], como pela jurisprudência[1190], como um processo de natureza cautelar.

[1187] Vd. Acórdão do STA de 28.11.96, p. 41 249. Factos relevantes: o requerente dirigiu ao Tribunal Administrativo de Círculo do Porto um pedido de intimação para comportamento contra um particular para que este retirasse uma embarcação fundeada na Albufeira da Caniçada e procedesse à demolição do respectivo ancoradouro. O tribunal decidiu em sentido negativo. Desta decisão, o requerente interpôs recurso jurisdicional para o STA, que veio a negar provimento ao recurso pelo facto de o requerente ter obtido satisfação do seu interesse por actuação do processo gracioso.

[1188] Vd. ELISABETH FERNANDEZ, "Normas de protecção ambiental. Déficit de execução. Processo de intimação para um comportamento ... cit., pp. 35, esp. nota 5 e 6.

[1189] A doutrina portuguesa parece ser unânime nesta qualificação. Vd. SIMÕES OLIVEIRA, "Meios contenciosos acessórios", in: *Contencioso Administrativo*, Braga, 1986, pp. 221 a 237; RICARDO LEITE PINTO, *Intimação para um comportamento*, Lisboa, 1995; J. M. SÉRVULO CORREIA em Prefácio a este último trabalho referido; VASCO PEREIRA DA SILVA, "Embargos administrativos... cit.; ELISABETH FERNANDEZ, "Normas de protecção ambiental. Déficit de execução. Processo de intimação para um comportamento... cit., p. 34; JOÃO TIAGO V. A. DA SILVEIRA, "O Princípio da Tutela Jurisdicional Efectiva e as Providências Cautelares Não Especificadas no Contencioso Administrativo", in: *Perspectivas Constitucionais. Nos 20 Anos da Constituição da 1976,* ed. JORGE MIRANDA, vol. III, Coimbra, 1998, p. 405; PEDRO ROMANO MARTINEZ, "Intimação para um comportamento. Providência cautelar", *Cadernos de Justiça Administrativa*, 2, 1997, pp. 53 a 61. A doutrina terá partido da ideia de que sendo uma meio nitidamente urgente, tal significaria, obrigatoriamente a sua natureza cautelar. Neste sentido, CARLA AMADO GOMES, *Contributo para o Estudo das Operações Materiais...* cit., p. 431; C. A. FERNANDES CADILHA, "Intimações", *Cadernos de Justiça Administrativa*, 16, 1999, p. 62, e p. 64; Em sentido diferente, ao que julgamos, e qualificando apenas este meio como acessório e urgente,

Porque lhe reconhecemos uma autonomia funcional, somos da opinião de que o processo de intimação para comportamento não tem natureza cautelar. Entendemos que o processo de intimação para comportamento é uma forma de tutela jurisdicional urgente, de marcha simplificada, de cognição versátil (sumária ou plena acelerada) e de função preventiva de tutela da legalidade administrativa, meio vocacionado para impor comportamentos ou omissões a entidades não administrativas.

A intimação para comportamento, *de iure condito*, não obstante o seu regime singular, de "recorte obscuro" (JOÃO CAUPERS)[1191], não permite, no nosso entender, a sua qualificação como meio cautelar, pois, sob um ponto de vista funcional, não lhe reconhemos a instrumentalidade imediata perante um processo principal, nem sob o ponto de vista estrutural, lhe encontramos as características de provisoriedade cautelar e nem de *sumariedade* cautelar. Nem as condições de procedência da intimação, exigidas na lei que rege o processo de intimação, são o *periculum in mora* e o *fumus boni iuris*[1192].

O processo de intimação, sob um perfil funcional, ainda que servindo para realizar o "fim de assegurar o cumprimento de normas de direito administrativo", visa evitar a lesão de interesses legítimos, resultante directamente de comportamentos de particulares e indirectamente de omissões da Administração. A instrumentalidade imediata existe apenas perante o Direito. E, quando o requerente da intimação é o Ministério Público, o fim imediato do processo é pôr termo à situação de incumprimento de regras de direito administrativo, por parte de particulares (directamente), e indirectamente (omissão de execução) por parte da Administração Pública. A funcionalidade da intimação está na tutela objectiva imediata das regras de direito adminis-

---

JOÃO CAUPERS, *Direito Administrativo*, I (*Guia de Estudo*), Lisboa, 1998, pp. 168 a 170, e, tb., "Imposições à Administração Pública", *Cadernos de Justiça Administrativa*, 18, 1999, p. 49; Cfr. J. C. VIEIRA DE ANDRADE, *A Justiça Administrativa* ... cit., pp. 146 ss.

[1190] A jurisprudência não se distancia, neste aspecto, da maioria da doutrina. Neste sentido, Sentenças do TAC de Lisboa de 23.01.1998, p. n.º 709/97 e Sentença do TAC do Porto de 03.05.1999, p. n.º 142/99; Acórdão do STA de 28.08.1996, in: AD, 427, pp. 857 ss.; Ac. do TCA de 23.04.1998, publ. *Revista Jurídica do Urbanismo e do Ambiente*, 9, 1998, pp. 155 ss.; Acórdão do TCA de 13.01.2000, p. 3877/00.

[1191] Vd. "Imposições à Administração Pública", *Cadernos de Justiça Administrativa*, 18, 1999, p. 49.

[1192] Cfr. RICARDO LEITE PINTO, *Intimação para um comportamento*, Lisboa, 1995.

trativo e mediata de certos interesses colectivos, difusos e gerais. Em nenhum dos casos o processo de intimação serve para dar efectividade a um processo principal.

É verdade que num perfil estrutural, o legislador tipificou o processo como dependente (ou não autónomo), mas tal, por si só, não é suficiente para o qualificar como cautelar.

Aliás, sob o ponto de vista estrutural, que atende, não ao "para que serve", mas ao "como se faz" ou como se realiza a tutela preventiva e urgente perante a ameaça de lesão a um interesse legítimo resultante do não cumprimento de regras de direito administrativo, este tipo de processo não contém as características do cautelar. As condições típicas de procedência da tutela cautelar – *periculum in mora* e *fumus boni iuris* – não são as condições de mérito da intimação.

O prejuízo que no processo de intimação se pretende evitar é um prejuízo autónomo, resultante da violação das regras de direito administrativo e não o derivado da demora do processo principal, que pode até nem vir a existir. A urgência do processo não tem subjacente o *periculum in mora*, mas a situação de lesão iminente de um direito, cuja causa está no não cumprimento das regras administrativas, que se receia com fundamento.

Bem como em relação ao *fumus*, o juiz não está autorizado a decidir apenas com base em juízos de probabilidade, quanto à lesão do direito, antes pelo contrário, o legislador, obriga o juiz, em certos casos, a adoptar os trâmites processuais mais lentos e perfeitos de cognição. E nem a terminologia empregue na lei, "fundado receio de violação de regras", pode significar a configuração da condição do *fumus*. Na verdade, esta expressão denuncia o carácter da preventividade da intimação e ainda da sua urgência.

Não podemos confundir urgência, que caracteriza este processo, com o *periculum in mora* do processo cautelar. Nem podemos identificar toda a preventividade processual com o processo cautelar. No processo de intimação, quando o requerente é o particular, o fim visado no processo é afastar a ameaça de lesão a um interesse legítimo. Através do processo de intimação, o particular consegue alcançar uma pronúncia judicial rápida e preventiva, em processo simplificado que surge como alternativa funcional ao processo principal contra a Administração, que é demorado.

Estamos, então, a falar de autonomia funcional, celeridade, urgência e preventividade, que são características próprias do processo que visa evitar, de forma urgente, uma ameaça de lesão activa de particulares ou concessionários (ou passiva da Administração), resultante do não cumprimento das regras de direito administrativo.

Nos casos em que este meio urgente faz parelha com um meio de defesa gracioso, está afastada, irremediavelmente, a natureza cautelar do processo, e, neste caso, a autonomia processual, é evidente.

Considerando, ainda, o processo num perfil estrutural, falta a identidade dos elementos essenciais da causa, entre o processo de intimação e o processo principal que vem decidir a relação controvertida, salvando-se na globalidade o denominador comum que será a causa de pedir[1193]. Só excepcionalmente haverá coincidência entre o conteúdo da decisão da intimação e o *thema decidendum* do meio principal, visto que o processo de intimação conhece, horizontalmente, apenas, parte da relação material controvertida.

Atendendo, novamente, ao perfil estrutural, destacamos o tipo de cognição permitida ao juiz: verticalmente sumária *tout court*, com base em provas *leviores*[1194], ou plena (quando o juiz tiver de proceder a diligências mais prolongadas e adoptar os trâmites processuais do recurso de anulação de actos de entidades locais), mas nunca assenta em juízo de probabilidade ou verosimilitude[1195].

Considerando, finalmente, a questão da provisoriedade da intimação, e o facto de o legislador ter estabelecido que a sentença é provisória, na nossa opinião, tal não é suficiente para qualificar este processo como cautelar. Há muitos tipos de sentenças provisórias[1196] – como as dos processos de jurisdição voluntária que são aptos a finalizar com sentenças provisórias – e nem por isso todas elas são cautelares; ainda que a decisão cautelar seja também provisória, e ainda que a intimação para comportamento caduque, a caducidade não é exclusiva das sentenças provisórias cautelares[1197].

[1193] E é também a causa de pedir o único elemento processual que liga este processo à jurisdição administrativa. Vd. JOÃO CAUPERS, "Imposições à Administração Pública", *Cadernos de Justiça Administrativa*, 18, 1999, p. 49.

[1194] Sobre esta questão, vd., essencialmente, F. TOMMASEO, *I Provvedimenti d'Urgenza* ... cit., pp. 33 ss., pp. 252 ss., e bibliografia enunciada no capítulo I.

[1195] Cfr. RICARDO LEITE PINTO, *Intimação para um comportamento*, Lisboa, 1995.

[1196] M. TEIXEIRA DE SOUSA, sistematicamente, distingue as sentenças provisórias das definitivas e, no conjunto das sentenças provisórias, inclui as cautelares. O autor opõe as decisões provisórias às definitivas, conforme as decisões se destinam, ou não, a ser substituídas por outras, cujo conteúdo pode ser igual ou diferente. Vd. M. TEIXEIRA DE SOUSA, *Estudos Sobre o Novo* ... cit., p. 215.

[1197] Sobre a noção (problemática) de tutela provisória, cautelar ou não, antecipatória ou não, como alternativa (ou não) ao processo de cognição plena, vd. R. PERROT, "Les mesures provisoires en droit français", *Les mesures provisoires en procédure civile* ... cit.,

a) a decisão é proferida depois do requerido apresentar resposta e após o parecer do MP (e após terem sido realizadas diligências necessárias). Tal decisão que põe fim ao procedimento, é provisória, sujeita à caducidade (cfr. 89.º, n.º 1, n.º 2, n.º 3; art. 90.º).
b) Em caso de urgência, e, no caso do juiz optar pelo não cumprimento do direito de audição à parte requerida, é proferida uma decisão provisória. Se o requerido não apresentar oposição, tal decisão converte-se em definitiva (cfr. art. 87.º, n.º 4).

Voltando à questão da provisoriedade. Esta característica da tutela cautelar é tradicionalmente entendida em conjunto com a instrumentalidade. Como referia CALAMANDREI, a decisão cautelar é provisória porque *vive* só no tempo *intermedio* ou interino, até que seja proferida a decisão principal, e, na falta desta, extingue-se. Ora, a intimação provisória deve a sua provisoriedade à forma sumária como o juiz conheceu os factos (provisoriedade = precariedade). A forma de cognição prevista neste processo, parcial, em sentido horizontal, já que o juiz não conhece de toda a relação controvertida, sumária, em sentido vertical, é incompatível com as sentenças definitivas[1198].

Mas saliente-se, neste processo: esta decisão provisória transforma-se em definitiva, *de iure condito*. Ela é claramente definitiva num caso (art. 87.º, n.º 4) e aspira a definitiva noutro, porque se converte em definitiva, ou porque é confirmada em processo jurisdicional, ou administrativo (*a contrario* do art. 90.º), e apenas caduca noutras situações (art. 90.º), devido à sua natureza de meio não autónomo. Todavia, esta característica estrutural da tutela cautelar, que também marca *legalmente* a provisoriedade da intimação, não é seu monopólio[1199], nem é, aliás, uma característica que faça sentido no processo de intimação.

---

esp. pp. 149 ss.; P. FRISINA, "La tutela antecipatória: profili funzionali e strutturali", *Rivista di Diritto Processuale*, 1986, pp. 370 a 373; F. CARPI, "La tutela d'urgenza fra cautela, 'sentenza anticipata' e giudizio di merito", *Rivista di Diritto Processuale*, 1985, pp. 681 e 682; G. TARZIA, "Considerazioni conclusive", *Les mesures provisoires en procédure civile* ... cit., esp. pp. 309 a 317.

[1198] Sobre esta questão, vd. cap. I.

[1199] Relativamente a esta questão, por todos, vd. A. PROTO PISANI, "La tutela sommaria (Note *de jure condito e de jure condendo*)", Appunti sulla giustizia civile, Bari, 1982, esp. p. 331, p. 335 e p. 351; P. FRISINA, "La tutela antecipatória: profili funzionali e strutturali ... cit., pp. 381 ss.; F. CARPI, "La tutela d'urgenza fra cautela, 'sentenza anticipata' e giudizio di merito ... cit., pp. 703 a 706.

Em síntese, este meio é tipicamente uma espécie do género de tutela jurisdicional urgente, no qual não se encontram as características de instrumentalidade, nem de provisoriedade e nem de *sumariedade* cautelares[1200].

Trazendo à colação a imagem de CALAMANDREI, este meio não constitui "a tropa de cobertura destinada a manter posições até à chegada do grosso do exército"; na nossa perspectiva, esta força é já "*il grosso dell'esercito*", ou melhor, é uma (possível) "ágil *task force*", indispensável na justiça administrativa actual para evitar a violação do Direito Administrativo e a lesão de certos interesses, que não têm de ser individualizados[1201], cujo comando cabe (e deve caber ainda mais) ao Ministério Público.

No nosso entender, se *de iure condito*, o processo de intimação para comportamento é um processo que se serve a si próprio e não existe funcionalmente em favor de outro; já *de iure condendo*, será desejável que o processo de intimação para comportamento se autonomize estruturalmente na totalidade, utilmente[1202].

[1200] Se mais ainda se torna necessário invocar no sentido das ideias expostas, note-se que o processo de intimação para comportamento é o processo a que usualmente o legislador especial recorre para fazer cumprir direitos ou interesses especiais dos particulares. O meio processual está estruturado para vingar autonomamente e para permitir a quem o acciona alcançar sentenças judiciais definitivas, como acontece nas situações previstas no n.º 8, do art. 62.º (do regime jurídico do licenciamento de obras particulares) e no art. 68.º relativo aos loteamentos urbanos. Aliás, o processo de intimação pode finalizar com a emissão de uma sentença judicial definitiva, "substitutiva".

[1201] A doutrina tem mesmo vindo a defender o alargamento do âmbito de aplicação subjectiva (passiva) da intimação a entidades públicas. JOÃO CAUPERS entende que não faz sentido, "se é que se não tornou mesmo inconstitucional", após a previsão constitucional das acções para determinação de um acto administrativo legalmente devido, que se continue a limitar os sujeitos passivos deste mecanismo aos particulares e aos concessionários. Não pondo de parte esta possibilidade, M. AROSO DE ALMEIDA, "Medidas cautelares no ordenamento contencioso – Breves notas", *Direito e Justiça*, Vol. XI, 2, 1997, pp. 156 e 157. A jurisprudência, ao que parece, não está disposta a essa inovação e, ao que julgamos, espera por alteração legislativa, pelo menos enquanto a intimação para comportamento dirigida contra entidades públicas se fizer por via das providências cautelares não especificadas. Parece ser este o entendimento revelado no Acórdão do TCA de 13.01.2000, p. n.º 3877/00.

[1202] Cfr. C. A. FERNANDES CADILHA, "Intimações ... cit., pp. 64 e 65. O autor, numa perspectiva de reforma do contencioso, amplia o âmbito material e subjectivo de aplicação do processo a situações que perfeitamente têm guarida no âmbito de actuação

Assim, e em primeiro lugar, a pensar dirigir-se intimações contra a Administração, deve ter-se bem presente que o modelo de justiça administrativa deverá conter um processo longo, de cognição plena, a accionar contra a Administração Pública, capaz de finalizar com sentenças definitivas de intimação para a prática de actos legalmente devidos – tal como já constitucionalmente é previsto. Logo, só haverá utilidade em mais um processo para intimação contra a Administração, se este tiver vantagens acrescidas, nomeadamente se, por oposição às características do primeiro, for célere e simplificado, e, ao contrário do cautelar, não adoptar a técnica da caducidade para marcar a provisoriedade. Então, será conveniente e útil que o processo de intimação para comportamento, também accionado contra a Administração, se aperfeiçoe no sentido de claramente se configurar como forma de tutela jurisdicional urgente, sumária, mas não cautelar.

Em segundo lugar, se apenas dirigido contra os particulares, o legislador pode optar por positivar um processo, cuja natureza jurídica das sentenças – provisória ou definitiva – deva depender de sua escolha (aceitando os riscos). No nosso ponto de vista, o processo de intimação para comportamento, porque, como já tentámos demostrar, tem plena autonomia funcional, é urgente, e o tipo de cognição prevista é a sumária, deve finalizar com uma sentença provisória. Todavia, defendemos que não faz sentido, nem é oportuno, que a provisoriedade da sentença, que põe fim ao processo de intimação para comportamento, se traduza pela sua caducidade.

Entendemos, neste sentido, que se deveria considerar a introdução da lógica da "eutanásia da jurisdição de mérito" como marca da autonomia processual e quanto ao valor a atribuir ao conceito de provisoriedade da sentença que põe fim ao processo. Assim, a autonomia do processo deverá depender da vontade do demandado. E, ao mesmo tempo, a provisoriedade da sentença dependerá do accionamento do meio principal. Se o intimado a praticar um comportamento conforme ao direito administrativo aceitar a sentença provisória e se, por isso, entender dispensar o processo de cognição plena, então os efeitos da sentença provisória deverão converter-se em definitivos.

Por conseguinte, de acordo com o que julgamos ser o mais adequado às necessidades actuais de celeridade processual e de descongestionamento dos tribunais administrativos, sem que se deixe de pensar na segurança do inti-

---

da tutela cautelar não especificada, como no caso de se pretender obrigar a Administração a pagar certa quantia, a entregar certa coisa e a prestar certo facto.

mado e na qualidade da justiça administrativa, deve afastar-se a regra da caducidade da sentença provisória e, em seu lugar, colocar a regra oposta, que é a da conversão dos efeitos provisórios em definitivos[1203].

Enfim, as vantagens do processo de intimação para comportamento estariam, *de iure condendo*, na urgência, na prevenção, na *sumariedade* e na possibilidade de conversão da sentença provisória em definitiva. E tais qualidades revelar-se-iam adequadas para as intimações para comportamento instantâneo (por oposição às de execução continuada)[1204].

A doutrina do processo administrativo tem vindo a mostrar-se receptiva à introdução de processos rápidos (que chamam de sumários), alternativos aos processos principais lentos de cognição plena[1205], e, por isso, não será inoportuna a defesa de processos especiais acelerados, com capacidade para definir, definitivamente, um certo tipo de direito, escolhido pelo legislador, ameaçado pela Administração.

O processo de intimação para a consulta de documentos ou passagem de certidões (arts. 82.º a 85º da LPTA) tem também vindo a conseguir uma maior dinâmica, no âmbito do contencioso administrativo, resultante, quer da sua utilização em maior número pelos particulares, quer do uso inovador que dele tem feito a jurisprudência.

Para a doutrina e jurisprudência tradicionais, o meio processual em causa destina-se apenas, de acordo com a letra da lei, a garantir a consulta de documentos ou processos e a passagem de certidões – para efeitos de poste-

---

[1203] A solução apresentada é amplamente defendida por A. PROTO PISANI, "La tutela sommaria (Note *de jure condito* e *de jure condendo*)", *Appunti sulla giustizia civile*, Bari, 1982, pp. 312 ss.; e tb., "I provvedimenti d'urgenza ex. art. 700 C.P.C.", *Appunti sulla giustizia civile*, Bari, 1982, pp. 354 ss. E quanto ao processo administrativo, *de iure condendo*, Vd. M. ANDREIS, *Tutela sommaria e tutela cautelare nel processo amministrativo* ... cit.., pp. 306 ss.

[1204] Este é, no nosso entender, o modo mais eficaz de pôr a render o processo de intimação para comportamento, visto que há muito se propugna por uma utilização mais "energética e eficaz" do mecanismo. Vd. D. FREITAS DO AMARAL, *Direito Administrativo* ... cit., pp. 336 e 337.

[1205] Neste sentido, M. AROSO DE ALMEIDA, "Medidas cautelares no Orde-namento Contencioso... cit., pp. 155 a 157; FAUSTO DE QUADROS, *A Nova Dimensão do Direito Administrativo* ...cit., p. 48; C. A. FERNANDES CADILHA, "Intimações ... cit., p. 65.

rior utilização graciosa ou contenciosa –, não incluindo a simples prestação de informações solicitadas[1206].

Na actualidade, a doutrina do processo administrativo não tem sido unânime quanto ao entendimento a dar à natureza jurídica deste específico processo de intimação. Alguns reconhecem-lhe uma dependência funcional e estrutural perante um meio principal, que faz dele um processo de natureza cautelar. VIEIRA DE ANDRADE destaca duas vertentes a tomar em conta para caracterizar esta intimação, que são, por um lado, a instrumentalidade a um meio principal, pois, no seu entender, o procedimento aparece, na previsão legal, funcionalizado a um objectivo que é permitir o uso de meios administrativos ou contenciosos, pressuposto que, no seu pensamento, lhe confere a qualidade de meio acessório, relativamente aos meios impugnatórios que justificam a providência. Por outro lado, o autor reconhece-lhe autonomia, pois considera que o procedimento está hoje a ser utilizado "como meio adequado, por constituir um processo especial, célere e com efeito suspensivo, para assegurar o direito à informação procedimental em todas as suas modalidades"[1207].

[1206] Neste sentido se posiciona a maioria da jurisprudência. Vd. Ac. de 14.11.1989, p. n.º 17 589; Ac. de 17.07.1990, p. n.º 28 540; Ac. de 11.02.1992, p. n.º 30 281; Ac. de 04.06.1996, p. n.º 39 536. Em sentido contrário, veja-se o Ac. de 02.05.1996, p. n.º 40 120. Neste último Acórdão, respondeu-se afirmativamente à questão de saber se o meio intimação para consulta de documentos ou passagem de certidões também serve para efectivar o direito dos particulares a serem informados pela Administração, sempre que o requeiram, sobre o andamento dos procedimentos, em que sejam directamente interessados, tal como consagrado no art. 61.º do CPA. Vd., para uma anotação ao Acórdão, J. M. SÉRVULO CORREIA, "O direito dos interessados à informação: *ubi ius, ibi remedium*", *Cadernos de Justiça Administrativa*, 5, 1997, pp. 3 a 12. Também em sentido contrário à maioria da jurisprudência, vd. Ac. do STA, de 14.1.1997, p. 41 422 e Ac. do STA de 11.3.1997, p. 41 855, publicado nos *Cadernos de Justiça Administrativa*, 5, 1997, com anotação de JOSÉ EDUARDO F. DIAS, "Relevo prático da "intimação para consulta de documentos" na garantia jurisdicional do direito à informação dos administrados", pp. 50 a 57.

[1207] Questiona J. C. VIEIRA DE ANDRADE, se "uma interpretação do artigo 82.º da LPTA em conformidade com a Constituição não transformaria este meio acessório numa providência autónoma, destinada a assegurar os direitos à informação dos administrados", e reconhece, mais adiante, a possibilidade de "a intimação poder ter como objecto, para além da consulta de documentos ou passagem de certidões, a prestação de informações". Vd., *A Justiça Administrativa* ... cit., pp. 143 a 144.

Parte da doutrina tem vindo a aceitar a autonomia funcional e estrutural do processo administrativo de intimação para consulta de documentos e passagem de certidões, que qualifica como "processo especial" (SÉRVULO CORREIA)[1208], dadas as suas características de processo de intimação para a prestação de facto, urgente e de processo que automaticamente tem efeito suspensivo.

Pelas características apontadas a este processo, e na falta de processo adequado[1209], alguma doutrina entende que este deve também tutelar o direito fundamental à informação administrativa, posição que tem tido acolhimento na jurisprudência.

Manifestou essa orientação o Supremo, no Acórdão de 14.01.1997 (p. 41 422), ao reconhecer que, "de acordo com o princípio de que a todo o direito corresponde uma acção destinada a reconhecê-lo em juízo", este processo seria adequado para exercer o direito à informação (61.º a 64 do CPC) – que inclui tanto o direito à informação procedimental como o direito de acesso aos arquivos. E novamente, pelo Acórdão de 11.03.1997, (p. 41 855), o Supremo, seguindo a jurisprudência iniciada, confirmou que "o processo dos arts. 82.º e segs. da LPTA, na falta de designação expressa de outro pela lei, mostra-se o meio mais adequado ao fim em causa, ao direito a obter a informação procedimental que aos particulares assiste, bem como à garantia de efectivo acesso ao Direito e aos Tribunais, ao recurso contencioso e à justiça administrativa e à realização do Estado de Direito Democrático".

Julgamos que, tal como o processo está previsto na lei, se realça a sua natureza acessória, visto que o processo está preordenado funcionalmente a um meio principal (jurisdicional ou administrativo). Mas não só num perfil funcional este processo urgente é instrumental perante um outro meio, também estruturalmente se caracteriza pela dependência, já que tem efeito suspensivo, relativamente aos prazos respeitantes ao meio principal.

Julgamos, por isso, que o processo de intimação para a consulta de documentos e passagem de certidões se configura como um processo cautelar típico, tal como é o processo de produção antecipada de prova. Aliás, em termos de relação funcional entre os meios referidos e os meios jurisdicionais

---

[1208] J. M. SÉRVULO CORREIA, "O direito dos interessados à informação: *ubi ius, ibi remedium*... cit., p. 9.

[1209] Nestas situações, nem o recurso contencioso de anulação, nem a acção para reconhecimento permitiriam alcançar uma tutela efectiva, e isto porque estes não proporcionariam uma tutela célere.

principais, no nosso entender, a relação de instrumentalidade é exactamente a mesma.

Reconhecemos, contudo, que este entendimento poderá sofrer algum abalo perante a interpretação extensiva do seu regime jurídico – de no espírito da lei fazer incluir o direito dos interessados à informação –, que tem vindo a acontecer por parte da doutrina[1210] e da jurisprudência. O processo de intimação, nesta leitura, é cada vez menos um processo acessório, visto que vem ganhando autonomia instrumental, e cada vez mais um processo que se serve a si próprio.

Em vésperas de uma reforma do contencioso administrativo, seria oportuno reflectir sobre a criação de um novo processo para garantir o direito fundamental à informação dos administrados, consagrado na Constituição e concretizado legalmente nos arts. 61.º a 64.º do CPA, que, quanto às características, deveria manter, para além da autonomia, a urgência[1211].

4. A tutela cautelar no sistema português de justiça administrativa – Síntese: a urgência na reforma

Na actualidade, vive-se um momento de reforma no contencioso administrativo. As diversas versões dos anteprojectos tornam-se públicas[1212] e são discutidas ideias e propostas[1213].

[1210] J. J. GOMES CANOTILHO/VITAL MOREIRA, *Constituição da República Portuguesa Anotada*, Coimbra, 3ª ed., 1993, p. 934; MARIA DA GLÓRIA GARCIA, "Os Meios Cautelares em Direito Processual Administrativo", *Scientia Ivridica*, tomo XLIII, 1994, p. 215; ESTEVES DE OLIVEIRA/PEDRO GONÇALVES/PACHECO DE AMORIM, *Código do Procedimento Administrativo – Comentado*, 2ª ed., Coimbra, 1997, p. 330; J. M. SÉRVULO CORREIA, "O direito dos interessados à informação: *ubi ius, ibi remedium* ... cit., pp. 3 a 12.; JOSÉ EDUARDO F. DIAS, "Relevo prático da "intimação para consulta de documentos" ... cit., pp. 50 a 57.

[1211] Neste sentido, JOSÉ EDUARDO F. DIAS, "Relevo prático da "intimação para consulta de documentos" ... cit., p. 56.

[1212] A este propósito, das várias versões dos anteprojectos do Código do Processo Administrativo, que, ao que parece, são cinco, temos conhecimento do conteúdo de três delas. Uma versão data de 1992, tendo como denominação "Projecto de Código do Contencioso Administrativo" (PCCA/92). Este projecto, lamentavelmente, considerava a tutela cautelar inominada como corpo estranho ao processo administrativo. De acordo com

A propósito da reforma em curso do contencioso administrativo, foram feitas duas observações, uma que denunciava o secretismo em torno da ela-

---

o PCCA/92, por inspiração do princípio da plenitude da garantia jurisdicional (previsto no art. 6.º) permitia-se, em caso de necessidade (ou seja, em caso excepcional) o recurso às providências cautelares não especificadas do CPC (art. 6.º 2). Em suma, o PCCA/92 opta por manter, sem alteração, o sistema de tutela acessória e cautelar típica. Além dos meios acessórios referentes às intimações, no que respeita aos meios acessórios cautelares, positiva-se a suspensão da eficácia do acto administrativo, com a inovação da possibilidade de ponderação de interesses privados e públicos. Mais recentemente, em Novembro de 1997, veio a lume uma nova versão de um anteprojecto, desta vez com denominação de Projecto de Código do Processo Administrativo (PCPA/97). Novamente, no que respeita à previsão da tutela cautelar inominada, denuncia-se a deficiência de que padecia o anterior projecto. De entre os meios acessórios, o PCPA/97 prevê apenas o pedido de suspensão da eficácia de actos administrativos, a suspensão de normas regulamentares e a produção antecipada dos meios de prova (como meios acessórios cautelares) e a intimação para comportamento. Consideram-se positivas as inovações introduzidas ao procedimento de suspensão da eficácia dos actos e, particularmente, congragulamo-nos com a introdução do critério do *fumus boni iuris* a propósito da suspensão da eficácia de normas. Em Fevereiro de 1999, dá-se conta de um novo projecto do código do processo administrativo, desta vez elaborado por Magistrados do STA a pedido do Ministério da Justiça e que resulta, ao que julgamos, da sua apreciação crítica (acompanhada de inovações) ao PCPA/97. Este projecto, que denominaremos de PCPA/STA, apresenta um significativo avanço em termos de introdução na justiça administrativa de instrumentos de garantia processual urgente e cautelar. Desde logo regozijamos-nos com a positivação de mecanismos de tutela rápida ou urgente (art. 8.º), bem como, principalmente, com a introdução no processo administrativo de tutela cautelar inominada a ser decretada num procedimento cautelar comum (art. 101.º ss.). Igualmente feliz é a adesão ao critério do *fumus boni iuris*. Além desta medida cautelar inominada, prevê-se a suspensão da eficácia de actos e a de normas. Também se consagra no conjunto dos meios acessórios, cuja sistematização nos merece alguma crítica, o pedido cautelar de produção antecipada de prova (art. 123.º ss.) e a intimação para comportamento (art. 120.º ss.).

[1213] O II Seminário de Justiça Administrativa que decorreu nos dias 16 e 17 de Abril de 1999, em Guimarães, foi disso prova, já que nele foi discutido o actual estado do contencioso administrativo, por Juristas, Magistrados, Advogados e Docentes Universitários. No que respeita à tutela cautelar, foi demonstrada, com grande sensibilidade, a importância desta espécie de tutela urgente no sistema do contencioso administrativo e ficou reconhecido, por unanimidade dos presentes, que na futura reforma da justiça administrativa se deve eliminar os "défices actuais" da tutela cautelar "à luz do princípio da tutela jurisdicional efectiva". Vd. "Manifesto de Guimarães sobre a Justiça Administrativa", *Cadernos de Justiça Administrativa*, 14, Março-Abril, 1999.

boração e do conteúdo dos projectos[1214] e a outra que recomendava "um diagnóstico rigoroso da situação existente"[1215]. Ambas as opiniões, ao que parece, têm tido eco, visto que em torno da mais recente versão do antecprojecto foi institucionalmente organizada uma discussão pública alargada, acompanhada de estudos e exames de diagnóstico.

Para além das inovações ao modelo processual, que a doutrina tem vindo a sugerir, também a reforma orgânica dos tribunais administrativos e a repartição de competências entre eles tem estado no centro da discussão[1216].

A doutrina portuguesa do processo administrativo tem vindo a defender a instituição dos tribunais administrativos de círculo como tribunais de recepção de todos os meios processuais, incluindo os recursos contenciosos de anulação de actos administrativos de membros do governo e a consagração de um verdadeiro recurso de apelação para os Tribunais de 2.ª instância, reservando para o STA a função de tribunal de revista[1217]. Aliás, na opinião de alguma doutrina, se a reforma não tocar na orgânica judicial administrativa não será bem feita e nem se poderá dizer que contribua para simplificar o acesso dos administrados à justiça administrativa[1218].

No nosso entender, em jeito balanço do que vimos afirmando a propósito do sistema português de tutela jurisdicional não principal, reconhecemos

---

[1214] C. A. FERNANDES CADILHA, "Ainda a Reforma do Contencioso Administrativo, *Cadernos de Justiça Administrativa*, 2, 1997, p. 4

[1215] MÁRIO TORRES, "A reforma do contencioso administrativo: Que metodologia?", *Cadernos de Justiça Administrativa*, 9, 1998, pp. 3.

[1216] Vd., para considerações mais desenvolvidas sobre este tema, J. M. SÉRVULO CORREIA, "Linhas de aperfeiçoamento da jurisdição administrativa", *Revista da Ordem dos Advogados*, ano 51, 1991; D. FREITAS DO AMARAL, "Projecto de Código do Contencioso Administrativo", *Scientia Ivridica*, tomo XLI, 235/237, Janeiro-Junho, 1992; M. AROSO DE ALMEIDA, "Contributo para a reforma do sistema do contencioso administrativo", *Direito e Justiça*, Vol. IX, 1995; V. PEREIRA DA SILVA, "Breve crónica de uma reforma anunciada", *Cadernos de Justiça Administrativa*, 1, 1997; A. DUARTE DE ALMEIDA, CLÁUDIO MONTEIRO e J. L. MOREIRA DA SILVA, "A caminho da plenitude da justiça administrativa", *Cadernos de Justiça Administrativa*, 7, 1998; MÁRIO TORRES, "A reforma do contencioso administrativo: Que metodologia?", *Cadernos de Justiça Administrativa*, 9, 1998.

[1217] Vd. V. PEREIRA DA SILVA, "Breve crónica de uma reforma anunciada ... cit., p. 3; MÁRIO TORRES, "A reforma do contencioso administrativo ... cit., p. 10.

[1218] Neste sentido, MÁRIO TORRES, "Relatórios de síntese", *Cadernos de Justiça Administrativa*, 16, 1999, pp. 87 ss.

que este é o momento certo para não deixar de instituir tipos de tutela jurisdiconal urgente, bem como a tutela cautelar inominada adequada, assente num procedimento cautelar comum, já que, quanto à necessidade de reforma do modelo de tutela jurisdicional principal, o reconheciemento é unânime.

Na verdade, como verificámos, o contencioso comum administrativo é pobre no que respeita a formas de tutela urgente. Se os administrados encontram, ainda que reduzida em certos contextos, tutela urgente perante a actuação administrativa concretizada pela prática de actos administrativos, já ela se mostra não só reduzida como duvidosa quando a Administração não pratica acto nenhum, o que é cada vez mais corrente.

Perante esta realidade, enunciamos, em síntese, as inovações que consideramos ser necessárias para concretizar na justiça administrativa o comando constitucional previsto nos artigos 20.º, n.º 4 e n.º 5 e 268.º, n.º 4, que assegura aos particulares, *lato sensu*, o acesso ao Direito e aos tribunais para alcançar uma tutela jurisdicional efectiva, "em prazo razoável" e "em tempo útil".

Considerando o direito dos administrados a processos de duração razoável, entendemos que deve dar-se um entendimento produtivo aos processos acessórios previstos na LPTA e, designadamente, às intimações.

Em primeiro lugar, somos da opinião de que numa futura reforma se deverão manter algumas das potencialidade *de iure condito* da intimação para comportamento. Sugerimos, por isso, a consagração da intimação como processo urgente comum para obter a condenação de um particular na prestação de facto, caracterizado pela urgência, preventividade e pela *sumariadade tout court*.

Também pensamos que *de iure condendo*, se poderá defender a criação de processos especiais urgentes de intimação, cuja legitimidade passiva se não deva reduzir a particulares ou concessionários e cuja pronúncia final, ainda que provisória, não deva ser marcada pela caducidade.

Em certos sectores do Direito Administrativo especial, ou quando está em causa a lesão de direitos, liberdades e garantias, os processos autónomos urgentes são uma alternativa ao legislador, nos quais poderá combinar o tipo de cognição plena com o tipo de sentenças definitivas, ou também, preferindo, combinar o tipo de cognição sumária com sentenças provisórias.

Na impossibilidade de positivar os alternativos processos urgentes e mantendo os tradicionais processos comuns lentos de cognição plena, torna-se inevitável a positivação de processos de natureza cautelar.

Aliás, principalmente, perante certas situações especiais de urgência, em que a irreversibilidade de um direito ou interesse pode ser configurada, como no âmbito do direito do ambiente, ou no campo dos direitos, liberdades e garantias, a solução cautelar ideal poderia exigir a inversão da regra de actuação da tutela cautelar: do *funcionamento suspensivo manual* para o *funcionamento suspensivo automático*. De qualquer modo, a solução para proporcionar tutela jurisdicional efectiva poderá traduzir-se na tipificação (especial) de um processo cautelar urgentíssimo.

De igual forma, a doutrina tem vindo a defender a instituição do arbitramento de indemnização provisória, já que as acções de responsabilidade são aquelas que sofrem de maior lentidão processual, no contencioso administrativo português. E, igualmente, como meio acessório a um meio impugnatório de normas, a doutrina tem vindo a recomendar a suspensão de normas de eficácia imediata.

Segundo cremos, porque a utilização das providências cautelares não especificadas (de natureza civil) pelo juiz administrativo tem reflectido as limitações próprias de um instituto que é *enxertado* num corpo estranho, com qualidades diferentes, e porque as condições de procedência da tutela cautelar inominada do processo civil reduzem a amplitude do conteúdo do poder cautelar que a CRP atribui aos particulares na justiça administrativa, a introdução da tutela cautelar inominada de raiz no processo administrativo torna-se inevitável.

A propósito da consagração de tutela cautelar inominada no processo administrativo, julgamos ser oportuna a reflexão em torno de quais devam ser as condições comuns de procedência da tutela cautelar: a condição do *fumus boni iuris* e a da ponderação.

Quanto à condição da ponderação, a problemática centra-se em saber como se deve instituir a ponderação de interesses: como condição positiva de procedência da tutela, ou negativa, se cumulativa ou subsidiária, e, ainda, se obrigatória ou facultativa.

Devemos dizer que, em nosso entender, não se pode concordar com a afirmação de que a condição negativa, assente no excesso de prejuízo resultante da medida cautelar para a parte demandada, seja um juízo ponderativo co-natural ao processo cautelar[1219], que tenha obrigatoriamente de ser previsto no procedimento cautelar comum no processo administrativo.

Na verdade, a ponderação assim formulada, que atribui um poder discricionário no momento da decretação da medida, não é normalmente associa-

---

[1219] J. RODRÍGUEZ PONTÓN, *Pluralidad de Intereses en la Tutela Cautelar* ... cit., pp. 198.

da aos poderes do juiz cautelar. CALAMANDREI já há muito tempo destacou que no processo cautelar ao juízo de ponderação se deveriam sobrepor os juízos de *sumariedade* e urgência. Também aquele tipo de ponderação não se identifica rigorosamente com o *natural* balanço de conveniência a que os tribunais britânicos usualmente recorrem para aferir a adequação da medida cautelar. Nem a jurisprudência e nem a doutrina italianas conhecem esta condição de procedência de tutela cautelar como necessária e obrigatória, pois tal condição obrigaria o juiz, ainda que convencido seriamente do *periculum in mora* e da existência do direito do requerente, a negar tutela cautelar se dela resultasse um prejuízo mais intenso para a entidade demandada. Também para alguns autores, como SCHOCH, a ponderação nestes termos considerada é incongruente.

Este tipo de condição negativa de procedência de tutela cautelar encontramo-la apenas formulada no Código de Processo Civil português e no actual código de processo administrativo espanhol e legalmente em mais lado nenhum, nem no âmbito do contencioso comunitário.

No nosso entender, a propósito de ponderação, há que distinguir duas situações, conforme a tutela cautelar seja solicitada no âmbito de procedimentos típicos – *maxime* no da suspensão da eficácia de actos administrativos – ou no âmbito do procedimento cautelar comum.

Ainda que consideremos que o processo administrativo não deva ser visto como *coisa rara* perante o processo civil, pois em ambos os casos é exercido o poder judicial, sempre consideramos que perante o processo de suspensão da eficácia de actos, dado o restante enquadramento jurídico – regras do procedimento administrativo, o interesse público na imediata execução do acto, efeito não suspensivo do recurso e causas legítimas de inexecução –, se deva ponderar cumulativamente os interesses em presença. Ponderação que, na nossa opinião, deve atender a "uma equação metódica: interesses públicos + interesses privados contra interesses públicos + interesses privados[1220]. Nas relações multilaterais ("que implicam o envolvimento de diferentes particulares e autoridades administrativas, situados em pólos diferenciados dessa mesma ligação")[1221] – por oposição à tradicional ou clássica relação administrativa bilateral (estabelecida entre uma autoridade

---

[1220] J. J. GOMES CANOTILHO, "Privatismo, Associatismo ... cit., n.º 3861, p. 358.
[1221] V. PEREIRA DA SILVA, *Em Busca de Um Acto Administrativo Perdido*... cit., p. 273; vd. tb., do mesmo autor, "Os denominados embargos administrativos em matéria de ambiente", RJUA, 1997, p. 211.

administrativa e um particular – há que considerar diferentes interesses subjacentes à decisão administrativa, que se pretende suspender, para se chegar uma decisão judicial razoável[1222]. Por exemplo, a decisão que verse sobre o pedido de suspensão do licenciamento de uma actividade industrial (poluente) não tem efeitos apenas sobre a autoridade licenciadora e o particular requerente do licenciamento, antes, faz emergir várias relações em que se interpenetram interesses públicos (alguns diversos e conflitantes entre si) e interesses privados conflitantes, carecentes de uma cuidadosa ponderação. Por um lado, está o empresário que beneficia da decisão, por outro, estão todos os vizinhos, eventuais vítimas da emissão de substância poluentes e o próprio interesse público. Como nestes casos decidir de forma rápida se torna complicado e ponderar também, fará todo o sentido *importar* para o contencioso administrativo o raciocínio de ponderação de GOMES CANOTILHO[1223], a propósito da "ponderação ecológica", referente a relações jurídico administrativas. Assim, *ponderar* significa adoptar um procedimento balizado por quatro tipo de proibições: a) proibição de falta de ponderação, b) proibição de *déficit* de ponderação, c) proibição de juízo de ponderação insuficiente e d) proibição de ponderação desproporcionada.

A tarefa de pesagem é sempre uma tarefa complicada[1224]. VIEIRA DE ANDRADE, a propósito do juízo de ponderação na suspensão da eficácia do

---

[1222] Vd., L. F. COLAÇO ANTUNES, *O Procedimento Administrativo de Avaliação de Impacto Ambiental*, Coimbra, 1998, pp. 726 a 727.

[1223] Um tipo de esquema em que se "toma em conta os direitos de terceiros em relações jurídico poligonais, significa que as autoridades decisórias devem desenvolver um esquema metódico de ponderação de interesses cujos passos se podem resumir da seguinte forma: a) proibição de falta de ponderação: a Administração deve determinar o quadro normativo em que se deve mover a sua tarefa de confrontação e ponderação de interesses; b) proibição de *déficit* de ponderação: todos os interesses relevantes devem ser incluídos no procedimento de ponderação; c) proibição de juízo de ponderação insuficiente: a Administração deve expressamente reconhecer o relevo dos bens públicos e privados de forma a alicerçar a decisão concreta; d) proibição de ponderação desproporcionada: na balança de interesses e na harmonização de direitos administrativos não se deve proceder a uma ponderação de interesses objectivamente desproporcionada. Vd., J. J. GOMES CANOTILHO, "Relações poligonais. Ponderação ecológica de bens e controlo judicial preventivo", RJUA, n.º 1, Junho, 1994, pp. 55 a 66.

[1224] Quanto ao que se pondera, M. FERNANDA MAÇÃS indica que, quando esteja em causa um acto administrativo, deve ponderar-se "o interesse do particular na paralisação da eficácia imediata do acto impugnado e, por outro, o interesse da Administração na permanência do acto em causa". Quanto ao como, refere que "o tribunal deve manter o "equi-

acto administrativo, ensina que se deve fazer uma ponderação relativa, isto é, uma ponderação "entre danos provavelmente resultantes da execução e os que decorreriam da suspensão no contexto global da situação concreta"[1225].

Segundo alguma doutrina, a necessidade de ponderação deve alargar-se perante o controlo da juridicidade da acção administrativa. Como refere MARIA DA GLÓRIA GARCIA, relativamente a "formas contratualizadas, planos, directrizes, meios informais, recomendações"[1226] ou em face de operações materiais é o mesmo balanço global que se precisa e, por isso, este juízo de ponderação dos "interesses convergentes, paralelos, opostos, conflituantes" na decretação da tutela cautelar inominada, é necessário[1227].

No nosso entender, porém, se em relação ao processo de suspensão da eficácia de um acto administrativo urge, em cada momento, ponderar os interesses conflituantes, através de "un ad hoc balancing"[1228] individualizante dos contrapesos fornecidos pelos bens e interesses em conflito[1229], já no processo

---

líbrio delineado pelo legislador, ponderando e sopesando" os referidos interesses em causa e nas circunstâncias concretas: por um lado deve analisar a gravidade do dano para o interesse público eventualmente decorrente da suspensão; por outro lado, deve ter em conta o prejuízo de difícil reparação que possa advir para os direitos ou interesses do particular, em virtude da execução imediata do acto. A tarefa, refere a autora, é difícil e há-de ser resolvida caso a caso, tendo em conta a natureza e a força jurídica dos bens em conflito e tendo em conta os princípios jurídicos fundamentais definidos pela ordem jurídica, nomeadamente: a) a igualdade processual entre partes, b) o da justiça e c) o da proporcionalidade. Este último pode relevar da seguinte forma: quando o interesse público tenha de prevalecer, numa situação concreta, o sacrifício das posições subjectivas dos particulares, há-de sempre configurar-se como uma medida adequada e proporcionada, tendo em conta fins e relevância de interesse público prosseguidos pelo acto. Vd., M. FERNANDA MAÇÃS, A Suspensão Judicial da Eficácia dos Actos Administrativos ... cit., pp. 179 a 186.

[1225] J. C. VIEIRA DE ANDRADE, A Justiça Administrativa ... cit., p. 135.

[1226] Seguindo MARIA DA GLÓRIA FERREIRA P. D. GARCIA, "Da exclusividade de uma medida cautelar típica à atipicidade das medidas cautelares .... cit., p. 77.

[1227] Neste sentido, MARIA DA GLÓRIA FERREIRA P. D. GARCIA, "Da exclusividade de uma medida cautelar típica à atipicidade das medidas cautelares .... cit., p. 77.

[1228] J. J. GOMES CANOTILHO, "Privatismo, Associativismo cit., n.º 3861, p. 356.

[1229] Vd., na doutrina espanhola, a propósito da ponderação de interesses, C. CHINCHILLA MARÍN, que entende que "la apreciación de el posible daño irreparable deve hacerse en presencia de la apreciación del posible daño que para los intereses generales pueda derivarse de la adopción de una medida cautelar. (...) En una palabra, la irreparabilidad del daño para el recurrente ha de ser comparada y ponderada con la irreparabilidad del daño para el interés público". Vd., La tutela cautelar ... cit., p. 44; e, vd., tb., J.

cautelar comum, se deve dar outro sentido à ponderação. Ponderar na decretação da tutela cautelar inominada significa agir razoável e prudentemente, ao longo de todo o processo cautelar. Significa, numa perspectiva, atribuir um poder amplo ao juiz para este escolher a medida cautelar adequada ao caso concreto, ainda que seja uma medida distinta da solicitada pelo requerente, ou para a revogar.

No nosso entender, a ponderação não deve ser fixada como condição cumulativa de procedência de tutela cautelar, e muito menos como condição negativa, se estiverem preenchidas as condições naturais de procedência da tutela cautelar, o *fumus boni iuris* e o *periculum in mora*.

Apenas haverá razão para ponderar o "se" do decretamento da tutela cautelar inominada, na ausência de uma séria aparência de direito do requerente[1230]. Afinal, cumpre relembrar que a essência funcional da tutela cautelar está em dar tutela provisória a quem, correndo o risco de sofrer irremediavelmente o seu direito, aparenta merecer tutela, ainda que a parte demandada, mesmo que seja a Administração, tenha de sofrer um prejuízo resultante da medida.

Subjacente a esta ideia está o princípio da repartição do prejuízo resultante da demora do processo entre as partes. Na dúvida, somos da opinião de que deve ser beneficiada a parte que tem a seu favor uma aparência de direito e que provavelmente sairá vencedor no processo principal. E para proteger a parte demandada, no que diz respeito a prejuízos resultantes de um errado decretamento de uma medida cautelar, que o requerente culposamente provocou, deve ser-lhe imputado o dever de indemnizar os danos provocados com a emissão da medida errada.

Quanto à questão da condição do *fumus boni iuris*, também esta condição de procedência da tutela cautelar tem provocado discussão doutrinária.

RODRÍGUEZ PONTÓN, *Pluralidad de Intereses en la Tutela Cautelar* ... cit. Para outras considerações, vd. cap. II, 2.ª parte.

[1230] Neste sentido, vd. as considerações de J. VAN COMPERNOLLE, "Les mesures en droit belge. Introduction générale", *Les mesures provisoires en droit belge, français et italien. Étude de droit comparé* ... cit., pp. 12 e 13; L. DU CASTILLON, "Les pouvoirs, au provisoire, du juge des référé: déraison de la mesure ou mesure de la raison?", *Les mesures provisoires en droit belge, français et italien. Étude de droit comparé* ... cit., pp. 34, 36 e 37.

Contrariamente ao estabelecido em outros sistemas de direito comparado[1231], a lei que rege o contencioso administrativo em Portugal não prevê expressamente o critério do *fumus boni iuris* (em nenhuma das suas modalidades) como critério de procedência da tutela cautelar. Aliás, este critério não teve, até à segunda metade da década de 90, qualquer tradição na resolução jurisdicional dos conflitos surgidos no âmbito das relações administrativas, não só em termos legais[1232], como também em termos doutrinais e jurisprudenciais[1233].

Poderão apresentar-se várias razões para tal facto, sendo que uma delas respeita ao papel que o pedido de suspensão da eficácia dos actos sempre teve num tipo de processo tradicional "feito ao acto" presumido legal. Na verdade, a presunção de legalidade, como vimos, tem sido um *meio caminho andado* para se aceitar que, em qualquer acto administrativo, há sempre um *presuntivo* e *abstracto* interesse público na sua execução imediata.

Todavia, e para que a falta de tradição não seja considerada como um suficiente argumento contrário à consagração do *fumus* como condição obrigatória de procedência da tutela cautelar, cumpre lembrar que a apreciação do critério da aparência de bom direito não tem suscitado dificuldade alguma ao juiz cautelar administrativo, quando este decreta providências cautelares não especificadas do CPC[1234]; bem pelo contrário[1235].

[1231] Vd., sobre esta questão, cap. II, 2.ª parte. Especialmente, vd. as posições de B.TADDEI, *Il giudizio cautelare nella giustizia amministrativa* ... cit., p. 53; A. VALORZI, *Tutela cautelare in processo amministrativo* ... cit., p. 26; M. ANDREIS, *Tutela sommaria e tutela cautelare nel processo amministrativo...* cit.; E. GARCÍA DE ENTERRÍA, entre outros trabalhos, *La batalla por las medidas cautelares...* cit.; F. SCHOCH, *Vorläufiger Rechtsschutz* ... cit., O. DUGRIP, *L'urgence contentieuse* ... cit.

[1232] Há quem queira ver no art. 76º, n.º1 c) da LPTA uma forma de tomar em consideração o *fumus boni iuris*, não nos parece, contudo, que tal seja correcto.

[1233] Se bem que, na jurisprudência administrativa, este *fumus boni iuris* seja apreciado ao contrário, isto é, partindo da presunção de que o acto administrativo é legal para não decretar a sua suspensão.

[1234] Jurisprudência que analisámos no Cap. III. Vd., a título de exemplo, Ac. do STA de 07.03.1996, decisão do TAC de Lisboa de 27.06.1997 (sentença n.º 68/87); Ac. do STA de 08.07.1997; Decisão do TAC de Lisboa de 27.10.1997 (p. n.º 77/97) confirmada pelo Ac. do TCA de 08.01.1998, (p. n.º 512/97); Ac. do STA de 09.06.1999, p. n.º 44 962.

[1235] Vd., Sentença do TAC de 27.10.1997, p. n.º 77/97 e Ac. do TCA 08.01.1998, p. n.º 512/97.

Não ignoramos as razões apontadas pela doutrina que se opõe à condição do *fumus*. Por regra, esta doutrina receia que o juiz cautelar antecipe tanto a decisão para a causa como aprecie, *ante tempus*, o mérito da causa principal. Esta posição doutrinal contrária ao *fumus* justifica-se pelo receio que, por regra, a comunidade tem de ver substituir a decisão definitiva e ponderada pela decisão provisória e sumária; e, ao fim e ao cabo, pela perda da qualidade da justiça.

Na verdade, ainda que se compreenda tal preocupação, no nosso entender, a apreciação perfunctória do direito do requerente jamais poderá ser evitada pelo juiz cautelar, quando este decreta tutela cautelar. Igualmente, o juiz cautelar, em momentos em que há ameaça de perda irreversível de um direito, não pode negar-se a realizar um exame sumário mais intenso, quando a sua decisão lhe parecer ser a única pronúncia judicial eficaz, ainda que de efeitos definitivos.

E nem, por aquilo que acabámos de dizer, se pode considerar a condição da aparência como um *mal necessário*, já que estruturalmente a garantia cautelar actua nestes termos, deixando que o juiz cautelar decida provisoriamente em sentido favorável ao requerente, sempre que através de um juízo de probabilidade estiver convencido do seu sucesso na causa principal.

Se obrigatória deverá ser sempre a apreciação do critério do *fumus boni iuris*, reconhecemos que a sua consagração na lei dos vários sistemas é variável. O legislador tem positivado este critério como complementar, em alguns momentos e como alternativo ou exclusivo noutros. A doutrina vai também manifestando diferentes posições[1236]. Há regras de direito processual que adoptam o critério do *fumus* como critério cumulativo (juntamente com

---

[1236] Vd. as posições de M. AROSO DE ALMEIDA, ""Medidas cautelares no ordenamento contencioso ... cit., pp. 145 ss.; MARIA DA GLÓRIA FERREIRA P. D. GARCIA, "Da exclusividade de uma medida cautelar típica à atipicidade das medidas cautelares ... cit., p. 80, que consideram o critério como válido, mas não decisivo. Na doutrina alemã, vd. a posição do *fumus ponderado* de SCHMITT GLAESER, *Verwaltungsprozeßrecht* ... cit., n. m. 320, pp. 203 e 204; F. HUFEN, *Verwaltungsprozeßrecht* ... cit., n.m. 15, pp. 572 e 573; na doutrina espanhola, C. CHINCHILLA MARÍN, "Medidas cautelares. Comentarios a la Ley de la Jurisdicción Contenciso-administrativa de 1998", REDA, 100, 1998, p. 875 onde reconhece que o critério do *fumus boni iuris* seja "um elemento característico" da tutela cautelar e "que faz parte da sua própria definição", todavia, considera que "a aparência de bom direito não deve ser (...) a causa determinante da adopção das medidas cautelares". Vd., J. RODRÍGUEZ PONTÓN, *Pluralidad de Intereses en la Tutela Cautelar* ... cit., pp. 198. Cfr., com as posições que defendem o critério do *fumus* como

outros critérios), outros normativos adoptam-no como critério subsidiário e outros, simplesmente não o consideram, ainda que não sem crítica[1237].

Quanto à jurisprudência, vimos que a tendência, quer no âmbito da jurisprudência Constitucional nos vários países, quer no âmbito da Jurisprudência do Tribunal das Comunidades Europeias, vai no sentido de aceitar o *fumus boni iuris*, senão como critério decisivo, ao menos como critério obrigatório[1238] de procedência da tutela cautelar.

Quanto às modalidades da adopção do critério, também a este respeito as diversas ordens jurídicas variam, desde as que consagram a vertente negativa do *fumus boni iuris*, que acaba por ser favorável à decretação da tutela cautelar, até às que têm positivada a condição do *fumus* na vertente positiva.

Em síntese, como verificámos num outro capítulo, desde sempre e pelas regras processuais dos países da Europa, as condições obrigatórias de procedência da tutela jurisdicional cautelar são, em regra geralmente, duas: o *periculum in mora* e o *fumus boni iuris*. Também se reconheceu como possível que o legislador, em cada momento ou para certa situação, tipifique, além destas condições, outras, como sejam a condição referente à ponderação de interesses.

E a tendência da jurisprudência pode ser (e tem sido) no sentido de considerar legítimo que o juízo sumário se aprofunde, e que o juízo assente na

---

sendo decisivo e nuclear (juntamente com o *periculum in mora*) para a decretação da tutela cautelar, E. GARCÍA DE ENTERRÍA, *La batalla por las medidas cautelares*.... cit., e M. BACIGALUPO, *La nueva tutela cautelar* ... cit.; F. SCHOCH/SCHMITT-ASSMAN/PIETZNER, *Verwaltungsgerichtsordnung* ... cit., n. m. 151, p. 69. Vd., para mais desenvolvimentos, cap. II.

[1237] Cumpre efectivamente reconhecer que há ordenamentos jurídicos que continuam a não prever o *fumus boni iuris* como critério válido de decretação da tutela cautelar. A nova lei da justiça administrativa espanhola não o tipifica expressamente como critério de adopção da tutela cautelar comum (neste sentido vd., *Exposición de Motivos* da Lei 29 de 13 de Julho de 1998). Ainda assim, alguma doutrina considera que este está lá implícito. Perante esta realidade, alguma doutrina lamenta com alguma tristeza tal ausência (E. GARCÍA DE ENTERRÍA, Carta do Autor, Setembro de 1998), outros louvam tal opção. E. GARCÍA LLOVET, ("O procedimento: as medidas cautelares.... cit., p. 10) refere que a função da justiça cautelar é garantir a integridade da função jurisdicional e o direito à tutela jurisdicional efectiva, pelo que, "prejuzgando el objeto del proceso se pervierte esta dualidad de funciones". Em primeiro lugar, vulnera-se a integridade da justiça pela "función de parcializar" a mesma; em segundo lugar, permite-se que se atribua no processo um "plus de presunciones" a favor da parte que obteve a tutela cautelar.

[1238] Neste sentido, vd., essencialmente, a jurisprudência do TJCE. Vd., cap. II.

verosimilitude seja substituído por um menos sumário, quando o tipo de medida adequado para proporcionar tutela jurisdicional efectiva seja de natureza antecipatória e de molde a produzir um efeito irreversível para o futuro, desfavorável à parte contrária. Aliás, nestes casos, para além de se exigir um aprofundamento do conhecimento do mérito da causa cautelar, é necessário também realizar um balanço de conveniência da medida[1239].

Enfim, em suma, é inegável que, o critério do *fumus boni iuris* seja uma condição de procedência obrigatória da tutela cautelar, já que o modelo que dele se afaste só poderá ser considerado como sistema cautelar imperfeito[1240].

O estudo que realizámos do modelo cautelar português revelou que a não consideração do *fumus boni iuris,* como condição obrigatória de procedência da tutela cautelar, contribuiu, no passado, para acentuar a desigualdade entre as partes no processo de suspensão da eficácia do acto, e, ao mesmo tempo, impediu que ambas as partes tivessem igualmente beneficiado da sua utilização, já que este poderia ter sido útil quer à própria Administração, que se defenderia de imediato de pedidos "manifestamente infundados"[1241], quer aos particulares, que poderiam ter obtido a suspensão judicial imediata, nos casos de invalidade ostensiva do acto administrativo. E também outros interesses públicos, poderiam ter ficado a salvo[1242].

[1239] Neste sentido, de J. VAN COMPERNOLLE, "Les mesures en droit belge. Introduction générale", *Les mesures provisoires en droit belge, français et italien. Étude de droit comparé* ... cit., pp. 12 e 13; L. DU CASTILLON, "Les pouvoirs, au provisoire, du juge des référé: déraison de la mesure ou mesure de la raison?", *Les mesures provisoires en droit belge, français et italien. Étude de droit comparé* ... cit., pp. 34, 36 e 37.

[1240] Sobre esta questão, a propósito do modelo do contencioso administrativo espanhol, e sobre a opção do legislador em não positivar o critério do *fumus boni iuris* de entre as condições comuns de procedência da tutela cautelar, vd. cap. II, essencialmente a crítica de M. BACIGALUPO, *La nueva tutela cautelar en el contencioso-administrativo* ... cit.

[1241] M. AROSO DE ALMEIDA, "Medidas cautelares no ordenamento contencioso. Breves notas", in *Direito e Justiça*, Vol. XI, t. 2, 1997, p. 145.

[1242] O *fumus boni iuris*, no entender de M. AROSO DE ALMEIDA, permite aproximar os interesses em confronto, facilitando a sua ponderação em conjunto pelo tribunal. E acaba por ser um antídoto contra uma parasita que se instalou na nossa ordem jurídica: a presunção da legalidade do acto que vicia a aplicação da justiça administrativa. Vd., "Medidas cautelares no ordenamento contencioso ... cit., p. 145.

Pelo que se tem afirmado no texto, julgamos que se deve retirar da história os devidos ensinamentos e, por isso, confessamos que, para nós, o *fumus boni iuris* deve ser não só condição obrigatória como condição decisiva e central da procedência da tutela cautelar inominada.

Afinal, só faz sentido repartir entre as partes o risco de produção de factos irreversíveis partindo da identificação de qual dos direitos ou interesses das partes deve ser sacrificado ao outro, por aparentar uma menor probabilidade de existir. Assim, segundo esta perspectiva, só fará sentido paralisar a actuação da Administração quando há dúvidas sérias sobre a legalidade da sua actuação, ainda que esta actuação tenha carácter também urgente. Só haverá razão para intimar a Administração a praticar um comportamento favorável ao particular se o juiz estiver convencido do direito do requerente. Só terá sentido suspender o procedimento contratual se um terceiro excluído desse procedimento invocar uma séria exclusão ilegal.

E mesmo, também a ponderação só fará sentido no processo de suspensão se o balanço de interesses nas relações jurídico poligonais atender à aparente existência desses interesses[1243]. Recorrendo ao exemplo de GOMES CANOTILHO, "as 'pegadas' dos dinossauros de Carenque poderão não neutralizar definitivamente a construção de uma auto-estrada, mas o interesse público da preservação de 'bens ecológicos' poderá servir para obrigar a Administração a prosseguir o interesse público do equipamento rodoviário através de outros traçados e de outros itinerários"[1244].

Do exposto, somos da opinião que o *fumus boni iuris* é a condição decisiva de adopção de tutela cautelar, relegando a condição negativa da ponderação dos riscos e prejuízos resultantes para as partes da medida ordenada, para a categoria de condição subsidiária, apenas interveniente na ausência da séria aparência do direito do requerente. Se ponderar em que termos todas as decisões, legalmente permitidas, são convenientes ou adequadas ao interesse público compete à Administração e se determinar em que medida se podem sacrificar os direitos e os interesses legalmente protegidos dos parti-culares às actuações da Administração cabe ao legislador, nos termos que constitucionalmente lhe é permitido; já quando está em causa a aparente ilegalidade da actuação da Administração, ou a aparente lesão dos direitos e interesses

---

[1243] Mais ou menos neste sentido, J. J. GOMES CANOTILHO, "Privatismo, Associativismo e Publicismo na Justiça Administrativa do Ambiente ... cit., pp. 358 a 359.

[1244] J. J. GOMES CANOTILHO, "Relações jurídicas poligonais ponderação ... cit., p. 66.

legalmente protegidos dos cidadãos, não nos parece que haja alguma coisa para ponderar. A Administração visa, sem dúvida, a prossecução do interesse público, pré-defenida pela lei, sem que seja à custa da perda irreversível dos direitos dos particulares.

Julgamos que se o juiz, recorrendo a um exame sumário, ficar seriamente convencido de que a Administração não respeita nem a Constituição, nem a lei, deve evitar ponderar em que termos está disposto a fazer prevalecer a actuação da Administração inválida sobre a lesão irreversível do direito dos particulares. Neste caso, é o juiz cautelar que, ao não cumprir a sua função jurisdicional, prolonga a actividade ilegal da Administração. Também nestas situações há a usurpação *ante tempus* da função administrativa pelo juiz cautelar.

Uma vez que a Constituição não garante aos particulares apenas uma tutela judicial efectiva, invocando GARCÍA DE ENTERRÍA, *salvo se outra coisa exigir a realização do interesse público*, o juiz cautelar não pode negar tutela se estiver seriamente convencido da aparente razão do particular, não obstante o prejuízo que interinamente se causa ao interesse público pré-determinado pela Administração. Na nossa opinião, nem o artigo 266.º impõe outro raciocínio, nem permite a entrega ao juiz cautelar de poder discricionário para apreciar o "se" da medida cautelar. Já, por outro lado, o art. 268.º, n.º 4 da CRP apenas tem implícita a atribuição ao juiz administrativo do poder discricionário quanto ao "como".

Com a intenção de contrariar a *timidez* – ou, mesmo, o *ensimesmamento* – do legislador ordinário[1245], ao encerrarmos este capítulo, apresentamos uma sistematização do modelo de tutela jurisdicional não principal positivado, que também contempla, no esquema exemplificativo, as categorias de tutela jurisdicional a criar, e que podem servir a urgência.

A *trave mestra* do esquema assenta na equação rapidez/segurança[1246]. O modelo, assim sistematizado, pretende orientar-se para proporcionar, de forma rápida, tutela jurisdicional funcional e estruturalmente diferente para

---

[1245] Neste contexto, refere alguma doutrina, atendendo aos trabalhos preparatórios da revisão constitucional de 1997, "que a necessidade de alteração do art. 268º da Constituição resulta da atitude passiva, quase autista, do legislador ordinário perante as directivas resultantes do texto de 1989", vd. A. DUARTE ALMEIDA, CLÁUDIO MONTEIRO, J. L. MOREIRA SILVA, "A caminho da plenitude da justiça administrativa ... cit., p. 3.

[1246] Como diz LEBRE DE FREITAS (*Introdução ao Processo Civil*, Coimbra, 1996), "a progressiva valoração da celeridade processual não deve, porém, levar a subalternizar, como por vezes entre nós se verifica, a necessária maturação e a qualidade da decisão de mérito, com o inerente desvio da função jurisdicional", ob. cit., p. 113.

cada tipo de situação urgente a tutelar[1247]. Se, por um lado, a rapidez condiz com a função da tutela e com o tipo de urgência em causa, por outro lado, a segurança determina a forma de cognição adequada ao direito, bem como o tipo de pronúncia judicial, preferível em cada caso.

O esquema revela que os critérios funcional e estrutural, que nos serviram, em outro lugar, para distinguir os dois tipos de tutela sumária, se adequam ao processo administrativo.

As espécies comuns (e algumas especiais) de tutela jurisdicional urgente do processo administrativo

A tutela jurisdicional cautelar.

Este tipo constitui um remédio para neutralizar os danos resultantes da demora normal do processo principal, visando assegurar-lhe efectividade. Actua de forma dupla:

a) Contra o *periculum in mora* de infrutuosidade, conservando o *status quo* existente; tipo de tutela com estrutura meramente asseguradora ou conservativa e de não ingerência.
b) Contra o *periculum in mora* de retardamento, inovando sobre o *status quo* existente, regulando provisoriamente ou antecipando efeitos da decisão principal; tipo de tutela com natureza antecipatória;
c) Esta forma de tutela cautelar inovadora, distinta sob o perfil estrutural – dada a utilização da técnica da antecipação –, ocupa uma zona limítrofe vulnerável com o tipo de tutela sumária não cautelar.

[1247] Tomamos em consideração que como ensina M. TEIXEIRA DE SOUSA, "o problema da eficiência, através da celeridade e simplificação do processo, bem como a justiça, devem ser orientações fundamentais de qualquer legislação processual. Contudo, eficiência e justiça "não possuem a mesma importância e não podem ser equiparados na mesma categoria: a justiça é um valor sobre o qual não se pode transigir, a eficiência é uma variável que importa utilizar numa medida que não afecte o valor da justiça", vd. *Estudos Sobre o Novo...* cit., p. 26.

Características essenciais: Instrumentalidade, provisoriedade e *sumariedade cautelar*.

Exemplos *de iure condito* de tutela cautelar no contencioso administrativo:

a) O tradicional pedido de suspensão da eficácia do acto administrativo. Processo acessório típico dos actos, de estrutura antecipatória, e cujo conteúdo da decisão cautelar é *semi inominado*, podendo ter efeitos tanto asseguradores como ampliadores.
b) A produção antecipada dos meios de prova.
c) Medidas provisórias que acompanham o recurso contencioso contra actos destacáveis de procedimentos relativos à formação de certos contratos da Administração, nos termos do Decreto-Lei n.º 134/98, de 15 de Maio.
d) A intimação para consulta de documentos ou para a passagem de certidões.

Nota: Há ainda processos principais impugnatórios, cujo accionamento pode ter efeito suspensivo. Designadamente, por determinação legal, como no caso do art. 24.º, n.º 1 da Lei n.º 15/98, de 26 de Março, no caso de recurso contra a decisão ministerial de recusa de asilo; e nos termos do art. 115.º do DL n. 555/99 de 16 de Dezembro, a propósito do recurso contra as ordens de demolição de obra ou de reposição do terreno, proferidas pelo Presidente da Câmara. Ou por vontade do juiz, como previsto no art. 18.º da Lei n.º 83/95, de 31 de Agosto.

Exemplos *de iure condendo* de tutela cautelar no contencioso administrativo:

a) Arbitramento de reparação provisória.
b) A suspensão da eficácia de normas regulamentares de aplicação imediata.
c) A tutela cautelar inominada.
d) Medidas cautelares de estrutura meramente asseguradora, como o arrolamento e o arresto.

A tutela jurisdicional sumária não cautelar.
Constitui um tipo de tutela urgente diferenciada que permite antecipar a decisão de mérito e que aspira a converter-se em definitiva, permitindo a rea-

lização do direito do requerente. Realiza-se através de um processo de cognição sumária (sem que seja com base em juízo de probabilidade) – em sentido vertical.
Características:

a) Não há instrumentalidade, já que o processo serve imediatamente o Direito e não um outro processo; tem natureza de *processo vicariante*, cuja qualidade se traduz em poder fazer as vezes de outro. Este tipo incide sobre uma "relação da vida" e permite antecipar para essa relação uma pronúncia judicial de mérito, de forma rápida, ainda que provisória na maioria das hipóteses legais.
b) Há provisoriedade *stricto sensu*, resultante da precariedade de efeitos da decisão tomada num processo cujo tipo de cognição é, verticalmente sumária, e, horizontalmente "incompleta" ou parcial. Acresce que este tipo de tutela é por regra estruturalmente dependente.
c) A forma de cognição existente é a sumária *tout court*, isto é, a decisão surge, por um lado, com base em provas *leviores*, e, por outro, não abrange "a totalidade da relação material controvertida", pelo que necessita, por regra, de ser confirmada por decisão a produzir em processo de cognição plena (em sentido vertical e horizontal).

Nota: Este tipo de tutela sumária não cautelar inclui um tipo de tutela que aspira a definitiva, dependendo da técnica legislativa prevista, e, que pode mesmo ser, excepcionalmente, definitiva por escolha do legislador.

Exemplos *de iure condito* de tutela sumária não cautelar no contencioso administrativo:

a) a intimação para comportamento que, nos termos do art. 87.º, n.º 4 da LPTA, é tutela sumária não cautelar definitiva, e, nos termos do art. 90.º *a contrario*, é tutela sumária provisória conversível em definitiva. No restante a decisão é sempre provisória de direito, ainda que, definitiva, de facto.
b) processo relativo a um conflito de jurisdição ou de competência, considerado nos termos do art. 100.º da LPTA.
c) contencioso eleitoral quando neste não é oferecida prova na resposta (ou contestação) ou em momento posterior. (cfr. 60.º , n.º 2 da LPTA). Este é um processo sumário decisório autónomo.

Exemplos *de iure condendo* de tutela sumária não cautelar no contencioso administrativo:

a) intimação para comportamento (típica tutela preventiva sumária autónoma), no âmbito do Direito do ambiente e do urbanismo, dirigida contra entes públicos.
b) Intimação para comportamento (processo comum/ordinário de natureza sumária não autónoma) alargado a entes públicos.
c) A intimação para consulta de documentos, prevista no art. 82.º da LPTA, quando nela se inclui a possibilidade de obter informações (nos termos do 268.º, n.º 1 da CRP e art. 61.º do CPA)

A tutela jurisdicional principal com processo acelerado.
1. Constitui um tipo de tutela urgente declarada através de um processo em que existe conhecimento pleno e certo do mérito da causa. O juiz conhece com base em prova *stricto sensu* e emite uma pronúncia definitiva sobre o fundo da causa.
2. Caracteriza-se pela aceleração dos trâmites processuais: nele se suprimem momentos ou fases, se encurtam prazos e nele se reduz a formalidade no cumprimento de actos processuais, podendo correr termos durante férias judiciais.

Exemplos:

a) A acção para declaração de perda de mandato local, Lei n.º 27/96, de 1 de Agosto.
b) Contencioso eleitoral quando é proferida prova, (arts. 59.º e 60.º da LPTA).
c) Recurso contencioso contra actos procedimentais relativos à formação de certos contratos da Administração, nos termos do Decreto-Lei, n.º 134/98, de 15 de Maio.
d) O recurso contra decisões finais de acesso a documentos administrativos, Lei n.º 65/93 de 26 de Agosto (a este aplicam-se as regras do processo de intimação para consulta de documentos ou passagem de certidões).
e) As intimações judiciais para comportamento, utilizadas para obter a emissão de alvarás de licenciamento de operações de loteamento, de obras de urbanização, de utilização turística, de agências de viagens e turismo.

De iure condendo:

a) A abreviação de um processo comum, em função do valor da causa; ou em função da matéria, designadamente a autonomização e aceleração do contencioso da função pública, pela concentração em audiência, concretizando o princípio da oralidade e imediatidade, ou pela introdução de momentos de negociação, em audiência preliminar.
b) A criação de um processo acelerado em matéria de direitos, liberdades e garantias.

CONCLUSÃO

ESBOÇO DA *PEÇA* CAUTELAR
PARA O *PUZZLE* JUSTIÇA ADMINISTRATIVA

O cumprimento do princípio da plenitude da garantia jurisdicional, segundo o qual a cada direito deve corresponder uma acção para o fazer valer em juízo, só poderá desembocar num modelo de jurisdição administrativa *pluriestrutural*, assente em formas processuais adequadas a realizar cada diferente pretensão.

Dotar o juiz administrativo de novas ferramentas de realização da justiça, embora, sem que se deseje paralisar o exercício da função administrativa, significa exercer um controlo mais extenso da actuação ilegal da Administração e, ao mesmo tempo, ou principalmente, significa exercer uma mais intensa tutela efectiva das posições substantivas dos administrados[1248].

Se na actualidade, o sistema de contencioso administrativo de raiz *monoestrutural* deixou de ser adequado para proporcionar a tutela jurisdicional efectiva perante todas as formas de actuação da Administração, só o seu aperfeiçoamento legislativo satisfará. Não deixará de ser necessária a variação do pensamento dos intervenientes no contencioso administrativo, que há muito denunciam uma cultura do acto, ou, pelo menos, exteriorizam sofrer da *actomania, síndrome mental* de considerar o acto administrativo a senha de entrada nos tribunais administrativos. Sem que se duvide da importância que o acto administrativo tem na conformação da relação jurídica administrativa e, por conseguinte, na "densificação da cláusula geral de jurisdição administra-

---

[1248] Neste sentido parecem ser as alterações sugeridas no último PCPA/STA, nos arts. 74.º e ss., ao prever a instituição de cinco acções processuais: a) Acção para reconhecimento de direitos ou interesses legalmente protegidos; b) Acção para a determinação da prática de acto administrativo legalmente devido; c) Acção para intimar a prestar informação, consultar processo ou passar certidão; d) Acção para efectivação de responsabilidade civil extracontratual; e e) Acção sobre contratos administrativos.

tiva"[1249], a reforma do sistema deve passar pela *abertura dos olhos* da justiça administrativa para outras formas de actuação da Administração[1250].

Para dar sentido material ao princípio da tutela judicial efectiva, que regula uniformemente o modelo de justiça administrativa no seu todo, é urgente que em articulação com o modelo de tutela jurisdicional principal *pluriestrutural* se positive um modelo de tutela cautelar *pluricelular*, adequado a manter ou a regular provisoriamente direitos e interesses legalmente protegidos.

Em suma, se é fácil concluir que a concretização dos princípios da plenitude e da efectividade da tutela jurisdicional administrativa implica a criação da tutela cautelar, a tal relação *puzzle/peça*, mais difícil é a tarefa de determinar a técnica correcta para construir a peça adequada a encaixar no *puzzle* já existente. Entre tipificar cada modalidade de procedimento cautelar e optar radicalmente pela atipicidade, a solução técnica mais vantajosa é positivar um modelo cautelar aberto.

Assim, no nosso entender, a melhor forma de positivar o modelo de tutela cautelar será dotá-lo de uma cláusula geral que transfira para o juiz um poder geral de cautela, e que lhe permita adoptar perante o caso concreto a medida que se mostre mais idónea a garantir a efectividade da tutela jurisdicional principal, na ausência de uma medida cautelar típica.

Também consideramos que o modelo cautelar deve pautar-se pela uniformidade, o que nos leva a defender a positivação de um procedimento cautelar geral ou comum, pelo qual será emitida a tutela cautelar inominada e, subsidiariamente, a especificada[1251]. Aceitamos, por conseguinte, a configuração do procedimento cautelar comum acompanhado de procedimentos cautelares típicos, que do regime comum beneficiam subsidiariamente.

[1249] Neste sentido, J. M. SÉRVULO CORREIA, "Impugnação de actos administrativos ... cit., . p. 13.

[1250] Como bem é assinalado na *Exposición de Motivos* da nova lei de jurisdição do contencioso administrativo espanhola (Lei 29/1998, de 13 de Julho), nem toda a actuação administrativa se expressa através de regulamentos, actos administrativos ou contratos. Por isso, a actividade da Administração Pública de qualquer tipo, desde que esteja sujeita ao direito administrativo, deve estar submetida à jurisdição administrativa, na qual devem estar previstas "as acções processuais adequadas" principais e cautelares.

[1251] Neste sentido já nos havíamos manifestado em "Para uma nova tutela cautelar na justiça administrativa. Prólogo de uma batalha ...", *Cadernos de Justiça Administrativa*, 8, 1998, p. 46.

Apresentamos de seguida uma *peça* cautelar para o *puzzle* justiça administrativa, sendo apenas um esboço de exemplificação de algumas regras do procedimento cautelar comum e da cláusula geral que consagra o princípio do *numerus apertus*.

Os interessados podem solicitar quaisquer medidas cautelares que se mostrem adequadas a garantir a efectividade da sentença principal.
Estas medidas podem consistir, designadamente:

    a) na conservação ou na regulação de um estado relativo à causa litigiosa de condenação, constitutiva ou declarativa.
    b) na suspensão da eficácia de um acto administrativo ou de uma norma regulamentar de eficácia imediata,
    c) no arbitramento de reparação provisória.

Na falta de procedimento especial, todas as medidas cautelares são adoptadas através do procedimento comum.

Das condições de procedência da tutela cautelar inominada devem figurar o *fumus boni iuris* e o *periculum in mora*. Na ausência de um *fumus boni iuris*, deve o juiz proceder ao balanço de conveniência da medida solicitada, e, recorrendo à ponderação da natureza dos direitos das partes, enquadrada pelo princípio da tutela jurisdicional efectiva, apurar qual dos interesses corre o risco de perda irreversível.

Sem prejuízo do disposto para os procedimentos típicos, a medida cautelar inominada deverá ser decretada:

    a) Quando seja fundado o receio de lesão irreparável do direito ou interesse que o requerente visa defender no processo principal,
    b) Quando o juiz estiver seriamente convencido da existência do direito ou do interesse alegado ou da provável procedência da pretensão formulada pelo requerente no processo principal.

Na ausência de uma convicção séria acerca da provável existência do direito ou interesse invocado pelo requerente, deverá o juiz proceder a uma prévia e circunstanciada valorização de todos os interesses em conflito, devendo apurar em que termos a decisão cautelar, de deferimento ou de indeferimento, pode causar ao interesse público e a terceiros um dano irreparável ou de difícil reparação e ao requerente a perda da efectiva tutela jurisdicional do seu direito ou interesse legalmente protegido.

Também consideramos que, no que respeita ao âmbito da tutela cautelar a adoptar perante um acto administrativo prévio, se devam prever condições de procedência especiais no procedimento típico a instituir. Procedimento esse que é justificado pela forma típica de actuação da Administração, emitida através de prerrogativas de autoridade pública – declarativa e executiva – cujo fim imediato é realizar o interesse público. Impõe-se, neste procedimento, chegar a um equilíbrio cumulativo dos interesses em presença.

O requerimento da suspensão da eficácia do acto, quando comunicado à autoridade administrativa, produz de imediato a suspensão da execução do acto. Admite-se que a autoridade administrativa, por motivo de urgente prossecução do interesse público, comunique ao tribunal, em resolução fundamentada, a necessidade de execução do acto.

São condições de procedência da suspensão da eficácia do acto, cumulativamente:

a) a dúvida séria quanto à legalidade do acto impugnado,
b) a existência de uma ameaça de dano irreparável ou de difícil reparação resultante da imediata execução do acto administrativo, aferida pela perda da utilidade do recurso de anulação,
c) um interesse do requerente de maior intensidade, apurado numa ponderação equilibrada de todos os interesses em presença.

No que se refere às relações entre as diferentes formas de tutela cautelar e principais, o procedimento cautelar deve traduzir uma medida razoável de dependência funcional[1252] e autonomia processual[1253].

[1252] Baseamo-nos, essencialmente, nas regras do *Código do Processo Civil*. Para considerações a este respeito, A. S. ABRANTES GERALDES, "Procedimento cautelar comum", *Temas da reforma do processo civil*, Vol. III, Coimbra, 1998, pp. 119 ss.; M. TEIXEIRA DE SOUSA, *Estudos sobre o novo processo civil* ... cit., pp. 245 ss., pp. 248 ss., pp. 250 ss.; MARIA DOS PRAZERES PIZARRO BELEZA, "Impossibilidade de alteração do pedido ou da causa de pedir nos procedimentos cautelares", *Direito e Justiça*, Vol. XI, tomo 1, 1997, pp. 337 ss.

[1253] Neste esboço concretizamos os princípios referentes à autonomia do processo cautelar tradicionalmente reconhecidos, para uma síntese, vd. G. DEMEZ/C. PANIER,

O procedimento para aplicação das medidas cautelares depende do processo, cuja causa tenha por fundamento o direito ou interesse acautelado, podendo ser este instaurado como preliminar ou incidente do processo principal.

O procedimento para aplicação de medidas cautelares tem tramitação autónoma e nem o julgamento da matéria de facto nem a decisão final proferida no procedimento cautelar têm qualquer influência no julgamento da acção principal.

Porque entendemos que os interesses das partes, *maxime* os invocados pela Administração e por terceiros, não devem somente ser tidos em conta no momento da decretação da tutela cautelar, o procedimento cautelar comum deve pautar-se pela ideia da flexibilidade e do equilíbrio. Neste sentido, poderá permitir-se que o requerente solicite medidas cautelares a título cumulativo ou subsidiário. E pode instituir-se que o juiz decrete medidas cautelares diferentes das solicitadas ou acompanhadas de cláusulas de termo ou condição[1254].

As medidas cautelares devem limitar-se ao necessário para evitar a perda da efectividade da acção principal.

> a) Em vez da medida solicitada pelo requerente pode o tribunal adoptar qualquer outra que se mostre adequada a evitar a lesão do direito do requerente e que seja menos gravosa para o interesse público ou para terceiros.

"L'autonomie du référé", *Les mesures provisoires en droit belge, français et italien. Études de droit comparé* ... cit., pp. 45 ss.

[1254] A propósito das variações do princípio do dispositivo, seguimos aquela que é a "tendência geral nos Estados membros da União Europeia relativa aos poderes do *juge des référés* de substituir o objecto da demanda". Sobre esta questão, vd. L. DU CASTILLON, "L'instance en référé", *Les mesures provisoires en droit belge, français et italien. Études de droit comparé* ... cit., pp. 98 e 99, pp. 100 a 102 e esp. p. 113. Para outras considerações, vd. M. F. GHIRGA, "L'application aux mesures provisoires du principe dispositif et du principe de la contradiction en droit italien", *Les mesures provisoires en droit belge, français et italien. Études de droit comparé* ... cit., pp. 115 ss. e, J. NORMAND, "Le juge du provisoire face au principe dispositif et au principe de la contradiction", *Les mesures provisoires en droit belge, français et italien. Études de droit comparé* ... cit., pp. 137 ss., esp. pp. 138 a 144. Seguimos, tb. as considerações de M. TEIXEIRA DE SOUSA (*Estudos sobre o novo processo civil*... cit., pp. 248 e 249) relativas ao regime do procedimento cautelar comum do CPC (art. 392°, n.° 3, 1.ª parte e 392°, n.° 3, 2.ª parte e 383.°, n.° 1).

Pode ainda o tribunal decidir sobre a medida a decretar em conjunto com a medida cautelar solicitada, de modo a evitar ou diminuir prejuízos que a mesma possa provocar ao interesse público ou a terceiros, designadamente:

> *a) Sujeitar o efeito da medida cautelar solicitada a condição ou a termo.*
> *b) Fazer depender a decretação da medida da constituição de uma garantia.*

Quanto ao conteúdo da medida solicitada, tendo em consideração o fim que visa realizar – que é a efectividade da tutela jurisdicional – deve o juiz poder emitir medidas não só de conteúdo assegurador do *status quo*, mas também autênticas medidas antecipatórias de conteúdo inovador sobre o *status quo*.

Não pode o juiz das medidas cautelares antecipar irreversivelmente a decisão de fundo.

As medidas decretadas podem não se limitar a assegurar uma determinada situação ou direito referente à relação litigiosa, mas, para evitar um prejuízo irreparável para o requerente resultante da demora da decisão de fundo, podem antecipar provisoriamente os efeitos da decisão definitiva.

> *a) Neste último caso, o requerimento da medida cautelar deve fazer-se acompanhar da demanda principal.*

Para situações de especial urgência deverá estar positivado um processo cautelar, pelo qual se possa alcançar tutela cautelar duplamente provisória. Consideramos que se a solução para proteger direitos, liberdades e garantias não passar pela criação de um processo autónomo (de cognição plena, mas acelerada, com capacidade para definir a situação; ou que discipline as técnicas da tutela sumária e provisória *tout court*), este processo cautelar especial deverá servir também para defender direitos, liberdades e garantias[1255]. Neste

---

[1255] Este seria o procedimento a adoptar para a situação em que esteja em causa o exercício de um direito político. Em outro momento desta dissertação, analisámos uma providência cautelar não especificada (n.º 2690/99) proferida pelo TCA através do Ac. de 18.3.1999 (em que foi Relator António Xavier Forte). Através desta decisão decretou-se a medida solicitada, que se traduziu numa intimação à Administração para que disponibi-

procedimento *urgentíssimo* permite-se a emissão de uma medida cautelar interlocutória, sem audiência da parte contra quem é requerida a medida[1256].

Quando a medida cautelar se destinar a evitar a lesão iminente e irreversível de um direito ou interesse legalmente protegido, bem como a ameaça de perda de um direito, liberdade ou garantia pessoal que de outro modo não possa defender-se em tempo útil, deverá o tribunal adoptar uma medida cautelar provisória em procedimento urgentíssimo.

a) Após o recebimento da petição, recolhidos que sejam todos os elementos de prova que se considerem necessários, podendo ser dispensada a audiência da parte contra quem é requerida a medida, deve o juiz decretar a medida que julgue mais adequada, num prazo de 48 horas.

---

lizasse certos documentos necessários à formalização da candidatura do requerente a membro de órgão de uma autarquia local (e cumulativamente para que a Administração se abstivesse de qualquer acto impeditivo do exercício do seu direito). Todavia, como a entidade contra quem foi decretada a medida interpôs recurso jurisdicional dela, o STA veio em Junho (!) decidir, finalmente, no sentido da inutilidade superveniente da lide, pois as eleições tinham já decorrido. Neste sentido, Ac., do STA de 15 de Junho de 1999, proc., n.º 44 972.

[1256] Seguimos de perto o novo regime da LJCA espanhola, bem como as regras do RTJCE e do RTPI, e aderimos à solução contida no anteprojecto do PCTA/STA, que aliás, consagra um regime tradicionalmente reconhecido no processo civil. A este propósito, vd. A. S. ABRANTES GERALDES, "Procedimento cautelar comum", *Temas da reforma do processo civil* ... cit., pp. 105 ss. A propósito da problemática relativa aos "desvios excepcionais e condicionais" do princípio do contraditório, durante o processo de urgência e o art. 6.º da CEDH, e a propósito dos regimes previstos no sistema belga e francês de "procédure de saisine par voie de requête unilatérale", vd. L. DU CASTILLON, "L'instance en référé", *Les mesures provisoires en droit belge, français et italien. Études de droit comparé* ... cit., pp. 107 ss., esp. pp. 110 e 111; J. NORMAND, "Le juge du provisoire face au principe dispositif et au principe de la contradiction", *Les mesures provisoires en droit belge, français et italien. Études de droit comparé* ... cit., pp. 136 e 137. Para outras considerações, relativas ao sistema italiano, vd. M. F. GHIRGA, "L'application aux mesures provisoires du principe dispositif et du principe de la contradiction en droit italien", *Les mesures provisoires en droit belge, français et italien. Études de droit comparé* ... cit., pp. 115 ss.

b) Decretada a medida cautelar provisória, deve o juiz fixar um prazo para que os interessados venham ao processo pronunciar-se sobre a revogação, manutenção ou alteração das mesmas.
c) Num prazo máximo de 20 dias deve o juiz proferir decisão cautelar definitiva sobre a decisão cautelar provisória.

As medidas cautelares extinguem-se ou caducam. Podem, todavia, ser revogadas ou substituídas[1257], entre outros fundamentos, com o de se terem alterado as circunstâncias iniciais[1258].

As medidas cautelares, salvo disposição em contrário, subsistem até que seja proferida decisão sobre a sua alteração, revogação ou até que ocorra trânsito em julgado da decisão que ponha termo ao processo principal.

A medida cautelar caduca nos seguintes casos:

a) Quando o processo principal não tiver sido accionado no prazo de 30 dias, a contar da notificação da decisão cautelar.
b) Se iniciada a instância principal, o processo estiver parado mais de 30 dias, por negligência do requerente.
c) Se o réu tiver sido absolvido da instância e o requerente não propuser nova acção.
d) Se o processo principal vier a ser resolvido em sentido contrário ao requerente.
e) Se se extinguir o direito ou interesse a cuja tutela a medida se destina.

A extinção e o levantamento da providência cautelar é declarado pelo tribunal, oficiosamente, ou a pedido fundamentado de qualquer interessado, ou do Ministério Público, com audição das partes.

[1257] Consideramos a compreensão de M. TEIXEIRA DE SOUSA (*Estudos sobre o novo processo civil...* cit., pp. 250, 251, 252 e 253) a propósito das regras do CPC que marcam a natureza de composição provisória que as providências cautelares fornecem.

[1258] Neste aspecto, seguimos o regime que é comum aos demais sistemas processuais, por todos vd., E. MERLIN, "La caducité et la rétractation des mesures provisoires", *Les mesures provisoires en droit belge, français et italien. Études de droit comparé* ... cit., pp. 369 ss.

Dado que o princípio inspirador do procedimento geral ou comum desta peça *esboçada* é o da flexibilidade, entendemos que deve permitir-se ao tribunal, oficiosamente[1259], ou a pedido das partes, a alteração e a revogação da medida cautelar decretada[1260].

A medida cautelar adoptada pode ser alterada ou revogada ainda que seja por iniciativa do próprio tribunal, com fundamento na alteração das circunstâncias ou pressupostos em que assentou a sua adopção.

Por que entendemos que o princípio da flexibilidade, da protecção equilibrada de todos os interesses deve reger todo o procedimento cautelar, concebemos, à semelhança das regras do processo civil, a instituição de um mecanismo que permita à entidade requerida e a terceiros lesados o ressarcimento de danos que resultaram para eles da emissão da medida cautelar[1261]. Para lá de toda a problemática relativa à escolha do regime de responsabilidade a prever, assente na culpa do demandante ou independentemente dela, ou atribuída, mesmo, ao próprio Estado, por actuação do juiz da causa cautelar, julgamos mais razoável e mais confome à ratio do instituto cautelar a primeira solução[1262].

[1259] Seguindo, em parte, o raciocínio de L. DU CASTILLON, "L'instance en référé", *Les mesures provisoires en droit belge, français et italien. Études de droit comparé* ... cit., pp. 100 ss., esp. pp. 104 e 105;

[1260] Novamente aderimos ao entendimento de M. TEIXEIRA DE SOUSA, *Estudos sobre o novo processo civil...* cit., pp. 248 ss.

[1261] Sobre esta questão, vd. M. TEIXEIRA DE SOUSA, *Estudos sobre o novo processo civil...* cit., pp. 253 a 255; A. S. ABRANTES GERALDES, "Procedimento cautelar comum", *Temas da reforma do processo civil* ... cit., pp. 263 a 269.

[1262] Sobre esta problemática, vd. designadamente, E. RICCI, "Les dédommagement du préjudice subi par l'exécution de mesures provisoires injustes", *Les mesures provisoires en droit belge, français et italien. Études de droit comparé* ... cit., pp. 402 ss., esp. pp. 413 a 415. Vd. também J. NORMAND, "La réparation du préjudice subi en cas d'infirmation de la décision provisoire par le juge du fond", *Les mesures provisoires en droit belge, français et italien. Études de droit comparé* ... cit., pp. 416 a 420. Para uma visão de conjunto de alguns sistemas que consagram um regime de responsabilidade objectiva, vd., S. BARONA VILAR, "Proceso cautelar", *El nuevo proceso civil (Ley 1/2000)* ... cit., esp. pp. 766 e 767; A. PELLEGRINI GRINOVER, "La tutela cautelare atipica nel processo civile brasiliano", *Les mesures provisoires en procédure civile* ... cit., pp. 147 e 148.

O requerente é responsável por danos resultantes da injustificada decretação da medida cautelar ou pela caducidade da mesma, quando este não tenha agido com a prudência normal.

A indemnização tem por base a garantia prestada pelo requerente e deve ser requerida no prazo de um ano, a contar da notificação da extinção ou levantamento da medida cautelar.

Este procedimento cautelar comum aplica-se subsidiariamente a outros procedimentos típicos: procedimento de suspensão da eficácia do acto administrativo, suspensão da eficácia de normas de aplicação imediata, e ao procedimento de arbitramento de reparação provisória[1263].

Como dependência da acção sobre responsabilidade civil por actos de gestão pública, pode o credor de uma indemnização fundada em morte ou lesão corporal, ou outrem legalmente legitimado, requerer o arbitramento de quantia certa, sob a forma de renda mensal, como reparação provisória do dano.

> *a) deve o juiz aceitar a decretação da medida requerida quando existir uma situação de necessidade de antecipação provocada pelos danos sofridos e quando a obrigação de indemnizar não lhe pareça sem fundamento.*
> *b) Se a providência decretada vier a caducar, deve o requerente restituir todas as prestações recebidas, nos termos das regras aplicáveis ao enriquecimento sem causa.*
> *c) Se na acção principal se não confirmar a existência da obrigação ou se se fixar uma indemnização num valor inferior ao provisoriamente estabelecido, deve o tribunal condenar o lesado a restituir o que for devido.*

Pode igualmente solicitar-se o pagamento antecipado de uma quantia devida pela Administração, quando o tribunal não duvide da existência da obrigação.

[1263] A este propósito, vd. M. TEIXEIRA DE SOUSA, *Estudos sobre o novo processo civil...* cit., p. 242.

CONCLUSÕES

Capítulo I

1. As sociedades sempre se confrontaram com a impossibilidade de realizar a justiça de forma instantânea. Quem recorre ao processo para obter razão, inevitavelmente, sofre um "dano marginal" resultante da demora desse processo. Esta realidade é a razão da existência da tutela cautelar.
1.1. Na actualidade, porém, o "dano marginal" que resulta para quem inicia um processo, não é provocado somente pela sua normal "demora fisiológica", bem pelo contrário. Porque os processos se desenrolam num tempo "extremamente longo" e porque são definidos definitivamente "fora de tempo", hoje em dia, o dano marginal resulta da "demora patológica" do mesmo.
1.2. Porque este é um momento em que as sociedades (mais) vivem a cultura do "tempo curto", perante as necessidades de urgência na realização da justiça, os diversos sistemas processuais têm vindo a sofrer profundas transformações. Paralelamente ao tipo de tutela identificada como cautelar, os modernos sistemas processuais têm vindo a integrar novos tipos de processos em que são disciplinadas as técnicas da tutela sumária *tout court*, tutela provisória, em sentido amplo, da tutela antecipatória *stricto sensu* e da tutela urgente.
2. Não obstante a doutrina não ter procedido à sua sistematização, e não obstante, também, a sua "falta de homogeneidade", estes novos processos, que concretizam, ou combinam estas técnicas, são distintos funcional e estruturalmente da tutela que em alguns sistemas processuais se denomina por tutela cautelar (no português, espanhol e italiano) e "tutela provisória em sentido restrito" noutros (nos sistemas processuais francês e alemão).
2.1. Invocando o princípio *Chiovendiano*, a tutela cautelar tem como função evitar que a demora resultante da necessidade de recorrer ao processo para obter razão não prejudique quem tem razão. A função

da tutela cautelar é assegurar a efectividade da sentença que define a causa principal.

2.2. Não cumpre aos novos processos que disciplinam as técnicas da tutela sumária *tout court*, da tutela provisória em sentido amplo e da tutela antecipatória *stricto sensu*, combater a "demora fisiológica". Pelo contrário, estes são também um instrumento ao serviço da realização da tutela jurisdicional em prazo razoável. Estes processos tutelam tanto as situações de urgência como realizam o princípio da economia processual.

2.3. Aliás, reforçando a ideia, estes processos, segundo pensamos, integram um conjunto de soluções idênticas, ainda que num outro perfil, às que se traduzem em remodelar a orgânica judiciária, a modernizar os serviços e a melhorar a qualidade dos técnicos.

2.4. Naqueles casos, quando nos referimos às alterações da lógica processual, verificamos que destas soluções resultam a aceleração de processos de cognição plena (pela supressão de formalidades processuais, pela eliminação de fases do processo e pela redução de prazos) e a criação de tipos de processos sumários *tout court* (pela criação de tipos de tutela provisória e antecipatória); todos como solução alternativa à típica tutela jurisdicional ordinária.

3. Não obstante a complexidade que na actualidade envolve a caracterização da tutela cautelar – mercê da "evolução" ou da involução do próprio conceito de tutela cautelar, que se deve à sua utilização distorcida e como instrumento para alcançar a satisfação antecipada e definitiva das pretensões das partes – ainda se pode distinguir a tutela cautelar de outras formas de tutela alternativa (sumária, antecipatória e provisória).

3.1. E é na doutrina clássica que encontrámos as características distintivas da tutela cautelar, a sua instrumentalidade, *sumariedade* e provisoriedade cautelares.

4. Subjacente à natureza cautelar de um processo estão tanto a sua instrumentalidade funcional como a sua acessoriedade estrutural perante a efectividade de um processo principal. A tutela cautelar é um tipo de tutela jurisdicional que sofre fatalmente de uma "insuficiência" para definir o direito para uma relação jurídica controvertida, e, por isso, nunca pode ser compreendida como tutela alternativa. Bem pelo contrário, é uma categoria de tutela que, quanto ao fim que realiza e ao seu *modus operandi*, depende da existência de outra (que é principal).

5. Quanto ao conceito de tutela cautelar, verificámos que, ao longo dos tempos, os estudiosos do processo têm vindo a ampliar o conceito restrito tradicional. Aliás, a este propósito podemos identificar três posições distintas na doutrina:

5.1.1. Posição de alcance mínimo: corrente doutrinal que, na actualidade, congrega um reduzido número de adeptos e que identifica a tutela cautelar com um tipo de tutela jurisdicional preordenado a assegurar bens ou meios destinados a servir a execução coactiva de uma sentença judicial condenatória do devedor. Segundo esta corrente, não compreende o conceito de tutela cautelar a tutela que, ainda que seja de urgência, vise satisfazer interinamente um direito controvertido. A técnica da antecipação cautelar é alheia ao *modus operandi* do processo cautelar (ou seja, à sua estrutura).

5.1.2. Posição de alcance médio: corrente doutrinal que, na actualidade, tem correspondência tanto com os textos legais que nos diversos sistemas processuais consagram a tutela cautelar como com o sentido da prática jurisprudencial maioritária. Esta corrente, em que integramos a maioria dos estudiosos do processo cautelar, considera a tutela cautelar como o tipo de tutela jurisdicional adequada para remediar os dois tipos de *periculum in mora* decorrentes da causa principal, aceitando, como consequência lógica, que a tutela cautelar tenha como função não só assegurar a permanência de um *status quo* como também realizar interinamente a protecção imediata de um direito controvertido, pela antecipação provisória e reversível dos efeitos da decisão da causa principal (que tem como objecto esse direito controvertido).

5.1.3. Posição de alcance máximo: corrente que integra um número crescente de estudiosos do processo e que desvaloriza os conceitos de instrumentalidade e provisoriedade clássicos em favor de novos conceitos de provisoriedade, antecipação e urgência. De acordo com os seus defensores, o que identifica a tutela cautelar, ou tutela provisória em sentido restrito, é a sua função de realização provisória do direito material, pela satisfação antecipada das pretensões das partes. Alguns dos estudiosos do processo, que incluímos neste grupo, aceitam que o processo cautelar seja autónomo e possa servir como alternativa ao processo principal, principalmente quando a decisão provisória permita alcançar a definitividade das relações de facto, entre as partes.

5.1.4. A doutrina do processo civil em Portugal, desde a mais antiga, que é significativamente influenciada pela doutrina do processo civil italiana, à mais recente, vai no sentido de considerar o prejuízo inevitável da demora do processo principal como a origem e a razão da existência da tutela jurisdicional cautelar.

5.1.5. Quanto ao conteúdo da tutela cautelar, a doutrina do processo civil, no nosso país, não se identifica, em nenhum caso, com as correntes de alcance mínimo. Em regra, a maioria da doutrina vai no sentido da posição de alcance médio.

6. No início do capítulo mencionámos que são as características da instrumentalidade, da provisoriedade e da *sumariedade* cautelares que revelam as diferenças essenciais dos processos cautelares perante os demais processos que disciplinam as modernas técnicas de tutela jurisdicional alternativa à ordinária. Estas características da tutela cautelar são visíveis se considerarmos esta forma de tutela nos dois perfis de estudo, funcional e estrutural.

6.1. Sob o perfil funcional, ou atendendo a um critério teleológico, o conjunto de processos que integramos na categoria de tutela cautelar, porque têm como função assegurar a efectividade de uma forma de tutela jurisdicional principal, são caracterizados pela sua instrumentalidade.

   a) Este perfil permite, aliás, que mais em pormenor se compreenda que a função cautelar se desdobra rigorosamente em duas: uma que assegura direitos e outra que satisfaz direitos.

6.2. Sob o perfil estrutural, ou seja na forma como realiza a tutela jurisdicional, a tutela cautelar, porque actua para remediar dois tipos de *periculum in mora* (o de infrutuosidade e o de retardamento), produz efeitos cristalizadores, ou de garantia, e ampliadores sobre um determinado *status quo*.

   a) Como o perfil estrutural revela o modo como se produzem os efeitos de manutenção ou de ampliação, é através deste perfil que se percebe a técnica da antecipação.

   b) Este perfil permite confirmar a provisoriedade da tutela jurisdicional que actua *fatalmente* em coordenação com uma outra principal.

   c) Este perfil mostra também que a decisão provisória tem na sua origem uma especial *summaria cognitio*.

7. Neste contexto, cumpre em síntese revelar em que se traduz cada uma das características essenciais da tutela jurisdicional cautelar, a instrumentalidade, a provisoriedade e a *sumariedade*.

7.1. A instrumentalidade é a característica, comumente, reconhecida pela doutrina como distintiva da tutela jurisdicional cautelar.

7.1.1. A instrumentalidade da tutela cautelar afere-se pelo facto de esta forma de tutela não constituir um fim em si mesma, mas, pelo contrário, por se encontrar inequivocamente preordenada para assegurar a efectividade de uma futura decisão judicial definitiva.

7.1.2. A tutela jurisdicional cautelar visa "preparar o terreno e aprontar os meios mais aptos ao êxito da tutela jurisdicional principal" (CALAMANDREI).

7.1.3. A instrumentalidade cautelar é sempre uma instrumentalidade hipotética porque se funda num juízo de valor assente na probabilidade sobre a existência do direito do requerente.

7.2. A provisoriedade é, segundo a opinião de alguns estudiosos do processo cautelar, a sua principal característica de distinção. Este conceito está, contudo, longe de ser uniformemente compreendido e muito menos por correspondência ao conceito de sentença que não forma caso julgado. São várias as perspectivas de consideração do conceito de provisoriedade:

7.2.1. A provisoriedade da decisão enquanto "decisão, provisória pela sua finalidade"

i) Para a doutrina clássica (italiana, portuguesa e espanhola) a característica da provisoriedade, ou interinidade, é a que marca a duração da medida cautelar e que resulta naturalmente da sua instrumentalidade. A tutela cautelar é provisória pelo fim que realiza (CALAMANDREI), já que só tem razão para existir no *frattempo*, enquanto se aguarda a sentença principal. Depois de realizar o seu fim extingue-se ou caduca.

7.2.2. A provisoriedade da decisão enquanto "decisão, cujos efeitos têm uma duração limitada no tempo"

i) Segundo alguma doutrina, a provisoriedade, ou temporalidade, identifica-se com a duração temporária dos efeitos da decisão. Nesta perspectiva, a tutela cautelar é provisória porque os seus efeitos são sempre temporários, o que decorre do facto de esta estar sujeita ao regime da caducidade, de ser uma decisão *rebus sic stantibus*, passível de modificação ou revogação por alteração das circunstâncias. A temporalidade de efeitos pode ser consequência, também, do facto de a sua duração estar marcada por um prazo fixado pela lei ou pelo juiz.

7.2.3. A provisoriedade da decisão enquanto "decisão provisória de direito" - A

i) Provisória de direito porque é proferida com base numa insuficiente cognição".

ii) Segundo alguma doutrina, a sumariedade da cognição cautelar provoca a falta de qualidade da decisão para produzir efeitos definitivos de direito. A decisão cautelar é sempre provisória de direito, porque é proferida com base numa cognição (juízos de probabilidade) incapaz de "declarar a existência do direito" (TOMMASEO).

7.2.4. A provisoriedade da decisão enquanto decisão "provisória de direito" - B

i) Provisória de direito porque não decide antecipadamente a causa.

ii) Segundo as doutrinas francesa e belga o conceito de provisoriedade decorre do princípio da proibição de *préjuger au principal*. Só podemos falar de decisão provisória se ela se abstem de *dire le droi* definitivamente para o objecto da causa, de tal modo que esta ficaria vazia, por antecipação (PERROT/COMPERNOLLE).

iii) Segundo a doutrina alemã, só podemos fazer corresponder ao conceito de provisoriedade *stricto sensu*, aquele que permita respeitar o princípio "Verbot der Vorwegnahme der Hauptsache" (WALKER). A provisoriedade apenas existe quando o juiz da causa emite decisões que, ainda que sejam de facto irreversíveis, não têm natureza definitiva de direito. E, por outras palavras, uma decisão é provisória se se deixa anular, em termos de direito, pelo juiz da causa principal (HUBA).

7.3. Também a *sumariedade* cautelar é uma característica decorrente da instrumentalidade cautelar, visto que só um processo simplificado e expedito será conforme com a função deste tipo de tutela urgente.

7.4. É comum afirmar-se que este tipo de tutela se traduz numa "composição provisória da lide", pois em termos de prova, a lide cautelar é apreciada com base numa *summaria cognitio*. A cognição cautelar integra, portanto, o tipo da cognição sumária.

7.5. Na actualidade, não obstante as dificuldades dogmáticas em definir cognição sumária, já que esta não pode ser definida como cognição que se opõe em termos absolutos à cognição ordinária, alguma doutrina tem vindo a duvidar da existência de diferenças entre a cognição sumária *tout court* e a cautelar. E, nesse sentido consideram que os conceitos de "verosimilitude" e "aparência do direito" são conceitos "empíricos", cuja natureza é mais de "ordem psicológica" que "técnico-jurídica". Consequentemente, segundo este pensamento, por vários motivos, de ordem legal, jurisprudencial e por vontade das partes, as diferenças existentes entre a *sumariedade* cautelar e a *sumariedade tout court* estão em vias de se *esfumar*.

7.6. Contudo, a doutrina clássica era consensual quando afirmava que a cognição cautelar tem como objectivo apreciar e dar como acreditadas as condições de procedência da decisão cautelar, em termos de verosimilhança e de probabilidade, quanto à existência do direito alegado.

7.7. E era também comum afirmar-se que, quanto ao grau de prova, o decretamento da medida cautelar depende "da sua mera justificação", já que o demandante tem apenas o ónus de "deduzir os factos que tornam provável a existência do direito" (PALMA CARLOS), pois ao juiz cautelar não cumpre declarar a existência do direito.

7.7.1. Hoje em dia, a doutrina maioritária, seguindo neste aspecto a clássica, considera que a cognição cautelar, quanto à sua "qualidade", sofre de uma insuperável insuficiência perante a cognição de mérito, pois os factos dados como provados na causa cautelar e os juízos hipotéticos formulados quanto à existência do direito, não têm nenhum efeito no processo principal. Ao contrário, a cognição sumária *tout court*, que assenta sempre em provas *leviores*, diverge da ordinária em termos de "quantidade" ("aquela é incompleta" perante a ordinária, mas pode substitui-la).

8. Quanto às condições de procedência da decisão cautelar, a doutrina, na esteira de CALAMANDREI, tem vindo a identificar como condições, a "existência provável do direito" e o "perigo de não satisfação do direito aparente". Estas são reconhecidas pelos vocábulos latinos *periculum in mora* e o *fumus boni iuris*.

9. Estas são também as condições de que depende o decretamento de uma medida cautelar, por regra, fixadas nos textos legais.

9.1. Os textos legais podem igualmente acrescentar um terceiro requisito que pressupõe a ponderação de interesses, correspondendo ao apuramento de excessos de danos.

9.1.1. A propósito da ponderação de interesses, existe alguma polémica:

i) A jurisprudência, ainda que a lei não fixe este juízo ponderativo de interesses, procede, por regra, a um "balanço de conveniência da medida" (jurisprudência do TJCE e britânica). Este juízo traduz-se em considerar qual dos direitos em causa tem natureza irreversível ou é susceptível de sofrer uma lesão grave e irreparável. Ponderação que pressupõe, em abstracto, a natureza de tais direitos, apreciada em duas situações: na de decretamento da medida (e consequente efeitos negativos dela resultantes para a contraparte); na de não decretamento (e consequente efeito negativo para o demandante decorrente da impossível reparação da lesão).

ii) Na esteira do pensamento clássico, há quem considere que, ao juízo de ponderação e de certeza, se devem privilegiar a celeridade e a rapidez, deixando para a causa principal a realização da justiça (ALBERTO DOS REIS).

iii) E há quem considere que a ponderação, *maxime*, o juízo de excesso de danos, deverá sempre integrar as condições de procedência da tutela cautelar, principalmente, como condição negativa de procedência. E, pelo contrário, há doutrina que considera "incongruente" este pressuposto, pois anula os demais *periculum in mora* e *fumus* (SCHOCH).

iv) Para outros, a ponderação de interesses, antes de ser pressuposto de procedência da decisão cautelar, integra o momento da cognição sumária cautelar (CAVALLONE).

9.2. A condição do *periculum in mora* é aferida pela tríade preventividade, urgência e ameaça de produção de danos resultantes da demora do processo principal.

9.2.1. "O *periculum in mora* não é, pois, um perigo genérico de dano". Pelo contrário, "é o prejuízo de ulterior dano marginal que deriva do atraso da providência definitiva resultante da inevitável lentidão do processo ordinário" (CALAMANDREI).

9.2.2. Nos diversos sistemas processuais qualifica-se o tipo de *periculum in mora* a proteger. E, por regra, este compreende os prejuízos que sejam susceptíveis de causar uma lesão grave e dificilmente reparável ao direito do requerente. A perspectiva funcional na apreciação do *periculum in mora*, que o considera em função da efectividade da sentença de mérito, tem vindo a ser recomendada para se proceder à análise desta condição.

9.2.3. Quanto aos tipos de *periculum in mora*, a doutrina clássica demonstrou que a demora do processo principal é de molde a causar um prejuízo de infrutuosidade da sentença e o prejuízo de retardamento.

9.2.4. O prejuízo de infrutuosidade traduz-se, claro está, no prejuízo que para o credor pode significar a perda ou a deterioração de bens do devedor durante o tempo em que se desenvolve o processo de cognição, que culminará na condenação do devedor. O prejuízo de inexecução *in natura* da sentença configura-se também perante a ameaça de deterioração e perda irreversível do objecto mediato da causa principal.

9.2.5. O prejuízo de retardamento traduz-se no prejuízo que o prolongamento do estado de insatisfação do direito provoca directamente ao requerente. É o prejuízo provocado pela satisfação tardia do direito o que afecta o credor de alimentos, já que enquanto aguarda a condenação da parte contrária na prestação de alimentos definitivos poderá correr o risco de definhar e morrer.

9.3. Em harmonia com a cognição cautelar, e para além da ameaça do dano, uma outra condição de procedência da decisão cautelar traduz-se na provável existência do direito ameaçado. Para que o juiz possa adoptar a medida solicitada, deve antes averiguar se a situação jurídica alegada é provável e verosímil, deixando para o processo principal a confirmação dessa probabilidade.

9.4. Enquanto que, para a doutrina tradicional a condição do *fumus boni iuris* se aferia pela provável existência do direito ameaçado, na actualidade há uma tendência para o considerar na perspectiva da apreciação das probabilidades de êxito da pretensão do requerente na causa principal. E, consequentemente, depreende-se uma tendência (jurisprudencial e doutrinal) para se exigir um *fumus boni iuris qualificado*, cujo risco envolvente corresponde quer à antecipação para a causa cautelar do exame quanto ao direito das partes na causa principal, quer à formulação de juízos antecipados quanto à posição das partes (de vencedor e de vencido) no processo principal. A tendência nos sistemas francês e alemão, quanto à decretação do *référé* e das ordens provisórias, *maxime* da *Befriedigungsverfügung*, vai no sentido do aprofundamento da apreciação desta condição.

10. No que respeita ao conteúdo e aos limites da tutela cautelar, para além das dificuldades decorrentes da variação terminológica, tivemos de contar com a ausência de consenso quanto à compreensão de alguns conceitos.

11. O conceito de antecipação cautelar constitui a *vexatio quaestio* da tutela cautelar. Questões tais como "o que se antecipa" (se o con-

teúdo da sentença antecipada, se apenas os efeitos de direito ou apenas os efeitos de facto da sentença de fundo), que "relação existe entre os objectos das causas cautelar e principal" e que "tipo de efeitos provoca a decisão cautelar na causa principal", foram por nós formuladas e, não obstante termos encontrado posições doutrinais divergentes, chegámos à seguintes conclusões:

12. Considerámos, seguindo a doutrina clássica italiana, que o entendimento do conteúdo da tutela cautelar devia partir do reconhecimento da existência de dois tipos de *periculum in mora*, o de infrutuosidade e o de retardamento.

13. Considerámos, também, que a questão do conteúdo da tutela cautelar deve ser compreendida numa perspectiva funcional e estrutural (TOMMASEO).

14. Num perfil funcional, num perfil que se atende "ao para que serve", a decisão cautelar pode ter um duplo tipo de conteúdo, em consonância lógica com a dupla natureza dos prejuízos que resultam da demora da sentença principal:

14.1. Função asseguradora, preparatória e de garantia, destinada a manter e a evitar alterações de um *status quo*.

　i) Perante o perigo de perda de património do devedor, a medida cautelar tem como finalidade garantir, por arresto ou arrolamento, que no dia em que o réu for condenado, ele ainda possui bens que possam assegurar a execução da sentença.

　ii) Perante a ameaça de destruição e perda irreversível do objecto mediato da causa principal, a medida cautelar tem como objectivo inibir os comportamentos lesivos (*desistat*).

14.2. Função realizadora interina do direito material controvertido, destinada a satisfazer interinamente um direito pela ampliação de um *status quo ante*.

　i) Perante o perigo de satisfação tardia do direito, a medida cautelar tem como finalidade fingir que a sentença principal chega atempadamente, realizando, em sua vez, a composição da lide.

　ii) Tem função de composição da lide, a medida que intime o réu a realizar um comportamento que satisfaz a pretensão do demandante, a que condena na prestação de alimentos provisórios ou na prestação de uma provisão.

15. Numa perspectiva estrutural, isto é na perspectiva que atende ao seu *modus operandi*, quisemos destinguir quais das medidas têm um

conteúdo idêntico ao da sentença principal, isto é, qual delas provoca uma composição provisória da lide.
15.1. Considerámos que só há antecipação da causa, quando o juiz cautelar se intromete na controvérsia (questão) que é o objecto imediato da causa principal e para ele dita uma decisão, cujo conteúdo é, provavelmente, idêntico e correspondente, em termos de efeitos, ao da sentença principal.
15.2. E, já agora, devemos dizer que, segundo alguns, são os efeitos da sentença de fundo que beneficiam da antecipação, defendendo outros que objecto da antecipação é o hipotético regulamento para essa controvérsia.
15.3. No seu *modus operandi*, tanto tem natureza antecipatória a medida cautelar que permite ao proprietário de prédio encravado passar provisoriamente sobre o prédio alheio, como a que obsta à realização de um acontecimento ou impede a venda de uma coisa.
  i) Estas distinguem-se, no seu conteúdo, pelo tipo de efeitos que antecipam, o que decorre do conteúdo da sentença principal (se tem natureza condenatória, declarativa ou constitutiva).
15.4. Porque a antecipação é, *a priori*, uma forma de actuação cautelar legítima, se respeitar os limites da "proibição de exceder e antecipar a causa" e se revelar instrumentalidade perante a efectividade da sentença principal, somos da opinião que, quanto ao conteúdo, se podem identificar quatro tipos de medidas cautelares
16. Atendendo ao seu conteúdo, as subespécies de tutela cautelar têm perante o processo principal de que são acessório, diversos graus de instrumentalidade e combatem diferentes perspectivas de *periculum in mora* e exigem diferentes tipos de *fumus boni iuris*.
16.1. Grupo da tutela jurisdicional cautelar de não ingerência na causa principal:
  a) Tutela cautelar destinada a realizar ou conservar meios de prova a utilizar na tutela jurisdicional principal.
  b) Tutela cautelar preparatória e de garantia
16.2. Tutela cautelar intrometida na causa principal:
  a) Tutela cautelar antecipatória com efeito assegurador
  b) Tutela cautelar antecipatória com efeito inovador
16.3. Devemos concluir algumas considerações:
  a) Enquanto as do grupo 16.1. não tocam no mérito da relação substancial controvertida, porque visam assegurar e aprontar os meios para facilitar a declaração ou a execução do processo

principal, as do grupo 16.2. operam à aceleração da satisfação do direito controvertido, operam à composição interina da relação material controvertida.

17. Ainda a propósito do conteúdo da tutela cautelar, procurámos saber quais são os seus limites. E, também a este respeito configurámos a existência de várias dificuldades e divergências.

18. Começámos por afirmar que a antecipação cautelar não pode ser dissociada da ampliação do conceito instrumentalidade: de "instrumentalidade perante a execução da sentença" para "instrumentalidade perante a efectividade da tutela jurisdicional".

18.1. Depois afirmámos que a antecipação, porque é uma técnica legítima quando ao serviço da tutela jurisdicional efectiva, integra naturalmente o *modus operandi* da tutela cautelar.

18.2. Para que seja legítima, a antecipação deve obedecer a dois pressupostos: a antevisão, pelo juiz cautelar, do "quadro do hipotético regulamento da relação controvertida subjacente à causa principal" e a antecipação provisória, propriamente dita, dos efeitos desse hipotético regulamento para a relação controvertida (TOMMASEO).

19. Não obstante se identificar nos poderes do juiz cautelar a existência de "um poder de polícia judiciária" discricionário, até como consequência lógica dos pressupostos apresentados, a antecipação cautelar é rigorosamente limitada por dois princípios.

19.1. Segundo o princípio da proibição de excesso da causa, a antecipação só pode contemplar os efeitos previsíveis da sentença de fundo, pelo que o juiz cautelar deverá conter-se "imaginativamente" no âmbito do conteúdo hipotético da futura sentença de mérito e antecipar apenas os efeitos correspondentes. Por conseguinte, nunca pode o juiz cautelar atribuir ao requerente, nem que seja provisoriamente, mais (ou coisa distinta) do que a este é permitido alcançar através da sentença definitiva.

19.2. De acordo com um outro princípio, o princípio processual universal que proíbe o juiz cautelar de decidir a questão de fundo, a antecipação não pode, perante o objecto imediato da causa principal, desembocar na produção de certos efeitos. Não pode, nomeadamente, traduzir-se numa antecipação definitiva da causa.

19.3. Ao tentarmos saber em que se traduz a antecipação definitiva da causa, descobrimos que há alguma divergência na doutrina.

i) Não contando com as posições que, de todo, rejeitam qualquer poder de intromissão no objecto da causa principal, e, não contando também com a posição da doutrina que considera que a antecipação legítima só contempla os feitos de facto e não de direito, devemos dizer que o conceito de antecipação legítima correspondeu, durante muito tempo na doutrina alemã, ao de antecipação de efeitos diferentes e de antecipação parcial de efeitos (medida cautelar como *aliud* e como *minus* perante o conjunto de efeitos da sentença principal);

j) Segundo outros, e esta é a posição que reúne mais consenso, porque os efeitos antecipados são tanto efeitos de direito como de facto, o conceito de antecipação legítima, isto é, conforme ao princípio da proibição da antecipação da causa, interdita que dela resulte qualquer composição definitiva do objecto imediato da causa principal.

k) E esta doutrina considera que a expressão composição definitiva apenas integra a produção de efeitos irreversíveis de direito, já que, na perspectiva da produção de factos, a definitividade para o espaço interino, é uma realidade irrefutável.

l) E é nesta perspectiva, que ao efectuarmos uma "balanço de conveniência da medida" devemos tomar em conta a "natureza bidimensional do factor tempo". A produção de factos consumados, no tempo intermédio, pode ocorrer tanto pelo decretamento como pelo indeferimento da medida. Como cumpre repartir entre as partes os riscos da demora, cumpre também repartir os riscos de produção de uma situação de factos consumados (SCHOCH).

19.4. Tornou-se evidente que só se conseguirá evitar a antecipação errada de decisões através da consideração sumária do direito das partes e pela preferência em tutelar a parte que aparenta maior probabilidade de vencer na causa principal, sacrificando a posição da parte, cuja existência do direito seriamente parece improvável que venha a ser confirmada na causa principal.

Capítulo II

1. Com este capítulo pretendiamos cumprir dois objectivos diferentes, ambos orientados para a recolha de informação relativa a modelos de tutela cautelar por nós selecionados, cujo estudo tinha como objectivo servir de base de trabalho para o esboço da *peça* cautelar a encaixar no *puzzle* português de justiça administrativa.

A- A primeira tarefa era descobrir em que sentido o *ius commune europeum*, em matéria de tutela jurisdicional cautelar que o

TJCE tem vindo a criar, pode ou não influenciar os contornos da *peça* cautelar a esboçar.

B- A segunda tarefa a cumprir seria descobrir como são *desenhadas as peça*s cautelares em modelos de justiça administrativa tidos como paradigma do modelo português.

1.1. Dos objectivos propostos, apresentamos agora as conclusões, não sem antes mostrarmos a abordagem esquemática operacional deste segundo capítulo.

A - O primeiro momento do capítulo II está estruturado em quatro pontos, que cumpre sintetizar um a um:
1. Introdução,
2. A tutela cautelar como garantia objectiva da efectividade da ordem jurídica comunitária,
3. A tutela cautelar como garantia subjectiva da efectividade da ordem jurídica comunitária,
4. Balanço.

1. Introdução:
1.1. É difícil não notar que mesmo em *frente aos nossos olhos* um novo *ius commune europeum* está a tomar forma: um direito administrativo comunitário. Um Direito que é fruto de um cruzamento de influências de Direitos e de Princípios: cruzamento entre o Direito dos Estados membros e o da Comunidade; entre a ordem jurídica da Comunidade e a dos Estados membros. Aliás, este cruzamento de influências, que não se sabe bem onde começa e onde acaba, traz à memória a história batida do *ovo e da galinha*.
1.2. Especificamente, a influência da ordem jurídica comunitária sobre o direito administrativo dos Estados membros não abarca apenas o aspecto substantivo do direito, mas também o seu aspecto adjectivo, e, no que a este diz respeito, a influência estende-se à garantia de tutela jurisdicional provisória.
1.3. Devido aos princípios do primado do direito comunitário, da aplicabilidade imediata e do efeito directo, princípio da interpretação e da aplicação uniformes do direito comunitário e outros que a jurisprudência do TJCE tem vindo a reconhecer, nenhuma ordem jurídica interna dos Estados membros da Comunidade está *entregue a si própria*. A ordem jurídica interna dos estados membros integra a ordem jurídica comunitária.

1.4. Aos tribunais nacionais, por causa dessa integração jurídica, é imputada a obrigação de, enquanto tribunais comuns da ordem jurídica comunitária, velar pelo cumprimento efectivo do Direito Comunitário: esta é a perspectiva objectiva da função cautelar no contencioso comunitário. Todavia, os tribunais comuns têm também o dever de tutelar efectivamente os direitos subjectivos atribuídos aos seus nacionais pelo direito comunitário, tal como o TJ e o TPI o fariam se fossem os tribunais competentes. Nesta nova perspectiva que atende, antes que tudo, à defesa da posição substantiva dos nacionais dos Estados membros criada pelo Direito Comunitário, encontra-se uma função subjectiva da tutela cautelar no contencioso comunitário.

1.5. Por isso, em primeiro lugar deve saber-se como é que TJ e o TPI realizam a tutela jurisdicional efectiva da ordem jurídica comunitária. Ao mesmo tempo, procurar-se-á descobrir como fazem uso da tutela cautelar.

2. Numa perspectiva objectivista, cuja orientação é a tutela eficaz e uniforme da ordem jurídica comunitária, a tutela cautelar é essencialmente aplicada, num primeiro momento, pelos TJ e TPI e, num segundo momento, pelos tribunais nacionais dos Estados membros.

2.1. O primeiro momento:

2.2. A tutela jurisdicional cautelar, ou na terminologia comunitária a tutela jurisdicional provisória, visa cumprir no contencioso comunitário a mesma função que em qualquer outro processo: combater o *periculum in mora*, que, para o *quid* sobre qual incide um processo principal, sempre resulta do desenrolar lento do processo principal. O objectivo é impedir que a passagem do tempo por esse *quid* o altere de tal forma que a sentença final, quando vier a ser proferida, já não possa ser efectiva. A tutela cautelar jurisdicional no espaço contencioso comunitário – tal como se encontra prevista nos arts. 242.º e 243.º do Tratado UE e nos RPTJ/RPTPI – visa assegurar a efectividade da decisão jurisdicional de mérito.

2.3. A tutela cautelar pode traduzir-se na suspensão da execução de um acto comunitário e na decretação de quaisquer medidas cautelares adequadas a assegurar a efectividade da sentença principal.

2.4. A tutela cautelar no contencioso comunitário cumpre a sua função actuando de dois modos:

a) mantendo ou conservando esse *quid* (ou esse *status quo*) enquanto se aguarda a decisão definitiva.

b) alterando ou inovando esse *quid* (ou esse *status quo*) até que seja proferida a decisão de fundo. É em função do tipo de *periculum in mora* que se distingue a tutela cautelar de conservação ou de inovação sobre o *quid*. Por conseguinte, estruturalmente a tutela cautelar proporcionada pelo TJ e pelo TPI pode consistir numa tutela que antecipa provisoriamente os efeitos da decisão de fundo para esse *quid*.

2.5. Também no contencioso comunitário a tutela jurisdicional provisória (cautelar) comunga das características de instrumentalidade, provisoriedade e *sumariedade*.

a) A instrumentalidade traduz-se na conexão funcional entre a tutela cautelar e a efectividade da tutela jurisdicional principal.

b) A provisoriedade traduz-se, principalmente, em dois sentidos. Por um lado, a provisoriedade resulta da fatal natureza provisória da decisão cautelar, reconhecida, não só, na limitação interina dos efeitos da tutela cautelar adoptada – que de modo nenhum podem ser irreversíveis para o futuro –, mas, também, na incapacidade que a mesma tem de produzir caso julgado interno, visto que a decisão pode ser alterada, revogada ou modificada. Por outro lado, a provisoriedade traduz a expressa proibição que ao juiz cautelar está fixada nos Regulamentos Processuais do TJ e do TPI de antecipar a decisão de fundo da causa principal.

c) A sumariedade cautelar tem subjacente a necessária rapidez de conhecimento do mérito da causa cautelar e é manifesta quando o juiz tem de proferir uma decisão sem ouvir a parte demandada. Também no contencioso comunitário a prova do direito ameaçado deve ser reduzida a criar no juiz a convicção provável da existência do direito.

2.6. Os Regulamentos Processuais do TJ e do TPI estabelecem duas condições de procedência da medida cautelar solicitada: o *periculum in mora* e o *fumus boni iuris*. Os RPTJ/RPTPI dispõem que se deve adoptar tutela cautelar quando se configure "uma urgência" e quando "os antecedentes de facto e de direito (...) justificam à primeira vista a concessão da medida requerida".

2.7. A estes dois, os juízes do TJ e do TPI, por influência da jurisprudência do Tribunal Internacional de Justiça e da jurisprudência Britânica, acrescentaram, com adaptações, um outro que tem vindo a revelar-se como condição central de procedência da medida provisória: o do balanço de conveniência da medida. Este critério de natureza negativa significa que a medida não será decretada se após um juízo de ponderação dos interesses envolvidos se considera de menor intensidade os do requerente.

2.8. Ainda se verifica a formulação de um juízo traduzido na aferição da admissibilidade da acção principal. Todavia, tal juízo é feito sob a perspectiva da análise dos requisitos formais.

3. As condições de procedência de tutela cautelar têm variado bastante ao longo do meio século de decretação.

   a) A história da tutela cautelar no contencioso comunitário de-monstra existir um aperfeiçoamento da terminologia e uma estabilização dos critérios de adopção da tutela cautelar.

   b) E revela uma evolução do juízo do balanço de conveniência da medida, cuja perspectiva vai cada vez mais no sentido da acentuação da ponderação de todos os interesses envolvidos no processo de decretação de tutela cautelar – ponderação que visa essencialmente proteger os interesses da Comunidade, os do mercado comunitário e os dos cidadãos dos Estados membros.

4. Do regime do procedimento de adopção da tutela cautelar constante dos regulamentos citados, destacamos, em síntese, algumas particularidades:

   a) a atribuição, em regra, da competência aos Presidentes do TJ ou do TPI;

   b) a possibilidade de decretação de tutela cautelar, por via de um processo urgentíssimo, onde se dispensa a audição da parte demandada;

   c) a possibilidade de serem ordenadas medidas "interlocutórias" ou duplamente provisórias cautelares, num processo urgentíssimo;

   d) a possibilidade de formular pedidos cumulativos, subsidiários e alternativos de tutela cautelar;

   e) a possibilidade de adoptar medida diferente da solicitada pelo requerente.

5. Quanto ao conteúdo da medida solicitada, reconhecemos que os poderes do juiz cautelar estão rigorosamente enquadrados por dois princípios:

   a) o princípio da proibição de antecipar a decisão de fundo subjacente à causa principal;

   b) e o princípio de exacta correspondência entre o conteúdo da decisão principal e o da decisão cautelar.

5.1. No que respeita ao primeiro princípio, o RPTJ e o RPTPI têm posições claras no sentido de proibir que o juiz cautelar se intrometa directamente na questão de mérito que antecipa os efeitos da decisão de fundo e de forma irreversível para o futuro.

5.2. No que respeita ao segundo princípio, o RPTJ e o RPTPI não hesitam em proibir ao juiz cautelar que atribua ao requerente algo que ele não pode alcançar através da causa principal. Este princípio tem subjacente o respeito pelo equilíbrio Institucional e pela autonomia de competências entres as diferentes Instituições Comunitárias. Tal equilíbrio é particularmente protegido quando está em causa o exercício de poder discricionário por parte de uma Instituição comunitária.

6. Num segundo momento:

6.1. A tutela cautelar a decretar pelos tribunais nacionais com a função de assegurar a eficácia da ordem jurídica comunitária.

6.2. Ainda numa perspectiva objectiva, todavia, apresentamos as conclusões referentes a uma nova forma de tutelar efectivamente a ordem jurídica comunitária. Estamos perante a obrigação dos tribunais nacionais fiscalizarem e garantirem a efectiva aplicação do Direito comunitário. Se a pergunta que formulámos no trabalho foi "como e sob que condições pode o juiz nacional ordenar medidas cautelares para proceder a uma tutela jurisdicional efectiva da ordem jurídica comunitária?", as respostas são as seguintes:

6.3. Ora, se ao juiz cautelar não é permitido declarar a validade ou a invalidade da actuação das Instituições da Comunidade, tal como ficou claro no caso *Foto-Frost*, é-lhe, todavia, permitido que indirectamente alcance esse fim, quando a questão da ilegalidade de um acto comunitário é colocada perante si. Nestes termos, deve iniciar o mecanismo de reenvio prejudicial para o TJ – cuja questão é relativa à invalidade do acto comunitário – e deve, enquanto aguarda a decisão do TJ, proporcionar a tutela cautelar aos seus nacionais, nos mesmos termos em que o TJ o faria se fosse competente para proporcionar tutela cautelar.

6.4. Para cumprir a missão de proporcionar uma tutela jurisdicional uniforme e efectiva em todo o espaço comunitário, o juiz nacional, ainda que seja obrigado a deixar de aplicar uma norma interna, deve adoptar tutela cautelar (caso *Factortame*). A este propósito a orientação do TJ é muito clara: se o que impede o juiz nacional de decretar tutela cautelar necessária a dar efeito útil à ordem jurídica comunitária é uma sua norma interna, então o juiz deve afastá-la.

6.5. Quanto à questão das condições a que o juiz deve submeter a adopção da tutela cautelar, a jurisprudência comunitária tem sido (igualmente) rigorosa. Entende o TJ que o juiz nacional só pode decretar tutela cautelar ou provisória quando se verificarem os seguintes requisitos: a) quando o juiz nacional "tiver sérias dúvidas sobre a validade do acto comunitário", devendo entregar essa questão sobre a validade do acto comunitário ao TJ; b) quando o juiz nacional se deparar com "uma urgência" aferida pela possibilidade do requerente sofrer enquanto aguarda a decisão "um prejuízo grave e irreparável"; c) deve ainda o juiz nacional ponderar os interesses em causa, designadamente "os interesses da comunidade" (caso *Zuckerfabrik*).

6.6. Nesta decisão (*Zuckerfabrik*), embora o TJ tenha reiterado a posição defendida em anteriores decisões sobre a necessidade de aplicação uniforme e efectiva do Direito comunitário em todo o espaço da Comunidade, o Tribunal revelou um novo perfil do princípio da tutela jurisdicional efectiva da ordem jurídica comunitária: um perfil subjectivo...

7. A nova perspectiva subjectiva do princípio da efectividade da ordem jurídica comunitária atende à necessidade de não deixar, no espaço comunitário, nenhum direito subjectivo atribuído aos nacionais dos Estados membros pelo Direito comunitário sem tutela efectiva.

7.1. Cumpre ao juiz nacional tutelar de forma efectiva esse direito subjectivo atribuído aos seus nacionais pelo Direito comunitário.

7.2. O juiz nacional deve, para cumprir tal função, adoptar tutela cautelar adequada a partir das suas próprias regras, mas, de acordo com o *Standard* comunitário, designadamente referente às condições uniformes de procedência da tutela cautelar, fixado pela jurisprudência comunitária (casos *Zuckerfabrik* e *Atlanta*).

7.3. O juiz nacional pode inclusive antecipar provisoriamente os efeitos da futura decisão definitiva quando tal se mostre necessário para evitar o prejuízo de demora do processo principal de apreciação da (in)validade das normas ou actos das Instituições da Comunidade (caso *Atlanta*).

7.4. O TJ tem sido firme no sentido de determinar, aos tribunais nacionais dos Estado membros (ou tribunais comuns de aplicação do Direito Comunitário), a tarefa de não deixar sem tutela provisória nenhum direito subjectivo atribuído por esse Direito aos cidadãos nacionais dos Estados membros. Todavia, lembrando a expressão dá com uma mão o que tira com a outra, o TJ tem estabelecido, pouco a pouco, condições uniformes muito mais rigorosas para todo o espaço comunitário (caso *Krÿger GmbH & Co. KG/Hauptzollamt Hamburg-Jonas*).

7.5. Desse rigor conta-se:
   a) o aguçamento do critério do *fumus boni iuris* que agora se exige que seja aferido pelo conceito de "dúvida séria sobre a validade do acto",
   b) o apuramento do balanço de interesses pela protecção dos interesses da Comunidade (caso *Krÿger GmbH & Co. KG/Hauptzollamt Hamburg-Jonas*) e
   c) a diminuição do poder de apreciação livre do juiz nacional para adopção de tutela cautelar. Suspeita-se que nesta matéria se esteja perante uma dinâmica federalizante.

8. Balanço da parte A- do cap. II

8.1. Um balanço, em primeiro lugar, no sentido de reconhecer que o princípio da tutela jurisdicional efectiva na ordem jurídica comunitária, na perspectiva objectiva, a referente à aplicação da tutela cautelar pelo TJ e pelo TPI, parece ter estabilizado e adquirido firmeza e constância; a referente à aplicação de tutela cautelar pelos tribunais nacionais está em aperfeiçoamento.

8.2. Um balanço, em segundo lugar, no sentido de reconhecer que a outra perspectiva, a subjectiva, está ainda no seu início ...

8.3. Nesta perspectiva resumem-se as seguintes ideias:
   a) pela análise da jurisprudência do TJ, desde o início da década de 90, surge a impressão de que se caminha no espaço comunitário para a criação de um *ius commune europeum* em matéria de tutela jurisdicional cautelar.
   b) desde os casos *Factortame*, até aos casos *Zuckerfabrick, Atlanta* e *Krÿger GmbH & Co. KG/Hauptzollamt Hamburg-Jonas*, acentuou-se o sistema de cumplicidade existente entre o juiz nacional e o juiz comunitário quanto à tarefa de velar pela garantia de tutela jurisdicional efectiva da ordem jurídica comunitária.
   c) Se num primeiro momento a adopção de tutela cautelar se mostra necessária para cumprir o objectivo da aplicação uniforme do

direito comunitário em todo o espaço comunitário, mais recentemente, a adopção da tutela cautelar visa reforçar o princípio da protecção jurisdicional efectiva e uniforme dos direitos subjectivos dos nacionais dos Estados membros.

d) Pode existir um conflito entre estas duas vertentes de actuação da tutela cautelar: a da protecção da efectividade objectiva da Ordem jurídica e a da perspectiva subjectiva. Neste sentido, a orientação jurisprudencial do TJ tem sido a de ponderação entre os interesses das partes e de terceiros e o interesse público da Comunidade.

e) Esta procura do equilíbrio tem sido conseguida, caso após caso, através da orientação jurisprudencial (didáctica e doutrinal) do TJ, que fixa de forma uniforme as condições de que depende a adopção da tutela cautelar em cada um dos Estados (quando esteja em causa a tutela jurisdicional da Ordem jurídica comunitária).

f) Se perante a ordem jurídica interna de alguns Estados membros, os critérios fixados pela jurisprudência comunitária, para defesa dos direitos subjectivos atribuídos pelo direito comunitário aos seus particulares, são mais restritos e rigorosos do que os critérios que nesses Estados se fixam para tutelar os direitos subjectivos atribuídos aos seus nacionais pelo seu direito interno, em outros Estados, a situação é inversa.

g) Perante algumas situações de *esquizofrenia* interna em matéria de aplicação de tutela cautelar, conforme o tribunal nacional seja chamado a proteger cautelarmente um direito subjectivo atribuído pelo direito comunitário ou pelo Direito do seu próprio Estado, as soluções adoptadas em alguns Estados, vão no sentido de complementar a uniformização jurisprudencial com a uniformização legislativa.

h) Essa uniformização legislativa é necessária, pelo menos, nos Estados membros cujos modelos de justiça administrativa não contemplam um mecanismo adequado de tutela jurisdicional cautelar.

i) Ter a ingenuidade de não tomar em consideração as orientações jurisprudenciais do TJ, significa permitir que no espaço interno funcione um modelo de aplicação cautelar com *um peso e duas medidas,* conforme os tribunais administrativos apliquem direito administrativo interno ou direito comunitário.

j) Em síntese final, se os tribunais administrativos, perante a invocação de um direito subjectivo conferido pelo direito comunitário, estão obrigados a aplicar toda a tutela cautelar que seja idónea a garantir a efectividade desse direito (e da ordem jurídica comunitária), resta perguntar, face a um pedido de tutela cautelar em que se invoca um direito subjectivo atribuído pelo direito administrativo interno, que tutela cautelar podem os tribunais administrativos portugueses proporcionar?

B- O objectivo inicial traçado para o cap. II (2.ª parte) foi o do estudo das *peças cautelares* existentes em sistemas de justiça administrativa reconhecidos como *modelo* do português. O estudo obedeceu ao seguinte plano:
 1. Introdução e algumas verificações iniciais...
 2. O estatuto constitucional da tutela cautelar
 3. O estudo da peça cautelar sob três perspectivas diferentes:
  a) como está prevista
  b) que condições de procedência estão estabelecidas
  c) que limites são fixados ao conteúdo do poder de tutela jurisdicional cautelar do juiz.
 4. O estudo teve por base os modelos alemão e francês de justiça administrativa. Todavia, ainda se considerou, obliquamente, os modelos britânico e belga. E pretendeu-se igualmente acompanhar de perto a *batalha* pela garantia cautelar que decorreu nas duas últimas décadas, em Espanha.
 4.1. É deste estudo que vamos apresentar as seguintes conclusões:
1. Conclusões da introdução:
1.1. Pretendeu-se estudar os modelos de justiça administrativa cautelar próximos do modelo português, com o objectivo de aprender com os seus méritos e deméritos.
1.1.2. Uma primeira observação:
 a) Verificámos, logo inicialmente, que todos os modelos se encontram num estado de entorpecimento e de lentidão intoleráveis de realização da justiça.
 b) Também ficámos a saber que nesses modelos a táctica de combate ao afogamento e à demora doentia da justiça administrativa, passou pela reorganização da estrutura judiciária e pela injecção de celeridade e pela simplificação do processo.

c) Algumas das formas de aceleração processual têm subjacente a opção pela sumarização da cognição e pela abreviação do processo.

1.1.3. Uma segunda observação:

a) Em regra, os modelos de justiça administrativa cautelar têm como trave mestra a tutela cautelar assente na suspensão da eficácia de actos administrativos. A tutela cautelar que se proporciona através deste tipo de processo cautelar é acanhada, reflectindo o que se passa com a garantia do recurso impugnatório contra o acto administrativo que é, em regra, o meio jurisdicional nuclear dos modelos de tutela jurisdicional principal.

b) Em regra, os modelos não consagram outras medidas cautelares ao lado da suspensão, deixando

c) ao juiz administrativo uma única saída: a da ginástica mental e da ousadia, por inspiração nos preceitos constitucionais (que consagram o direito à tutela judicial efectiva), para adoptar tutela cautelar diferente da suspensão da eficácia de actos impugnados.

d) Por excepção àqueles, os modelos alemão e francês, desde há muito tempo, permitem que os particulares solicitem junto do juiz administrativo uma tutela cautelar diversa da mera suspensão da eficácia de actos.

1.1.4. a terceira verificação:

a) Tem existido uma aproximação entre os modelos de justiça administrativa cautelar na Europa.

b) Instituir a tutela cautelar inominada na justiça administrativa, embora com diferentes variações, continua a ser a opção considerada como mais idónea a garantir a tutela jurisdicional efectiva do modelo de tutela principal.

c) A influência do Direito comunitário e da jurisprudência do TJ tem vindo a dar origem à criação de *ius commune europeum* de tutela provisória.

2. A Constituição da República Portuguesa é a única da Europa a conferir dignidade e estatuto constitucionais à tutela cautelar ao mencionar expressamente que esta faz parte integrante do conteúdo do direito fundamental à justiça administrativa efectiva.

2.1. Pela Europa fora são os Tribunais Constitucionais dos vários estados que atribuem o estatuto constitucional à tutela jurisdicional cautelar, fazendo-o através do reconhecimento de uma conexão entre a tutela cautelar e os diversos normativos constitucionais que garantem o direito à tutela judicial efectiva.

3. Quanto a este ponto, o objectivo traçado foi o do estudo da *peça* cautelar em diferentes modelos de justiça administrativa (alemão, francês) sobre três ângulos diferentes:
   a) que tutela cautelar é admitida,
   b) que condições de procedência,
   c) que limites ao conteúdo do poder cautelar dos tribunais,

4. Apresentaremos, em seguida, as conclusões referentes ao estudo do sistema de tutela jurisdicional na Alemanha:
4.1. O sistema do *vorläufigen Rechtsschutz* deste país funciona em dois andamentos (ou em dupla via):
   a) Pelo primeiro, o sistema tem consagrado, como regra, o efeito suspensivo automático dos mecanismos de impugnação do acto administrativo. A suspensão automática da eficácia do acto, em regra, funciona quando se exercita o meio de impugnação administrativa e jurisdicional (*aufschiebende Wirkung*, §§ 80.º e 80a VwGO, referente ao efeito suspensivo de actos administrativos de duplo efeito). Nos casos excepcionais (§ 80.º 2 VwGO), em que o efeito automático suspensivo do meios impugnatório ou anulatório não funciona, pois há necessidade de execução imediata do acto (fixada por lei ou por menção do autor do acto), ainda se permite ao requerente que solicite ao juiz que aprecie a eventual suspensão ou o eventual restabelecimento do efeito suspensivo (§ 80.º 5 VwGO).
   b) Num segundo andamento, a tutela cautelar é proporcionada aos particulares através da emissão da denominada ordem provisória (*einstweilige Anordnung*) prevista no §123.º 1 (1ª e 2ª partes) VwGO e através da qual se decreta, em regra, a tutela cautelar de conteúdo antecipatório e de efeito inovador.
4.2. Estes dois andamentos de tutela cautelar (*aufschiebende Wirkung e einstweilige Anordnung*) pretendem proporcionar um modelo jurisdicional cautelar sem lacunas (*Lückenlosigkeit des vorläufigen Rechtsschutzes*) - uma tutela cautelar cuja raíz material está fixada no artigo 19.º IV da GG, que estabelece o *Standard* mínimo do direito fundamental a uma tutela jurisdicional efectiva.

4.3. No que respeita a esta última forma de tutela cautelar (que funciona, em regra, quando se pretende accionar um meio processual diverso dos meios impugnatórios de actos administrativos), a tutela provisória pode traduzir-se em duas modalidades de ordens provisórias que o juiz pode decretar tendo em consideração o efeito que pretende provocar no *status quo*, ambas consagradas no §123.º 1 (1ª e 2ª partes) e de acordo com os §§ 935.º a 940.º ZPO).

4.4. A ordem asseguradora (*Sicherungsanordnung*) que é decretada perante a pretensão de manter ou de conservar um determinado *status quo* (*Erhaltung des status quo*). A pretensão justifica-se quando há perigo de alteração de uma situação vigente – alteração susceptível de, enquanto se aguarda uma decisão de fundo, impossibilitar ou dificultar a realização do direito do requerente.

4.5. A ordem reguladora (*Regelungsanordnung*) é emitida quando o que se pretende não é (já) conservar um determinado estado de direito ou de facto, mas sim modificar esse *status quo ante* (*Veränderung des status quo*).

5. Quanto às condições de procedência da tutela cautelar, são duas as condições legalmente previstas no § 123.º VwGO.

  a) a existência de uma pretensão jurídico-subjectiva, ou por outras palavras, a existência de um direito subjectivo que sustente a pretensão principal (de condenação ou de prestação) que é objecto do processo principal (*Anordnungsanspruch*). O preenchimento desta condição é verificável por via de um juízo superficial e sumário, suficiente para criar no juiz a convicção sobre a probabilidade de êxito do requerente na causa principal (*summarische Prüfung der Erfolgsaussichten des Rechtsbehelfs in der Hauptsache*).

  b) a segunda respeita à existência de uma necessidade de protecção cautelar urgente (*Anordnungsgrund*) que será diferente conforme se esteja perante um pedido de ordem asseguradora ou ordem reguladora.

  c) Ambas são objecto de um exame sumário (*summarische Prüfung*), com vista a alcançar a probabilidade (*warscheinlichkeit*).

5.1. Sempre que se justifica a verosimilhança (*Glaubhaftmachung*) das condições de decretação fixadas (*Anordnungsanspruch e o Anordnungsgrund*), o juiz não pode negar a tutela provisória.

5.2. Segundo alguma doutrina, e de acordo com a actuação jurisprudencial, a estas condições de procedência acresce o balanço de interesses (*Interessenabwägung*). Segundo alguma doutrina e jurisprudência, o balanço de interesses tem um papel subsidiário, funcionando apenas no caso de o juiz cautelar ter dúvidas quanto à aparência do direito do requerente, e quanto ao êxito da pretensão do requerente na causa principal (*Erfolgsaussichten in der Hauptsache*). Portanto, no caso de o juiz cautelar chegar a um *non liquet* resultante da impossibilidade de, através do juízo sumário, se aperceber da possibilidade de êxito do requerente na causa principal, deve socorrer-se (a título subsidiário) de um terceiro requisito que se traduz na ponderação de todos os interesses em conflito.

5.3. De acordo com outra posição doutrinal e jurisprudencial, a ponderação cumulativa de interesses públicos e privados deve ser feita sempre que o juiz cautelar antecipe irreversivelmente os efeitos da causa principal.

6. Quanto aos limites do poder cautelar do juiz, eles são os seguintes:

6.1. A (pretensa) discricionariedade de que goza o juiz administrativo é limitada por dois princípios limitadores desta ampla margem de conformação da tutela cautelar (limites que só denunciam os seus caracteres essenciais e distintivos de instrumentalidade e provisoriedade):

a) o princípio de proibição de antecipar a solução da causa principal (*Verbot der Vorwegnahme der Hauptsache*),

b) o princípio de correspondência entre a decisão cautelar e a decisão de fundo - princípio que impõe ao juiz cautelar o dever de não invadir (provisoria e antecipadamente) o poder discricionário da Administração.

6.2. De acordo com o primeiro princípio, o juiz cautelar administrativo está impedido de, através da ordem provisória (v.g. a *Regelungsanordnung*), antecipar a decisão de mérito, ou seja, de decidir a questão de fundo que está entregue ao juiz da causa principal. Este princípio não é, todavia, interpretado de forma unânime nem pela doutrina, nem pela jurisprudência. De acordo com uma posição mais formalista, estará sempre vedado ao juiz da *einstweilige Anordnung* intrometer-se na questão principal (*Übergriff auf Hauptsacheentscheideng findet statt*), isto é, decidir a questão que é entregue ao juiz da causa principal, ainda que a título provisório. De acordo com a doutrina maioritária, ao juiz cautelar está apenas vedada a possibilidade de antecipar os efeitos de direito da decisão de forma irreversível para o futuro.

6.3. De acordo com o segundo princípio limitador enunciado, o juiz cautelar deve respeitar a margem de discricionaridade da Administração e, tal como o juiz principal está impedido de se substituir à Administração, o mesmo acontece como o juiz cautelar.

6.4. É permitido, porém, que o juiz, em caso de extrema urgência, possa antecipar definitivamente os efeitos da decisão de fundo de acordo com o normativo constitucional (artigo 19.º IV GG), contudo, reconhece-se que nestes casos já se ultrapassa a natureza simplesmente cautelar da decisão tomada.

7. Quanto ao sistema francês:

7.1. O modelo francês apresenta, desde logo, uma originalidade: é recheado de *procédures rapides*. Ainda que se considere que existe uma "anarquia" relativamente ao contencioso administrativo, a esse respeito conta o modelo com os *référés* – processos rápidos que diferem todavia quanto à sua natureza: uns são comuns outros especiais, uns são provisórios outros são definitivos, uns actuam em caso de urgência, outros apenas quando se considera a sua utilidade, uns não tocam na questão de fundo e outros resolvem-na. Desses processos de *référé*, só alguns são de natureza cautelar.

7.2. Cumpre enumerar os de natureza cautelar:

7.3. Do conjunto das *procédures rapides* contam-se as *procédures d'urgence*, que juntamente com o processo de *sursis à exécution* – meio cautelar instrumental ao recurso de anulação de actos administrativos e pelo qual se permite a suspensão da execução do acto administrativo impugnado –, constituem a tutela provisória cautelar do modelo francês.

7.4. No conjunto das *procédures d'urgence*, em sentido lato, podemos identificar, por um lado, os procedimentos destinados a conservar meios de prova (*constat d'urgence* e o *référé instruction*), os procedimentos destinados a antecipar uma provisão (*référé provision*) e o processo de *référé* geral conservativo.

8. O *référé conservatoire* ou *préventif* é o procedimento de urgência, em sentido restrito, pelo qual o juiz ordena rapidamente todas as medidas úteis com o fim de assegurar o objecto de uma relação litigiosa, até que para ela seja proferida uma decisão de fundo.

8.1. O *référé conservatoire* ou *préventif* é caracterizado pela instrumentalidade, provisoriedade e *sumariedade*.

8.2. No que respeita às condições de procedência do *référé conservatoire*, a lei fixa duas condições positivas e duas negativas:

a) A urgência, cujo conceito adequado é valorado num perfil funcional, traduz a necessidade de evitar um prejuízo dificilmente reversível provocado pela demora do processo principal no objecto da relação litigiosa.
b) A utilidade da medida, cujo duplo sentido é entendido, quer na necessidade de que a medida seja adequada a evitar o prejuízo, quer da impossibilidade de ser a Administração a evitar o prejuízo.
c) De acordo com o primeiro pressuposto negativo, o juiz do *référé* não pode impedir ou obstar à execução de uma decisão administrativa.
d) E, de acordo com o segundo, o juiz não pode, através da medida cautelar, antecipar a decisão de mérito. Este segundo requisito negativo impede o juiz do *référé* tanto de *préjuger* como de *juger* a questão de fundo. No primeiro sentido, não pode o juiz nem antecipar a solução para a causa, nem emitir uma decisão pela qual prenda, juridicamente, o juiz da causa principal, o que significa que o juiz do *référé* apenas pode ditar uma medida com efeitos provisórios de direito. No segundo sentido, ao juiz cautelar é interdita qualquer apreciação do fundo da causa que não seja sumária e superficial. Logo, como lhe é proibido que aprecie o mérito da causa principal – o que significa que o juiz do *référé* deve apreciar apenas se o direito invocado pelo requerente é aparentemente sério – a sua apreciação não tem efeito de direito perante a causa.

9. No que respeita aos limites do juiz do *référé*, eles são essencialmente três, a saber:

9.1. O juiz não pode nunca senão decidir provisoriamente,

9.2. O juiz não pode nem impedir ou paralisar a execução administrativa, nem emitir uma medida que se traduza numa injunção à Administração.

9.3. O juiz não pode nunca substituir-se à Administração.

9.4. Contas feitas, o modelo francês, perante a actual urgência em proporcionar tutela jurisdicional urgente, face à fuga dos particulares para a jurisdição comum, e dada a dificuldade em contornar a desarrumação sistemática relativa aos processos rápidos existentes, parece encontrar-se numa encruzilhada: num extremo está o tradicional caminho de ponderação (longa) entre a defesa dos interesses dos cidadãos e a prossecução do interesse público, caminho esse que já deu provas de ser demorado demais; no outro extremo está uma nova saída, na qual o tribunal deve optar, num momento de decisão rápida, qual dos interesses (o do particular ou o do interesse público) sacrificará ao outro.

10. Com o estudo do modelo de tutela cautelar do Reino Unido pretendíamos descobrir de que forma a orientação jurisprudencial do TJ pode influenciar ou não os modelos de tutela cautelar dos Estados membros. Eis as conclusões:

11. O sistema cautelar (*interim relief*) do Reino Unido encontra-se, na actualidade, e principalmente desde o célebre caso *Factortame*, num desassossego jurídico interno, cuja origem foi (e é) a entrada do Reino Unido na Comunidade Europeia. O modelo, devido à sua natureza, designadamente à ausência de regras escritas e à imunidade da Coroa perante as *injunctions* (definitivas ou provisórias), tem sido alvo de propostas de reforma que vão no sentido da aproximação aos modelos de tutela cautelar do continente europeu.

12. No que respeita ao modelo de *judicial review*, permite-se a solicitação da *interim relief*, que pode ser proporcionada através de *injunctive relief* e da *stay of proceedings*. Ainda se consagram, em certos termos, as *interim declarations*.

12.1. No que respeita às condições de procedência da *injunctive relief*, elas são:

a) o balanço de conveniência da medida (apreciação da natureza dos direitos e interesses em causa e apreciação da reparabilidade económica *a posteriori* desses direitos ou interesses)

b) e a consideração do *strong prima facie case test* (*fumus boni iuris*).

12.2. Em suma, especificando em pormenor o raciocínio (ou test) a que o tribunal obedece antes de decretar uma *interlocutory injunction*, identificam-se alguns passos:

a) Em primeiro lugar, o juiz procede ao apuramento da natureza dos eventuais danos que resultarão para os direitos e interesses de cada uma das partes, com o decretamento da medida provisória, e ao apuramento da eventual possibilidade de indemnização compensatória (de cada um deles), no caso de não ser decretada a medida provisória solicitada. Portanto, no fundo, o juiz procede a um juízo ponderado de aferição do *periculum in mora*, já que indaga sobre os eventuais prejuízos que a demora do processo provocará ao requerente na falta de tutela cautelar, juntamente com a análise dos prejuízos que a adopção da tutela cautelar provocará à parte contrária. Em princípio, o direito ou interesse que seja (facilmente) ressarcível *a posteriori* dificilmente suscitará protecção através da *interlocutory injunction*.

b) Depois, o juiz embora nem sempre de forma decisiva, aprecia qual das partes apresenta superficialmente maior firmeza, *strong prima facie case test*. O juiz fundamenta a sua decisão no juízo sobre qual das partes apresenta uma maior probabilidade de vencer na acção principal.

12.3. No que se refere aos limites do poder do juiz da *interim relief*, para além dos decorrentes das características da provisoriedade e instrumentalidade da *interim relief*, no sistema do Reino Unido, esses limites são particularmente significativos no tocante à imunidade da Coroa. O tribunal não pode decretar *injunctive relief* contra a Coroa quando está em causa a defesa de direitos atribuídos pelo direito interno, mas, pelo contrário, já deve adoptar uma *injunction* quando estiver em causa a aplicação do direito comunitário.

13. Do sistema belga pretendíamos inicialmente cumprir dois objectivos.

13.1. Um, no sentido de denunciar as formas de tutela jurisdicional urgente existentes no sistema e destinadas a introduzir a aceleração e simplificação do contencioso administrativo. Só a mero título exemplificativo, além das *procédures accélérées* introduzidas generosamente na década de 90, o modelo tem consagradas as *procédures abrégées* – que, desde 1991, se destinam a decidir questões que sejam manifestamente claras: ou seja, cuja solução é manifestamente fundada ou cuja situação formal da pretensão seja manifestamente infundada.

13.2. No que respeita ao outro objectivo, cumpre enunciar os procedimentos cautelares propriamente ditos, existentes no contencioso administrativo belga: a) o mecanismo de suspensão da eficácia do acto impugnado (a decretar quando se invocam *moyens d'annulation sérieux* e o risco de um prejuízo grave e dificilmente reparável) e o *référé* (administrativo e judiciário) amplamente consagrado, pelo qual se podem decretar todas as medidas provisórias necessárias a salvaguardar os interesses das partes ou das pessoas interessadas na resolução da questão litigiosa, tendo apenas como limites os que decorrem da provisoriedade e instrumentalidade cautelares.

14. A tutela jurisdicional cautelar no contencioso administrativo espanhol:
15. O propósito deste ponto foi acompanhar a batalha pelas medidas cautelares travada no sistema espanhol por alguma doutrina e pela jurisprudência – batalha que veio a culminar na nova LJCA (Lei 29/98, de 13 de Julho). Por conseguinte, as conclusões resumem-se a dois momentos: o primeiro refere-se à tutela cautelar antes da reforma legislativa que modificou o regime da jurisdição do contencioso administrativo; o segundo momento é dedicado à apresentação da síntese resultante do estudo da tutela cautelar instituída na nova lei.
16. Primeira fase
17.1 . O sistema espanhol de justiça administrativa anterior à reforma apresentava uma semelhança clara com o actual modelo de tutela cautelar português.
   a) O sistema cautelar caracterizava-se por ser um modelo mono-estrutural, isto é, um modelo assente na suspensão da eficácia do acto, considerado como meio excepcional ao princípio da execução imediata dos actos administrativos. Desta ideia decorria a sobrevalorização do interesse público prosseguido pelo acto.
   b) O modelo caracterizava-se, ainda, pela interpretação rigorosa e formalista do conceito de "danos ou prejuízos de difícil ou impossível reparação". Desta interpretação decorria a aferição do conceito por critérios económicos.
   c) O modelo não contemplava em termos legais o critério do *fumus boni iuris* como condição de procedência da tutela cautelar . O critério, desde então, tem escassos adeptos entre a doutrina e a jurisprudência.
   d) O modelo não aceitava a suspensão da eficácia do acto administrativo de conteúdo negativo.
   e) Finalmente, não admitia a adopção de medidas cautelares diversas da suspensão da eficácia de actos administrativos.
17.2. Perante este modelo tão "apertado" de protecção cautelar, a doutrina declarou guerra em favor da implantação no contencioso administrativo espanhol de tutela cautelar, socorrendo-se da invocação do normativo constitucional (art. 24.º 1) e da ordem jurídica comunitária (e, ao mesmo tempo, da orientação do TJ e do TPI a respeito do dever de aplicação de toda a tutela cautelar que se mostre necessária para defender a efectividade do Direito Comunitário).

17.3. Esta luta pela aplicação da tutela cautelar iniciada pela doutrina foi, pouco a pouco, acompanhada, embora com avanços e recuos, por alguma jurisprudência mais corajosa do TS. Esta jurisprudência do TS, também acompanhada por alguns Tribunais inferiores da ordem contenciosa administrativa, teve em alguns momentos o aval do Tribunal Constitucional.

17.4. Desta nova jurisprudência do TS em matéria cautelar, que em alguns casos podemos considerar revolucionária, cumpre apresentar uma síntese de algumas inovações:
   a) adopta-se como critério válido de procedência da tutela cautelar, o critério do *fumus boni iuris*. Em alguns acórdãos, este critério é considerado como critério decisivo ou central de procedência da tutela cautelar;
   b) aceita-se a decretação de tutela cautelar diversa da mera suspensão, traduzida em ordens de fazer e não fazer. Em certas decisões, tal tutela cautelar decretada é nitidamente antecipatória e de conteúdo inovador ou "positivo" (assim denominada pela doutrina do processo administrativo, em Espanha);
   c) em algumas decisões jurisdicionais foi aceite que os tribunais se substituíssem à Administração, modificando o conteúdo dos actos administrativos emitidos.

17.5. Aliás alguma dessa jurisprudência é verdadeiramente revolucionária, pois em certos momentos permite uma antecipação definitiva da decisão de fundo (antecipação que tem a concordância de alguma doutrina).

17.6. Permitiu-se a decretação da tutela cautelar em processo urgentíssimo para certo tipo de situações urgentes.

17.7. Todavia, esta jurisprudência não se consolidou. Pelo contrário vacilou, restaurando as posições tradicionais, em certos aspectos, de adopção da tutela cautelar.

18. Esta dificuldade e insegurança só podiam ser ultrapassadas com uma nova lei.

19. Antes da criação da Lei 29/98, tornaram-se públicos dois projectos de lei que deram azo a uma viva discussão doutrinal, constituindo, portanto, mais uma perspectiva da batalha pelas medidas cautelares:

19.1. A discussão surgiu em torno do art. 128.º, n.º 2 do PLJCA de 1995, cuja redacção não permitiria adoptar tutela cautelar adequada e a propósito da não aceitação da condição do *fumus boni iuris* como condição de procedência da tutela cautelar.

19.2. A divergência doutrinal surgiu novamente com o PLJCA de 1997. Este primeiro projecto, adoptando o modelo alemão, continha uma cláusula geral aberta de aceitação de tutela cautelar asseguradora e reguladora de um *status quo*. Por outro lado, o projecto tinha contempladas as condições do *fumus boni iuris* e da ponderação de interesses como condições de adopção da tutela cautelar.

20. A nova lei da jurisdição contenciosa administrativa parece ter resgatado vitoriosamente a melhor doutrina, sendo todavia de reconhecer que, pelo menos assim o consideram alguns, o tratamento técnico não foi afortunado, pois não considerou expressamente o critério do *fumus boni iuris* como condição de decretação da tutela cautelar.

21. Das inovações surgidas da nova lei contam-se, em síntese, as seguintes:

21.1. A batalha pelas medidas cautelares culminou na transformação de um modelo cautelar fechado, que somente permitia aos particulares solicitar a suspensão da eficácia do acto administrativo, num modelo cautelar aberto – modelo em que os administrados podem solicitar, em qualquer momento do processo, quaisquer medidas que se mostrem adequadas a assegurar a efectividade da sentença, sejam essas medidas de teor assegurador ou inovador.

21.2. A batalha culminou, ainda, na criação de um procedimento unitário, geral ou comum de adopção de tutela cautelar, embora tipifique alguns procedimentos cautelares especiais;

   a) na introdução de um modelo de tutela jurisdicional principal variado e adequado para controlar as novas formas de actuação da Administração, designadamente a actividade de prestação, actuações de facto e as omissões administrativas;

   b) num modelo de tutela cautelar pluriestrutural, um modelo de tutela cautelar que pretende acompanhar o modelo de tutela jurisdicional principal.

   c) A tutela cautelar é assim consagrada através de uma cláusula geral baseada no princípio do *numerus apertus*.

22. Como condições gerais de tutela cautelar, o legislador optou pelas seguintes:

   a) O *periculum in mora*, que é o pressuposto essencial e básico da aceitação da tutela cautelar, aferido pela perda de utilidade do recurso principal.

   b) A ponderação circunstanciada de todos os interesses em conflito.

c) Expressamente não está previsto como condição comum de procedência da tutela cautelar perante actos e regulamentos o critério do *fumus boni iuris*, todavia, segundo alguma doutrina, o juiz deve fazer um juízo quanto à provável existência do direito de quem solicita a medida cautelar.
23. O legislador tipificou (em regras especiais) o regime para a adopção de tutela cautelar, frente à omissão administrativa e à *via de hecho*, estabelecendo um regime em que a regra é a decretação, a menos que haja uma evidência em contrário.
24. Quanto aos limites do poder do juiz cautelar, a nova lei não estabelece quaisquer limites, contudo a doutrina espanhola do processo já considerou que o juiz cautelar não pode antecipar a decisão de mérito (fazendo cumprir a característica da provisoriedade) e não pode, através da antecipação de efeitos da decisão de fundo, substituir-se à administração quando esta actua através de um poder discricionário.
25. A curiosidade em relação ao modo como os tribunais aplicam a nova lei é grande. Da jurisprudência já ditada, embora seja muito cedo para fazer qualquer apreciação, apurámos duas ideias:
    a) o raciocínio dos magistrados quanto à adopção da tutela cautelar aparenta ser o mesmo. Parece manter-se a posição jurisprudencial de veneração à Administração, cujo resultado é a primazia sacrossanta do interesse público em abstracto considerado, revelado num balanço de interesses em que se esquece que o fim da garantia cautelar é evitar a perda da efectividade da decisão jurisdicional principal, seja esta favorável à Administração ou ao particular.
    b) A jurisprudência do Tribunal Supremo reconheceu já que a ausência na nova Lei do critério do *fumus boni iuris*, como condição de procedência da tutela cautelar, poderá ser colmatada pela aplicação desse mesmo critério, quando os tribunais administrativos nacionais aplicarem o direito comunitário, seguindo a orientação da jurisprudência comunitária.

Capítulo III

1. Este capítulo foi projectado para estudar o modelo de tutela cautelar português. Numa perspectiva, pretendíamos considerar o modelo

legal existente e a tendência jurisprudencial recente para superar o desequilíbrio de protecção dos particulares, naquele desenhado. Numa outra, o plano de trabalho traçado incluía a sistematização das formas de tutela jurisdicional não principal.
2. Começámos por fazer uma introdução, cujo fio condutor esteve no reconhecimento de uma tendência de evolução do modelo no sentido da superação do desequilíbrio.
3. Na actualidade, o modelo português de justiça administrativa é um modelo em "metamorfose" (VIEIRA DE ANDRADE). Por causa da modelação operada pelo princípio da tutela jurisdicional efectiva, a tendência de evolução do modelo vem no sentido da protecção extensa e intensa dos particulares.
4. A evolução, cuja origem está nas sucessivas alterações constitucionais e nas pontuais reformas legislativas, e, enfim, numa flexibilização fruto de uma cumplicidade jurisprudencial/doutrinal, tem sido no sentido de alargar o contencioso administrativo à Administração actual de tipo *factotum* e de substituir as características originariamente objectivistas pelas de um contencioso de plena jurisdição.
5. Todavia, pese embora o impulso do legislador constituinte, as reformas legislativas têm contemplado o modelo de tutela jurisdicional principal, deixando no esquecimento o modelo de tutela jurisdicional cautelar.
5.1. Se no modelo antigo de justiça administrativa, previsto nas Ordenações do Reino, se consagrava a existência de mecanismos de tutela principais e cautelares, pelo contrário, e ironicamente, no modelo legal de tutela jurisdicional do século XX as formas de tutela cautelar perante a actuação da Administração são quase inexistentes.
5.2. Desde o início da década de 90 tem existido, contudo, uma tendência para superar o conjunto de desigualdades positivadas na lei, como a prevista no Código Administrativo, que permitia à Administração solicitar contra os particulares qualquer medida cautelar prevista no processo civil, e, aos particulares tão só legitimava a pedir a suspensão da eficácia dos actos administrativos.
5.3. Se raramente o obreiro da superação do desequilíbrio tem sido o legislador ordinário, já mais frequentemente são os tribunais administrativos que têm vindo a solucionar as disfunções do sistema positivado e a ampliar as garantias cautelares dos particulares.

5.3.1. No sentido de solucionar o sistema de desigualdades entre os particulares e a Administração, o legislador ordinário criou um afoito mecanismo de tutela jurisdiconal urgente (o recurso urgente contra actos destacáveis de certos contratos da Administração), acompanhado de medidas provisórias.

5.3.2. Sem sombra de dúvida, a forma mais surpreendente de superar o desiquilíbrio do modelo cautelar resultou por via de actuação jurisprudencial. Foram os tribunais administrativos que na segunda metade da década de 90 transplantaram, no contencioso administrativo, a tutela cautelar não especificada do processo civil.

5.4. Em suma, aprendendo com o estudo do passado e considerando a reforma do modelo cautelar no futuro, deve pretender-se construir um modelo de tutela jurisdicional cautelar equilibrado.

5.5. Há uma fronteira vulnerável entre o exercício da função jurisdicional e o da função administrativa.

5.6. Os momentos de aplicação da tutela cautelar pelo juiz administrativo e o da execução de sentenças pela Administração são os momentos em que num Estado de Direito se põe à prova a separação de poderes.

5.7. Quando o juiz cautelar administrativo é chamado a proteger um *status quo* sob que incide a causa principal, deve ter presente que a sua função é uma função jurisdicional acessória, numa dupla vertente.

5.8. Numa vertente, fazendo vingar o princípio da separação de poderes, cumpre ao juiz administrativo cautelar, assegurar e proteger a integridade da função jurisdicional, que, em pleno, cabe ao juiz da causa principal concretizar (julgar e fazer executar o julgado). Numa outra vertente, cumpre reconhecer que ao juiz cautelar administrativo não cabe nenhuma função de realização imediata de uma pretensão, pelo que, nem lhe deve ser permitido comportar-se como Administrador *ante tempus*, nem lhe deve ser autorizado que escolha qual dos interesses deve irreversivelmente sacrificar.

5.9. O princípio da separação de poderes, tanto impõe que se evite positivar um modelo que aceite como frequente a invocação pela Administração de causas legítimas de inexecução, como interdita o juiz administrativo cautelar de antecipar o resultado da causa principal. A antecipação poderá ser tanto consequência da produção de factos consumados desfavoráveis ao particulares – resultante, quer da ponderação indevida de interesses, quer da errada repartição de riscos entre as partes –, como da intromissão do juiz administrativo no âmbito do poder discricionário da Administração.

5.10. Enfim, como se crê que a tutela cautelar apenas pretende garantir a defesa provisória da realização futura e definitiva do direito administrativo, defendemos que, no momento da análise das condições da procedência da tutela cautelar inominada, à ponderação da garantia/prerrogativa deve sobrepor-se o exame sumário dos direitos e interesses a tutelar, bem como se deve preferir a defesa provisória do direito ou interesses que provavelmente existem e correm o risco de perda irreversível.

5.11. Afinal ao juiz cautelar administrativo cumpre tão só proteger interinamente a posterior realização definitiva do Direito Administrativo, que, naquele momento antecipado, para ele é apenas aparente.

6. Na segunda parte do cap. III, projectámos uma análise do modelo de tutela jurisdicional (não principal) da justiça administrativa, em várias frentes:

A- Numa primeira, pretendemos descobrir como o modelo legal tem vindo a responder às pretensões de tutela cautelar solicitadas pelos administrados. E procurámos saber como o juiz administrativo tem interpretado e gerido tal modelo. Numa análise sumária à actuação dos tribunais administrativos percebemos uma evolução, cuja tendência nos parecia ser de formalista a tolerante. A aceitação das providências cautelares não especificadas do Código do Processo Civil no contencioso administrativo traduz uma faceta dessa evolução.

B- Numa segunda vertente do estudo do modelo português de tutela jurisdicional não principal, o nosso objectivo foi distinguir sistematicamente as formas de tutela jurisdicional cautelar das outras também urgentes, mas não cautelares.

A-

1.1. Destes diferentes perfis de análise, resultam as seguintes conclusões:

1.1.1. Não obstante reconhecermos uma evolução recente, o modelo cautelar não dá resposta eficiente e suficiente quando a Administração pratica um acto administrativo ilegal, muito embora contemple uma forma de tutela cautelar jurisdicional adequada a proteger provisoriamente os particulares perante um acto administrativo impugnado.

1.1.2. Num modelo caracterizado pela execução imediata de actos administrativos presumidos válidos, a que se junta a incapacidade do recurso jurisdicional para automaticamente produzir efeitos suspensivos da eficácia dos actos, bem como ainda, e nesse sentido, se acrescenta a existência de causas legítimas de inexecução, a suspensão da eficácia do acto raramente cumpriu a missão quase impossível que lhe foi atribuída.

1.1.3. Até à década de 90, se juntarmos a interpretação excessivamente formalista das regras, que por si mesmas já contêm um tratamento desequilibrado entre a Administração e os particulares, à gestão jurisprudencial do instituto, marcada por desiguldades relativas à apreciação das condições de procedência da suspensão, chegamos à conclusão de que, para os particulares, accionar um processo de suspensão da eficácia dos actos se tenha assemelhado *a levar a cruz ao calvário*. Afinal, a actuação jurisprudencial pautou-se pela:

a) excessiva rigidez e formalismo, na interpretação das regras processuais e excessiva exigência na apreciação das condições de deferimento da suspensão – condições fixadas cumulativamente, mas apreciadas em separado pelos tribunais;

b) consideração da (ir)reparabilidade do direito ameaçado pelo *periculum in mora* com base em critérios economicistas;

c) sobrevalorização da condição negativa, e a tendência para considerar toda a suspensão como causadora de grave prejuízo para o interesse público;

d) não consideração do balanço de conveniência da suspensão, visto que nunca existiu uma ponderação de todos os interesses em conflito, nem em conjunto;

e) ausência de apreciação da aparência de bom direito do requerente, e, pelo contrário, a aceitação de uma presunção de actuação legal e conforme ao interesse público a favor da Administração;

f) não admissibilidade de suspensão de actos de conteúdo negativo e actos silentes.

1.2. A acrescentar, desconhece-se na prática jurisprudencial a potencialidade do mecanismo de suspensão da eficácia dos actos. Tal deve-se, em primeiro lugar, à teimosa dissociação que os tribunais fazem entre o perfil funcional e o estrutural do processo de suspensão da eficácia dos actos. E, em segundo lugar pela distraída dissociação entre o conteúdo da pronúncia judicial de suspensão, que deve ser fixado pela Administração ao cumprir o dever de executar a pronúncia, e o conjunto dos efeitos contidos na sentença anulatória (reconhecidos na execução de julgados).

1.3. Se até à segunda metade da década de 90, se a garantia jurisdicional cautelar do particular nos tem parecido rara e escassa perante a sua ameaça de lesão resultante de um acto administrativo, já quando a ameaça de lesão resultou de outros tipos de actividade da Administração, nem a boa vontade do juiz cautelar evitou a prática constante da execução das sentenças por equivalente pecuniário.

1.4. Nesta altura, dada a ausência de instrumentos cautelares adequados, a lesão efectiva dos particulares, perante tipos de actividade diferentes da prática de actos administrativos, só poderia ter sido combatida por grande *milagre*, o que não aconteceu, já que os tribunais negaram a aplicação da "suspensão da eficácia de actos" a estas situações.

2. Em síntese, até à década de 90, a tutela cautelar foi inexistente quando o particular accionou o contencioso de plena jurisdição e procurou tutela frente a: 2.1. operações materiais, 2.2. normas regulamentares de aplicação imediata, 2.3. contratos da Administração.

2.1. A pobreza do contencioso cautelar administrativo revelou-se, e continua ainda a revelar-se, quando a Administração, numa actividade material amigável e prestadora e em "via de facto (incluindo as execuções *ultra vires* e a execução de actos nulos) lesa direitos e interesses dos particulares.

2.1.1. Dado que tais operações materiais são manifestações externas sem conteúdo jurídico, pese embora serem pressuposto da verificação de consequências jurídicas, a primeira dificuldade que os particulares têm vindo confrontar é a do enquadramento jurídico da actividade material lesiva e a da escolha da ordem jurisdicional competente.

2.1.2. Por regra, a ordem jurisdicional comum tem ganho vantagem no momento da escolha.

2.1.3. Por vezes as dificuldades no exercício das garantias acentua-se quando tanto os tribunais comuns como os tribunais administrativos se consideram incompetentes.

2.1.4. Recaíndo a escolha nos tribunais administrativos para alcançar tutela cautelar perante a actividade material, e não se tendo estes considerado incompetentes, não existindo acto administrativo, tem restado aos particulares a intimação para comportamento (se preenchidos os pressupostos subjectivos previstos).

2.1.5. Por via de regra, os tribunais administrativos têm recusado liminarmente os pedidos de tutela cautelar inominada perante si propostos como meio de paralisar tais operações materiais, porque sempre consideram que existe um acto administrativo algures, cuja eficácia pode ser suspensa.

2.1.6. Perante esta atitude, tem sido proposto, como solução interina, o crescente recurso à tutela cautelar não especificada do CPC. Como solução definitiva, em alternativa, tem-se sugerido, doutrinalmente, a aplicação das providências cautelares de raiz administrativa ou a tipificação de uma providência cautelar específica no modelo de justiça administrativa. A forma de tutela jurisdicional cautelar adequada poderá exigir a adequação do processo e de condições de procedência especiais, favoráveis ao decretamento da mesma.

2.2. O modelo de tutela cautelar não é suficiente para proporcionar tutela jurisdicional efectiva perante normas regulamentares inválidas, visto que não prevê mecanismo cautelar próprio, nem a jurisprudência do Supremo tem sido favorável a estender a aplicação da "suspensão da eficácia dos actos" aos pedidos de suspensão da eficácia de normas regulamentares com eficácia imediata.

2.2.1 Perante esta situação, como solução definitiva, seria conveniente a criação de tutela cautelar adequada, tendo em consideração que o normativo constitucional, que consagra o princípio da tutela judicial efectiva, se aplica a todo o modelo, sem excepção.

2.2.2 Provisoriamente, a doutrina tem vindo a defender a aplicação do regime da suspensão da eficácia dos actos ao regulamentos de eficácia imediata.

2.3. Na actualidade, no que diz respeito à actividade contratual da Administração, ainda que numa pequena parte do contencioso dos contratos seja (aparentemente) possível realizar tutela jurisdicional efectiva – visto que o legislador enriqueceu o cardápio de meios de tutela urgente utilizáveis – na globalidade, porém, existe um imbróglio jurídico (substantivo e adjectivo) que lesa essencialmente os particulares.

2.3.1. Às dificuldades tradicionalmente reconhecidas – distinção entre contratos privados e administrativos da Administração e as questões de dualidade de jurisdições e de meios processuais – acresce a ausência de tutela cautelar adequada que garanta tutela jurisdicional efectiva aos particulares lesados, quer durante a fase de formação do contrato, quer durante a sua execução.

2.3.2. Na verdade, um dos problemas da teia do contencioso dos contratos administrativos é relativo, não só à ausência de ponte entre o recurso de anulação de actos procedimentais e a acção contratual, como entre o recurso e a execução da sentença anulatória.

2.3.3. Por tudo isto, dizemos que o contencioso dos contratos administrativos nos lembra um melodrama em dois actos, com laivos de ópera bufa, com o nome *Ária da inútil precaução*.

2.3.4. No primeiro acto entram em cena os terceiros interessados em contratar com a Administração que, ilegalmente afastados, esperam o resultado da anulação das decisões ilegais. Nem o desespero que paira neste teatro cómico é afastado pelo pedido de suspensão da eficácia de tais actos, pois a consideração do pressuposto negativo é de molde a considerar a suspensão como "grave lesão para o interesse público" e a aplicação do instituto é no sentido de lhe negar a estrutura antecipatória.

2.3.5. O segundo acto é composto por duas cenas. Na primeira, à semelhança da guarda na ópera bufa que chega sempre tarde demais, entra em cena o juiz, que raríssimas vezes chega a tempo de impedir a celebração, e mesmo a execução, do contrato. Na segunda cena, que é a final, choramos ou rimos com a atitude de resignação do terceiro que, tendo obtido uma sentença anulatória favorável, depara com a invocação de causa legítima de inexecução, já que "o que está feito, está feito". Resta, envolvida em problemática, a indemnização compensatória.

2.3.6. O recente diploma (de Maio de 1998) é exemplo da garantia jurisdicional urgente que faz falta perante toda a actividade contratual da Administração, já que no âmbito de certos contratos, permite accionar um processo urgente de impugnação de actos lesivos destacáveis do procedimento contratual, que pode ser acompanhado de medidas provisórias.

2.3.7. Até à data, os tribunais administrativos, face à solicitação de medidas provisórias, têm-se mostrado acanhados na interpretação do normativo que exige a ponderação dos interesses em causa, e, também, neste âmbito, têm visto o interesse público em todo o lado e o interesse dos particulares em lado nenhum.

2.3.8. Em síntese, na actualidade, perante a questão de como se tutelam de forma urgente os demais concorrentes interessados em contratar com a Administração (que não beneficiam da protecção do regime (que lhes é) favorável do Dl. n.º 134/98) e face à impossibilidade de aplicação analógica do mesmo, a solução interina passa pelo decretamento das providências cautelares não especificadas do CPC, em complemento com a suspensão da eficácia de actos – solução que envolve uma série de dificuldades de ordem substantiva e adjectiva.

2.4. O modelo de tutela cautelar não contempla ainda tutela cautelar instrumental ao contencioso de plena jurisdição relativo à responsabilidade civil da Administração por actos de gestão pública. Tendo em consideração a demora patológica que acompanha o desenrolar destes processos, seria oportuna a instituição do arbitramento de reparação provisória.

2.5. No âmbito das questões ambientais ou do urbanismo, a tutela cautelar pode não ser o único meio da tutela jurisdicional urgente a instituir. A este respeito, *caem como mel na sopa* as formas de tutela jurisdicional de natureza sumária/preventiva.

2.6. Do exposto neste ponto A., até ao momento, sem prejuízo de em seguida darmos conta duma evolução jurisprudencial, cumpre reconhecer que existe uma falha no *puzzle* da justiça administrativa. A *peça* cautelar está desamanhada.

2.7. Não obstante a caracterização já realizada, reconhecemos neste momento das conclusões, que o modelo de tutela cautelar tem sofrido uma ligeira abertura: em alguns momentos pontuais, por iniciativa legislativa; noutros por inovação jurisprudencial, impulsionada pelo princípio da tutela jurisdicional efectiva.

2.8. A flexibilização do modelo cautelar sentiu-se no processo de suspensão da eficácia dos actos administrativos, cujos reflexos são visíveis na interpretação menos formalista das regras processuais, no sentido do princípio *pro actione*. Os tribunais começam também a fazer novos juízos de apreciação das condições de procedência da suspensão, ainda que com alguma timidez: um novo conceito de interesse público, introdução da ponderação de interesses, suspensão acompanhada de cláusulas acessórias e uma apreciação pouco ousada do *fumus boni iuris*.

3. A inovação mais significativa ao modelo de tutela cautelar foi obra do juiz cautelar administrativo. E resultou da aceitação subsidiária das providências cautelares do CPC na justiça administrativa, de acordo com o normativo constitucional (art. 268.º, n.º 4).

4. A introdução da tutela cautelar inominada no contencioso administrativo operou uma verdadeira revolução copernicana no modelo

de tutela cautelar, já que retirou do centro do modelo a medida cautelar "suspensão da eficácia do acto administrativo", ainda que não definitivamente.
5. Em jeito de síntese, até ao momento, a aplicação jurisprudencial das providências cautelares não especificadas do CPC, pelos juízes administrativos, pode caracterizar-se pelos seguintes aspectos:
5.1. A tutela cautelar não especificada foi repetidamente rejeitada, numa primeira fase e, numa segunda fase, a sua aceitação teve avanços e recuos – qual solução tipo malmequer/bem-me-quer –, sendo que, por regra, os tribunais administrativos de círculo decidiram excluí-la liminarmente do *puzzle*. Foram os tribunais de 2.ª instância que claramente introduziram a tutela cautelar não especificada na justiça administrativa.
5.2. Todavia, está por definir o âmbito próprio de aplicação da tutela cautelar não especificada no processo administrativo. O juiz administrativo parece guardar, para a tutela cautelar do CPC, um reduzidíssimo campo, visto que a tutela cautelar inominada tem sido considerada duplamente subsidiária, quando aplicada no contencioso administrativo.
5.3. Também o âmbito derivado de aplicação da tutela cautelar não especificada – já que a situação de lesão pode configurar a exististência de um acto administrativo – ainda não foi determinado pela jurisprudência, pois esta tem vindo a afirmar a "primazia" injustificada da suspensão perante a tutela inominada.
5.4. Por isso, o entendimento do conceito de subsidiariedade da tutela cautelar inominada perante a suspensão tem sido a razão do frequente indeferimento liminar de medidas cautelares não especificadas.
5.5. Esta compreensão do conceito é fortalecida por razões sistemáticas, já que no processo civil a providência cautelar não especificada é adoptada através de um procedimento cautelar comum, que no processo administrtaivo tem como paralelo o procedimento de suspensão.
5.6. A coroar esta situação denuncia-se a margem de arbitrariedade de que gozam os tribunais administrativos na apreciação do que seja subsidiariedade, tendo em conta o seu próprio entendimento da adequação dos meios processuais principais – recurso de anulação e acção para reconhecimento de direitos. Nesse sentido, apreciam antecipadamente, com base nesse entendimento, a adequação da

medida cautelar – suspensão ou medida cautelar inominada, em função da adequação do meio principal. Este é o juízo *tipo dois em um* que tem vindo a ser outra causa de rejeição das providências cautelares não especificadas.

5.7. Em suma, da análise da jurisprudência, no que respeita à relação entre a suspensão da eficácia do acto e as providências não especificadas, reconhecemos uma sua prática no sentido de instituir uma relação de exclusão: sempre que, e independente do *periculum in mora* a combater, se possa invocar a existência de um acto administrativo algures, sendo insignificante o específico *periculum in mora* a remediar.

5.8. O juiz cautelar tem considerado como condições de procedência da medida cautelar inominada na justiça administrativa o *periculum in mora*, o *fumus boni iuris* e a condição negativa de excesso de dano; isto é, a medida requerida não pode provocar à parte demandada um prejuízo maior do que o prejuízo que o requerente pretende evitar com a adopção da medida.

5.9. A consideração desta condição, significou a *válvula de escape* do indeferimento da tutela cautelar inominada solicitada na justiça administrativa. A aceitação desta condição tem transferido um poder discricionário para o juiz cautelar quanto ao "se" da medida cautelar solicitada, o que nos parece contrário ao art. 268.º, n.º 4 da CRP.

5.10. Como este normativo da CRP tem implícita a atribuição ao juiz administrativo de um poder discricionário apenas quanto ao "como", no nosso entender, a jurisprudência administrativa não tem actuado em conformação ao art. 268.º, n.º 4 da CRP.

6. No que se refere ao conteúdo das medidas cautelares não especificadas já adoptadas pelo juiz administrativo, cumpre reconhecer uma correcta aplicação do normativo, o que confirma que os tribunais sabem lidar com o poder discricionário quanto ao "como". Estes têm decretado medidas cautelares de conteúdo antecipatório, ainda que os seus efeitos sejam do tipo inovador ou ampliador para um *status quo*. O juiz administrativo tem adoptado medidas cautelares que se ingerem ou intrometem na causa principal.

6.1. Em regra, as medidas já decretadas pelos tribunais administrativos confirmam as características de instrumentalidade, provisoriedade e *sumariedade* cautelar da tutela inominada na justiça administrativa.

6.2. Excepcionalmente, para dar cumprimento a um direito fundamen-

tal, o juiz cautelar administrativo permitiu a adopção da tutela cautelar inominada de efeitos irreversíveis, em procedimento cautelar sem audiência da entidade demandada. Todavia, tal procedimento ainda se mostrou lento para tutelar a urgência na defesa desse direito fundamental. Seria necessário, perante estas situações, instituir o procedimento cautelar urgentíssimo.
7. Em suma, no nosso entender, são dois os obstáculos que se opõem ao sucesso do transplante descrito: um está na relação entre a tutela cautelar inominada e a suspensão da eficácia dos actos, e, consequentemente na ilimitação do âmbito da segunda. O outro, diz respeito às condições de procedência da providência cautelar. Também este exige um enquadramento legal conforme com a Constituição.

B.
1. No ponto três do plano do capítulo III tivemos como intenção arrumar sistematicamente o modelo de justiça administrativa, composto pelas formas de tutela jurisdicional não principal.
2. Parámos em primeiro lugar para reflectir sobre o meio cautelar que serve o recurso de anulação, chamado "suspensão da eficácia do acto" e questionámos se o nome corresponderia à coisa.
2.1. Interrogámos se o *nomen iuris* – processo cautelar típico de suspensão de eficácia – não encerraria uma coisa diferente, uma medida cautelar com conteúdo semi inominado, que serve somente o recurso de anulação, e "cuja infância difíl", semelhante à do recurso, impediu a sua "catarse" jurisprudencial e dogmática" (VASCO PEREIRA DA SILVA) e a sua redução ao nome.
2.2. Questionámos, depois, se a suspensão da eficácia do acto não é um tipo de tutela cautelar de estrutura antecipatória, cujo conteúdo será assegurador ou ampliador conforme o tipo de acto a suspender e o conjunto de efeitos atribuídos àquela sentença anulatória, que, em suma, se querem antecipar provisoriamente.
2.3. Em Portugal, a doutrina clássica do processo civil reconhecia no conteúdo da medida cautelar de "suspensão das deliberações sociais" a antecipação dos efeitos da decisão que venha a julgar o processo principal favoravelmente ao demandante" (AVELÃS NUNES). E igualmente se reconhecia que perante certas invalidades das deliberações, a suspensão da eficácia da deliberação não define exactamente o conteúdo da providência, mas traduz uma regulação provisória da situação" (V. G. LOBO XAVIER).

3. Ainda que na doutrina do processo administrativo não se tenha um igual entendimento da suspensão da eficácia do acto, e, pelo contrário, este processo cautelar típico seja considerado num perfil funcional, no nosso entender, a sua caracterização é idêntica.

3.1. Sob este perfil funcional, também não teremos dúvidas em apontar à suspensão da eficácia do acto administrativo a função asseguradora ou conservativa em relação à utilidade da sentença anulatória. Por outras palavras, todos concordamos que a função da suspensão do acto é evitar o esvaziamento da utilidade do recurso contencioso de anulação.

3.2. Todavia, já sob o perfil estrutural, por um lado, não poderemos ignorar que a suspensão da eficácia do acto não vai actuar sempre sem que interfira ou sem que se intrometa no objecto da causa principal, de modo a combater os dois tipos de *periculum in mora*.

3.3. Pois, ainda sob o perfil estrutural, não podemos ignorar, por outro lado, que enquanto se aguarda uma sentença anulatória de um acto administrativo são (igualmente, como na situação em que se aguarda uma sentença de fundo qualquer) de dois tipos os prejuízos de que o requerente pode ser ameaçado: o *periculum in mora* de infrutuosidade e o *periculum in mora* de retardamento.

3.4. Enquanto a decisão cautelar de arresto e de arrolamento não interferem com a causa principal, já a suspensão da ordem de abate, da expropriação, da renovação de licença de caça produz o efeito inverso. Por via destas decisões, é o juiz da causa cautelar que interinamente regula o *status quo* sobre que incide a causa. Ou seja, o juiz cautelar intromete-se na causa e antecipa para o *status quo*, no tempo, os efeitos da sentença principal.

3.5. Também o conteúdo da suspensão é variável, meramente assegurador, perante actos ablativos, ou ampliador, ainda que seja mais visível, em termos de facto. A suspensão da eficácia do acto que nega a permanência a um estrangeiro no território nacional, do que nega o adiamento do cumprimento do serviço militar e do que revoga a inscrição de um aluno na Universidade, ampliam a esfera do particular. Interinamente, não só de facto como de direito, o estrangeiro reside por mais meio ano legitimamente no território, o jovem deixa de prestar o serviço militar, por mais um ano, e o aluno permanece no curso e frequenta dois anos lectivos.

3.6. Na verdade, o conteúdo da suspensão é semi inominado, visto que depende, em concreto, tanto do conteúdo da sentença anulatória e

dos seus efeitos, como do acto administrativo, cuja eficácia se suspende.
3.7. Por isso, concluímos que o nome reduz a coisa. E, por isso, ainda que se considere que esta medida antecipa na totalidade os efeitos da sentença anulatória, nem sempre conseguirá combater todo o prejuízo que resulta para o particular da tardia sentença anulatória, o que se deve à natureza da amplitude do objecto do próprio recurso contencioso.
4. Talvez a plena efectividade da tutela jurisdicional das posições substantivas dos particulares passe pelo afastamento definitivo do carácter residual da acção para o reconhecimento de direitos ou interesses legalmente protegidos ou pelo alargamento da amplitude do objecto do recurso. Neste caso, a medida cautelar de *nomen iuris* "suspensão da eficácia do acto" poderá ter lugar no contencioso como processo cautelar típico acessório ao recurso, com tramitação distinta e com condições específicas de procedência. E quanto ao seu conteúdo, as medidas a decretar poderão não estar especificadas: estas serão todas as que forem adequadas a proteger o *status quo* sob que incidirá o recurso de anulação.
5. Dando continuidade à arrumação sistemática do modelo cautelar, e no que respeita à produção antecipada de prova, esta constitui uma forma de tutela cautelar de não ingerência na causa principal. E, ainda que exista um grau de instrumentalidade ténue desta forma de tutela perante a principal, sempre, será suficiente para a qualificar de tutela jurisdicional cautelar.
6. Apresentaremos de seguida as conclusões do objectivo traçado em relação à apreciação sistemática do meio processual urgente denominado de "intimação para um comportamento".
6.1. A doutrina e a jurisprudência dos tribunais administrativos têm qualificado este meio jurisdicional como uma forma de tutela jurisdicional cautelar.
7. Porque consideramos que a instrumentalidade perante um outro processo é alheia a este tipo de tutela jurisdicional, somos da opinião de que a intimação para comportamento não é uma forma de tutela jurisdicional cautelar.
7.1. A tutela jurisdicional cautelar caracteriza-se distintivamente pela sua instrumentalidade, provisoriedade e *sumariedade* cautelares. Nesta forma de tutela urgente não encontramos nenhum destes caracteres.

a) Não se caracteriza pela instrumentalidade porque o processo de intimação não tem como fim servir um meio principal, mas "assegurar o cumprimento de normas de direito administrativo" e evitar preventivamente a lesão de um interesse legítimo. Com a intimação pretende-se alcançar uma pronúncia judicial de mérito (parcial para uma relação jurídica controvertida) antecipada e célere, destinada a impedir a lesão resultante directamente de uma actividade de um particular, contrária ao direito administrativo (ou indirectamente resultante da omissão da Administração). A ausência de instrumentalidade é fatal quando a intimação se combina com uma forma de tutela administrativa.

b) Não se caracteriza pela provisoriedade cautelar. A decisão cautelar deve a sua provisoriedade à sua instrumentalidade: "só vive até ao momento em que faz sentido que viva, até que surja a decisão principal, cuja efectividade a primeira cuidou". A sentença provisória, *senso stricto*, deve a sua natureza, entre outros aspectos, ao tipo de cognição que lhe está na origem: cognição verticalmente sumária. Também a ausência de autonomia estrutural denuncia a provisoriedade da intimação, que, todavia, não é absoluta. Primeiro, porque a decisão, que em alguns casos é provisória, aspira a definitiva, *a contrario* do art. 90.º. Segundo, porque em alguns casos é mesmo definitiva, art.87.º, n.º 4. A caducidade confirma as características deste processo urgente: processo de cognição sumária/parcial e estruturalmente não autónomo.

c) Não se caracteriza pela *sumariedade* cautelar, pois o juiz do procedimento de intimação não está habilitado a decidir com base num juízo de verosimilitude e verosimilhança, quanto ao mérito cautelar. Nem é suficiente que o juiz se convença da provável existência do direito do requerente, nem é suficiente a invocação de uma ameaça de lesão. Pelo contrário, impõe o legislador que, sempre que a relação controvertida se mostre complexa, possa o juiz proceder a uma cognição plena dos factos e do direito alegados, adaptando os trâmites processuais da intimação aos do recurso de anulação de actos da Administração local.

8. Nem podemos afirmar que o mérito da intimação seja o *periculum in mora* e o *fumus boni iuris*, sendo que estas correspondem às condições tradicionais da tutela cautelar.

a) A intimação não tem como objectivo neutralizar os prejuízos resultantes da demora de um processo principal, pelo contrário visa dar uma resposta alternativa de fundo para uma situação que carece de tutela urgente, pois existe uma ameaça de lesão a um interesse legítimo. Justifica-se a urgência com a lesão iminente a uma situação conexa com uma relação material controvertida, que será resolvida por uma forma de tutela jurisdicional de cognição plena, vertical e horizontalmente.

b) Também quanto ao direito do particular, o juiz não se pode satisfazer com um *fumus*. O juiz do processo de intimação deve decidir sobre a existência do direito ou interesse, quanto mais não seja, com base em provas *leviores*, nunca com base numa aparência de bom direito.

9. Também num perfil estritamente estrutural, a falta de identidade dos elementos essenciais da causa entre a intimação e um outro processo principal, que completa a pronúncia judicial parcial, ditada no processo de intimação, é notória, não só no que diz respeito aos sujeitos, como ao pedido e ao objecto. O objecto da intimação não é proteger o *status quo* sob que incidirá uma causa principal, mas proteger um interesse legítimo conexo com a relação controvertida que é objecto de uma causa principal. Não há identidade entre os objectos de cada uma das causas, o que ao falarmos em tutela cautelar seria necessário existir, pois o processo cautelar tem como objecto imediato o objecto da causa principal.

10. Esta forma de tutela jurisdicional caracteriza-se por ser uma forma de tutela preventiva, urgente, de eminente função objectiva de controle da legalidade administrativa:

10.1. Serve para condenar entidades particulares (ou concessionários) na prestação de facto, imposições para comportamento ou omissão.

10.2. Por tudo isto, dada a versatilidade que o meio jurisdicional já possui, apenas se apontarão duas observações *de iure condendo* – observações pautadas pela ideia de manter as qualidades do meio jurisdicional e evitar que, numa futura reforma do processo administrativo, a sua utilidade coincida com a da tutela cautelar inominada, contribuindo para o aliviamento dos tribunais administrativos e para a aceleração da realização da justiça administrativa.

a) Permitir a imposição em processo especial para comportamento a entidades privadas e públicas.

b) Permitir que, no processo comum de intimação, através da técnica da eutanásia da jurisdição principal por vontade do demandado, a decisão que num primeiro momento é provisória passe a definitiva.
11. A intimação para consulta de documentos ou passagem de certidões é pacificamente aceite como uma forma de tutela jurisdicional urgente cuja imposição se destina a permitir obter a passagem de certidões ou a consulta de documentos.
11.1. Não têm ferido nenhuma susceptibilidade as posições da doutrina e da jurisprudência que aceitam que esta seja a forma processual adequada para obter a concretização do direito fundamental à informação administrativa.
11.2. Esta aceitação, que não corresponde à letra da lei, será bem vinda numa futura reforma legislativa, se esta autonomizar, por completo, o procedimento urgente.

1. Para o momento final do III capítulo planeámos realizar uma síntese do estudo do modelo cautelar de justiça administrativa. O fio condutor deste momento conclusivo está no diagnóstico dos males do modelo cautelar e na proposta da sua reforma urgente.
1.1. Perante o cenário de entorpecimento e lentidão que caracteriza o sistema de justiça administrativa, reconhecemos a terapia variada proposta noutros sistemas de direito: reforma da estrutura orgânica judiciária, autonomia na formação e na carreira dos magistrados, melhoramentos nos serviços judiciários e reforma da lógica processual.
1.2. No referente ao modelo cautelar processual, verificámos o pauperismo, não só no que respeita a formas de tutela urgente autónomas, com as urgentes cautelares. Hoje em dia, se os particulares encontram tutela cautelar perante a actuação administrativa concretizada em actos administrativos, ainda que reduzida em certos contextos, já perante uma outra forma de actividade lesiva da Administração, a garantia jurisdicional efectiva é duvidosa. Por tudo isto, a reforma do modelo cautelar é urgente. As alterações ao modelo devem pautar-se por dois vectores, que se traduzem em:
a) acelerar os processos já com natureza urgente;
b) adaptar as formas de tutela jurisdicional à nova Administração e ao novo modelo de justiça administrativa, criando novas formas de tutela urgente especiais, enquadradas pelos arts. 268.º, n.º 4 e

art. 20.º, n.º 4 e n.º 5 da CRP, que assegura o acesso ao Direito e aos tribunais para alcançar tutela jurisdicional efectiva, em prazo razoável e em tempo útil.

1.3. De entre as formas de tutela jurisdicional urgente, o modelo de justiça administrativa deve conter processos que disciplinem as técnicas da tutela sumária *stricto sensu*, da técnica antecipatória e provisória; devidamente sistematizadas.

1.4. De entre as formas de tutela jurisdicional urgente, o modelo deve contemplar a tutela jurisdicional cautelar. Esta é a tutela jurisdicional indicada para combater a demora fisiológica dos processos jurisdicionais principais, recursos e acções.

1.5. A forma mais eficaz de introduzir a tutela cautelar inominada é criar de raiz essa tutela na lei processual administrativa e não continuar a consentir o empréstimo da tutela inominada do CPC.

1.6. A propósito da sugestão da instituição da tutela cautelar inominada no processo administrativo, reflectímos sobre dois aspectos tradicionalmente relacionados com a problemática cautelar: a questão da ponderação de interesses e o critério do *fumus boni iuris*.

1.7. Quanto à questão formulada de saber se a ponderação de interesses deve ser considerada como uma condição cumulativa de procedência da tutela cautelar na justiça administrativa, afirmámos a sua incongruência, visto que:

1.7.1. não se identifica a ponderação de interesses com o juízo de balanço de conveniência da medida, única válida no processo cautelar. Este parte de um exame à natureza reversível ou irreversível dos direitos e interesses das partes.

1.7.2. A ponderação de interesses, enquanto condição cumulativa – e, por isso, negativa –, obriga a que o juiz cautelar negue a providência solicitada se causar com ela um prejuízo de maior intensidade à parte demandada, ainda que esteja seriamente convencido da aparência de bom direito do solicitante e do prejuízo resultante para este da demora do processo.

1.7.3. No nosso entender, apenas haverá razão para ponderar o "se" da medida cautelar inominada na ausência da séria aparência do direito do requerente.

1.8. Quanto à questão do *fumus boni iuris*, esta é a condição de procedência da tutela cautelar que fica acreditada com a aparência do direito de quem solicita a tutela cautelar, reconhecível num exame sumário e perfunctório.

1.8.1. Somos da opinião de que não poderá repartir-se os riscos resultantes da demora do processo entre as partes, sem averiguar qual das partes aparenta merecer ser menos sacrificada. Por causa do factor tempo, que sempre se coloca na realização da justiça, a querer-se ponderar a repartição do risco de produção de uma situação irreversível a uma das partes, deve antecipar-se o juízo de qual vai ser o sentido da sentença final para a causa, ou de qual das partes tem probabilidades de sair vencedor no processo principal.

1.8.2. O critério do *fumus*, no nosso entender, obriga a que o juiz cautelar forme um juízo de verosimilitude, quanto ao direito de uma das partes, que apenas serve um fim e apenas tem duração interina. E também defendemos que, a haver necessidade de emitir uma decisão cautelar de efeito irreversível legítima, deve aprofundar-se o exame sumário sobre o mérito cautelar.

1. Finalmente, quanto à conclusão final:
1.1.O nosso trabalho foi orientado para desembocar no esboço da *peça* cautelar a encaixar no *puzzle* de justiça administrativa. Em síntese, enunciamos as motivações subjacentes à *peça* apresentada:
   1. Somos da opinião de que o modelo cautelar, para cumprir o comando constitucional, deve ser pluricelular, à semelhança do modelo de tutela jurisdicional principal, e prever diferentes tipos de providências cautelares, correspondentes aos tipos de recursos e acções.
   2. A previsão de um modelo cautelar assente na tutela cautelar inominada, concretizada pela técnica da cláusula geral aberta que positive o princípio do *numerus apertus* no decretamento da providência cautelar adequada ao caso concreto, é, segundo julgamos, um mínimo que o legislador ordinário não pode deixar de realizar ao cumprir o comando constitucional.
   3. Segundo a nossa compreensão, sem um procedimento jurisdicional geral ou comum, o modelo cautelar não funcionará uniformemente, pelo que, sem prejuízo de dever conter procedimentos típicos será útil fixar um andamento comum, com prazos, fases, princípios e regras comuns. Procedimento a accionar para obter o decretamento de uma providência cautelar não especificada, após a verificação das condições comuns de procedência.
   4. Quanto às condições de procedência da tutela cautelar inominada comum, no nosso modelo cautelar projectado, estabelecemos

duas: o *fumus boni iuris* e o *periculum in mora*. Estabelecemos estas condições porque consideramos que a essencialidade da tutela cautelar está na urgência em combater um prejuízo iminente resultante da demora da decisão de fundo para quem aparenta ter razão. E porque entendemos que mesmo no processo administrativo a demora do processo para obter razão não deve prejudicar quem aparenta ter razão.

4.1. E por último considerámos que acreditados os dois pressupostos do mérito cautelar – "o fundado receio de lesão irreparável do direito ou do interesse que o requerente visa defender no processo principal" e "a convicção séria sobre a existência do direito ou a provável procedência da pretensão formulada no processo principal" – não resta outra opção ao juiz cautelar, no exercício da função jurisdiconal acessória, se não a de actuar conformemente ao direito fundamental do particular a alcançar tutela jurisdicional efectiva, afastando a opção "salvo se a prossecução do interesse público exigir outra coisa", que, ao que julgamos, seria contrária à Constituição.

5. Quanto aos limites ao poder cautelar do juiz, no *esboço* apresentado, prevemos os dois tradicionalmente reconhecidos ao exercíco do poder cautelar:

5.1. O juiz não deve estar autorizado a dar ao requerente definitivamente o que a este só é permitido alcançar através da causa principal;

5.2. E igualmente está proibido de conceder pela tutela cautelar o que à Administração é reservado proporcionar.

BIBLIOGRAFIA

AAVV, *La tutela d'urgenza. Atti del XV Convegno Nazionale Bari il 4-5 ottobre 1985,* Rimini, 1985.

AAVV, *Les mesures provisoires en procédure civile. Atti del colloquio internazionale, Milano il 12-13 ottobre 1984,* coord., G. TARZIA, Milano 1985.

AAVV, *Il Giudizio Cautelare Amministrativo. Atti della giornata di studio tenuta a Brescia il 4 maggio 1995,* Roma, 1987.

AAVV, *Appunti sulla giustizia amministrativa,* IV, Bari, 1988.

AAVV, *Processo amministrativo: quadro sistematico e linee di evoluzione. Contributo alle iniziative legislative in corso. Atti del Convegno di Varenna il 19-21 settembre 1985,* Milano, 1988.

AAVV, *La Justicia Administrativa en el Derecho Comparado,* coord., J. BARNÉS VÁZQUEZ, Madrid, 1993.

AAVV, *Per una giustizia amministrativa più celere ed efficace. Atti Convegno Messina, il 15-16 aprile 1988,* Milano, 1993.

AAVV, *Prime Esperienze del Nuovo Processo Cautelare. Atti dell'incontro di studio. Roma il 27 maggio 1995,* coord., E. FAZZALARI, Milano, 1996.

AAVV, *Les mesures provisoires en droit belge, français et italien. Étude de droit comparé,* coord. J. VAN COMPERNOLLE/G. TARZIA, Bruylant/Bruxelles, 1998.

ABREU, Eridano de, "Das providências cautelares não especificadas", *O Direito,* 94, 1962.

AGUADO I CUDOLÀ, V. "La reciente evolución de la tutela cautelar en el proceso contencioso-administrativo", *La protección jurídica del ciudadano (procedimiento administrativo y garantía jurisdiccional). Estudios en homenaje al Profesor Jesús González Pérez*, vol. II, Madrid, 1993.

ALLORIO, E., "Per una nozione del processo cautelare", *Rivista di Diritto Processuale,* 1936, pp. 18 ss.

ALLORIO, E., *Problemas de Derecho Procesal,* tomo I, trad. de Santiago Sentis Meleno, Buenos Aires, 1963.

ALMEIDA, António Duarte de / MONTEIRO, Cláudio / SILVA, J. L. Moreira da, "A caminho da plenitude da justiça administrativa", *Cadernos de Justiça Administrativa,* 7, 1998, pp. 3 a 7.

ALMEIDA, L. P. Moitinho de, "Os processos cautelares em geral", *Jornal do Fôro*, 28, 1964.

ALMEIDA, L. P. Moitinho, "O Processo Cautelar de apreensão de veículos automóveis", *Jornal do Fôro*, 31, 1965.

ALMEIDA, L. P. Moitinho, "Produção antecipada de prova", *Scientia Ivridica*, tomo, XVII, n.º 90, 1968.

ALMEIDA, L. P. Moitinho, *Providências Cautelares não Especificadas*, Reimp., Coimbra, 1981.

ALMEIDA, M. Aroso de, *Sobre a autoridade do caso julgado das sentenças de anulação de actos administrativos*, Coimbra, 1994.

ALMEIDA, M. Aroso de, "Contributo para a reforma do sistema do contencioso administrativo", *Direito e Justiça*, Vol. IX, t. 1, 1995, pp. 103 ss.

ALMEIDA, M. Aroso de, "Medidas cautelares no ordenamento contencioso. Breves notas", *Direito e Justiça*, Vol. XI, t. 2, 1997, pp. 139 ss.

ALMEIDA, M. Aroso de, "Novas Perspectivas para o Contencioso Administrativo", *Juris et de Jure. Nos 20 anos da Faculdade de Direito da UCP - Porto*, Porto, 1998.

ALMEIDA, M. Aroso de, "Nulidade dos actos desconformes com a sentença", *Cadernos de Justiça Administrativa*, 2, 1997, pp. 29 a 32.

ALMEIDA, M. Aroso de, "Reinstrução do procedimento e plenitude do processo de execução das sentenças", *Cadernos de Justiça Administrativa*, 3, 1997, pp. 12 a 18.

ALMEIDA, M. Aroso de, "Suspensão de eficácia de actos administrativos de execução de sentença", *Cadernos de Justiça Administrativa*, 11, 1998, pp. 18 a 22.

ALMEIDA, M. Aroso de, "Tutela declarativa e executiva no contencioso administrativo português", *Cadernos de Justiça Administrativa*, 16, 1999, pp. 67 a 73.

ALONSO GARCÍA, C., "La facultad del juez ordinario de inaplicar la Ley interna posterior contraria al Derecho comunitario", RAP, 138, 1995.

ALONSO GARCÍA, R., *Derecho Comunitario (Sistema constitucional y administrativo de la Comunidad Europea)*, Madrid, 1994.

ÁLVAREZ-CIENFUEGOS SUARÉZ, J. M., "Las medidas cautelares en la Ley de la Jurisdicción Contencioso-Administrativa de 13 de julio de 1998", *Actualidad Jurídica Aranzadi*, 370, de 17 de Dezembro de 1998.

ALVES, P. Farinha / PEREIRA, A. M. / LEAL, Sáragà / MARTINS, Oliveira - Júdice, "Código de Processo Civil: um ano de aplicação", *Vida Judiciária*, 1998, pp. 26 ss.

ALVIM, J. L. Carreira, *Tutela Antecipada na Reforma Processual*, Rio de Janeiro, s.d..

AMARAL, D. Freitas do, "Direitos fundamentais dos administrados", *Nos dez anos da Constituição*, Lisboa, 1986.

AMARAL, D. Freitas do, "Lei de Bases do Ambiente e Lei das Associações de Defesa do Ambiente", *Direito do Ambiente*, INA, 1994.

AMARAL, D. Freitas do, "Projecto de Código do Contencioso Administrativo", *Sciencia Ivridica*, tomo XLI, 235 / 237, 1992, pp. 7 ss.

AMARAL, D. Freitas do, *A Execução das Sentenças dos Tribunais Administrativos*, 2.ª ed., Coimbra, 1997.
AMARAL, D. Freitas do, *Direito Administrativo*, Vol. III, Lisboa, 1989.
AMARAL, D. Freitas do, *Direito Administrativo*, Vol. IV, Lisboa, 1988.
AMELYNCK, Ch. /LAGASSE, J.-P. /VAN DE GEJUCHTE F., *Le Référé Administratif*, Bruxelles, 1992.
ANDRADE, J. C. Vieira de, "Relatórios de síntese", *Cadernos de Justiça Administrativa*, 16, 1999, pp. 82 a 87.
ANDRADE, J. C. Vieira de, *A Justiça Administrativa. (Lições)*, Coimbra, 1998.
ANDRADE, J. C. Vieira de, "Actos consequentes e execução de sentença anulatória (Um caso exemplar em matéria de funcionalismo público)", *Revista Jurídica da Universidade Moderna*, 1, 1998.
ANDRADE, J. C. Vieira de, "As transformações do contencioso administrativo na Terceira República Portuguesa", *Legislação - Cadernos de Ciência de Legislação*, INA, 18, Janeiro/Março, 1997, pp. 64 ss.
ANDRADE, J. C. Vieira de, "Em defesa do recurso hierárquico", *Cadernos de Justiça Administrativa*, 0, 1996, pp. 18 a 20.
ANDRADE, J. C. Vieira de, "O controle jurisdicional do dever de reapreciação de actos administrativos negativos", *Cadernos de Justiça Administrativa*, 1, 1997, pp. 62 a 68.
ANDRADE, J. C. Vieira de, *O dever de fundamentação expressa de actos administrativos*, Coimbra, 1991.
ANDRADE, J. C. Vieira de, "O Ordenamento Jurídico Administrativo Português", *Contencioso Administrativo*, Braga, 1986.
ANDRADE, Manuel de, *Noções Elementares de Processo Civil*, 2ª ed. revista e actualizada, Coimbra, 1979.
ANDREIS, M., *Tutela sommaria e tutela cautelare nel processo amministrativo*, Milano, 1996.
ANDRIOLI, V., *Commento al codice di procedura civile*, III ed., Nápoles, 1954-1964.
ANGEL FERNÁNDEZ, M. , "La ejecución forzosa. Las medidas cautelares", in: *Derecho Procesal Civil*, III, 2ª reimp., Madrid, 1997.
ÁNGELES JOVÉ, M., *Medidas Cautelares Innominadas en el Proceso Civil*, Barcelona, 1995.
ANTUNES, L. F. Colaço, "À margem de uma recente orientação do Supremo Tribunal Administrativo: um olhar ecológico sobre o artigo 268.º/4 da Constituição", *Separata da Revista do Ministério Público*, (63) Lisboa, 1995.
ANTUNES, L. F. Colaço, *O Procedimento Administrativo de Avaliação de Impacto Ambiental*, Coimbra, 1998.
ANTUNES, L. F. Colaço, *Para um Direito Administrativo de Garantia do Cidadão e da Administração (Tradição e Reforma)*, Coimbra, 2000.

ANTUNES, L. M. PAIS, "A vertente judiciária da integração europeia - Portugal perante os Tribunais comunitários", *Legislação - Cadernos de Ciência de Legislação*, 4/5, 1992, pp. 161 a 190.

APARICIO, I. Martínez de Pisón, *La ejecución provisional de sentencias en lo contencioso-administrativo*, Madrid, 1999.

ARIETA, G., *I provvedimenti d'urgenza ex. art. 700 c.p.c*, 2.ª ed., Padova 1985.

ARIETA, G., "Comunicazione", *Les mesures provisoires en procédure civile* ... cit., pp. 269 ss.

ARNOLD, R., "Le contrôle juridictionnel des décisions administratives en Allemagne", AJDA, 9, 1999.

AUBY, J.-M. / DRAGO, R., *Traité de recours en matière administrative*, Paris, 1992.

AYALA, B. Diniz de, "A Tutela Contenciosa dos Particulares em Procedimento de Formação de Contratos da Administração Pública: Reflexões sobre o Decreto-Lei n.º 134/98, de 15 de Maio", *Cadernos de Justiça Administrativa*, 14, 1999, pp. 3 a 23.

BACIGALUPO SAGGESE, M. / FUENTETAJA PASTOR, J. A., "*Fumus boni iuris, periculum in mora* y equilibrio de intereses como presupuestos de la tutela cautelar comunitaria (A propósito del Auto del TJCE de 12 de julio de 1996 y del Auto del Presidente del TPI de 13 de julio de 1996 recaídos en sede cautelar en el asunto de 'la enfermedad de las vacas locas')", REDA, 94, 1997.

BACIGALUPO SAGGESE, M., "El sistema de tutela cautelar en el contencioso-administrativo alemán tras la reforma de 1991", RAP, 128, 1992, pp. 413 a 454.

BACIGALUPO SAGGESE, M., "Es posible ejercitar pretensiones de condena en los recursos contencioso-administrativos contra actos negativos expresos?", *La Ley*, de 5 de Dezembro de 1995.

BACIGALUPO SAGGESE, M., "La constitucionalidad del Tratado de la Unión Europea en Alemania (la sentencia del Tribunal Constitucional Federal de 12 de octubbre de 1993)", *Gaceta de la CE y de la Competencia*, serie D, n.º GJ 134/D-21, abril 1994, pp. 7 ss.

BACIGALUPO SAGGESE, M., *La nueva tutela cautelar en el contencioso administrativo*, Madrid, 1999.

BALENA, G., "Il procedimento di istruzione preventiva", *Enciclopedia Giuridica*, vol. XVIII, Roma, 1990.

BARAV, A. / SIMON, D., "Le Droit Communautaire et la Suspension Provisoire des Mesures Nationales, Les enjeux de l'affaire Factortame", *Revue du Marché Commun*, 1990, 340, pp. 591 a 597.

BARAV, A. "La plénitude de compétence du juge national et sa qualité de juge communautaire", *L'Europe et le droit, Mélanges en hommage à J. Boulouis*, Paris, 1991.

BARAV, A., "Enforcement of Community rights in the national courts: the case for jurisdiction to grant interim relief", *Common Market Law Review*, 1989, pp. 369 ss.

BARBIERI, E. M. "La Suspensiva del Provvedimento Amministrativo nel Giudizio di

Primo Grado", *Il giudizio cautelare amministrativo (aspetti e prospettive), Atti della giornata di studio tenuta a Brescia il 4 Maggio 1985*, Roma, 1987.

BARBIERI, E. M., "Sulla strumentalità del processo cautelare amministrativo", *Il Foro Amministrativo*, 1987, pp. 3173 ss.

BARNARD, A. / CREAVES, R., "The application of Community law in the United Kingdom", *Common Market Law Review*, 31, 1994, pp. 1055 a 1092.

BARNÉS VÁSQUEZ, J., "La Tutela judicial efectiva en la Grundgesetz", *La Justicia Administrativa en el Derecho Comparado* ... cit., pp. 135 ss.

BARONE, A., "Questione pregiudiziale di validità di un regolamento comunitario e poteri cautelari del giudice nazionale", *Il Foro Italiano*, IV, 1992, pp. 3 ss.

BARTOLOMEI, F., "Sull'efficacia e rilevanza giuridica dell'ordinanza giurisdizionale (positiva) no processo cautelare amministrativo", *Diritto Processuale Amministrativo*, 1989, pp. 323 ss.

BARTOLOMEI, F., "Sulla domanda di sospensione del provvedimento amministrativo devanti al Consiglio di Stato", *Rivista trimestrale di diritto pubblico*, 1968.

BASTOS, F. Loureiro, *Tratado da União Europeia e Tratado da Comunidade Europeia*, Lisboa, 1999.

BASTOS, J. F. Rodrigues, *Notas ao Código de Processo Civil, Vol. II, 3.ª ed. revista actualizada*, Lisboa, 2000.

BAUR, F., *Studien zum einstweiligen Rechtsschutz*, Tübingen, 1967.

BAUR, F., *Tutela Jurídica mediante medidas cautelares*, Porto Alegre,1985.

BELEZA, Maria dos Prazeres Pizarro, "Impossibilidade de alteração do pedido ou da causa de pedir nos procedimentos cautelares", *Direito e Justiça*, Vol. XI, tomo 1, 1997, pp. 335 ss.

BELOFF, M. J., "Judicial Review: 2001: A Prophetic Odyssey", *The Modern Law Review*, 58, (2), 1995.

BERGERES, M. C., "Les mesures provisoires devant la Cour de Justice", *Sebb information*, 1983, n.º 9, pp. 41 ss.

BLAISSE, A., "Quo Vadis référé?", *La Semaine juridique*, 1982, I, p. 3083 e ss.

BONNARD, H. / DUBOIS, J. P., *Droit du Contentieux*, Paris, 1987.

BORCHARDT, G. "The award of interim measures by European Court of Justice", *Common Market Law Review*, 22, 1985, pp. 203 ss.

BOYRON, S. / NEVILLE-BROWN, L., "L'affaire Factortame: droit communautaire contre droit public anglais", *revue française de droit administratif*, 1994, pp. 70 ss.

BRIGUGLIO, A., *Pregiudiziale comunitaria e processo civile*, Padova, 1996.

BUNAL, C., *La tutela jurisdicional efectiva*, Barcelona, 1994.

BURDEAU, F., *Histoire du droit administratif*, Paris, 1995.

CABAL, J. M. Campo, *Perspectivas de las medidas cautelares en el proceso contencioso administrativo*, Bogotá, 1997.

CABAL, J. M. Campo, *Medidas cautelares en el contencioso administrativo*, Bogotá, 1989.
CADILHA, C. A. Fernandes, "Ainda a Reforma do Contencioso Administrativo", *Cadernos de Justiça Administrativa*, 2, 1997, pp. 3 a 8.
CADILHA, C. A. Fernandes, "Intimações", *Cadernos de Justiça Administrativa*, 16, 1999, pp. 62 a 66.
CAETANO, Marcelo, *Manual de Direito Administrativo*, Lisboa, 1973.
CAIANIELLO, V., *Mannuale Diritto Processuale Ammistrativo*, 2º ed., Torino, 1994.
CALAMANDREI, P., *Studi sul processo civile*, (vols. I-VI), Padova, 1930.
CALAMANDREI, P., *Introduzione allo studio sistematico dei provvedimenti cautelari*, Padova, 1939.
CALAMANDREI, P., *Introducción al estudio sistematico de las providências cautelares*, trad. de Santiago Sentis Meleno, Buenos Aires, Argentina, 1945.
CALAMANDREI, P., *Istituzioni di diritto processuale civile*, Padova, 1943.
CALAMANDREI, P. "Il processo come giuoco", *Rivista de Diritto Processuale*, 1950, pp. 22 ss.
CALAMANDREI, P. "Verità e verosimiglianza nel processo civile", *Rivista di Diritto Processuale*, 1955, 164 ss.
CALDERON CUADRADO, M. P., *Las Medidas Cautelares Indeterminadas en el Proceso Civil*, Madrid, 1992.
CALVO ROJAS, E. "Medidas cautelares en el proceso contencioso-administrativo. Medidas provisionalísimas y medidas cautelares positivas. Últimos avances en la materia y algún exceso", REDA, 83, 1994.
CALVOSA, C., *La tutela cautelare*, Torino, 1963.
CAMPOS, J. Mota de, "O Ordenamento Jurídico Comunitário", *Direito Comunitário*, Vol. II, 3.ª ed., Lisboa, 1990.
CANOTILHO, J. J. Gomes / MOREIRA, Vital, *Constituição da República Portuguesa*, anotada, 3.ª ed., 1993.
CANOTILHO, J. J. Gomes, "Privatismo, Associativismo e Publicismo na Justiça Administrativa do Ambiente (as incertezas do contencioso ambiental), *Revista de Legislação e Jurisprudência*, n.os 3857, 3858, 3859, 3860 e 3861.
CANOTILHO, J. J. Gomes, "Relações jurídicas poligonais. Ponderação ecológica de bens e controlo judicial preventivo", *Revista Jurídica do Urbanismo e Ambiente*, nº 1, Junho, 1994, pp. 55 ss.
CANOTILHO, J. J. Gomes, "Tópicos de um Curso de Mestrado sobre Direitos Fundamentais, Procedimento, Processo e Organização, *Boletim da Faculdade de Direito de Coimbra*, Vol. LXVI, 1990.
CANOTILHO, J. J. Gomes, *Direito Constitucional*, 5.ª ed., Coimbra, 1991.
CAPITÃO, Gonçalo / MACHADO, Pedro, "Direito à tutela jurisdicional efectiva -

Implicações na suspensão jurisdicional da eficácia de actos administrativos", in: Polis, *Revista de Estudos Jurídico-políticos*, ano I, n.º 3, 1995, pp. 37 a 76.

CAPONI, R., "La tutela cautelare nel processo civile tedesco", *Il Foro Italiano*, V, 1998.

CARAMELO, Sampaio, "Da suspensão da executoriedade dos actos administrativos por decisão dos tribunais administrativos", *O Direito*, Lisboa, 1969, 1 e 2, pp. 32 ss. e, respectivamente, pp. 219 ss.

CARANTA, R., "Diritto comunitario e tutela cautelare: dall'effectività allo jus commune", *Giurisprudenza Italiana*, 1994, pp. 353 ss.

CARANTA, R., "Effettività della garanzia giurisdizionale nei confronti della pubblica amministrazione e diritto comunitario: il problema della tutela cautelare", *Il Foro Amministrativo*, 1991, pp. 1889 ss.

CARANTA, R., "Judicial Protection Against Member States: A New Jus Commune takes shape", *Common Market Law Review*, 1995, pp. 703 e ss.

CARANTA, R., "L'ampliamento degli strumenti di tutela cautelare e la progressiva 'comunitarizzazione' delle regole processuali nazionali", *Il Foro Amministrativo*, 1996, pp. 2554 ss.

CARANTA, R., "Sull'impugnabilità degli atti endoprocedimentali adottati dalle autorità nazionali ipotesi di coamministrazione", *Il Foro Amministrativo*, 1994, pp. 752 ss.

CARBONELL, A. Barrera, "Hacia una nueva concepción de la suspensión provisional del acto administrativo en Colombia", *Boletim Mexicano de Derecho Comparado*, 90, 1997.

CARDOSO, Lopes, "Processos preventivos e conservatórios", in *Projectos de revisão do Código do Processo Civil*, I, 1958.

CARLOS, Adelino da Palma, "Procedimentos cautelares antecipadores", *O Direito*, ano 105, Jan./Mar., 1973.

CARNELUTTI, F., "Diritto e processo", *Trattato del processo civile*, Napoli, 1958.

CARNELUTTI, F., *Lezioni di diritto processuale civile*, II, Padova, 1931.

CARNELUTTI, F., *Sistema di diritto processuale civile*, I, Padova, 1936.

CARNELUTTI, F., *Teoria generale del diritto*, Roma, 1951.

CARPI, F., "La tutela d'urgenza fra cautela, 'sentenza anticipata' e giudizio di merito", *Rivista di Diritto Processuale*, 1985, pp. 680 ss.

CASADEI-JUNG, M.-F., "Etude critique et comparative du référé administratif", *Gazette du Palais*, 15/16 Maio, 1985.

CASARI, V. Gasparini, *Introduzione allo studio sistematico della tutela cautelare nei confronti della P. A.*, Modena, 1982.

CASELLA, M., "Il nuovo processo cautelare ed i profili pratici", *Prime Esperienze del Nuovo Processo Cautelare* (Atti dell'incontro di studio Roma, 27 Maggio 1995), Milano, 1996.

CASES PALLARÉS, LL., "La adopción de las medidas cautelares motivada en la nulidad de pleno derecho del acto administrativo", REDA, 76, 1992.

CASSARINO, S., *Il processo amministrativo nella legislazione e nella giurisprudenza:*

esposizione sistematica delle norme sul processo amministrativo e di tritta la giurisprudenza dal secondo dopo guerra ad oggi., Milano, 1984.

CASSARINO, S., *Manuale di Diritto Processuale Amministrativo*, Milano, 1990.

CAUPERS, João / RAPOSO, João, *Contencioso Administrativo Anotado e Comentado*, Lisboa, 1994.

CAUPERS, João, "Imposições à Administração Pública", *Cadernos de Justiça Administrativa*, 16, 1999, pp. 49 a 51.

CAUPERS, João, "O controle jurisdicional da administração Pública nos Estados Lusófonos", *Cadernos de Justiça Administrativa*, 3, 1997, pp. 3 a 11.

CAUPERS, João, *Direito Administrativo I. Guia de estudo*, 3.ª ed., Lisboa, 1998.

CAVALALLINI, J., *Le juge national du provisoire face au droit communitaire – les contentieux francaise et englaise*, Bruylant, bruxelles, 1995.

CAVALLONE, B., "Les mesures provisoires et les règles de preuve", *Les mesures provisoires en droit belge, français et italien. Étude de droit comparé...* cit., pp. 161 ss..

CHABANOL, D., *Code des tribunaux administrtaifs et des cours administratives d'appel annoté et commenté*, 4.ª ed., Paris, 1995.

CHABANOL, D., *Le juge administratif*, Paris, 1993.

CHAPUS, R., "Dualité de jurisdictions et unité de l'ordre juridique", *revue française droit administratif*, 1990, pp. 739 ss.

CHAPUS, R., "Le juge Administratif face à l'urgence" (Rapport de synthèse, Colloque Astrafi), *Gazette du Palais*, 1995, D, pp. 137 ss.

CHAPUS, R., "Les aspects procéduraux de la reforme du contentieux administratif (loi du 31 de décembre 1987)", *L'Actualité juridique, Droit administratif*, 1989, pp. 93 ss.

CHAPUS, R., *Droit du contentieux administratif*, 8.ª ed., Paris, 1999.

CHAUVAUX, D. / STAHL, J.-H., "chron. Jurispr.", *L'Actualité juridique, Droit administratif*, 1995, pp. 505 ss. e 1996, pp. 115 ss.

CHEVALLIER, J. "L'interdiction par le juge administratif de faire acte d'administrateur", *L'Actualité juridique, Droit administratif*, 1972, pp. 67 ss.

CHEVALLIER, J., *L'elaboration historique du principe de séparation de la juridiction administrative et de l'administration active*, s.d., 1970.

CHINCHILLA MARÍN, C., "De nuevo sobre la tutela cautelar en el proceso contencioso-administrativo", *La Justicia Administrativa el el Derecho Comparado ...* cit., pp. 447 a 467.

CHINCHILLA MARÍN, C., "El derecho a la tutela cautelar como garantía de la efectividad de las resoluciones judiciales", RAP, 131, 1993.

CHINCHILLA MARÍN, C., "medidas cautelares", *Comentarios a la Ley de la Jurisdicción Contencioso-Administrativa de 1998*, REDA, 100, 1998.

CHINCHILLA MARÍN, C., *La tutela cautelar en la nueva justicia administrativa*, Madrid, 1991.

CHIOVENDA, G., *Istituzioni di diritto processuale civile*, I, Napoli, 1933.

CHIOVENDA, G., *Principios de Derecho Procesal Civil*, trad., de José Casais y Santaló, Tomo I, Madrid, s.d.
CHIOVENDA, G., *Saggi di diritto processuale civile, I*, Roma, 1930.
CHIOVENDA, G., *Studi di diritto processuale*, Padova, 1927.
CHITI, M. P., "I signori del diritto comunitario: la Corte di giustizia e lo sviluppo del diritto amministrativo europeo", *Rivista trimestrale di diritto pubblico*, 1991, pp. 816 ss.
CHITI, M. P., "L'effettività della tutela giurisdizionale tra riforme nazionali e influenza del diritto comunitario", *Diritto processuale amministrativo*, 1998, pp. 499 ss.
CLOSSET-MARCHAL G., "L'urgence", *Les mesures provisoires en droit belge, français et italien. Étude de droit comparé* ... cit., pp. 19 ss.
CLOSSET-MARCHAL G., "La caducité et la rétractacion de la décision ordonnant les mesures provisoires", *Les mesures provisoires en droit belge, français et italien* ... cit., pp. 155 ss.
COCA VITA, E., "A vueltas con la suspensión de la ejecución de los actos administrativos recurridos. Últimas aportaciones doctrinales y jurisprudenciales", RAP, 127, 1992.
COLLADO GARCÍA-LAJARA, E. "Las medidas cautelares en la nueva Ley de la Jurisdicción Contencioso-Administrativa", *La Ley*, de 30 de Novembro de 1998.
COLOMER, J. L. Gómez / REDONDO, A. Montón / VILAR, S. Barona, *El nuevo proceso civil* (Ley 1/2000), Valencia, 2000.
COLONGE VELÁSQUEZ, A., "Primera decisión jurisprudencial sobre medidas cautelares provisionalísimas. Uno paso más en la crisis de la ejecutividad de los actos administrativos", *Poder Judicial*, 33, 1994.
COMOGLIO-FERRI, "La tutela cautelare in Italia: profili sistematici e riscontri comparativi", *Rivista di Diritto Processuale*, 1990, pp. 963 ss.
COMPERNOLLE, J. V., "Les mesures provisoires en droit belge", *Les mesures provisoires en droit belge, français et italien. Étude de droit comparé* ... cit., pp. 5 ss.
CONDE MARTÍN DE HIJAS, J. V. /ÀLVAREZ-CIENFUEGOS SUÁREZ, M. A., "Las medidas cautelares en el Ley de la jurisdicción Contencioso-Administrativa de 13 de julio de 1998", *Actualidad Jurídica Aranzadi*, n.º 370, de 17 de diciembre de 1998.
CONIGLIO, A., *Il sequestro giudiziario e conservativo*, Milano, 1949.
CONTE, R., "La nozione di irreparabilità nella tutela d'urgenza del diritto di credito", *Rivista di Diritto Processuale*, 1998, pp. 216 ss.
CORNIDE-QUIROGA, Á. F. de la Maza, *Las Nuevas Perspectivas en el Proceso Contencioso-Administrativo. Las Medidas Cautelares*, Madrid, 1997.
CORREIA, F. Alves, "A impugnação jurisdicional de normas administrativas", *Cadernos de Justiça Administrativa*, 16, 1999, pp. 16 a 27.
CORREIA, J. M. Sérvulo, "Impugnação de actos administrativos", *Cadernos de Justiça Administrtaiva*, 16, 1999, pp. 11 a 15.

CORREIA, J. M. Sérvulo, "Linhas de aperfeiçoamento da jurisdição administrativa", *Revista da Ordem dos Advogados*, ano 51, 1991, pp. 181 a 190.

CORREIA, J. M. Sérvulo, "O direito dos interessados à informação: *ubi ius, ibi remedium*", *Cadernos de Justiça Administrativa*, 5, 1997, pp. 7 a 12.

CORREIA, J. M. Sérvulo, *Contencioso Administrativo*, (Lições Polic.), AAFDL, Lisboa, 1990.

CORREIA, J. M. Sérvulo, "Direito Administrativo II (Contencioso Administrativo). Relatório sobre programa, conteúdo e métodos de ensino", *Revista da Faculdade de Direito da Universidade de Lisboa*, 1994.

CORREIA, J. M. Sérvulo, *Legalidade e Autonomia contratual nos Contratos Administrativos*, Coimbra, 1987.

CORREIA, J. M. Sérvulo, *Noções de Direito Administrativo*, Lisboa, 1982.

CORREIA, J. M. Sérvulo, *Prefácio a Ricardo Leite Pinto, Intimação para um comportamento* ... cit.

CORTEZ, Margarida, "A Autonomia das Acções para Efectivação da Responsabilidade Civil da Administração por Danos Resultantes de Actos Administrativos Ilegais (Algumas considerações sobre o art. 7.º do Dec. Lei n.º 48 051, de 21 de Novembro de 1967), *Revista Jurídica da Universidade Moderna*, 1, 1998.

COSCULLUELA MONTANER, L., *Manual de Derecho Administrativo*, 9.ª ed., Madrid, 1998.

COUTURE, E. J., Prólogo a S. SENTIS MOLENO, *Introducción al estudio sistematico de las providencias cautelares*, Buenos Aires, 1945.

COUTURE, E. J., *Proyeto de código de Procedimiento civil*, Buenos Aires, 1954.

CRAIG, P. P., *Administrative Law*, 3.ª ed., Londres, 1994.

CRIPPS, Y., "Some Effects of European Law on English Administrative Law", *Global Legal Studies II*, Internet, site: http://www.law.indiana.edu/glsj/vol2/cripps.html.

CUBILLOS, H. E. Quiroga, *Procesos e medidas cautelares*, Bogotá, 1985.

D'AURA, G., "Autorité et contrat dans l'Administration moderne en Italie", in *Annuaire Européen D'Administration Publique*... cit., pp. 148 ss.

DANWITZ, Th. V., "Die Eigenverantwortung der Mitgliedsstaaten für die Durchführung von Gemeinschaftsrecht (Zu den europarechtlichen Vorgaben für das nationale Verwaltungs - und Gerichtsverfahrensrecht)", *Deutsches Verwaltungsblatt*, 1998, pp. 421 ss.

DANZER-VANOTTI, W., "Der Gerichtshof der Europäischen Gemeinschaften beschränkt vorläufigen Rechtsschutz", *Der Betriebsberater*, 1991.

DEBBASCH, C. / RICCI, J.-C., *Contentieux administratif*, 7ª ed., Paris, 1999.

DEBBASCH, R., "Le juge administratif et l'injonction: la fin d'un tabou", *La Semaine Juridique*, 1996, I, n.º 3924.

DELVOLVÉ, P. / VEDEL, G., *Le système français de protection des administrés contre l'administration*, Paris, 1991.

DELVOLVÉ, P., "Paradoxes du (ou paradoxes sur le) principe de séparation des autorités administrative et judiciaire", *Droit administratif. Mélanges René Chapus*, Paris, 1992.

DEMEZ G. / PANIER C., "L'autonomie du référé", *Les mesures provisoires en droit belge, français et italien. Étude de droit comparé* ... cit., pp. 45 ss.

DENZA, A., "La Chambre des Lords: vingt années d'enquêtes communautaires", *Revue du Marché Commun et de l'Union européenne*, 371, 1993, pp. 740 a 745.

DI BENEDETO, U., "La tutela cautelare nell pubblico impiego nel giudizio amministrativo", *il Foro ammistrativo*, 1989, pp. 1625 ss.

DI CUIA, A., "La sospensione dell'esecuzione del provvedimento impugnato del processo amministrativo", internet, site http:/www.gelso.unitn.it/card-adm/Obter-Dictum//dicuia.htm.

DIAS, José Eduardo F., "A suspensão da eficácia e a polissemia da noção de interesse público; um salto em frente na protecção cautelar do ambiente", *Cadernos de Justiça Administrativa, 7,* 1998, pp. 10 a 15.

DIAS, José Eduardo F., "Relevo prático da 'intimação para consulta de documentos' na garantia jurisdicional do direito à informação dos administrados", *Cadernos de Justiça Administrativa*, 5, 1997, pp. 53 a 57.

DIAS, José Eduardo F., *Tutela Ambiental e Contencioso Administrativo*, Coimbra, 1997.

DINI, E. A. / DINI, M., *I provvedimenti d'urgenza*, Milano, 1971.

DINI, E. A. / MAMMONE, G., *I provvedimenti d'urgenza nel diritto processuale civile e nel diritto del lavoro*, 6ª ed., Milano, 1993.

DINI, M. / DINI, E. A., *I provvedimenti d'urgenza*, Milano, 1971.

DITTRICH, L., "Dalla tutela cautelare anticipatoria alla tutela sommaria definitiva", *Rivista di Diritto Processuale*, 1988, pp. 672 ss.

DITTRICH, L., "Il provvedimento d'urgenza", *Il nuovo processo cautelare*, coord., G. TARZIA, Padova, 1993.

DRAGO, M. "La procédure de référé devant le Conseil d'Etat", *Revue du Droit Public*, 1953.

DRAGO, R., Prefácio a O. DUGRIP, *L'urgence contentieuse devant les juridictions administratives*, Paris, 1991.

DU CASTILLON, L., "Les pouvoirs, au provisoire, du juge des référés: déraison de la mesure ou mesure de la raison?", *Les mesures provisoires en droit belge, français et italien. Étude de droit comparé...* cit., pp. 31 ss.

DU CASTILLON, L., "Variations autour du principe dispositif et du contradictoire dans l'instance en référé", *Les mesures provisoires en droit belge, français et italien. Étude de droit comparé* ... cit., pp. 93 ss.

DUBOIS-VERDIER J.-M., "Le procedure d'urgenza nel processo amministrativo francese", *Amministrare*, 1, Abril, 1999, pp. 85 a 98.

DUGRIP, O., "Le projet de loi relatif au référé devant les juridictions administratives: la réforme des procédures d'urgence", *La Semaine Juridique*, 51-52, 1999, pp. 2281 a 2283;

DUGRIP, O., *L'urgence contentieuse devant les juridictions administratives*, Paris, 1991.

DUNKL, H., "Arrest und einstweilige Verfügung", in: DUNKL, H. / MOELLER, D. /BAUR, H / FELDMEIER, G., *Handbuch des vorläufigen Rechtsschutzes*, 3.ª ed., München, 1999.

DUTHEIL DE LA ROCHÈRE, J. / GRIEF, N. / JARVIS, M. A., "L'application du droit communautaire par les juridictions britanniques (1996-1997)", *Revue trimestrielle de droit européen*, 34, 1998, pp. 93 ss.

EDWARDS, J., "Interdict and the Crown in Scotland", *Law Quarterly Review*, 11, 1995, pp. 34 a 40.

ESCRIBANO COLLADO, P., "Técnicas de Control Judicial de la Actividad Administrativa. España", in: *La Justicia Administrativa en el Derecho Comparado ...* cit., pp. 351 ss.

ESCUDERO HERRERA, C., " De la instrumentalidad y otras características de las medidas cautelares en el orden contencioso-administrativo. Especial referencia a la suspensión de las disposiciones y actos", *Actualidad Administrativa*, 25, 1998, pp. 527 ss.

ESTORNINHO, Maria João, "Princípio da Legalidade e Contratos da Administração", *Separata do BMJ*, 368, 1987.

ESTORNINHO, Maria João, *Requiem pelo Contrato Administrativo*, Coimbra, 1990.

ESTORNINHO, Maria João, *Algumas questões de contencioso dos contratos da Administração Pública*, Lisboa, AAFDL, 1996.

ESTORNINHO, Maria João, *A Fuga para o Direito Privado - Contributo para o estudo da actividade de direito privado da AP*, Coimbra, 1996.

ESTORNINHO, Maria João, "A propósito do Decreto-Lei nº 134/98, de 15 de Maio, e das alterações introduzidas ao regime de contencioso dos contratos da Administração Pública...", *Cadernos de Justiça Administrativa*, 11, 1998, pp. 3 a 9.

ESTORNINHO, Maria João, "Contencioso dos contratos da Administração Pública", *Cadernos de Justiça Administrativa*, 16, 1999, pp. 28 a 32.

ESTORNINHO, Maria João, *Contratos da Administração Pública*, Coimbra, 1999.

ESTOUP, P., *La Pratique des Procédures Rapides, Référés, ordonances sur requête, procédure d'injoctions, procédures à jour fixe et abrégées*, 2ª ed., Paris, 1998.

FÁBRICA, Luis, "A acção para reconhecimento de direitos legalmente protegidos", Separata do BMJ, Lisboa, 1987.

FALCON, G., "La Justicia Administrativa en Italia", in: *La Justicia Administrativa en el Derecho Comparado ...* cit., pp. 207 ss.

FANACHI, P., *La Justice administrative*, Paris, 1985.

FANACHI, P., "Référé", *Répertoire de droit public et administratif*, Dalloz, 1985.
FAZZALARI, E., "Provvedimenti cautelari", *Enciclopedia deL Diritto*, Vol. XXXVII, Roma, 1988.
FAZZALARI, E., *Lezioni di Diritto Processuale Civile*, I, Padova, 1985.
FAZZALARI, E., "Intervento", *Les mesures provisoires en procédure civile* ... cit., pp. 279 ss.
FERNÁNDEZ MARTÍN, J. M., "El princípio de tutela judicial efectiva de los derechos subjectivos derivados del Derecho Comunitario. Evolución y alcance", *Revista de Instituciones Europeas*, 3, 1994.
FERNANDEZ, Elisabeth, "Normas de protecção ambiental, Déficit de execução. Processo de intimação para um comportamento", *Cadernos de Justiça Administrativa*, 4, 1998, pp. 34 a 38.
FERNÁNDEZ, M. Angel, "La ejecución forzosa. Las medidas cautelares.", *Derecho Procesal Civil III*, 4.ª ed., Madrid, 1997.
FINKELNBURG, K. / JANK, K. P., *Vorläufiger Rechtsschutz im Verwaltungsstreitverfahren*, 4ª ed., München, 1998.
FIORILLO, L. "La corte costituzionale introduce nel processssso amministrativo la tutela cautelare atípica", *Il Foro Amministrativo*, 1986, pp. 1674 ss.
FOLLIERI, E., "La cautela atipica e la sua evoluzione", *Diritto processuale amministrativo*, 1989, pp. 646 ss.
FOLLIERI, E., "Strumentalità ed efficacia 'ex tunc' dell'ordinanza di sospensione", *Giurisprudenzia Italina*, 1985, III, pp. 196 ss.
FOLLIERI, E., *Giudizio cautelare ammistrativo e interessi tutelati*, Milano, 1981.
FOLLIERI, E., *Il giudizio cautelare amministrativo*, Rimini, 1992.
FONSECA, G. Pereira da, "Differences entre la Procédure Civile et la Procédure du Contentieux Administrtaif", *Revista de Direito Público*, 9, 1991, pp. 79 ss.
FONSECA, Isabel Celeste, "Para uma nova tutela cautelar na justiça administrtaiva. Prólogo de uma batalha... ", *Cadernos de Justiça Administrativa*, 8, 1998, pp. 43 a 48.
FONSECA, Isabel Celeste, *Para uma tutela cautelar adequada dos administrados*, Braga, 1999.
FONSECA, Isabel Celeste, *Problemas actuais da justiça administrativa dos contratos* (contributo para a resolução do 'imbróglio jurídico'), Braga, 1999.
FONT LLOVET, T., "Nuevas consideraciones en torno de la suspensión de los actos administrativos", REDA, 34, 1982.
FORSYTH, C.F. / WADE, H. W. R. *Administrative Law*, 7.ª ed., Oxford, 1994.
FRANCES, M., *Essai sur les notions d'urgence et de provisoire dans la procédure du référé*, Sirey, 1935.
FRANCHI, G., *Le denunce di nuova opera e di danno temuto*, Padova, 1968.
FREITAS, J. Lebre de, *Introdução ao Processo Civil. Conceito e princípios gerais*, Coimbra, 1996.

FRIER, P.-L., "Un inconnu: le vrai référé administratif", *L'Actualité juridique, Droit administratif*, 1980, pp. 76 e ss.

FRIER, P.-L., *L'urgence*, Paris, 1987.

FRISINA, P., "La tutela antecipatoria: profili funzionali e strutturali", *Rivista di Diritto Processuale*, 1986, pp. 364 ss.

FROMONT, M., "La justice administrative en Europe. Convergences", *Droit administratif. Mélanges René Chapus*, Paris, 1992.

FROMONT, M., "La protection provisoire de particuliers contre les décisions administratives dans les Etats membres des Communautés européennes", RISA, 1984, 4, pp. 309 ss.

FUENTETAJA PASTOR, J. A., *El proceso judicial comunitario*, Madrid, 1996.

FUENTETAJA PASTOR, J. A./BACIGALUPO SAGGESE, M., "*Fumus boni iuris, periculum in mora* y equilibrio de intereses como presupuestos de la tutela cautelar comunitaria", REDA, 94, 1997.

GARBAGNATI, E., "Doppio grado di giurisdizione cautelare nel processo amministrativo", *Jus. Rivista di Scienze Giuridiche*, vol. 1/2, 1982.

GARBERI LLOBREGAT, J./GONZALEZ-CUELLAR SERRANO, N., "Ordenanza sobre los Tribunales Administrativos de la República Federal Alemana de 21 de enero de 1960 (*Verwaltungsgerichtsordnung*)", *Documentación Juridica*, tomo XVIII, Madrid, 1991.

GARCÍA DE ENTERRÍA, E. "La ampliación de la competencia de las jurisdicciones contencioso-administrativas nacionales por obra del Derecho Comunitario. Sentença Borelli de 3 diciembre de 1992 del Tribunal de Justicia y el artículo 5 CEE", REDA, 1993.

GARCÍA DE ENTERRÍA, E. "Las medidas cautelares que puede adoptar el juez nacional contra el derecho comunitario: La sentencia Zuckerfabrik del Tribunal de Justicia de las Comunidades Europeas de 21 de febrero de 1991", REDA, 72, 1991; reunido in: *La batalla por las medidas cautelares* ... cit., pp. 139 ss.

GARCÍA DE ENTERRÍA, E. "Nuevas medidas cautelares positivas : la imposición por vía cautelar a la Administración de la obligación de continuar un procedimiento, eliminando un obstáculo inicial sin apariencia de buen derecho (Auto de la Sala de lo Contencioso-Administrativo del Tribunal Superior de Justicia del País Vasco de 14 de octubre de 1991)", reunido in: *La batalla por las medidas cautelares* ... cit., pp. 255 ss.

GARCÍA DE ENTERRÍA, E. "Perspectivas de las justicias administrativas nacionales en el ámbito de la Unión Europea", REDA, 101, 1999.

GARCÍA DE ENTERRÍA, E. "Sobre la posibilidad de que las jurisdicciones nacionales adopten medidas cautelares positivas (y no sólo suspensiones) contra los actos de sus Administraciones respectivas dictados en ejecución de Reglamentos comunitarios cuya validez se cuestiona (Sentencia Atlanta del Tribunal de Justicia, de 9 de noviembre de 1996)", REDA, 88, 1995.

GARCÍA DE ENTERRÍA, E. "Sobre la reforma de la Jurisdicción contencioso-administrativa: una réplica", *Otrosí Revista del Colegio de Abogados de Madrid*, de Junho de 1995, reunido in: *Democracia, jueces y control de la Administración* ... cit., pp. 263 ss.

GARCÍA DE ENTERRÍA, E. "Sobre la situación de la justicia administrativa y su reforma (Requiem por un Proyecto de Ley)", *Otrosí Revista del Colegio de Abogados de Madrid*, de Dezembro de 1995, reunido in: *Democracia, jueces y control de la Administración* ... cit., pp. 255 ss.

GARCÍA DE ENTERRÍA, E., "Aún sobre la reforma de la justicia administativa y el modelo constitucional. Nota última", reunido in: *Democracia, jueces y control de la Administración* ... cit., pp. 301ss.

GARCÍA DE ENTERRÍA, E., "Constitucionalización definitiva de las medidas cautelares contencioso-administrativas y ampliación de su campo de aplicación (medidas positivas), y jurisdicción plenaria de los Tribunales contencioso-administrativos, no limitada al efecto revisor de actos previos. Dos sentencias constitucionales", reunido in: *La batalla por las medidas cautelares* ... cit., pp. 305 ss.

GARCÍA DE ENTERRÍA, E., "El problema de los poderes del juez nacional para suspender cautelarmente la ejecución de las Leyes nacionales en consideración al Derecho Comunitario Europeo: La Sentencia inglesa 'Regina/Secretary of State for Transport; ex parte Factortame Limited and Others', 1989, y la negación general de medidas cautelares contra la Corona", REDA, 63, 1989, pp. 411 ss.; reunido in: *La batalla por las medidas cautelares* ... cit., pp. 35 ss.

GARCÍA DE ENTERRÍA, E., "Hacia una medida cautelar ordinaria de pago anticipado de deudas (référé-provision). A propósito del auto del Presidente del Tribunal de Justicia de las Comunidades Europeas de 29 de enero de 1997 (asunto Antonissen), RAP, 142, 1997, pp. 225 ss.

GARCÍA DE ENTERRÍA, E., "La nueva doctrina del Tribunal Supremo sobre medidas cautelares : la recepción del princípio del Fumus boni iuris (Auto de 20 de diciembre de 1990) y su trascendencia general", reunido in: *La batalla por las medidas cautelares* ...cit., pp. 167 ss.

GARCÍA DE ENTERRÍA, E., "La sentencia Factortame (19 de junio de 1990) del Tribunal de Justicia de las Comunidades Europeas. La obligación del juez nacional de tutelar cautelarmente la eficacia del Derecho Comunitario aun a costa de su proprio Derecho nacional. Trascendencia general de la Sentencia en el Derecho Comunitario y en el sistema español de medidas cautelares", REDA, 67, 1990; reunido in: *La batalla por las medidas cautelares* ... cit., pp. 105 ss.

GARCÍA DE ENTERRÍA, E., "Medidas cautelares positivas y disociadas en el tiempo: el Auto de 21 de marzo de 1991 de la Sala de lo Contencioso-Administrativo del Tribunal Superior de Justiça del País vasco", reunido in: *La batalla por las medidas cautelares* ... cit., pp. 223 ss.

GARCÍA DE ENTERRÍA, E., "Novedades sobre los procesos en el conflicto de pesca anglo-español. La suspensión cautelar por el Tribunal de Justicia de las Comunidades Europeas de la Ley inglesa de 1988 aparentemente contraria al Derecho Comunitario. Enseñanzas para nuestro sistema de medidas cautelares, sobre la primacía del Derecho Comunitario y respecto a la indemnizabilidad de los daños causados por infracción de éste", REDA, 64, 1989, pp. 593 ss.; reunido in: *La batalla por las medidas cautelares* ... cit., pp. 71 ss.

GARCÍA DE ENTERRÍA, E., "Perspectivas de las Justicias Administrativas Nacionales en el Ámbito de la Unión Europea", *Rivista trimestrale di diritto pubblico*, 1, 1999.

GARCÍA DE ENTERRÍA, E., "Prólogo", a J. M. BANDRES SANCHEZ-CRUZAT, Derecho Administrativo y Tribunal Europeo de Derechos Humanos, Madrid, 1996.

GARCÍA DE ENTERRÍA, E., "Sobre la reforma de la jurisdicción contencioso-administrativa: una réplica", *Otrosí Revista del Colegio de Abogados de Madrid*, de Junho de 1996, reunido in: *Democracia, jueces y control de la Administración* ... cit., pp. 263 ss.

GARCÍA DE ENTERRÍA, E., "Un paso capital en el Derecho constitucional británico: El poder de los jueces para enjuiciar en abstracto y con alcance general las leyes del Parlamento por su contradicción con el Derecho Comunitario (Sentencia Equal Opportunities Commission de la Cámara de los Lores de 3 de marzo de 1994", *Revista de Instituciones Europeas*, 21 (3), 1994.

GARCÍA DE ENTERRÍA, E., *carta pessoal do Autor*, Setembro de 1998.

GARCÍA DE ENTERRÍA, E., *Democracia, jueces y control de la Administración*, 4.ª ed. Madrid, 1998.

GARCÍA de ENTERRÍA, E., *Hacia una Nueva Justicia Administrativa*, 2.ª ed., Madrid, 1992.

GARCÍA de ENTERRÍA, E., *La lucha contra las inmunidades del poder*, reimp., 3.ª ed., Madrid, Civitas, 1995.

GARCÍA DE ENTERRÍA, E., *La batalla por las medidas cautelares* (Derecho Comunitario Europeo y proceso contencioso-administrativo españõl), 2.ª ed., Madrid, 1995.

GARCÍA DE ENTERRÍA, E., *Revolución Francesa y Administración Contemporanea*, 5.ª ed., Madrid, 1998.

GARCÍA DE ENTERRÍA, E., "Observaciones sobre la tutela cautelar en la nueva Ley de la Jurisdicción Contencioso-Administrativa de 1998. Tienen efectiva potestad de acordar tutela cautelar las Salas de los Tribunales Superiores de Justicia y de la Audiencia Nacional?", RAP, 2000, pp. 251 ss.

GARCÍA DE ENTERRÍA, E., "Sobre la ejecutoriedad inmediata de las medidas cautelares recurridas en casación. Una reflexión rectificativa", RAP, 2000, pp. 381 ss.

GARCÍA DE ENTERRÍA, E./TOMÁS RAMÓN FERNÁNDEZ, *Curso de Derecho Administrativo*, vol. II, 5ª ed., Madrid, 1998.

GARCÍA DE ENTERRÍA, E./TOMÁS-RAMÓN FERNÁNDEZ, Curso de Derecho Administrativo, Vol. I, 8.ª ed., Madrid, 1997.
GARCÍA LLOVET, E., "O procedimento: as medidas cautelares", Curso de verán sobre a nova lei da Xurisdicción contencioso-administrativa, Sada, 27 e 28 de xullo de 1998, Escola Galega de Administración Pública.
GARCIA, Maria da Glória F. P. Dias, Do Conselho de Estado ao actual Supremo Tribunal Administrativo, Fundação Luso-Americana, Lisboa, 1998.
GARCIA, Maria da Glória F. Dias, "As garantias de defesa jurisdicional dos particulares contra actuações do poder executivo na Alemanha", Gabinete de Documentação e Direito Comparado, 27/28, Lisboa, 1986, pp. 385 ss.
GARCIA, Maria da Glória F. Dias, "Breve reflexão sobre a execução coactiva dos actos administrativos", Estudos, Vol. II, Direcção geral das Contribuições e Impostos, Lisboa, 1983.
GARCIA, Maria da Glória F. Dias, "Da exclsuvidade de uma medida cautelar típica à atipicidade das medidas cautelares ou a necessidade de uma nova compreensão do Direito e do Estado", Cadernos de Justiça Administrativa, 16, 1999, pp. 74 a 81.
GARCIA, Maria da Glória F. Dias, "Meios cautelares em Direito Processual Administrativo", Scientia Ivridica, 1994, 250/252, pp. 211 ss.
GARCIA, Maria da Glória F. Dias, "Os Procedimentos Cautelares. Em especial, a suspensão da eficácia do acto administrativo", Direito e Justiça, vol. X, Tomo 1, 1996, pp. 195 ss.
GARCIA, Maria da Glória F. Dias, A responsabilidade civil do Estado e demais pessoas colectivas públicas, Lisboa, 1997.
GARCIA, Maria da Glória F. Dias, Da Justiça Administrativa em Portugal. Sua origem e evolução, Lisboa, 1994.
GARCIMARTIN ALFEREZ, F. J., El régimen de las medidas cautelares en el comercio internacional, Madrid, 1996.
GARRIDO FALLA, F., "Sobre la inejecución de las sentencias recurridas en casación", Actualidad jurídica Aranzadi, n.º 359, outubro de 1998.
GAUDEMET, Y., "Le juge administratif, futur administrateur?", Le juge administratif à l'aube du XXI siècle, Presses univ. grenoble, 1995.
GAUDEMET, Y., "Les procédures d'urgence dans le contentieux administratif", revue française de droit administratif, 1988, pp. 420 ss.
GELLERMANN, M. / REGELING H.-W. / MIDDEKE A., Rechtsschutz in der Europäischen Union, München, 1994.
GERALDES, A. S. Abrantes, "Procedimento Cautelar Comum", Temas da Reforma do Processo Civil, Vol. III, Coimbra, 1998.
GERVEN, W. Van, "Bridging the gap between Community and national laws: Towards a principle of homogeneity in the field of legal remedies", Common Market Law Review, 32, 1995, pp. 679 ss.

GIANDOMENICO, F., "Italia. La justicia Administrativa", *La Justicia Administrativa en el Derecho Comparado* ... cit., pp. 237 a 249.

GIARDINA, A., "Provisional Measures in Europe: some comparative observations", *Études en l'honneur de P. Lalive*, Basilea, 1990.

GIARDINA, A., "Provisional measures in Europe: some comparative observations", *Diritto del Commercio Internazionale*, 74, Out/Dez., 1993, pp. 791 a 802.

GIMENO SENDRA / GARBERI LLOBREGAT / GONZALEZ CUELLAR SERRANO, *Derecho Procesal Administrativo*, Valencia, 1991.

GIMENO SENDRA, José Vicente, *Fundamentos del Derecho Procesal*, Madrid, 1981.

GIPOULON, J. F., "Las medidas cautelares en la justicia administrativa francesa", *Documentación Administrativa*, 239, 1994, pp. 143 ss.

GLAESER, W., Schmitt, *Verwaltungsprozeßrecht*, 14.ª ed., Stuttgart, München, Hannover, Berlin, Weimar, Dresden, 1997.

GLAESNER, A., "Die Vorlagepflicht unterinstanzlicher Gerichte im Vorabentscheidungsverfahren", *Europarecht*, 1990, pp 143 ss.

GOFFIN, L., "De l'incompetence des juridictions nationales pour constater l'invalidité des actes d'institutions communautaires", *Cahiers de Droit Européen*, 1990, pp. 211 ss.

GOLETTI, G. B., "I procedimenti sommari nazionali e comunitari e la validità degli atti comunitari", *Il Foro Amministrativo*, 1998, pp. 308 ss.

GOMES, Carla Amado, "A suspensão jurisdicional da eficácia de regulamentos imediatamente exequíveis", *Revista Jurídica*, 21, 1997, pp. 265 a 308.

GOMES, Carla Amado, "Operações Materiais Administrativas", in: *Dicionário Jurídico da Administração Pública*, separata do 1º Suplemento.

GOMES, Carla Amado, "Pistas de investigação para o estudo do controlo jurisdicional das operações materiais da Administração", *Revista da Faculdade de Direito da Universidade de Lisboa*, Vol. XXXVII, 1996, 2, pp. 453 a 553.

GOMES, Carla Amado, Contributo Para o Estudo das Operações Materiais da Administração Pública e do seu Controlo Jurisdicional, Coimbra, 1999.

GOMES, Carla Amado, "Todas as cautelas são poucas no contencioso administrativo", *Cadernos de Justiça Administrativa*, 18, 1999, pp. 31 a 40.

GONÇALVES, Pedro, "Apreciação do decreto-Lei n.º 134/98, de 15 de Maio, que estabelece o regime jurídico da impugnação contenciosa dos actos administrativos relativos à formação de certos 'contratos públicos'", *Lusíada Revista de Ciência e Cultura*, 1, 1998.

GONÇALVES, Pedro, *Os meios de tutela perante os danos ambientais provocados no exercício da função administrativa*, Coimbra, 1996.

GONZÁLEZ LÓPEZ, J. I., "El sistema español de ejecución de sentencias condenatorias de la administración", in: *La Justicia Administrativa el el Derecho Comparado* .... cit., pp. 373 ss.

GONZÁLEZ PÉREZ, J. *Comentarios a la Ley de la Jurisdicción Contencioso-Administrativa* (Ley 29/1998, de 13 de julio), 3ª ed., Vol. II, Madrid, 1998.
GONZÁLEZ PÉREZ, J., "El control jurisdiccional de la inactividad de la Administración en el proyecto de Ley de la Jurisdicción Contencioso-Administrativa de 1997", REDA, 97, 1998.
GONZÁLEZ PÉREZ, J., "La acumulación de pretensiones en el proceso administrativo", RAP, 4 (10), 1953, pp. 89 ss.
GONZÁLEZ PÉREZ, J., "Reflexiones sobre la Justicia Administrativa en el final del siglo XX", *El Derecho Público de Finales de Siglo. Una Pespectiva Ibero-Americana*, coord. E. GARCÍA DE ENTERRÍA/M. CLAVERO AREVALO, Madrid, 1997.
GONZÁLEZ PÉREZ, J., *El Derecho a la Tutela Jurisdiccional*, Madrid, 1984.
GONZÁLEZ PÉREZ, J., *Manual de Derecho Procesal Administrativo*, Madrid, 1992.
GONZÁLEZ PÉREZ, J., Prólogo a J. M. CAMPO CABAL, *Medidas cautelares en el contencioso administrativo*, Bogotá-Colombia, 1989.
GONZALEZ RIVAS, J. J., *Estudio-Comentário Jurisprudencial de la Ley de la Jurisdicción Contencioso-Administrativo: Análisis de Jurisprudencia del Tribunal Constitucional y del Tribunal Supremo*, Granada, Comares, 1991.
GONZÁLEZ, J M. Chamorro / HÍJAR, J. C. Zapata, *El Procedimiento Abreviado en la Jurisdicción Contencioso-Administrativa*, Navarra, 1999.
GONZALEZ-CUELLAR SERRANO/GARBERI LLOBREGAT, J. N., "Ordenanza sobre los Tribunales Administrativos de la República Federal Alemana de 21 de enero de 1960 (*Verwaltungsgerichtsordnung*)", *Documentación Jurídica*, tomo XVIII, Madrid, 1991.
GONZÁLEZ-CUÉLLAR SERRANO/GIMENO SENDRA/MORENO CATENA/ GABERÍ LLOBREGAT, *Derecho Procesal Administrativo*, Valencia, 1993.
GASCÓN INCHAUSTI, F., *La Adopción de las Medidas Cautelares com carácter Previo a la Demanda,* Barcelona, 1999, pp. 13 e 14.
GONZÁLEZ-VARAS IBÁÑEZ, S. J., "La regulación expresa de outra medida cautelar paralela al efecto suspensivo del acto administrativo en el contencioso administrativo", *Revista Vasca de Derecho Procesal y Arbitraje*, Setembro de 1991, pp. 353 ss.
GONZÁLEZ-VARAS IBÁÑEZ, S. J., *La jurisdicción contencioso-administrativo en Alemania*, Madrid, 1993.
GONZÁLEZ-VARAS IBÁÑEZ, S. J., *La via de hecho administrativa*, Madrid, 1994.
GONZÁLEZ-VARAS IBÁÑEZ, S. J., *Problemas procesales actuales de la jurisdicción contencioso-administrativa*, Madrid, 1994.
GOURDOU, J., "Le nouveaux pouvoirs du juge adminisratif en matiére d'injonction et d'astreinte. Premières applications de la loi du 8 février 1995", *revue française de droit administratif*, 1996, pp. 333 ss.
GRAHAM, C., "Autorité et contrat dans l'Administration moderne en Grande-Bretagne",

in: *Annuaire Européen D'Administration Publique*, Presses Universitaires d'Aix-Marseille, Aix-en-Provence, 1997.

GRAVELLS, N. P., "Disapplying an Act of Parliament pending a preliminary rulling: constitutional enormity or Community law right?", *Public Law*, 1989, pp. 568 ss.

GRAVELLS, N. P., "Effective protection of Community law rights: temporary Disapplication of an Act of Parliament", *Public Law*, 1991, pp. 180 ss.

GRAVELLS, N. P., "European Community law in the English Courts", *Public Law*, 1993, pp. 45 a 53.

GRINOVER, A. Pellegrini, "La tutela cautelare atipica nel processo civile brasiliano", *Les mesures provisoires en procédure civile* ... cit., pp. 129 ss.

GRUNSKY, W., in: STEIN-JONAS, *Kommentar zur Zivilprozeßordnung*, 20.ª ed., Tübingen, 1996.

GUAYO CASTIELLA, I. del, *Judicial Review y Justicia Cautelar*, Madrid, 1997.

GUIHAL, A., "L'amélioration d'urgence devant le tribunal administratif", *revue française de droit administratif*, 1991, pp. 812 ss.

HABSCHEID, W. J., "Les mesures provisoires en procédure civile: droits allemand et suisse", *Les mesures provisoires en procédure civile* ... cit., pp. 33 ss.

HANCHER, L., "La transposición de las normas comunitarias sobre contratos administrativos en el Reino Unido", *Contratación Pública, Jornadas de Valladolid*, 27-29 de enero de 1993, Madrid, 1996.

HANISCH, W., "I provvedimenti di urgenza nell'ordinamento tedesco", *Il Giudizio Amministrativo Cautelare*, Roma, 1987, pp. 66 a 88.

HANNA, J., "Community rights all at sea", *Law Quarterly Review*, 1990, pp. 2 ss.

HÄRING, G., "Aspetti del giudizio cautelare tedesco", *Il Giudizio Amministrativo Cautelare*, Roma, 1987, pp. 45 a 48.

HELLWIG, K., *System des deutschen Zivilprozeßrechts*, Leipzig, 1912.

HENDLER, R., "Convenio jurídico-público y contrato público en la República Federal de Alemania", in: *Contratación Pública* .. cit., pp. 148 ss.

HERRÁIZ SERRANO, O., "El paso firme dado por el Tribunal Superior de Justicia de Aragón en el duro batallar por la tutela cautelar: la aplicación de la técnica francesa del 'référé-provisión'", REDA, 102,1999.

HERRÁIZ SERRANO, O., "El paso firme dado por el Tribunal Superior de Justicia de Aragón en el duro batallar por la tutela cautelar: la aplicación de la técnica francesa del référé-provisión", RAP, 147, 1998.

HÍJAR, J. C. Zapata / GONZÁLEZ, J M. Chamorro, *El Procedimiento Abreviado en la Jurisdicción Contencioso-Administrativa*, Navarra, 1999.

HIMSWORTH, M. G. "La tutela cautelar en los procedimentos de Judicial review en el Reino Unido", *La Justicia Administrativa en el Derecho Comparado*... cit., pp. 547 a 548.

HIMSWORTH, M. G., "Judicial Review de los actos administrativos en el Reino Unido", *La Justicia Administrativa en el Derecho Comparado* ... cit., pp. 514 a 530.
HORLAVILLE, F., *De la notion de préjudice au fond en matière de référé*, Paris, 1948.
HUBA, H., "Grundfälle zum vorläufigen Rechtschutz nach der VwGO (3. Teil. Die einstweiligen Anordnungen)", JuS, 1990, 12, pp. 983 ss.
HUFEN, F., *Verwaltungsprozeßrecht*, 3.ª ed., München, 1998.
JACOBS, F. G., "Public law - The impact of Europe", *Public Law*, 1999, pp. 243 ss.
JANK, K. P. / FINKELNBURG, K., *Vorläufiger Rechtsschutz im Verwaltungsstreitverfahren*, 4.ª ed., München, 1998.
JAUERNIG, O., "Der zulässige Inhalt einstweiliger Verfügungen", ZZP, 1966, pp. 321 ss.
JOLIET, R., "Protection juridictionelle provisoire et droit communautaire", *Revue trimestrielle de droit européen*, 1992, pp. 253 ss.
JORDANO FRAGA, J., "El proceso de afirmación del medio ambiente como interés público prevalente o la tutela cautelar ambiental efectiva. La suspensión de los actos administrativos por razón de la protección del medio ambiente en la jurisprudencia del TS", RAP, 145, 1998.
KADELBACH, S., "Diritto comunitario e giustizia cautelare amministrativa", *Rivista trimestrale di diritto pubblico*, 2000, pp. 343 ss.
KERAMEUS, K. D. / POLYZOGOPOULOS, K. P., "Les mesures provisoires en procédure civile hellénique", *Les mesures provisoires en procédures civile* ... cit., pp. 55 ss.
KONECNY, A., *Neue Entwicklungen im einstweilligen Rechtsschutz*, Wien, 1993.
KOPP, F. O./SCHENKE, W.-R., *Verwaltungsgerichtsordnung*, 11.ª ed., München, 1998.
KRÄMER, C., *Vorläufiger Rechtsschutz in der VwGO - Verfahren*, Freiburg, Berlin, München, 1998.
LA CHINA, S., "Quale futuro per i provvedimenti d'urgenza?", in: AAVV, *I processi speciali. Studi offerti a V. Andrioli daí Suoi allievi*, Napoli, 1979.
LABAYALE, H., "L'effectivité de la protection juridicionelle des particuliers. Le droit administratif français et les exigences de la jurisprudence européenne", *revue française de droit administratif*, 1992, pp. 628 ss.
LABETOULLE, D., *Le projet de réforme des procédures d'urgence devant le juge administratif*, AJDA, 1999, n.º esp., pp. 79 ss.
LAFERRIÈRE, E, *Traité de la juridiction administrative et des recours contentieux*, vol. II, 2.ª ed., Berger-Levrault, 1898.
LAGASSE, J.-P. / AMELYNCK, Ch. / VAN DE GEJUCHTE, F., *Le Référé Administratif*, Bruxelles, 1992.
LANDI, G. / POTENZA, G., *Manuale di Diritto Amministrativo*, Milano, 1997.
LANFRANCHI, L, "Procediment decisori sommari", *Enciclopedia Giuridica*, Vol. XXIV, Roma, 1991.
LEGUINA VILLA, J. / SÁNCHEZ MORÓN, M. / ORTEGA ÁLVAREZ, L., "La polémi-

ca con el Profesor García de Enterría", *Otrosí Revista del Colegio de Abogados de Madrid*, octubre, 1996.

LEGUINA VILLA, J. / SÁNCHEZ MORÓN, M. / ORTEGA ÁLVAREZ, L., "Parón a la reforma de la justicia administrativa?", *Otrosí Revista del Colegio de Abogados de Madrid*, marzo-abril, 1996.

LEIPOLD, D., *Grundlagen des einstweiligen Rechtschutzes*, München, 1971.

LEITÃO, Alexandra, "Da pretensa subsidiariedade da acção para reconhecimento de direitos ou interesses legítimos face aos restantes meios contenciosos", *Cadernos de Justiça Administrativa*, 7, 1998, pp. 19 a 23.

LEVITTSKY, J. E., "The Europeanization of the British Legal Style", *The American Journal of Comparative Law*, 42, (2), 1994.

LIEBMAN, E. TULLIO, "Unità del procedimento cautelare", *Rivista di Diritto Processuale*, 1954, pp. 248 ss.

LIEBMAN, E. Tullio, *Manuale di Diritto Processuale Civile*, 4.ª ed., Milano, 1984.

LOPES, M. Baptista, *Dos procedimentos cautelares*, Coimbra, 1965.

LOPES, João B., *Medidas Cautelares Inominadas*, S. Paulo, 1986.

MAÇÃS, M. Fernanda, "A relevância constitucional da suspensão da eficácia dos actos administrativos", in: *Estudos sobre a Jurisprudência do Tribunal Constitucional*, Lisboa, 1993, pp. 325 ss.

MAÇÃS, M. Fernanda, "Correcção do requerimento de suspensão da eficácia: uma jurisprudência a corrigir", *Cadernos de Justiça Administrativa*, 2, 1998, pp. 37 a 44.

MAÇÃS, M. Fernanda, "Tutela judicial efectiva e suspensão da eficácia: balanço e perspectivas", *Cadernos de Justiça Administrativa*, 16, 1999, pp. 52 a 61.

MAÇÃS, M. Fernanda, *A Suspensão Judicial da Eficácia dos Actos Administrativos e a Garantia Constitucional da Tutela Judicial Efectiva*, Coimbra, 1996.

MACHETE, Pedro, "A Suspensão da Eficácia do Actos Administrativos", in: *O Direito*, ano 123, vol. II e III, Abril/ Setembro, 1991, pp. 231 a 318.

MACHETE, R. Chancerelle de, "Contencioso Administrativo", in: *Estudos de Direito Público e Ciência Política*, Fundação Oliveira Martins, 1991.

MAGALHÃES, Barbosa de, " Natureza jurídica dos processos preventivos e seu sistema no Código de Processo Civil", *Revista da Ordem dos Advogados*, ano 5º, n.º 3 e n.º 4.

MAGI, E./F.CARLETTI, F., "I provvedimenti di istruzione preventiva", in: *Il nuovo processo cautelare*, coord., G. TARZIA, Padova, 1993.

MAMMONE, G. / DINI, E. A., *I provvedimenti d'urgenza*, 6.ª ed., Milano, 1993.

MANDRIOLI, C., "I provvedimenti d'urgenza: Deviazioni e proposte", *Rivista di Diritto Processuale*, 1985, pp. 657 ss.

MANDRIOLI, C., "Per una nozione strutturale dei provvedimenti anticipatori o interinali", in: *Studi in onore di A. Segni*, III, Milano, 1968; e tb. *Rivista di Diritto Processuale*, 1964, pp. 551 ss.

MANDRIOLI, C., *Corso di Diritto Processuale Civile*, III, Torino, 1989.
MANNING, J., *Judicial Review Proceedings*, London, 1995.
MARINONI, L. G., *Tutela Cautelar e Tutela Antecipatória*, S. Paulo, 1992.
MARKUS, R.-P., "Sursis à exécution et interêt général", L'Actualité Juridique, *Droit administratif*, 1996, pp. 255 ss.
MARTÍN ALFÉREZ, F. J. Garcia, *El Régimen de las medidas cautelares en el comercio internacional*, Madrid, 1996.
MARTINEZ, Pedro Romano, "Intimação para um comportamento. Providência cautelar", *Cadernos de Justiça Administrativa*, 2, 1997, pp. 58 a 61.
MASUCCI, A., "La legge tedesca sul Processo Amministrativo", *Quaderni di diritto processuale Amministrativo*, Milano, 1991.
MATTHIAS, R., "Rights and remedies in european community law: a comparative view", *Common Market Law Review*, 34, 1997, pp. 307 a 336.
MATSCHER, F., " Les mesures provisoires en droit de procédure civile autrichien", *Les mesures provisoires en procédure civil* ... cit., pp. 87 ss.
MATTHEWS, M. H., "Injuctions, Interim relief and Proceedings against Crown Servants", *Oxford Journal of Legal Studies*, 8, (8), 1988, pp. 154 a 168.
MEDEIROS, Rui, "Estrutura e âmbito da acção para o reconhecimento de um direito ou interesse legalmente protegido", *Revista de Direito e estudos Sociais*, 1/2, 1989, pp. 1 a 102.
MEDHI, R., "Le droit communautaire et les pouvoirs du juge national de l'urgence (quelques enseignements d'une jurisprudence récente)", *Revue trimestrielle de droit européen*, 32, 1996, pp. 77 a 100.
MELO, Barbosa de, *Direito Administrativo* II (A protecção dos particulares perante a administração pública), polic., Coimbra, 1987.
MENDES, João de Castro, *Direito Processual Civil, I,* revisto e actualizado, AAFDL, s.d, Lisboa.
MENDEZ, F. Ramos, "Les mesures provisoires indéterminées dans le procès civil espagnol", *Les mesures provisoires en procédure civile* ... cit., pp. 189 ss.
MENDEZ, F. Ramos, *Derecho y Proceso*, Barcelona, 1979.
MENGOZZI, P., *Il Diritto Communitario e dell'Unione Europea*, Padova, 1997.
MERLIN, E., "La caducité et la rétractation des mesures provisoires", *Les mesures provisoires en droit belge, français et italien. Étude de droit comparé* ... cit., pp. 369 ss.
MEZQUITA DEL CACHO, J. L., "Sistema Español de derecho Cautelar", *Seguridad Jurídica Y Sistema Cautelar*, II, Barcelona, 1989.
MICHEL, L., *Contentieux administratif*, Bruxelas, 1996.
MIDDEKE, A. / GELLERMANN, M. / GELLERMANN, M., *Rechtsschutz in Europäischem Union*, München, 1994.

MIGUEZ MACHO, L. "Medidas cautelares", inédito, texto dactilografado, em curso de publicação (por gentil cedência do Autor).
MINNEROP, M., *Materielles Recht und einstweiliger Rechsschutz*, Köln, 1973.
MODERNE, A., "Sur le nouveau pouvoir d'injonction du juge administratif", *revue française de droit administratif*, 1996, pp. 43 ss.
MONTEIRO, Cláudio / A. Duarte de ALMEIDA / J. L. Moreira da SILVA, "A caminho da plenitude da justiça administrativa", *Cadernos de Justiça Administrativa*, 7, 1998, pp. 3 ss.
MONTEIRO, Cláudio, "Ainda a suspensão da eficácia de actos administrativos de conteúdo negativo", *Cadernos de Justiça Administrativa*, 1, 1997, pp. 26 a 28.
MONTEIRO, Cláudio, *Suspensão da Eficácia de Actos Administrativos de Conteúdo Negativo*, Lisboa, AFDL, 1990.
MONTERO AROCA, J., "Prólogo", a GÓMEZ COLOMER, J. L/MONTÓN REDONDO/BARONA VILAR, S., *El nuevo proceso civil* (Ley 1/2000),Valencia, 2000.
MONTERO AROCA, J., *Introducción al Derecho Procesal, jurisdicción, acción y proceso*, Madrid, 1976.
MONTESANO, L., "Attuazione delle cautele e diritti cautelabili nella riforma del processo civile", *Rivista di Diritto Processuale*, 1991, pp. 937 ss.
MONTESANO, L., "Lici ed ombre in leggi e proposte di 'tutele differenziate' nei processi civile", *Rivista di Diritto Processuale*, 1979, pp. 592 ss.
MONTESANO, L., "Problemi attuali e riforme opportune del provvedimenti cautelari, e in specie d'urgenza nel processo civile italiano", *Rivista di Diritto Processuale*, 1985, pp. 217 ss.
MONTESANO, L., "Strumentalità e superficialità della cognizione cautelare", *Rivista di Diritto Processuale*, 1999, pp. 309 ss.
MONTESANO, L., "Sulle misure provvisorie in Italia", *Les mesures provisoires en procédure civile* ... cit., pp. 113 ss.
MONTESANO, L., *I provvedimenti d'urgenza nel processo civile*, Nápoles, 1955.
MONTÓN REDONDO, A./MONTERO AROCA, J./ GÓMEZ COLOMER, J. L/ /BARONA VILAR, S., *El nuevo proceso civil* (Ley 1/2000),Valencia, 2000.
MOREIRA, Carlos Alberto, *Direito Administrativo*, 2ª ed. Porto, 1932.
MOUZOURAKI, P., "La Modification du Code des Tribunaux Administratifs en Allemagne Fédérale", *revue française de droit administratif*, 15, 1999, pp. 150 ss.
MURAKAMI, T., "La justicia administrativa en japon", in: *La Justicia Administrativa en el Derecho Comparado* ... cit., pp. 597 ss.
MUSCARDINI, M., "Potere cautelare dei Giudici nazionali in materie disciplinate dal diritto comunitario", *Rivista italiana di diritto pubblico comunitario*, 1991, pp. 1042 ss.
MUSSO, J.-P., "L'administration face à la justice de l'urgence", *L'Actualité juridique, Droit Administratif*, 1999, n.º esp., pp. 77 ss.

NAVARRO PEREZ, J. L., *Ley Reguladora de la Jurisdicción Contencioso-Administrativa: Comentários y Jurisprudencia*, Granada, 1990.

NEVILLE-BROWN, L./ BOYRON, S., "L'affaire Factortame: droit communautaire contre droit public anglais, *revue française de droit administratif*, 1994, pp. 70 ss.

NIGRO, M., "È ancora attuale una giustizia amministrativa?", *Il Foro Italiano*, 1983, pp. 249 ss.

NIGRO, M., *La Giustizia Amministrativa*, Bologna, 4ª ed., 1994.

NORMAN, L., "Prólogo" a Í. DEL GUAYO CASTIELLA, *Judicial Review y Justicia Cautelar*, Madrid, 1997.

NORMAND, J., "Les mesures provisoires en droit français. Les fonctions des référés", *Les mesures provisoires en droit belge, français et italien. Étude de droit comparé...* cit., pp. 5 ss.

ODENT, B., "L'avocat, le juge et les délais", in: *Droit administratif. Mélanges René chapus*, Paris, 1992, pp. 483 ss.

OLIVEIRA, António cândido de, "A Administração Pública de Prestação e o Direito Administrativo", *Scientia Ivridica*, 259/261, 1996, pp. 97 ss.

OLIVEIRA, Esteves de/GONÇALVES, Pedro/AMORIM, Pacheco de, *Código do Procedimento Administrativo - Comentado*, 2ª ed., Coimbra, 1997.

OLIVEIRA, M. Esteves de, "A impugnação e anulação dos regulamentos administrativos", *Revista de Direito Público*, ano IV, 7, Jan/Jun., 1990.

OLIVEIRA, M. Esteves de, *Direito Administrativo I*, Coimbra, 1984.

OLIVEIRA, Simões, "Meios contenciosos acessórios", *Contencioso Administrativo*, Braga, 1986.

OLIVER, P., "Interim measures: some comparative developments", *Common Market Law Review*, 29, 1992, pp. 7 ss.

OLIVIER, P., "Le droit communautaire et les voies de recours nationales", *Cahiers de droit européen*, 1991, pp. 371 ss.

ORTEGA ÁLVAREZ, L./LEGUINA VILLA, J./SÁNCHEZ MORÓN, M. "Parón a la reforma de la justicia administrativa?", *Otrosí Revista del Colegio de Abogados de Madrid*, março/abril de 1996.

ORTELLS RAMOS, M., *El embargo preventivo*, Barcelona, 1984.

ORTELLS RAMOS, M./CALDERÓN CUADRADO, M. P., *La tutela judicial cautelar en el Derecho español*, Granada, 1996.

OSORIO ACOSTA, E., *La suspensión jurisdiccional del acto administrativo*, Madrid, 1995.

OTERO, Paulo, "Revolução Liberal e Codificação Administrativa: A Separação de Poderes e as Garantias dos Administrados", *Estudos em Memória do Professor Doutor João de Castro Mendes*, Lisboa, F.D.U.L. s.d.

PACTEAU, B., *Contentieux Administratif*, 5.ª ed., Paris, 1999.

PAJARDI, P., "La ideologia ispiratrice dei provvedimenti d'urgenza in generale. I provvedimenti cautelari. La provvisoria esecuzione", *Les mesures provisoires en procédure civile* ... cit., pp. 295 ss.

PALACIO GONZÁLEZ, J., *El Sistema Judicial Comunitario*, Bilbao, 1996.

PALEOLOGO, G., *Il Giudizio Cautelare Amministrativo*, Padova, 1971.

PAMBOU TCHIVOUNDA, G., "Recherche sur l'urgence en droit administratif français", RDP, 1983, pp. 95 ss.

PANIER, C. / DEMEZ G. "L'autonomie du référé", *Les mesures provisoires en droit belge, français et italien. Étude de droit comparé* ... cit., pp. 45 ss.

PAPADIAS, L., "Interim Protection Under Community Law Before the National Courts. The right to a Jugde with jurisdiction to Grant Interim Relief", *Legal Issues European Integration*, 1994, 2, pp. 153 ss.

PARADA, R. *Derecho Administrativo I*, Parte General, 10.ª ed., Madrid, 1998.

PAREJO ALFONSO, L. *Estado social y Administración Pública. Los postulados constitucionales de reforma administrativa*, Madrid, 1983.

PAREJO ALFONSO, L., "El control de la Administración pública y de su actividad: el control judicial ordinario y el constitucional", *Manual de Derecho Administrativo*, 4ª. ed., Barcelona, 1996.

PAREJO ALFONSO, L., "La tutela cautelar judicial en el orden contencioso-administrativo", REDA, 49, 1986.

PASTOR BORGOÑON B. / VAN GINDERACHTER, E., *El Procedimiento de Medidas Cautelares ante el Tribunal de Justicia y el Tribunal de Primera Instancia de las Comunidades Europeas*, Madrid, 1993.

PASTOR BORGOÑON, B./VAN GINDERACHTER, E., "La procédure en 'référé'", *Revue trimestrielle de droit européen*, 1989, pp. 561 ss.

PEDRAZ PENALVA, E., *Las Medidas Cautelares en el Processo Penal Ordinario Español: contribución a su estudio*, Madrid, 1985.

PEISER, G., *Contentieux administratif*, 10.ª ed., Paris, 1997.

PEISER, G., *Droit administratif*, 19.ª ed., Paris, 1998.

PERA VERDAGUER, F. *Comentarios a la Ley de Contencioso-Administrativo* (Ley 29/1998, de 13 de julio), 6ª. ed. Barcelona, 1998.

PEREIRA, A. Gonçalves / QUADROS, Fausto de, *Manual de Direito Internacional Público*, Coimbra, 1993.

PEREIRA, J. Gomes Sá, *Direito Comunitário Institucional*, Porto, 1995.

PERROT, R., "L'effettività dei provvedimenti giudiziari nel diritto civile, commerciale e del lavoro in Francia", *Rivista di Diritto Processuale*, 1995, pp. 845 ss.

PERROT, R., "Les mesures provisoires en droit français", *Les mesures provisoires en procédure civile* ... cit., pp. 149 ss.

PESCATORE, P., "Les mesures conservatoires et les 'référés'", in: *La juridiction internationale permanente*, Paris, 1987.

PETER, B., "Spécificités au regard du droit français des procédures d'urgence en droit allemand", RDP, 1994, pp. 185 ss.
PICOZZA, E., "La contratación Publica in Itália", in: Contratación Pública, Jornadas de Valladolid, 27-29 de enero de 1993, Madrid, 1996.
PIETZNER/ SCHOCH, F./ SCHMITT ASSMAN, Verwaltungsgerichtsordnung, München, 1998.
PINHEIRO, J. P. Moura / MONIZ, B. Botelho, "As relações da ordem jurídica portuguesa com a ordem jurídica comunitária - algumas reflexões", Legislação - Cadernos de Ciência de Legislação, 4/5, 1992, pp. 121 a 144.
PINI, J., "Autorité et contrat dans l'Administration moderne en France", in: Annuaire Européen D'Administration Publique, Presses Universitaires d'Aix-Marseille, Aix--en-Provence, 1997.
PINTO, Ricardo Leite, Intimação para um comportamento, Lisboa, 1995.
PISANI, A. Proto, "Appunti sulla tutela sommaria", I processi speciali, Napoli, 1979.
PISANI, A. Proto, "I provvedimenti d'urgenza", Appunti sulla giustizia civile, Bari, 1982.
PISANI, A. Proto, "La tutela sommaria", Appunti sulla giustizia civile, Bari, 1982.
PISANI, A. Proto, "Problemi dela c.d. tutela giurisdizionale differenziata", Appunti sulla giustizia civile, Bari, 1982.
PISANI, A. Proto, "Due note in tema di tutela cautelare", Il Foro Italiano, 1983, pp. 145 ss.
PISANI, A. Proto, "Appunti sulla tutela cautelare nel processo civile", Rivista di Diritto Civile, 1987, pp. 109 a 139.
PISANI, A. Proto, "Chiovenda e la tutela cautelare", Rivista di Diritto Processuale, 1988, pp. 16 ss.
PISANI, A. Proto, "Usi ed abusi delle procedure camerali", Rivista di Diritto Processuale, 1990, pp. 411 ss.
PISANI, A. Proto, La nuova disciplina del processo civile, Napoli, 1991.
PISANI, A. Proto, "Procedimenti cautelari", Enciclopedia Giuridica, Vol. XXIV, Roma, 1991.
PISANI, A. Proto, "Provvedimenti d'urgenza", Enciclopedia Giuridica, vol., XXV, Roma, 1991.
PISANI, A. Proto, " Per l'utilizzazione della tutela cautelare anche in funzione di economia processuale", Il Foro Italiano, 1998, pp. 8 ss.
PLATZ, K., "La tutela cautelare nel processo amministrativo tedesco", Amministrare, 1, Abril, 1999, pp. 69 a 83.
POLYZOGOPOULOS, K. P / KERAMEUS, K. D.., "Les mesures provisoires en procédure civile hellénique", Les mesures provisoires en procédures civile ... cit., pp. 55 ss.
POTOTSCHING, V., "La tutela cautelare", in: Processo amministrativo: quadro sistemático e linee di evoluzione. Contributo alle iniziative legislative in corso (Atti del Convegno di Varenna 19-21 settembre 1985), Milano, 1988.

QUADROS, Fausto de, *A Nova Dimensão do Direito Administrativo. O Direito Administrativo português na perspectiva comunitária*, Coimbra, 1999.
QUADROS, Fausto de, *Direito das Comunidades Europeias*, AAFDL, 1983.
QUADROS, Fausto de/PEREIRA, A. Gonçalves, *Manual de Direito Internacional Público*, Coimbra, 1993.
QUINTANASS LÓPEZ, T., "Las medidas cautelares en el proceso administrativo italiano", REDA, 64, 1989.
RAMBAUD, P., "La Justicia Administrativa en Francia", in: *La Justicia Administrativa en el Derecho Comparado*, cit., pp., 277 a 300.
RAMÓN FERNÁNDEZ, T./GARCÍA DE ENTERRÍA, E., *Curso de Derecho Administrativo*, vol. II, 5ª ed., Madrid,1998.
RAMOS MÉNDEZ, F./ SERRA DOMÍNGUEZ, M., *Las medidas cautelares en el proceso civil*, Barcelona, 1974.
RAMOS, R. M. Moura, *Das Comunidades à União Europeia. Estudos de Direito Comunitário*, 2.ªed., Coimbra, 1999.
RECCHIA, G., "Ordinamenti europei di giustizia amministrativa", *Trattato di Diritto Amministrativo*, coord., G. SANTANIELLO, Vol., XXV, Padova, 1996.
REDONDO, A. Montón / COLOMER, J. L. Gómez / VILAR, S. Barona, *El nuevo proceso civil* (Ley 1/2000), Valencia, 2000.
REGELING, H-W. / MIDDEKE, A. /GELLERMANN, M., *Rechtsschutz in der Europäischen Union*, München, 1994.
REIS, J. Alberto dos, "A figura do processo cautelar", *Separata do nº 3 do BMJ*, Lisboa, 1947.
REQUEJO ISIDO, M., "Hans-Hermann Mietz v. Intership Yachting Sneek BV: venta a plazos y medidas cautelares, y otras cosas (que el tribunal no resuelve). Comentario a la STJCE de 27 de abril de 1999", *La Ley (Union Europea),* 31 de Maio, 1999.
REQUERO IBÁÑEZ, J. L. "Las medidas cautelares provisionalísimas en el proceso contencioso-administrativo", *Actualidad Jurídica Aranzadi*, 132, 1994.
RIBEIRO, M. Teresa de Melo, "A eliminação do acto definitivo e executório na revisão constitucional de 1989", *Direito e Justiça*,(parte I), vol. VI, 1992, pp. 365 ss.; (parte II), vol. VII, 1993, pp. 191 ss.
RICCI, J.- C./DEBBASCH, C., *Contentieux administratif*, 7.ª ed., Paris, 1999.
RIVERO ORTEGA, R., "Medidas cautelares innominadas en el contencioso-administrativo", REDA, 98, 1998.
RIVERO ORTEGA, R./RODRÍGUEZ GARCÍA, N., "El derecho a un proceso sin dilaciones indebidas en la jurisdicción contencioso-administrativa. Reflexiones a la luz de la STC 20/1999, de 22 de febrero", REDA, 102, 1999.
RODRIGUES, José da Cruz, "Medidas cautelares no âmbito do contencioso administrativo", *Revista do Ministério Público*, 16, 1995.
RODRIGUEZ ARANA MUÑOZ, J., "La suspensión judicial del acto administrativo en el

proyecto de ley de la jurisdicción contencioso administrativo", *Jornadas de Estudio sobre la Jurisdicción Contencioso-Administrativa en la Coruña*, 1997.
RODRÍGUEZ IGLESIAS, G. C., "La tutela judicial cautelar en el Derecho Comunitario", in: *El Derecho comunitario europeo y su aplicación judicial*, coord., G. C. Rodríguez Iglesias / D. J. Liñán Nogueras, Madrid, 1993.
RODRÍGUEZ PONTÓN, J, *Pluralidad de intereses en la tutela cautelar del processo contencioso-administrativo*, Barcelona, 1999.
RODRÍGUEZ-ARANA MUÑOZ, J., "De nuevo sobre la suspensión judicial del acto administrativo", REDA, 64, 1989.
RODRÍGUEZ-ARANA MUÑOZ, J., *La suspensión del acto administrativo* (en vía de recurso), Madrid, 1986.
RODRÍGUEZ-POLLEDO/ ÁZQUEZ DE PRADA, V. R. "La suspensión, como medida cautelar en los procesos contencioso-administrativos. Princípios: el princípio de la apariencia de buen derecho (fumus boni iuris). Una valoración provisional, como base de una medida provisional", REDA, 82, 1994.
ROJAS RODRIGUES, M., *Las Medidas Precautorias*, Concepción, s.d.
ROMANO, A., "Il giudizio cautelare: linee di sviluppo", *Il Giudizio Cautelare Amministrativo, Atti della giornata di studio tenuta a Brescia il 4 Maggio 1985,* Roma, 1987.
ROMANO, A., "Tutela cautelare nel processo amministrativo e giurisdizione di merito", *Il Foro Italiano*, 1985, pp. 2 491 ss.
ROMANO, A., *Commentario breve alle leggi sulla giustizia amministrativa*, Padova, 1992.
ROMANO, S., "La tutela cautelare nel processo amministrativo italiano", *Amministrare*, 1, Abril, 1999, pp. 101 a 109.
ROSE, N., *Pre-emptive remedies in Europe*, Londres, 1992.
ROSENBERG, L., *Lehrbuch des deutschen Zivilprozessrechts*, IX ed., München, 1961.
ROSENBERG, L., *Tratado de Derecho Procesal Civil*, vol. III, Buenos Aires, 1955.
ROTH, W.-H., "The application of Community Law in West Germany: 1980-1990, *Common Market Law Review*, 1991, pp. 147 ss.
RUIZ-JARABO, D., *El juez nacional como juez comunitario*, Madrid, 1993.
SAINZ MORENO, F., "Defensa frente a la vía de hecho recurso contencioso-administrativo, accion interdictal y amparo", RAP, 123, 1990.
SALETTI, A., "Le système des mesures provisoires en droit italien", *Les mesures provisoires en droit belge, français et italien ...* cit..
SALVANESCHI, L., "I provvedimenti di istruzione preventiva", *Rivista di Diritto Processuale*, 1998, pp. 801 ss.
SÁNCHEZ MORÓN, M. / LEGUINA VILLA, J. / ORTEGA ÁLVAREZ, L., "La polémica com el Profesor García de Enterría", *Otrosí Revista del Colegio de Abogados de Madrid*, octubre de 1996.

SÁNCHEZ MORÓN, M./ORTEGA ÁLVAREZ, L./LEGUINA VILLA, J., "Parón a la reforma de la justicia administrativa?", *Otrosí Revista del Colegio de Abogados de Madrid*, março/abril de 1996.

SANDNER, W., "Probleme des vorläufigen Rechtsschutzes gegen Gemeinschaftsrecht vor nationalen Gerichten", *Deutsches Verwaltungsblatt*, 1998, pp. 262 ss.

SANTAMARIA PASTOR, J., "Veinticinco ãnos de aplicación de la ley Reguladora de la Jurisdicción Contencioso-Administrativa: Balance y perspectivas", RAP, 94/96, 1981.

SANTOS, Boaventura Sousa, et alii, *Os Tribunais nas Sociedades Contemporâneas - O caso Português*, Porto,1996.

SANZ GANDASEGUI, F., "Medidas provisionalísimas en el proceso contencioso-administrativo?", RAP, 138, 1995.

SAPIENZA, C., *I provvedimento d'urgenza*, Milano, 1957.

SARAIVA, A. da Rocha, *Princípios de Direito Administrativo Português*, Lições ao 2º ano jurídico de 1932/33, Lisboa.

SCHENKE, W.-R., *Verwaltungsprozeßrecht*, 6.ª ed., Heidelberg, 1998.

SCHERER, I., *Das Beweismaß bei der Glaubhaftmachung*, Köen, Berlin, Bonn, München, 1996.

SCHERMERS, H. G., "A Court of Justice" (anotação ao Acórdão do TJCE, relativo ao proc., C-143/88 e proc., C-92/89), *Common Market Law Review*, 29, 1992, pp. 133 ss.

SCHOCH, F., "Grundfragen des verwaltungsgerichtlichen vorläufigen Rechtsschutzes", *Verwaltungs-Archiv*, 1991.

SCHOCH, F., "Die Europäisierung des vorläufigen Rechtsschutzes", *Deutsches Verwaltungsblatt*, 1997.

SCHOCH, F., *Vorläufiger Rechtsschutz und Risikoverteilung im Verwaltungsrecht*, Heidelberg, 1988.

SCHOCH, F./SCHMITT-ASSMAN/PIETZNER, *Verwaltungsgerichtsordnung*, München, 1998, em comentário aos §§ 80 e 80a da VwGO.

SCHOCH, F./SCHMITT-ASSMAN/PIETZNER, *Verwaltungsgerichtsordnung*, München, 1998, em comentário ao § 123.º VwGO.

SCHWARZE, J., *Droit Administratif Européen*, vol. I, vol. II, Bruxelles/Luxemburg, 1994.

SCHWARZE, J., "L'européanisation du droit administratif national", *Le Droit Administratif sous l'influence de l'Europe. Une étude sur la convergence des ordres juridiques nationaux dans l'Union Européenne*, Bruylant, Bruxelles, 1996 pp. 789 ss.

SEIGNOLLE, J., "De l'évolution de la juridiction des référés: l'évolutions des pouvoirs du juge des référés", *La Semaine Juridique*, 1954, I, pp. 1205 ss.

SERENI, A. P., *El Proceso Civil en los Estados Unidos*, Buenos Aires, 1958.

SERRA DOMÍNGUEZ, M. /RAMOS MÉNDEZ, F., "Teoría General de las Medidas Cautelares", *Las medidas cautelares en el proceso civil*, Barcelona, 1974.

SERRA DOMÍNGUEZ, M., Prólogo a J. P. CORREA DELCASSO, *El proceso monitorio*, Barcelona, 1998.
SICA, M., *Effettività della tutela e provvedimenti d'urgenza nei confronti della Pubblica Amministrazione*, Milano, 1991.
SILVA, Luís Gonçalves da, "Os contra-interessados na suspensão da eficácia dos actos administrativos", *Cadernos de Justiça Administrativa*, 12, 1998, pp. 44 a 49.
SILVA, V. Pereira da, "A acção para o reconhecimento de direitos", *Cadernos de Justiça Administrativa*, 16, 1999, pp. 41 a 48.
SILVA, V. Pereira da, "Breve Crónica de uma Reforma Anunciada", *Cadernos de Justiça administrativa*, 1, 1997, pp. 3 a 7.
SILVA, V. Pereira da, *A natureza jurídica do recurso directo de anulação*, Coimbra, 1985.
SILVA, V. Pereira da, *Da protecção jurídica ambiental. Dos denominados embargos administrativos em matéria do ambiente*, Lisboa 1997.
SILVA, V. Pereira da, *Em Busca de um Acto Administrativo Perdido*, Coimbra, 1996.
SILVA, V. Pereira da, Ensinar Direito (A Direito). *Contencioso administrativo*, Coimbra, 1999.
SILVA, V. Pereira da, *Para um Contencioso Administrativo dos Particulares. Esboço de uma teoria subjectiva do recurso directo de anulação*, Coimbra, 1989.
SILVA, V. Pereira, *O Contencioso Administrativo como 'direito constitucional concretizado' ou 'ainda por concretizar'?*, Coimbra, 1999.
SILVEIRA, João Tiago V. A. da, "O princípio da tutela jurisdicional efectiva e as providências cautelares não especificadas no contencioso administrativo", *Perspectivas Constitucionais. Nos 20 Anos da Constituição de 1976*, vol. III, Coimbra, 1998, pp. 401 a 422.
SILVEIRA, J. Santos, *Processos de natureza preventiva e preparatória*, Coimbra, 1966.
SILVESTRI, C., "Il sistema francese dei 'référé'", Il *Foro Italiano*, (parte V), 1, 1998.
SIMON, A. / BARAV, A., "Le droit communautaire et la suspension des mesures nationales, les enjeux de l'affaire Factortame", *Revue du Marché Commun*, 1990, 2, pp. 591ss.
SIMON, D. "Les exigences de la primauté du droit communautaire: continuité ou métamorphoses?", *Mélanges en hommage à J. Boulouis*, Paris, 1991.
SLUSNY, M., "Les mesures provisoires dans la jurisprudence de la Cour de Justice des Communautés européennes", *Revue belge de droit international*, 1967, 1, p. 131 ss.
SOARES, Rogério E. "Administração Pública e controlo judicial", *Revista de Legislação e Jurisprudência*, ano 127, 1994, n.º 3845, pp. 226 a 233.
SOARES, Rogério E., " O acto administrativo", *Scientia Ivridica*, n.ºs 223/228, 1990.
SOARES, Rogério E., *Direito Administrativo*, Coimbra, 1978.
SOARES, Rogério E., *Direito Administrativo*, policop., Universidade Católica, Porto, 1980.

SOMMERMANN, K.-P., "Autorité et contrat dans l'Administration moderne en Allemagne", *Annuaire Européen D'Administration Publique* ... cit.

SOMMERMANN, K.-P., "La Justicia Administrativa Alemana", in: *La Justicia Administrativa en el Derecho Comparado*, cit., pp. 110 a 107.

SOMMERMANN, K.-P., "Le système des actions et la protection d'urgence dans le contentieux administratif allemand", *Revue Française de Droit Administratif*, 11, 1995, pp. 1145 ss.

SOUSA, M. Teixeira de, *Estudos Sobre o Novo Processo Civil*, Lisboa, 1997.

SOUSA, Marcelo Rebelo, *Lições de Direito Administrativo*, vol. I, Lisboa, 1999.

STAHL, J.-H./CHAUVAUX, D., "chronique Jurisprudence.", *L'Actualité juridique, Droit administratif*, 1995, pp. 505 ss. e 1996, pp. 115 ss.

STUART, L. MACKENZIE, "Recent developments in English Administrative Law. The Impact of Europe?", Du droit international au droit de l'integration, liber Amicorum Pierre pescatore, *Nomos Verlagsgesellsschaft*, Baden-Baden, 1987.

SUAY RINCÓN, J., " La suspensión de la expropriación: el *fumus boni iuris* como criterio determinante para la adopción de una medida cautelar", *Revista de Estudios de la Administración Local y Autonómica*, 251, 1991, pp. 659 ss.

SUAY RINCÓN, J., "Una resolución novedosa en materia de medidas cautelares: el ATS de 12 de Marzo de 1984", REDA, 50, 1986.

SUBRÁ DE BIEUSSES, P., "La incidência del derecho comunitario europeo sobre el derecho francés de contratos públicos: el caso de la directiva recursos", *Contratación Pública, Jornadas de Valladolid*, 27-29 de enero de 1993, Madrid, 1996.

TADDEI, B., *Il giudizio cautelare nella giustizia amministrativa*, Rimini, 1988.

TARZIA, G., "La tutela cautelare", in: *Il Nuovo processo cautelare*, Padova, 1993.

TARZIA, G., "Rimedi processuali contro i provvedimenti d'urgenza", *Rivista di Diritto Processuale*, 1936, pp. 37 ss.

TARZIA, G., "Sulla strumentalità dell'accertamento tecnico preventivo", *Giurisprudenza italiana*, 1967.

TESAURO, G., "La tutela cautelare e diritto comunitario", *Rivista italiana di diritto comunitario*, 1992, pp. 131 ss.

TOCQUEVILLE, Alexis de, *Antigo Regime e a Revolução*, Lisboa, 1989.

TOMMASEO, F., "Intervento", *Les mesures provisoires en procédure civile, atti del colloquio internazionale*, Milano, 12-13 ottobre 1984, Milano, 1985.

TOMMASEO, F., "Provvedimenti d'urgenza", *Enciclopedia del Diritto*, XXXVII, Milano, 1988.

TOMMASEO, F., *I provvedimenti d'urgenza, struttura e limiti della tutela anticipatoria*, Padova, 1983.

TORNOS I MAS, J., "Suspensión cautelar en el proceso contencioso-administrativo y doctrina jurisprudencial", REDA, 61, 1989.

TORRES, Mário J. A., "A reforma do contencioso administrativo: Que metodologia?", *Cadernos de Justiça Administrativa*, 9,1998, pp. 3 a 10.
TORRES, Mário J. A., "Relatórios de síntese", *Cadernos de Justiça Administrativa*, 16, 1999, pp. 87 a 90.
TOURDIAS, M., "Référé administratif et constat d'urgence", *La Semaine Juridique*, 1961.
TROCCHIO, G. di, "Provvedimenti cautelari in diritto processuale penale", *Enciclopedia del Diritto*, Vol. XXXVII, Giuffrè Editore, 1988.
TSIKLITIRAS, S., "Le statut constitutionnel du sursis à l'exécution devant le juge administratif", RDP, 3, 1992, pp. 679 ss.
ULE, C. H., *Verwaltungsprozeßrecht*, 9.ª ed., München, 1987.
VALORZI, *La tutela cautelare in processo amministrativo*, Padova, 1991.
VAN DE GEJUCHTE, F./LAGASSE J.-P./AMLYNCK, *Le Référé Administratif*, Bruxelles, 1992.
VAN DER STICHLELE, *La notion d'urgence en Droit publique*, Bruxelles, 1986.
VAN GINDERACHTER, E. /PASTOR BORGOÑON, B., *El procedimiento de medidas cautelares ante el tribunal de justicia y el de Primeira Instancia de las Comunidades europeas*, Madrid, 1993.
VARANO, V., "Appunti sulla tutela provvisoria nell'ordinamento inglese, con particolare riferimento all'interlocutory injunction", *Les mesures provisoires en procédure civile* ... cit., pp. 253 ss.
VARELA, A. / BEZERRA, J. Miguel / NORA, Sampaio e, *Manual de Proceso civil*, 2ª ed. Revista e actualizada, Coimbra, 1985.
VASCONCELOS, Pedro Bacelar de, "A crise da justiça em Portugal", *Cadernos democráticos*, Colecção Fundação Mário Soares, Lisboa, 1998.
VAZ, A. M. Pessoa, "A crise da justiça em Portugal (os grandes paradoxos da política judiciária dos últimos anos)", ROA, 1986, pp. 6255 ss.
VAZ, A. M. Pessoa, "Les mesures provisoires et les procédures préventives dans l'évolution du droit de procédure portugais", *Les mesures provisoires en procédure civile* ... cit., pp. 181 ss.
VAZ, A. M. Pessoa, *Direito Processual Civil. Do antigo ao novo código*, Coimbra, 1998.
VÁZQUEZ DE PRADA, V. R / RODRÍGUEZ-POLLEDO "La suspensión, como medida cautelar en los procesos contencioso-administrativos. Princípios: el princípio de la apariencia de buen derecho (fumus boni iuris). Una valoración provisional, como base de una medida provisional", REDA, 82, 1994.
VÁZQUEZ SOTELO, J. L., "La constitución del proceso cautelar en el derecho procesal civil español", in: *Jornadas sobre las reformas del proceso civil*, Madrid, 1990, pp. 327 ss.
VERBARI, G. BATTISTA, *Principii di Diritto Processual Amministrativo*, Milano, 1992.
VERDE, G., "Considerazioni sul provvedimento d'urgenza", in: AAVV, *I processi speciali. Studi offerti a V. Andrioli daí Suoi allievi*, Napoli, 1979.

VERDE, G., "Ennesima variazione giurisprudenziale in tema di provvedimenti ex. art. 700.º c.p.c.", *Rivista di Diritto Processuale*, 1980, pp. 581 ss.

VIARGUES, R., "Le référé-provision devant le juge administratif: bilan de la première année", *revue française de droit administratif*, 6 (3), 1990, pp. 345 ss.

VIDAL FERNÁNDEZ, B., "El proceso cautelar del ordenamiento jurídico europeo: el référé comunitario", *Revista del Poder Judicial*, 45 (3.ª ép.), 1997, pp. 305 ss.

VIEIRA, Filomena, "Suspensão da eficácia e legitimidade do Ministério Público para recorrer", *Cadernos de Justiça Administrativa*, 3, 1997, pp. 27 a 30.

VILAR, S. Barona, "Proceso Cautelar", *El nuevo proceso civil* (Ley 1/2000), J. MONTERO AROCA/J. L. GÓMEZ COLOMER/A. MONTÓN REDONDO, Valencia, 2000.

VIRGA, P., *La tutela giurisdizionale nei confronti della Pubblica Amministrazione*, 2.ª ed., Milano, 1976.

VITAL, FÉZAS D., "Garantias Jurisdicionais da Legalidade na Administração Pública: França, Inglaterra e Estados Unidos, Bélgica, Alemanha, Itália, Suíça, Espanha e Brasil", *Boletim da Faculdade de Direito*, ano XIII, 1932/1934, pp. 299 a 305.

VOSS, R., "Einstweiliger Rechtsschutz bei Zweifeln na de Gültigkeit von europäischem Gemainschaftsrecht, RIW, 1996, pp. 417 ss.

WADE, H. W R.. / FORSYTH, C.F., *Administrative Law*, 7.ª ed., Oxford, Clarendon Press, 1994.

WADE, H. W. R., "Injunctive relief against the Crown and Ministers", *Law Quarterly Review*, 107, 1991, pp. 4 a 10.

WADE, H. W., *Administrative Law*, 5.ª ed., Oxford, Clarendon Press, 1982.

WÄGENBAUR, R., "Die jüngere Rechtsprechung der Gemeinschaftsgerichte im Bereich des vorläufigen Rechtsschutzes", *Europäische Zeitschrift für Wirtschaftsrecht*, 1996, pp. 327 ss.

WALKER, W.-D., *Der einstweilige Rechtsschutz im Zivilprozeß und im arbeitsgerichtlichen Verfahren*, Tübingen, 1993.

WATANABE, K., *Da cognição no Processo Civil*, S. Paulo, 1987.

WEIL, P., *O Direito Administrativo*, (trad. portuguesa de Maria da Glória Ferreira Pinto), Almedina, Coimbra, 1977.

WÜRTENBERGER, T., *Verwaltungsprozeßrecht*, München, 1998.

XAVIER, Vasco Da Gama Lobo "Suspensão de deliberações sociais ditas 'já executadas'", *Revista de Legislação e Jurisprudência*, Coimbra, 1991, n.ºs. 3790-3801.

XAVIER, Vasco Da Gama Lobo, *O conteúdo da providência de suspensão de deliberações sociais*, Coimbra, 1978.

VARIA,
- The Law Commission, *Report on Remedies in Administrative Law*, Londres, 1976;
- Administrative Justice, some necessary reforms (reports of the Committee of Justice - Alls Souls Review of Administrative Law in the United kingdom), Patrick Neill, Oxford, Clarendon Press, 1988.
- "Manifesto de Guimarães sobre a Justiça Administrativa", *Cadernos de Justiça Administrativa*, 14, Março/Abril, 1999.

JURISPRUDÊNCIA

I – JURISPRUDÊNCIA INTERNACIONAL

A – JURISPRUDÊNCIA COMUNITÁRIA (TJCE)

– Ac. do TJ de 4.12.1957, proc. 18/57, *NOLD/Alta Autoridade*, Rec., 1957, pp. 232 ss.
– Ac. do TJ de 12.5.1959, proc. 19/59 R, *Geitling/Alta Autoridade*, Rec., 1960, pp. 85 ss.
– Ac. do TJ de 5.2.1963, *Van Gend & Loos*, proc., 26/62, in: *Selecção de Acórdãos Notáveis do Tribunal de Justiça* (C.E), Lisboa, Europa Editora, 1993.
– Ac. do TJ de 17.3.1963, *Costa*, proc., 28-A/63, in: *Selecção de Acórdãos Notáveis do Tribunal de Justiça* (C.E), Lisboa, Europa Editora, 1993.
– Ac. do TJ de 15.07.1964, *Costa/Enel*, proc., 6/64, in: *Selecção de Acórdãos Notáveis do Tribunal de Justiça* (C.E), Lisboa, Europa Editora, 1993.
– Ac. do TJ de 30.6.1966, *Vaassen-Göbbels*, proc., 61/65, in: *Selecção de Acórdãos Notáveis do Tribunal de Justiça* (C.E), Lisboa, Europa Editora, 1993.
– Ac. do TJ de 4.12.1974, *Van Duyn*, proc. 41/74, Rec., 1974, pp. 1349 ss.
– Ac. do TJ de 21.5.1977, procs. 31 e 53/77 R, *Comissão/Reino Unido*, Rec., 1977, pp. 921 ss.
– Ac. do TJ de 22.10.1987, procs. 20 e 314/85, *Foto-Frost*, Rec., 1985, pp. 4199 ss.
– Ac. do TJ de 19.6.1990, proc. C-213/89, *The Queen/Secretary of State for Transport, ex parte Factortame Ltd. e o.*, Colect. 1990, p. I-2433.
– Ac. do TJ de 21.2.1991, proc. n.º C-143/88 e C-92/89, *Zuckerfabrik Süderdithmarschen AG/Hauptzollamt Itzehoe e Zuckerfabrik Soest GmbH/Hauptzollamt Paderborn*, Colect., 1991, p.I-415.
– Ac. do TJ de 9.11.1995, proc. C-465/93, *Atlanta Fruchthandelsgesellschaft MBH e o./Bundesamt Fuer Ernaehrung und Forstwirtschaft.*, Colect., 1995, p.I-3761.
– Ac. do TPI de 30.11.95, proc. T-507/93, *Paulo Branco/Tribunal de Contas*, Colect.– Função Pública, 1995, I -A-0265; II-0797.
– Ac. do TJ de 26.11.1996, proc., C-68/95, *T. Port, Colect.*, 1996, p. I-6065.
– Ac. do TJ de 17.7.1997, *Krÿger GmbH & Co. KG/Hauptzollamt Hamburg-Jonas*, proc. C-334/95, Colect., 1997, p. I-14538.

– Ac. do TJ de 27.11.1997, *Somalfruit SpA/Ministério das Finanças e MCE– Tribunal de Salero de Italia*, Colect., 1997, I-6619.
– Ac. do Presidente do TJ de 5.5.1998, proc. 157/96, *The Queen contra Ministry of Agriculture Fisheries and Food*, Colect., 1998, p. I-2236.
– Ac. do Presidente do TJ de 17.02.1998, proc. C-364/98 R, *Emesa Sugar/Conselho da EU*, Colect., 1998, p. I-8815.
– Ac. do Presidente do TJ de 25.6.1998, proc. C-159/98 R, *Governo das Antilhas neerlandesas/Conselho*, Colect., 1998, p. I-4147.

– Despacho do Presidente do TJ de 17.07.1963, proc. 68/63 R, *Luhleich /Comissão*, Rec., 1965, pp. 768 ss.
– Despacho do Presidente do TJ de 21.05.1977, procs. 31 e 53/77 R, *Comissão/Reino Unido*, Rec., 1977, pp. 921 ss.
– Despacho do Presidente do TJ de 28.11.1966, proc. 29/66 R, *Gutmann/Comissão*, Rec., 1967, pp. 313 ss.
– Despacho do Presidente do TJ de 26.06.1959, proc. 31/59 R, *Acciaierie Tubificio di Brescia /Alta Autoridade*, Rec., 1960, pp. 211 ss.
– Despacho do Presidente do TJ de 25.06.1963, procs. 19 e 65/63, *Luhleich /Comissão*, Rec., 1965, pp. 771 ss.
– Despacho do Presidente do TJ de 18.8.1971, proc. 45/71, *GEMA/Comissão*, Rec., 1971, pp. 791 ss.
– Despacho do Presidente do TJ de 23.07.1973, proc. 26/76 R, *Metro SB-Grossmärkte GmbH & Co kg /Comissão*, Rec., 1973, pp. 1353 ss.
– Despacho do Presidente do TJ de 15.10.1974, proc. 71/74, NV *Fruit G./Comissão*, Rec., 1974, pp. 1031 ss.
– Despacho do Presidente do TJ de 16.01.1975, proc. 3/75 R, *Johnson & Firth Brown Ltd/Comissão*, Rec., 1975, pp. 1 ss.
– Despacho do Presidente do TJ de 28.05.1975, proc. 44/75 R, *Karl Köneche/Comissão*, Rec., 1975, pp. 637 ss.
– Despacho do Presidente do TJ de 15.10.1976, proc. *Lacroix/ Tribunal de Justiça*, Rec., 1976, pp. 1563 ss.
– Despacho do Presidente do TJ de 14.10.1977, procs. 113/77 R e 113/77 R, *NTN TOYO Bearing Co Ltd e o./Conselho*, Rec., 1977, pp. 1725 ss.
– Despacho do Presidente do TJ de 12.05.1978, proc. 92/78 R. *Simmenthal/Comissão*, Rec. 1978, pp. 1128 ss.
– Despacho do Presidente do TJ de 17.01.1980, proc. 809/79 R, *Pardini/Comissão*, Rec., 1980, pp. 139 ss.
– Despacho do Presidente do TJ de 03.11.1980, proc. 186/80 R, *Benoit Suss/Comissão*, Rec., 1980, pp. 3506 ss.

- Despacho do Presidente do TJ de 16.12.1980, proc. 248/80 R, *Rumi/Comissão*, Rec., 1980, pp. 3867 ss.
- Despacho do Presidente do TJ de 26.02.1981 R, *Arbed/Comissão*, Rec., 1981, p. 721 e ss.
- Despacho do Presidente do TJ de 07.07.1981, procs. 60 e 190/81 R, *IBM/Comissão*, Rec., 1981, p. 1857.
- Despacho do Presidente do TJ de 20.07.1981, proc. 206/81 R, *Alvarez/Parlamento Europeu*, Rec., 1981, pp. 2187 ss.
- Despacho do Presidente do TJ de 07.05.1982, proc. 86/82 R, *Hasselblad* (BG) *Ltd/Comissão*, Rec., 1982, pp. 1555 ss.
- Despacho do Presidente do TJ de 05.08.1983, proc. 118/83 R, *CMC Cooperativa Muratori/Comissão*, Rec.,1983, pp. 2583 ss.
- Despacho do Presidente do TJ de 28.03.1984, proc. 45/84 R, *EISA/Comissão*, Rec., 1984, pp. 1759 ss.
- Despacho do Presidente do TJ de 18.10.1985, proc. 250/85, R *Brother/Comissão e Conselho da União Europeia*, Rec., 1985, pp. 3459 ss.
- Despacho do Presidente do TJ de 07.03.1986, proc. 392/85 R, *Finsider/Comissão CE*, Colect., 1986, pp. 959 ss.
- Despacho do Presidente do TJ de 17.03.1986, proc. 23/86 R, *Reino Unido/Parlamento Europeu*, Colect., 1986, pp. 1085 e ss.
- Despacho do Presidente do TJ de 09.07.1986, proc. 119/86 R, *Espanha/Conselho e Comissão*, Colect., 1986, pp. 2241 ss.
- Despacho do Presidente do TJ de 01.02.1987, proc. 82/87 R, *Autexpo/Comissão*, Colect., 1987, pp. 2131 ss.
- Despacho do Presidente do TJ de 16.02.1987, proc. 45/87 R, *Comissão CE/Irlanda*, Colect., 1987, pp. 783 e ss.
- Despachos do Presidente do TJ de 20.02.1987, procs. 121 e 122/86 R, *Anonimos Eteria Epichirisseon Metalleftikon Viomichanikon Kai Naftiliankon AE e o./Conselho e Comissão CE*, Colect., 1987, pp. 833 ss.
- Despacho do Presidente do TJ de 13.03.1987 proc. 45/87 R, *Comissão CE/Irlanda*, Colect., 1987, pp. 1369 ss.
- Despacho do Presidente do TJ de 26.03.1987, proc. 46/87 R, *Hoechst AG/Comissão CE*, Colect., 1987, pp. 1549 ss.
- Despacho do Presidente do TJ de 10.05.1988, proc. 152/88 R, *Sofrimport Sárl/Comissão CE*, Colect., 1988, pp. 2932 ss.
- Despacho do Presidente do TJ de 21.06.1988, proc. 148/88 R, *Allessandro Albani e o./Comissão das CE*, Colect., 1988, pp. 3361 ss.
- Despacho do Presidente do TJ de 18.08.1988, proc. 191/88 R, *Co-Frutta SARL/Comissão CE*, Colect., pp. 4551 ss.

- Despacho do Presidente do TJ de 13.09.1988, proc., 194/88 R, *Comissão/República Italiana*, Colect., 1988, pp. 5647 ss.
- Despacho do Presidente do TJ de 26.09.1988, proc. 229/88 R, *Cargill BV e o./Comissão CE, Colect.*, 1988, pp. 5184 ss.
- Despacho do Juiz T Koopmans (em substituição do Presidente do TJ), de 27.09.1988, proc., 194/88 R, *Comissão da Comunidades Europeias/República Italiana*, Colect., 1988, pp. 5647 ss.
- Despacho do Presidente do TJ de 11.05.1989, procs. 76/89, 77/89 e 91/ 89 R, *RTE e o ./Comissão, Colect.* 1989, p. I-1141.
- Despacho do Presidente do TJ de 08.06.1989, proc. 69/89 R, *Nakajima All Precision Co./Conselho CE*, Colect., 1989, pp. 1689 ss.
- Despacho do Presidente do TJ de 13.06.1989, proc. 56/89 R, *Publishers Association/Comissão*, Colect., 1989, pp. 1693 ss.
- Despacho do Presidente do TJ de 10.10.1989, proc. 246/89 R, *Comissão/Reino Unido*, Colect., 1989, pp. 3125 ss.
- Despacho do Presidente do TJ de 16.08.1989, proc. 57/89 R, *Comissão/República Federal da Alemanha*, Colect., 1989, pp. 2849 ss.
- Despacho do Presidente do TJ de 23.05.1990, procs. C-51/90 e C-59/90 R, *Comos-Tank e o./Comissão*, Colect., 1990, p. I-2167.
- Despacho do Presidente do TPI de 23.11.1990, proc. T-45/90 R, *Alicia Speybrouck/Parlamento Europeu*, Colect., 1990, II-705.
- Despacho do Presidente do TJ de 17.05.1991, *CIRFS e o./Comissão*, proc. C-313/90R, Colect., 1991, p. I-2557.
- Despacho do Presidente do TJ de 27.06.1991, proc., C-117/91 R, *Bostman/Comissão*, Colect., 1991, p. I-3353.
- Despacho do Presidente do TPI de 13.04.1993, proc., T– 24/93 R, *Compagnie Maritime Belge Transport NV/Comissão*, Colect., 1993, p. II-0540.
- Despacho do Presidente do TJ de 22.04.1994, proc. C-87/94 R, *Comissão/Reino da Bélgica*, Colect., 1994, p. I-1395,
- Despacho do Presidente do TJ de 10.05.1994, proc. T-88/94 R, *Société commerciales des potasses et de l'azote et Entreprise minière et chimique*, Colect., 1994, II-263.
- Despacho do Presidente do TPI de 16.12.1994, procs. T-278, 555, 280/93 R, *Davis Alwyn Jones e Mary Bridget Jones e o/Conselho da EU e Comissão das CE*, Colect., 1994, p. II-0011.
- Despacho do Presidente do TJ de 17.02.1995, proc. *T-308/94, R Cascades*, Colect., 1995, p. II-265.
- Despacho do Presidente do TJ de 07.03.1995, proc. *C-12/95 P, Transacções Marítimas S.A.(Tramasa)*, Colect., 1995, p.I-467.
- Despacho do Presidente do TPI de 26.08.1996, proc., *T-75/96 R, Söktas/Comissão*, Colect., 1996, p. II-859.

- Despacho do Presidente do TPI de 08.10.1996, proc. *T-84/96 R, Cipeke- Comércio e Indústria de Papel, Lda./Comissão*, Colect., 1996, p. II-1315.
- Despacho do Presidente do TPI de 14.10.1996, proc., T-137/96 R, *Valio/Comissão*, Colect., 1996, p. II-1330.
- Despacho do Presidente do TPI de 21.10.1996, proc. T-107/96 R, *Pantochim AS/Comissão CE*, Colect., 1996, p. II-1361.
- Despacho do Presidente do TPI de 29.11.1996, proc. T-179/96 R, J. *Antonissen/Conselho da União Europeia e Comissão das CE*, Colect., 1996, p. II-1643.
- Despacho do Presidente do TPI de 06.12.1996, proc. T-155/96R, *Stadt Mainz/Comissão CE*, Colect., 1996, p. II-1657.
- Despacho do Presidente do TPI de 17.12.1996, *Moccia Irme/Comissão*, proc. T-164/96 R, Colect., 1996, p. II-2261.
- Despacho do Presidente do TJ de 29.1.1997, proc. C-393/96 P (R), J. *Antonissen/Conselho da União Europeia e Comissão das CE*, Colect., 1997, p. I-444.
- Despacho do Presidente do TPI de 03.03.1997, proc. T-6/97 R, *Comafrica e Dole Fresh Fruit Europe/Comissão*, Colect., 1997, p. II-291.
- Despacho do Presidente do TJ de 21.03.1997, proc., C-110/97 R, *Reino dos Países Baixos/Conselho da União Europeia*, Colect., 1997, p. I-1795.
- Despacho do Presidente do TPI de 21.03.1997, proc. 179/96 R, J. *Antonissen/Conselho da União Europeia e Comissão das CE*, Colect., 1997, p. II-425.
- Despacho do Presidente do TJ de 30.04.1997, proc. C-89/97 R, *Moccia Irme/Comissão*, Colect., 1997, p. I-2327.
- Despacho do Presidente do TPI de 19.06.1997, proc., T-159/97 R, *Luis Manuel Chaves Fonseca Ferrão/Instituto de Harmonização do Mercado Interno* (marcas, desenhos e modelos), Colect., 1997, p. II-1049.
- Despacho do Presidente do TPI de 15.7.1997, proc. T-179/97 R, *Governo das Antilhas neerlandesas/Conselho da EU*, Colect., 1997, p. II-1223.
- Despacho do Presidente do TJ de 10.09.1997, proc., C-248/97 P (R), *Luís Manuel Chaves Fonseca Ferrão/Instituto de Harmonização do Mercado Interno* (marcas, desenhos e modelos), Colect., 1997, p. I-4729.
- Despacho do Presidente do TPI de 26.09.1997, proc. T-183/97 R, *Carla Micheli e o./Comissão CE*, Colect., 1997, p. II-4733.
- Despacho do Presidente do TPI de 01.10.1997, proc. T-230/97 R, *Comafrica e Dole Fresh Fruit Europe Ltd &Co./Comissão CE*, Colect., 1997, p. II-1589.
- Despacho do Presidente do TPI de 02.10.1997, proc., T-213/97 R, *Comité das Indústrias de Algodão e Fibras Afins da União Europeia (Eurocoton) e o./Conselho da União Europeia*, Colect., 1997, p. II-1609.
- Despacho do Presidente do TPI de 08.10.1997, proc. T-230/97 R, *CEFS/Conselho*, Colect., 1997, p. II-1649.

- Despacho do Presidente do TPI de 10.12.1997, proc. T-260/97 R, *Camar/Comissão*, Colect., 1997, p. II-2357.
- Despacho do Presidente do TPI de 02.03.1998, proc. T-310/97, *Governo de Antilhas Neerlandesas/Conselho da União Europeia*, Colect., 1998, p. II-455.
- Despacho do Presidente do TPI de 03.03.1998, proc. T-610/97R, *Hanne Norup Carlsen e o./Conselho da União Europeia*, colect., 1998, p. II-485.
- Despacho do Presidente do TPI, 02.04.1998, proc. T-86/96 R, *Arbeitsgemeinschaft Deutscher Luftahrt-Unternehmen e Hapag-Lloyd Fluggesellschaft mbH/Comissão CE*, Colect., 1998, p. II-641.
- Despacho do Presidente do TJ de 15.04.1998, proc. C-43/98 P (R), *Camar Srl/Comissão das Comunidades Europeias e Conselho da União Europeia*, Colect., 1998, p. I-1815.

B – OUTRA

- Decisão de 27.01.1997 do *Verwaltungsgerichtshof* da Baviera, in: *Juristisches Interprojekt Saarbrücken* (http://jura.uni-sb.de), 11.01.1999, 11:50.
- Decisão n.º 107/97 de 18.12.1997 do (BVerfG) *Bundesverfassungsgrichts*, in: Juristisches Interprojekt Saarbrücken (http://jura.uni-sb.de), 11.01.1999, 11:49.
- SächsOVG, decisão de 14.10.1998 (proc., 3 S 526/98), in: DÖV (*Die Öffentliche Verwaltung*) 14, 1999, pp. 610 e 611.
- Decisão da *Corte Costituzionale Italiana* de 28.06.1985, in: *Il Foro Amministrativo*, 1986, pp. 1675 ss.
- Decisão n.º 35/96 de 01.02.1996 de TAR Catania, in: http://www.diritto.it/sentenze/ordinanza-regio.htm
- Decisão n.º 311/97 de 30 e 31.01.1997 de TAR Catania, in: http://www.diritto.it/sentenze/ordinanza-regio.htm
- Decisão n.º 925 de 18.11.1997 de TAR Calabria, in: http://www.diritto.it/sentenze/ordinanza-regio.htm
- Decisão do Tribunal de Bari de 11.06.1998, in: http://www.interlex.com/testi
- Ac. da Sala 3ª do Tribunal Supremo de 06.05.1999, proc. 17/1999 (inédito) gentilmente cedido por E. García de Enterría.

II – JURISPRUDÊCIA NACIONAL

A – JURISPRUDÊNCIA ADMINISTRATIVA

– Ac. do STA de 13.07.1995, p. 31 129
– Ac. do STA de 23.01.1996, p. n.º 39 274
.– Ac. do STA de 14.02.1996, p. n.º 20 303
– Ac. do STA de 07.03.1996, proc. n.º 38 438
– Ac. do STA de 21.03.1996, p. n.º 39 683
– Ac. do STA de 21.03.1996, p. n.º 39 556
– Ac. do STA de 02.05.1996, p. n.º 40 120
– Ac. do STA de 04.06.1996, p. n.º 39 536
– Ac. do STA de 14.08.1996 p. n.º 40 824
– Ac. do STA de 28.11.96, p. n.º 41 249
– Ac. do STA de 05.11.1996, p. 41 131
– Ac. do STA de 14.01.1997, p. n.º 41 422
– Ac. do STA de 11.03.1997, in: CJA, 5, 1997
– Ac. do STA de 17.06.1997, p. n.º 42 389
– Ac. do STA de 03.07.1997, p. 42 496
– Ac. do STA de 08.07.1997, p. n.º 42 481
– Ac. do STA de 10.7.1997, p. 42 580
– Ac. do STA de 03.10.1996, p. n.º 37 933
– Ac. do STA, de 23.06.1998, p. n.º 33 295
– Ac. do STA, de 09.06.1998, p. n.º 29 166-B
– Ac. do STA de 15.10.1998, p. n.º 44 171-A
– Ac. do STA de 07.01.1999, p. n.º 2 229
– Ac. do STA de 14.01.1999, p. n.º 2 230
– Ac. do STA de 28.01.1999, p. n.º 2 338
– Ac. do STA de 09.06.1999, p. n.º 44 962
– Ac. do STA de 15.06.1999, p. n.º 44 972
– Ac. do STA de 27.10.1998, p. n.º 44 164
– Ac. do TCA de 12.01.1998, p. n.º 512/97
– Ac. do TCA de 12.03.1998, p. n.º 847/98
– Ac. do TCA de 23.04.1998, p. n.º 937/98
– Ac. do TCA de 14.01.1999 p. n.º 2214-A
– Ac. do TCA de 04.02.1999, p. n.º 2263/99
– Ac. do TCA de 18.03.1999, p. n.º 2690/99

— Sentença do TAC de Lisboa de 29.04.1997, p. n.º 277/97
— Sentença do TAC de Lisboa de 27.06.1997, p. n.º 434-A/97
— Sentença do TAC de Lisboa de 27.10.1997, p. n.º 77/97
— Sentença do TAC de Lisboa de 28.10.1997, p. n.º772/97
— Sentença do TAC de Lisboa de 23.01.1998, p. n.º 709/97
— Sentença do TAC do Porto de 20.01.1998, p. n.º 59/98
— Sentença do TAC do Porto de 03.05.1999, p. n.º 142/99

B – JURISDIÇÃO COMUM

— Ac. da RE, de 14.07.1986, in BMJ, 361/628
— Ac. da RE, de 13.06.91, in BMJ 408/673
— Ac. da RL, de 26.04.72, in BMJ, 216/195
— Ac. da RL, de 26.5.1983, in CJ, tomo III, p. 132
— Ac. da RL, de 19.02.1987, in CJ, tomo I, p 141
— Ac. da RL, de 08.06.1993, in CJ tomo III, p. 123
— Ac. da RL de 24.04.1994, in CJ, tomo II, p. 130
— Ac. da RL, de 19.05.1994, in CJ, tomo III, p. 94
— Ac. da RL de 12.10.1995, in CJ, tomo IV, p. 108
— Ac. da RL de 11.01.1996, in CJ, tomo I, p. 82
— Ac. da. RL de 02.07.1998 proc. n.º 2789/98

— Ac. do STJ de 23.01.1986, in BMJ, 352/376
— Ac. do STJ de 13.03.1986, in BMJ, 355/356
— Ac. do STJ de 29.11.88, in BMJ 381/615
— Ac. do STJ de 14.04.1999, proc. n.º 1090/98

— Sentença do 4.º Juízo do Tribunal Cível de Lisboa de 02.12.1997, proc. n.º 825/97
— Sentença da 14ª Vara Cível de Lisboa de 09.08.1999, proc. n.º 562/99– 1ª Secção

C – JURISDIÇÃO CONSTITUCIONAL

— Ac. do TC n.º 107/88 de 17.08.1988, in: DR II de 5 de Setembro de 1988
— Ac. do TC n.º 202/90, p. n.º598/88, in: DR II de 21 de Janeiro de 1991
— Ac. do TC n.º 450/91 de 03.12.1991 in: DR. II de 3 de Maio de 1993
— Ac. do TC n.º 366/92 do Pleno de 28.01.1992, in: DR. II de 23 de Fevereiro de 1992
— Ac. do TC n.º 43/92 de 28.01.1992, in: DR. II de 23 de Fevereiro de 1993

– Ac. do TC n.º 303/94, p. 564/92, in: DR II de 27 de Agosto de 1994
– Ac. do TC n.º 631/94, in: DR II de 11 de Janeiro de 1995
– Ac. do TC n.º 603/95, p. 223/96, in: DR II de 14 de Março de 1996
– Ac. do TC n.º 447/93, in: DR II de 23 de Abri de 1994
– Ac. do TC n.º 249/94, p. n.º 488/92, in: DR II de 27 de Agosto de 1994
– Ac. do TC n.º 194/95, p. n.º 445/94, (inédito)
– Ac. do TC n.º 201/95, p. n.º 97/95, (inédito)
– Ac. do TC n.º 1192/96, in: DR II de 13 de Fevereiro de 1997
– Ac. 115/96, p. n.º 378/93, in: DR II de 6 de Maio de 1996
– Ac. do TC n.º 499/96, p. 383/93, de 20.03.1996, in: CJA, 0, 1996

ÍNDICE

SIGLAS UTILIZADAS 9

PRÓLOGO 11

NOTA PRÉVIA 15

INTRODUÇÃO 17

CAPÍTULO I
Problema: A tutela jurisdicional cautelar; a peça e os seus contornos 35

1. Introdução. A tutela jurisdicional ordinária, a sumária, a provisória, a antecipatória e a urgente. 35
2. A tutela jurisdicional cautelar. 71
3. As características da tutela cautelar
A instrumentalidade, a provisoriedade e a *sumariedade*. 82
4. As condições de procedência da tutela cautelar. 109
5. O conteúdo e os limites da tutela cautelar. 120

CAPÍTULO II
Problema: Modelos de tutela cautelar; à procura da peça cautelar adequada 137

1. A tutela jurisdicional cautelar na jurisprudência comunitária ....
A. A Justiça Cautelar no âmbito da Comunidade Europeia. A tutela cautelar como garantia objectiva de tutela da legalidade comunitária 137
B. A Justiça Cautelar no âmbito da Comunidade Europeia. A tutela cautelar em especial como garantia subjectiva da legalidade comunitária 185
C. Balanço 202

2. Apontamentos breves de direito comparado. 209
   2.1. O modelo da tutela cautelar consagrado na Alemanha 223
   2.2. O modelo da tutela cautelar consagrado na França 240
   2.3. O modelo da tutela cautelar consagrado na Reino Unido 263
   2.4. O modelo da tutela cautelar consagrado na Bélgica 273
   2.5. O modelo da tutela cautelar consagrado na Espanha 277

CAPÍTULO III
Problema: O modelo português de justiça administrativa - *puzzle* sem peça. 303

1. A tutela cautelar no sistema português de justiça administrativa
   - Introdução: a tendência para a superação do desequilíbrio 303
2. A tutela cautelar no sistema português de justiça administrativa
   - Evolução: da prática jurisprudencial formalista à tolerante 318
3. A tutela cautelar no sistema português de justiça administrativa
   - Sistematização: a tutela cautelar *versus* tutela sumária não cautelar 367
4. A tutela cautelar no sistema português de justiça administrativa
   - Síntese: a urgência na reforma 389

CONCLUSÃO: O esboço da peça cautelar para o *puzzle* Justiça Administrativa ... 409

CONCLUSÕES 419

BIBLIOGRAFIA 473

JURISPRUDÊNCIA 509